개선문 ① 민주주의의 발전

❶ 개념 압축 정리

▶ 빈칸에 알맞은 말을 쓰시오.

고대 아테네 민주주의	• 모든 ㉠ ( )이 정치에 직접 참여, 추첨제와 윤번제를 통해 누구나 공직에 참여할 수 있음 • 한계 : 여성, 노예, 외국인은 시민의 자격이 없음
근대 민주주의	• ㉡ ( )을 통해 민주 정치 성립 → 자유와 평등 이념의 확산 • 시민 혁명의 한계 : 재산 및 성별에 따라 참정권 제한 및 차등 부여
현대 민주주의	• ㉢ ( )의 실시 : 사회 구성원 다수로 시민의 범위가 확대됨 • ㉣ ( )를 바탕으로 하면서 직접 민주제 요소 도입

❷ 빈출 선지 연습

▶ 다음 기출 선지가 맞으면 '○', 틀리면 '×'에 표시하시오.

01	고대 아테네에서 평의회는 정책을 결정하는 기구였다.	○ / ×
02	고대 아테네에서는 모든 시민이 한곳에 모여 공동체의 중요한 일을 직접 결정하였다.	○ / ×
03	고대 아테네에서는 공직자 선출 기준이 전문성이었다.	○ / ×
04	근대 민주주의는 계몽사상과 사회 계약설의 영향을 받은 시민 혁명에 의해 시작되었다.	○ / ×
05	근대 시민 혁명의 결과 모든 사회 구성원에게 정치 참여의 기회가 보장되었다.	○ / ×
06	근대 민주주의와 현대 민주주의는 모두 권력 분립, 입헌주의를 바탕으로 한다.	○ / ×
07	고대 아테네 민주주의와 근대 민주주의는 공통적으로 정치 참여 과정에 있어서 성별에 의한 제한을 두고 있었다.	○ / ×
08	보통 선거의 원칙은 근대 민주주의에서부터 확립되었다.	○ / ×
09	근대 민주주의에서는 직접 민주제를 통해 참여 민주주의가 활성화되었다.	○ / ×
10	고대 아테네의 추첨제와 윤번제는 치자와 피치자의 일치를 의미한다.	○ / ×
11	차티스트 운동은 근대 민주주의의 한계를 극복하기 위한 노력이었다.	○ / ×
12	현대 민주주의는 대의 민주주의의 한계를 극복하기 위해 직접 민주제의 요소를 도입하고 있다.	○ / ×

❸ 고난도 기출 지문 연습

▶ A∼C에 해당하는 각각의 민주주의의 유형을 쓰시오.

01

민주 정치는 역사적으로 '누가 정치에 참여할 수 있는가'와 '어떻게 정치에 참여할 것인가'에 따라 다양한 형태로 나타났다. 예를 들면 A에서는 재산, 성별 등에 따라 정치 참여에 제한이 있었고, B에서는 시민의 지위를 가진 일정 연령 이상의 남성에게만 정치 참여의 기회가 부여되었다. A에서는 시민이 선거를 통해 대표자를 선출하는 반면, B에서는 시민이 최고 의결 기구인 민회에 모여 국가의 중요 사안을 직접 결정하였다. C에서는 A, B와는 달리 정치 참여에 제한이 없이 누구나 정치에 참여할 수 있었다.

A –   B –   C –

▶ A∼C에 해당하는 각각의 민주주의의 유형을 쓰고, 빈칸 ㉠∼㉢에 들어갈 알맞은 말을 쓰시오.

02

구분	특징
A	자유와 평등의 이념이 확산되고 시민의 범위가 확대됨에 따라 선거를 통해 대의 기구인 ㉠ 을 구성하였다. 그러나 성별, 재산 등에 따른 참정권 제한은 사라지지 않았다.
B	시민들은 최고 의결 기구인 ㉡ 에 모여 공동체의 문제에 대해 토론하고 법률 제정, 과세, 외교 등 국가의 중요 사안을 직접 결정하였다.
C	선거로 뽑힌 대표자가 정치를 담당하는 형태는 시민의 의사를 정확히 반영하기 어렵다는 점을 보완하기 위해 직접 민주주의의 요소인 ㉢ 을 도입하여 국가의 중대사를 결정하였다.

A –   B –   C –
㉠ –   ㉡ –   ㉢ –

▶ A∼C에 해당하는 각각의 민주주의의 유형을 쓰시오.

03

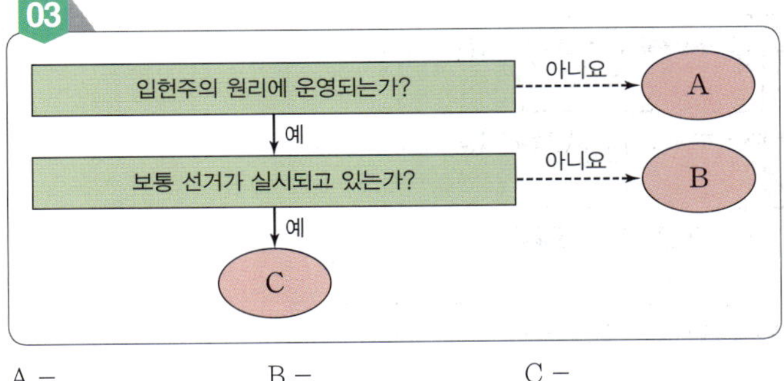

A –   B –   C –

개선문　② 기본권의 종류, 제한, 한계

❶ 개념 압축 정리

▶ 빈칸에 알맞은 말을 쓰시오.

구분	자유권	사회권	청구권
성격	㉠ (　　　) · 포괄적 · 방어적 권리	적극적 · 열거적 권리	수단적 · 열거적 · 절차적 권리
국가의 존재 전제 여부	국가의 존재를 전제로 하지 않음	국가의 존재를 전제로 함	
역사적 발전 계기	㉡ (　　　)	산업 혁명	–
제한 가능 여부	국가 안전 보장, 질서 유지, 공공복리를 위해 필요한 경우 ㉢ (　　　)로 제한 가능		

❷ 빈출 선지 연습

▶ 다음 기출 선지가 맞으면 '○', 틀리면 '×'에 표시하시오.

01	자유권은 국가의 부당한 침해를 배제하는 방어적 성격의 권리이다.	○ / ×
02	자유권은 역사적으로 가장 오래된 기본권이다.	○ / ×
03	자유권은 법률로도 제한할 수 없는 절대적 기본권이다.	○ / ×
04	자유권은 본질적 기본권으로서 다른 기본권을 실현하기 위한 전제 조건이 된다.	○ / ×
05	자유권과 달리 사회권은 헌법에 열거되어 있는 내용만을 보장하는 권리이다.	○ / ×
06	사회권과 달리 청구권은 국가의 존재를 전제로 인정되는 권리이다.	○ / ×
07	청구권은 다른 기본권을 보장하기 위한 수단적 권리이다.	○ / ×
08	사회권은 절대 군주의 통치권을 제한하는 과정에서 등장하였다.	○ / ×
09	사회권은 자유권과 달리 권리이면서 동시에 의무로서의 성격을 가진다.	○ / ×
10	사회권, 청구권과 달리 자유권은 국가 성립 이전에도 인정되는 권리이다.	○ / ×
11	기본권의 본질적 내용은 어떤 경우라도 침범될 수 없다.	○ / ×
12	기본권을 제한할 때는 과잉 금지의 원칙을 지켜야 한다.	○ / ×
13	기본권은 각각 독자적 의미를 가지므로 다른 기본권과 충돌할 수 없다.	○ / ×

❸ 고난도 기출 지문 연습

▶ A~D에 해당하는 기본권의 유형을 쓰시오.

01

현대 새롭게 등장한 권리는 종합적 성격을 가지고 있어서 하나의 기본권 유형으로 규정하기에 어려움이 있다. 예를 들어 휴식권의 경우 자유권과 사회권 중 어떤 기본권의 유형으로 분류할 것인가에 대해서는 학자들마다 견해가 나뉜다. 휴식권을 '과로의 강요로부터의 자유'라는 의미로 본다면 　A　으로 분류할 수 있지만, '과로로 인한 건강의 훼손 상황에서 국가의 급부와 배려를 요구할 수 있는 권리'로 본다면 　B　으로 분류할 수도 있기 때문이다.

A –　　　　　　　　　　B –

02

기본권	침해 사례
A	합법적인 파업 참여를 이유로 노동조합원이 해고 통보를 받음
B	신체 억제대를 사용하여 환자를 강제로 묶어 둔 의료 기관이 제재를 받음
C	전동 휠체어를 타고 투표하러 왔다가 지하 2층에 설치된 투표소 때문에 투표를 포기할 수밖에 없음

A –　　　　　　B –　　　　　　C –

03

- 헌법 재판소는 4급 이상 공무원이 신고한 병역 사항의 내용 중 병역 면제의 근거인 질병명이 관보와 인터넷에 예외 없이 공개되도록 규정한 공직자 관련 법령이 4급 이상 공무원의 A 기본권을 침해한다고 결정하였다.
- 헌법 재판소는 이의 신청 및 심사 청구를 거치지 않으면 지방세 부과 처분에 대해 행정 소송을 제기할 수 없도록 한 지방세법 규정이 지방세 납부 의무자의 B 기본권 침해라고 결정하였다.

A –　　　　　　　　　　B –

04

기본권	우리나라 헌법 관련 조항
A	모든 국민은 법 앞에 평등하다.
B	모든 국민은 신체의 자유를 가진다.
C	모든 국민은 법률이 정하는 바에 의하여 선거권을 가진다.
D	모든 국민은 능력에 따라 균등하게 교육받을 권리를 가진다.

A –　　　　B –　　　　C –　　　　D –

정답 ❶ ㉠ 소극적 ㉡ 시민 혁명 ㉢ 법률 ❷ 01 ○ 02 ○ 03 × 04 × 05 ○ 06 × 07 ○ 08 × 09 ○ 10 ○ 11 ○ 12 ○ 13 × ❸ 01 A – 자유권, B – 사회권 02 A – 사회권, B – 자유권, C – 참정권 03 A – 자유권, B – 청구권 04 A – 평등권, B – 자유권, C – 참정권, D – 사회권

개선문 ③ 정부 형태

❶ 개념 압축 정리

▶ 빈칸에 알맞은 말을 쓰시오.

구분	의원 내각제	대통령제
의미	입법부와 행정부의 관계가 ㉠ (　　　　)적인 정부 형태	입법부와 행정부의 관계가 ㉡ (　　　　)적인 정부 형태
특징	• 의회 의원과 행정부 각료 겸직 가능 • 의회 의원과 행정부 모두 법률안 제출 가능 • 내각의 의회 ㉢ (　　　) 행사 가능 • 의회는 내각에 불신임권 행사 가능	• 의회 의원과 행정부 각료 겸직 불가능 • 행정부 법률안 제출 불가능 • 대통령의 법률안 ㉣(　　　) 행사 가능 • 의회의 탄핵 소추권 행사 가능

❷ 빈출 선지 연습

▶ 다음 기출 선지가 맞으면 '○', 틀리면 '×'에 표시하시오.

01	의원 내각제는 행정부 수반과 국가 원수가 동일인이다.	○ / ×
02	대통령제에서 의회 의원은 행정부 각료를 겸직할 수 없다.	○ / ×
03	의원 내각제에서 의회는 행정부에 대한 불신임권을 가진다.	○ / ×
04	의원 내각제에서는 대통령제와 달리 여소야대 현상이 나타날 수 있다.	○ / ×
05	의원 내각제는 대통령제에 비해 정책의 계속성을 확보하기 어렵다.	○ / ×
06	대통령제는 의원 내각제에 비해 견제와 균형의 원리에 충실하다.	○ / ×
07	대통령제에서는 행정부 수반이 법률안 거부권을 행사할 수 있다.	○ / ×
08	대통령제에서는 행정부 수반이 의회에 대해 정치적 책임을 진다.	○ / ×
09	의원 내각제에서는 국민에 의한 각각의 선거에 의해 행정부와 의회를 구성한다.	○ / ×
10	의원 내각제에서는 행정부의 법률안 제출권이 인정된다.	○ / ×
11	대통령제에서는 행정부 수반이 의회를 해산할 수 있다.	○ / ×
12	대통령제는 입법부와 행정부의 권력이 융합된 형태이다.	○ / ×

❸ 고난도 기출 지문 연습

▶ A, B 또는 갑국, 을국이 의원 내각제, 대통령제 중 어디에 해당하는지 쓰시오.

01

- ［　　A　　］: 독립 혁명 이후 법과 질서를 유지할 수 있는 강력한 권력을 가지면서도, 권력 집중으로 인한 폐해를 방지할 수 있는 정부 형태에 대한 논의가 본격화되었다. 이에 따라 등장한 정부 형태에서는 행정부가 의회의 신임과 무관하게 존속하고, 국가 기관 간의 견제와 균형이 강조된다.
- ［　　B　　］: 국왕과 의회 간의 갈등과 타협이라는 역사적 과정을 통해 의회가 국왕의 권력을 넘겨받게 되면서 점진적으로 형성된 정부 형태이다. 이 정부 형태에서는 의회의 통제 내에서 행정권을 행사하는 내각이 구성되기 때문에 내각의 성립과 존속이 의회의 신임에 의존하게 된다.

A -　　　　　　　　　　B -

02

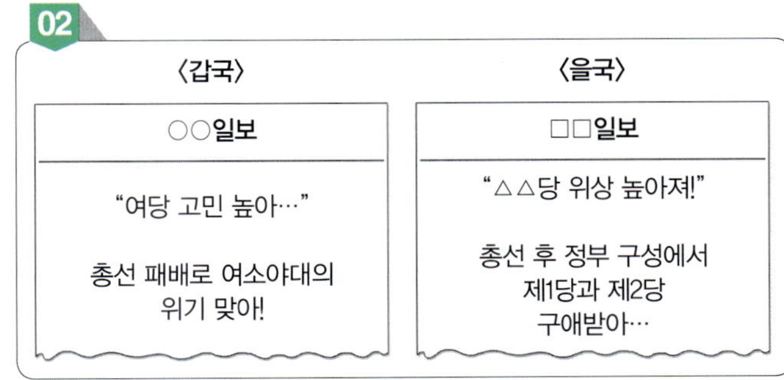

갑국 -　　　　　　　　　　을국 -

03

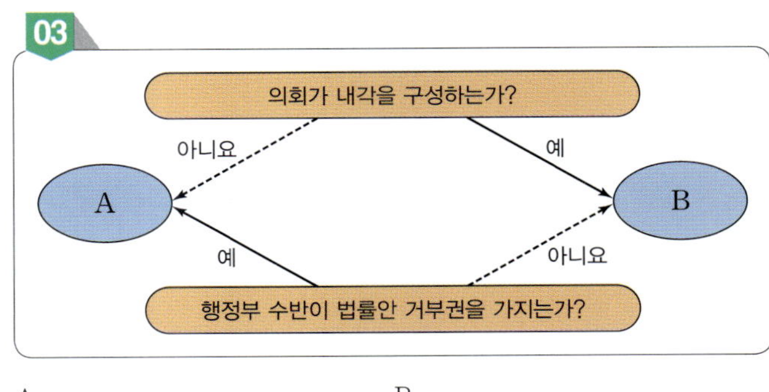

A -　　　　　　　　　　B -

개선문 ④ 선거 제도

❶ 개념 압축 정리

▶ 빈칸에 알맞은 말을 쓰시오.

구분	소선거구제	중·대선거구제
의미	한 선거구에서 ㉠ (　　　) 선출	한 선거구에서 ㉥ (　　　) 선출
장점	• 유권자의 후보자 파악 ㉡ (　　　) • 다수당의 당선 가능성 ㉢ (　　　)	• 사표가 ㉦ (　　　) 발생함 • 국민의 다양한 의견 반영 가능성 ㉧ (　　　)
단점	• 사표가 ㉣ (　　　) 발생함 • 군소 정당의 의회 진출 가능성 ㉤ (　　　)	• 유권자의 후보자 파악 ㉨ (　　　) • 정국 불안정 가능성 ㉩ (　　　)

❷ 빈출 선지 연습

▶ 다음 기출 선지가 맞으면 '○', 틀리면 '×'에 표시하시오.

01	소선거구제의 대표 결정 방식은 거대 정당에서 유리하게 작용할 수 있다.	○ / ×
02	절대 다수 대표제는 당선자의 대표성을 높이는 기능을 한다.	○ / ×
03	소선거구제의 대표 결정 방식은 비례 대표제보다 군소 정당의 의회 진출이 어렵다.	○ / ×
04	단순 다수 대표제는 절대 다수 대표제에 비해 당선자의 대표성은 높지만 선출 절차가 복잡하다.	○ / ×
05	소선거구제에서는 선거구 내 당선자 간 표의 등가성 문제가 발생할 수 있다.	○ / ×
06	비례 대표 의석을 배분하기 위한 기준으로 5%의 정당 득표율 제한을 두는 것은 군소 정당 난립 방지의 효과가 있다.	○ / ×
07	소선거구제에 비해 중·대선거구제에서 정당의 득표율과 의석률 간의 비례성이 높아진다.	○ / ×
08	유권자가 직접 정당을 선택할 수 있는 비례 대표 의석 배분 방식은 유권자가 직접 정당을 선택할 수 없는 비례 대표 의석 배분 방식보다 직접 선거의 원칙에 충실하다.	○ / ×
09	정당 투표에 의한 비례 대표제 실시는 소수 정당의 원내 진출 가능성을 높일 수 있다.	○ / ×
10	선거 결과 득표율보다 의석률이 높으면 과대 대표, 득표율보다 의석률이 낮으면 과소 대표된 것이다.	○ / ×

❸ 고난도 기출 지문 연습

▶ 갑국, 을국이 위배하고 있는 민주 선거의 원칙을 쓰시오.

01

• 갑국은 부재자 투표에서 실제 부재자가 투표했는지 여부를 파악하기 위해 투표자가 투표 용지에 자신의 이름을 쓰게 한다.
• 을국의 의회는 지역구 의원과 비례 대표 의원으로 구성되는데, 비례 대표 의원의 수는 각 정당의 지역구 의석률에 비례하여 배분받는다. 단, 지역구 의원 선거에서 무소속으로 입후보한 사람은 없으며, 유권자는 1인 1표를 행사한다.

▶ 갑국~병국에서 유권자가 행사하는 표의 수를 쓰시오.

02

• 갑국 : 지역구 선거에서 전국적으로 5석 이상 얻은 정당에 대해 지역구 의석수에 따라 비례 대표 의석 배분
• 을국 : 정당의 지역구 후보들이 전국적으로 얻은 득표 비율에 따라 비례 대표 의석 배분
• 병국 : 독립적인 정당 명부식 비례 대표 선거에서 얻은 정당 득표 비율에 따라 비례 대표 의석 배분

▶ (가), (나) 선거구 제도를 각각 쓰시오.

03

현재 갑국의 의회은 5개의 선거구에서 선출된 지역구 의원으로만 구성된다. 각 정당은 선거구별로 한 명의 후보자만 공천하며, 유권자는 자신의 지역구 후보 중 한 명에게만 투표한다. 그리고 선거구별 선출 의원 수는 같다. 갑국은 현재의 선거구 수는 유지하되 현행 선거구제인 　(가)　를 　(나)　로 변경하고자 한다. 이 경우 　(가)　로는 갑국에서 한 정당이 지역구 전체 의석의 과반수를 확보할 수 없었지만, 　(나)　에서는 가능하다.

▶ A당~D당의 과대 대표, 과소 대표 여부를 쓰시오.

04

구분	득표율(%)	의석수(석)	과대 대표/과소 대표
A당	50	120	
B당	18	40	
C당	25	30	
D당	7	10	

* 총 의석수는 200석임

개선문 ⑤ 불법 행위와 손해 배상

❶ 개념 압축 정리

▶ 빈칸에 알맞은 말을 쓰시오.

가해 행위	가해자가 피해자에게 ㉠ (　　　　)를 발생시키는 행위를 해야 함
㉡ (　　　　) 또는 과실	가해 행위와 관련하여 가해자에게 ㉡ (　　　　) 또는 과실이 있어야 함
위법성	법질서 전체에 위반되는 행위여야 함
손해의 발생	재산적 손해, ㉢ (　　　　) 손해가 발생해야 함
인과 관계	가해 행위와 ㉣ (　　　　) 사이에 상당한 인과 관계가 있어야 함
㉤ (　　　　)	가해자에게 법률상 책임이 발생한다는 것을 변식할 수 있는 능력이 있어야 함

❷ 빈출 선지 연습

▶ 다음 기출 선지가 맞으면 '○', 틀리면 '×'에 표시하시오.

01	8세의 미성년자의 부모는 책임 능력이 없는 자의 감독자로서 특수 불법 행위 책임을 질 수 있다.	○ / ×
02	공작물의 점유자는 손해 방지를 위한 주의를 다하였음을 증명하는 경우 책임을 지지 않는다.	○ / ×
03	공작물의 점유자가 면책되면 공작물의 소유자는 무과실 책임을 진다.	○ / ×
04	가해자가 피해자에게 손해 배상을 할 경우 금전 배상이 원칙이다.	○ / ×
05	미성년자가 불법 행위 책임을 지는 경우 미성년자의 부모는 불법 행위 책임을 지지 않는다.	○ / ×
06	사용자가 사무 감독에 상당한 주의를 다했음을 증명하면 사용자 배상 책임을 지지 않는다.	○ / ×
07	피용자의 불법 행위가 성립하면 사용자는 사용자 배상 책임을 질 수 있다.	○ / ×
08	채무 불이행으로 인한 손해에 대하여는 원상으로 회복시켜주는 것이 원칙이다.	○ / ×
09	개의 소유자가 광견병의 우려가 있는 개를 수의사에게 맡겼는데, 수의사가 관리를 소홀히 하여 개가 지나가던 행인을 문 경우에는 수의사가 특수 불법 행위 책임을 진다.	○ / ×
10	미성년자에게 책임 능력이 없다면 미성년자의 부모는 무과실 책임을 진다.	○ / ×

❸ 고난도 기출 지문 연습

▶ 다음 사례의 특수 불법 행위 유형을 쓰시오.

01

A회사 직원인 갑, 을 그리고 병은 업무를 마치고 퇴근한 후 회사 근처 식당에서 우연히 만나 함께 밥을 먹다가 정과 시비가 붙었다. 갑은 병이 망을 보도록 하고 을과 함께 정을 때려서 3천 만 원의 치료비를 발생시켰다.

▶ 다음 사례에서 갑과 을의 손해 배상 책임 여부를 쓰시오.

02

갑은 을 소유의 상가 건물을 임차하여 가게를 운영하고 있다. 그런데 건물의 외벽에 금이 가서 갑은 을에게 수차례 건물의 보수를 요청하였으나 을은 건물 보수를 차일피일 미루고 있었다. 그러던 어느 날 건물 외벽의 일부가 떨어져 지나가던 행인 병이 크게 다쳤다.

▶ 다음 사례에서 을과 병의 손해 배상 책임 여부를 쓰시오.

03

갑은 을(이사 업체 대표)과 이사 계약을 체결하였다. 이사 당일, 업체 직원인 병이 이삿짐을 옮기다가 실수로 고가의 가구를 파손하였다. 갑은 가구 파손에 대해 을에게 배상을 요구하였으나 을은 병의 잘못이라며 손해 배상을 거부하였다. 이에 갑은 손해 배상 청구 소송을 제기하려고 한다.

▶ 다음 사례에서 갑~병의 손해 배상 책임 여부를 쓰시오.

04

초등학생 갑(8세), 을(9세), 고등학생 병(17세)은 우연히 아파트 옥상에서 만났다. 갑과 을은 멀리 던지기 시합을 한다며 옥상 아래로 벽돌을 던졌고, 병은 심판을 봤다. 그런데 지나가던 주민 A가 벽돌에 맞아 크게 다쳤다.

정답 ❶ ㉠ 손해 ㉡ 고의 ㉢ 정신적 ㉣ 손해 ㉤ 책임 능력 ❷ 01 ○ 02 ○ 03 ○ 04 ○ 05 × 06 ○ 07 ○ 08 × 09 ○ 10 × ❸ 01 공동 불법 행위자 책임 02 갑의 과실이 없으면 갑은 책임을 지지 않고, 을이 무과실 책임을 짐 03 갑은 병에게 일반 불법 행위 책임, 을에게 특수 불법 행위 책임을 물을 수 있음 04 갑과 을은 책임 능력이 없어 손해 배상 책임을 직접 지지 않고, 병은 책임 능력이 있는 미성년자로 손해 배상 책임을 짐

개선문 ⑥ 혼인, 이혼, 상속

❶ 개념 압축 정리

▶ 빈칸에 알맞은 말을 쓰시오.

유언에 의한 상속	• 유언은 유언자가 ㉠ (　　　　)한 때 효력이 발생함 • 유언이 있으면 유언에 따르되 ㉡ (　　　　)을 고려할 수 있음 • 여러 개의 유언이 존재할 경우에는 가장 ㉢ (　　　　)의 유언대로 상속이 이루어짐
법정 상속	• 1순위 – ㉣ (　　　　), 2순위 – ㉤ (　　　　), 3순위 – 형제자매, 4순위 – 4촌 이내 방계 혈족 • 배우자는 공동 상속인의 ㉥ (　　　　)를 가산함 • 같은 순위의 상속인 간에는 ㉦ (　　　　)하게 상속을 받음 • 배우자는 피상속인의 직계 비속이나 직계 존속이 있을 경우에는 ㉧ (　　　　) 상속을 받으나, 직계 비속, 직계 존속 모두 없을 경우에는 ㉨ (　　　　)으로 상속을 받음

❷ 빈출 선지 연습

▶ 다음 기출 선지가 맞으면 '○', 틀리면 '×'에 표시하시오.

01	법원의 판결로 이루어지는 재판상 이혼은 법에 정한 이혼 사유에 해당해야 이혼이 가능하다.	○ / ×
02	협의상 이혼, 재판상 이혼은 모두 이혼 숙려 기간을 거쳐야 한다.	○ / ×
03	협의상 이혼, 재판상 이혼 모두 부부 공동 재산에 대한 분할 청구권이 인정된다.	○ / ×
04	혼인의 형식적 요건(혼인 신고)을 갖춘 혼인을 법률혼이라고 한다.	○ / ×
05	재판상 이혼은 행정 기관에 이혼 신고서를 제출해야 효력이 발생한다.	○ / ×
06	상속인들은 피상속인의 재산만 상속받고, 빚은 상속을 포기할 수 있다.	○ / ×
07	혼인 신고를 하지 않은 사실혼 관계의 배우자에게는 상속권이 인정된다.	○ / ×
08	갑이 자신의 전 재산은 ○○ 복지 재단에게 준다는 내용의 유효한 유언을 남겼다면 갑의 법정 상속인들은 ○○ 복지 재단을 상대로 유류분 반환 청구권을 행사할 수 있다.	○ / ×
09	친양자로 입양되면 친부모가 사망한 경우 친부모의 재산을 법정 상속 받을 수 있다.	○ / ×
10	친양자가 아닌 일반 입양이 될 경우에는 양부모뿐만 아니라 친부모가 사망할 경우에도 법정 상속을 받을 수 있다.	○ / ×

❸ 고난도 기출 지문 연습

▶ (가), (나), A, B를 각각 쓰시오.

01

질문	응답	유형
혼인의 형식적 요건을 갖춘 혼인 관계입니까?	예	(가)
	아니요	(나)
양 당사자의 의사 합치만 있으면 가능한 이혼 방식입니까?	예	A
	아니요	B

▶ 다음 사례에서 갑의 상속 재산과 법정 상속권자를 쓰시오.

02

갑은 을과 결혼 생활 중 성격 차이로 이혼하였다. 슬하에 딸 병이 있다. 몇 년 후 갑은 정과 혼인 신고를 하고 아들 무를 낳았다. 갑은 회사 업무로 출장을 가다가 차량이 전복되어 병원에서 치료 중 유언 없이 사망하게 되었다. 갑의 재산은 5억 원이 있으며 은행 융자 등 1억 5천만 원의 빚이 있다.

▶ 갑의 유언이 유효할 경우 유류분 반환 청구권자를 쓰시오.

03

갑은 아내와 사별 후 을과 재혼하였다. 갑과 을은 아이가 없어서 병의 아들 A(5세)를 합법적인 절차에 의해 친양자가 아닌 양자로 입양하였다. 이듬해 갑의 아들이라 주장하는 B가 재판을 통해 인지되었다. 2년 후 갑이 지병으로 사망하였는데, 사망 당시 갑은 채무 없이 7억 원의 재산을 남겼고, '모든 재산을 A에게 준다.'라는 취지의 유언장이 발견되었다.

▶ 다음 사례에서 법정 상속권자 및 법정 상속액을 쓰시오.

04

A는 유언 없이 최근 교통 사고로 사망하였다. A는 전처 B와 2년 전에 이혼하였고, 이후 C와 혼인하였다. A의 가족 관계는 다음과 같으며 재산은 9억 원이다.

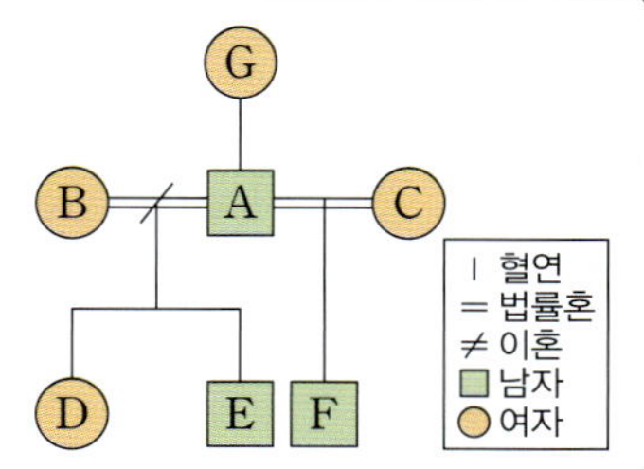

개선문   ⑦ 형사 절차와 인권 보장

❶ 개념 압축 정리

▶ 빈칸에 알맞은 말을 쓰시오.

수사	• 수사의 원칙 : ㉠ ( ) 원칙 • ㉡ ( )로부터 영장을 발부받아 체포 · 구속 • 수사의 대상이 되는 사람을 ㉢ ( )라 함 • 불기소 처분 또는 ㉣ ( )로 수사가 종결됨 • 구속된 피의자가 ㉤ ( ) 청구하여 법원이 이를 받아들이면 석방됨
재판	• 형사 재판의 당사자는 ㉥ ( )와 피고인임 • 피고인의 범죄 혐의에 대한 입증 책임은 ㉦ ( )에게 있음 • 판결에 불복할 경우 검사나 피고인은 ㉧ ( )할 수 있음 • 법원 판결에 의해 선고된 형이 확정될 경우 ㉨ ( )의 지휘에 따라 형이 집행됨

❷ 빈출 선지 연습

▶ 다음 기출 선지가 맞으면 '○', 틀리면 '×'에 표시하시오.

01	갑이 사기 혐의로 불구속 상태에서 수사를 받고 있던 중 검사가 구속 영장을 청구하면 구속 적부 심사를 받게 된다.	○ / ×
02	형사 피고인과 달리 형사 피의자는 변호인의 조력을 받을 권리를 갖는다.	○ / ×
03	수사 단계에서 진술 거부권을 고지하지 않더라도 피의자에 대한 신문 조서의 증거 능력은 부정되지 않는다.	○ / ×
04	선고 유예는 유예 기간 동안 일정한 죄를 짓지 않으면 면소된 것으로 간주하는 제도이다.	○ / ×
05	징역 6월에 집행 유예 2년을 선고 받으면, 징역 6월을 복역한 후 2년이 지나면 형 선고의 효력이 상실된다.	○ / ×
06	일정한 형사 사건의 피고인은 유 · 무죄와 관계없이 형사 재판 과정에서 배상 명령 제도를 통해 배상을 받을 수 있다.	○ / ×
07	피고인은 공판 과정에서 구속 상태를 벗어나기 위해 구속 적부 심사를 청구할 수 있다.	○ / ×
08	수사는 피의자의 고소가 있어야만 개시된다.	○ / ×
09	구속 적부 심사 청구는 피의자가 기소되기 전까지 법원에 대하여 할 수 있다.	○ / ×
10	수사 단계에서 경찰이 피의자를 구속하려면 판사가 발부한 영장을 제시하여야 한다.	○ / ×
11	수사 단계와 달리 재판 단계에서는 수사 절차가 아니므로 진술 거부권을 행사할 수 없다.	○ / ×

❸ 고난도 기출 지문 연습

▶ 다음 사례에 대한 법적 판단이 옳으면 '○', 틀리면 '×'를 쓰시오.

01

병을 폭행한 혐의로 수사를 받고 있던 갑과 을에 대해 검사는 ㉠ 구속 영장을 청구하였다. 하지만 판사는 갑과 달리 을에 대해서만 구속 영장을 발부하였다. 이후 갑과 을은 기소되어 재판을 받았다. ○○ 지방 법원은 갑에게 징역 1년에 집행 유예 2년을 선고하였고, 을에게는 금고 8개월의 선고를 유예하였다. ㉡ 갑과 을은 항소를 하지 않았다.

⑴ ㉠으로 인해 갑, 을에 대한 구속 적부 심사가 이루어진다.

⑵ ㉡으로 인해 갑, 을은 유죄가 확정된다.

02

시민 갑은 길을 가던 중 을이 행인의 가방을 소매치기하는 것을 목격하고 도망가던 을을 체포하여 경찰서에 즉시 인도하였다. 을은 회사의 부도로 경제적인 어려움을 겪게 되자 순간적인 충동으로 이 같은 일을 저질렀다고 경찰에게 진술하였고, 다음과 같은 형사 절차를 거치게 되었다.

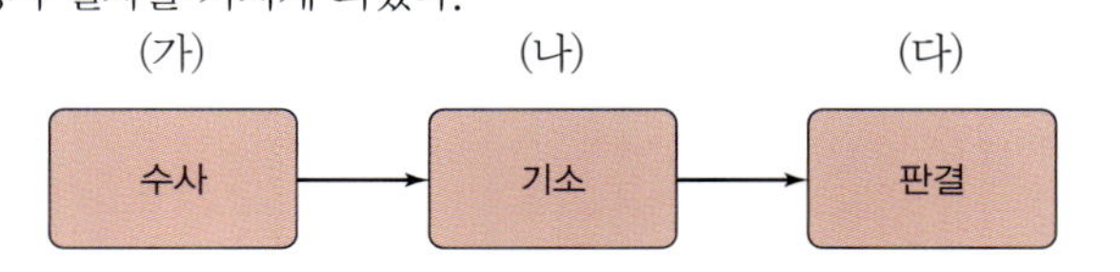

⑴ (가)에서 을은 현행범이므로 진술 거부권이 인정되지 않는다.

⑵ (다)에서 을은 집행 유예와 사회 봉사 명령을 동시에 받을 수 없다.

03

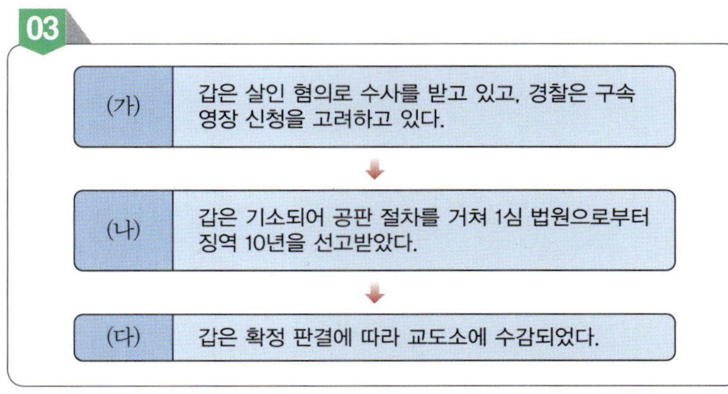

⑴ (가) 단계에서 경찰이 갑을 구속하려면 판사가 발부한 영장을 제시하여야 한다.

⑵ (나) 단계에서 갑이 징역 10년을 선고받았더라도 검사는 항소할 수 있다.

개선문 ⑧ 국제법의 법원

❶ 개념 압축 정리

▶ 빈칸에 알맞은 말을 쓰시오.

조약	• 국가나 ㉠ ( )를 당사자로 하여 상호 간에 체결하는 법적 구속력을 가진 합의 • 우리나라의 경우 조약의 체결권 및 비준권은 ㉡ ( )에게 있음
국제 관습법	• 국제 사회의 반복적인 관행이 국제 사회에서 법 규범으로 승인되어 효력을 가지게 된 관습 법규 • 국제 관습법이 성립되면 원칙적으로 국제 사회의 모든 국가에 대하여도 법적 ㉢ ( ) 발생
법의 일반 원칙	• 문명국들이 공통적으로 승인하여 따르는 법의 일반 원칙 • 국제 분쟁 발생 시 관련 법규가 없거나 법규의 내용이 명확하지 않을 경우 ㉣ ( )의 준거로 활용

❷ 빈출 선지 연습

▶ 다음 기출 선지가 맞으면 '○', 틀리면 '×'에 표시하시오.

01	조약은 체결 당사국에게만 법적 구속력이 있다.	○ / ×
02	우리나라에서 모든 조약 체결은 국회의 동의를 얻어야 한다.	○ / ×
03	국제 관습법은 국제 사회의 모든 구성원에 적용되는 포괄적 구속력을 가진다.	○ / ×
04	국제 관습법은 국제 사회의 반복적 관행이 법규범으로 승인된 것이다.	○ / ×
05	우리나라에서 조약과 국제 관습법은 헌법과 동등한 효력을 가진다.	○ / ×
06	국제 관습법은 법의 일반 원칙과 달리 국제 사법 재판소의 재판 준거로 활용될 수 있다.	○ / ×
07	법의 일반 원칙의 사례로는 국내 문제 불간섭의 원칙을 들 수 있다.	○ / ×
08	조약은 국가뿐만 아니라 국제기구도 체결 당사자가 될 수 있다.	○ / ×
09	법의 일반 원칙은 별도의 체결 절차 없이도 국제 사회에서 구속력을 갖는다.	○ / ×
10	우리나라의 경우 조약에 대한 체결권은 대통령이, 비준권은 국회가 갖는다.	○ / ×
11	법의 일반 원칙은 문명국들이 공통적으로 승인하여 국내법에 반영하고 있는 행위 원칙이다.	○ / ×

❸ 고난도 기출 지문 연습

▶ A, B, C가 조약, 국제 관습법, 법의 일반 원칙 중 어디에 해당하는지 쓰시오.

01

질문	A	B	C
국가 간에 체결한 법적 구속력을 가진 약속입니까?	아니요	아니요	예
문명국들이 공통적으로 승인하여 따르는 법의 보편적 원칙입니까?	예	아니요	아니요
내정 불간섭의 원칙을 사례로 들 수 있습니까?	아니요	예	아니요

A -   B -   C -

02

• '별도의 입법 절차를 거쳐야만 하는가?'라는 질문을 통해서는 A와 B를 구분할 수 있다.
• '체결국이 아닌 국가도 적용될 수 있는가?'라는 질문을 통해서는 B와 C를 구분할 수 없다.
• 국제 사법 재판소가 적용하는 순서는 B와 C 중에서 선택해야 되면 B를 먼저 적용한다.

A -   B -   C -

03

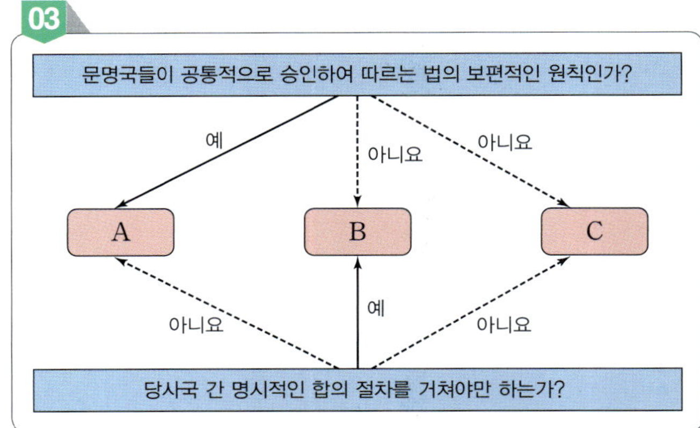

A -   B -   C -

BON.본 N제

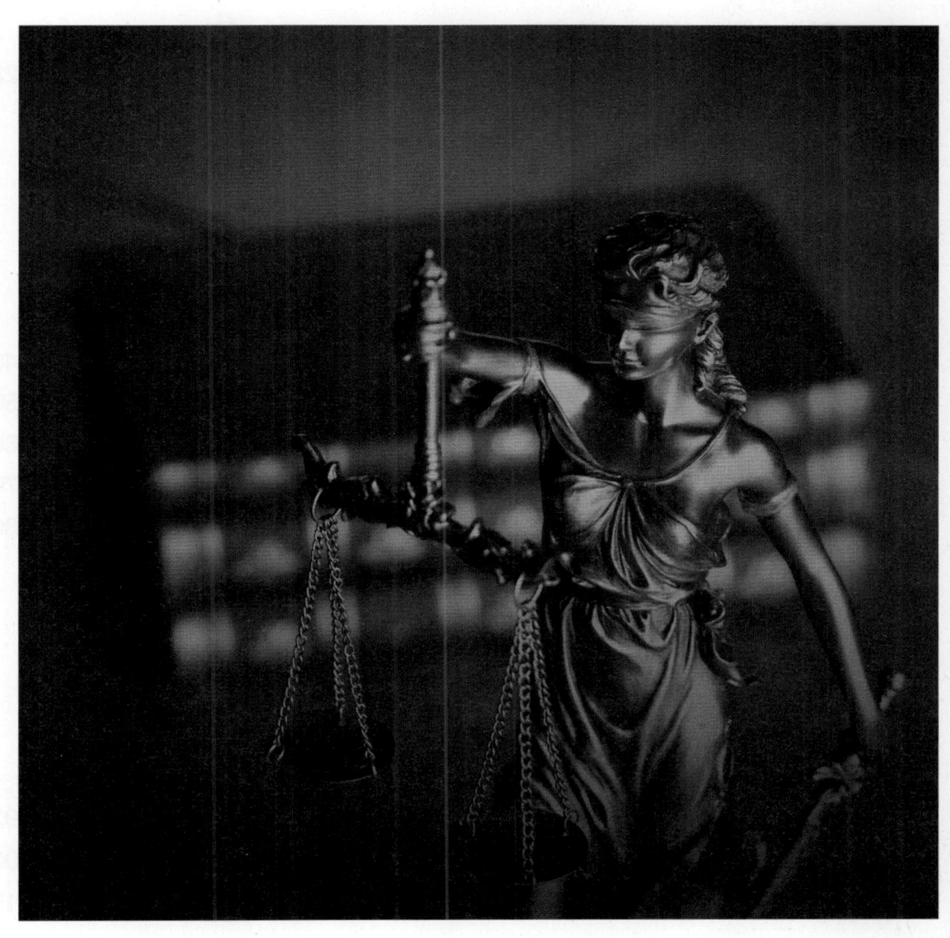

정치와 법

Contents
차례

Structure
구성과 특징

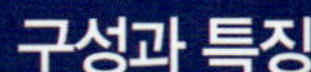

부록편

정치와 법에서 다루어지는 고난도 필출 주제 8가지를 선정하여 개념을 압축 정리하고, 빈출 선지를 ○ / × 문항으로 연습한 후, 고난도 자료 분석을 통해 핵심 개념을 보다 정확하게 이해할 수 있도록 하였습니다.

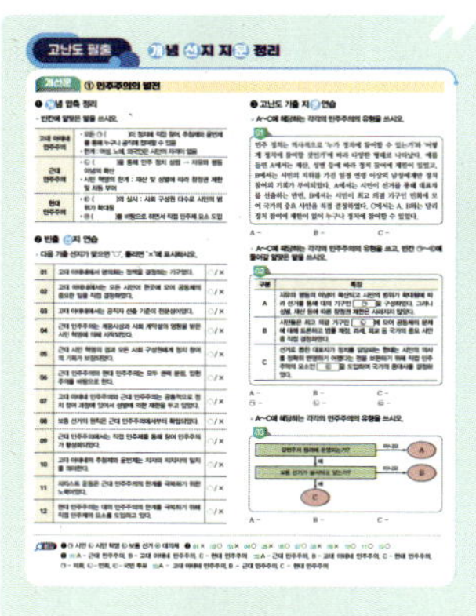

핵심 개념 정리

❶ **내용 정리** : 2015 개정 교육 과정 교과서에서 시험에 출제될 가능성이 높은 주제를 선정하여 기본 개념과 중요 개념을 쉽고 보기 좋게 정리하였습니다.

❷ **핵심 자료와 개념 정리** : 다수의 교과서와 각종 시험에서 다룬 자료와 그래프 등을 선별하여 자세히 분석하고 정리하였습니다. 개념과 함께 관련지어 학습하세요.

❸ **학생용 첨삭** : 개념 이해를 돕기 위해 핵심 개념과 어려운 용어를 쉽게 풀어서 첨자로 제공합니다.

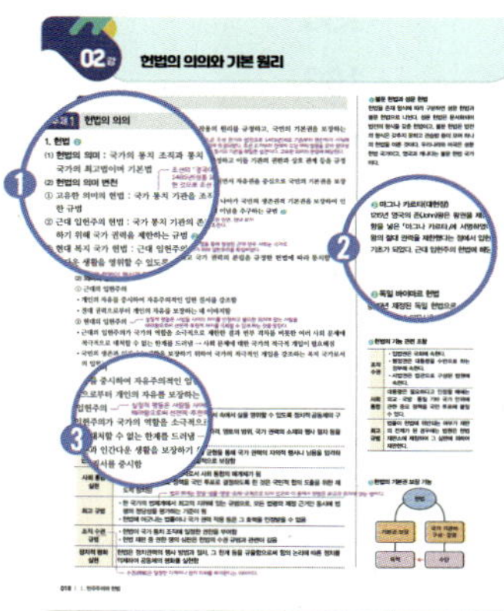

핵심 개념 CHECK

❶ **주제별 구성** : 주제별 개념 정리 후, 곧바로 자료를 통한 개념을 점검할 수 있도록 구성하였습니다. 이해가 부족한 부분은 바로 앞 핵심 개념 정리를 통해 확인하세요.

❷ ○ / × 문제 풀이를 통해 개념 이해 정도를 보다 정확하게 확인할 수 있도록 구성하였습니다. 실제 기출된 함정 선지를 활용하여 실전을 완벽하게 대비할 수 있도록 하였습니다.

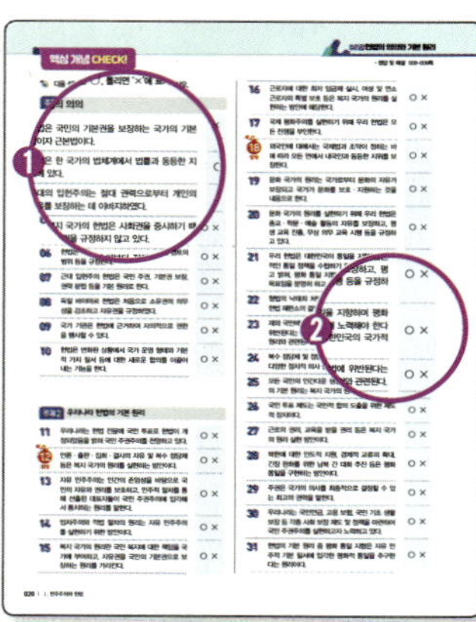

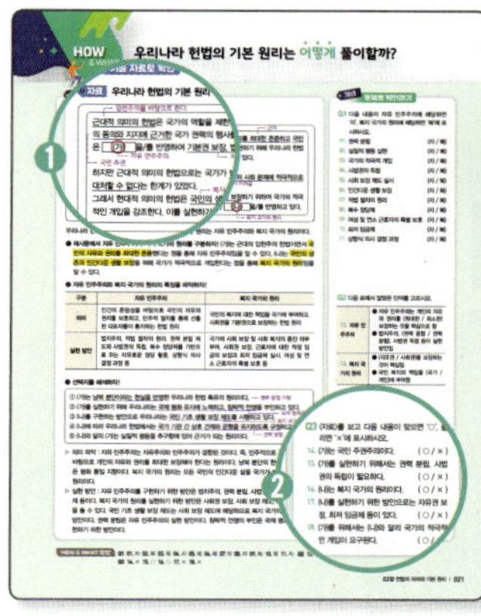

❶ 심화 자료를 개념에서부터 문제 적용에까지 한번에 점검할 수 있는 자료 분석 코너입니다. 문제 풀이 교재에서 놓치기 쉬운 자료 분석을 별도로 제공하여 깊이 있는 자료 분석을 제공합니다.

❷ [개념 기출 자료로 확인] – [개념 문제로 확인하기] 를 통해 자료 분석에서 문제 적용까지 단계적으로 개념을 확인할 수 있습니다.

기출+예상 문제로 주제 정복하기

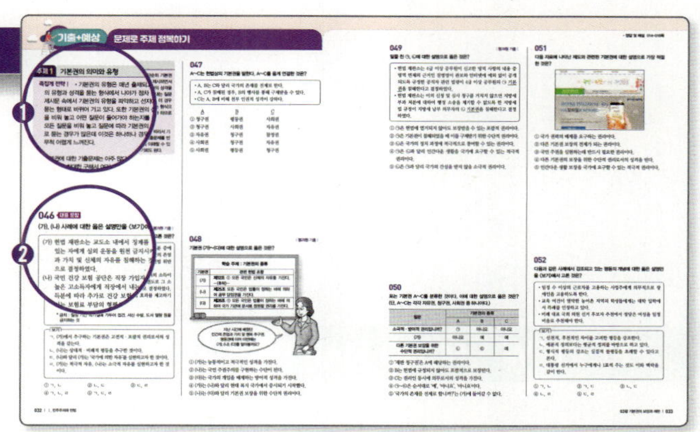

❶ 족집게 전략, 대표 문항 : 수능에서 출제 가능성이 가장 높은 대표 문항을 선별하여 출제 경향을 분석하고, 문제 접근 전략을 알려줍니다.

❷ 기출 문항과 예상 문제를 모두 다루어 시험을 완벽하게 대비할 수 있도록 하였습니다. 특히 고난도 문항은 1등급을 갈랐던 문항을 제시하여 특수한 문항에도 잘 대처할 수 있도록 하였습니다.

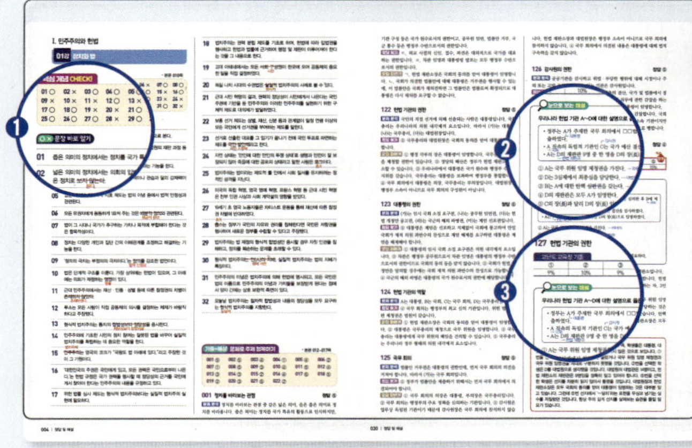

정답 및 해설편

❶ ○ / ✕ 문장 바로 알기 : ○ / ✕ 확인 문제의 경우 빠른 정답과 눈으로 확인하는 정답을 함께 수록하여 학습자의 학습 속도 조절을 용이하게 하였습니다. 학습자가 쉽게 이해하고 넘어간 경우 빠른 정답으로 확인하고 문제 풀이로 바로 넘어갈 수 있으며, 학습자가 개념 이해가 어렵다고 판단한 경우, 〈눈으로 보는 해설〉을 통해 정확하게 오개념을 잡아낼 수 있습니다.

❷ 눈으로 보는 해설 : 문항 첨삭을 통해 해설을 빠르게 이해시켜 주는 시스템입니다. 자료 및 제시문 분석, 정답 설명, 오답 선지의 틀린 부분을 바로바로 확인할 수 있습니다.

❸ 고난도 문항 해설 : 오답 선택지 선택률 15% 이상 또는 정답률 50% 이하의 문항을 선정하여 함정 선지와 함정을 피하는 방법을 알려 줍니다.

I 민주주의와 헌법

I 단원 PREVIEW - MIND MAP

Ⅰ 단원　학습 SOLUTION

▶ 법의 이념, 법치주의, 민주주의의 관계를 비교하며 학습하자!

법의 이념은 이번 교육 과정에서 새로 들어온 내용이다. 처음 들어왔기 때문에 출제될 가능성이 높다. 법치주의와 민주주의의 발전 과정은 역사적인 전개 과정에서의 중요한 특징을 살펴보고, 법치주의와 민주주의의 관계를 사례와 함께 학습해야 한다.

▶ 기본권의 보장과 제한은 헌법 재판소의 판례를 제시문으로 활용할 수 있다. 판례 분석과 함께 문제 풀이로 정복하자!

기본권의 유형 파악은 특징을 정확하게 이해하면 무난하게 문제를 풀 수 있다. 그러나 기본권의 제한 요건은 헌법 재판소의 판례를 제시하면서 분석하는 형식으로 다소 어렵게 출제될 가능성이 크다. 기출문제를 통해 풀이 과정을 연습하고 아울러 수시로 헌법 재판소의 판례를 살펴보도록 해야 한다.

주제 1 정치의 기능과 법의 이념

1. 정치의 의미와 기능

(1) 정치의 의미 ❶

> 정치권력이란 정치의 기능을 수행하기 위해 국가가 행사하는 외부적 강제력을 말한다.

① 좁은 의미 : 국가와 관련된 일을 하는 국가 고유의 활동, 즉 정치권력의 획득과 유지 및 행사 과정과 관련된 활동 ⓔ 의회의 입법 활동, 행정부의 법 집행 활동, 사법부의 재판 과정 등

② 넓은 의미 : 국가는 물론 개인이나 집단 간 이해관계의 대립이나 갈등을 조정·해결하는 과정 ⓔ 노사 대립 중재, 학급 회의나 가족 회의에서의 의사 결정 등

③ 넓은 의미의 정치에는 좁은 의미의 정치가 포함됨

④ 좁은 의미의 정치는 국가 이전의 정치 현상을 설명하기 어려우며, 넓은 의미의 정치는 현대의 다양한 정치 현상을 설명하기에 용이함

(2) 정치의 기능

① 공동체의 질서 유지 : 개인이나 집단 간의 다양한 대립과 갈등을 조정, 해결하여 질서를 유지하고 사회 통합을 실현함

② 사회적 희소가치의 배분 : 사회적 희소가치를 합리적으로 배분할 수 있는 규칙과 제도를 만들고 구성원이 이를 수용하도록 함

> 경제적 부, 정치적 권력, 사회적 위신 등과 같이 모든 사람이 얻기를 원하지만, 그 양이 한정되어 상대적으로 부족한 가치를 말한다.

③ 공동체의 발전 방향 제시 : 구성원이 원하는 것을 찾아 공동체에 제시하여 이에 대한 합의를 이끌어 냄

2. 법의 의미와 법의 이념

(1) 법의 의미 : 사회 구성원의 행위를 규율하고 질서를 유지하기 위해 국가 권력에 의해 강제되는 사회 규범

> 사회 규범이란 한 사회 구성원들이 지켜야 할 행동 기준으로서, 관습, 도덕, 법 등이 있다.

(2) 법의 특성

① 행위 규범 : 법은 사회 구성원에게 어떤 행위를 할 수 있는지, 하면 안 되는지 기준을 제시

② 재판 규범 : 구성원이 법을 위반하면 이 기준에 따라 재판하게 됨

③ 강제 규범 : 사회 구성원이 법을 위반하면 국가 기관이 제재한다는 점에서 도덕이나 종교적인 규범과는 다른 강제성을 가짐

④ 단계적 구조 : 법은 가장 상위에 헌법이 있으며, 그 아래 의회가 제정한 법률과 법률을 집행하기 위한 명령이 있는 단계적 구조를 가지고 있음 ❷

(3) 법의 이념 ❸

정의	의미	• 법이 추구하는 궁극적 이념, 모든 사람이 인간으로 동등한 대접을 받고 각자가 노력한 만큼의 몫을 얻는 것 → 옳고 그름의 판단 근거가 됨 • 평등을 바탕으로 한 정의
	평균적 정의	• 교환적·보상적·산술적 의미의 정의 • 차이를 고려하지 않고 누구에게나 똑같이 대우해 주는 형식적 평등을 통해 실현됨
	배분적 정의	• 상대적·비례적·실질적 평등을 추구하는 정의 • 개인의 능력과 상황, 필요 등에 따른 차이를 반영하여 '같은 것은 같게, 다른 것은 다르게' 대우하는 것을 말함 → 칸트 이후 근대에는 정의를 '평등'으로 인식하였다.
합목적성		• 정의가 법을 통해 실현될 수 있도록 방향을 설정해 주는 기준이 됨 • 법이 그 사회가 추구하는 가치나 목적에 구체적으로 합치되는 것을 의미함 → 근대 자유방임 국가에서는 개인의 자유와 권리를 중시하였고, 현대 복지 국가에서는 공공복지를 중시하여 이를 법에 반영함
법적 안정성		• 국민이 법의 권위를 믿고 법에 따라 안심하고 생활할 수 있는 상태를 의미함 • 법적 안정성의 요건 : 법의 내용이 명확히 규정되어야 하고, 실현 가능성이 있어야 하며, 법이 쉽게 폐지되거나 자주 변경되지 않아야 하며, 일반인의 법의식에 부합하여야 함 • 법적 안정성을 중시하는 제도 : 법률 불소급의 원칙, 시효 제도 등

> 법률 불소급의 원칙이란 법률의 효력은 시행일로부터 발생하며 시행일 이전의 사건에 대해서는 소급하여 적용할 수 없다는 원칙이다. 하지만 예외적으로 새로 만들어진 법을 적용하는 것이 피의자(피고인)에게 유리할 경우 신법을 소급 적용하는 것이 허용된다.

---

❶ 정치의 의미에 관한 다양한 주장

• 공자 : 정치란 양식을 풍족하게 하고 군비를 충분하게 하고 백성이 신뢰하게 하는 것이다.

• 정약용 : 정치라고 하는 것은 바르게 하는 일이며 우리 백성들이 고르게 살도록 하는 일이다.

• 플라톤 : 정치를 외면한 가장 큰 대가는 가장 저질스러운 인간들에게 지배당한다는 것이다.

• 아리스토텔레스 : 인간은 원래 정치적 동물이다. 그러므로 국가 없이도 살 수 있는 자는 인간 이상의 존재이거나 인간 이하의 존재이다.

❷ 법의 단계적 구조

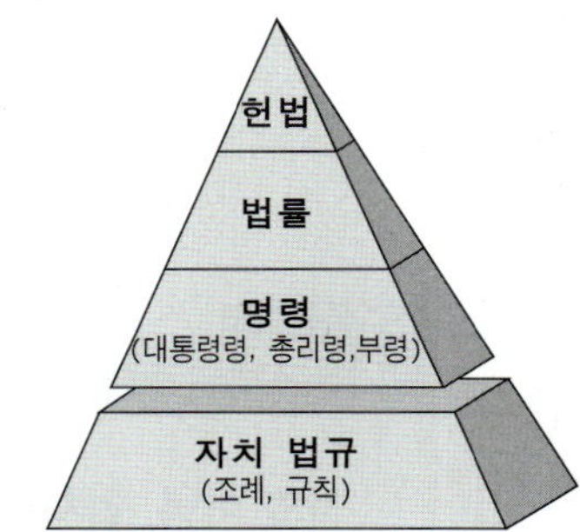

법은 단계적 구조를 이룬다. 가장 상위에는 헌법이 있으며, 그 아래에는 의회가 제정하는 **법률**이 있다. 법률 아래에는 법률을 집행하기 위하여 행정부의 대통령이나 행정 각부의 장이 제정하는 명령이 있다. 가장 아래에는 지방 자치 단체가 정하는 자치 법규인 조례와 규칙이 있다. 하위법은 상위법에 근거하여 제정되어야 한다. 따라서 상위법에 위반하여 제정된 하위법은 그 효력을 인정받지 못한다.

> 절대적 평등과 상대적 평등 : 절대적 평등은 개인에게 주어진 선천적·후천적 차이를 고려하지 않고 동등하게 대우하는 것이다. 상대적 평등은 '같은 것은 같게, 다른 것은 다르게'라는 의미로서 배분적 정의를 의미한다.

❸ 법의 이념을 강조하는 법언들

정의	• 세상이 망하더라도 정의는 세우라. • 정의만이 통치의 기초이다.
합목적성	• 민중의 행복이 최고의 법률이다. • 국민이 원하는 것이 법이다.
법적 안정성	정의의 극치는 부정의의 극치이다.

주제 2 민주주의와 법치주의

1. 민주주의(Democracy)

→ 민주주의는 고대 그리스어의 민중 또는 인민을 뜻하는 '데모스(demos)'와 '지배' 또는 '권력'을 뜻하는 '크라토스(kratos)'가 합성된 용어이다. 따라서 민주주의는 일반적으로 민중에 의한 지배로 이해된다.

(1) 의미

① 한 사람이나 소수에 의한 지배가 아닌 다수의 민중에 의한 지배를 의미함

② 시민의 뜻에 따라 운영되는 정치 형태이자, 인간의 존엄성 및 자유와 평등을 실현하기 위한 정치 이념

③ 공동체가 지향하는 목적이면서 동시에 이를 달성하기 위한 수단임

(2) 민주주의의 발전 과정

→ 민회에서는 법률 제정, 주요 정책의 심의 결정을 하였다.
→ 평의회란 민회에서 결정된 안건을 집행하는 행정 기관이다.

고대 아테네 민주주의	• 공동체에 속한 모든 시민이 정치에 직접 참여하는 직접 민주 정치를 실시함 • 의회 역할을 하는 민회, 행정 기구인 평의회, 사법 기구인 재판소 등을 통해 운영함 • 추첨제와 윤번제를 통해 누구나 공직에 참여할 수 있음
근대 민주주의	• 사회 계약설의 영향을 받은 시민 혁명을 통해 민주 정치 성립 → 시민 계급이 사회적 주도권 장악, 자유와 평등 이념의 확산 ❹ • 시민 혁명의 한계 : 재산 및 성별에 따라 참정권 제한 및 차등 부여 • 한계 극복을 위한 노력 : 차티스트 운동(노동자의 참정권 쟁취 운동), 여성 참정권 운동 등
현대 민주주의	• 보통 선거의 실시 : 사회 구성원 다수로 시민의 범위가 확대됨 • 대의제 실시 : 정치적 무관심 초래, 시민 의사의 왜곡 등 • 한계 극복을 위한 노력 : 국민 투표제, 국민 소환제, 국민 발안제 등 직접 민주 정치 요소 도입

→ 자유와 권리의 보장을 위해 사회 구성원들이 합의하여 계약을 통해 국가를 형성하였다는 사상이다.

→ 그 성격과 규모 면에서 영국의 새로운 산업 질서의 산물인 사회적 불의에 대항해 일어난 최초의 전국적인 노동 계급 운동이었다.

재산·인종·성별 등과 상관없이 일정 연령 이상의 모든 국민에게 선거권을 부여하는 제도를 말한다.

• 국민 투표 : 국가의 중요 정책을 국민의 직접적인 의사를 물어 결정하는 제도
• 국민 소환 : 선거로 선출된 공직자를 임기 만료 전에 국민 투표를 통해 파면하는 제도
• 국민 발안 : 국민이 직접 헌법 개정안이나 법률안을 제출할 수 있는 제도

2. 법치주의의 발전 과정

(1) 법치주의 : 의회가 제정한 법률에 근거하여 국가 기관을 구성하고 운영해야 한다는 원리

(2) 법치주의의 발전 : 영국에서 권리 청원(1628), 권리 장전(1689)을 통해 절대 군주의 자의적 통치를 막고 법의 지배 확립 → 미국 독립 선언, 프랑스 인권 선언 등에 반영

(3) 형식적 법치주의와 실질적 법치주의

형식적 법치주의 ❺	• 적법한 절차에 의한 통치 강조 → 법의 목적이나 내용은 문제 삼지 않음 • 전제 정치나 독재 정치를 정당화하는 수단으로 악용될 수 있음
실질적 법치주의	• 형식적인 합법성뿐만 아니라 법의 목적과 내용도 정의와 헌법 이념에 부합해야 함 • 실질적 법치주의의 실현을 위해서 현대 민주주의 국가에서는 법률이 헌법에 위반되는지를 심사하는 제도를 두고 있음

3. 민주주의와 법치주의의 관계 ❻

(1) 상호 보완적 관계

① 민주주의는 다수의 의사에 따른 지배를 추구한다는 점에서 자칫 다수의 횡포를 가져올 수 있음 → 법치주의는 법으로 국민의 자유와 권리를 규정하고, 부당한 정책의 시행을 금지함으로써 민주주의에서 초래될 수 있는 위험을 막을 수 있음

② 법치주의는 법 제정의 형식적 합법성만 중시할 경우 자칫 인권을 침해하고, 정의를 훼손하는 문제를 초래할 수 있음 → 민주주의에 기초한 시민의 정치 참여는 잘못된 법을 바꾸어 실질적 법치주의를 확립하는 데 중요한 역할을 함

(2) 민주주의와 법치주의의 갈등

① 국민의 의사는 시대와 상황에 따라 변화하므로 국민의 의사에 따라 이루어지는 민주주의는 동적(動的)인 성격을 가짐

② 법치주의는 법이라는 제도적 틀 안에서 사회 질서를 유지하려는 정적(靜的)인 성격을 가짐

③ 변화를 바라는 여론과 기존의 법질서가 일치하지 않아 민주주의와 법치주의 간에 대립이 발생할 수 있음

(3) 민주주의와 법치주의의 조화 : 국민의 대표가 모인 의회에서 법을 제정하거나 개정함으로써 민주주의가 법치주의의 틀 안에서 실현되도록 하여 긴장과 갈등을 해소할 수 있음

---

❹ 사회 계약론자들의 사상 비교

> (가) '만인에 대한 만인의 투쟁 상태'인 자연 상태에서는 인간이 자연권을 보장받을 수 없다. 이에 사람들은 계약을 맺어 국가를 수립하였다. 국민은 국가의 보호를 받는 대가로 계약에 동의했으므로 통치자의 권력에 복종해야 한다.
>
> (나) 자연 상태에서 인간은 자유롭고 평등하지만 자연권 침해의 가능성이 크다. 이에 사람들은 생명과 자유, 재산을 보호하기 위해 계약을 맺고 대표에게 주권 행사를 위임하였다. 그런데 정부가 계약을 위반한다면 국민은 저항권을 행사할 수 있다.
>
> (다) 자연 상태는 자유롭고 평화로운 상태이지만 갈등과 혼란이 있다. 사람들은 일반 의지에 따라 공공선을 실현하기 위해 계약을 맺어 정부를 수립하였다. 이 경우 모든 사람이 직접 공동체의 의사를 결정할 수 있는 체제가 바람직하다.

(가)는 홉스, (나)는 로크, (다)는 루소의 주장이다. 세 사람 모두 계약을 통해 국가를 수립했다는 점에서 국가를 자연권 보존을 위한 수단으로 보았다. 홉스는 군주 주권설, 로크는 국민 주권설, 루소는 직접 민주 정치를 주장했다.

❺ 히틀러의 수권법

> 제1조 라이히 법률은 라이히 헌법이 규정하고 있는 절차에 의하는 외에, 라이히 정부에 의해서도 의결될 수 있다.
> 제2조 라이히 정부가 의결하는 법률에는 라이히 헌법과는 다른 규정을 둘 수 있다.

수권법이란 행정부에 광범위하고 포괄적인 법률을 제정할 수 있는 권한을 위임하는 법률이다. 히틀러(Hitler, A.)는 1933년 3월 24일에 「국민 및 국가의 위기 극복에 관한 법률」을 공포하여 국가 권력을 행정부에 집중함으로써 행정부가 헌법에 위배되는 법률을 제정할 수 있는 법적 근거를 제공하였다. 이 법에 따라 행정부는 국민의 기본권을 침해하는 법률을 견제 없이 제정·집행할 수 있었다. 이는 형식적 법치주의에 해당한다.

❻ 우리나라의 법치주의 구현 정신

> • 성문 헌법주의   • 기본권 보장의 선언
> • 권력 분립의 원리 채택
> • 위헌 법률 심사제의 채택

우리 헌법에는 법치주의에 관한 직접적 명문 규정은 없으나 위와 같은 내용을 통해 법치주의의 구현 정신을 도출할 수 있다.

핵심 개념 CHECK!

· 정답 및 해설 004쪽

✎ 다음 설명이 맞으면 '○', 틀리면 '×'에 표시하시오.

주제 1 정치의 기능과 법의 이념

01 좁은 의미의 정치에서는 정치를 국가 특유의 활동으로 본다. ○ ×

02 넓은 의미의 정치에서는 의회의 입법 활동이나 법원의 재판 과정 등은 정치로 보지 않는다. ○ ×

03 정치는 사회적 희소가치를 합리적으로 배분하는 기능을 한다. ○ ×

04 법은 국가에서 정한 사회 규범으로 도덕이나 관습과 달리 강제력이 있다. ○ ×

05 법률 불소급의 원칙과 시효 제도는 법의 이념 중에서 법적 안정성과 관련된다. ○ ×

06 모든 유권자에게 동등하게 1표씩 주는 것은 배분적 정의와 관련된다. ○ ×

07 법이 그 시대나 국가가 추구하는 가치나 목적에 부합해야 한다는 것은 합목적성이다. ○ ×

08 정치는 다양한 개인과 집단 간의 이해관계를 조정하고 해결하는 기능을 한다. ○ ×

09 '정의의 극치는 부정의의 극치이다.'는 정의를 강조한 법언이다. ○ ×

10 함정 법은 단계적 구조를 이룬다. 가장 상위에는 헌법이 있으며, 그 아래에는 의회가 제정하는 명령이 있다. ○ ×

주제 2 민주주의와 법치주의

11 함정 근대 민주주의에서는 재산 · 인종 · 성별 등에 따른 참정권의 차별이 존재하지 않았다. ○ ×

12 루소는 모든 사람이 직접 공동체의 의사를 결정하는 체제가 바람직하다고 주장했다. ○ ×

13 형식적 법치주의는 통치의 합법성보다 정당성을 중시한다. ○ ×

14 민주주의에 기초한 시민의 정치 참여는 잘못된 법을 바꾸어 실질적 법치주의를 확립하는 데 중요한 역할을 한다. ○ ×

15 민주주의는 영국의 코크가 "국왕도 법 아래에 있다."라고 주장한 것이 그 기원이다. ○ ×

16 '대한민국의 주권은 국민에게 있고, 모든 권력은 국민으로부터 나온다.'는 헌법 규정은 국가 권력을 행사할 때 정당성의 근거를 국민에게서 찾아야 한다는 민주주의의 내용을 규정하고 있다. ○ ×

17 위헌 법률 심사 제도는 형식적 법치주의보다는 실질적 법치주의 실현에 필요하다. ○ ×

18 법치주의는 권력 분립 제도를 기초로 하며, 헌법에 따라 입법권을 행사하고 헌법과 법률에 근거하여 행정 및 재판이 이루어져야 한다는 것을 그 내용으로 한다. ○ ×

19 고대 아테네에서는 모든 사회 구성원이 한곳에 모여 공동체의 중요한 일을 직접 결정하였다. ○ ×

20 독일 나치 시대의 수권법은 실질적 법치주의의 사례로 볼 수 있다. ○ ×

21 근대 시민 혁명의 결과, 권력의 정당성이 시민에게서 나온다는 국민 주권에 기반을 둔 민주주의와 이러한 민주주의를 실현하기 위한 구체적 제도로 대의제가 발달하였다. ○ ×

22 보통 선거 제도는 성별, 재산, 신분 등과 관계없이 일정 연령 이상의 모든 국민에게 선거권을 부여하는 제도를 말한다. ○ ×

23 선거로 선출한 대표를 그 임기가 끝나기 전에 국민 투표로 파면하는 제도를 국민 발안제라고 한다. ○ ×

24 자연 상태는 '만인에 대한 만인의 투쟁 상태'로 생명과 안전이 잘 보장되지 않아 죽음에 대한 공포의 상태라고 말한 사람은 로크이다. ○ ×

25 법치주의는 법이라는 제도적 틀 안에서 사회 질서를 유지하려는 정적인 성격을 지닌다. ○ ×

26 미국의 독립 혁명, 영국 명예 혁명, 프랑스 혁명 등 근대 시민 혁명은 천부 인권 사상과 사회 계약설의 영향을 받았다. ○ ×

27 19세기 초 영국 노동자들은 차티스트 운동을 통해 재산에 따른 참정권 차별에 반대하였다. ○ ×

28 홉스는 정부가 국민의 자유와 권리를 침해한다면 국민은 저항권을 행사하여 새로운 정부를 수립할 수 있다고 주장했다. ○ ×

29 함정 법치주의는 법 제정의 형식적 합법성만 중시할 경우 자칫 인권을 침해하고, 정의를 훼손하는 문제를 초래할 수 있다. ○ ×

30 형식적 법치주의는 인(人)의 지배, 실질적 법치주의는 법의 지배가 특징이다. ○ ×

31 민주주의의 이념은 법치주의에 의해 헌법에 명시되고, 모든 국민은 법의 이름으로 민주주의의 이념과 가치들을 보장받게 된다는 점에서 양자 간에는 상호 보완적 측면이 있다. ○ ×

32 오늘날 법치주의는 절차적 합법성과 내용의 정당성을 모두 요구하는 형식적 법치주의를 지향한다. ○ ×

민주주의의 발전 과정은 어떻게 풀이할까?

개념 기출 자료로 확인

자료 민주주의의 발전 과정

구분	특징
(가) 근대	자유와 평등의 이념이 확산되고 시민의 범위가 확대됨에 따라 선거를 통해 대의 기구인 A를 구성하였다. 그러나 성별, 재산 등에 따른 참정권 제한은 사라지지 않았다. → 근대 민주 정치의 특징 (의회)
(나) 고대	시민들은 최고 의결 기구인 B에 모여 공동체의 문제에 대해 토론하고 법률 제정, 과세, 외교 등 국가의 중요 사안을 직접 결정하였다. → 민회
(다) 현대	선거로 뽑힌 대표자가 정치를 담당하는 형태는 시민의 의사를 정확히 반영하기 어렵다는 점을 보완하기 위해 직접 민주주의의 요소인 C를 도입하였다. → 국민 투표, 국민 발안, 국민 소환 등

❶ 제시문에서 고대 아테네의 민주주의, 근대의 민주주의, 현대의 민주주의를 구분하자! (가)는 대의 기구인 의회가 생겼지만 참정권 제한이 있었다는 것으로 보아 시민 혁명 이후의 근대 민주주의임을 알 수 있다. (나)는 시민들이 한 곳에 모여 중요 사안을 직접 결정했다는 것으로 보아 고대 아테네 민주주의임을 알 수 있다. (다)는 대의제가 실시되었고 그 단점을 보완하기 위해 직접 민주주의 요소를 도입했다는 것으로 보아 현대 민주주의임을 알 수 있다.

❷ 각 시대별 민주주의의 유형과 특징을 파악하자!

구분	고대 아테네 민주주의	근대 민주주의	현대 민주주의
시민의 범주	여자, 노예, 외국인을 제외한 성인 남자	부르주아 (유산 계급)	모든 사회 구성원
정책 결정	시민이 직접 결정	대표자에 의한 결정	대표자에 의한 결정을 원칙으로 하면서 직접 민주주의 요소 도입

❸ 선택지를 해석하자!

① (가)에서는 모든 성인에게 공직 참여의 기회가 제공되었다. → 근대에는 재산, 성별에 따라 제한
② (나)는 (다)와 달리 입헌주의를 통해 기본권을 보장하였다. → 근대와 현대 민주주의 특징
③ A의 구성원을 선출하는 과정에는 보통 선거의 원칙이 적용되었다.
④ B에 참여하는 시민들은 추첨을 통해 선출되었다. → 현대 민주주의 특징
⑤ 국가의 중요 정책을 결정하기 위해 실시하는 국민 투표는 C에 해당한다. → 직접 민주주의 요소

▷ 정책 결정의 주체 : 고대 아테네에서는 여자, 노예, 외국인이 제외되었고, 근대에서는 재산이나 성별에 따라 정치 참여가 제한되었다. 현대에서는 보통 선거 제도의 확립으로 모든 사회 구성원이 정치에 자유롭게 참여할 수 있게 되었다.

▷ 입헌주의 : 헌법을 정해 놓고 그 헌법에 따라 통치를 하는 것이 입헌주의인데, 이것은 근대와 현대 민주주의의 특징이다.

▷ 보통 선거의 원칙 : 재산이나 신분, 성별 등에 관계없이 누구나 선거권을 갖는 것을 보통 선거라고 한다. 보통 선거는 20세기에 들어와서 확립되었다.

▷ 고대 아테네 : 고대 아테네의 정치 제도로는 추첨제나 윤번제를 들 수 있다. 이러한 제도로 인해 누구나 평생에 한 번은 공직을 맡을 수 있었다. 즉, 전문성이나 자격 등을 따지지 않은 것이 특징이다.

▷ 직접 민주주의의 요소 : 오늘날 대표적인 직접 민주주의 요소로는 국민 투표, 국민 발안, 국민 소환 등이 있다. 국민 투표는 중요한 정책 결정을 국민의 투표에 맡기는 것이고, 국민 발안은 국민이 직접 법률안을 발의하는 것이며, 국민 소환은 선출직 공무원을 국민이 파면시키는 제도이다.

개념 문제로 확인하기

Q1 다음 내용이 고대 아테네에 해당하면 '고', 근대 민주주의에 해당하면 '근', 현대 민주주의에 해당하면 '현'에 표시하시오.

01. 직접 민주제를 기본으로 함 (고 / 근 / 현)
02. 모든 사회 구성원이 시민 (고 / 근 / 현)
03. 추첨제, 윤번제, 민회 (고 / 근 / 현)
04. 보통 선거 원칙 확립 (고 / 근 / 현)
05. 대의제 실시 (고 / 근 / 현)
06. 재산, 성별, 신분에 따른 참정권 제한 (고 / 근 / 현)
07. 입헌주의에 기반한 정치 운영 (고 / 근 / 현)
08. 대의제에 직접 민주주의 요소 도입 (고 / 근 / 현)
09. 계몽 사상, 천부 인권 사상을 바탕으로 함 (고 / 근 / 현)
10. 시민 혁명으로 형성됨 (고 / 근 / 현)
11. 제한된 민주 정치 (고 / 근 / 현)

Q2 다음 표에서 알맞은 단어를 고르시오.

12. 고대 아테네의 민주주의	❶ 시민 모두가 (민회 / 평의회)에 모여 정책 결정 ❷ 추첨제, 윤번제는 (전문성 / 참여 기회) 중시 ❸ 시민의 범위에서 (여자 / 남자), 노예, 외국인은 제외됨
13. 근대 민주주의	❶ (시민 혁명 / 산업 혁명)에 의해 형성됨 ❷ (대의제 / 직접 민주제)를 원칙으로 함 ❸ (제한된 / 대중) 민주주의
14. 현대 민주주의	❶ (제한 선거 / 보통 선거) 원칙 확립 ❷ (입헌주의 / 계몽주의)를 원칙으로 함 ❸ (제한된 / 대중) 민주주의

Q3 〈자료〉를 보고 다음 내용이 맞으면 'O', 틀리면 '×'에 표시하시오.

15. A는 민회, B는 의회이다. (O / ×)
16. (가)에서는 (나)에서와 달리 참정권 제한이 있었다. (O / ×)
17. (다)에서는 보통 선거 제도가 확립되었다. (O / ×)

주제 1   정치의 기능과 법의 이념

족집게 전략 | • 정치의 의미는 매년 출제되는 주제이나 어려운 문제로 출제되지는 않는다. 좁은 의미의 정치와 넓은 의미의 정치의 개념을 정확히 알고 있으면 된다. 특히 넓은 의미의 정치에는 좁은 의미의 정치 개념이 포함되어 있음을 유의해야 한다. 즉, 의회의 입법 활동은 좁은 의미의 정치에 해당하는데 넓은 의미의 정치에도 해당된다는 사실에 유념하면 틀릴 일은 거의 없다.

• 법의 이념은 이번 교육 과정에서 새롭게 들어온 부분이다. 2000년대 초에 '법과 사회'라는 과목에서 깊이 있게 다루었는데 그 후에 삭제되었다가 이번에 부활되었다. 과거에는 무척 깊이 있는 내용을 다루었으나 지금은 간단한 개념 정도만 언급하고 있는 실정이다. 그러나 정의에서 배분적 정의와 평균적 정의의 사례, 법적 안정성에서 시효 제도 등은 제시문이나 선지에서 다양하게 활용될 수 있으므로 기출문제를 중심으로 충분히 연습해 두는 것이 좋다.

001 대표 문항

| 평가원 기출

정치를 바라보는 갑, 을의 관점에 대한 설명으로 옳은 것은?

① 갑의 관점은 국가 형성 이전의 정치 현상을 설명할 수 없다.

② 을의 관점은 기업에 대한 시민 단체의 감시 활동을 정치로 본다.

③ 갑의 관점은 을의 관점과 달리 소수 통치 엘리트의 활동을 중시한다.

④ 을의 관점은 갑의 관점과 달리 다양한 집단을 정치의 주체로 본다.

⑤ 갑과 을의 관점은 모두 정치권력을 획득하고 유지 · 행사하는 활동을 정치라고 본다.

002

다음은 정치의 의미에 대한 갑, 을의 견해이다. 이에 대한 설명으로 옳은 것은?

> 갑 : 인간 집단, 사회에서 일어나는 공식적 · 비공식적 활동과 공적 · 사적 활동을 포함한 모든 집단적 활동이 정치야.
>
> 을 : 정치의 의미는 도시 국가를 의미하는 폴리스(polis)에서 유래했어. 따라서 정치는 '폴리스에 관계되는 일', 즉 현대에서는 '국가와 관련된 일'로 볼 수 있어.

① 갑의 관점은 국가 형성 이전의 정치 현상을 설명하기 어렵다.

② 을은 국가가 다양한 정치 집단 중 하나에 불과하다고 본다.

③ 갑과 달리 을은 다원화된 현대 사회의 정치 현상을 설명하기에 용이하다.

④ 을과 달리 갑은 국가가 다른 조직과 구별되는 특수성을 지닌다고 본다.

⑤ 갑과 을은 모두 의회의 입법 활동을 정치라고 본다.

003

다음 두 사례에서 공통적으로 도출할 수 있는 정치의 기능으로 가장 적절한 것은?

> (가) 밀수입 예비 행위를 밀수범과 같은 형벌로 처벌하는 특정 범죄 가중 처벌 등에 관한 법률은 위헌이라는 헌법 재판소 결정이 나왔다. 헌법 재판소는 "밀수입 행위와 밀수입 예비 행위는 엄연하게 다른데도 예비 행위를 본죄에 준해 처벌하도록 하는 것은 그 불법성과 책임의 정도에 비춰 지나치게 과중한 형벌을 규정하고 있다."고 밝혔다.
>
> (나) 법원은 A 회장과 그의 여성 동거인 관련 기사에 허위 악성 댓글을 반복적으로 단 60대 여성 B씨에게 징역 6개월에 집행유예 2년을 선고했다. 재판부는 "B씨가 별다른 확인 없이 댓글을 게시해 피해자의 인격권이 회복 불가능하게 침해됐다."고 밝혔다.

① 집단 간 이해관계를 조정한다.

② 국민의 삶의 질을 향상시킨다.

③ 사회가 나아갈 방향을 제시한다.

④ 국민의 자유와 권리를 보호한다.

⑤ 사회적 희소가치를 권위적으로 배분한다.

004

다음 글에서 강조하고자 하는 내용으로 가장 적절한 것은?

> 법을 집행하는 여신은 눈을 감고 한 손에 저울을 들고, 또 한 손에는 칼을 들고 있다. 여기서 '눈을 감고' 있는 것은 정실을 배제하고자 함이고, '저울'은 형평성을 상징하며, '칼'은 강제력 발동을 의미한다.

① 법은 정의를 실현하기 위한 규범이다.
② 법은 법적 안정성을 실현하려는 규범이다.
③ 법은 범죄자를 엄하게 처벌하려는 규범이다.
④ 법은 양심을 바른 길로 인도하려는 규범이다.
⑤ 법은 구체적인 국가 목적을 실현하기 위한 규범이다.

005

|평가원 기출|

(가), (나)는 법의 이념들이다. 이에 대한 옳은 설명을 〈보기〉에서 고른 것은?

> __(가)__ 은/는 인간의 사회생활에 질서와 평화를 확립해 주는 법이념으로서 명확성, 예측 가능성, 실현 가능성 등을 요건으로 한다. __(나)__ 은/는 법이 추구하는 궁극적인 이념으로서 현실의 법을 규제하고, 성립된 법을 정당하고 옳은 것으로 만든다.

〔보기〕
ㄱ. (가)에 대한 법언으로 "국민이 원하는 것이 법이다."가 있다.
ㄴ. (가)를 위하여 일정 기간 소유의 의사로 부동산을 점유한 자에게 소유권 취득을 인정한다.
ㄷ. (나)는 사회의 가치관에 따라 법이 구체적으로 제정·실시되는 원리를 의미한다.
ㄹ. (나)에는 손해 정도에 따른 배상액 산정과 1인 1표의 선거권 부여가 포함된다.

① ㄱ, ㄴ   ② ㄱ, ㄷ   ③ ㄴ, ㄷ
④ ㄴ, ㄹ   ⑤ ㄷ, ㄹ

006

A, B에 해당하는 적절한 사례를 〈보기〉에서 고른 것은?

> 정의의 본질은 평등이다. 정의는 A와 B로 나누어 구분하는 것이 일반적이다. A는 모든 인간을 동등하게 취급하는 것을 내용으로 하며, 절대적·형식적 평등으로서의 성격을 갖는다. 이에 비해 B는 능력과 공헌도에 따라 차등 대우하는 것을 내용으로 하며, 상대적·실질적 평등의 성격을 갖는다.

〔보기〕
ㄱ. 누구든지 손해를 끼치면 배상하게 하는 것
ㄴ. 국가 유공자에 대해 취업에서 특혜를 주는 것
ㄷ. 매출 실적이 뛰어난 사원에게 상여금을 주는 것
ㄹ. 시험 부정 행위자에 대해서는 장애 여부에 관계없이 시험 자격을 박탈하는 것

	A	B		A	B
①	ㄱ, ㄴ	ㄷ, ㄹ	②	ㄱ, ㄹ	ㄴ, ㄷ
③	ㄴ, ㄷ	ㄱ, ㄹ	④	ㄴ, ㄹ	ㄱ, ㄷ
⑤	ㄷ, ㄹ	ㄱ, ㄴ			

007

다음과 같은 법률 조항이 지닌 공통적 의의로 가장 적절한 것은?

형사 소송법	민법
제249조(공소 시효의 기간) ① 공소 시효는 다음 기간의 경과로 완성한다. 1. 사형에 해당하는 범죄에는 25년 2. 무기 징역 또는 무기 금고에 해당하는 범죄에는 15년	제162조(채권, 재산권의 소멸 시효) ① 채권은 10년간 행사하지 아니하면 소멸 시효가 완성한다. ② 채권 및 소유권 이외의 재산권은 20년간 행사하지 아니하면 소멸 시효가 완성한다.

① 법률생활의 안정
② 법의 강제성 확보
③ 배분적 정의의 실현
④ 국가 통치의 효율성 확보
⑤ 정의의 구체적인 기준 제시

주제 2　민주주의와 법치주의

족집게 전략 |　• 시험에 반드시 출제될 주제이다. 민주주의의 발전 과정에서는 고대 아테네 민주주의, 근대 민주주의, 현대 민주주의의 특징을 구분할 수 있어야 한다. 또한 근대 민주주의 형성에 영향을 끼친 사회 계약설의 주된 학자들의 주장을 비교할 수 있어야 한다. 법치주의에서는 형식적 법치주의와 실질적 법치주의를 구분할 수 있어야 한다.

• 고대 아테네 민주주의와 근대 민주주의의 공통점은 제한된 민주주의라는 점이다. 근대 민주주의와 현대 민주주의의 공통점은 입헌주의에 기초했다는 점, 대의제를 바탕으로 한다는 점이다. 현대 민주주의는 보통 선거 제도의 확립이 큰 특징이다.

• 사회 계약설에서는 홉스, 로크, 루소의 주장을 비교할 수 있어야 한다. 우선, 공통점은 모두 국가를 자연권 보장을 위한 수단으로 본다는 점이다. 차이점으로는 홉스는 군주 주권설, 로크와 루소는 국민 주권설이고, 로크는 자연권의 일부 양도, 루소는 자연권 양도의 불가를 말하고 있다.

• 법치주의에서는 형식적 합법성과 내용의 정당성이 모두 포함된 것이 실질적 법치주의이고, 형식적 합법성만 강조하는 것이 형식적 법치주의라는 점을 이해하면 쉽다.

008 대표 문항
| 평가원 기출 |

다음 근대 정치 사상가의 주장에 대한 설명으로 옳지 않은 것은?

> 자연 상태에서 개인들은 누구나 자신이 원하는 것을 행할 수 있기 때문에 언제나 서로 생존을 위협하고 투쟁하는 전쟁 상태에 처해 있다. 개인들은 이러한 상태를 끝내고 자신을 보존하기 위해 자연 상태에서 행사했던 자연권을 스스로 양도하는 계약을 맺어 국가를 설립한다.

① 국가가 부재한 가상의 상태를 설정하고 국가 질서의 필요성을 역설한다.

② 자연 상태를 개인들이 갈등을 평화적으로 해결할 수 없는 상태로 묘사한다.

③ 국가의 역할을 평화와 안전을 보장하는 데에 두고 군주의 절대적 지배를 옹호한다.

④ 자연 상태에서 생존을 위협하는 공포와 불안을 개인이 사회 계약을 맺게 되는 동기로 본다.

⑤ '개인이 자연 상태에서의 자연권을 양도하는 것'은 개인보다 국가를 우선시하는 데서 비롯된다고 본다.

009

다음에 제시된 역사적 사건과 관련된 설명으로 타당한 것만을 〈보기〉에서 고른 것은?

> (가) 프랑스 혁명(1789)
> (나) 영국의 차티스트 운동(1838~1848)
> (다) 독일 바이마르 헌법(1919)
> (라) 흑인 민권 운동(1950~1960)

〈보기〉
ㄱ. (가)는 군주에 대한 의회의 견제를 강조했다.
ㄴ. (나)는 노동자들이 참정권을 쟁취하려는 운동이었다.
ㄷ. (다)에서는 노동자의 권리를 신설하는 등 복지 이념을 강조했다.
ㄹ. (라)는 흑인에 대한 사회적 우대 조치를 요구한 사건이었다.

① ㄱ, ㄴ　　　② ㄱ, ㄷ　　　③ ㄴ, ㄷ
④ ㄴ, ㄹ　　　⑤ ㄷ, ㄹ

010
| 평가원 기출 |

A~C에 대한 옳은 설명을 〈보기〉에서 고른 것은? (단, A~C는 각각 고대 아테네 민주 정치, 근대 민주 정치, 현대 민주 정치 중 하나이다.)

> A는 직접 민주주의를 기반으로 하였으나, 공동체의 구성원 모두가 국가의 의사 결정에 참여할 수 있는 것은 아니었다. 한편 B는 국가의 의사 결정을 대표에게 맡기는 형태를 취하였으나, 일정한 재산과 교양을 갖춘 시민만이 선거에 참여할 수 있었다. C에서는 이러한 B의 한계를 극복하여 보통 선거의 원칙을 확립하였다.

〈보기〉
ㄱ. A에서는 모든 성인 남녀에게 참정권을 부여하였다.
ㄴ. C에서는 대의 민주주의의 한계를 극복하기 위해 직접 민주제의 요소가 보완되었다.
ㄷ. A는 B와 달리 계몽 사상의 영향을 받아 발전하였다.
ㄹ. B, C 모두 주권이 국민에게 있다는 원리를 기초로 한다.

① ㄱ, ㄴ　　　② ㄱ, ㄷ　　　③ ㄴ, ㄷ
④ ㄴ, ㄹ　　　⑤ ㄷ, ㄹ

011 고난도↑

|평가원 기출|

(가)~(라)에 들어갈 옳은 내용만을 〈보기〉에서 있는 대로 고른 것은?

〈학습 주제 : 근대 시민 혁명과 민주 정치의 발전 과정〉

1. 근대 시민 혁명의 결과
   - 영국 : ___(가)___
   - 미국 : ___(나)___
   - 프랑스 : ___(다)___
2. 근대 시민 혁명의 한계 극복 노력
   - 한계 : 재산과 성별 등에 따른 참정권 제한이나 차등 부여
   - 한계 극복 노력 : ___________(라)___________
     :

〈보기〉

ㄱ. (가) – 입헌 군주제 폐지, 의회 정치 기반 마련
ㄴ. (나) – 영국으로부터 독립, 대통령제 정부 형태 수립
ㄷ. (다) – 인권 선언 채택, 자유와 평등의 이념 확산
ㄹ. (라) – 노동자들을 중심으로 차티스트 운동 전개

① ㄱ, ㄴ   ② ㄱ, ㄷ   ③ ㄷ, ㄹ
④ ㄱ, ㄴ, ㄹ   ⑤ ㄴ, ㄷ, ㄹ

012

다음 글을 통해 당시의 유럽 상황에 대한 진술로 가장 적절한 것은?

1789년 프랑스 대혁명 직후 프랑스에서는 '최소 사흘치 노임에 해당하는 직접세를 내는 사람'만이 선거권을 가졌다. 그들은 전체 인구 2,600만 명 중 약 5만 명에 지나지 않았다. 1832년 영국의 선거법 개정에서 유권자의 비율은 4.5%에 지나지 않았다. 도시 상공업자들 일부가 선거권을 획득하게 되었을 뿐 대다수 노동자와 농민들에게는 아직 선거권이 주어지지 않았다.

① 보통 선거의 실시로 대중 민주주의가 확립되었다.
② 정부의 적극적인 역할로 복지 사회가 이루어졌다.
③ 시민의 과도한 정치 참여로 중우 정치가 나타났다.
④ 정치에 참여할 수 있었던 사람들은 특권 계층이었다.
⑤ 근대 사회의 대두로 시민의 실질적 평등이 확보되었다.

013

|교육청 기출|

다음은 근대 시민 혁명 과정에서 발표된 선언문의 일부이다. 이에 대해 옳게 이해한 학생을 〈보기〉에서 고른 것은?

모든 사람은 평등하게 창조되었으며, 그들은 창조주로부터 양도할 수 없는 일정한 권리를 부여받았다. 여기에는 생명, 자유, 행복을 추구할 권리가 포함되어 있다. 그리고 이러한 권리를 확보하기 위하여 인류는 정부를 수립하였으며, 정부의 정당한 권력은 국민의 동의로부터 나온다. 만약 어떠한 형태의 정부라 하더라도 이러한 목적을 파괴한다면 그 정부를 개혁하거나 폐지하여 새로운 정부를 조직하는 것은 국민의 권리이다.

〈보기〉

갑 : 복지 국가를 추구하고 있네.
을 : 국민의 저항권을 인정하고 있군.
병 : 사회 계약론과 국민 주권론을 반영하고 있군.
정 : 인권을 국가에 의해 부여되는 권리로 보고 있네.

① 갑, 을   ② 갑, 병   ③ 을, 병
④ 을, 정   ⑤ 병, 정

014

다음은 고대 그리스 아테네의 사회 및 정치적 환경을 나열한 것이다. 이와 같은 환경을 배경으로 한 아테네의 정치에 대한 설명으로 가장 적절한 것은?

- 산으로 둘러싼 작은 도시 국가였다.
- 노예가 대부분의 생산 활동을 하였다.
- 한 곳에 모여 의사 결정을 할 수 있었다.
- 주요 기구로 민회, 평의회, 재판소 등이 있었다.

① 사회 구성원 누구나 정치에 참여하였다.
② 대표의 원리에 의해 국정이 운영되었다.
③ 치자(治者)와 피치자(被治者)의 일치를 추구하였다.
④ 소외 계층의 참정권 확보를 위한 투쟁이 있었다.
⑤ 부르주아 계급이 국가의 의사 결정을 주도하였다.

015

평가원 기출

법치주의를 바라보는 갑, 을의 관점에 대한 설명으로 옳은 것은?

① 갑의 관점은 통치의 형식적 합법성보다 실질적 정당성을 중시한다.
② 을의 관점은 기본권 제한의 법적 근거가 있더라도 국민의 자유와 권리의 본질적 내용을 침해할 수 없다고 본다.
③ 현대 사회로 오면서 을보다 갑의 관점이 강조되고 있다.
④ 갑의 관점은 을의 관점과 달리 통치 권력의 자의적 행사 방지를 중시한다.
⑤ 을의 관점은 갑의 관점과 달리 독재를 정당화하는 근거로 악용되기도 한다.

016

평가원 기출

법치주의의 유형 A, B에 대한 옳은 설명만을 〈보기〉에서 고른 것은?

> 법치주의는 '사람의 지배'가 아닌 '법의 지배'를 의미한다. 그러나 A는 입법자에 의한 기본권 침해 가능성을 인식하지 못해 합법적 독재를 정당화하는 논리로 악용되었다. 이에 대한 반성으로 의회에서 적법한 절차를 거쳐 제정된 법률일지라도 그 내용과 목적이 인간의 존엄과 평등, 정의에 부합해야 한다는 B가 등장하였다.

〔보기〕
ㄱ. A는 법률에 근거하지 않은 국가 권력 행사도 정당하다고 본다.
ㄴ. B는 통치 행위의 형식적 합법성과 함께 실질적 정당성도 강조한다.
ㄷ. B와 달리 A는 부당한 국가 권력에 대해 저항권을 행사할 수 있다고 본다.
ㄹ. A, B 모두 국민의 기본권을 제한할 때 법적 근거가 있어야 한다고 본다.

① ㄱ, ㄴ　　　② ㄱ, ㄷ　　　③ ㄴ, ㄷ
④ ㄴ, ㄹ　　　⑤ ㄷ, ㄹ

017

다음 글을 읽고 내린 결론으로 가장 적절한 것은?

> 새로운 변화를 바라는 여론이나 이에 근거하여 이루어진 민주적 결정이 사회에 적용되고 있는 법의 내용과 일치하지 않는 경우 긴장이나 갈등이 나타날 수 있다. 만일 기존의 법질서를 앞세워 새로운 발전 방향을 제시하는 여론의 변화를 인정하지 않는다면 사회가 경직될 수 있다.

① 민주주의는 법치주의와 갈등 관계에 있다.
② 법치주의는 사회의 변화를 선도해야 한다.
③ 민주주의를 위해서는 법치주의를 포기해야 한다.
④ 민주주의보다 법치주의의 실현이 우선되어야 한다.
⑤ 민주주의와 법치주의는 상호 보완적 관계를 유지해야 한다.

018

평가원 기출

법치주의의 유형 A, B에 대한 설명으로 옳은 것은?

> 헌법 제59조는 "조세의 종목과 세율은 법률로 정한다."라고 규정하여 조세 법률주의를 선언하고 있다. A는 국회가 제정한 법률이 과세 요건을 명확히 규정하고 있다면 그 목적과 내용의 정당성 여부와 상관없이 조세 법률주의에 위배되지 않는다고 본다. 그러나 B에 따르면 경제 활동을 더 이상 불가능하게 할 정도로 과도하게 조세를 부과하는 조세법은 허용되지 않는다. B는 과세 근거가 되는 법률의 목적과 내용 또한 기본권 보장이라는 헌법 이념에 부합되어야 한다고 보기 때문이다.

① A는 B와 달리 입법 절차의 합법성을 중시한다.
② A는 B와 달리 조세법이 적법한 절차에 따라 제정되었더라도 위헌 법률 심사를 할 수 있다고 본다.
③ B는 A와 달리 조세의 종목과 세율을 법률로 정해야 한다고 본다.
④ B는 A와 달리 다수당의 횡포와 독재 체제를 옹호하는 논리로 악용될 수 있다.
⑤ A와 B는 모두 국가가 국민의 재산권을 제한할 때 법률에 근거가 있어야 한다고 본다.

019

(가)~(다)는 민주주의의 발달 과정을 나타낸 것이다. 이에 대한 설명으로 옳은 것은?

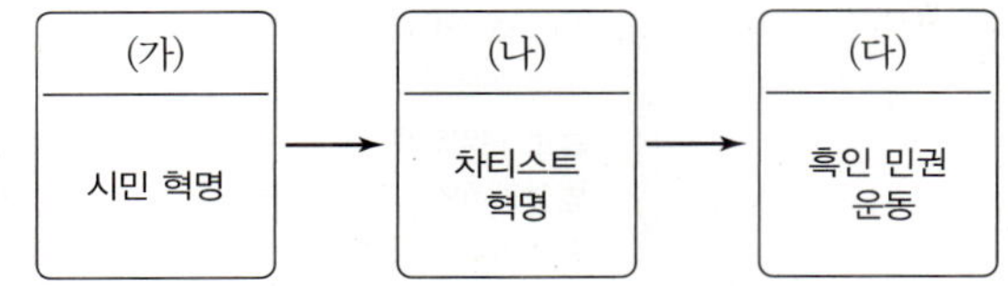

① (가)에 의해 의회는 국민 전체의 선거를 통해 구성되었다.

② (나)는 노동자들의 참정권 획득을 위한 대표적 노력이었다.

③ (다)를 계기로 인간다운 생활을 위한 국가의 적극적인 개입이 본격화되었다.

④ (가)~(나) 시기에는 대부분의 국가에서 보통 선거가 정착되었다.

⑤ (나)~(다) 시기의 시민은 일정한 재산을 가진 소상공업자를 의미하였다.

020

다음은 근대 사회 계약론자들을 주장에 따라 구분한 것이다. 이에 대한 설명으로 옳지 <u>않은</u> 것은? (단, 갑~병은 홉스, 로크, 루소 중 하나이다.)

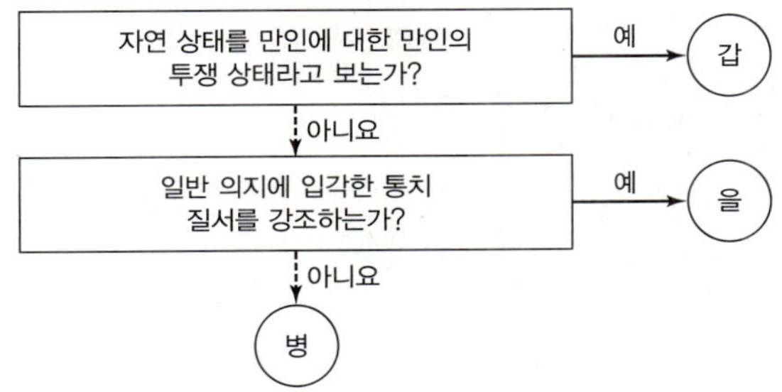

① 갑은 군주의 통치에 복종해야 한다고 주장하였다.

② 을은 직접 민주 정치가 이상적이라고 주장하였다.

③ 병은 권력 분립에 대하여 비판적인 태도를 취하였다.

④ 을은 병과 달리 자연권을 양도할 수 없다고 보았다.

⑤ 갑, 을, 병 모두 국가를 합의에 기초한 인위적인 산물로 보았다.

021

그림에서 갑이 갖고 있는 법치주의를 바라보는 관점에서 부합하는 진술로 옳은 것만을 〈보기〉에서 고른 것은?

〈보기〉

ㄱ. 법보다는 사람에 의한 통치가 필요하다.

ㄴ. 법치주의와 민주주의는 갈등 관계에 있다.

ㄷ. 법률의 내용과 목적이 정의에 합치해야 한다.

ㄹ. 법의 지배를 통해 개인의 자유와 권리를 보장해야 한다.

① ㄱ, ㄴ   ② ㄱ, ㄷ   ③ ㄴ, ㄷ

④ ㄴ, ㄹ   ⑤ ㄷ, ㄹ

022

| 평가원 기출 |

다음 자료에 대한 설명으로 옳은 것은? (단, A~C는 각각 고대 아테네 민주 정치, 근대 민주 정치, 현대 민주 정치 중 하나이다.)

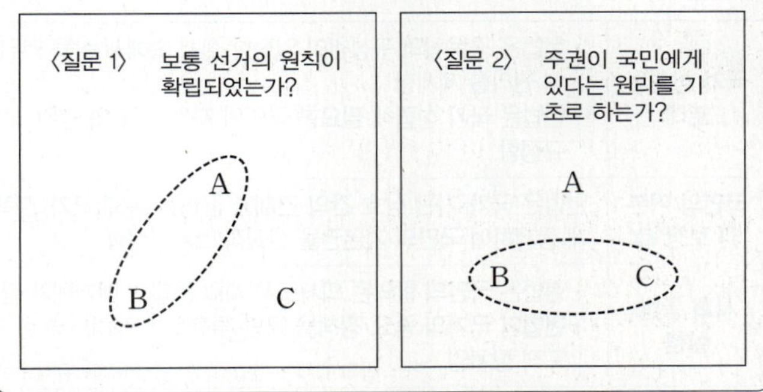

① A는 근대 시민 혁명을 통해 형성·발전되었다.

② B는 입헌주의 원리에 근거한 민주주의를 지향한다.

③ B에서는 C와 달리 대의 기구를 통해 국가 정책이 결정된다.

④ C는 A와 달리 치자(治者)와 피치자(被治者)의 동일성을 추구한다.

⑤ A에서는 B, C와 달리 모든 사회 구성원이 정치에 직접 참여할 수 있다.

주제 1 헌법의 의의

1. 헌법 ❶

(1) **헌법의 의미** : 국가의 통치 조직과 통치 작용의 원리를 규정하고, 국민의 기본권을 보장하는 국가의 최고법이며 기본법

> 조선의 「경국대전」은 조선 전기의 법전으로 1461년(세조 7년)부터 편찬하기 시작해 1485년(성종 16년)에 완성되었다. 조선 초기부터 전해져 오던 여러 법령을 모아 집대성한 것으로 조선 통치 질서의 기본을 확립한 법전이다. 고유한 의미의 헌법에 해당한다.

(2) **헌법의 의미 변천**

① 고유한 의미의 헌법 : 국가 통치 기관을 조직 · 구성하고 이들 기관의 권한과 상호 관계 등을 규정한 규범

② 근대 입헌주의 헌법 : 국가 통치 기관의 존립 근거이면서 자유권을 중심으로 국민의 기본권을 보장하기 위해 국가 권력을 제한하는 규범 ❷

③ 현대 복지 국가 헌법 : 근대 입헌주의 헌법에서 더 나아가 국민의 생존권적 기본권을 보장하여 인간다운 생활을 영위할 수 있도록 하는 복지 국가의 이념을 추구하는 규범 ❸

> 근대 입헌주의 헌법이 형식적 평등과 재산권의 절대성을 강조한 반면, 현대 복지 국가 헌법은 실질적 평등과 국민의 사회적 기본권 보장을 강조한다.

2. 입헌주의

> 입헌주의와 헌법 : 절대 군주와의 투쟁을 통해 형성된 근대 민주 사회는 국가로부터 국민의 기본적 인권을 보장하기 위해 입헌주의를 확립하였다.

(1) **의미** : 국민의 기본적 인권을 보장하고 국가 권력의 분립을 규정한 헌법에 따라 통치할 것을 요구하는 정치 원리

(2) **의미의 변천**

① 근대의 입헌주의

- 개인의 자유를 중시하여 자유주의적인 입헌 질서를 강조함
- 절대 권력으로부터 개인의 자유를 보장하는 데 이바지함

② 현대의 입헌주의

- 근대의 입헌주의가 국가의 역할을 소극적으로 제한한 결과 빈부 격차를 비롯한 여러 사회 문제에 적극적으로 대처할 수 없는 한계를 드러냄 → 사회 문제에 대한 국가의 적극적 개입이 필요해짐
- 국민의 생존과 인간다운 생활을 보장하기 위하여 국가의 적극적인 개입을 강조하는 복지 국가로서의 입헌주의 질서를 중시함

3. 헌법의 기능 ❹

국가 창설의 토대	• 헌법은 공동체의 구성원이 일정한 질서 속에서 삶을 영위할 수 있도록 정치적 공동체의 구성 원리를 제시함 • 헌법은 국가 성립에 필요한 국민의 자격, 영토의 범위, 국가 권력의 소재와 행사 절차 등을 규정함
국민의 기본권 보장 ❺	헌법은 국가 기관 상호 간의 견제와 균형을 통해 국가 권력의 자의적 행사나 남용을 엄격하게 통제하여 국민의 기본권을 실질적으로 보장함
사회 통합 실현	• 헌법은 국민의 합의된 의사로서 사회 통합의 매개체가 됨 • 헌법이 국가의 중요 정책을 국민 투표로 결정하도록 한 것은 국민적 합의 도출을 위한 제도적 장치임
최고 규범	• 한 국가의 법체계에서 최고의 지위에 있는 규범으로, 모든 법령의 제정 근거인 동시에 법령의 정당성을 평가하는 기준이 됨 • 헌법에 어긋나는 법률이나 국가 권력 작용 등은 그 효력을 인정받을 수 없음
조직 수권 규범	• 헌법이 국가 통치 조직에 일정한 권한을 부여함 • 헌법 재판 중 권한 쟁의 심판은 헌법의 수권 규범과 관련이 깊음
정치적 평화 실현	헌법은 정치권력의 행사 방법과 절차, 그 한계 등을 규율함으로써 힘의 논리에 따른 정치를 억제하여 공동체의 평화를 실현함

> 법의 위계는 헌법-법률-명령-조례-규칙으로 되어 있으며 이 중에서 헌법은 최고의 위치에 있는 법이다.

> 수권(授權)은 일정한 자격이나 권리 따위를 부여한다는 의미이다.

---

❶ 불문 헌법과 성문 헌법

헌법을 존재 형식에 따라 구분하면 성문 헌법과 불문 헌법으로 나뉜다. 성문 헌법은 문서화되어 법전의 형식을 갖춘 헌법이고, 불문 헌법은 법전의 형식은 갖추지 못하고 관습법 등이 모여 하나의 헌법을 이룬 것이다. 우리나라와 미국은 성문 헌법 국가이고, 영국과 캐나다는 불문 헌법 국가이다.

❷ 마그나 카르타(대헌장)

1215년 영국의 존(John)왕은 왕권을 제한하는 조항을 넣은 「마그나 카르타」에 서명하였다. 이는 왕의 절대 권력을 제한했다는 점에서 입헌주의의 기초가 되었다. 근대 입헌주의 헌법에 해당한다.

❸ 독일 바이마르 헌법

1919년 제정된 독일 헌법으로, 근대법상 처음으로 소유권의 의무성을 강조하고 사회권을 규정하여 세계 많은 나라의 헌법에 영향을 끼쳤다는 점에서 의의가 있다. 현대 복지 국가 헌법에 해당한다.

❹ 헌법의 기능 관련 조항

조직 수권	• 입법권은 국회에 속한다. • 행정권은 대통령을 수반으로 하는 정부에 속한다. • 사법권은 법관으로 구성된 법원에 속한다.
사회 통합	대통령은 필요하다고 인정할 때에는 외교 · 국방 · 통일 기타 국가 안위에 관한 중요 정책을 국민 투표에 붙일 수 있다.
최고 규범	법률이 헌법에 위반되는 여부가 재판의 전제가 된 경우에는 법원은 헌법 재판소에 제청하여 그 심판에 의하여 재판한다.

❺ 헌법의 기본권 보장 기능

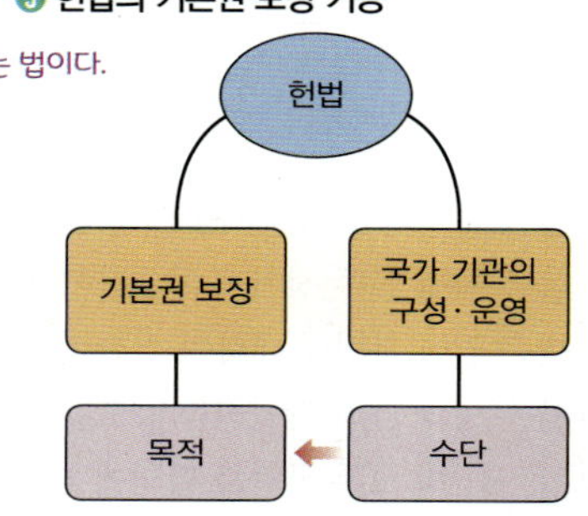

주제 2 우리나라 헌법의 기본 원리 ❻

1. 국민 주권주의 ❼

의미	국가 의사를 최종적으로 결정하는 주권이 국민에게 있다는 원리
관련 규정	**제1조** ① 대한민국은 민주 공화국이다. ② 대한민국의 주권은 국민에게 있고, 모든 권력은 국민으로부터 나온다.
실현 방안	국민의 참정권 보장, 언론·출판·집회·결사의 자유 보장, 복수 정당제 및 정당 활동의 자유 규정 등

2. 자유 민주주의 ❽

• 자유 민주주의는 자유주의와 민주주의가 결합된 원리이다.
• 자유주의 : 개인의 자유와 권리를 존중한다.
• 민주주의 : 국민적 합의에 근거하여 통치 권력을 사용한다.

의미	인간의 존엄성을 바탕으로 국민의 자유와 권리를 보호하고, 민주적 절차를 통해 선출된 대표자들이 국민 주권주의에 입각해서 통치하는 원리
관련 규정	**제4조** … 자유 민주적 기본 질서에 입각한 평화적 통일 정책을 수립하고 이를 추진한다. **제8조** ② 정당은 그 목적·조직과 활동이 민주적이어야 하며, …
실현 방안	법치주의, 적법 절차의 원리, 권력 분립 제도와 사법권의 독립, 복수 정당제를 기반으로 하는 자유로운 정당 활동, 상향식 의사 결정 과정 등

국가 권력이 각각 독립된 조직에 분산되어 서로에 대한 상호 견제를 통해 권력간 균형을 유지하는 민주주의의 원리이다.

3. 복지 국가의 원리

의미	국민의 복지에 대한 책임을 국가에 부여하고, 사회권을 기본권으로 보장하는 헌법 원리
관련 규정	**제34조** ① 모든 국민은 인간다운 생활을 할 권리를 가진다. **제119조** ② 국가는 균형 있는 국민 경제의 성장 및 안정과 적정한 소득의 분배를 유지하고 … 경제에 관한 규제와 조정을 할 수 있다.
실현 방안	국가에 사회 보장(사회 보험, 공공 부조) 및 사회 복지의 증진 의무 부여, 사회권 보장, 근로자에 대한 적정 임금의 보장과 최저 임금제 실시, 소득 재분배 정책, 여성 및 연소 근로자의 특별 보호 등

국가가 근로자의 생활 안정을 위해 임금의 최저 수준을 정하고 사용자에게 그 수준 이상의 임금을 지급하도록 법으로 강제하는 제도이다.

4. 국제 평화주의

의미	국제 질서를 존중하고, 세계 평화와 인류의 번영을 위해 노력한다는 원리
관련 규정	**제5조** ① 대한민국은 국제 평화의 유지에 노력하고 침략적 전쟁을 부인한다. **제6조** ① 헌법에 의하여 체결·공포된 조약과 일반적으로 승인된 국제 법규는 국내법과 같은 효력을 가진다. ② 외국인은 국제법과 조약이 정하는 바에 의하여 그 지위가 보장된다. ❾
실현 방안	침략적 전쟁의 부인, 국제법 존중, 국제 평화 유지 활동 참여, 외국인의 지위 보장 등

5. 평화 통일 지향

의미	우리나라의 통일을 평화적인 방법으로 추구한다는 원리
관련 규정	**제4조** 대한민국은 통일을 지향하며, 자유 민주적 기본 질서에 입각한 평화적 통일 정책을 수립하고 이를 추진한다. **제66조** ③ 대통령은 조국의 평화적 통일을 위한 성실한 의무를 진다.
실현 방안	평화 통일 정책의 수립과 실천, 대통령에게 평화 통일 노력 의무 등

6. 문화 국가의 원리

의미	문화의 자율성을 인정하면서 국가가 문화를 보호하고 발전시켜야 한다는 원리
관련 규정	**제9조** 국가는 전통문화의 계승·발전과 민족 문화의 창달에 노력하여야 한다. **제31조** ⑤ 국가는 평생 교육을 진흥하여야 한다.
실현 방안	전통문화의 진흥, 종교·학문·예술 활동의 자유 보장, 평생 교육의 진흥, 의무 교육 제도 등

---

❻ **헌법의 기본 원리**
헌법의 이념적 기초가 되는 것이면서 동시에 헌법을 총체적으로 지배하는 지도 원리를 의미한다. 이는 헌법 해석의 기준이 되고 입법의 지침이 된다. 또한 헌법 개정 절차에 의해서도 변경할 수 없는 헌법 개정의 한계에 해당하고, 국가 권력을 구속한다.

❼ **국민 주권주의의 의의**
국민 주권주의란 국가의 의사를 결정할 수 있는 최고 권력인 주권이 국민에게 있다는 원리이다. 국가의 주인은 국민이고 따라서 국가의 정책은 국민의 뜻에 따라 결정되어야 함을 의미한다. 이에 따라 모든 국가 권력은 국민의 동의로부터 유래할 때 행사할 수 있으며 정당성이 인정된다. 이 원리는 헌법을 비롯한 모든 법령의 제정과 해석의 기준이 되며, 국가 권력 행사의 한계와 정책 결정의 방향을 제시한다.

❽ **자유 민주주의**

> 자유 민주적 기본 질서라 함은 모든 폭력적 지배와 자의적 지배, 즉 반국가 단체의 1인 독재 내지 일당 독재를 배제하고 다수의 의사에 의한 국민의 자치, 자유·평등의 기본 원칙에 의한 법치주의적 통치 질서이고, 구체적으로는 기본적 인권의 존중, 권력 분립, 의회 제도, 복수 정당 제도, 선거 제도, 사유 재산과 시장 경제를 골간으로 한 경제 질서 및 사법권의 독립 등이다.
> – 헌재 1990. 4. 2. 89헌가113 –

전쟁은 '적법한 전쟁(legal war)'과 '위법한 전쟁(illegal war)'으로 구별되며, 침략 전쟁은 위법한 전쟁에 속한다. 정전 이론에서는 위법한 전쟁을 국제법상 금지된 전쟁으로 규정하고 있다. 제1차 세계 대전 이후부터 침략 전쟁과 분쟁 해결을 위한 전쟁은 여러 조약에서 금지하고 있으므로, 이러한 전쟁이 위법한 전쟁에 해당한다. 자위를 위한 전쟁은 국제법상 허용되어 있으므로 적법한 전쟁이다. 그러나 침략을 어떻게 정의할 것인지 국제 사회의 합의가 이루어지지 않았고, 인도주의적 개입이라는 명분으로 다른 나라를 공격하는 경우에 대한 논란이 계속되고 있다.

❾ **외국인의 지위 보장**
우리나라에 거주하는 외국인에 대해서는 국제법에 따라 그 지위가 보장되지만, 내국인과 동등한 수준이 아니라 상호주의 원칙에 따라 보장된다. 즉, 상대국이 자국민을 보호하는 정도에 맞추어 상대국 국민의 보호 수준을 정하는 것이다.

핵심 개념 CHECK!

· 정답 및 해설 008~009쪽

다음 설명이 맞으면 '○', 틀리면 '×'에 표시하시오.

주제 1 헌법의 의의

01 헌법은 국민의 기본권을 보장하는 국가의 기본법이자 근본법이다. ○ ×

02 헌법은 한 국가의 법체계에서 법률과 동등한 지위에 있다. ○ ×

03 근대의 입헌주의는 절대 권력으로부터 개인의 자유를 보장하는 데 이바지하였다. ○ ×

04 현대 복지 국가의 헌법은 사회권을 중시하기 때문에 자유권을 규정하지 않고 있다. ○ ×

05 「경국대전」은 조선 초기부터 전해져 오던 여러 법령을 모아 집대성한 것으로 근대 입헌주의 헌법에 해당한다. ○ ×

06 헌법은 국가 성립에 필요한 국민의 자격, 영토의 범위 등을 규정한다. ○ ×

07 근대 입헌주의 헌법은 국민 주권, 기본권 보장, 권력 분립 등을 기본 원리로 한다. ○ ×

08 독일 바이마르 헌법은 처음으로 소유권의 공공성을 강조하고 자유권을 규정하였다. ○ ×

09 국가 기관은 헌법에 근거하여 자의적으로 권한을 행사할 수 있다. ○ ×

10 헌법은 변화된 상황에서 국가 운영 형태와 기본적 가치 질서 등에 대한 새로운 합의를 이끌어 내는 기능을 한다. ○ ×

주제 2 우리나라 헌법의 기본 원리

11 우리나라는 헌법 전문에 국민 투표로 헌법이 개정되었음을 밝혀 국민 주권주의를 천명하고 있다. ○ ×

12 언론 · 출판 · 집회 · 결사의 자유 및 복수 정당제 등은 복지 국가의 원리를 실현하는 방안이다. ○ ×

13 자유 민주주의는 인간의 존엄성을 바탕으로 국민의 자유와 권리를 보호하고, 민주적 절차를 통해 선출된 대표자들이 국민 주권주의에 입각해서 통치하는 원리를 말한다. ○ ×

14 법치주의와 적법 절차의 원리는 자유 민주주의를 실현하기 위한 방안이다. ○ ×

15 복지 국가의 원리란 국민 복지에 대한 책임을 국가에 부여하고, 자유권을 국민의 기본권으로 보장하는 원리를 가리킨다. ○ ×

16 근로자에 대한 최저 임금제 실시, 여성 및 연소 근로자의 특별 보호 등은 복지 국가의 원리를 실현하는 방안에 해당한다. ○ ×

17 국제 평화주의를 실현하기 위해 우리 헌법은 모든 전쟁을 부인한다. ○ ×

18 외국인에 대해서는 국제법과 조약이 정하는 바에 따라 모든 면에서 내국인과 동등한 지위를 보장한다. ○ ×

19 문화 국가의 원리는 국가로부터 문화의 자유가 보장되고 국가가 문화를 보호 · 지원하는 것을 내용으로 한다. ○ ×

20 문화 국가의 원리를 실현하기 위해 우리 헌법은 종교 · 학문 · 예술 활동의 자유를 보장하고, 평생 교육 진흥, 무상 의무 교육 시행 등을 규정하고 있다. ○ ×

21 우리 헌법은 대한민국이 통일을 지향하며 평화적인 통일 정책을 수립하기 위해 노력해야 한다고 밝혀, 평화 통일 지향이 대한민국의 국가적 목표임을 분명히 하고 있다. ○ ×

22 형법의 낙태죄 처벌 규정이 헌법에 위반된다는 헌법 재판소의 결정은 국민 주권주의와 관련된다. ○ ×

23 재외 국민에게 선거권을 주지 않는 것은 헌법에 위반된다는 헌법 재판소의 결정은 복지 국가의 원리와 관련된다. ○ ×

24 복수 정당제 및 정당 활동의 자유 규정은 국민의 다양한 정치적 의사 형성에 필요하다. ○ ×

25 모든 국민의 인간다운 생활 보장과 관련된 헌법의 기본 원리는 복지 국가의 원리이다. ○ ×

26 국민 투표 제도는 국민적 합의 도출을 위한 제도적 장치이다. ○ ×

27 근로의 권리, 교육을 받을 권리 등은 복지 국가의 원리 실현 방안이다. ○ ×

28 북한에 대한 인도적 지원, 경제적 교류의 확대, 긴장 완화를 위한 남북 간 대화 추진 등은 평화 통일을 구현하는 방안이다. ○ ×

29 주권은 국가의 의사를 최종적으로 결정할 수 있는 최고의 권력을 말한다. ○ ×

30 우리나라는 국민연금, 고용 보험, 국민 기초 생활 보장 등 각종 사회 보장 제도 및 정책을 마련하여 국민 주권주의를 실현하고자 노력하고 있다. ○ ×

31 헌법의 기본 원리 중 평화 통일 지향은 자유 민주적 기본 질서에 입각한 평화적 통일을 추구한다는 원리이다. ○ ×

우리나라 헌법의 기본 원리는 어떻게 풀이할까?

개념 기출 자료로 확인

자료 우리나라 헌법의 기본 원리

> → 입헌주의를 바탕으로 한다.   → 자유권 강조   → 근대
>
> 근대적 의미의 헌법은 국가의 역할을 제한하여 개인의 자유와 권리를 최대한 존중하고 국민의 동의와 지지에 근거한 국가 권력의 행사를 강조하였다. 이를 실현하기 위해 우리나라 헌법은 (가) 을/를 반영하여 기본권 보장, 법치주의 등을 규정하고 있다.
> → 국민 주권   → 자유 민주주의   → 자유 민주주의의 실현 방안
>
> 하지만 근대적 의미의 헌법으로는 국가가 빈부 격차를 비롯한 여러 사회 문제에 적극적으로 대처할 수 없다는 한계가 있었다. → 실질적 평등의 실현이 어려움
>
> 그래서 현대적 의미의 헌법은 국민의 생존과 인간다운 생활을 보장하기 위하여 국가의 적극적인 개입을 강조한다. 이를 실현하기 위해 우리나라 헌법은 (나) 을/를 반영하고 있다. → 복지 국가의 원리 실현 방안 → 복지 국가의 원리

우리나라 헌법의 기본 원리는 중 가장 자주 비교되는 원리는 자유 민주주의와 복지 국가의 원리이다.

❶ 제시문에서 자유 민주주의와 복지 국가의 원리를 구분하자! (가)는 근대의 입헌주의 헌법이면서 ==국민의 자유와 권리를 최대한 존중==했다는 점을 통해 자유 민주주의임을 알 수 있다. (나)는 ==국민의 생존과 인간다운 생활 보장==을 위해 국가가 적극적으로 개입한다는 점을 통해 ==복지 국가의 원리==임을 알 수 있다.

❷ 자유 민주주의와 복지 국가의 원리의 특징을 파악하자!

구분	자유 민주주의	복지 국가의 원리
의미	인간의 존엄성을 바탕으로 국민의 자유와 권리를 보호하고, 민주적 절차를 통해 선출된 대표자들이 통치하는 헌법 원리	국민의 복지에 대한 책임을 국가에 부여하고, 사회권을 기본권으로 보장하는 헌법 원리
실현 방안	법치주의, 적법 절차의 원리, 권력 분립 제도와 사법권의 독립, 복수 정당제를 기반으로 하는 자유로운 정당 활동, 상향식 의사 결정 과정 등	국가에 사회 보장 및 사회 복지의 증진 의무 부여, 사회권 보장, 근로자에 대한 적정 임금의 보장과 최저 임금제 실시, 여성 및 연소 근로자의 특별 보호 등

❸ 선택지를 해석하자!

> ① (가)는 남북 분단이라는 현실을 반영한 우리나라 헌법 특유의 원리이다. → 평화 통일 지향
> ② (가)를 실현하기 위해 우리나라는 국제 평화 유지에 노력하고, 침략적 전쟁을 부인하고 있다.
> ③ (나)를 구현하는 방안으로 우리나라는 국민 기초 생활 보장 제도를 시행하고 있다. → 국제 평화주의
> ④ (나)에 따라 우리나라 헌법에서는 국가 기관 간 상호 견제와 균형을 유지하도록 규정하고 있다. → 복지 국가의 원리
> ⑤ (나)와 달리 (가)는 실질적 평등을 추구함에 있어 근거가 되는 원리이다. → 권력 분립

▷ 의미 파악 : 자유 민주주의는 자유주의와 민주주의가 결합된 것이다. 즉, 민주적으로 구성된 정부를 바탕으로 개인의 자유와 권리를 최대한 보장해야 한다는 원리이다. 남북 분단의 현실과 관련된 것은 평화 통일 지향이다. 복지 국가의 원리는 모든 국민의 인간다운 삶을 국가가 보장해야 한다는 원리이다.

▷ 실현 방안 : 자유 민주주의를 구현하기 위한 방안은 법치주의, 권력 분립, 사법권의 독립, 복수 정당제 등이다. 복지 국가의 원리를 실현하기 위한 방안은 사회권 보장, 사회 보장 제도, 최저 임금제 등을 들 수 있다. 국민 기초 생활 보장 제도는 사회 보장 제도에 해당하므로 복지 국가의 원리의 실현 방안이다. 권력 분립은 자유 민주주의의 실현 방안이다. 침략적 전쟁의 부인은 국제 평화주의를 실현하기 위한 방안이다.

개념 문제로 확인하기

Q1 다음 내용이 자유 민주주의에 해당하면 '자', 복지 국가의 원리에 해당하면 '복'에 표시하시오.

01. 권력 분립 　　　　　　　　　　　(자 / 복)
02. 실질적 평등 실현 　　　　　　　　(자 / 복)
03. 국가의 적극적 개입 　　　　　　　(자 / 복)
04. 사법권의 독립 　　　　　　　　　(자 / 복)
05. 사회 보장 제도 실시 　　　　　　　(자 / 복)
06. 인간다운 생활 보장 　　　　　　　(자 / 복)
07. 적법 절차의 원리 　　　　　　　　(자 / 복)
08. 복수 정당제 　　　　　　　　　　(자 / 복)
09. 여성 및 연소 근로자의 특별 보호 　(자 / 복)
10. 최저 임금제 　　　　　　　　　　(자 / 복)
11. 상향식 의사 결정 과정 　　　　　　(자 / 복)

Q2 다음 표에서 알맞은 단어를 고르시오.

12. 자유 민주주의	❶ 자유 민주주의는 개인의 자유와 권리를 (최대한 / 최소한) 보장하는 것을 핵심으로 함 ❷ 법치주의, (권력 융합 / 권력 분립), 사법권 독립 등이 실현 방안임
13. 복지 국가의 원리	❶ (자유권 / 사회권)을 보장하는 것이 핵심임 ❷ 국민 복지의 책임을 (국가 / 개인)에 부여함

Q3 〈자료〉를 보고 다음 내용이 맞으면 'O', 틀리면 '×'에 표시하시오.

14. (가)는 국민 주권주의이다. 　　　　(O / ×)
15. (가)를 실현하기 위해서는 권력 분립, 사법권의 독립이 필요하다. 　　(O / ×)
16. (나)는 복지 국가의 원리이다. 　　(O / ×)
17. (나)를 실현하기 위한 방안으로는 자유권 보장, 최저 임금제 등이 있다. 　(O / ×)
18. (가)를 위해서는 (나)와 달리 국가의 적극적인 개입이 요구된다. 　　(O / ×)

HOW & WHAT 정답 **Q1** 01. 자 02. 복 03. 복 04. 자 05. 복 06. 복 07. 자 08. 자 09. 복 10. 복 11. 자 **Q2** 12. ❶ 최대한 ❷ 권력 분립 13. ❶ 사회권 ❷ 국가
Q3 14. × 15. O 16. O 17. × 18. ×

주제 1 헌법의 의의

족집게 전략 | • 헌법의 의의나 의미 변천은 헌법의 기본 원리에 비해 출제 빈도가 낮으나 교과서 개정 이후 강조되고 있어 출제 가능성이 있다. 특히 헌법의 의미 변천을 헌법의 기본 원리인 자유 민주주의와 복지 국가의 원리와 연결시켜 통합형 문제로 출제될 가능성이 있다.

• 헌법의 기능은 이번 교육 과정에서 새롭게 들어오면서 강조된 부분이다. 지난 교육 과정에서는 헌법의 정치적 의의, 법적 의의 등으로 나누어 제시되었으나 이번에는 모두 헌법의 기능으로 통합되었고 내용이 보강되었으므로 어떤 형태로든 출제될 가능성이 높다. 기출 문제를 자주 풀어보면서 문제 유형을 익히는 것이 좋다.

023 대표 문항
| 교육청 기출 |

다음 자료에 대한 옳은 설명을 〈보기〉에서 고른 것은?

구분	⊙ 근대 입헌주의 헌법	ⓒ 현대 복지 국가 헌법
등장 배경	절대 권력으로부터 개인의 자유 보장	(가)
특징	(나)	국민의 인간다운 생활 보장을 위한 국가의 적극적인 역할 강조

┌ 보기 ┐
ㄱ. ⊙에는 ⓒ과 달리 국가 통치 기관의 권한과 상호 관계에 대한 규정이 포함되어 있다.
ㄴ. ⓒ은 ⊙보다 실질적 평등의 보장을 중시한다.
ㄷ. (가)에는 '자본주의 발달 과정에서 나타난 문제점 해결'이 들어갈 수 있다.
ㄹ. (나)에는 '사회권을 중심으로 한 국민의 기본권 보장'이 들어갈 수 있다.

① ㄱ, ㄴ   ② ㄱ, ㄷ   ③ ㄴ, ㄷ
④ ㄴ, ㄹ   ⑤ ㄷ, ㄹ

024
| 교육청 기출 |

우리나라의 '이것'에 대한 설명으로 옳지 <u>않은</u> 것은?

'이것'은 국민의 기본적 인권을 규정하고 이를 보장할 수 있도록 국가의 통치 조직과 운영 원리를 정한 국가의 최고 규범이다. 법률이나 명령, 규칙 등 다른 모든 법이나 정책은 '이것'이 정한 바에 따라 제정되고 시행된다.

① 국제 평화를 지향하고 있다.
② 하위 법령의 정당성을 평가하는 기준이 된다.
③ 입헌주의를 실현하기 위해서 반드시 필요하다.
④ 국민 주권주의와 권력 분립의 원리를 담고 있다.
⑤ 기본권을 제한하여 통치권을 강화하는 것이 목적이다.

025
| 교육청 기출 |

그림은 시대별 헌법의 의미를 나타낸 것이다. (가), (나)에 대한 옳은 설명을 〈보기〉에서 고른 것은?

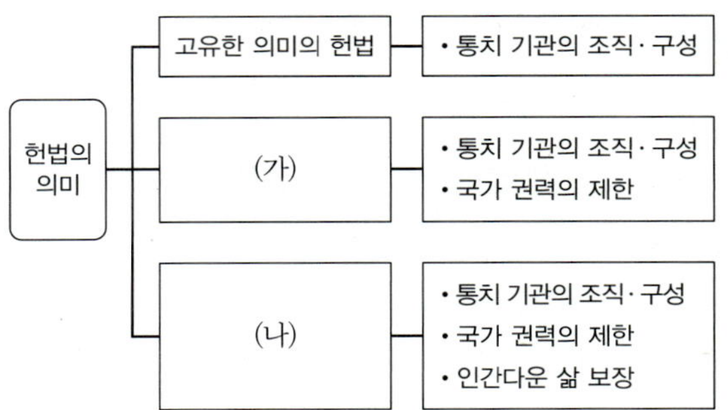

┌ 보기 ┐
ㄱ. (가)는 재산권의 불가침성을 강조한다.
ㄴ. (나)는 사회권 보장을 추구한다.
ㄷ. (가)는 (나)보다 실질적 평등을 강조한다.
ㄹ. (가)와 (나)는 환경 보전의 의무를 강조한다.

① ㄱ, ㄴ   ② ㄱ, ㄷ   ③ ㄴ, ㄷ
④ ㄴ, ㄹ   ⑤ ㄷ, ㄹ

026
| 평가원 기출 |

밑줄 친 ⊙, ⓒ에 대한 설명으로 옳지 <u>않은</u> 것은?

⊙ 근대 입헌주의 헌법은 국가의 법체계와 법질서, 국가 권력의 근본 조직 및 작용, 그리고 국민의 기본권 보장에 관한 내용을 규정하였다. 이 헌법은 자본주의 발전 과정에서 나타난 빈곤과 빈부 격차의 심화 등의 문제로 계층 갈등이 심해지자 ⓒ 현대 복지 국가 헌법으로 확장되었다.

① ⊙은 재산권의 불가침성을 강조했다.
② ⊙은 절대 왕정의 자의적 권력을 제한하려고 했다.
③ ⓒ은 국민의 삶의 질 향상을 국가의 의무로 간주한다.
④ ⊙은 ⓒ보다 실질적 평등을 중시한다.
⑤ ⊙과 ⓒ은 모두 인간 존엄성 실현을 기본 이념으로 하고 있다.

027

다음 (가)와 (나)의 규정에 나타난 헌법의 특징을 옳게 연결한 것은?

> (가) 법률이 헌법에 위반되는 여부가 재판의 전제가 된 경우에는 법원은 헌법 재판소에 제청하여 그 심판에 의하여 재판한다.
> (나) 누구든지 체포 또는 구속의 이유와 변호인의 조력을 받을 권리가 있음을 고지받지 아니하고는 체포 또는 구속을 당하지 아니한다.

	<u>(가)</u>	<u>(나)</u>
①	최고 규범	조직 수권 규범
②	권력 제한 규범	최고 규범
③	최고 규범	기본권 보장 규범
④	조직 수권 규범	최고 규범
⑤	기본권 보장 규범	조직 수권 규범

028

다음 글의 A, B에 대한 옳은 설명만을 〈보기〉에서 고른 것은?

> 헌법은 존재 형식에 따라 A와 B로 구분한다. A는 문서에 의해 법전의 형식을 가진다. 반면 B는 법전의 형식을 갖추지 않고 관습법 등이 모여서 헌법을 이룬다.

> **보기**
> ㄱ. A는 B에 비해 명확하고 안정적이다.
> ㄴ. A와 B는 모두 권력 분립의 원리를 적용하고 있다.
> ㄷ. 우리나라의 헌법은 A, 미국의 헌법은 B에 해당한다.
> ㄹ. A는 실질적 법치주의, B는 형식적 법치주의와 관련된다.

① ㄱ, ㄴ   ② ㄱ, ㄷ   ③ ㄴ, ㄷ
④ ㄴ, ㄹ   ⑤ ㄷ, ㄹ

029

다음 헌법 조항에서 공통적으로 파악할 수 있는 헌법의 기능으로 가장 적절한 것은?

> **제107조** ① 법률이 헌법에 위반되는 여부가 재판의 전제가 된 경우에는 법원은 헌법 재판소에 제청하여 그 심판에 의하여 재판한다.
> **제130조** ① 국회는 헌법 개정안이 공고된 날로부터 60일 이내에 의결하여야 하며, 국회의 의결은 재적 의원 3분의 2 이상의 찬성을 얻어야 한다.
> ② 헌법 개정안은 국회가 의결한 후 30일 이내에 국민 투표에 붙여 국회의원 선거권자 과반수의 투표와 투표자 과반수의 찬성을 얻어야 한다.

① 사회 통합의 실현 도구이다.
② 국가 권력의 한계를 규정한다.
③ 국가 권력 창출의 근거를 밝힌다.
④ 국가 기관의 조직 원리를 규정한다.
⑤ 최고 규범으로서의 기능을 수행한다.

030

A, B에 대한 설명으로 옳은 것은? (단, A, B는 근대 입헌주의 헌법, 현대 복지 국가 헌법 중 하나이다.)

> 근대 민주주의 국가에서 헌법은 국민의 자유권을 중심으로 기본권을 명시하고 이를 보장하기 위해 권력 분립의 원리와 법치주의 등을 강조하였는데, 이를 A라고 한다. A는 국민의 자유와 권리 보장을 위해 국가 권력을 제한하고자 하였다. 현대 민주주의에서는 A의 이념을 계승하고, 더 나아가 모든 국민의 인간다운 삶을 보장하기 위한 B가 등장하였다.

① A는 재산권 행사의 공공복리를 강조했다.
② A의 최초의 형태는 1919년 독일 바이마르 헌법을 들 수 있다.
③ B는 국민의 삶의 질 향상을 국가의 의무로 간주한다.
④ B는 자유권을 배제하고 사회권 보장을 강조한다.
⑤ A는 실질적 평등, B는 형식적 평등을 중시한다.

주제 2 우리나라 헌법의 기본 원리

족집게 전략 | ・헌법의 기본 원리는 시험에서 반드시 출제될 주제이다. 우리나라 헌법의 기본 원리는 국민 주권주의, 자유 민주주의, 복지 국가의 원리, 국제 평화주의, 평화 통일 지향, 문화 국가의 원리로 되어 있다.

・국민 주권주의와 자유 민주주의는 겹치는 부분이 많아 이 두 가지 원리를 비교하는 문제는 출제될 가능성이 적다. 자유 민주주의와 복지 국가의 원리는 대비되는 요소가 많기 때문에 단골로 출제된다. 자유 민주주의는 자유권 중심, 복지 국가의 원리는 사회권 중심으로 대비되고, 자유 민주주의는 근대 입헌주의 헌법, 복지 국가의 원리는 현대 복지 국가의 헌법으로 대비된다.

・최근에는 국제 평화주의에서 외국인 지위 보장이 상호주의 원칙에 입각한 것을 묻기도 한다. 학생들의 입장에서는 다소 난해한 부분이어서 난도 조절을 위한 문항으로 출제된다.

---

031 대표 문항 | 평가원 기출 |

우리나라 헌법의 기본 원리 (가)~(다)에 대한 옳은 설명만을 〈보기〉에서 있는 대로 고른 것은?

헌법의 기본 원리	근거가 되는 헌법 내용
(가)	**전문** …(전략)… 자율과 조화를 바탕으로 자유 민주적 기본 질서를 더욱 확고히 하여 …(후략)… **제8조** ② 정당은 그 목적・조직과 활동이 민주적이어야 하며, …(후략)…
(나)	**제1조** ① 대한민국은 민주 공화국이다. ② 대한민국의 주권은 국민에게 있고, 모든 권력은 국민으로부터 나온다.
(다)	**제4조** 대한민국은 통일을 지향하며, 자유 민주적 기본 질서에 입각한 평화적 통일 정책을 수립하고 이를 추진한다. **제66조** ② 대통령은 조국의 평화적 통일을 위한 성실한 의무를 진다.

〔 보기 〕
ㄱ. (가)는 개인의 자유가 존중되어야 하며, 국가 권력이 국민의 동의와 지지를 바탕으로 행사되어야 한다는 원리이다.
ㄴ. (나)의 실현 방안으로 민주적 선거 제도를 바탕으로 하는 대의제를 들 수 있다.
ㄷ. (다)에 의하면 우리나라 국민과 외국인의 지위는 상호주의 원칙에 따라 동등하게 보장된다.
ㄹ. 복수 정당제는 (가), (나)의 실현 방안으로 볼 수 있다.

① ㄱ, ㄹ   ② ㄴ, ㄷ   ③ ㄷ, ㄹ
④ ㄱ, ㄴ, ㄷ   ⑤ ㄱ, ㄴ, ㄹ

032

다음 글에 나타난 헌법의 기본 원리를 실현하기 위한 헌법 조항으로 옳은 것만을 〈보기〉에서 고른 것은?

국가의 주인은 국민이기 때문에 국가는 국민에 의하여 운영되어야 하고, 국민은 그 누구도 아닌 스스로에게 명령하고 복종할 뿐이다. 국민의 의사 없이는 어떤 국가도 다른 나라를 간섭할 수 없으며, 국가 내의 어떤 개인도 국민의 의사를 무시하는 행동을 할 수 없다.

〔 보기 〕
ㄱ. 대한민국은 국제 평화의 유지에 노력하고 침략적 전쟁을 부인한다. (제5조 ①)
ㄴ. 모든 국민은 언론・출판의 자유와 집회・결사의 자유를 가진다. (제21조 ①)
ㄷ. 모든 국민은 법률이 정하는 바에 의하여 선거권을 가진다. (제24조)
ㄹ. 모든 국민은 인간다운 생활을 할 권리를 가진다. (제34조 ①)

① ㄱ, ㄴ   ② ㄱ, ㄷ   ③ ㄴ, ㄷ
④ ㄴ, ㄹ   ⑤ ㄷ, ㄹ

---

033 | 평가원 기출 |

다음 자료에서 공통적으로 부각되는 우리나라 헌법의 기본 원리를 실현하기 위한 방안으로 가장 적절한 것은?

・국회는 노인 장기 요양 보험법을 제정하면서 장기 요양 급여가 원활하게 제공될 수 있도록 충분한 수의 요양 기관을 확충하여야 할 국가 및 지방 자치 단체의 책무를 규정하였다.
・헌법 재판소는 영유아 보육법의 직장 보육 지원 조항이 근로자들의 안정적 육아 및 고용 안정을 이루어 가정 복지 증진에 기여한다고 보았다.

① 언론・출판・집회・결사의 자유를 보장한다.
② 대통령 선거에서 재외 국민에게 선거권을 부여한다.
③ 복수 정당제를 기반으로 민주적인 정당 활동을 보장한다.
④ 상호주의에 근거해 국내 거주 외국인에게 지위를 보장한다.
⑤ 근로자의 생활 안정과 노동력의 질적 향상을 위해 최저 임금제를 시행한다.

034

| 평가원 기출 |

다음 자료에 대한 설명으로 옳은 것은?

우리나라 헌법의 기본 원리	관련 헌법 조문 예시	기본 원리의 실현 방안
(가)	모든 국민은 거주 · 이전의 자유를 가진다.	A
(나)	모든 국민은 인간다운 생활을 할 권 리를 가진다.	B

① (가)는 국민의 기본적 생활을 국가가 보장해 주는 원리이다.

② (나)는 자유방임적 시장 경제 질서를 유지하는 것이 국가의 주된
역할임을 강조한다.

③ (가)는 (나)와 달리 법률 제정과 정책 결정의 방향을 제시한다.

④ A에는 '국가가 저소득층을 비롯한 주거 약자에게 안정적인 주거
환경을 우선적으로 보장하는 제도'가 들어갈 수 있다.

⑤ B에는 '국가가 치매를 비롯한 각종 질병으로 일상생활에 어려움
을 겪고 있는 노인을 지원하는 제도'가 들어갈 수 있다.

035

교사의 질문에 틀린 답변을 한 학생은?

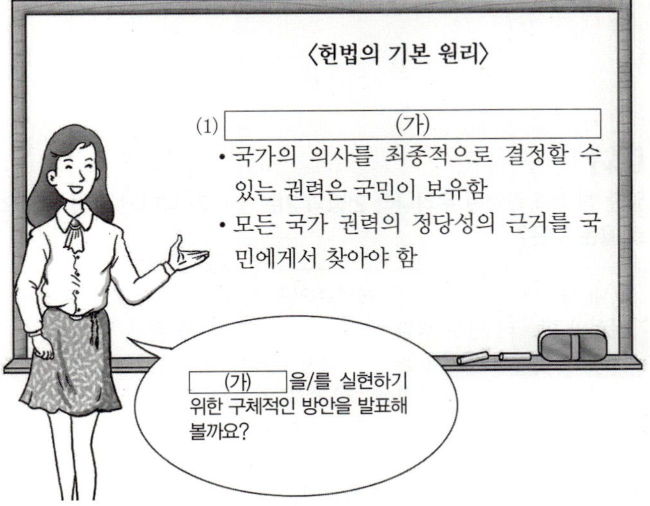

① 갑 : 언론 · 출판 · 집회 · 결사의 자유를 보장합니다.

② 을 : 정당 설립의 자유와 복수 정당제를 보장합니다.

③ 병 : 일정한 연령 이상의 국민에게 선거권을 부여합니다.

④ 정 : 일정한 기준 이하의 빈곤층에게 복지 혜택을 제공합니다.

⑤ 무 : 국가 안위와 관련된 주요 정책을 국민 투표로 결정합니다.

036

다음의 토론 주제와 관계 깊은 헌법의 기본 원리가 담긴 헌법 조항으로
옳은 것만을 〈보기〉에서 고른 것은?

- 선거권의 연령을 18세로 하향 조정하는 것이 적절한가?
- 헌법 개정에서 국민 투표의 절차를 생략하는 것이 적절한가?

〈보기〉

ㄱ. 대한민국은 민주 공화국이다.

ㄴ. 정당의 설립은 자유이며, 복수 정당제는 보장된다.

ㄷ. 국가는 사회 보장 · 사회 복지의 증진에 노력할 의무를 진다.

ㄹ. 국가는 전통문화의 계승 · 발전과 민족 문화의 창달에 노력
하여야 한다.

① ㄱ, ㄴ   ② ㄱ, ㄷ   ③ ㄴ, ㄷ

④ ㄴ, ㄹ   ⑤ ㄷ, ㄹ

037

자료에서 공통적으로 도출할 수 있는 헌법의 기본 원리에 대한 설명으
로 옳은 것은?

- 고용 노동부는 청소년을 고용하는 업소에 대해 근로 기준법 위
반 여부를 집중 점검한 결과 상당수 업체에서 근로 계약서 미
작성, 최저 임금제 미이행, 휴게 시간의 보장 미흡 등이 발견되
었다고 밝혔다.
- 기초 연금이 9월부터 20만 원에서 25만 원으로 인상된다. 관련
법률이 국회를 통과함에 따라, 올 9월부터 약 500만 명 이상의
기초 연금 수급자가 최대 25만 원까지 인상된 기초 연금을 받
을 수 있을 것으로 보인다.

① 개인의 가치와 자유를 존중해야 함을 강조한다.

② 민주주의와 자유주의가 결합한 정치 원리에 해당한다.

③ 국민이 국가 권력에 대해 정당성을 부여하는 원리이다.

④ 국가의 정책은 국민의 뜻에 따라 결정되어야 함을 의미한다.

⑤ 인간다운 생활의 보장을 위한 국가의 책임과 의무를 중시한다.

038

| 평가원 기출 |

우리나라 헌법의 기본 원리 (가), (나)에 대한 설명으로 옳은 것은?

구분	관련 법률
(가)	**국민연금법** **제1조(목적)** 이 법은 국민의 노령, 장애 또는 사망에 대하여 연금 급여를 실시함으로써 국민의 생활 안정과 복지 증진에 이바지하는 것을 목적으로 한다.
(나)	**문화재 보호법** **제1조(목적)** 이 법은 문화재를 보존하여 민족 문화를 계승하고, 이를 활용할 수 있도록 함으로써 국민의 문화적 향상을 도모함과 아울러 인류 문화의 발전에 기여함을 목적으로 한다.

① (가)의 실현을 위해 국가는 경제에 관한 규제와 조정을 할 수 있다.

② (가)의 실현을 위해 국가는 개인의 재산권을 실질적으로 보장하고 간섭을 최소화해야 한다.

③ (나)의 실현을 위해 북한 주민에 대한 인도적 지원을 하고 있다.

④ (나)의 실현을 위해 상호주의 원칙에 따라 외국인의 지위를 보장하고 있다.

⑤ (가)와 달리 (나)의 실현을 위해서는 국가의 적극적인 역할이 요구된다.

039

밑줄 친 ㉠, ㉡에 나타난 우리 헌법의 기본 원리를 실현하기 위한 방안으로 옳은 것은?

> 유구한 역사와 전통에 빛나는 우리 대한 국민은 …… 자율과 조화를 바탕으로 ㉠ 자유 민주적 기본 질서를 더욱 확고히 하여 … 자유와 권리에 따르는 책임과 의무를 완수하게 하여, 안으로는 ㉡ 국민 생활의 균등한 향상을 기하고, 밖으로는 항구적인 세계 평화와 인류 공영에 이바지함으로써 …… 국민 투표에 의하여 개정한다.

	㉠	㉡
①	권력 분립	침략적 전쟁 부인
②	사법권의 독립	최저 임금제 실시
③	장애인 의무 고용제	보통 선거 제도 도입
④	외국인의 지위 보장	정당 활동의 자유 보장
⑤	경제에 대한 규제와 조정	연령 차별 금지법 제정

040 고난도↑

| 평가원 기출 |

다음 자료에 대한 설명으로 옳지 <u>않은</u> 것은?

> 헌법은 국민의 기본권과 이를 보장하기 위한 국가 기관의 구성과 운영을 규정한 근본 규범으로 ㉠ 최고 규범성을 가진다. 따라서 ㉡ 민주 국가는 헌법에 따라 구성되고 운영되어야 한다. 이와 관련하여 우리 헌법에서는 다음과 같은 헌법의 기본 원리를 도출할 수 있다. ⎵ (가) ⎵ 은/는 근대 자본주의의 모순을 극복하고 국민의 실질적인 자유와 평등을 보장하기 위하여 국가가 적극적인 행위를 하여야 한다는 원리이다. … (중략) … 한편, ⎵ (나) ⎵ 은/는 인류 공존을 위하여 국가가 평화를 추구하여야 한다는 원리이다.

① ㉠을 보장하기 위해서 우리 헌법은 위헌 법률 심판 제도를 두고 있다.

② 국민의 기본권 보장은 ㉡의 목적에 해당한다.

③ (가)와 가장 연관성이 높은 기본권의 유형은 절차적이고 방어적인 성격을 가진다.

④ (가)를 통해 우리 헌법이 국민의 인간다운 생활을 보장하는 현대 복지 국가 헌법에 속한다는 것을 알 수 있다.

⑤ (나)를 실현하기 위한 사례로 행정부가 외국인의 법적 지위를 보장하기 위해 추진하는 정책을 들 수 있다.

041

밑줄 친 A와 관련된 우리나라 헌법의 기본 원리가 나타난 헌법 내용으로 옳은 것은?

> 근대 사회에서 강조되었던 개인주의와 자유주의는 자본주의 경제 질서와 맞물려 빈부 격차 심화, 환경 오염, 노동 문제 등 여러 가지 사회 문제를 야기하였다. 이러한 문제를 해결하기 위하여 국가가 적극적으로 국민 생활에 개입하기 시작하였고, 모든 국민에게 생존에 필요한 기본적인 수요를 충족하여 주는 A가 등장하였다.

① 모든 권력은 국민으로부터 나온다.

② 모든 국민은 주거의 자유를 침해받지 아니한다.

③ 모든 국민은 인간다운 생활을 할 권리를 가진다.

④ 모든 국민은 사생활의 비밀과 자유를 침해받지 아니한다.

⑤ 조약과 일반적으로 승인된 국제 법규는 국내법과 같은 효력을 가진다.

042
| 평가원 기출 |

우리나라 헌법의 기본 원리 (가), (나)에 대한 옳은 설명을 〈보기〉에서 고른 것은?

> 20세기에 발생한 세계 대전을 통해 인류는 국가 간의 평화 질서 내에서만 인간의 존엄성을 보장할 수 있다는 교훈을 얻게 되었다. 이로 인해 우리나라 헌법 전문에서도 "…인류 공영에 이바지함으로써…"라고 하여 ___(가)___ 을/를 천명하고 있다. 한편 제2차 세계 대전 이후 한반도에서는 남북이 분단되어 군사적인 대치 상황과 이산가족 문제 등으로 많은 고통을 겪어 왔다. 이에 우리나라 헌법은 ___(나)___ 을/를 기본 원리로 받아들이고 있다.

보기
ㄱ. (가)에 따라 우리나라 헌법은 외국인의 지위 보장에 대해 상호주의를 택하고 있다.
ㄴ. (가)의 실현 방안으로 '재외 국민의 선거권 보장'이 적절하다.
ㄷ. (나)에 따라 우리나라 헌법은 자유 민주적 기본 질서에 입각한 평화 통일 정책을 추진하도록 하고 있다.
ㄹ. (나)의 실현 방안으로 '모든 유형의 전쟁을 금지하는 법률 제정'이 적절하다.

① ㄱ, ㄴ   ② ㄱ, ㄷ   ③ ㄴ, ㄷ
④ ㄴ, ㄹ   ⑤ ㄷ, ㄹ

043

다음의 헌법 조항에 공통으로 담긴 우리 헌법의 기본 원리와 관련된 연구 사례로 가장 적절한 것은?

> • 자율과 조화를 바탕으로 자유 민주적 기본 질서를 더욱 확고히 하여 … (후략) … (전문)
> • 자유 민주적 기본 질서에 입각한 평화적 통일 정책을 수립하고 이를 추진한다. (제4조)

① 국내 거주 외국인의 법적 지위 보장에 관한 연구
② 남북한 문화 및 예술 교류 활성화 방안에 관한 연구
③ 국민연금 제도의 운영 실태와 개선 방향에 관한 연구
④ 형사 피의자의 수사 과정에서의 인권 침해 사례에 관한 연구
⑤ 평화 유지군 파견이 우리나라의 대외적 이미지 향상에 미친 영향에 관한 연구

044

(가)~(마)의 헌법 조항에 나타난 우리 헌법의 기본 원리를 실현하기 위한 제도로 옳지 <u>않은</u> 것은?

> (가) 헌법 개정안은 국회가 의결한 후 30일 이내에 국민 투표에 붙여 … (후략) …
> (나) 자율과 조화를 바탕으로 자유 민주적 기본 질서를 더욱 확고히 하여 … (후략) …
> (다) 국가는 사회 보장 · 사회 복지의 증진에 노력할 의무를 진다.
> (라) 외국인은 국제법과 조약이 정하는 바에 의하여 그 지위가 보장된다.
> (마) 국가는 전통문화의 계승 · 발전과 민족 문화의 창달에 노력하여야 한다.

① (가) – 복수 정당제
② (나) – 적법 절차의 원리
③ (다) – 최저 임금제
④ (라) – 모든 전쟁의 부인
⑤ (마) – 평생 교육의 진흥

045

다음 사례와 관련된 우리나라 헌법의 기본 원리로 가장 적절한 것은?

> "거리도 가까운데다 반값에 최신 영화까지 볼 수 있어 너무 좋아요." 지난 20일 찾은 ○○군 작은 영화관. 이날 오후에 상영될 최신 영화를 보기 위해 가족 단위 관람객으로 북적거렸다. 초등학생 자녀를 둔 부부부터 60대 노부부, 친구들과 삼삼오오 짝을 지은 고등학생까지 설레는 표정을 감추지 못했다.
> 지난해 2월 ○○군은 군민 회관 2층을 리모델링해 작은 영화관 '○○시네마'를 개관했다. 1관 77석(3D 전용), 2관은 44석으로 총 124석 2개 상영관과 매점 등을 구비하고 3층에는 만화 카페 등의 휴게 시설, 피규어 전시장 등이 마련됐다. 주말에는 평균 200~300명이 몰릴 만큼 유명세를 타고 있다.

① 국민 주권주의   ② 자유 민주주의
③ 문화 국가의 원리   ④ 복지 국가의 원리
⑤ 국제 평화주의

주제 1 기본권의 의미와 유형

1. 기본권의 의미와 성격

(1) **기본권의 의미** : 국민의 기본적인 인권을 헌법에 구체화하여 규정한 것

(2) **기본권의 성격** ❶

① 천부 인권 사상 : 인간은 태어나면서부터 남에게 양도하거나 빼앗길 수 없는 권리를 가짐 → 기본권의 자연권적 성격

② 입헌주의 사상 : 국민의 기본적 인권을 보장하기 위해 헌법에 이를 규정하여 보장 → 기본권의 실정권적 성격

2. 기본권의 유형 ❷

(1) **인간의 존엄과 가치 및 행복 추구권**

> 행복 추구권은 인간의 존엄과 가치를 실현하기 위하여 보장하고 있는 권리로, 그 자체로 독자적인 기본권이 될 수 있으면서 다른 기본권에 대하여 보충적인 성격을 가지는 기본권이다. 이는 물질적 풍족뿐만 아니라 정신적 만족을 동시에 충족할 때에 실현되며, 국민이 행복을 추구하는 데 필요한 모든 자유와 권리의 내용을 담고 있는 포괄적인 권리이다.

의미	인간은 인격의 주체로서 존귀한 가치를 지니며 행복을 추구해야 함
성격	• 인간으로서의 존엄과 가치 : 헌법 질서의 최고 원리, 국가 권력 행사의 한계 • 행복 추구권 : 모든 개별적 기본권의 내용을 포함한 포괄적 권리

(2) **자유권**

> 하늘이 준 인권으로 태어날 때부터 당연히 갖고 태어난다는 권리이다.

의미	개인이 국가 권력에 의한 간섭과 침해를 받지 않을 권리
성격	• 천부 인권성이 강한 권리 → 국가 이전의 초국가적 자연권 • 소극적·방어적 권리 : 국가 권력에 의한 간섭이나 침해를 받지 않을 권리
종류	신체의 자유, 정신적 자유(양심의 자유, 종교의 자유, 언론·출판·집회·결사의 자유, 학문과 예술의 자유 등), 사회·경제적 자유(거주·이전의 자유, 직업 선택의 자유, 사생활의 비밀과 자유, 통신의 자유, 재산권 행사의 자유 등) ❸

(3) **평등권**

의미	국가에 의해서 합리적 이유 없이 불평등한 대우를 받지 않을 권리
성격	다른 기본권을 보장하기 위한 전제 조건
종류	• 법 앞에서의 평등, 기회의 균등 강조 • 상대적·비례적·실질적 평등 → 합리적 근거가 있는 차별 인정

> 합리적 차별 : 선천적 조건과 후천적 차이를 고려하여 차별을 하는 것은 평등의 원칙에 부합하는 것이다. 예를 들어 남녀 근로자 간의 노동이 외형상 비슷하더라도 그 근로자들 사이에 학력, 경력, 근속년수, 직급 등에 차이가 있어 임금이 다르다면 이를 차별 대우로 볼 수 없다. 10세 아이에게 투표권을 부여하지 않는 것은 연령 차별이지만 누구도 부당하다고 생각지는 않는다.

(4) **참정권**

의미	국민이 국가의 정치 과정에 적극적으로 참여할 수 있는 권리
성격	국민 주권의 원리를 구현하는 기본적인 수단, 외국인은 원칙적으로 제외
종류	선거권, 국민 투표권, 공무 담임권(피선거권, 공직 취임권)

> 공무 담임권이란 국민의 기본권(基本權)으로서 참정권(參政權)의 하나로, 국민이 국가나 지방 자치 단체 기관의 구성원이 되어 공무를 담당할 수 있는 권리이다.

(5) **사회권**

의미	최소한의 인간다운 생활을 보장받고 실질적 평등을 누릴 권리
성격	적극적 권리, 복지 국가 이념 포함 → 최근에 강조된 현대적 기본권
종류	교육권, 환경권, 보건권, 근로의 권리, 노동 3권 등

(6) **청구권**

의미	기본권 침해 시 이를 구제받을 수 있도록 하는 권리
성격	기본권 보장을 위한 기본권, 수단적 기본권, 적극적 권리
종류	청원권, 재판 청구권, 국가 배상 청구권, 범죄 피해자 구조 청구권, 형사 보상 청구권 등

> 형사 피의자 또는 형사 피고인으로 구금되었던 자가 무죄 취지의 불기소 처분이나 무죄 판결을 받았을 때 국가에 보상을 청구할 수 있는 권리이다.

❶ **자연권적 성격과 실정권적 성격**

자연권적 성격	국가의 성립과는 관계없이 인간이 태어나면서부터 가지는 권리
실정권적 성격	헌법과 법률의 범위 안에서 보장되는 권리

❷ **기본권과 헌법 조항**

권리	관련 헌법 조항
자유권	신체의 자유(제12조), 거주·이전의 자유(제14조), 직업 선택의 자유(제15조), 주거의 자유(제16조), 사생활의 비밀과 자유(제17조), 통신의 비밀과 자유(제18조), 양심의 자유(제19조), 종교의 자유(제20조), 언론·출판·집회·결사의 자유(제21조), 학문·예술의 자유(제22조), 재산권(제23조)
참정권	선거권(제24조), 공무 담임권(제25조), 국민 투표권(제72조, 제130조)
청구권	청원권(제26조), 재판 청구권(제27조), 형사 보상 청구권(제28조), 국가 배상 청구권(제29조), 범죄 피해자 구조 청구권(제30조)
사회권	교육을 받을 권리(제31조), 근로의 권리(제32조), 근로 3권(제33조), 인간다운 생활을 할 권리(제34조), 환경권(제35조), 혼인과 가족생활의 보호·보건권(제36조)
평등권	일반적인 평등권(제11조), 여성 근로의 차별 금지(제32조 ④), 혼인과 가족생활에서의 양성평등(제36조 ①)

❸ **신체의 자유와 관련된 헌법 조항**

> **제12조** ① 모든 국민은 신체의 자유를 가진다. 누구든지 법률에 의하지 아니하고는 체포·구속·압수·수색 또는 심문을 받지 아니하며, 법률과 적법한 절차에 의하지 아니하고는 처벌·보안 처분 또는 강제 노역을 받지 아니한다.
> ② 모든 국민은 고문을 받지 아니하며, 형사상 자기에게 불리한 진술을 강요당하지 아니한다.
> ③ 체포·구속·압수 또는 수색을 할 때에는 적법한 절차에 따라 검사의 신청에 의하여 법관이 발부한 영장을 제시하여야 한다. 다만, 현행범인인 경우와 장기 3년 이상의 형에 해당하는 죄를 범하고 도피 또는 증거 인멸의 염려가 있을 때에는 사후에 영장을 청구할 수 있다.

주제 2 국민의 의무와 기본권의 제한

1. 국민의 의무

(1) **고전적 의무** : 근대부터 국민에게 부과되어 온 의무

국방의 의무 ❹	국가의 독립과 영토의 보전을 위하여 국민이 부담해야 하는 국가 방위와 관련된 의무
납세의 의무	국가 운영에 필요한 경비를 마련하기 위해 국민이 조세를 내야 하는 의무

(2) **현대적 의무** : 의무이면서 권리로서의 성격도 가짐

교육의 의무	친권자나 후견인이 그 자녀로 하여금 초등 교육과 법률이 정하는 교육을 받도록 취학시킬 의무
근로의 의무	근로 활동을 통해서 자신의 생존권을 보장하고 국가의 부를 증식시키는 데 이바지해야 할 의무
환경 보전의 의무	국가와 국민이 환경 보전에 노력해야 할 의무
재산권 행사의 공공복리 적합 의무	재산권 행사 시 사회 전체의 공익을 해치지 않고 공공복리에 적합하도록 행사하여야 할 의무

2. 기본권의 충돌

(1) **의미** : 서로 다른 주체 간의 권익이 충돌할 때 이들이 각자 자신의 기본권 보장을 국가에 요구하는 것

(2) **해결 원칙**

법익 형량의 원칙	충돌하는 기본권의 법적 이익을 비교해서 보호 가치가 더 우위에 있는 기본권을 먼저 보호해 줌
규범 조화적 해석의 원칙	대립하는 기본권을 양립·조화시켜 균형을 이루도록 해석하여 상충하는 기본권 모두가 최대한 보장될 수 있도록 함

3. 기본권의 제한

(1) **의미** : 어떤 사람의 기본권 행사가 다른 사람의 기본권을 침해하거나 공동체의 이익을 훼손할 우려가 있을 때 국가는 국민의 기본권을 제한할 수 있음

(2) **의의** : 헌법에 제시된 목적, 방법, 한계에 부합하지 않게 기본권을 제한하는 것을 막아 국민의 기본권을 보장하기 위함

(3) **관련 규정 ❺**

> **헌법 제37조 ②** 국민의 모든 자유와 권리는 국가 안전 보장, 질서 유지 또는 공공복리를 위하여 필요한 경우에 한하여 법률로써 제한할 수 있으며, 제한하는 경우에도 자유와 권리의 본질적인 내용을 침해할 수 없다.
>
> - 국가의 안전 보장 : 국가의 존립, 헌법의 기본 질서 유지 등을 포함하며 국가의 독립이나 영토의 보전, 헌법에 설치된 국가 기관의 유지를 뜻한다.
> - 질서 유지 : 국가 안전 보장과는 달리 내부적인 국가의 존립과 안전 보장을 의미한다.
> - 공공복리 : 사회 구성원 다수의 실질적인 이익을 말한다.

(4) **기본권 제한의 요건**

목적 요건 ❻	기본권은 <u>국가 안전 보장</u>, <u>질서 유지</u>, <u>공공복리</u>를 위한 목적 이외에는 제한할 수 없음
형식 요건	기본권의 제한은 국민의 대표 기관인 국회가 제정한 법률을 통해서만 가능 → 법률의 근거가 없거나 위임 없이 명령, 조례, 규칙 등을 통해서는 국민의 기본권을 제한할 수 없음
방법 요건	• 과잉 금지의 원칙에 따라 목적의 정당성, 방법의 적절성, 법익의 균형성, 피해의 최소성 등을 준수해야 함 • 필요한 최소한의 범위 안에서만 기본권 제한이 이루어지도록 함

(5) **기본권 제한의 한계**

① 기본권 제한의 요건을 충족한 경우에도 기본권의 본질적인 내용을 침해할 수 없음

② 기본권의 제한으로 해당 기본권 자체가 무의미하게 된다면 기본권의 본질적인 내용을 침해한 것이므로 허용되지 않음 ❼

---

❹ **국방의 의무와 병역의 의무**
국방의 의무는 침략 세력으로부터 국토와 국민의 생명을 방위하기 위한 것으로서 모든 국민이 그 대상이다. 즉, 남녀의 구분이 없다. 병역의 의무는 국방의 의무의 하위 개념으로서 병역법이라는 법률에 의해 남자에게만 부여된다. 즉, 군대 복무를 해야 하는 의무를 말한다.

❺ **기본권의 제한 목적**
기본권은 국가 안전 보장, 질서 유지, 공공복리를 위한 목적 이외에는 제한할 수 없다. 예를 들어 「국가 보안법」은 국가 안전 보장을 위해 기본권을 제한하는 것이며, 「도로 교통법」은 사회 질서 유지를 목적으로 개인의 기본권을 제한한 것이며, 「개발 제한 구역의 지정 및 관리에 관한 특별 조치법」은 무분별한 개발 제한, 쾌적한 환경의 유지와 같은 공공복리를 위해서 개인의 기본권을 제한한 것이다.

❻ **과잉 금지의 원칙**

목적의 정당성	국민의 기본권을 제한하려는 입법 목적의 정당성이 인정되어야 함
방법의 적절성	기본권 제한의 목적 달성을 위한 방법이 효과적이고 적절해야 함
법익의 균형성	입법으로 보호하려는 공익과 침해되는 사익을 비교할 때 보호되는 공익이 더 커야 함
피해의 최소성	국민의 기본권 제한으로 인한 피해는 최소한도에 그쳐야 함

❼ **기본권의 본질적 내용**
기본권 제한의 한계로서 본질적 내용의 침해 금지 원칙에서 본질적 내용은 기본권의 핵심 영역으로서 해당 부분이 침해될 경우 기본권이 존재하지 않는 것과 같은 경우를 말한다. 예를 들어 대학 입시에서 부정 행위를 했을 경우 응시 기회를 다음 해까지 제한한다. 그런데 영원히 대학 입시 기회를 주지 않는다고 하면 교육을 받을 권리를 완전히 박탈하기 때문에 본질적 내용의 침해에 해당한다.

핵심 개념 CHECK!

· 정답 및 해설 013~014쪽

📝 다음 설명이 맞으면 'O', 틀리면 '×'에 표시하시오.

주제 1 기본권의 의미와 유형

01 근대 국가는 천부 인권을 확고하게 보장하기 위해 헌법에 기본권으로 구체화하였다. O ×

02 인간으로서의 존엄과 가치는 헌법상 모든 기본권의 근거이자 원천이다. O ×

03 함정 행복 추구권은 그 자체로 독자적인 기본권이 될 수 없으면서 다른 기본권에 대하여 보충적인 성격을 가지는 기본권이다. O ×

04 법 앞의 평등은 어떠한 차별 대우도 허용될 수 없다는 의미이다. O ×

05 평등권은 다른 모든 기본권을 보장하는 데 전제가 되는 기본권이다. O ×

06 자유권은 가장 최근에 등장한 기본권이다. O ×

07 자유권은 국민이 국가에 대해 권리의 보장을 요구한다는 점에서 적극적 권리이다. O ×

08 적법 절차의 원리, 고문 금지, 진술 거부권 보장, 영장 제도 등은 신체의 자유와 관련된다. O ×

09 참정권은 국민 주권의 원리를 실현하는 데 필수적인 권리이다. O ×

10 사회권은 헌법에 일일이 열거하지 않아도 보장된다는 점에서 포괄적 권리이다. O ×

11 근로의 권리, 교육을 받을 권리 등은 사회권을 보장하는 내용의 권리이다. O ×

12 함정 청구권은 기본권 보장을 위한 기본권으로서 소극적 권리이다. O ×

13 국가 기관에 대해 자신의 희망을 문서로 청구할 수 있는 청원권은 청구권에 해당한다. O ×

14 자유권은 국가 이전의 초국가적 권리로서 천부성이 강한 권리이다. O ×

15 참정권은 국민이 국가 기관의 형성과 국가의 정치적 의사 결정 과정에 참여할 수 있는 능동적 권리이다. O ×

16 최저 임금제, 근로 계약서 등은 청구권을 보장하기 위한 수단이다. O ×

17 형사 피의자 또는 형사 피고인으로 구금되었던 자가 무죄 취지의 불기소 처분이나 무죄 판결을 받았을 때 국가에 보상을 청구할 수 있는 권리를 국가 배상 청구권이라고 한다. O ×

18 사회권은 1919년 독일의 바이마르 헌법에서 최초로 규정되었다. O ×

주제 2 국민의 의무와 기본권의 제한

19 교육의 의무, 근로의 의무, 환경 보전의 의무 등은 현대에 와서 국민에게 부과되었다. O ×

20 국방의 의무는 모든 국민에게, 병역의 의무는 성인 남성에게만 부과된다. O ×

21 국방의 의무와 납세의 의무는 근대부터 국민에게 부과되어 온 의무로, 고전적 의무라고 한다. O ×

22 충돌하는 기본권의 법적 이익을 비교해서 보호 가치가 더 우위에 있는 기본권을 먼저 보호해 주는 것을 규범 조화적 해석이라고 한다. O ×

23 기본권을 제한하는 경우에도 자유와 권리의 본질적인 내용을 침해할 수 없다. O ×

24 기본권은 행정 기관의 편의와 효율을 위해 제한할 수 있다. O ×

25 서로 다른 주체 간의 권익이 충돌할 때 이들이 각자 자신의 기본권 보장을 국가에 요구하는 것을 기본권 충돌이라고 한다. O ×

26 대립하는 기본권을 양립·조화시켜 균형을 이루도록 해석하여 상충하는 기본권 모두가 최대한 보장될 수 있도록 하는 것을 법익 형량의 원칙이라고 한다. O ×

27 기본권의 제한은 법률과 명령, 조례, 규칙 등 성문법을 통해서만 가능하다. O ×

28 기본권을 제한하는 경우 그 목적은 국가 안전 보장, 질서 유지 또는 공공복리를 위한 경우로 한정된다. O ×

29 기본권 제한의 방법은 목적을 달성하는 방법으로써 효과적이고 적절해야 한다. O ×

30 기본권의 제한은 과잉 금지의 원칙에 따라 최소한의 범위 안에서만 이루어지도록 한다. O ×

31 기본권 제한을 통해 보호하려는 사익이 침해되는 공익보다 커야 한다. O ×

32 국민의 기본권이 절대적으로 보장된다면 국가 안보나 질서, 공공복리의 실현이 어려워지는 문제가 발생할 수 있다. O ×

33 기본권 제한 조항에 엄격한 요건과 한계를 둔 이유는 국가 권력의 남용을 막아 국민의 기본권을 보장하기 위해서이다. O ×

34 「개발 제한 구역의 지정 및 관리에 관한 특별 조치법」은 무분별한 개발 제한, 쾌적한 환경의 유지와 같은 국가 안전 보장을 위해서 개인의 기본권을 제한한 것이다. O ×

우리나라 헌법의 기본 원리는 어떻게 풀이할까?

개념 기출 자료로 확인

자료 기본권의 유형

> 갑은 일정한 범죄로 확정 판결을 받은 사람의 디엔에이(DNA) 시료를 영장에 의해 채취하도록 한 ○○법에 따라 시료를 채취당하였다. 갑은 ○○법 조항이 입법 목적에 부합하는 구체적 채취 요건의 규정 없이 본인의 의사에 반해 구강 등에서 시료를 채취하도록 하여 신체의 안정성과 자율적 활동에 관한 A를 침해한다고 보았다.
> → 신체의 자유 → 자유권
>
> → 다른 것은 다르게 취급해야 함
>
> 또한, 갑은 해당 조항이 강력 범죄자와 경미한 범죄자를 합리적 이유 없이 동일하게 취급하여 B를 침해하고, 채취 대상자의 의견 진술 기회와 사후 불복 및 구제 절차를 마련하지 않아 C를 침해한다고 판단하여 헌법 소원 심판을 청구하였다.
> → 평등권 → 청구권
> → 기본권 보장을 위한 기본권

기본권의 유형은 제시문에서 어떤 기본권인지를 파악하는 것이 가장 우선이다. 많은 경우 발문에 조건이 붙어 있으니 눈여겨 보아야 한다. 그 조건의 범위에서 답을 유추할 수 있다.

❶ 제시문에서 자유권, 평등권, 청구권을 구분하자! 제시문은 유죄 판결을 받은 사람의 DNA 시료 채취가 국민의 기본권을 침해한다고 주장하며 헌법 소원 심판을 청구한 사안이다. 여기서 어떤 기본권을 침해했다고 주장하는지를 파악해야 한다. A는 신체의 안정성과 자율적 활동이므로 신체의 자유로서 자유권을 말한다. B는 강력 범죄자와 경미한 범죄자를 구분하여 대우해야 하는데도 합리적 이유 없이 동일하게 취급하는 것이므로 평등권 침해이다. C는 구제 절차를 마련하지 않았으므로 청구권에 해당한다.

❷ 자유권, 평등권, 청구권의 특징을 파악하자!

구분	자유권	평등권	청구권
의미	국가 권력으로부터 간섭을 받지 않을 권리	불합리한 기준에 의해 차별을 받지 않을 권리	기본권 침해에 대해 구제 절차와 관련된 권리
성격	소극적 · 방어적 · 포괄적 권리	다른 기본권 보장의 전제가 됨	수단적 · 절차적 · 적극적 권리

❸ 선택지를 해석하자!

> ① A는 현대 복지 국가 헌법에서부터 보장된 기본권이다. → 사회권
> ② B는 국가에 특정 행위를 요구할 수 있는 절차적 권리이다. → 청구권
> ③ C는 민주주의 이념 중 하나로 다른 기본권 보장의 전제 조건이다. → 평등권
> ④ A는 소극적 · 방어적 권리, C는 적극적 권리에 해당한다. → A는 자유권, C는 청구권
> ⑤ A는 B와 C의 보장과 실현을 위한 수단적 성격의 권리이다. → 청구권

▷ 권리의 종류 파악 : A는 자유권, B는 평등권, C는 청구권이다. 또한 발문에 기본권의 종류를 열거해 놓았으므로 제시문을 잘 읽으면 어느 것에 해당하는지를 알 수 있다.

▷ 기본권의 발달 시기 파악 : 자유권과 평등권은 시민 혁명 직후에 강조된 것이다. 사회권은 산업 혁명 이후, 청구권은 정확히 어느 시점인지가 명확하지 않다. 현대 복지 국가 헌법에서부터 강조된 기본권은 사회권이다.

▷ 기본권의 특징 파악 : 민주주의의 이념은 인간 존엄성, 자유, 평등이다. 평등권은 다른 기본권 보장의 전제가 된다. 자유권은 소극적 · 방어적 권리, 청구권은 수단적 · 절차적 · 적극적 권리이다. 특히 청구권은 다른 기본권을 보장하기 위한 수단적 성격의 권리임을 기억해야 한다.

개념 문제로 확인하기

Q1 다음 내용이 자유권에 해당하면 '자', 평등권에 해당하면 '평', 청구권에 해당하면 '청'에 표시하시오.

01. 국가의 간섭 배제 (자 / 평 / 청)
02. 실질적 평등 실현 (자 / 평 / 청)
03. 합리적 이유에 의한 차별 인정 (자 / 평 / 청)
04. 다른 기본권 보장의 전제 (자 / 평 / 청)
05. 다른 기본권 보장을 위한 수단적 권리 (자 / 평 / 청)
06. 소극적 · 방어적 권리 (자 / 평 / 청)
07. 절차적 성격의 권리 (자 / 평 / 청)
08. 국가가 있어야 보장됨 (자 / 평 / 청)
09. 헌법에 열거된 경우에만 보장 (자 / 평 / 청)
10. 적법 절차의 원리 (자 / 평 / 청)
11. 청원권, 재판 청구권 (자 / 평 / 청)

Q2 다음 표에서 알맞은 단어를 고르시오.

12. 자유권	❶ 역사가 가장 (짧은 / 오래된) 기본권 ❷ (소극적 / 적극적) 성격의 권리
13. 평등권	❶ (절대적 / 상대적) 평등을 추구함 ❷ 다른 기본권 보장의 (수단 / 전제)
14. 청구권	❶ 국가의 존재를 전제로 (함 / 하지 않음) ❷ (열거적 / 포괄적) 성격의 권리

Q3 〈자료〉를 보고 다음 내용이 맞으면 '○', 틀리면 '×'에 표시하시오.

15. A는 역사상 가장 오래된 기본권이다. (○ / ×)
16. B는 어떤 경우에도 차별해서는 안 되는 권리이다. (○ / ×)
17. C는 기본권 보장을 위한 기본권이다. (○ / ×)
18. A는 B, C와 달리 헌법에 열거된 경우에만 보장되는 권리이다. (○ / ×)

HOW & WHAT 정답 Q1 01. 자 02. 평 03. 평 04. 평 05. 청 06. 자 07 청 08. 청 09. 청 10. 자 11. 청 Q2 12❶ 오래된 ❷ 소극적 13❶ 상대적 ❷ 전제 14. ❶ 함 ❷ 열거적 Q3 15. ○ 16. × 17. ○ 18. ×

주제 1 기본권의 의미와 유형

족집게 전략 | • 기본권의 유형은 매년 출제되고 있다. 단순히 기본권의 유형과 성격을 묻는 형식에서 나아가 점차 판례 등을 제시하면서 제시문 속에서 기본권의 유형을 파악하고 선지에서 기본권의 성격을 묻는 형태로 바뀌어 가고 있다. 또한 기본권의 성격을 나타내는 질문을 비워 놓고 어떤 질문이 들어가야 하는지를 묻기도 한다. 이 경우 모든 질문을 비워 놓고 질문에 따라 기본권의 유형이 바뀌는 형식으로 묻는 경우가 많은데 이것은 하나하나 경우의 수를 따져야 하므로 무척 어렵게 느껴진다.

• 기본권에 대한 기출문제는 아주 많다. 그 유형도 다양하다. 따라서 기출문제를 최대한 구해서 여러 번 풀어보는 것이 좋다. 기출문제를 반복해서 풀다 보면 기본권의 유형과 특징을 자연스럽게 이해할 수 있을 뿐만 아니라 다양한 문제 유형을 살펴볼 수 있는 기회도 된다.

046 〈대표 문항〉 | 평가원 기출 |

(가), (나) 사례에 대한 옳은 설명만을 〈보기〉에서 있는 대로 고른 것은?

> (가) 헌법 재판소는 교도소 내에서 징계를 받아 금치[*] 처분 중에 있는 자에게 실외 운동을 원천 금지시키는 것은 인간의 존엄과 가치 및 신체의 자유를 침해하는 것으로 보아 헌법 위반으로 결정하였다.
>
> (나) 국민 건강 보험 공단은 직장 가입자 중 보수 이외의 소득이 높은 고소득자에게 직장에서 내는 보험료와는 별도로 그 소득분에 따라 추가로 건강 보험료를 부과하기로 결정하였다. 이는 보험료 부담의 형평성과 소득 재분배 효과를 제고하기 위한 것이다.
>
> [*] 금치 : 일정 기간 독거실에 가두어 접견, 서신 수발, 도서 열람 등을 금지하는 것

〈보기〉

ㄱ. (가)에서 추구하는 기본권은 고전적 · 포괄적 권리로서의 성격을 갖는다.
ㄴ. (나)는 상대적 · 비례적 평등을 추구한 것이다.
ㄷ. (나)와 달리 (가)는 '국가에 의한 자유'를 실현하고자 한 것이다.
ㄹ. (가)는 적극적 자유, (나)는 소극적 자유를 실현하고자 한 것이다.

① ㄱ, ㄴ ② ㄴ, ㄷ ③ ㄷ, ㄹ
④ ㄱ, ㄴ, ㄹ ⑤ ㄱ, ㄷ, ㄹ

047

A∼C는 헌법상의 기본권을 말한다. A∼C를 옳게 연결한 것은?

> • A, B는 C와 달리 국가의 존재를 전제로 한다.
> • A, C가 침해된 경우, B의 행사를 통해 구제받을 수 있다.
> • C는 A, B에 비해 천부 인권적 성격이 강하다.

	A	B	C
①	청구권	평등권	사회권
②	청구권	사회권	자유권
③	자유권	청구권	참정권
④	사회권	청구권	자유권
⑤	사회권	평등권	청구권

048 | 평가원 기출 |

기본권 (가)∼(다)에 대한 설명으로 옳은 것은?

학습 주제 : 기본권의 종류

기본권	관련 헌법 조항
(가)	제12조 ① 모든 국민은 신체의 자유를 가진다. …(후략)…
(나)	제25조 모든 국민은 법률이 정하는 바에 의하여 공무 담임권을 가진다.
(다)	제26조 ① 모든 국민은 법률이 정하는 바에 의하여 국가 기관에 문서로 청원할 권리를 가진다.

① (가)는 능동적이고 적극적인 성격을 가진다.
② (나)는 국민 주권주의를 구현하는 수단이 된다.
③ (다)는 국가의 개입을 배제하는 방어적 성격을 가진다.
④ (가)는 (나)와 달리 현대 복지 국가에서 중시되기 시작했다.
⑤ (나)는 (다)와 달리 기본권 보장을 위한 수단적 권리이다.

049

| 평가원 기출 |

밑줄 친 ㉠, ㉡에 대한 설명으로 옳은 것은?

> • 헌법 재판소는 4급 이상 공무원이 신고한 병역 사항의 내용 중 병역 면제의 근거인 질병명이 관보와 인터넷에 예외 없이 공개되도록 규정한 공직자 관련 법령이 4급 이상 공무원의 ㉠ 기본권을 침해한다고 결정하였다.
> • 헌법 재판소는 이의 신청 및 심사 청구를 거치지 않으면 지방세 부과 처분에 대하여 행정 소송을 제기할 수 없도록 한 지방세법 규정이 지방세 납부 의무자의 ㉡ 기본권을 침해한다고 결정하였다.

① ㉠은 헌법에 열거되지 않아도 보장받을 수 있는 포괄적 권리이다.
② ㉠은 기본권이 침해되었을 때 이를 구제받기 위한 수단적 권리이다.
③ ㉡은 국가의 정치 과정에 적극적으로 참여할 수 있는 권리이다.
④ ㉠은 ㉡과 달리 인간다운 생활을 국가에 요구할 수 있는 적극적 권리이다.
⑤ ㉡은 ㉠과 달리 국가의 간섭을 받지 않을 소극적 권리이다.

050

표는 기본권 A~C를 분류한 것이다. 이에 대한 설명으로 옳은 것은? (단, A~C는 각각 자유권, 청구권, 사회권 중 하나이다.)

질문	기본권의 종류		
	A	B	C
소극적 · 방어적 권리입니까?	㉠	아니요	아니요
(가)	아니요	예	예
다른 기본권 보장을 위한 수단적 권리입니까?	㉡	㉢	예

① '재판 청구권'은 A에 해당하는 권리이다.
② B는 헌법에 규정되지 않아도 포괄적으로 보장된다.
③ C는 권리인 동시에 의무로서의 성격을 가진다.
④ ㉠~㉢은 순서대로 '예', '아니요', '아니요'이다.
⑤ '국가의 존재를 전제로 합니까?'는 (가)에 들어갈 수 없다.

051

다음 자료에 나타난 제도와 관련된 기본권에 대한 설명으로 가장 적절한 것은?

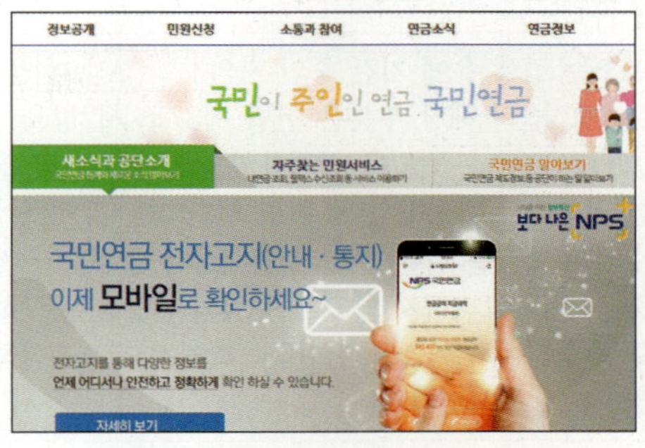

① 국가 권력의 배제를 요구하는 권리이다.
② 다른 기본권 보장의 전제가 되는 권리이다.
③ 국민 주권을 실현하는데 반드시 필요한 권리이다.
④ 다른 기본권의 보장을 위한 수단적 권리로서의 성격을 띤다.
⑤ 인간다운 생활 보장을 국가에 요구할 수 있는 적극적 권리이다.

052

다음과 같은 사례에서 강조되고 있는 평등의 개념에 대한 옳은 설명만을 〈보기〉에서 고른 것은?

> • 일정 수 이상의 근로자를 고용하는 사업주에게 의무적으로 장애인을 고용하도록 한다.
> • 교육 여건이 열악한 농어촌 지역의 학생들에게는 대학 입학에서 특례를 인정하고 있다.
> • 비례 대표 국회 의원 선거 후보자 추천에서 정당은 여성을 일정 비율로 추천해야 한다.

〈보기〉
ㄱ. 선천적, 후천적인 차이를 고려한 평등을 강조한다.
ㄴ. 배분적 정의보다는 평균적 정의를 바탕으로 하고 있다.
ㄷ. 형식적 평등의 강조는 실질적 불평등을 초래할 수 있다고 본다.
ㄹ. 대통령 선거에서 누구에게나 1표씩 주는 것도 이와 맥락을 같이 한다.

① ㄱ, ㄴ   ② ㄱ, ㄷ   ③ ㄴ, ㄷ
④ ㄴ, ㄹ   ⑤ ㄷ, ㄹ

053

| 평가원 기출 |

기본권 A에 대한 설명으로 옳은 것은?

> 헌법 재판소는 집행 유예 기간 중인 자의 [A]을/를 제한하고 있는 ○○법의 해당 부분은 헌법 제37조 제2항을 위반하여 청구인들의 [A]을/를 침해하였을 뿐만 아니라 평등 원칙도 위반한 것이라고 결정하였다. 헌법 재판소는 그 이유에서 형사 책임과 주권의 행사는 다른 차원의 문제로서 범죄자가 저지른 범죄의 경중을 전혀 고려하지 않고 공동체의 운용을 주도하는 국가 조직의 구성에 참여하는 것을 전면적 · 획일적으로 제한하는 것은 헌법에 위반된다고 하였다.

① 국가의 정치 과정에 참여할 수 있는 능동적 권리이다.
② 민주주의의 이념 중 하나로서 다른 기본권 보장의 전제 조건이 된다.
③ 개인의 자유에 대한 국가 권력의 침해를 배제하는 방어적 권리이다.
④ 국민의 권리임과 동시에 국가의 존속과 유지를 위한 헌법상 의무이기도 하다.
⑤ 국민이 국가에 대하여 적극적으로 특정한 행위를 요구할 수 있는 수단적 권리이다.

054

다음의 헌법 규정들과 공통적으로 규정된 기본권에 대한 설명으로 옳지 <u>않은</u> 것은?

> • … 모든 영역에 있어서 각인의 기회를 균등히 하고 … 안으로는 국민 생활의 균등한 향상을 기하고 ….(**헌법 전문**)
> • 모든 국민은 인간다운 생활을 할 권리를 가진다.(**헌법 제34조 제1항**)
> • 국가는 균형 있는 국민 경제의 성장 및 안정과 적정한 소득의 분배를 유지하고, 시장의 지배와 경제력의 남용을 방지하며, 경제 주체 간의 조화를 통한 경제의 민주화를 위하여 경제에 관한 규제와 조정을 할 수 있다.(**헌법 제119조 제2항**)

① 소극적 · 방어적 기본권에 해당한다.
② 국가의 존재를 전제로 하여 인정된다.
③ 공공복리를 위하여 법률로도 제한할 수 있다.
④ 실질적인 사회 정의의 실현을 이상으로 추구하고 있다.
⑤ 근대 자본주의의 모순을 해결하기 위한 과정에서 등장하였다.

055

| 평가원 기출 |

기본권 A, B에 대한 설명으로 옳은 것은?

> 헌법상 재산권 보장은 개인이 재산을 가지고 있다는 것을 전제로 하여 이를 보호하는 것이므로 재산이 없는 사람에게는 의미가 없을 수 있다. 따라서 헌법은 인간의 생존에 필요한 최소한의 물질적인 생활을 보장받을 수 있도록 '인간다운 생활을 할 권리'를 규정하여 실질적 평등을 실현하고자 한다. '인간다운 생활을 할 권리'는 A의 이념적 기초이자 일반 조항으로서 국가로부터의 자유를 의미하는 B와 함께 인간의 존엄과 가치를 실현하기 위한 불가결한 요소이다.

① A는 국가의 부당한 침해를 배제하는 방어적 성격의 권리이다.
② B는 헌법에 열거되지 않아도 보장될 수 있는 포괄적 권리이다.
③ A는 B와 달리 본질적 기본권으로서 다른 기본권을 실현하기 위한 전제 조건이 된다.
④ B는 A와 달리 인간의 존엄을 실현하는 데 필요한 조건을 국가에 요구할 수 있는 권리로 국가의 존재를 전제로 인정된다.
⑤ A, B는 모두 현대 복지 국가 헌법에서 보장되기 시작한 권리이다.

056

기본권 A~C에 대한 설명으로 옳은 것은? (단, A~C는 각각 자유권, 참정권, 사회권 중 하나이다.)

> • 대학생 갑은 담당자의 실수로 빈곤층 자녀에게 주는 장학금 제도의 혜택을 받지 못해 A를 침해당했다.
> • 회사원 을은 수사 목적이라는 이유로 자신의 휴대 전화를 경찰에 강제로 제출함으로써 B를 침해당했다.
> • 장애인 병은 국회 의원 선거에 투표를 하러 갔으나 투표소가 2층에 있어 결국 투표하지 못해 C를 침해당했다.

① A는 기본권 중 역사적으로 가장 오래된 권리이다.
② B는 국가의 개입을 배제하는 방어적 성격을 가진다.
③ C는 인간다운 생활을 국가에 요구할 수 있는 적극적 권리이다.
④ A는 B와 달리 다른 기본권 보장을 위한 수단적 권리에 해당한다.
⑤ B는 A, C와 달리 국가의 존재를 전제로 하는 기본권에 해당한다.

057

기본권 A~C에 대한 설명으로 옳은 것은? (단, A~C는 각각 자유권, 참정권, 청구권 중 하나이다.)

기본권	의미
A	국민이 주권자로서 국가 기관의 형성과 국가의 정치적 의사 결정 과정에 참여할 수 있는 권리
B	개인이 자신의 자유로운 영역에서 국가 권력의 간섭이나 침해를 받지 않을 권리
C	국민이 국가에 대하여 특정한 행위를 요구하거나 침해당한 기본권의 구제를 요구할 수 있는 권리

① 근로 3권은 A에 해당하는 권리이다.

② B는 가장 최근에 등장한 현대적 권리이다.

③ C는 헌법에 열거되지 않아도 보장되는 권리이다.

④ A는 C와 달리 기본권 보장을 위한 수단적 권리이다.

⑤ B는 A, C와 달리 소극적 권리이다.

058

그림에서 갑은 기본권 (가)를, 을은 기본권 (나)를 행사하고 있다. (가), (나)에 대한 설명으로 옳은 것은?

(가)	(나)

① (가)는 소극적 성격의 기본권이다.

② (나)는 국가의 적극적 개입을 필요로 한다.

③ (가)는 (나)와 달리 법률로써 제한이 가능하다.

④ (가)와 달리 (나)는 포괄적 권리이다.

⑤ (가)와 (나)는 모두 국가를 전제로 보장된다.

059

표는 우리나라 헌법에 보장된 기본권에 관한 것이다. 기본권 A~C에 대한 설명으로 옳은 것은? (단, A~C는 각각 자유권, 사회권, 청구권 중 하나이다.)

유형	A	B	C
특징	–	수단적 성격	소극적 성격

① A는 역사적으로 볼 때 가장 오래된 기본권이다.

② B는 다른 기본권 보장의 전제 조건이 된다.

③ C는 독일 바이마르 헌법에서 최초로 보장되었다.

④ A, B는 C와 달리 국가의 존재를 전제로 인정된다.

⑤ B는 A, C와 달리 헌법에 열거되지 않은 권리도 보장된다.

060

다음은 수업 시간에 이루어진 교사와 학생 간의 대화이다. 밑줄 친 '한 사람'에 해당하는 학생은? (단, A~C는 각각 자유권, 사회권, 청구권 중 하나이다.)

교사 : 기본권 A~C에 대하여 발표해볼까요?

갑 : A는 국가의 간섭을 받지 않을 권리, C는 국가에 대해 인간다운 생활의 보장을 요구하는 권리입니다.

을 : A, C와 달리 B는 기본권 보장을 위한 기본권입니다.

병 : C와 달리 A, B는 국가의 존재를 전제로 하는 기본권입니다.

정 : B, C와 달리 A는 헌법에 열거되지 않아도 포괄적으로 보장됩니다.

무 : A의 사례로 재산권 행사의 자유를, B의 사례로 조례 제정 청원을 들 수 있어요.

교사 : 한 사람을 제외하고는 모두 옳게 발표하였습니다.

① 갑　　　② 을　　　③ 병

④ 정　　　⑤ 무

주제2 국민의 의무와 기본권의 제한

족집게 전략 | • 국민의 의무는 개정 교육 과정에서는 중요하게 취급하지는 않고 있다. 그러나 기본권의 유형이나 제한과 함께 선지로 출제될 가능성은 있으므로 기본적인 의무에 대한 내용은 알고 있어야 한다.

• 기본권의 제한과 한계는 개정 교육 과정에서 강조하고 있다. 특히 과잉 금지 원칙의 4가지 요건은 중시하고 있으므로 반드시 출제될 것이다. 이 부분은 헌법 재판소의 결정문의 형태로 나올 가능성이 높다. 헌법 재판소의 결정문은 내용 이해가 어려울 수 있으므로 평소 이와 관련된 기출문제를 자주 풀어 보아 유형을 익히도록 해야 한다.

061 대표 문항
|평가원 기출|

(가), (나) 사례에 대한 옳은 설명만을 〈보기〉에서 있는 대로 고른 것은?

〔보기〕
ㄱ. 도로 교통법이 갑의 기본권을 제한한 것은 질서 유지를 위한 것으로 목적의 정당성을 충족한다.
ㄴ. 헌법 재판소는 국가가 갑의 권리와 자유를 제한하였지만 그 본질적인 내용을 침해한 것은 아니라고 보았다.
ㄷ. (나)에서 갑이 침해당했다고 생각하는 기본권은 '기본권 보장을 위한 기본권'으로 수단적 권리의 성격을 갖는다.
ㄹ. (다)에서 갑은 인간다운 생활을 위해 국가에 일정한 배려를 요구할 수 있는 적극적 권리의 행사를 제한받았다.

① ㄱ, ㄴ ② ㄱ, ㄷ ③ ㄴ, ㄷ
④ ㄴ, ㄹ ⑤ ㄷ, ㄹ

062

밑줄 친 부분에 들어갈 말로 가장 적절한 것은?

> 갑은 결혼식을 앞둔 예비 신랑으로서 (구)가정의례에 관한 법률 제1항 제7호(결혼식 하객에 대한 음식물 접대를 금지하는 것)에 의해 헌법상의 기본권을 침해당했다는 이유로 헌법 소원 심판을 청구하였다. 이에 대해 헌법 재판소는 "결혼식 등의 당사자가 자신을 축하하러 온 하객들에게 주류와 음식물을 접대하는 행위는 인류의 오래된 보편적인 사회생활의 한 모습으로서 헌법의 행복 추구권에서 파생된 개인의 일반적인 행동의 자유 영역에 속하는 행위"인 데도 이를 무조건 금지하는 것은 _______________ 헌법에 위반된다고 결정하였다.
>
> – 헌법 재판소, 1998.10.15(98헌마168) –

① 기본권의 본질적 부분을 침해하였기 때문에
② 사회 혼란으로 질서를 침해할 수 있기 때문에
③ 정당한 절차를 밟아서 제정되지 않았기 때문에
④ 정의와 법적 안정성의 충돌을 가져올 수 있기 때문에
⑤ 권리 침해에 대한 구제 수단을 보장하지 않았기 때문에

063

다음 글의 헌법 재판소 결정에 대한 분석으로 가장 적절한 것은?

> 헌법 재판소는 한의사 A씨가 의료법 제27조 제2항(한의사가 초음파 진단 기기를 사용하면 '면허 외 의료 행위'를 한 것으로 처벌하도록 한 내용)에 대해 낸 헌법 소원 심판 사건에서 합헌 결정을 내렸다. 헌법 재판소는 "의료법이 정하고 있는 의료 행위는 질병의 예방과 치료에 관한 행위로써 의학적 전문 지식이 있는 자가 행하지 않으면 사람의 생명, 신체나 공중 위생에 위해가 발생할 우려가 있는 행위를 뜻한다."며 "학문적 기초가 서로 다른 한의학과 서양 의학의 분리 체계하에서는 자신이 익힌 분야에 한해 의료 행위를 하도록 하는 것이 필요하다."고 밝혔다.
>
> – 법률신문, 2013. 3. 7. –

① 기본권 제한의 목적이 정당하다는 결정이다.
② 기본권 제한 방법이 적절하지 못하다고 보고 있다.
③ 달성되는 공익보다 침해되는 사익이 크다고 보았다.
④ 공익을 위한 기본권 제한은 한계가 없다는 결정이다.
⑤ 기본권 제한이 피해의 최소성 원칙에 위반했다고 보았다.

064 고난도↗
| 평가원 기출 |

다음 사례에 대한 분석 및 추론으로 옳은 것은?

> 갑은 운전 중 좌석 안전띠를 의무적으로 매야 하고 이를 어기면 범칙금을 부과하는 도로 교통법 규정이 자신의 기본권을 침해한다며 권리 구제형 헌법 소원 심판을 청구하였다. 이에 대해 헌법 재판소는 우선 이 규정이 행복 추구권에서 도출되는 일반적 행동 자유권을 제한하고 있다고 판단하였다. 그리고 이 규정은 교통사고에서 국민을 보호하고 사회적 부담을 줄이려는 공익을 위한 것이므로 목적이 정당하고, 안전띠를 매는 것은 이를 달성할 수 있는 적절한 수단이라고 보았다. 또한 이보다 덜 제한적인 방법이 없으며, 운전자의 답답함이나 경미한 범칙금에 비하여 달성하려는 공익이 크다고 보아 갑의 청구를 기각하였다.

① 일반적 행동 자유권의 도출 근거가 되는 기본권은 포괄적 권리이다.
② 헌법 재판소는 일반적 행동 자유권 제한을 근거로 갑의 기본권이 침해당했다고 판단하였다.
③ 과잉 금지 원칙에서 목적의 정당성은 그 수단이 목적을 달성하기 위하여 적합한가를 심사하는 것이다.
④ 갑이 청구한 심판은 도로 교통법 규정의 위헌 여부를 심판 대상으로 하므로 재판의 전제성을 필요로 한다.
⑤ 헌법 재판소가 과잉 금지 원칙의 세부 원리를 차례로 판단한 이유는 이를 모두 위반해야 위헌이라고 판단할 수 있기 때문이다.

065

밑줄 친 부분에 해당하는 사례로 옳지 <u>않은</u> 것은?

> 국민의 모든 자유와 권리는 국가 안전 보장, 질서 유지 또는 공공복리를 위하여 필요한 경우에 한하여 법률로써 제한할 수 있으며, <u>제한하는 경우에도 자유와 권리의 본질적인 내용을 침해할 수 없다.</u>

① 정부는 쿠데타가 발생한 ◎◎국으로의 여행을 일시적으로 중지시켰다.
② 소방당국은 산불 예방을 위해 일부 산에 대해 한 달 동안 입산을 금지시켰다.
③ 음주 운전 사고를 막기 위해 경찰은 차량 운전자를 상대로 음주 측정을 실시했다.
④ 전염성이 강한 독감 환자가 속출하자 ◇◇고교는 독감 학생의 등교를 중지시켰다.
⑤ ○○은행은 업무 향상을 위해 직장 내에서 직원들의 모든 전화 사용을 금지시켰다.

066
| 평가원 기출 |

다음 사례에 대한 옳은 분석만을 〈보기〉에서 고른 것은?

> 갑은 중과실에 의한 교통사고로 을에게 중상해를 입혔다. 을은 갑을 ○○법 위반죄로 고소하였으나, 검사는 △△특례법 조항에 따라 갑에 대하여 불기소 처분을 하였다. 이에 을은 해당 처분의 근거가 된 법률 조항이 평등권을 침해했을 뿐만 아니라 형사 재판 절차에서 자신의 피해에 대하여 의견 진술을 할 기회를 보장받을 수 있는 권리인 (A)도 침해하였다고 주장하면서 헌법 소원 심판을 청구하였다. 이에 대해 헌법 재판소는 △△특례법 조항은 중상해를 입은 피해자의 (A)행사가 근본적 방지라는 입법 목적을 위하여 피해자의 사익이 현저히 경시된 것으로 법률 조항의 해당 부분이 헌법에 위반된다고 판단하였다.

보기

> ㄱ. 을은 검사의 불기소 처분을 대상으로 하여 헌법 소원 심판을 청구하였다.
> ㄴ. 을이 헌법 소원 심판을 청구하기 위해서는 △△특례법 조항의 위헌 여부가 재판의 전제가 되어야 한다.
> ㄷ. A는 국민이 국가에 대하여 적극적으로 특정한 행위를 요구할 수 있는 수단적 성격의 기본권에 해당한다.
> ㄹ. 헌법 재판소는 입법 목적과 그 목적을 달성하기 위한 수단이 적정한 비례 관계를 유지하고 있지 않다고 판단하였다.

① ㄱ, ㄴ 　　② ㄱ, ㄷ 　　③ ㄴ, ㄷ
④ ㄴ, ㄹ 　　⑤ ㄷ, ㄹ

067
| 교육청 기출 |

(가), (나)에 나타난 헌법상 국민의 의무에 대한 설명으로 옳지 <u>않은</u> 것은?

(가)   (나)

① (가)는 국토와 국민의 생명을 방위하기 위한 것이다.
② (나)는 국민뿐만 아니라 국가에게도 부과된다.
③ (나)는 의무인 동시에 권리의 성격을 지니고 있다.
④ (가)는 (나)와 달리 이행하지 않으면 법적 제재가 따른다.
⑤ (나)는 (가)와 달리 현대에 와서 새롭게 부과된 의무이다.

II 민주 국가와 정부

II 단원 PREVIEW – MIND MAP

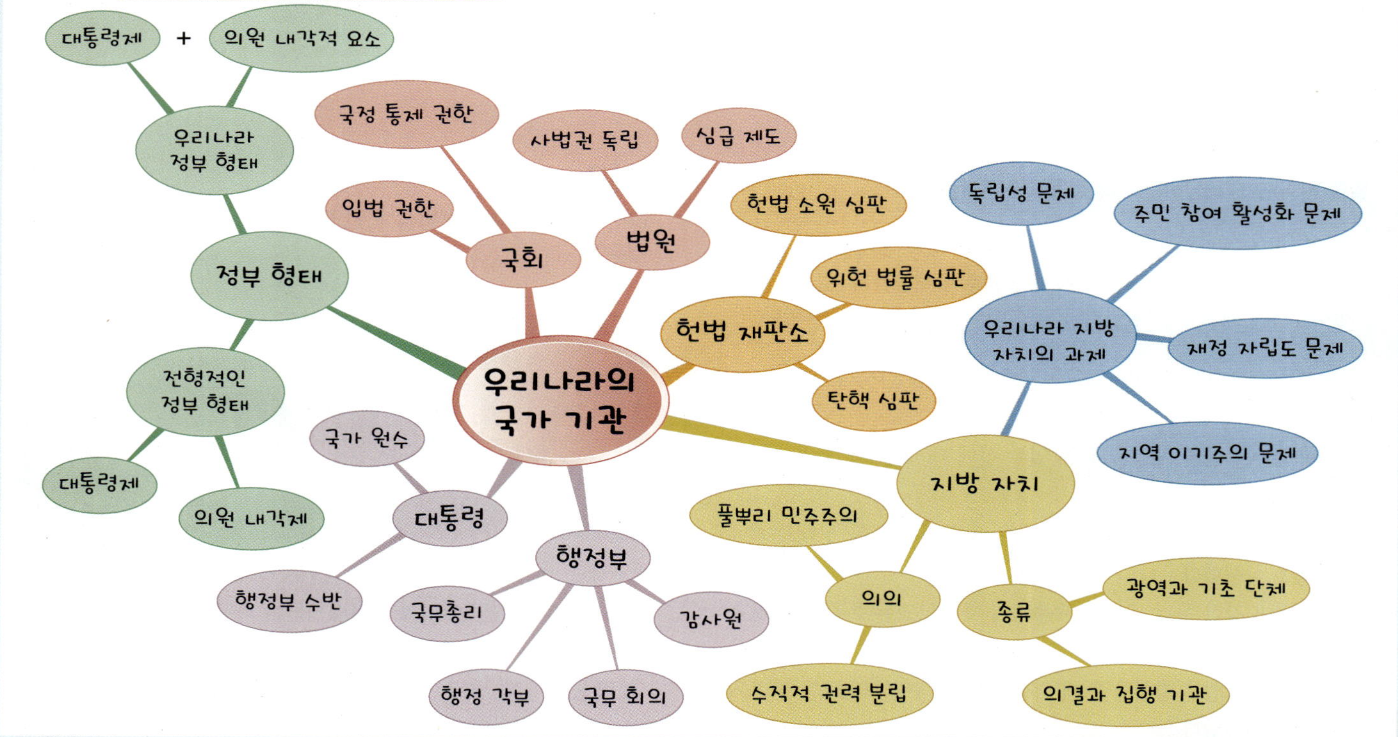

| 04강
민주 국가의
정부 형태 | 주제 1 정부 형태의 이해 | ·의원 내각제　·대통령제　·이원 정부제 |
| | 주제 2 우리나라의 정부 형태 | ·정부 형태의 변천　·의원 내각제적 요소 |

| 05강
우리나라의
국가 기관 – 국회 | 주제 1 국회의 지위와 구성 | ·국회의 지위　·국회의 구성 |
| | 주제 2 국회의 권한 | ·입법 권한　·국정 통제 권한 |

06강 우리나라의 국가 기관 – 행정부와 대통령	주제 1 대통령의 지위와 권한	·대통령의 지위　·대통령의 권한
	주제 2 행정부의 구성	·국무총리　·행정 각부　·국무 회의　·감사원
	주제 3 행정 국가화 현상	·행정 국가화 현상의 문제점과 해결 방안

07강 우리나라의 국가 기관(법원과 헌법 재판소) 및 국가 기관 간의 관계	주제 1 법원	·사법권 독립　·심급 제도
	주제 2 헌법 재판소	·헌법 재판소의 구성　·헌법 재판소의 권한
	주제 3 우리나라 국가 기관 간의 관계	·견제와 균형　·권력 분립

| 08강
지방 자치 | 주제 1 지방 자치의 의의 | ·지방 자치의 의미　·지방 자치의 의의 |
| | 주제 2 우리나라의 지방 자치 | ·우리나라 지방 자치의 구성
·우리나라 지방 자치의 과제 |

II 단원　학습 SOLUTION

▶ **전형적인 정부 형태를 토대로 우리나라의 의원 내각제적 요소를 비교하며 학습하자!**

전형적인 정부 형태인 의원 내각제와 대통령제의 특징을 비교하면서 학습해야 한다. 이를 토대로 우리나라의 의원 내각제적 요소를 정확하게 익히도록 하자.

▶ **국가 기관은 여러 기관이 섞여서 출제된다. 각 기관의 권한과 구성 등을 정확히 알도록 하자.**

행정부, 국회, 법원, 헌법 재판소의 권한을 신문 기사를 통해 물어보는 경우가 많다. 우선 각 기관의 권한을 정확히 학습하면서 기출문제를 통해 다양한 유형을 익히도록 해야 한다.

▶ **지방 자치는 새로운 단원이므로 반드시 출제된다고 생각하고 학습하자.**

지방 자치 단원은 10여 년 만에 다시 교과서에 들어왔다. 따라서 정책적으로 시험에 출제할 가능성이 높다. 우리나라의 지방 자치 과제를 중점적으로 공부하도록 해야 한다.

주제 1 정부 형태의 이해 ❶

1. 의원 내각제 ❷

(1) 의미 : 입법부와 행정부의 관계가 상호 의존적인 정부 형태

(2) 특징

행정부 구성 방식	국민의 직접 선거를 통해 입법부인 의회가 구성되며, 의회 다수당의 대표가 총리가 되고 총리가 소속 정당 의원들을 내각의 각료로 임명함으로써 구성
입법부와 행정부의 관계	• 의회 의원의 각료 겸직 가능 • 의회 의원과 행정부 모두 법률안 제출 가능 • 내각은 의회에 대하여 연대 책임을 짐
입법부와 행정부의 상호 견제	• 의회는 내각에 대해 불신임권을 행사할 수 있음 → 의원 내각제 국가에서 내각의 총사퇴를 결의할 수 있는 의회의 권한을 의미한다. • 내각은 의회 해산권을 행사할 수 있음
국가 원수와 행정부 수반	국가 원수(왕 또는 대통령)는 상징적 존재이며, 실권은 행정부 수반(총리)에게 있음

└→ 의원 내각제 국가에서 총리가 의회 의원의 자격을 임기 만료 전에 소멸시킴으로써 의회를 해산할 수 있는 권리로, 의회가 해산되면 총선거를 통해 의회를 다시 구성한다.

(3) 장점과 단점

장점	• 의회와 행정부의 긴밀한 협조로 신속하고 능률적인 국정 처리가 가능함 • 내각이 정치적 책임과 국민의 요구에 민감함
단점	• 과반수 의석을 차지한 정당이 있을 경우 : 다수당의 횡포를 견제하기 어려움 • 과반수 의석을 차지한 정당이 없을 경우 : 연립 내각이 구성되면 정치적 책임 소재가 불명확해질 수 있음

└→ 의원 내각제에서 과반수 의석을 차지한 정당이 없을 때 둘 이상의 정당이 연합하여 구성한 내각이다.

2. 대통령제 ❸

(1) 의미 : 입법부와 행정부가 독립적으로 구성되고 운영되는 정부 형태

(2) 특징

행정부 구성 방식	국민은 별도의 선거를 통해 입법부인 의회 의원과 행정부 수반인 대통령을 각각 선출하며, 행정부는 대통령 및 대통령이 임명하는 각료들로 구성
입법부와 행정부의 관계	• 의회 의원의 각료 겸직 불가능 • 법률안 제출은 의회 의원만 가능
입법부와 행정부의 상호 견제	• 대통령의 법률안 거부권과 공포권 행사 → 대통령이 의회 다수당의 횡포를 막을 수 있다. • 의회의 각종 동의권과 승인권, 주요 공직자에 대한 탄핵 소추권 행사
국가 원수와 행정부 수반	대통령이 국가 원수와 행정부 수반으로서의 지위를 동시에 가짐

└→ 대통령을 비롯한 고위직 공직자를 대상으로 그 법적인 책임을 헌법이 정하는 특별한 소추 절차에 따라 추궁함으로써 헌법을 보호하는 제도이다.

(3) 장점과 단점

장점	• 대통령의 임기가 보장되기 때문에 대통령은 의원 내각제의 총리에 비해 국가 정책을 지속해서 추진할 수 있으며, 정국이 안정됨 • 대통령의 법률안 거부권 행사로 의회 다수당의 횡포를 방지할 수 있음
단점	• 대통령에게 권한이 집중될 경우 독재 정치의 우려가 있음 • 의회와 행정부가 대립할 경우 이를 해결하기가 어려움

3. 이원 정부제
└→ 현재 프랑스에서 시행하고 있다. 평시에는 행정권이 이원화되어 있지만 비상 시에는 대통령에게 비상 대권이 인정되고 있다.

(1) 의미 : 의원 내각제와 대통령제가 혼합된 정부 형태

(2) 특징

① 대통령과 의회가 별도의 직접 선거를 통해 구성되며 대통령이 의회에 책임을 지지 않음

② 행정권 중 주로 외교와 국방 분야는 대통령이, 일반 행정 분야는 총리가 담당하여 행정권이 이원화되어 있음

③ 총리가 내각을 구성하고 의회는 내각 불신임권을 가짐. 대통령이 총리를 임면할 수 있고 의회 해산권을 가짐 → 이원 정부제의 장단점 : 이원 정부제에서는 대통령과 총리의 소속 정당이 같을 경우 정책 결정과 집행 과정에서 강력한 추진력을 발휘할 수 있는 반면 대통령의 권위주의적 통치가 나타날 수 있고, 대통령과 총리의 소속 정당이 다른 동거 정부가 구성될 경우 대통령과 총리가 대립하여 정치적 혼란이 나타날 수도 있다.

---

❶ 정부 형태에 영향을 미친 정치 사상

로크(Locke, J.)는 군주의 절대적 권한을 견제하기 위해 의회가 공동의 이익을 위한 법을 만드는 것이야말로 주권 행사의 가장 중요한 내용이라고 보았다. 이러한 그의 사상은 국가 권력을 입법부와 행정부(군주)로 분리하는 이권 분립론으로 나타났으며, 이는 영국에서 의회를 중심으로 하는 정부 형태, 즉 의원 내각제가 성립하는 데 큰 영향을 미쳤다.

몽테스키외(Montesquieu, C. L.)는 '동일한 인간 또는 동일한 집단의 수중에 입법권과 집행권이 결합하여 있을 때' 또는 '재판권이 입법권과 집행권으로부터 분리되어 있지 않을 때' 자유가 존재할 수 없다고 보았다. 그는 엄격한 삼권 분립에 입각한 정부 형태가 필요하다고 주장했다. 이러한 그의 사상은 미국에서 입법부와 행정부의 독립성과 상호 견제가 강조되는 정부 형태, 즉 대통령제가 성립하는 데 큰 영향을 미쳤다.

❷ 의원 내각제 정부

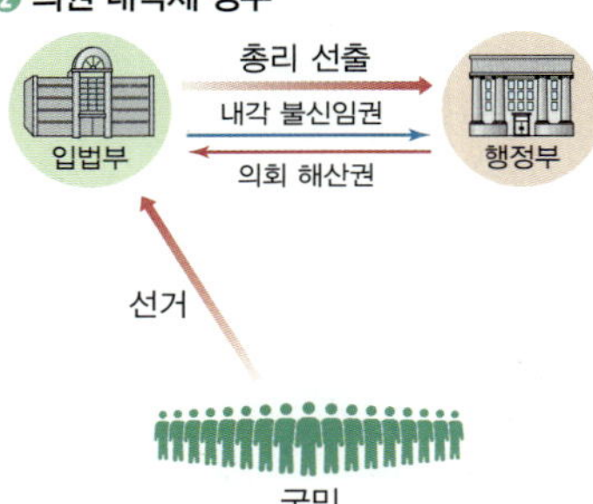

의원 내각제에서는 선거를 통해 입법부인 의회가 구성되고, 의회에 의해 행정부인 내각이 구성된다.

❸ 대통령제 정부

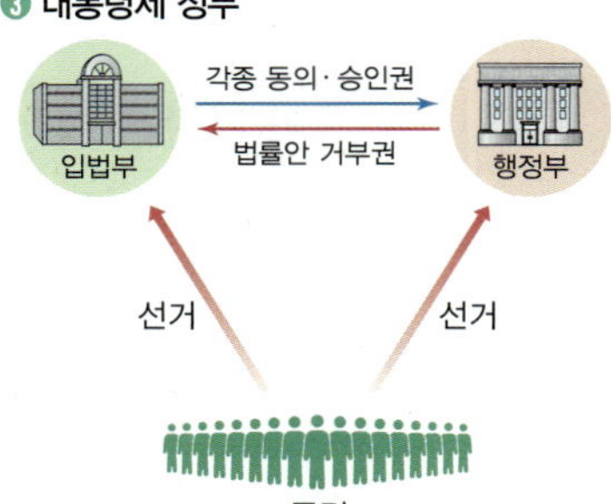

대통령제에서는 국민이 별도의 선거를 통해 입법부인 의회 의원과 행정부의 수반인 대통령을 각각 선출한다.

주제 2 우리나라의 정부 형태

1. 우리나라 정부 형태의 변화 과정

(1) 제헌 헌법(1948년)

① 의원 내각제 요소를 가미한 대통령제

② 국회에서 대통령을 선출함 → 제2차 개헌에서 대통령 직선제로 변경

(2) 제3차 개정 헌법(1960년) ❹

① 1960년 4 · 19 혁명이 일어난 후, 대통령제에 대한 반발로 의원 내각제 정부 형태가 도입됨

② 국회 다수당의 대표가 총리가 되어 행정권을 행사함

③ 대통령은 국회에서 선출하였으며 국가 원수로서 상징적인 존재에 머무름

(3) 제5차 개정 헌법(1961년)

① 1961년 5 · 16 군사 정변으로 등장한 군사 정권이 대통령제 채택

② 대통령 직선제

(4) 제7차 개정 헌법(1972년)

→ 1972년 유신 헌법에서는 긴급 조치권을 통해 국민의 기본권을 크게 제한했고, 대통령에게 국회 해산권이 있었고, 또 국회의 일부를 대통령이 추천할 수 있도록 함으로써 국민 주권의 원리와 권력 분립의 원리가 훼손되기도 했다.

① 1972년 유신 헌법으로 대통령 간선제(통일 주체 국민 회의에서 대통령 선출)

② 법률 유보 조항으로 국민의 기본권 대폭 축소

③ 대통령의 권한 확대(긴급 조치권 및 국회 해산권 등)

(5) 제8차 개정 헌법(1980년)

① 간접 선거로 대통령 선출(임기 7년)

② 대통령 단임제

(6) 제9차 개정 헌법(1987년)

→ 현행 헌법도 20년이 지나면서 대통령 5년 단임제, 국회 의원 소선거구제 등이 문제로 등장하고 있다. 또 시대 변화에 따른 기본권의 확충도 요구되고 있다.

① 1987년 6월 민주 항쟁의 결과로 대통령 직선제(5년 단임제)

② 국민의 기본권 강화(헌법 재판소 부활)

③ 국가 권력의 균형과 견제(국정 감사 부활, 국회 해산권 폐지)

2. 우리나라 정부 형태의 특징

(1) 특징 : 대통령제를 중심으로 하면서 의원 내각제적 요소 도입 ❺

(2) 대통령제의 요소

① 대통령과 국회 의원 선거 별도 실시

• 대통령은 국민의 직접 선거에 의해 선출됨

• 국회 의원은 유권자 1인 2표에 의해 지역구 의원과 비례 대표 의원으로 선출됨

② 대통령의 법률안 거부권 : 대통령은 국회가 의결한 법률안에 대해 재의를 요구할 수 있음 → 국회 다수파의 횡포 방지

→ 국회에서 의결된 법률안에 이의가 있을 때 대통령이 국회에 재의를 요구할 수 있다는 권한이다. 대통령이 재의를 요구하면 국회는 해당 법률안을 다시 의결에 붙여야 하고 재적 의원 과반수 출석에 출석 의원 3분의 2 이상의 찬성이 있어야 법률로 확정된다.

③ 대통령의 지위

• 대통령은 국가 원수로서 국가를 대표함

• 대통령은 행정부 수반으로서 행정부를 지휘 감독함

④ 국회의 탄핵 소추권 행사 : 국회는 대통령을 비롯한 주요 공직자가 헌법과 법률을 위반하여 직무를 수행할 경우 탄핵 소추를 의결할 수 있음

(3) 의원 내각제적 요소

① 대통령은 임시 국회의 소집을 요구할 수 있음

② 대통령의 국회 출석 및 의사 표시권이 있음

③ 국무총리와 국무 회의를 두고 있음

④ 행정부가 법률안을 제출할 수 있음

⑤ 국무총리와 국무 위원 등의 국회 출석 발언권이 있음

⑥ 국회 의원이 국무 위원을 겸직할 수 있음

⑦ 국회가 국무총리와 국무 위원에 대한 해임 건의를 할 수 있음

⑧ 국무총리 임명 시 국회의 동의가 있어야 함

---

❹ 제2공화국의 정부 형태 관련 헌법 조항

> **제31조** 입법권은 국회가 행한다. 국회는 민의원과 참의원으로써 구성한다.
>
> **제32조** ① 양원은 국민의 보통 · 평등 · 직접 · 비밀 투표에 의하여 선거된 의원으로써 조직한다.
>
> **제51조** 대통령은 국가의 원수이며 국가를 대표한다.
>
> **제68조** 행정권은 국무원에 속한다. 국무원은 국무총리와 국무 위원으로 조직한다. 국무원은 민의원에 대하여 연대 책임을 진다.
>
> **제69조** …… 국무총리와 국무 위원의 과반수는 국회 의원이어야 한다. ……

1960년 4 · 19 혁명의 결과 탄생한 제2공화국은 헌법을 개정했는데, 이 헌법에서는 의원 내각제를 채택했다. 제51조에서는 대통령은 국가의 원수이지만, 제68조에서는 행정권은 국무원이 가지며 국무원은 국무총리와 국무 위원으로 조직한다고 되어 있다. 즉, 국무총리가 행정부 수반이 된다. 국가 원수와 행정부 수반이 다른 인물이다. 또 국회를 민의원과 참의원의 양원제로 하고, 행정권은 국무원이 가지며, 국무원은 의회에 대해 연대 책임을 지는 것, 국무총리와 국무 위원이 국회 의원을 겸직한다는 내용이 포함되어 있다.

❺ 우리나라 정부 형태의 특징

> **제40조** 입법권은 국회에 속한다.
>
> **제53조** ② 법률안에 이의가 있을 때에는 대통령은 제1항의 기간 내에 이의서를 붙여 국회로 환부하고, 그 재의를 요구할 수 있다. …….
>
> **제60조** ① 국회는 …… 조약의 체결 · 비준에 대한 동의권을 가진다.
>
> **제65조** ① 대통령 …… 기타 법률이 정한 공무원이 그 직무 집행에 있어서 헌법이나 법률을 위배한 때에는 국회는 탄핵의 소추를 의결할 수 있다.
>
> **제66조** ① 대통령은 국가의 원수이며, 외국에 대하여 국가를 대표한다.
>
> ④ 행정권은 대통령을 수반으로 하는 정부에 속한다.

위 헌법 조항들은 우리나라가 기본적으로 대통령제를 채택하고 있음을 보여 준다.

핵심 개념 CHECK!

• 정답 및 해설 018~019쪽

✎ 다음 설명이 맞으면 'O', 틀리면 'X'에 표시하시오.

주제 1 정부 형태의 이해

01 의원 내각제는 미국에서 국왕과 의회가 갈등과 타협이 거듭되면서 형성되었다. O X

02 몽테스키외의 삼권 분립 사상은 대통령제가 성립하는 데 큰 영향을 미쳤다. O X

03 대통령제에서는 국민이 별도의 선거를 통해 의회 의원과 대통령을 각각 선출한다. O X

04 (함정) 대통령제에서 의석 과반수를 차지하는 정당이 없을 때 연립 정부를 구성한다. O X

05 의원 내각제는 내각의 총리와 각료가 의회 의원을 겸할 수 있다. O X

06 의원 내각제에서 의회는 내각 불신임을 의결할 수 있다. O X

07 의원 내각제에서 의회는 주요 공직자에 대한 탄핵 소추권을 행사한다. O X

08 대통령제에서는 의회 해산권을 발동함으로써 의회와 내각의 대립을 해소할 수 있다. O X

09 대통령제에서 대통령은 국가 원수인 동시에 행정부 수반으로서의 지위를 가진다. O X

10 (함정) 의원 내각제는 행정부 수반의 법률안 거부권 행사를 통해 다수당의 횡포를 견제한다. O X

11 의회에서 여소야대 상황이 전개될 수 있는 것은 의원 내각제이다. O X

12 대통령제는 입법부와 행정부 간 권력 분립형 정부 형태라는 특징을 가진다. O X

13 대통령제는 국정 수행의 안정성과 정책의 지속성을 확보하는 데 유리하다. O X

14 (함정) 내각 불신임권은 대통령제 국가에서 내각의 총사퇴를 결의할 수 있는 의회의 권한을 의미한다. O X

15 의회 해산권은 의원 내각제 국가에서 총리가 의회 의원의 자격을 임기 만료 전에 소멸시킴으로써 의회를 해산할 수 있는 권리이다. O X

16 대통령제에서는 의회 의원만 법률안 제출권을 가지며, 행정부는 법률안 제출권이 없다. O X

17 대통령제에서는 의회와 행정부가 서로를 불신임하거나 해산할 수 없다. O X

18 (함정) 이원 정부제에서는 대통령과 총리의 소속 정당이 다를 경우 정책 결정과 집행 과정에서 강력한 추진력을 발휘할 수 있다. O X

주제 2 우리나라의 정부 형태

19 1948년에 수립된 대한민국 정부 형태는 대통령제를 중심으로 하면서도 의원 내각제의 요소가 일부 더해졌다. O X

20 제헌 헌법에서 대통령은 국민이 직접 선출하였다. O X

21 1960년 4·19 혁명을 계기로 제3차 개정 헌법에서는 의원 내각제를 채택하였다. O X

22 1972년 제7차 개헌으로 공포된 유신 헌법에서는 대통령 직선제를 채택하고 대통령에게 막강한 권한을 부여함으로써 국민 주권의 원리와 권력 분립의 원리가 훼손되는 문제가 발생하였다. O X

23 1980년에는 제8차 개헌을 통해 유신 체제가 폐지되고 대통령 단임제가 시행되었지만, 권위주의적 통치는 여전히 유지되었다. O X

24 1987년 제9차 개헌으로 대통령 직선제가 도입되고, 국회의 권한과 사법부의 독립이 강화됨으로써 현재와 같은 대통령제의 모습이 나타나 오늘에 이르고 있다. O X

25 우리나라에서 대통령과 국회 의원은 별개의 선거를 통해 선출되며, 각각 행정권과 입법권을 가진다. O X

26 (함정) 우리나라는 대통령의 국회 해산권은 인정하지만, 국회의 내각 불신임권은 인정하지 않는다. O X

27 우리나라의 의원 내각제적 요소로는 국무총리와 국무 회의를 들 수 있다. O X

28 (함정) 국회에 국무총리와 국무 위원의 해임 건의권이 있다는 점은 대통령제의 요소이다. O X

29 우리나라는 국회 의원뿐만 아니라 정부도 법률안 제출권을 가지고 있으나, 국회 의원이 국무총리나 국무 위원을 겸할 수 없다. O X

30 국회의 요구가 있을 때 국무총리나 국무 위원에게 국회에 출석하여 국정 처리 상황에 대해 답변하도록 하는 것은 의원 내각제의 요소이다. O X

31 우리나라의 국무총리는 국회 의원에 의해 국회에서 선출된다. O X

32 현행 헌법은 국민의 직접 선거로 5년 단임의 대통령을 선출하도록 한다. O X

33 국회는 각종 동의권이나 탄핵 소추권의 행사를 통해 대통령의 권한을 견제할 수 있다. O X

34 우리나라는 대통령제를 기본으로 의원 내각제 요소가 가미되어 있다. O X

정부 형태의 특징은 무엇일까?

개념 기출 자료로 확인

자료 의원 내각제와 대통령제

갑국은 전형적인 정부 형태 중 하나를 채택하고 있다. 표는 각 시기별 갑국 의회의 정당별 의석률과 행정부 수반의 소속 정당을 나타낸다. 단, t+1 시기 의회 의원 선거는 국민이 행정부 수반을 선출하는 선거와 동시에 실시되었다. → 국민이 행정부 수반을 선출하므로 대통령제이다.

시기	정당별 의석률(%)				행정부 수반 소속 정당
	A당	B당	C당	D당	→ 여당
t	49	12	32	7	C당 → 여소야대
t+1	58	23	10	9	A당 → 여대야소
t+2	45	28	16	11	A당 → 여소야대

*갑국의 정부 형태 변화는 없음

❶ **갑국의 정부 형태와 특징을 파악하자!** 갑국은 국민이 행정부 수반을 선출했으므로 **대통령제**이다. 대통령제에서는 행정부 수반 소속 정당이 여당이다. 따라서 t 시기는 C당이 여당인데 의회 의석의 과반수가 되지 않으므로 **여소야대** 상황이다. **t+1 시기**는 정권이 교체되어 A당이 여당인데 의회 의석이 과반수이므로 **여대야소 상황**이다. **t+2 시기**는 A당이 여당이지만 의회 의석이 과반수가 되지 않으므로 **여소야대 상황**이다.

❷ **대통령제의 특징과 장단점을 파악하자!**

대통령제의 특징	• 의회 의원의 각료 겸직 불가능 • 법률안 제출은 의회 의원만 가능 • 대통령의 법률안 거부권과 공포권 행사 • 의회의 각종 동의권과 승인권, 주요 공직자에 대한 탄핵 소추권 행사
대통령제의 장점	대통령 임기 보장으로 대통령은 의원 내각제의 총리에 비해 국가 정책을 지속해서 추진할 수 있으며, 정국이 안정됨. 대통령의 법률안 거부권 행사로 의회 다수당 횡포 방지
대통령제의 단점	• 대통령에게 권한이 집중될 경우 독재 정치의 우려가 있음 • 의회와 행정부가 대립할 경우 이를 해결하기가 어려움

❸ **선택지를 해석하자!**

→ 여소야대 상황이다.

① t 시기에 행정부의 강력한 정책 추진이 용이할 것이다.
② t 시기에 비해 t+1 시기에 연립 내각이 등장할 가능성이 높다. → 의원 내각제의 특징
③ t 시기에 비해 t+1 시기에 행정부 수반의 법률안 거부권 행사 가능성이 높다.
④ t+1 시기에 비해 t+2 시기에 의회가 내각을 불신임할 가능성이 높다. → 의원 내각제의 특징
⑤ t+1 시기에 비해 t+2 시기에 행정부와 의회 간 갈등이 발생할 가능성이 높다.

▷ **행정부의 강력한 정책 집행** : 대통령제에서는 대통령의 임기가 안정적이므로 일반적으로 행정부의 강력한 정책 집행이 가능하다. 그러나 의회에서 여당이 과반수가 되지 않으면 법률안 통과가 어렵다. t 시기와 t+2 시기는 여소야대 상황이므로 강력한 정책 집행이 어렵다.

▷ **연립 내각, 내각 불신임** : 대통령제는 입법부와 행정부가 엄격히 분리되어 있으므로 의회 해산이나 내각 불신임이 존재하지 않는다. 또한 여소야대 상황이라도 대통령이 소속한 정당이 여당이므로 연립 내각이 구성되지 않는다. 연립 내각과 내각 불신임은 의원 내각제의 특징이다.

▷ **법률안 거부권 행사** : 의회가 과반수로 법률안을 통과시켰더라도 대통령이 거부권을 행사할 수 있다. 이것은 여소야대 상황일 때 자주 발생한다. 야당 의원이 여당 의원보다 많으니까 야당 다수파가 어떤 법률안을 통과시키는 일이 흔하다. 이에 대통령이 거부권을 행사함으로써 입법부와 행정부 간의 대립이 초래되기가 쉽다.

개념 문제로 확인하기

Q1 다음 내용이 의원 내각제에 해당하면 '의', 대통령제에 해당하면 '대'에 표시하시오.

01. 의회 의원의 각료 겸직 가능 (의 / 대)
02. 행정부의 법률안 제출권 (의 / 대)
03. 의회 다수당이 내각을 맡음 (의 / 대)
04. 내각이 의회를 해산할 수 있음 (의 / 대)
05. 대통령의 법률안 거부권 행사 (의 / 대)
06. 입법부와 행정부의 엄격한 분리 (의 / 대)
07. 의회와 행정부의 대립 시 해결 곤란 (의 / 대)
08. 연립 내각 구성 (의 / 대)
09. 행정부 수반과 국가 원수가 동일임 (의 / 대)
10. 의회 다수당의 횡포 견제 어려움 (의 / 대)
11. 내각은 의회에 연대 책임 (의 / 대)

Q2 다음 표에서 알맞은 단어를 고르시오.

12. 의원 내각제	❶ 내각은 (의회 / 국민)에 대해 책임을 짐 ❷ 의회 의원과 내각의 각료 겸임 (가능 / 불가능) ❸ 행정부의 법률안 제출 (가능 / 불가능)
13. 대통령제	❶ 행정부 수반과 국가 원수가 (동일인 / 다른 사람) ❷ 입법부와 행정부의 (융합 / 분리)이/가 원칙임 ❸ 의회 다수당의 횡포를 견제하는 수단 (존재 / 미존재)

Q3 〈자료〉를 보고 다음 내용이 맞으면 'O', 틀리면 '×'에 표시하시오.

14. 갑국은 대통령제 정부 형태이다. (O / ×)
15. t 시기는 연립 내각이 수립된다. (O / ×)
16. t+1 시기는 t+2 시기에 비해 행정부와 입법부의 충돌 가능성이 높다. (O / ×)
17. t+2 시기는 t+1 시기에 비해 대통령의 법률안 거부권 행사 가능성이 높다. (O / ×)

WHAT & HOW 정답 **Q1** 01. 의 02. 의 03. 의 04. 의 05. 대 06. 대 07 대 08. 의 09. 대 10. 의 11. 의 **Q2** 12. ❶ 의회 ❷ 가능 ❸ 가능 13. ❶ 동일인 ❷ 분리 ❸ 존재 **Q3** 14. O 15. × 16. × 17. O

주제 1　정부 형태의 이해

족집게 전략 | 정부 형태는 매년 출제되고 있는데, 점차 난도가 어려워지고 있다. 의원 내각제와 대통령제의 특징만 외워서는 절대 해결되지 않는다. 특정한 나라의 구체적인 정치적 상황을 제시하여 우선 그 나라의 정부 형태부터 파악하게 한 다음, 정부 형태의 특징과 함께 구체적인 상황을 분석하는 문제가 자주 나오고 있다. 또한 시기별로 행정부 수반 소속 정당과 과반 의석 정당을 다르게 해놓고 시기별로 하나하나 대입해 풀어야 하는 문제도 나온다. 결국 다양한 기출문제와 예상 문제를 가지고 연습하는 것이 최선이다. 문제를 반복해서 풀다 보면 정부 형태를 저절로 이해할 수 있으며 다양한 자료를 분석하는 능력도 배양할 수 있다.

068 ◀ 대표 문항 ▶

| 평가원 기출 |

표에 대한 옳은 분석 및 추론만을 〈보기〉에서 고른 것은? (단, 갑국과 을국의 정부 형태는 각각 전형적인 대통령제와 의원 내각제 중 하나이다.)

질문 ＼ 국가	갑국	을국
(가)	예	아니요
행정부 수반 소속 정당이 의회에서 과반 의석을 차지하는가?	아니요	아니요

〔보기〕

ㄱ. (가)가 '의회 의원이 각료를 겸직할 수 있는가?'라면 갑국에서는 연립 내각 구성이 필요했을 것이다.

ㄴ. (가)가 '의회가 행정부 수반을 선출하는가?'라면 을국에서는 의회 내 다수석을 확보하기 위해 행정부 수반이 의회를 해산할 수 있다.

ㄷ. 갑국의 행정부 수반이 법률안 제출권을 가진다면 (가)에 '의회는 내각에 대한 불신임권을 행사할 수 있는가?'가 들어갈 수 있다.

ㄹ. 을국의 행정부 수반이 법률안 거부권을 가진다면 (가)에 '국가 원수와 행정부 수반이 동일인인가?'가 들어갈 수 있다.

① ㄱ, ㄴ　　　② ㄱ, ㄷ　　　③ ㄴ, ㄷ
④ ㄴ, ㄹ　　　⑤ ㄷ, ㄹ

069

전형적인 정부 형태를 취하고 있는 A, B국의 정치 상황에 대한 설명으로 옳지 <u>않은</u> 것은?

〈A국〉	〈B국〉
"여소야대 정국 탄생"	**"◇◇당 총선 승리, 내각 구성"**
얼마 전 실시된 의회 선거에서는 행정부 수반 갑이 이끄는 여당이 과반수 의석을 얻는데 실패했다. 이에 따라 여소야대 정국으로 여당의 입지가 좁아졌다.	지난주 실시된 총선거 결과, ◇◇당이 의회 의석의 53%를 획득하였다. 어제 ◇◇당 대표 을은 행정부 수반으로 선출되자 내각 구성 명단을 발표하고 새 내각을 구성하였다.

① A국에서 의회 의원은 각료를 겸할 수 있다.

② A국의 행정부 수반은 법률안 거부권을 행사할 수 있다.

③ B국에서 행정부 수반은 의회 해산권을 갖는다.

④ A국에 비해 B국은 정책의 계속성을 확보하기 어렵다.

⑤ A국과 B국은 모두 의회가 법률안을 제출할 수 있다.

070

| 평가원 기출 |

갑국과 을국이 채택하고 있는 정부 형태에 대한 설명으로 옳은 것은?

갑국의 정부 형태는 입법부와 행정부가 엄격히 분리된 형태로서, 입법부와 행정부가 별도의 선거를 통해 구성된다. 반면 을국의 정부 형태는 입법부와 행정부의 권력이 융합된 형태로서, 입법부에서 다수의 의석을 차지한 정당의 대표가 행정부 수반이 되어 내각을 구성한다.

① 갑국에서 행정부는 의회에 대해 정치적 책임을 진다.

② 을국에서 행정부는 의회를 해산할 수 있는 권한을 가진다.

③ 갑국과 달리 을국에서 행정부 수반과 국가 원수는 동일인이다.

④ 을국과 달리 갑국에서 행정부는 법률안 제출권을 가진다.

⑤ 갑국과 을국 모두에서 행정부 수반의 임기는 보장된다.

071

전형적인 정부 형태인 (가), (나)에 대한 옳은 설명만을 〈보기〉에서 고른 것은?

> (가)는 입법부가 행정부에 대해 우월한 관계를 갖고 양자 간 권력 융합이 이루어지는 권력 구조로서 의회를 중심으로 권위 체제가 일원화되어 있다. 반면, (나)는 권력 기관 간 견제와 균형을 가장 핵심적인 원칙으로 하고 있으며 입법부와 행정부가 국민들에 의해서 각각 선출되는 권력 구조이다.

〈보기〉
- ㄱ. (가)는 (나)에 비해 정책의 연속성 유지에 유리하다.
- ㄴ. (가)는 (나)와 달리 행정부가 법률안을 제출할 수 있다.
- ㄷ. (가)에 비해 (나)는 다수당의 횡포를 견제하기가 용이하다.
- ㄹ. (가)보다 (나)가 권력 행사의 정당성을 확보하기에 더 용이할 것이다.

① ㄱ, ㄴ　　② ㄱ, ㄷ　　③ ㄴ, ㄷ
④ ㄴ, ㄹ　　⑤ ㄷ, ㄹ

072

그림에 나타난 갑국과 을국의 정부 형태에 대한 설명으로 옳은 것은? (단, 갑국과 을국의 정부 형태는 각각 전형적인 대통령제와 의원 내각제 중 하나이다.)

① 갑국에서는 내각이 의회에 대해 책임을 진다.
② 갑국에서는 의회 의원이 각료를 겸직할 수 있다.
③ 을국에서는 입법부와 행정부의 권력이 융합되어 있다.
④ 을국에서는 행정부 수반이 국가 원수의 지위를 가진다.
⑤ 을국과 달리 갑국에서는 행정부가 법률안을 제출할 수 있다.

073

갑국은 정부 형태를 (가)에서 (나)로 바꾸기로 결정하였다. 그 배경으로 옳은 것만을 〈보기〉에서 고른 것은? (단, (가)와 (나)는 서로 다른 전형적인 정부 형태이다.)

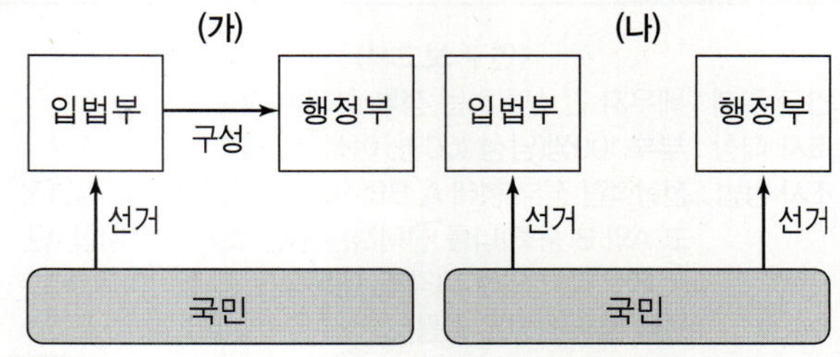

〈보기〉
- ㄱ. 연립 정부 내의 빈번한 의견 충돌
- ㄴ. 잦은 총선거 실시로 정책 단절 우려
- ㄷ. 의회와 내각의 대립으로 인한 민생 불안
- ㄹ. 독재 가능성 증대로 인한 민주주의 위협

① ㄱ, ㄴ　　② ㄱ, ㄷ　　③ ㄴ, ㄷ
④ ㄴ, ㄹ　　⑤ ㄷ, ㄹ

074

다음은 갑국의 정부 형태와 의회의 정당별 의석수이다. 이에 대한 설명으로 옳은 것은?

〈정부 형태〉

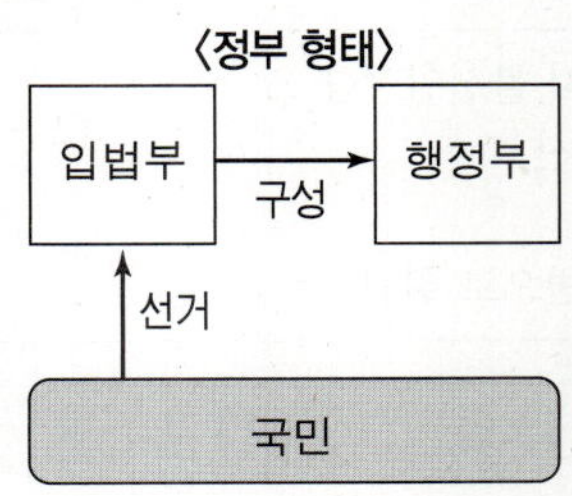

〈정당별 의석 수〉

A	112
B	100
C	70
기타	18
계	300

① 정책 결정의 책임 소재가 명확해질 것이다.
② 빠르고 원활한 정책 수행이 가능해질 것이다.
③ C당의 의원이 내각의 각료를 겸직할 가능성도 있다.
④ 행정부 수반의 법률안 거부권 행사가 빈번해질 것이다.
⑤ 여소야대 정국으로 의회와 내각의 대립이 심해질 것이다.

075 고난도 ↑
|평가원 기출|

다음 자료에 대한 옳은 분석을 〈보기〉에서 고른 것은?

〈연구 보고서〉
- 연구 주제 : 배우자 간 선호하는 정부 형태 비교
- 조사 대상 : 부부 100쌍(남성 100명, 여성 100명)
- 조사 방법 : 전형적인 정부 형태 A, B의 일반적 특성에 대해 설명하고 A와 B 중 하나를 선택하는 설문 조사를 실시함 (단, A, B는 각각 의원 내각제, 대통령제 중 하나이며, 복수 응답 및 무응답은 없음)
- 조사 결과
- 남성은 A를 B보다 1.5배 선택하고, 여성은 B를 A보다 1.5배 선택함
- 이 가운데 부부가 함께 A를 선택한 경우는 30쌍임
- 결과 분석 : A를 선택한 사람은 '국민이 행정부 수반을 직접 선출할 수 있다.'는 장점으로 인해 A를 선호한 것으로 판단됨

… (후략) …

〈보기〉
ㄱ. 권력이 융합된 정부 형태를 부부가 함께 선택한 경우는 30쌍이다.
ㄴ. 행정부 수반의 임기가 보장되는 정부 형태를 선택한 여성 중에서 배우자와 동일한 정부 형태를 선택한 수는 배우자와 다른 정부 형태를 선택한 수보다 많다.
ㄷ. 내각이 의회에 연대 책임을 지는 정부 형태를 선택한 여성 중에서 배우자와 동일한 정부 형태를 선택한 수는 배우자와 다른 정부 형태를 선택한 수보다 많다.
ㄹ. 의회 의원의 각료 겸직이 가능한 정부 형태를 선택한 남성의 수보다 행정부 수반이 법률안 거부권을 행사할 수 있는 정부 형태를 선택한 여성의 수가 많다.

① ㄱ, ㄴ　　② ㄱ, ㄷ　　③ ㄴ, ㄷ
④ ㄴ, ㄹ　　⑤ ㄷ, ㄹ

076

다음은 A국의 정치적 사건들이다. 이를 통해 알 수 있는 A국의 정부 형태의 특징에 대한 옳은 설명만을 〈보기〉에서 고른 것은?

7월 4일	행정부 수반, 의회에서 불신임당함
7월 10일	행정부 수반, 의회 해산
9월 22일	의회 총선거 실시
9월 23일	A당 대표, 행정부 수반으로 취임

〈보기〉
ㄱ. 의회 의원이 행정부의 각료를 겸할 수 있다.
ㄴ. 행정부 수반은 의회에 대해 정치적 책임을 지지 않는다.
ㄷ. 군소 정당이 난립할 경우 정국 불안의 위험성이 커진다.
ㄹ. 의회 선거 결과에 따라 여소야대 현상이 나타날 수 있다.

① ㄱ, ㄴ　　② ㄱ, ㄷ　　③ ㄴ, ㄷ
④ ㄴ, ㄹ　　⑤ ㄷ, ㄹ

077

그림의 갑~병국에 대한 설명으로 옳은 것은? (단, 갑~병국은 전형적인 대통령제, 의원 내각제 중 하나를 취하고 있다.)

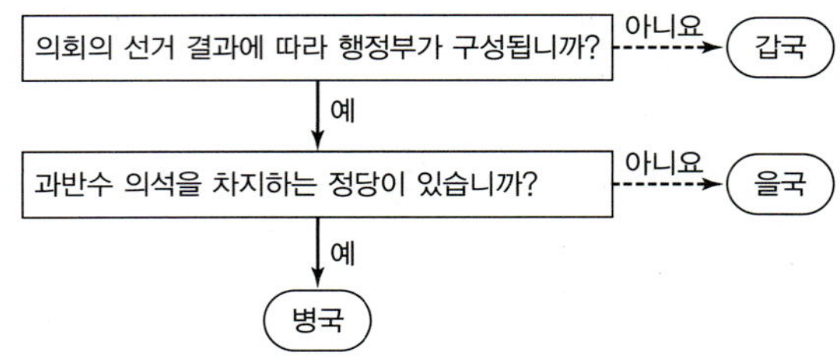

① 갑국보다 을국에서 정치가 안정적일 것이다.
② 갑국과 을국은 공통적으로 여소야대 상황이다.
③ 갑국보다 병국이 다수당의 횡포를 방지하기 쉽다.
④ 을국이 병국보다 다양한 정치적 의사가 반영될 가능성이 크다.
⑤ 을국보다 병국이 정책 결정의 책임이 불명확한 편이다.

078
|평가원 기출|

그림은 전형적인 정부 형태 A, B와 견제 수단 ㉠, ㉡을 나타낸 것이다. 이에 대한 옳은 설명을 〈보기〉에서 고른 것은? (단, A와 B는 각각 대통령제, 의원 내각제 중 하나이다.)

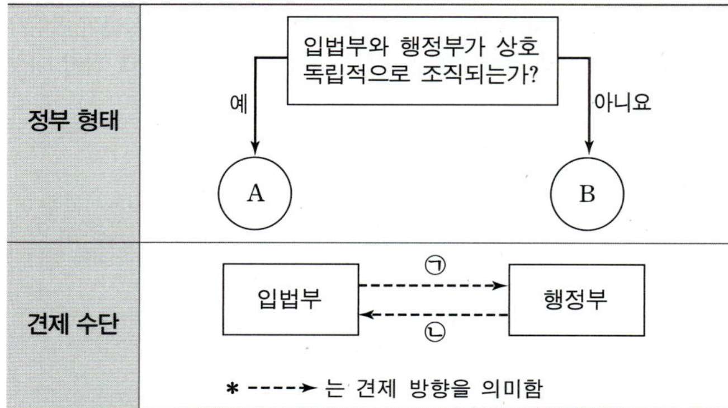

〈보기〉
ㄱ. A에서는 행정부가 법률안 제출권을 가진다.
ㄴ. A와 달리 B에서는 의회 의원이 각료를 겸직할 수 있다.
ㄷ. B와 달리 A에서는 국가 원수와 행정부 수반의 권한이 동일인에게 부여된다.
ㄹ. A에서 ㉠으로는 탄핵 소추권, B에서 ㉡으로는 법률안 거부권이 있다.

① ㄱ, ㄴ　　② ㄱ, ㄷ　　③ ㄴ, ㄷ
④ ㄴ, ㄹ　　⑤ ㄷ, ㄹ

079

| 평가원 기출 |

다음 자료에 대한 분석 및 추론으로 가장 적절한 것은?

갑국은 전형적인 정부 형태를 취하고 있으며, 의회 총의석수는 200석이다. (가)~(나) 시기 동안 정부 형태와 총의석수의 변화는 없다. 선거 결과는 아래 표와 같다.

구분	(가) 시기	(나) 시기
행정부 수반의 소속 정당	A당	B당
A당 의석수(석)	115	㉠
B당 의석수(석)	80	90
⋮	⋮	⋮

① ㉠이 110이면 갑국의 정부 형태는 의원 내각제이다.
② 갑국의 정부 형태가 의원 내각제이고, ㉠이 90이면 연립 내각 구성 가능성은 (가) 시기보다 (나) 시기에 높을 것이다.
③ 갑국의 정부 형태가 대통령제이고, ㉠이 95이면 의회와 행정부의 대립 가능성은 (가) 시기보다 (나) 시기에 낮을 것이다.
④ 갑국의 정부 형태가 의원 내각제이고, ㉠이 90이면 내각 불신임, 의회 해산의 가능성은 (나) 시기보다 (가) 시기에 높을 것이다.
⑤ 갑국의 정부 형태가 대통령제이고, ㉠이 110이면 행정부 정책 추진을 위한 법률 제·개정은 (가) 시기보다 (나) 시기에 용이할 것이다.

080

표는 전형적인 의원 내각제 국가인 갑국 의회의 정당별 의석수이다. (가) 시기와 비교하여 (나) 시기에 나타날 현상으로 옳은 것만을 〈보기〉에서 있는 대로 고른 것은?

시기 \ 정당	A당	B당	C당	D당	합계
(가)	88	102	4	6	200
(나)	62	39	58	41	200

〔보기〕
ㄱ. 정당 간 연합이 나타날 것이다.
ㄴ. 다수당의 횡포가 나타날 것이다.
ㄷ. 정책의 연속성 보장이 강화될 것이다.
ㄹ. 다양한 국민 의사가 국정에 반영될 것이다.

① ㄱ, ㄴ   ② ㄱ, ㄹ   ③ ㄴ, ㄷ
④ ㄱ, ㄴ, ㄷ   ⑤ ㄴ, ㄷ, ㄹ

081

| 평가원 기출 |

다음 자료에 대한 분석 및 추론으로 옳은 것은?

갑국과 을국은 전형적인 정부 형태를 채택하고 있다. 갑국의 행정부 수반은 국민들의 직접 선거로 선출되는 반면, 을국의 행정부 수반은 의회에서 선출된다. 표는 (가)와 (나) 시기별 갑국과 을국의 정치 상황을 '행정부 수반 소속 정당이 의회에서 과반 의석을 차지하고 있는가?'를 기준으로 구분한 것이다.

국가 \ 시기	(가) 시기	(나) 시기
갑국	예	아니요
을국	아니요	예

① 갑국과 달리 을국의 행정부 수반은 의회에 법률안을 제출할 수 있는 권한이 없다.
② 을국과 달리 갑국의 행정부 수반은 국가 원수를 겸직하지 않는다.
③ 갑국의 경우, 행정부 수반의 법률안 거부권 행사 가능성은 (나)보다 (가)에서 높을 것이다.
④ 을국의 경우, 행정부 수반의 의회 해산권 행사 가능성은 (가)보다 (나)에서 높을 것이다.
⑤ 을국의 경우, 의회의 내각 불신임권 행사 가능성은 (나)보다 (가)에서 높을 것이다.

082

그림과 같은 정부 형태에 대한 설명으로 옳지 않은 것은?

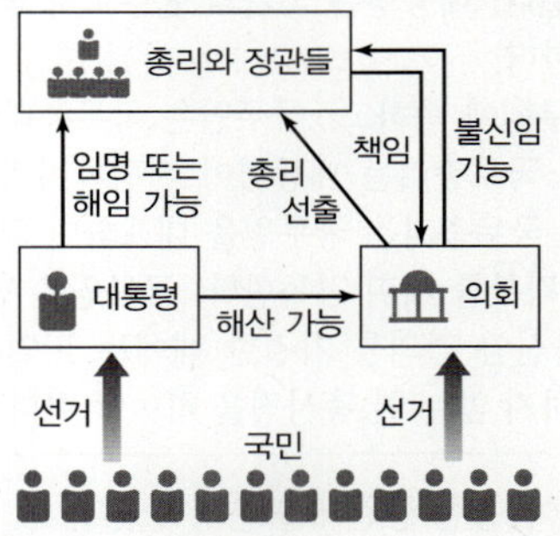

① 동거 정부가 나타날 수 있다.
② 현재 프랑스가 채택하고 있다.
③ 의회 의원이 각료를 겸직할 수 있다.
④ 비상 시 의회가 모든 행정권을 갖는다.
⑤ 총리가 내정에 대한 행사권을 행사한다.

주제 2 우리나라의 정부 형태

족집게 전략 | • 우리나라의 정부 형태는 전형적인 정부 형태에 비해 중요성이 낮았으나 이번 교육 과정에서는 이 부분의 내용이 과거보다 많아졌다. 따라서 전형적인 정부 형태의 문제에서 우리나라의 정부 형태를 함께 묻는 방식으로 출제될 가능성도 높다. 우리나라의 정부 형태에서는 정부 형태의 변천사와 관련된 자료(특히 제2공화국의 헌법)가 자주 나오므로 과거의 기출문제와 예상 문제를 통해 익혀두는 것이 좋다.

• 우리나라 정부 형태에서는 의원 내각제적인 요소가 무엇인지를 파악하는 것이 좋다. 단순히 암기하려고 하지 말고 왜 의원 내각제적 요소라고 하는지를 이해하는 것이 좋다. 또 이러한 제도를 도입한 이유가 무엇인지도 생각하면서 공부하는 것이 바람직하다.

083 ◀ 대표 문항
| 평가원 기출 |

다음은 우리나라 제2공화국 헌법이 채택한 정부 형태의 특징을 요약한 것이다. 이에 대한 분석으로 옳은 것은?

> • 입법권은 국회가 행사하며, 국회는 민의원과 참의원으로 구성한다. 국회 의원과 정부는 법률안을 제출할 수 있다. 법률안과 예산안은 먼저 민의원에 제출해야 한다. 민의원이 해산한 때에는 참의원은 동시에 폐회된다. 국회는 대통령의 직무 수행이 헌법 또는 법률에 위배한 때에는 탄핵 소추를 의결할 수 있다.
> • 대통령은 양원 합동 회의에서 재적 국회 의원 3분의 2 이상의 득표로 당선된다. 대통령은 국가의 원수로서 국가를 대표하며, 국군을 통수한다.
> • 행정권은 국무원에 속하고, 국무원은 국무총리와 국무 위원으로 조직한다. 국무총리는 대통령이 지명하며 민의원의 동의를 얻어야 한다. 국무총리는 국무원을 대표하며 의안을 국회에 제출하고 행정 각부를 지휘 감독한다. 국무원은 민의원에서 국무원에 대한 불신임 결의를 가결한 때에는 10일 이내에 민의원 해산을 의결하지 않는 한 총사직을 하여야 한다.

① 권한의 범위가 균등한 양원제를 운영하였다.

② 대통령은 국가 원수이자 행정부 수반이었다.

③ 국무원은 민의원과 참의원에 대한 해산권을 가지고 있었다.

④ 국무원은 민의원의 불신임에 대해 연대 책임을 지는 구조였다.

⑤ 국회는 대통령에 대해 정치적 책임을 물어 탄핵을 의결할 수 있었다.

084

다음에서 알 수 있는 우리나라 정부 형태의 특징에 관한 옳은 설명만을 〈보기〉에서 고른 것은?

> • 국회 의원과 정부는 법률안을 제출할 수 있다.
> • 행정권은 국민에 의해 선출된 대통령을 수반으로 하는 정부에 속한다.
> • 법률안에 이의가 있을 때에는 대통령은 기간 내에 이의서를 붙여 국회로 환부하고, 그 재의를 요구할 수 있다. 국회의 폐회 중에도 또한 같다.

> **보기**
> ㄱ. 국가 원수와 행정부 수반이 다른 인물이다.
> ㄴ. 행정부가 입법부의 신임을 바탕으로 구성된다.
> ㄷ. 대통령제에 의원 내각제 요소를 가미하고 있다.
> ㄹ. 행정부가 의회 다수당의 횡포를 견제할 수 있다.

① ㄱ, ㄴ   ② ㄱ, ㄷ   ③ ㄴ, ㄷ
④ ㄴ, ㄹ   ⑤ ㄷ, ㄹ

085

다음 헌법 조항에 나타난 우리나라 정부 형태의 특징으로 옳지 <u>않은</u> 것은?

> 제52조 국회 의원과 정부는 법률안을 제출할 수 있다.
> 제53조 ② 법률안에 이의가 있을 때에는 대통령은 15일 이내에 이의서를 붙여 국회로 환부하고, 그 재의를 요구할 수 있다.
> 제61조 ① 국회는 국정을 감사하거나 특정한 국정 사안에 대하여 조사할 수 있으며, 이에 필요한 서류의 제출 또는 증인의 출석과 증언이나 의견의 진술을 요구할 수 있다.
> 제66조 ① 대통령은 국가의 원수이며, 외국에 대하여 국가를 대표한다.
> ④ 행정권은 대통령을 수반으로 하는 정부에 속한다.
> 제103조 법관은 헌법과 법률에 의하여 그 양심에 따라 독립하여 심판한다.

① 제52조는 의원 내각제적 요소이다.

② 제53조 2항을 통해 행정부는 다수당의 횡포를 견제할 수 있다.

③ 제61조 1항은 입법부가 행정부를 견제하는 수단이다.

④ 제66조 1항과 4항을 통해 우리나라는 대통령제임을 알 수 있다.

⑤ 제103조는 의원 내각제와 대통령제를 구분하는 기준이다.

086

교사의 질문에 대한 옳은 답변을 〈보기〉에서 고른 것은?

※ **학습 목표**
　우리나라 정부 형태의 특징을 설명할 수 있다.

※ **학습 주제**
　전형적인 정부 형태 A, B와 우리나라 정부 형태의 특징
　○ 정부 형태 A
　　• 국민의 선거에 의한 입법부 구성
　　• 입법부에 책임을 지는 행정부
　○ 정부 형태 B
　　• 국민의 선거에 의한 입법부 구성과 국민의 선거에 의한 행정부 수반 선출
　　• 입법부와 독립적인 행정부

〔보기〕
ㄱ. 국회 의원이 국무 위원을 겸직할 수 있는 것은 A의 요소입니다.
ㄴ. 행정부 수반과 국가 원수가 동일인인 것은 B의 요소입니다.
ㄷ. 행정부의 법률안 거부권은 A, 행정부의 법률안 제출권은 B의 요소입니다.
ㄹ. 국무총리를 두는 것은 A, B 모두의 요소입니다.

① ㄱ, ㄴ　　　② ㄱ, ㄷ　　　③ ㄴ, ㄷ
④ ㄴ, ㄹ　　　⑤ ㄷ, ㄹ

087

다음 글에서 밑줄 친 부분에 해당하는 것으로 보기 어려운 것은?

우리나라 헌법은 행정권은 대통령을 수반으로 하는 정부에 속하고, 입법권은 국회에 속하며, 사법권은 법관으로 구성된 법원에 속한다고 규정하여 삼권 분립 제도를 채택하고 있다. 그러나 엄격한 권력 분립 제도는 아니다. 왜냐하면 우리나라는 기본적으로 대통령제를 근간으로 하면서 <u>의원 내각제적 요소</u>를 가미하고 있다.

① 정부는 법률안을 제출할 수 있다.
② 대통령은 법률안 거부권을 가진다.
③ 국회 의원과 국무 위원의 겸직이 허용된다.
④ 국무총리는 국회에 출석하여 발언할 수 있다.
⑤ 국회는 국무 위원에 대한 해임을 건의할 수 있다.

088

그림은 수행 평가 과제의 발표 내용을 정리한 것이다. (가), (나)에 들어갈 내용으로 옳지 않은 것은?

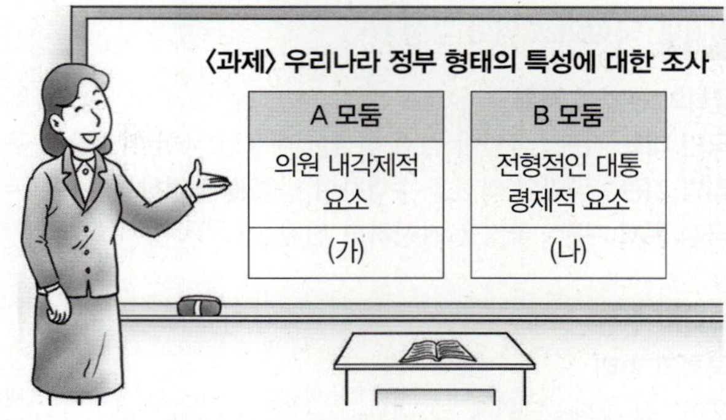

① (가) – 국회 의원은 국무 위원을 겸직할 수 있다.
② (가) – 행정부는 국회에 법률안을 제출할 수 있다.
③ (가) – 국회는 국무총리 또는 국무 위원의 해임을 대통령에게 건의할 수 있다.
④ (나) – 행정권은 대통령을 수반으로 하는 정부에 속한다.
⑤ (나) – 대통령은 국가적 위기 상황에서는 비상 조치권과 국회 해산권을 갖는다.

089

빈칸 (가)에 들어갈 구체적인 경우로 가장 적절한 것은?

우리나라는 대통령제를 채택하고 있으면서도 대통령제의 단점을 보완하기 위해 의원 내각제의 요소를 가지고 있다. 먼저 대통령제는 의회에 의한 내각 불신임권이 없는 관계로 행정부가 정치적 책임에 둔감하다. 그래서 우리나라는 국무총리나 주요 헌법 기관 임명 시 국회의 동의를 받도록 하며, 국무총리나 국무 위원이 국회에 나가 발언하거나 질문에 답변하도록 하고 있다. 또한 국회가 국무총리나 국무 위원에 대한 해임 건의도 할 수 있다. 그러나 이러한 제도적 장치도 　　(가)　　의 상황이 발생하면 오히려 정국이 불안해질 수도 있다.

① 다당제가 나타날 경우
② 연립 정부가 구성될 경우
③ 다수당이 국회와 정부를 동시에 지배하는 경우
④ 국회의 다수당과 대통령의 소속 정당이 다른 경우
⑤ 특정 사안에 대한 정당 간 입장이 일치하지 않을 경우

주제 1 국회의 지위와 구성 ❶

1. 국회의 헌법상 지위
> 국회는 국민의 대표인 국회 의원으로 구성된 대의 기관, 법을 만드는 입법부, 국정을 통제하는 기능을 수행하는 국가 기관으로서 국가의 중요한 의사는 국민의 대표인 국회를 중심으로 결정되어야 한다. 이를 의회주의라고 한다.

(1) **국민 대표 기관** : 국민이 직접 선출한 대표인 국회 의원들로 구성

(2) **입법 기관** : 국민의 의견을 수렴하여 법률을 제정하거나 개정

(3) **국정 통제 기관** : 국정을 감시하고 견제 → 국회의 의사 결정 구조가 여러 가지 현안을 주도적으로 해결하기에는 비효율적이며, 정당 기능의 활성화에 따라 국회가 여당을 매개로 행정권과 융합하는 현상이 나타나고 있다. 이 때문에 최근에는 국정 운영의 중심 기관으로서 국회의 국정 통제 기능이 강조되고 있다.

2. 국회의 구성

(1) **국회의 형태**

① 우리나라 국회 : 단원제 → 단원제와 양원제 : 입법부의 구성 형태는 단원제와 양원제로 구분되는데, 우리 헌법은 국회를 1개의 합의체로 구성하는 단원제를 채택한다.

② 현행 헌법 국회 의원 수 : 200명 이상으로 규정(2019년 현재 300명)

(2) **국회 의원**
> 유권자는 1인 2표로 1표는 지역구 후보자에게, 1표는 선호하는 정당에 투표한다.

① 임기는 4년이고, 국민이 직접 선출

② 지역구 의원 : 각 지역구에서 선거로 선출, 다수 대표제로 선출

③ 비례 대표 의원 : 각 정당의 득표율에 비례하여 선출

(3) **주요 기관**

① 국회 의장 1인과 부의장 2인 : 임기 2년

② 위원회 : 본회의에서 심의할 안건을 미리 조사하여 심의하는 합의체 → 상임 위원회, 특별 위원회

③ 교섭 단체 : 일반적으로 20인 이상의 소속 의원을 가진 정당이 구성하는 원내 단체로, 국회의 의사 진행에 필요한 중요 안건을 협의 ❷

(4) **국회 의원의 특권** : 국회의 자주성 확보를 위함 ❸

① 불체포 특권 : 현행범인인 경우가 아니면 회기 중 국회의 동의 없이 체포 또는 구금되지 않음

② 면책 특권 : 국회에서 행한 발언이나 표결에 대해 국회 외에서 책임을 지지 않음

(5) **국회의 회의**

① 정기회 : 100일 이내의 회기로, 매년 1회 개최

② 임시회 : 대통령 또는 국회 재적 의원 4분의 1 이상의 요구가 있을 경우 개회, 30일을 초과하지 못함

③ 국회 회의의 원칙에 따라 운영함

회의 공개의 원칙	본회의는 특별한 규정이 없는 한 공개하는 것이 원칙임
회기 계속의 원칙	한 회기 중에 의결하지 못한 법률안이나 의안은 다음 회기에 계속 심의하여야 함
일사 부재의의 원칙	한번 부결된 안건은 같은 회기 중 다시 발의·제출하지 못함

④ 의결 원칙 : 헌법 또는 법률에 특별한 규정이 없는 한, 본회의에서는 재적 의원 과반수의 출석과 출석 의원 과반수의 찬성으로 의결하며, 가부 동수일 때에는 부결된 것으로 함
> 가부 동수란 찬성과 반대가 같은 수가 되는 것을 말하는데, 이것은 과반수가 아니므로 부결된 것으로 한다.

주제 2 국회의 권한

1. 입법에 관한 권한 → 국회의 고유한 권한이다.

(1) **헌법의 개정** : 국회 재적 의원 과반수 또는 대통령이 발의하면 국회에서 재적 의원 3분의 2 이상의 찬성으로 의결하고, 국민 투표(국회 의원 선거권자 과반수의 투표와 투표자 과반수의 찬성)로 확정됨

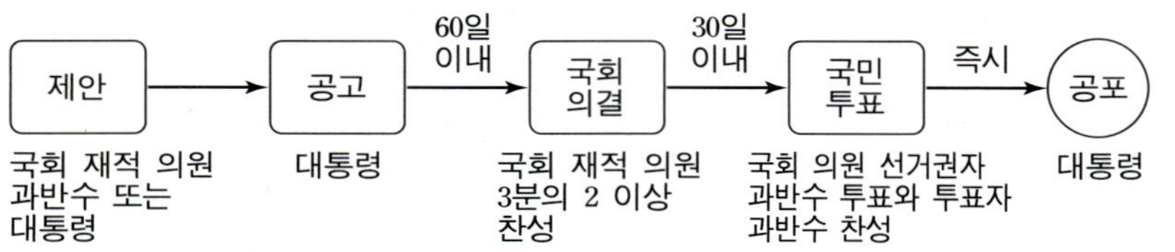

---

❶ **우리나라 삼권 분립 체제**

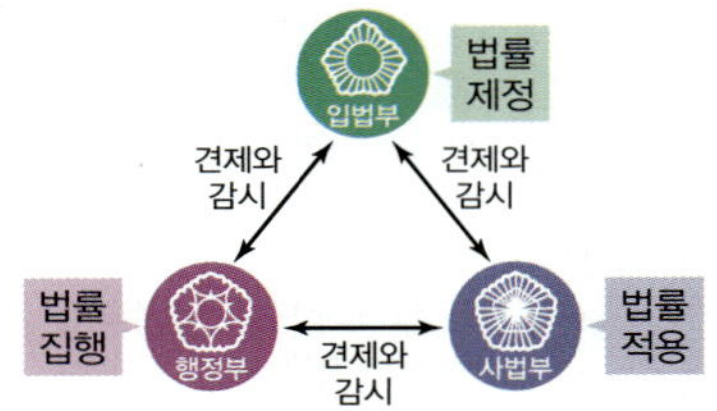

우리나라는 국회, 정부, 법원에 각각 입법권과 행정권, 사법권을 분산하여 서로를 견제할 수 있도록 한다.

❷ **교섭 단체와 위원회의 역할**

교섭 단체는 국회 의원들의 다양한 의사를 조율하기 위해 구성하는 의원 단체로서, 국회의 의사를 원활하게 운영하려는 데 구성 목적이 있다. 위원회는 상임 위원회와 특별 위원회로 구분된다. 분야별로 구성되는 상임 위원회는 해당 위원회에 속하는 의안을 전문적으로 심사하는 역할을 담당한다. 특별 위원회는 여러 상임 위원회와 관련되거나 특히 필요하다고 인정한 안건을 효율적으로 심사하기 위하여 구성된다.

❸ **불체포 특권과 면책 특권의 배경**

의원의 불체포 특권과 면책 특권은 영국에서 처음 도입되었다. 16~17세기 영국에서는 국왕이 자신의 권력을 통제하려는 의회를 탄압하였는데, 의회는 이에 맞서 1603년 「의원 특권법」, 1689년 「권리 장전」에 의원의 불체포 특권과 면책 특권을 각각 명문화하였다. 이후 의원의 불체포 특권과 면책 특권은 미국, 프랑스 등 대부분의 민주 국가에 도입되었으며, 의회의 자주성을 상징하는 장치가 되었다.

(2) 법률 제정 및 개정

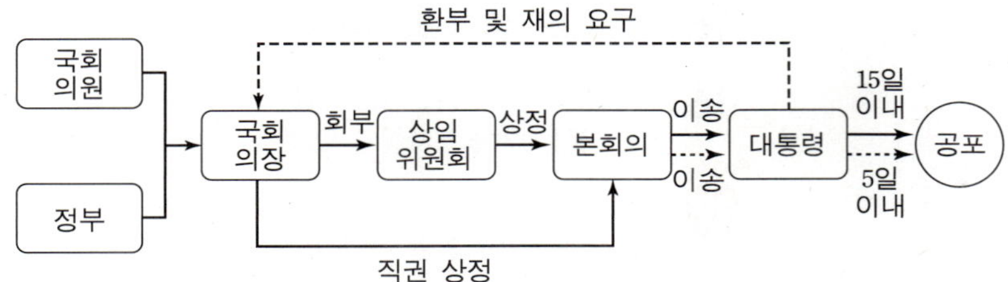

① 법률안 제출 : 국회 의원(국회 의원 10인 이상 또는 위원회) 또는 정부 ❹
② 심의 및 의결 : 국회 의장이 소관 상임 위원회에 회부 → 소관 상임 위원회에서 전문적인 심의 및 의결 → 법제 사법 위원회에서 체계·형식 및 자구(字句) 심사 ❺ → 본회의 회부 → 질의 및 토론 → 의결(재적 의원 과반수의 출석과 출석 의원 과반수의 찬성)
③ 정부 이송 : 대통령이 15일 이내에 공포하거나 국회로 환부하여 재의 요구
④ 재의결 : 재의 요구된 법률안은 재적 의원 과반수의 출석과 출석 의원 3분의 2 이상의 찬성으로 의결되면 법률로서 확정 —— 법률의 확정 시기 : 국회에서 법률안이 의결되었다고 해서 법률로 확정되는 것은 아니다. 정부에 이송되어 국무 회의 심의를 거쳐야 하고 국무 회의 의결을 거쳐 대통령이 공포해야 법률로 확정된다. 다만 대통령이 거부권을 행사해서 국회가 재의결한 경우는 재의결되는 즉시 법률로 확정된다.

(3) 조약의 체결 및 비준에 대한 동의권
① 헌법에서 정한 중요한 조약의 체결 및 비준에 대한 동의권을 행사함 ❻
② 조약은 동의 절차를 거친 후 국회에서 제정한 법률과 같은 효력을 지님 —— 내용이 확정된 조약을 헌법상 체결권자인 대통령이 최종적으로 확인하는 절차를 말한다.

2. 국정 통제에 관한 권한

(1) 재정에 관한 권한
① 예산 심의 확정 및 결산 심사권 : 행정부가 예산을 편성하면 국회는 이를 심의하여 확정하며, 예산 집행 후에는 결산 보고를 받고 이를 승인함
② 조세의 종목 및 세율을 법률로 정함(조세 법률주의)

(2) 국정의 감시 및 통제 권한
① 정기적으로 국정 전반을 감사하고 필요할 때 특정한 국정 사안을 조사할 수 있음
② 국군의 외국에의 파견, 외국에 대한 선전 포고, 일반 사면 등 대통령의 주요 권한 행사에 대한 동의권을 가짐 ❼
③ 대통령의 긴급 재정·경제 처분 및 명령, 긴급 명령에 대한 승인권과 계엄 선포에 대한 해제 요구권을 가짐
④ 법에서 정한 고위 공무원이 그 직무를 집행하면서 헌법이나 법률을 위배한 때에는 탄핵 소추를 의결할 수 있음 ❽

(3) 인사에 관한 권한
① 헌법 재판소 재판관 3인, 중앙 선거 관리 위원회 위원 3인을 선출할 수 있음
② 임명직 공직자 인사와 관련된 대통령의 국무총리, 대법원장, 대법관, 헌법 재판소장, 감사원장 임명에 대한 대통령의 임명 과정에서 인사 청문회를 실시하고 동의권이 있음 → 국회가 대통령의 인사권을 견제하는 수단
③ 대통령에게 국무총리와 국무 위원의 해임을 건의할 수 있음

자료로 살펴보기 🔍

■ 국회 인사 청문회

대한민국의 인사 청문회는 제16대 국회가 2000년 6월 23일 인사 청문 특별 위원회의 구성·운영과 인사 청문회의 절차·운영 등에 관하여 필요한 사항을 규정한 법률인 「인사 청문회법」(법률 6271호)을 제정함으로써 도입됐다. 이 제도는 국회의 입장에서 대통령의 인사권을 통제하는 역할을 하고, 인사권자인 정부의 입장에서는 인사권 행사를 신중하게 하는 데에 그 목적이 있다. 인사 청문회에서는 공직에 지명된 사람이 자신이 맡을 공직을 수행해 나가는 데 적합한 업무 능력이나 자질을 검증한다.

---

❹ 위원회의 법률안 제출
국회의 위원회도 법률안을 제출할 수 있다. 이 경우 상임 위원회의 심사를 거치지 않고 본회의에 상정된다.

❺ 체계·형식 및 자구 심사
법제 사법 위원회가 본회의 상정 직전 행한다. 체계·형식 심사는 법률안의 내용에 대한 위헌 여부, 다른 법률과의 충돌 여부 등을 심사하는 것이며, 자구 심사는 용어의 적합성 등을 심사하는 것이다.

❻ 동의권과 승인권
헌법상 '동의'란 어떤 일이 있기 전에 승낙하는 것을 의미하고, '승인'이란 어떤 일이 있은 후에 승낙하는 것을 의미한다.

❼ 일반 사면
죄의 종류를 정하여 형을 선고받은 사람에 대하여는 형 선고의 효력을 상실시키고, 형을 선고받지 않은 사람에 대하여는 공소권을 상실시키는 행위를 일반 사면이라고 한다. 이와 달리 형을 선고받은 사람에 대하여 형의 집행을 면제해 주는 행위를 특별 사면이라고 한다.

❽ 탄핵 제도
통상적인 사법 절차를 통해서 법적 책임을 묻기 어려운 고위 공무원이 헌법이나 법률을 위반했을 때 이들을 파면하거나 처벌함으로써 헌법을 보호하는 특별한 제도이다. 현행 헌법상 탄핵 소추의 발의는 국회에서 하고 결정은 헌법 재판소에서 한다.

핵심 개념 CHECK!

✎ 다음 설명이 맞으면 '○', 틀리면 '×'에 표시하시오.

주제 1 국회의 지위와 구성

01 국회는 국민이 직접 선출한 대표들로 구성된 국민의 대표 기관이자 법률을 제정 혹은 개정하는 입법 기관이다. ○ ×

02 국회는 행정을 총괄하고 법원을 견제하는 국정 통제 기관이다. ○ ×

03 함정 국회 의원 선거에서 비례 대표 의원은 각 정당별 지역구 의석률에 비례하여 선출된다. ○ ×

04 위원회는 본회의에서 심의할 안건을 미리 조사하여 심의하는 합의체로 상임 위원회와 특별 위원회가 있다. ○ ×

05 교섭 단체는 일반적으로 10인 이상의 소속 의원을 가진 정당이 구성하는 원내 단체로, 국회의 의사 진행에 필요한 중요 안건을 협의한다. ○ ×

06 임시회는 대통령 또는 국회 재적 의원 3분의 1 이상의 요구로 열린다. ○ ×

07 회의에 올라온 안건은 일반적으로 재적 의원 과반수의 출석과 출석 의원 과반수의 찬성으로 의결된다. ○ ×

08 회의는 공개하는 것이 원칙이고, 원칙적으로 한 회기 중에 의결하지 못한 안건은 폐기된다. ○ ×

09 국회 의원의 불체포 특권과 면책 특권은 국회의 자주성을 확보하기 위한 것이다. ○ ×

10 함정 국회에서 한 번 부결된 안건은 다시 심의하지 못한다는 국회 원칙은 일사 부재리의 원칙이다. ○ ×

주제 2 국회의 권한

11 법률의 제정과 개정은 국회 의원 10인 이상이나 행정부가 제출할 수 있다. ○ ×

12 헌법 개정은 국회에서 재적 의원 3분의 2 이상의 찬성으로 의결하면 바로 확정된다. ○ ×

13 국회에서 의결한 법률안에 대해 대통령이 거부권을 행사할 경우, 법률안을 재의결하기 위해서는 국회 재적 의원 과반수의 출석과 출석 의원 3분의 2 이상의 찬성이 필요하다. ○ ×

14 국민에게 중대한 재정적 부담을 지우는 등의 조약을 체결·비준하기 위해서는 국회의 동의를 받아야 한다. ○ ×

15 예산안은 국회가 편성하여 심의하고 확정한다. ○ ×

16 국회는 정기적으로 국정 전반을 감사하고 특정한 국정 사안을 조사할 수 있다. ○ ×

17 함정 국회는 국무총리, 대법원장과 대법관, 헌법 재판소장과 헌법 재판관, 감사원장의 임명에 동의권을 행사한다. ○ ×

18 국회는 대통령이나 국무총리 등 법률에 정한 고위직 공무원이 직무를 집행하는 과정에서 헌법이나 법률을 위반하였을 때 탄핵 심판을 할 수 있다. ○ ×

19 국회는 국무총리 및 국무 위원 해임 건의권, 일반 사면에 대한 동의권 등을 가진다. ○ ×

20 함정 국회의 동의를 받은 조약은 헌법과 같은 효력을 갖는다. ○ ×

21 국회는 대법관 3인을 선출하는 등 헌법 기관 구성원에 대한 선출권을 가진다. ○ ×

22 국회는 대통령이 제출한 임명 동의안에 대한 본회의 표결에 앞서 후보자의 자질과 도덕성 등을 검증하기 위한 인사 청문회를 실시한다. ○ ×

23 국회는 대통령의 긴급 재정·경제 처분 및 명령, 긴급 명령에 대한 승인권과 계엄 선포에 대한 해제 요구권을 가진다. ○ ×

24 국회의 위원회도 법률안을 제출할 수 있다. 이 경우 상임 위원회의 심사를 거치지 않고 본회의에 상정된다. ○ ×

25 국회는 국군의 외국에의 파견, 외국에 대한 선전 포고, 일반 사면 등 대통령의 주요 권한 행사에 대한 승인권을 가진다. ○ ×

26 함정 본회의에서 법률안이 의결되면 국회 의장이 즉시 공포한다. ○ ×

27 헌법 개정은 국회 재적 의원 과반수 또는 대통령의 발의로 제안된다. ○ ×

28 국회의 입법권에는 헌법 개정에 관한 권한, 법률 제정 및 개정에 관한 권한, 조약 체결 및 비준에 대한 동의권 등이 있다. ○ ×

29 국회는 국무총리와 국무 위원에게 국회 출석과 답변을 요구할 수 있는 권한 등이 있다. ○ ×

30 국회는 국정 감사 및 조사에 필요한 서류를 제출하게 하거나 증인 출석을 요구하여 질의할 수 있다. ○ ×

31 국회는 세입의 대부분을 차지하는 조세 부과에 관한 사항을 법률로 정할 수 있다. ○ ×

헌법과 법률 개정 절차 문제를 어떻게 풀이할까?

개념 | 기출 자료로 확인

자료 | 헌법 개정 절차와 법률 개정 절차

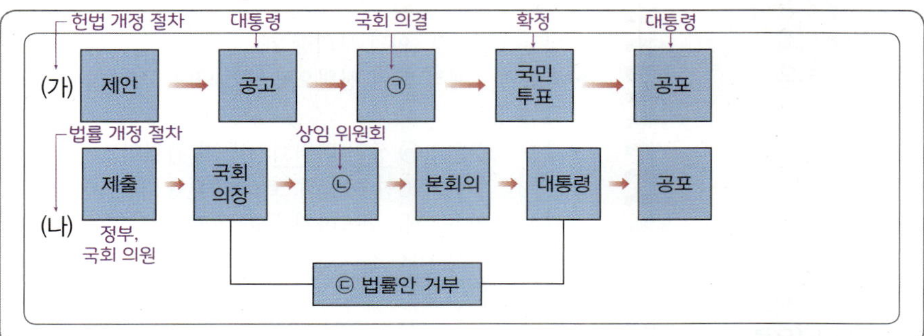

헌법 개정 절차와 법률 개정 절차는 정확하게 알지 않으면 혼동하기 쉽다. 과거에는 단독으로 이러한 문제가 출제되었지만, 지금은 다른 문제와 섞여서 출제되므로 상당히 어렵게 느껴진다.

❶ **자료에서 헌법 개정 절차와 법률 개정 절차를 구분하자!** (가)는 국민 투표가 있으므로 헌법 개정 절차임을 알 수 있다. (나)는 법률안 거부가 있으므로 법률 제정 또는 개정 절차임을 알 수 있다.

❷ **헌법 개정 절차와 법률 개정 절차를 정리하자!**

헌법 개정 절차	헌법 개정은 국회 재적 의원 과반수 또는 대통령의 발의로 제안된다. 제안된 헌법 개정안은 국회 재적 의원 3분의 2 이상의 찬성으로 의결되며, 의결된 개정안이 국민 투표에서 국회 의원 선거권자 과반수의 투표와 투표자 과반수의 찬성을 얻으면 최종 확정된다.
법률 개정 절차	법률의 제정 및 개정은 국회 의원 10인 이상이나 위원회의 법률안 발의 또는 정부의 법률안 제출로 시작되며, 국회 재적 의원 과반수의 출석과 출석 의원 과반수의 찬성으로 의결된다. 국회에서 의결한 법률안은 정부로 이송되며 15일 이내에 대통령이 공포하는데, 특별한 규정이 없는 한 공포한 날로부터 20일이 지나면 법률의 효력이 발생한다. 국회에서 의결한 법률안에 대해 대통령이 거부권을 행사할 경우, 법률안을 재의결하기 위해서는 국회 재적 의원 과반수의 출석과 출석 의원 3분의 2 이상의 찬성이 필요하다.

❸ **선택지를 해석하자!**

① ㉠에서 통과되려면 국회 재적 의원 2/3 이상의 찬성을 얻어야 한다.
② ㉡에서 폐기된 법안은 국회 의장에 의해 직권 상정될 수 있다. → 국회 상임 위원회에서 폐기된 법안은 국회 의장이 직권 상정할 수 없다.
③ ㉢의 경우 국회 재적 의원 과반수 출석과 출석 의원 2/3 이상의 찬성으로 재의결하면 법률로 확정된다.
④ (가)에서 공고와 공포는 모두 대통령에 의해 이루어진다. → 대통령이 거부권을 행사할 수 없다.
⑤ (가)에서 제안은 대통령의 발의로도 할 수 있고, (나)에서 제출은 국회 의원 발의의 경우 10인 이상의 찬성으로 할 수 있다.

▷ **의결 정족수 파악** : 헌법이 법률보다 상위의 법이므로 의결 정족수가 엄격하다. 법률의 제정 및 개정의 의결 정족수는 재적 의원 과반수 출석에 출석 의원 과반수 찬성이다. 만일 대통령이 거부권을 행사하면 재적 의원 과반수 출석에 출석 의원 2/3 이상 찬성하면 의결된다. 헌법은 훨씬 까다롭다. 우선 발의부터 국회 재적 의원 과반수 찬성이 있어야 하고, 국회 의결은 재적 의원 2/3 이상 찬성해야 가능하다.

▷ **확정 시기 파악** : 헌법은 국민 투표로 확정되는데 국회 의원 선거권자 과반수의 투표와 투표자 과반수의 찬성이어야 한다. 대통령이 공포하는 것은 형식적인 절차이다. 법률은 국회에서 의결되었다고 해서 확정되는 것이 아니다. 정부로 이송되어 대통령이 공포해야 확정된다. 만일 대통령이 거부권을 행사하면 국회에서 재의결 절차를 거쳐 통과되면 즉시 확정된다.

개념 | 문제로 확인하기

Q1 다음 내용이 헌법 개정 절차에 해당하면 '헌', 법률 개정 절차에 해당하면 '법'에 표시하시오.

01. 국회 의원 10인 이상 제출 (헌 / 법)
02. 대통령 발의 (헌 / 법)
03. 20일 이상 공고 (헌 / 법)
04. 상임 위원회 심의 (헌 / 법)
05. 국회에 재의 요구 (헌 / 법)
06. 국민 투표로 확정 (헌 / 법)
07. 거부권 행사 불가 (헌 / 법)
08. 재적 의원 과반수 출석에 출석 의원 2/3 이상 찬성 의결 (헌 / 법)
09. 재적 의원 2/3 이상 찬성 의결 (헌 / 법)
10. 국회 재적 의원 과반수 발의 (헌 / 법)
11. 국회 의원 선거권자 과반수의 투표와 투표자 과반수의 찬성 (헌 / 법)

Q2 다음 표에서 알맞은 단어를 고르시오.

12. 헌법 개정 절차	❶ 헌법 개정을 국회가 발의하기 위해서는 (10인 이상 / 과반수)가 찬성해야 함 ❷ 헌법 개정안은 (국회 의결 / 국민 투표)로 확정됨
13. 법률 개정 절차	❶ 법률 개정안은 국회 의장을 거쳐 (상임 위원회 / 본회의)에 상정됨 ❷ 법률 개정안은 (국회 의결 / 공포)로 확정됨

Q3 〈자료〉를 보고 다음 내용이 맞으면 'O', 틀리면 '×'에 표시하시오.

14. (가)는 헌법 개정 절차이다. (O / ×)
15. (가)에서 ㉠은 국회 재적 의원 과반수의 찬성으로 의결된다. (O / ×)
16. (나)는 법률 제정 및 개정 절차이다. (O / ×)
17. (나)에서 ㉡은 상임 위원회이다. (O / ×)
18. 재의결된 법률안에 대해 대통령은 ㉢을 행사할 수 있다. (O / ×)

주제 1 국회의 지위와 구성

족집게 전략 | 국회에 관한 문제는 단독으로는 출제되기보다 다른 국가 기관과 같이 출제되는 경우가 대부분이다. 뉴스 형식이 가장 많고, 대통령, 국무총리, 법원, 헌법 재판소가 모두 제시되면서 각자의 권한 등을 물어보는 경우도 있고 서로 간의 견제와 균형 등을 묻는 경우가 있다. 어떤 형식으로 나오든 기본적인 내용은 알고 있어야 한다. 국회의 지위와 구성은 비록 단순한 내용이지만, 차근차근 정리하는 방향으로 공부해 두는 것이 좋다.

090 〈대표 문항〉

| 교육청 기출 |

표는 우리나라 국회 의사 일정 중 일부이다. ㉠~㉤에 대한 설명으로 옳은 것은?

일자	일정	비고
9월 1일(월)	1. ㉠ 정기 국회 개회	
	2. 제△△회 국회 회기 결정	9월 1일~12월 10일
9월 2일(화)	1. 본회의 휴회	㉡ ○○위원회 활동
9월 3일(수)	1. ㉢ 국무총리 임명 동의안	가결
	2. 국회 의원 ○○○의 체포 동의안	㉣ 부결
	3. ㉤ ☆☆법률 일부 개정안	가결

① ㉠의 개회는 대통령의 요구가 있어야 가능하다.
② ㉡은 20인 이상의 소속 의원을 가진 정당이 구성하는 단체이다.
③ ㉢은 행정부에 대한 입법부의 견제 수단이다.
④ ㉣로 인해 해당 국회 의원은 회기가 끝나도 체포되지 않는다.
⑤ ㉤의 발의를 위해 재적 의원 과반수의 찬성이 필요하다.

091

밑줄 친 ㉠~㉤에 대한 설명으로 옳은 것은?

2월 ㉠ 임시 국회가 2일부터 다음 달 3일까지 30일간 열린다. 이번 임시 국회에서는 ㉡ 국무총리 후보자 인사청문회, 공무원 연금 개혁, 국정 조사 등이 주요 의제로 다루어질 예정이다. △△사건 ㉢국정 조사와 관련해서는 증인 채택 문제를 놓고 여당과 야당 간 논란이 있을 예정이다. 또한 ㉣대통령의 거부권 행사로 되돌아온 ○○법도 이번 국회에서 ㉤재의결 여부가 결정된다.

① ㉠은 대통령의 요구에 의해서도 집회될 수 있다.
② ㉡은 행정부 수반으로서의 지위를 가진다.
③ ㉢은 의회주의의 위기를 초래하기도 한다.
④ ㉣은 우리나라의 의원 내각제적 요소이다.
⑤ ㉤에 대해 대통령은 다시 ㉣을 행사할 수 있다.

092

| 평가원 기출 |

그림은 국회에 대해 학생이 정리한 내용이다. ㉠~㉤에 대한 설명으로 적절하지 <u>않은</u> 것은?

(1) 구성
• 의장단 : 의장 1인과 부의장 2인
• 본회의 : 재적 의원 전원으로 구성되며 국회 의사를 최종 결정함
• 각종 위원회 : ㉠ 상임 위원회와 특별 위원회
• (㉡) : 20인 이상의 소속 의원을 가진 정당으로 구성됨(이 요건을 충족하지 못한 20인 이상의 의원으로도 구성 가능)
(2) 회의 원칙
• (㉢) : 모든 회의는 원칙적으로 국민에게 공개함
• (㉣) : 한 회기 중에 의결되지 못한 안건은 다음 회기에 계속해서 심의함
• (㉤) : 부결된 안건은 동일 회기 중에 다시 발의하거나 심의하지 못함

① ㉠은 본회의 전에 법률안을 전문적으로 심의하기 위한 것이다.
② ㉡은 국회에서 의사(議事)를 능률적으로 진행하는 데 기여한다.
③ ㉢은 정책 결정의 투명성과 공정성을 확보하기 위한 것이다.
④ ㉣은 제출된 법률안의 본회의 통과 가능성을 높이기 위한 것이다.
⑤ ㉤은 소수파에 의한 의사(議事) 진행 방해를 막고 의사 진행의 효율성을 보장하기 위한 것이다.

093 〈고난도〉

| 교육청 기출 |

그림은 우리나라의 국가 기관 (가), (나)의 구성을 나타낸 것이다. 이에 대한 옳은 설명을 〈보기〉에서 고른 것은?

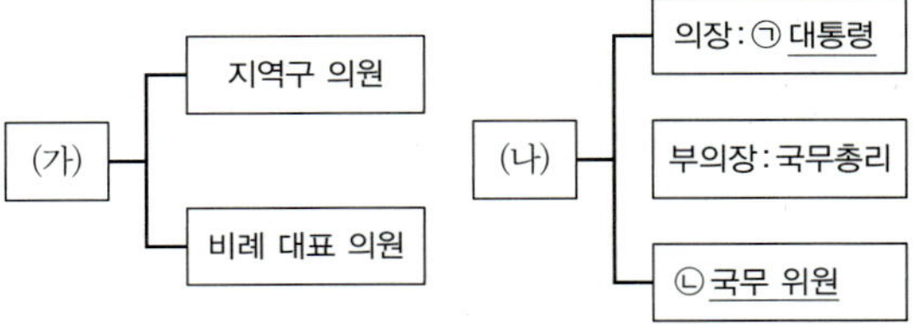

〈보기〉
ㄱ. (가)의 구성원은 ㉡을 겸직할 수 있다.
ㄴ. (나)는 행정부의 최고 심의 기관이다.
ㄷ. (가)의 동의를 얻어야 ㉠이 ㉡을 임명할 수 있다.
ㄹ. (가)는 국가의 예산안을 심의하고, (나)는 국가의 예산안을 확정한다.

① ㄱ, ㄴ   ② ㄱ, ㄷ   ③ ㄴ, ㄷ
④ ㄴ, ㄹ   ⑤ ㄷ, ㄹ

094

밑줄 친 '이 특권'의 취지에 대한 설명으로 옳은 것은?

> 시민 갑이 장관 후보자 A를 비방하는 글을 인터넷에 올릴 경우 A
> 는 갑에 대해 민사상 손해 배상이나 형사 고소를 할 수 있다. 그
> 러나 국회 의원 을이 인사 청문회 도중 직무와 관련하여 A를 비
> 방하는 발언을 했을 경우에는 <u>이 특권</u>에 따라 민형사상 책임을 지
> 지 않는 것이 원칙이다.

① 입법부가 사법부를 견제하기 위해서이다.
② 법 집행의 효율성을 향상하기 위해서이다.
③ 대화와 타협을 통한 안건 처리를 위해서이다.
④ 국회 의원의 자주성과 독립성을 보장하기 위해서이다.
⑤ 상임 위원회와 교섭 단체의 기능을 활성화하기 위해서이다.

095

다음은 국회법의 일부 규정이다. 이 규정에서 나타난 제도의 공통적인 취지로 옳은 것은?

> **제33조(교섭 단체)** ① 국회에 20명 이상의 소속 의원을 가진 정당
> 은 하나의 교섭 단체가 된다. 다만, 다른 교섭 단체에 속하지 아니
> 하는 20명 이상의 의원으로 따로 교섭 단체를 구성할 수 있다.
> **제35조(위원회의 종류)** 국회의 위원회는 상임 위원회와 특별 위
> 원회 두 종류로 한다.
> **제36조(상임 위원회의 직무)** 상임 위원회는 그 소관에 속하는 의
> 안과 청원 등의 심사, 그 밖에 법률에서 정하는 직무를 수행한다.

① 국회 운영의 능률성을 강화한다.
② 사법부를 견제하는 기능을 한다.
③ 국회의 자주성과 독립성을 보장한다.
④ 국회의 다수파에 의한 횡포를 방지한다.
⑤ 국회와 행정부의 긴밀한 유대를 강화한다.

096

밑줄 친 ㉠~㉤에 해당하는 사례로 옳지 <u>않은</u> 것은?

> 1. 지위 : 국민의 대표 기관, ㉠ 국정 통제 기관, 입법 기관
> 2. 구성 : ㉡ 지역 선거구 대표, 비례 대표
> 3. 의결 방법 : 일반적 안건은 ㉢ 재적 의원 과반수 출석과 출석
>   의원 과반수 찬성으로 의결
> 4. 기관 : 의장단, 각종 위원회, ㉣ 교섭 단체
> 5. 회의 종류 : 정기회, ㉤ 임시회

① ㉠ - 국회 국방 위원회 갑 의원은 병무청 감사에서 대체 복무제
의 문제점을 지적하였다.
② ㉡ - △△ 선거구에서 가장 많은 표를 얻은 을이 국회 의원으로
당선되었다.
③ ㉢ - 대통령이 제안한 헌법 개정안이 국회 본회의 표결에서 의결되
었다.
④ ㉣ - 여야 원내 대표는 국정 조사 일정에 합의하였다.
⑤ ㉤ - 대통령은 추가 경정 예산안 처리를 위한 임시 국회 소집을
요구하였다.

097

밑줄 친 ㉠~㉤에 대한 설명으로 옳은 것은?

> 국회는 ㉠ 임시회를 열어 첫째 날에는 ㉡ 기획 재정부 장관으로부
> 터 추가 경정 예산안에 대한 보고를 받고 이를 본회의에서 처리하
> 였다. 둘째 날에는 ㉢ 국무총리를 출석시켜 일본의 경제 보복에 대
> 한 대응 방안 등 대정부 질문을 진행하였다. 셋째 날에는 정부가
> 발의한 A 법률안을 본회의에 상정하였으나 ㉣ 부결되었다. 넷째
> 날에는 ○○사건에 대한 ㉤ 국정 조사 특별 위원회를 구성하였다.

① ㉠의 개회는 국회 재적 의원 과반수가 찬성해야 한다.
② ㉡은 국회의 동의를 얻어 대통령이 임명한다.
③ ㉢은 순수한 대통령제의 요소이다.
④ ㉣은 국회 재적 의원 2/3 이상의 찬성을 얻지 못했기 때문이다.
⑤ ㉤은 국회가 행정부를 감시 · 통제하는 권한에 해당한다.

주제 2 국회의 권한

족집게 전략 | ・국회의 권한 중에서는 입법에 관한 권한이 가장 중요하다. 헌법 개정 절차보다는 법률 개정 절차가 더 자주 출제된다. 의결 정족수가 종종 혼동되는 경우가 있는데 이것을 노리고 함정을 파는 경우도 있다. 헌법 개정 발의, 헌법 개정 의결, 법률 의결, 재의결의 의결 정족수가 모두 다르니 철저히 알아두도록 해야 한다.

・법률 개정과 관련하여 법률이 확정된 때가 언제인가를 묻는 경우가 있다. 국회에서 법률안이 의결되었다고 해서 확정된 것이 아니다. 정부에 이송되어 대통령이 공포해야 확정된다. 물론 대통령이 거부권을 행사하여 재의결되었을 경우에는 재의결이 된 때에 확정된다.

・국회의 권한 중에서 국정 감사나 조사, 탄핵 소추권, 각종 동의 및 승인권도 종종 선지로 나온다. 특히 국회는 탄핵 소추권을 갖고, 헌법 재판소는 탄핵 심판권을 갖는다는 것을 확실히 구분할 수 있어야 한다.

---

098 대표 문항
| 평가원 기출 |

그림은 국회의 권한과 관련된 헌법 조항들이다. 밑줄 친 ㉠~㉣에 대한 옳은 설명만을 〈보기〉에서 있는 대로 고른 것은?

> **제60조** 국회는 상호 원조 또는 안전 보장에 관한 조약, …… 또는 입법 사항에 관한 ㉠ 조약의 체결·비준에 대한 동의권을 가진다.
> **제61조** 국회는 ㉡ 국정을 감사하거나 ㉢ 특정한 국정 사안에 대하여 조사할 수 있으며, 이에 필요한 서류의 제출 또는 증인의 출석과 증언이나 의견의 진술을 요구할 수 있다.
> …(중략)…
> **제65조** ① 대통령·국무총리·국무 위원 …… 기타 법률이 정한 공무원이 그 직무 집행에 있어서 헌법이나 법률을 위배한 때에는 국회는 ㉣ 탄핵의 소추를 의결할 수 있다.

〈보기〉
ㄱ. ㉠에 의한 조약은 법률과 같은 효력을 가지며, 헌법 재판소의 심판 대상이 된다.
ㄴ. ㉣의 의결 즉시 해당 공직자는 그 권한이 정지되며, 해당 직위에서 파면된다.
ㄷ. 대통령에 대한 ㉣의 의결 정족수는 법률안 재의결 시 의결 정족수와 동일하다.
ㄹ. 대통령은 ㉡, ㉢의 실시에 대해 거부권을 행사할 수 없다.

① ㄱ, ㄴ 　② ㄱ, ㄹ 　③ ㄷ, ㄹ
④ ㄱ, ㄴ, ㄷ 　⑤ ㄴ, ㄷ, ㄹ

099

다음은 우리나라 헌법 개정 절차이다. 이에 대한 설명으로 옳은 것은?

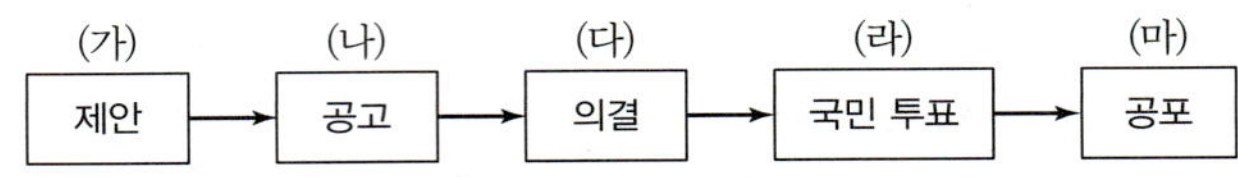

① (가)는 국회 의원 10인 이상으로 가능하다.
② (나)는 국회의장의 권한이다.
③ (다)는 국회 재적 의원 2/3 이상의 찬성이 필요하다.
④ (라)는 국회 의원 선거권자 과반수의 찬성으로 확정된다.
⑤ (마)가 없으면 헌법 개정안은 효력을 갖지 못한다.

100
| 평가원 기출 |

(가), (나)와 관련한 설명으로 옳은 것은?

> (가) 정부는 국무 회의를 열고 교장 임용 사안에 관한 '교육 공무원법 일부 개정안' 등 법률 개정안을 심의·의결하였다.
> (나) 국회는 '학교 용지 부담금 환급 특별 법안'을 여야 합의하에 본회의에 상정하여 216명의 찬성으로 의결하였다.

① (가)의 법률 개정안이 국회에 제출되면 해당 상임 위원회에서 폐기될 수 있다.
② (가)의 법률 개정안은 국회 의원 5인 이상의 발의로도 국회에 제출할 수 있다.
③ (가)의 법률 개정안은 즉시 대통령이 공포함으로써 법적 효력이 발생한다.
④ (나)에서 가결된 법률안이 정부에 이송되면 대통령은 20일 이내에 공포하거나 재의결을 요구할 수 있다.
⑤ (나)에서 가결된 법률안은 법제 사법 위원회의 사전 심의 후 해당 상임 위원회를 경유하여 본회의에서 상정되었을 것이다.

101

밑줄 친 ㉠~㉢에 대한 옳은 설명을 〈보기〉에서 고른 것은?　　　|교육청 기출|

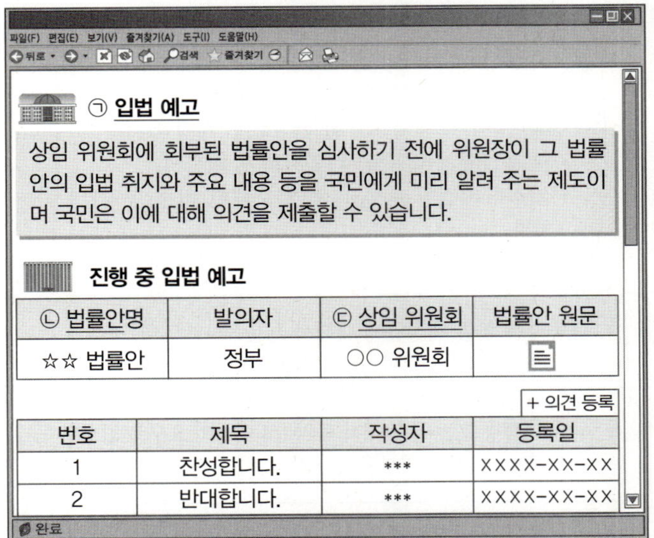

㉡ 법률안명	발의자	㉢ 상임 위원회	법률안 원문
☆☆ 법률안	정부	○○ 위원회	目

+ 의견 등록

번호	제목	작성자	등록일
1	찬성합니다.	***	××××-××-××
2	반대합니다.	***	××××-××-××

〈보기〉

ㄱ. 국회는 입법 과정에서 ㉠을 통해 국민의 의견을 수렴할 수 있다.

ㄴ. 국회 의원 10인 이상의 찬성으로 ㉡을 발의할 수 있다.

ㄷ. 국회에서 ㉡이 의결되어 정부로 이송되면 대통령은 재의를 요구할 수 없다.

ㄹ. ㉢은 대통령 직속의 헌법 기관으로 행정 전반을 감시·감독한다.

① ㄱ, ㄴ　　　② ㄱ, ㄷ　　　③ ㄴ, ㄷ
④ ㄴ, ㄹ　　　⑤ ㄷ, ㄹ

102

국회의 권한 A, B에 대한 설명으로 옳은 것은? (단, A와 B는 각각 탄핵 소추권과 해임 건의권 중 하나이다.)

구분	A	B
직무 관련성	직무 집행과 관련된 것만 해당됨(사생활이나 도덕적 잘못은 대상이 아님)	직무와 관련 없는 사생활이나 도덕적 잘못도 대상이 됨
국회 의결 효과	심판 결정이 있을 때까지 권한 행사가 정지됨	권한 행사가 정지되지 않음
최종 결정권자	헌법 재판소	대통령

① A가 행사된 안건에 대해 헌법 재판소는 재판관 과반수로 심판 결정한다.

② B는 국회가 행정부를 견제하는 수단이다.

③ A, B는 모두 의원 내각제적 요소이다.

④ 법관은 A와 B 모두에 해당하는 대상이다.

⑤ 국무총리가 A와 B의 대상일 경우 의결 정족수는 다르다.

103

(가)~(라)는 우리나라 국회의 활동을 나타낸 것이다. 이와 관련한 설명으로 옳은 것은?

(가) 국회 의원 갑이 발의한 ㉠ □□법 개정안이 본회의를 통과하였다.

(나) 정부가 제출한 내년도 ㉡ 예산안을 의결하였다.

(다) A국과의 ㉢ △△협약에 대한 비준 동의안을 처리하였다.

(라) ㉣ 헌법 재판소 재판관 후보자에 대한 인사 청문회를 개최하였다.

① ㉠은 국무 회의의 심의를 거쳤을 것이다.

② ㉡은 국회 재적 의원 과반수의 찬성이 필요하다.

③ ㉢의 체결권은 원칙적으로 대통령에게 있다.

④ (라)의 인사 청문회는 ㉣에 대한 임명 여부를 법적으로 구속한다.

⑤ (가)와 (나)는 입법 권한, (다)와 (라)는 국정 통제 권한에 해당한다.

104

밑줄 친 ㉠~㉤에 대한 설명으로 옳은 것은?

〈국회 의원 갑의 일정표〉	
5월 3일	㉠ 교섭 단체 대표 연설
5월 7일	㉡ ◇◇사건에 대한 국정 조사 참석
5월 10일	㉢ △△국과의 어업 협정에 대한 내용 검토
5월 11일	본회의에서 ㉣ ○○법률 개정안 표결에 참석
5월 13일	㉤ 헌법 개정을 위한 시민 단체 회의에 참석

① ㉠은 국회 의원 20인 이상이면 설립할 수 있다.

② ㉡은 국정 전반에 대해 상시적으로 운영된다.

③ ㉢에 대한 체결·비준권은 국회가 가진다.

④ ㉣은 국회 재적 의원 과반수가 찬성해야 의결된다.

⑤ ㉤은 국회 재적 의원 3분의 2 이상의 찬성으로 발의할 수 있다.

105

| 교육청 기출 |

밑줄 친 ㉠~㉤에 대한 설명으로 옳은 것은?

> **〈제○○회 국회(㉠ 임시회) 경과 보고서〉**
>
> 1. 의안 처리 현황
>   – 접수 ○○○건, 처리 ○○건, ㉡ 미처리 ○○○건
> 2. 세부 의안 처리 결과
>
> | 일자 | 부의 안건 | 결과 |
> |---|---|---|
> | ○○월 ○○일 | ㉢ ◇◇법률안 | 부결 |
> | ○○월 ○○일 | ㉣ 국무 위원(△△△) 해임 건의안 | 가결 |
> | ○○월 ○○일 | ㉤ 국회 의원(□□□) 징계안 | 부결 |

① ㉠은 대통령 또는 국회 재적 의원 4분의 1 이상의 요구에 의하여 집회된다.

② ㉡의 법률안은 국회 의원 임기 여부와 관계없이 회기 중 의결되지 못하면 자동 폐기된다.

③ ㉢은 국회 의원 최소 20인 이상이 찬성하여야 발의할 수 있다.

④ ㉣은 해당 국무 위원이 직무 집행에 있어서 헌법이나 법률을 위배한 경우에 한하여 행사할 수 있다.

⑤ ㉤을 통해 국회 의원을 제명하려면 국회는 헌법 재판소에 탄핵 심판을 청구하여야 한다.

106

다음 사례에 나타난 국회의 권한 행사의 특징에 대한 설명으로 옳은 것은?

> • 국회는 본회의를 열어 야당이 제출한 ○○부 장관에 대한 해임 건의안을 부결 처리하였다.
> • 국회는 20일 간 상임 위원회별로 소관 정부 부처 및 산하 기관을 대상으로 일제히 국정 감사를 실시하였다.

① 입법에 관한 권한이다.

② 국가의 중요 정책을 심의한다.

③ 정부의 활동을 감시·비판·견제한다.

④ 국회의 자주성을 보장하기 위한 것이다.

⑤ 국민의 다양한 의견과 이해관계를 수렴한다.

107 고난도↑

| 교육청 기출 |

밑줄 친 ㉠~㉣에 대한 옳은 설명을 〈보기〉에서 고른 것은?

> **〈금주의 국회 소식〉**
> • 대통령이 ㉠ 재의 요구를 한 □□법 개정안 재의결
> • ㉡ 교섭 단체 대표들, ㉢ 임시회 집회 합의
> • 갑국과 체결한 ㉣ △△ 협약에 대한 비준 동의안 처리

> **보기**
> ㄱ. 대통령은 헌법 개정안에 대해서 ㉠을 할 수 있다.
> ㄴ. 국회 의원이 소속되어 있는 모든 정당은 단독으로 ㉡을 구성할 수 있다.
> ㄷ. ㉢은 대통령 또는 국회 재적 의원 1/4 이상의 요구로 집회된다.
> ㄹ. ㉣은 국회가 입법 권한을 행사한 것이다.

① ㄱ, ㄴ　　　　② ㄱ, ㄷ　　　　③ ㄴ, ㄷ
④ ㄴ, ㄹ　　　　⑤ ㄷ, ㄹ

108

다음 (가)~(라)에 대한 옳은 설명만을 〈보기〉에서 고른 것은?

> **〈국회의 권한〉**
> (가) 입법에 관한 권한
> (나) 재정에 관한 권한
> (다) 헌법 기관 구성에 관한 권한
> (라) 국정의 감시 및 통제 권한

> **보기**
> ㄱ. 조약 체결권은 (가)에 해당한다.
> ㄴ. 예산안 심의권은 (나)에 해당한다.
> ㄷ. (다)는 법원을 구성하는 목적이다.
> ㄹ. (라)의 예로는 국무 위원 해임 건의권이 있다.

① ㄱ, ㄴ　　　　② ㄱ, ㄷ　　　　③ ㄴ, ㄷ
④ ㄴ, ㄹ　　　　⑤ ㄷ, ㄹ

109

|교육청 기출|

(가)에 들어갈 학생의 발표 내용으로 옳지 <u>않은</u> 것은?

> 교사 : 국회는 ㉠ 해임 건의와 ㉡ 탄핵 소추를 통해 문제가 있다고 생각되는 국무총리나 국무 위원을 그 직에서 물러나도록 영향력을 행사할 수 있습니다. 이에 대해 조사해 온 내용을 발표해 봅시다.
>
> 학생 : ________________(가)________________

① ㉠에 대한 결정권은 대통령이 갖습니다.
② ㉡에 따른 탄핵 심판은 헌법 재판소에서 담당합니다.
③ ㉡이 국회에서 의결되면 해당 공직자의 직무는 정지됩니다.
④ ㉠과 달리 ㉡은 헌법과 법률을 위배할 때에만 가능합니다.
⑤ ㉠, ㉡은 일반 의결 정족수에 의해 국회에서 의결됩니다.

110

다음과 관련된 제도에 대한 설명으로 옳은 것은?

> **△△△ 국무총리 후보자 인사 청문회**
>
> A의원 : 후보자는 행정 경험이 전혀 없는데, 행정부를 지휘·감독할 능력이 있습니까?
> 후보자 : 행정 경험이라는 것이 반드시 국가 기관에서 장관 등으로 일했어야 생기는 것은 아닙니다. 저는 민간 기관에서 관련 업무를 계속 담당해 왔기 때문에 직무 수행에 문제가 없다고 봅니다.

① 국회의 자율성을 보장하기 위한 장치이다.
② 행정부의 인사 효율성을 실현하기 위한 장치이다.
③ 후보자의 직무 수행 능력을 사전에 검증할 수 있다.
④ 후보자의 도덕성과 관련된 질의는 허용되지 않는다.
⑤ 후보자에게 문제점이 드러난 경우에는 탄핵 소추할 수 있다.

111

그림 (가), (나)는 우리나라의 헌법 개정 절차와 법률의 제정 및 개정 절차를 나타낸 것이다. 이에 대한 설명으로 옳은 것은?

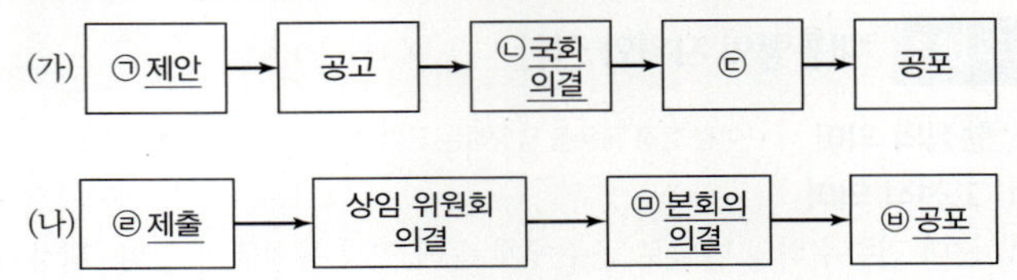

① ㉠은 국회 의원 10인 이상이면 가능하다.
② ㉡을 통과하기 위해서는 국회 의원 선거권자 과반수의 찬성이 필요하다.
③ ㉣은 정부에 의해서도 가능하다.
④ ㉡과 ㉤의 의결 정족수는 동일하다.
⑤ ㉥은 국회 의장의 고유 권한이다.

112

다음은 우리나라의 국회 운영에 관한 신문 기사이다. 밑줄 친 ㉠~㉤에 대한 설명으로 옳은 것은?

> ### ○○일보
>
> 여야 원내 대표는 어제 의원 회관에서 만나 ㉠ 임시회 운영 일정에 합의했다. 우선 29일에는 본회의를 열어 ㉡ 교섭 단체 대표 연설을 듣고, 30일에는 ㉢국무총리를 출석시켜 대정부 질문을 할 예정이다. 이후 5일간은 △△사건에 대한 ㉣국정 조사를 실시한다. 마지막 날은 ○○법률 개정안을 처리할 예정이다.

① ㉠에서는 주로 예산안을 심의한다.
② ㉡은 국회의장이 회부한 법률안을 전문적으로 심의한다.
③ ㉢은 행정부의 최고 심의 기관인 국무 회의의 의장이 된다.
④ ㉣은 국정 운영 전반에 관하여 정기적으로 실시한다.
⑤ ㉤은 국회 재적 의원 과반수의 출석과 출석 의원 과반수의 찬성으로 의결된다.

주제 1 대통령의 지위와 권한

1. 행정의 의미 ── 이런 행정 작용을 담당하는 국가 기관이 행정부이다.

(1) 고전적 의미

① 근대 민주주의의 발달로 군주에게 속해 있던 통치권이 입법, 행정, 사법으로 분리되면서 나타난 국가 작용

② 입법 및 사법에 대립하는 개념

(2) 현대적 의미

① 공공복리나 공익 실현을 목적으로 하는 적극적인 국가 작용

② 여러 정책을 수립하는 실행하는 모습으로 구체화

2. 대통령 ❶

(1) 지위

① 국가 원수 : 대외적으로 국가를 대표함

② 행정부 수반 : 행정에 관한 최종적인 책임을 짐

(2) 선출 및 임기 : 국민의 직접 선거로 선출, 임기 5년, 중임 금지 ❷

(3) 주요 권한

대외적 국가 대표	• 조약 체결 및 비준권 • 외교 사절의 신임 · 접수 또는 파견권 • 선전 포고와 강화권
헌법 기관 구성	• 국무총리, 국무 위원, 대법원장 및 대법관, 헌법 재판소장, 헌법 재판관 등 임명권
국가와 헌법 수호 ❸	• 긴급 재정 · 경제 처분 및 명령권 : 내우 · 외환 · 천재 · 지변 또는 중대한 재정 · 경제상의 위기에 있을 때 내릴 수 있음 • 긴급 명령권 : 국가의 안위에 관계되는 중대한 교전 상태에 있을 때 내릴 수 있음 • 계엄 선포권 : 전시 · 사변 또는 이에 준하는 국가 비상 사태에 있어서 병력으로써 군사상의 필요에 응하거나 공공의 안녕질서를 유지할 필요가 있을 때에 내릴 수 있음
국정 조정	• 국민 투표 부의권 : 외교 · 국방 · 통일, 기타 국가 안위에 관한 중요 정책을 국민 투표에 부칠 수 있음 • 임시 국회 소집 요구권 • 사면 · 감형 또는 복권을 명할 수 있는 권한 • 헌법 개정안 발의권
행정부 지휘 감독	• 국군 통수권 • 공무원 임면권 : 대통령이 공무원을 임명하고 면직시킬 수 있음 • 대통령령 발포권 : 법률에서 구체적으로 범위를 정하여 위임받은 사항과 법률의 집행에 필요한 사항에 관하여 대통령령을 발할 수 있음 • 국회 출석 발언권 • 법률안 거부권 : 법률 집행을 책임지는 행정부 수반으로서 국회의 자의적인 입법을 견제하기 위함

국정 조정 항목 관련 설명:
• 사면 : 형의 전부 또는 일부를 소멸시키는 것이다.
• 감형 : 형벌을 깎아주는 것이다.
• 복권 : 선거권이나 피선거권 등을 회복시켜 주는 것이다.

(4) 헌법상 대통령의 특권 : 내란 또는 외환의 죄를 범한 경우를 제외하고는 재직 중 형사상의 소추를 받지 않음

특정 형사 사건의 재판을 요구하거나 탄핵(彈劾)을 발의(發議)하는 일을 의미한다.

(5) 대통령의 권한 통제

① 직무 수행에서 헌법이나 법률을 위반했을 경우 국회의 탄핵 소추 및 헌법 재판소의 탄핵 심판을 받을 수 있음

② 국법상 행위는 문서로써 하며, 국무총리 및 관계 국무 위원의 부서가 필요함 ❹

③ 중요한 국정은 국무 회의의 심의를 거쳐야 함 ── 국무 회의의 의결은 대통령을 구속하지 않는다.

---

❶ 대통령의 지위 및 권한과 관련한 헌법 조항

제66조
① 대통령은 국가의 원수이며, 외국에 대하여 국가를 대표한다.
② 대통령은 국가의 독립 · 영토의 보전 · 국가의 계속성과 헌법을 수호할 책무를 진다.
③ 대통령은 조국의 평화적 통일을 위한 성실한 의무를 진다.
④ 행정권은 대통령을 수반으로 하는 정부에 속해 있다.

❷ 대통령의 선출

대통령은 국민의 보통 · 평등 · 직접 · 비밀 선거로 선출되며, 선거에서 유효 투표의 다수를 얻은 후보자가 당선된다. 다만, 대통령 후보자가 1인일 때에는 그 득표수가 선거권자 총수의 3분의 1 이상이어야 대통령으로 당선될 수 있도록 헌법에 규정되어 있는데, 이는 최소한의 민주적 정당성을 고려한 것이다.

❸ 긴급 명령권과 계엄 선포권의 국회 통제

대통령이 긴급 명령권을 행사한 경우에는 국회에 사후 승인을 받아야 하고, 계엄 선포를 한 경우에는 국회에 통고해야 한다. 만일 국회 재적 과반수가 계엄 해제를 요구하면 반드시 해제해야 한다.

❹ 부서(副署)

국가 원수의 서명에 부가하여 각료(閣僚) 또는 장관이 서명하는 것을 말한다. 관계 각료 · 장관의 책임 소재를 밝히는 동시에 국가 원수의 독단을 방지하는 효과가 있다. 우리 헌법에는 대통령의 국법상 또는 군사상 행위는 문서로써 하며, 이 문서에는 국무총리와 관계 국무 위원이 부서하게 되어 있다.

주제 2 행정부의 구성 ❺

1. 국무총리
(1) **지위** : 대통령을 보좌하며 행정에 관하여 대통령의 명을 받아 행정 각부를 통할함
(2) **임명** : 국회의 동의를 얻어 대통령이 임명
(3) **권한** : 행정 각부를 통할하며 총리령을 발하거나 국무 위원에 대한 임명 제청 및 해임 건의권을 행사할 수 있음 ❻

2. 국무 회의
(1) 행정부의 중요 정책을 심의하는 행정부 내 최고 심의 기관
(2) 대통령(의장)과 국무총리(부의장) 및 일정 수의 국무 위원으로 구성됨
  └ 15인 이상 30인 이하의 국무 위원으로 구성된다.

3. 행정 각부
(1) 행정 각부의 장은 국무 위원 중에서 국무총리의 제청으로 대통령이 임명함
(2) 소관 사무를 집행하고 소관 사무에 관해 부령을 발할 수 있음 ❼

4. 감사원
  └ 감사원은 대통령에 소속되어 있지만 업무에 있어서는 대통령의 지시를 받지 않고 독립적으로 활동한다.
(1) 대통령 직속의 독립적 헌법 기관
(2) 국가 세입·세출의 결산 검사, 국가 및 법률이 정한 단체의 회계 검사와 행정 기관 및 공무원의 직무에 관한 감찰 등을 담당함

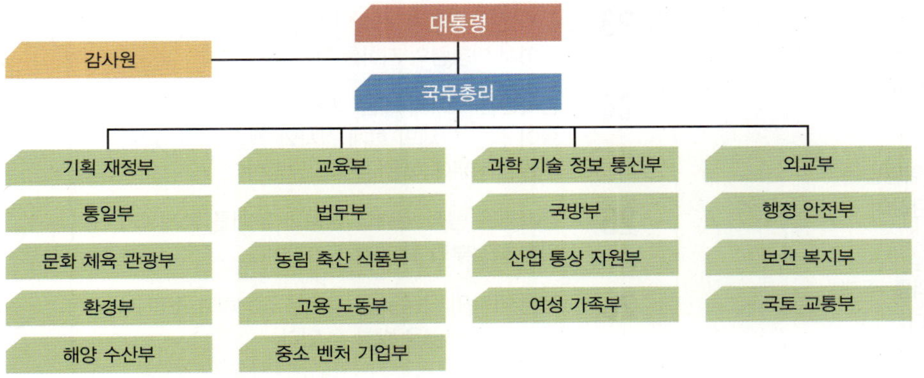

▲ 우리나라 행정부 조직도(2017년 11월 기준)

주제 3 행정 국가화 현상

1. 의미와 배경
  ┌ 행정 국가화 현상은 의회가 약화되는 것을 의미하므로 '의회주의의 위기'라고도 한다. 법률안의 가결률을 비교해 보면 의원 발의 법률안보다 정부 발의 법률안의 가결률이 훨씬 높다.
(1) **의미** : 국가 권력이 행정권으로 집중되는 현상
(2) **배경** : 오늘날 사회가 복잡화·다양화되면서 각종 사회 문제의 해결에 국가 권력이 적극적으로 개입 → 입법권·사법권에 비해 행정권이 크게 강화됨

2. 문제점
(1) 국가 권력이 행정부에 지나치게 집중되어 삼권 분립에 따른 견제와 균형이 깨질 수 있음
(2) 국민이 직접 선출하는 의회 의원에 비해 국민의 통제가 상대적으로 어려운 행정 관료가 정책 결정을 주도함으로써 국민 주권주의의 원칙이 훼손될 우려가 있음

3. 해결 방안
(1) **의회의 기능과 역할 강화** : 입법 지원 기구 강화 노력
(2) **행정부에 대한 직접적인 감시 및 통제를 강화** : 옴부즈맨 제도 도입 ❽

---

❺ **행정부의 구성과 관련한 헌법 규정**

> 제86조
> ① 국무총리는 국회의 동의를 얻어 대통령이 임명한다.
> ② 국무총리는 대통령을 보좌하며, 행정에 관하여 대통령의 명을 받아 행정 각부를 통할한다.
> 제94조 행정 각부의 장은 국무 위원 중에서 국무총리의 제청으로 대통령이 임명한다.
> 제97조 국가의 세입, 세출의 결산, 국가 및 법률이 정한 단체의 회계 검사와 행정 기관 및 공무원의 직무에 관한 감찰을 하기 위하여 대통령 소속하에 감사원을 둔다.

❻ **총리령**
국무총리가 소관 사무에 관하여 법률이나 대통령령의 위임 또는 직권으로 발하는 명령을 말한다.

❼ **부령(部令)**
행정 각부의 장이 소관 사무에 관하여 법률이나 대통령령의 위임 또는 직권으로 발하는 명령을 말한다.(헌법 제95조)

❽ **옴부즈맨 제도**
옴부즈맨은 '대리인, 변호인, 호민관'이란 뜻을 가진 스웨덴어이다. 행정부가 강화되고 행정 기능이 전문화되는 자본주의 국가의 추세에 대해 행정부의 독주를 막고자 고안된 제도이다. 옴부즈맨은 입법부에 의해 임명되나 그 직무 수행에 있어서 직접 감독을 받지 않으며 독립적 위치와 높은 신분이 보장되는 일종의 행정 감찰관으로서 시민이 제소하는 사안에 대해 조사하고 처리한다. 우리나라는 행정 옴부즈맨 제도의 하나로 국민 권익 위원회를 두고 있다. 국민 권익 위원회는 국민의 고충 민원을 처리하고 불합리한 행정 제도를 개선하며, 위법하거나 부당한 행정 처분으로부터 국민의 권리를 보호하는 등의 업무를 수행하고 있다.

핵심 개념 CHECK!

• 정답 및 해설 028쪽

✎ 다음 설명이 맞으면 '○', 틀리면 '×'에 표시하시오.

주제 1 대통령의 지위와 권한

01 대통령은 국가 원수로서 대외적으로 국가를 대표하므로 조약을 체결·비준한다. ○ ×

02 대통령은 국가 안위에 관한 중요 정책을 국민 투표에 부칠 수 있다. ○ ×

03 대통령은 국민의 보통·평등·직접·비밀 선거로 선출되며, 선거에서 유효 투표의 다수를 얻은 후보자가 당선된다. ○ ×

04 함정 국가 위기 시에 국회의 승인을 얻어 계엄 선포권을 발동할 수 있다. ○ ×

05 대통령은 법률안 거부권을 행사하여 국회에서 의결한 법률안의 재의를 요구할 수 있다. ○ ×

06 대통령은 법률에서 정하는 바에 따라 국군을 통수하고, 공무원을 임면한다. ○ ×

07 함정 대통령의 모든 행위는 문서로써 하며, 이 문서에는 국무총리와 관계 국무 위원이 부서한다. ○ ×

08 대통령은 내란 또는 외환의 죄를 범한 경우를 제외하고는 재직 중에는 형사상의 소추를 받지 않는 특권이 있다. ○ ×

09 함정 법률에서 구체적으로 범위를 정하여 위임받은 사항과 법률의 집행에 필요한 사항에 관하여 긴급 명령을 발할 수 있다. ○ ×

10 대통령은 국무 회의의 의장으로서 회의를 주재하고 중요한 정책을 최종적으로 결정한다. ○ ×

11 국회 임시회 집회 요구권, 헌법 개정안 제안권, 국민 투표 부의권, 사면권 등은 국가와 헌법을 수호하기 위한 대통령의 권한이다. ○ ×

12 대통령은 법률안 거부권 등을 통해 국회를, 대법원장·대법관 임명권 등을 통해 법원을 견제할 수 있다. ○ ×

13 전시·사변 또는 이에 준하는 국가 비상 사태에 있어서 병력으로써 군사상의 필요에 응하거나 공공의 안녕질서를 유지할 필요가 있을 때에 대통령은 계엄을 선포할 수 있다. ○ ×

14 대통령은 법률에서 정하는 바에 따라 사면·감형 또는 복권을 명할 수 있다. ○ ×

15 대통령은 주요 권한을 행사할 때에는 사전에 국무 회의의 심의를 거쳐야 하는 절차를 준수해야 한다. ○ ×

16 대통령은 어떠한 경우에도 형사상 소추를 당하지 않는다. ○ ×

주제 2 행정부의 구성

17 국무총리는 대통령을 보좌하며 행정에 관하여 대통령의 명을 받아 행정 각부를 통할하는 행정부의 2인자이다. ○ ×

18 함정 국무총리는 총리령을 발하거나 국무 위원에 대한 임명 및 해임권을 행사할 수 있다. ○ ×

19 국무총리는 국회의 동의를 얻어 대통령이 임명한다. ○ ×

20 국무 회의는 행정부의 중요한 정책을 심의하는 기관으로, 의장인 대통령, 부의장인 국무총리, 15인 이상 30인 이하의 국무 위원으로 구성된다. ○ ×

21 함정 국무 회의의 심의는 대통령의 권한 행사를 통제하는 역할을 하며 심의 결과는 대통령을 구속한다. ○ ×

22 행정 각부는 대통령이 결정하는 정책과 행정부의 권한에 속하는 사무를 집행하는 중앙 행정 기관이다. ○ ×

23 감사원은 대통령 소속의 헌법 기관으로 업무에 있어서 대통령의 지휘를 받는다. ○ ×

24 감사원은 국가의 세입·세출의 결산, 국가 및 법률이 정한 단체의 회계 검사와 행정 기관 및 공무원의 직무에 대한 감찰을 담당한다. ○ ×

25 감사원은 행정 권력의 남용과 부패를 방지하기 위한 행정부의 최고 감사 기관이다. ○ ×

26 행정 각부의 장은 소관 사무를 집행하고 소관 사무에 관해 부령을 발할 수 있다. ○ ×

주제 3 행정 국가화 현상

27 오늘날 사회가 복잡화·다양화되면서 각종 사회 문제의 해결에 국가 권력이 적극적으로 개입하게 되었다. ○ ×

28 국가 권력이 행정권으로 집중되어 가는 현상을 행정 국가화 현상이라고 한다. ○ ×

29 국민이 직접 선출하는 의회 의원에 비해 국민의 통제가 상대적으로 어려운 행정 관료가 정책 결정을 주도함으로써 국민 주권주의의 원칙이 훼손될 우려도 있다. ○ ×

30 함정 우리나라의 경우 정부가 제출한 법률안 가결률보다 국회 의원이 제출한 법률안 가결률이 훨씬 높다. ○ ×

116

그림은 우리나라 대통령이 수행한 업무 중 일부이다. 밑줄 친 ㉠~㉣에 대한 옳은 설명을 〈보기〉에서 고른 것은?

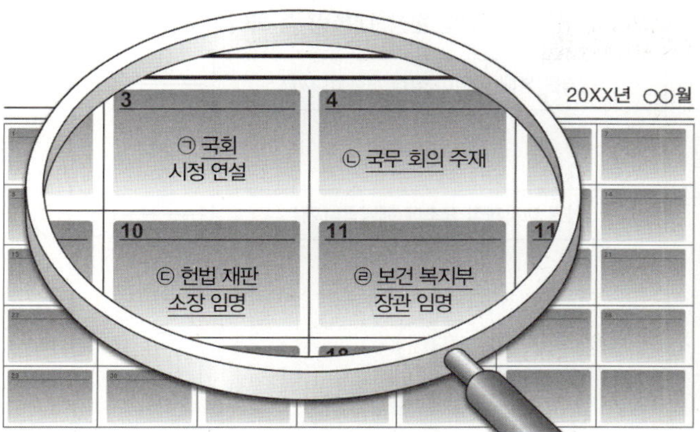

〈보기〉
ㄱ. ㉠의 장(長)은 대통령이 임명한다.
ㄴ. ㉡의 의장은 대통령이다.
ㄷ. ㉢은 국회의 동의를 얻어야 한다.
ㄹ. 국회 의원은 ㉣을 겸직할 수 없다.

① ㄱ, ㄴ   ② ㄱ, ㄷ   ③ ㄴ, ㄷ
④ ㄴ, ㄹ   ⑤ ㄷ, ㄹ

117

표는 우리나라 어느 헌법 기관의 일정표 일부 내용이다. 이에 대한 옳은 설명만을 〈보기〉에서 고른 것은?

구분	주요 업무
3월 10일	A국과의 조약 체결
4월 20일	공군 △△부대 순시
5월 10일	국무 회의 주재
6월 4일	○○법 시행을 위한 대통령령 발포

〈보기〉
ㄱ. 행정부 수반으로서의 권한 행사는 3회이다.
ㄴ. 4월에는 국가 및 헌법 수호권을 행사하였다.
ㄷ. 5월에 회의가 진행된 국무 회의는 행정부의 최고 심의 기구이다.
ㄹ. 6월의 대통령령 발포는 미리 국회의 동의를 받아야 한다.

① ㄱ, ㄴ   ② ㄱ, ㄷ   ③ ㄴ, ㄷ
④ ㄴ, ㄹ   ⑤ ㄷ, ㄹ

118

그림에서 밑줄 친 권한에 대한 옳은 설명만을 〈보기〉에서 고른 것은?

〈보기〉
ㄱ. 국회의 동의를 얻어야 행사할 수 있다.
ㄴ. 대통령의 행정부 수반으로서의 권한이다.
ㄷ. 법률의 효력을 가지는 명령을 발동할 수 있다.
ㄹ. 행정부 최고 심의 기관의 심의를 반드시 거쳐야 한다.

① ㄱ, ㄴ   ② ㄱ, ㄷ   ③ ㄴ, ㄷ
④ ㄴ, ㄹ   ⑤ ㄷ, ㄹ

119

밑줄 친 ㉠~㉤에 대한 설명으로 옳은 것은?

대통령의 지위와 권한
• 선출 및 임기 – ㉠ 국민의 직접 선거, 5년 단임제
• 주요 권한 – ㉡ 선전 포고 및 강화권
　　　　　　 ㉢ 국군 통수권
　　　　　　 ㉣ 국민 투표 부의권
• 통제 및 견제 – ㉤ 탄핵 심판, 부서 제도 등

① ㉠에서 후보자가 1명 출마할 경우에는 과반수의 지지를 받아야 당선된다.
② ㉡은 권한을 행사하고 나서 국회에 사후 통보를 한다.
③ ㉢은 헌법 수호를 위한 국가 원수로서의 권한이다.
④ ㉣은 입법, 행정, 사법 영역을 초월하여 국정에 관여할 수 있는 권한이다.
⑤ ㉤은 국회의 탄핵 소추 의결 이후 대법원이 행사한다.

120
| 교육청 기출 |

다음 헌법 조항을 통해 추구하는 공통적인 목적으로 가장 적절한 것은?

> **제60조** ② 국회는 선전 포고, 국군의 외국에의 파견 또는 외국 군대의 대한민국 영역 안에서의 주류에 대한 동의권을 가진다.
> **제82조** 대통령의 국법상 행위는 문서로써 하며, 이 문서에는 국무총리와 관계 국무 위원이 부서한다. 군사에 관한 것도 또한 같다.
> **제91조** ① 국가 안전 보장에 관련되는 대외 정책·군사 정책과 국내 정책의 수립에 관하여 국무 회의의 심의에 앞서 대통령의 자문에 응하기 위하여 국가 안전 보장 회의를 둔다.

① 대통령의 신중한 역할 수행
② 입법부의 행정권 견제 강화
③ 행정부의 신속한 정책 결정
④ 국방 및 외교 정책의 효율화
⑤ 국민 여론에 따른 정책 결정

121

밑줄 친 ㉠～㉢에 대한 옳은 설명만을 〈보기〉에서 있는 대로 고른 것은?

> **〈대통령의 지난 달 활동 내용〉**
> 2일 : ㉠헌법 재판소 재판관에 B씨를 임명함
> 9일 : ㉡국회에 ○○법률안의 재의를 요구함
> 10일 : ㉢C국의 외교 사절을 접수함
> 18일 : ㉣◇◇부 차관을 임명함
> 25일 : ㉤◎◎법과 관련한 대통령령을 발포함

> ┌─ 보기 ─────────────────────
> ㄱ. ㉠은 국회의 동의를 필요로 한다.
> ㄴ. ㉡에 대해 국회가 재의결하면 대통령은 다시 재의를 요구할 수 있다.
> ㄷ. ㉢은 대외적으로 국가를 대표하는 권한이다.
> ㄹ. ㉣과 ㉤은 모두 행정부 수반으로서의 권한이다.

① ㄱ, ㄴ   ② ㄱ, ㄷ   ③ ㄷ, ㄹ
④ ㄱ, ㄴ, ㄹ   ⑤ ㄴ, ㄷ, ㄹ

122
| 교육청 기출 |

그림의 (가)～(다)에 대한 설명으로 옳은 것은? (단, (가)～(다)는 각각 우리나라의 국무총리, 대법원장, 대통령 중 하나이다.)

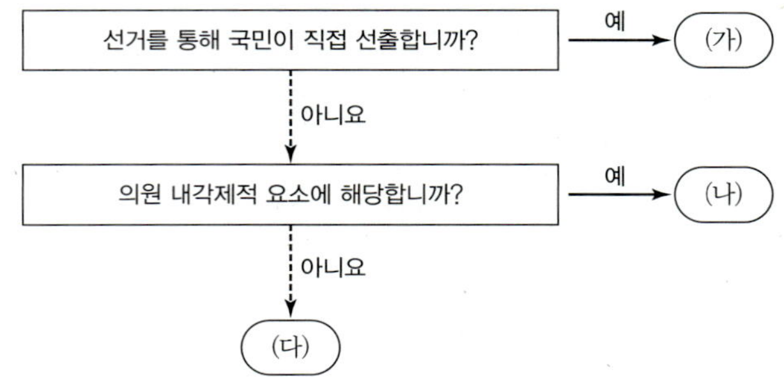

① (나)는 행정 각부의 장을 임명한다.
② (다)는 정당의 해산을 헌법 재판소에 제소할 수 있다.
③ (가)는 국가 원수, (나)는 행정부 수반의 지위를 가진다.
④ 국무 회의에서 (가)는 의장, (다)는 부의장이다.
⑤ (나)와 (다)는 국회의 동의를 얻어 (가)가 임명한다.

123

(가)～(마)는 대통령의 권한 행사 사례이다. 이에 대한 설명으로 옳은 것은?

> (가) 대통령은 임시 국회 소집을 요구하였다.
> (나) 대통령은 ◎◎부 차관에 A를 임명하였다.
> (다) 대통령은 국회가 발의한 헌법 개정안을 공고하였다.
> (라) 대통령은 ◇◇국에 대한 국군의 파병 동의를 국회에 요구하였다.
> (마) 대통령은 ○○지역의 소요 사태가 심각해지자 계엄을 선포하였다.

① (가)는 전형적인 대통령제의 요소이다.
② (나)에는 국회의 통제를 받는 대통령의 권한이 나타나 있다.
③ (다)의 헌법 개정안은 국회 재적 의원 2/3가 찬성했을 것이다.
④ (라)는 대통령의 행정부 수반으로서의 권한에 해당한다.
⑤ (마)에 대해 국회가 재적 의원 과반수의 찬성으로 계엄 해제를 요구하면 대통령은 계엄을 해제해야 한다.

족집게 전략 | • 행정부에서 대통령을 제외하고 국무총리, 국무 위원, 감사원, 국무 회의는 그 내용이 많지 않기 때문에 다른 국가 기관과 함께 출제된다. 특히 국회의 동의를 받는 경우와 그렇지 않은 경우를 잘 살펴보아야 한다. 국무총리는 국회의 동의를 받지만 국무 위원은 그렇지 않다. 또한 국무 회의의 결과가 대통령을 구속하지 않는다는 사실을 알아두어야 한다.

• 감사원은 대통령 직속의 헌법 기관이지만 업무에 있어서는 독립 기관이다. 즉, 업무와 관련하여 대통령의 지휘를 받지 않는다는 사실을 알아두어야 한다. 최근 감사원이 정치권의 눈치를 본다는 말이 자주 나오는데 이와 관련한 지문이 나올 가능성이 있으므로 그 업무에 대해서는 철저히 학습해 두어야 한다.

125

빈칸 (가)에 해당하는 헌법 기관에 대한 설명으로 옳은 것은?

① 국무총리가 의장이다.
② 국가의 주요 정책을 결정하는 역할을 한다.
③ 감사원장, 헌법 재판소장, 대법원장 등이 참석한다.
④ 의결된 내용은 대통령에 대해 법적 구속력을 갖는다.
⑤ 정부가 법률안을 제출하기 위해서는 반드시 거쳐야 한다.

126

다음은 헌법 기관 A가 펴낸 보고서의 일부이다. A에 대한 옳은 설명만을 〈보기〉에서 고른 것은?

〈22개 공공 기관 중에서 위법·부당 사항에 대하여 처분 요구하거나 통보 등 조치한 사항〉
• 시정·주의 등 처분 요구한 것이 216건
• 비위 관련자를 문책 요구한 것이 31건 52명
• 업무상 문제점을 지적하여 개선 대안을 제시하고 이를 자율적으로 시정하도록 권고·통보한 것이 158건 3명, 고발·수사 요청이 1건 4명

보기
ㄱ. 국회와 법원에 대한 견제를 목적으로 한다.
ㄴ. 업무 수행에 관하여 대통령의 지시를 받는다.
ㄷ. 공무원에 대한 직무 감찰권을 보유하고 있다.
ㄹ. A의 장은 국회의 동의를 얻어 대통령이 임명한다.

① ㄱ, ㄴ　　　② ㄱ, ㄷ　　　③ ㄴ, ㄷ
④ ㄴ, ㄹ　　　⑤ ㄷ, ㄹ

124 대표 문항　　　| 평가원 기출 |

우리나라 헌법 기관 A~D에 대한 설명으로 옳지 <u>않은</u> 것은?

A는 법무부 장관이 사임하자 그 후임으로 갑을 후보자로 지명하고 법률에 근거하여 B에 인사 청문을 요청하였으나, 여야 대립으로 인사 청문 절차가 지체되고 있다. 이 과정에서 정부는 법무부 소관 법률안을 C의 심의를 거쳐 C의 부의장인 D와 법무부 차관의 서명을 받아 B에 제출하였다. 그런데 B는 법무부 차관이 C의 구성원이 아니기 때문에 관련 내용을 규정한 헌법 조항에 위반된다고 주장하고 있다.

① A는 B의 동의를 얻어 헌법 재판소의 장(長)을 임명한다.
② A는 D의 제청으로 국무 위원을 임명한다.
③ B는 A에게 국무 위원의 해임을 건의할 수 있다.
④ C는 위헌 법률 심판 제청권을 가진다.
⑤ D는 우리나라 정부 형태의 의원 내각제적 요소이다.

127 고난도

| 교육청 기출 |

우리나라 헌법 기관 A~D에 대한 설명으로 옳은 것은?

- 정부는 A가 주재한 국무 회의에서 □□법률안을 심의한 후 B에 제출하였다.
- A 직속의 독립적 기관인 C는 국가 예산 결산을 검사하였다.
- A는 D의 재판관 9명 중 한 명을 D의 장(長)으로 임명하였다.

① A는 국무 위원 임명 제청권을 가진다.
② D는 3심제에서 최종심을 담당한다.
③ B는 A에 대한 탄핵 심판권을 갖는다.
④ D의 재판관은 모두 A가 임명한다.
⑤ C의 장(長)과 달리 D의 장(長) 임명에는 B의 동의가 필요하다.

128

국가 기관 A~D에 대한 설명으로 옳은 것은?

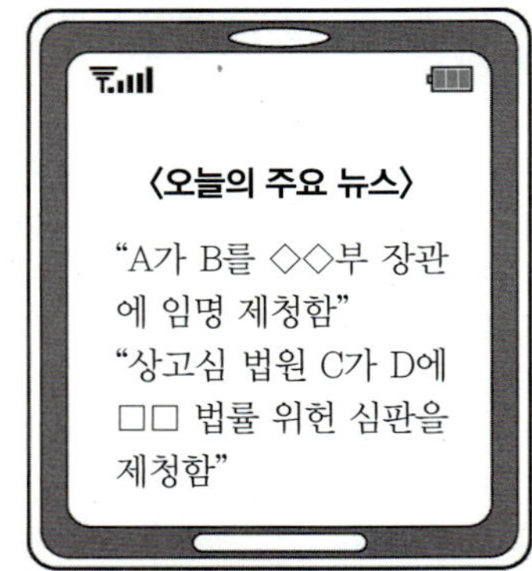

① A는 대통령의 명을 받아 행정 각부를 통할한다.
② B는 법률의 위임을 받아 조례를 제정할 수 있다.
③ C의 장(長)은 D의 재판관 3인을 임명할 수 있다.
④ C의 장(長)과 달리 D의 장(長)은 임명 시 국회의 동의를 필요로 한다.
⑤ B와 달리 A, C의 장(長), D의 장(長)은 헌법상 국회의 탄핵 소추 대상이다.

129

| 평가원 기출 |

우리나라 헌법 기관 A~C에 대한 설명으로 옳은 것은?

- 행정권은 A를 수반으로 하는 정부에 속한다.
- 각부 장관은 국무 위원 중에서 B의 제청으로 A가 임명한다.
- A는 C의 동의를 얻어 B를 임명한다.

① 감사원장은 대법원장과 달리 A가 임명한다.
② B는 행정부 최고 심의 기관의 의장이다.
③ C가 헌법 개정안을 의결하면 헌법 개정은 확정된다.
④ B는 A와 달리 탄핵 소추의 대상이 될 수 있다.
⑤ C는 B의 해임을 A에 건의할 수 있다.

130

다음은 우리나라 헌법 기관의 회의 장면이다. 이 기관에 대한 설명으로 옳은 것은?

① 중요한 국가 정책을 심의한다.
② 의결 내용은 대통령을 법적으로 구속한다.
③ 장관인 국무 위원은 조례를 제정할 수 있다.
④ 국무 위원의 임명에 국회의 동의가 필수적이다.
⑤ 대통령 직속 기관이지만 헌법상 독립성이 유지된다.

주제 3 행정 국가화 현상

족집게 전략 | • 행정 국가화 현상은 입법부와 비교하여 행정부의 권한이 비대해지는 현상이다. 과거에는 '의회주의의 위기'라는 제목으로 국회의 문제점으로 지적되어 자주 출제되었다. 교과서에 따라 다루는 비중이 다르지만 일부 교과서에서는 자세히 다루고 있으므로 준비해 두는 것이 좋다.

• 행정 국가화 현상에서 자주 다루는 자료는 정부 입법 법률안과 의원 입법 법률안의 가결률 비교이다. 정부 입법 법률안의 가결률이 항상 높은데 이것은 국회 의원의 입법 전문성이 부족한 데서 기인한다. 이를 극복하기 위한 방안 등을 묻는 경우가 많다.

131

| 평가원 기출 |

자료는 어느 국가 권력 기관의 관계를 시대별로 나타낸 것이다. 이에 대한 설명으로 옳지 <u>않은</u> 것은?

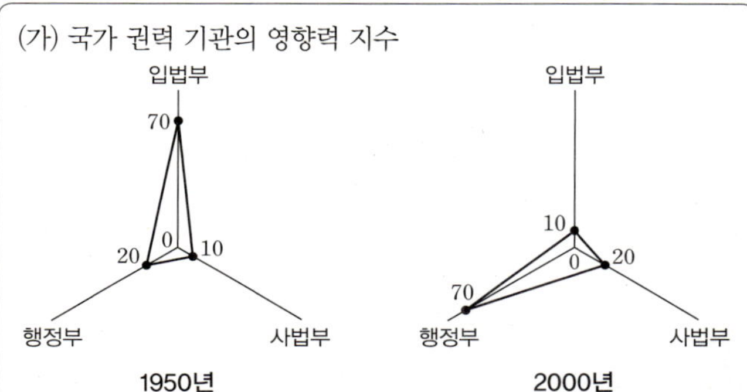

*영향력 지수는 어떤 기관이 타 기관에 행사할 수 있는 영향력의 정도를 의미하며, 수치가 높을수록 영향력이 큰 것임

(나) 복지 관련 법률안 가결수

구분	1950년		2000년	
	발의 수	가결 수	발의 수	가결 수
정부 제출 법률안	120	40	300	255
의원 발의 법률안	220	120	100	30

① 1950년에 비해 2000년은 의회 정치가 약화되고 행정부의 역할이 확대되었다.

② 1950년에 행정부에 대한 입법부의 영향력이 2000년에 입법부에 대한 사법부의 영향력보다 작다.

③ (가)는 사법부의 영향력보다 행정부의 영향력이 더 많이 확대되었음을 보여 준다.

④ (나)에서 법률안의 가결률을 비교할 때 1950년보다 2000년에 의회의 역할이 약화되었음을 알 수 있다.

⑤ (가)와 (나)는 정부의 국민 복지 정책이 확대되면서 나타날 수 있는 현상이다.

132

표는 우리나라의 법률안 처리 실적을 나타낸 것이다. 이에 대한 설명으로 가장 적절한 것은?

구분	정부 발의 법률안			의원 발의 법률안		
	접수 (건)	가결 (건)	가결율 (%)	접수 (건)	가결 (건)	가결율 (%)
17대(2004~2008년)	1,102	563	51.09	6,387	1,352	21.16
18대(2008~2012년)	1,693	690	40.76	12,220	1,663	13.60

① 행정 국가화 현상이 나타나고 있다.

② 다수당의 횡포를 견제할 필요가 있다.

③ 국민의 정치적 무관심이 심화되고 있다.

④ 국회 의원의 입법 전문성이 향상되고 있다.

⑤ 공무원의 정치적 중립성이 강화되고 있다.

133

다음 글에 나타난 현상을 극복하기 위한 적절한 방향만을 〈보기〉에서 고른 것은?

오늘날 사회가 복잡화·다양화되면서 각종 사회 문제의 해결에 국가 권력이 적극적으로 개입하게 되었다. 이 과정에서 입법권·사법권에 비해 행정권이 크게 강화되는 현상이 나타났다. 이러한 현상은 현대 사회에서 피할 수 없는 현상이기는 하지만, 한편으로는 여러 가지 문제를 낳기도 한다. 먼저 국가 권력이 행정부에 지나치게 집중되어 삼권 분립에 따른 견제와 균형이 깨질 수 있다. 또한 국민이 직접 선출하는 의회 의원에 비해 국민의 통제가 상대적으로 어려운 행정 관료가 정책 결정을 주도함으로써 국민 주권주의의 원칙이 훼손될 우려도 있다

〔보기〕

ㄱ. 직업 공무원 제도를 정착시킨다.

ㄴ. 국회의 입법 지원 기능을 강화한다.

ㄷ. 정부의 입법 발의를 엄격하게 제한한다.

ㄹ. 행정부에 대한 직접적인 감시를 강화한다.

① ㄱ, ㄴ　　② ㄱ, ㄷ　　③ ㄴ, ㄷ
④ ㄴ, ㄹ　　⑤ ㄷ, ㄹ

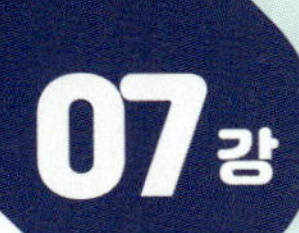

07강 우리나라의 국가 기관(법원과 헌법 재판소) 및 국가 기관 간의 관계

주제 1 법원 ❶

1. 사법권의 독립
└─ 사법(司法) : 국가와 개인, 개인과 개인 간의 분쟁에 법을 적용하여 적법과 위법을 가리는 작용을 말한다.
(1) **의미** : 외부 기관의 간섭과 압력으로부터 법원과 법관을 독립시킴
(2) **목적** : 공정한 재판을 보장 → 국민의 기본권 보장
(3) **실현 방법**

법원의 독립	헌법과 법률로 법원 조직을 규정, 법관의 임명에 있어 다른 국가 기관의 간섭 배제
법관의 독립	법관의 자격을 법률로 규정, 헌법으로 법관 임기 규정, 법관의 신분 보장 → 법관의 재판상 독립 실현

2. 재판의 종류

민사 재판	개인 간의 관계에서 발생하는 분쟁을 대상으로 하는 재판
형사 재판	범죄의 유무를 가리고 형벌을 부과하는 재판
행정 재판	행정청의 위법한 처분이나 부작위로 인하여 침해된 국민의 권리 또는 이익을 구제하는 재판
선거 재판	선거의 효력이나 당선의 유·무효에 관한 재판 ❷
군사 재판	군인이나 군무원의 범죄를 다루는 재판

3. 법원의 조직과 역할 ❸
└─ 각급 법원은 법률이 헌법에 위배되는지의 여부가 재판의 전제가 될 경우 해당 법률의 위헌 여부의 심판을 헌법 재판소에 제청할 수 있는 위헌 법률 심판 제청권을 갖고 있다.

대법원	• 최고 법원으로서 대법원장과 대법관으로 구성되며, 상고 및 재항고 사건을 담당함 • 명령·규칙 또는 처분의 위헌성 및 위법성에 대한 최종 심사권을 가짐 • 대통령, 국회 의원, 비례 대표 시·도 의원, 시·도지사 선거의 선거 소송 관할
고등 법원	• 항소 및 항고 사건을 담당함 • 지역구 시·도 의원, 자치구·시·군 의원 및 자치구·시·군의 장 선거 소송(1심)을 담당함
지방 법원	• 원칙적으로 제1심을 담당함 • 지방 법원 본원 합의부는 지방 법원 단독 판사의 판결·결정·명령에 대한 항소 또는 항고 사건 중 고등 법원의 관할이 아닌 사건의 제2심을 담당함
특수 법원	가정 법원, 특허 법원, 행정 법원, 회생 법원 등

└─ 선거 절차상의 하자를 이유로 그 선거의 전부 또는 일부의 효력을 다투는 소송을 말한다.

└─ 가정 법원은 가사 소송법이 규정한 가정에 관한 사건과, 소년법이 규정한 소년에 관한 사건 등을 관장하는 법원을 말한다.

└─ 특허 법원은 산업 재산권 관련 특허 분쟁을 해결하는 일을 하며, 행정 법원은 행정 소송법에서 정한 행정 사건을 심판하는 일을 한다.
서울 회생 법원은 사건을 보다 신속하게 처리해 채권자와 채무자 모두에게 도움을 주고, 구성원들의 전문성도 높이기 위해 서울 중앙 지방 법원 파산부를 독립시켜 만든 회생 법원이다.

4. 심급 제도 ❹❺
(1) **의미** : 공정한 재판을 보장하기 위해 법원에 급을 두어 여러 번 재판을 받을 수 있도록 하는 제도 → 원칙적으로는 3심제
(2) **상소 제도** : 하급 법원의 판결이나 결정·명령에 불복하여 상급 법원에서 다시 재판을 청구하는 제도
└─ 재판의 결과는 판결이고, 재판 이외에 가처분이나 가압류 등의 결과는 가처분 결정, 가압류 결정이라고 한다. 또한 판사가 내리는 명령에는 주소 보정 명령, 지급 명령 등이 있다.

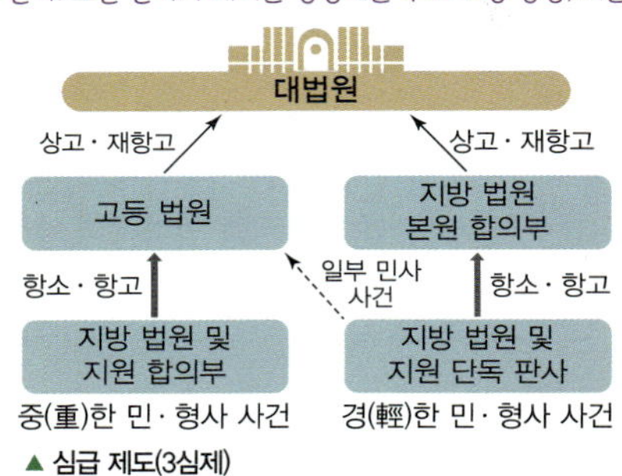

▲ 심급 제도(3심제)

---

❶ 사법권의 조직과 독립과 관련된 헌법 조항

> 제101조
> ① 사법권은 법관으로 구성된 법원에 속한다.
> 제103조
> 법관은 헌법과 법률에 의하여 그 양심에 따라 독립하여 심판한다.

❷ 선거 재판
선거의 유·무효나 당선의 유·무효를 다투는 사건을 다루는 재판이다. 선거 과정에서 발생한 금품 수수 등 형법상 위법 행위에 대해서는 형사 재판이 진행되므로 선거 재판과는 구분된다.

❸ 합의부
세 사람 이상의 법관으로 구성하고 그 법관들의 합의로 재판의 내용을 결정짓는 재판부를 말하며, 법관 1인으로 구성되는 단독 판사에 대응하는 용어이다.

❹ 상소, 항소, 항고, 상고, 재항고
• 상소 : 하급 법원의 판결이나 결정·명령에 불복하여 상급 법원에서의 재판을 청구하는 것을 의미한다. 따라서 상소의 개념에는 항소, 항고, 상고, 재항고가 모두 포함된다.
• 항소 : 1심 판결에 불복하여 2심 재판을 청구하는 것이다.
• 상고 : 2심 판결에 불복하여 대법원에서의 3심 재판을 청구하는 것을 의미한다.
• 항고와 재항고 : 법원의 판결이 아닌 결정과 명령에 대하여 2심과 3심을 청구하는 것을 말한다.

❺ 3심제
3심제에서 2심을 항소심, 3심을 상고심이라고 한다. 이때 1심과 2심은 사실 관계와 법률의 해석을 모두 다루므로 사실심 또는 계속심이라고 하고, 당사자의 변론 절차가 진행된다. 반면, 3심은 법률의 해석만을 하므로 법률심이라고 하며, 당사자가 참여하는 변론 절차가 없다. 그러나 3심이라는 것은 심급을 의미하는 것이지 하나의 사건에 대해 반드시 세 번의 재판을 한다는 것은 아니다. 만일 1심이나 2심에서 당사자가 상소하지 않으면 재판은 한 번 또는 두 번으로 확정된다. 한편, 2심에서 당사자가 상소하였을 때 3심 법원인 대법원에서 재판을 다시 2심으로 반환하기도 하는데, 이것을 파기 환송(이송)이라고 한다. 이때에는 2심 법원에서 네 번째 재판을 하게 된다.

주제 2 헌법 재판소

1. 지위
(1) **헌법 재판 기관** : 헌법 해석을 통해 헌법과 관련된 분쟁을 해결하고 헌법의 내용을 확정함
(2) **기본권 보장 기관** : 헌법 재판을 통해 헌법을 구체적으로 실현하여 공권력 행사가 남용되는 것을 방지, 공권력 행사에 의하여 침해된 국민의 기본권을 구제함

2. 구성
(1) 법관의 자격을 가진 9인의 재판관으로 구성 → 국회에서 선출된 3인, 대법원장이 지명한 3인, 대통령이 지명한 3인으로 구성되며 대통령이 임명
(2) 헌법 재판소장은 국회의 동의를 얻어 재판관 중에서 대통령이 임명

3. 권한
(1) **위헌 법률 심판** ── 일반 법원에서 재판할 때 적용할 법률이 헌법에 위반되는지 문제가 되는 경우이다.

의미	법률의 위헌 여부가 재판의 전제가 되었을 때 법원의 제청으로 해당 법률의 위헌 여부를 판단하는 심판
요건	당사자의 제청 신청 또는 법원의 직권으로 심판 제청
효력	위헌 결정이 내려지면 해당 법률은 그 결정이 있은 날부터 효력 상실

(2) **헌법 소원 심판** ❻❼

종류	• 권리 구제형 헌법 소원 심판 : 공권력의 행사 또는 불행사로 헌법상 보장된 기본권을 침해당한 국민이 직접 헌법 재판소에 그 공권력의 취소 또는 위헌 확인을 구하는 심판 • 위헌 심사형 헌법 소원 심판 : 재판 당사자가 법원에 위헌 법률 심판 제청을 신청하였으나 법원이 이를 받아들이지 않았을 때 당사자가 직접 헌법 재판소에 위헌 확인을 구하는 심판
요건	헌법 소원을 청구하기 전에 반드시 법률에 정해진 기본권 구제 절차를 거쳐야 함

(3) **기타 권한** ── 탄핵 소추를 받은 공직자는 탄핵 심판이 있을 때까지 권한 행사가 정지된다. 탄핵 결정이 나면 해당 공직자는 파면된다.

탄핵 심판권	대통령 등 고위 공무원이 직무를 수행하면서 헌법이나 법률을 위반한 때 국회가 탄핵 소추를 하면, 헌법 재판소가 탄핵 여부를 심판함
위헌 정당 해산 심판권	정당의 목적이나 활동이 민주적 기본 질서에 어긋날 때 정부가 국무 회의의 심의를 거쳐 정당 해산 심판을 청구하면, 헌법 재판소가 그 정당의 해산 여부를 심판함
권한 쟁의 심판권	국가 기관 상호 간, 국가 기관과 지방 자치 단체 간, 지방 자치 단체 상호 간에 권한의 유무 또는 범위에 관하여 다툼이 있을 때 그 국가 기관 또는 지방 자치 단체가 심판을 청구하면, 헌법 재판소가 그 권한의 유무, 범위를 판단함

주제 3 우리나라 국가 기관 간의 관계 ❽

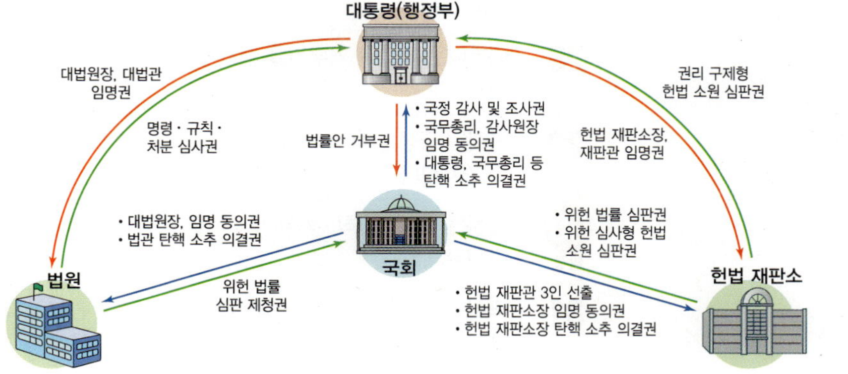

---

❻ 헌법 소원 심판의 종류

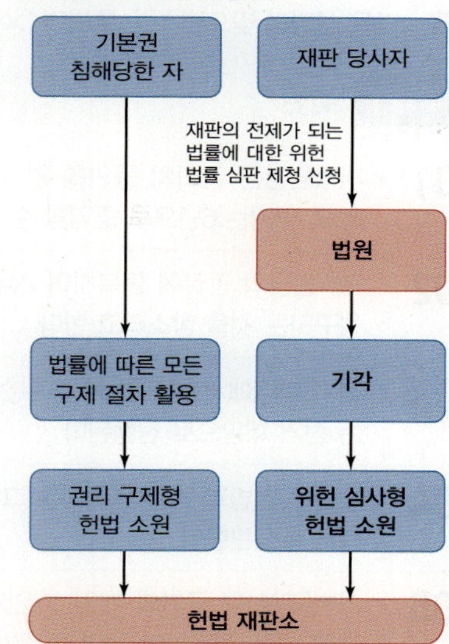

헌법 소원 심판은 권리 구제형과 위헌 심사형으로 구분된다. 권리 구제형 헌법 소원 심판은 공권력의 행사 또는 불행사로 인하여 헌법상 보장된 기본권을 침해받은 국민이 헌법 재판소에 청구하는 심판이다. 위헌 심사형 헌법 소원 심판은 법률의 위헌 여부가 재판의 전제가 된 경우 일정한 절차를 거쳐 재판 당사자가 해당 법률의 위헌 심사를 헌법 재판소에 청구하는 심판이다. 이 심판은 재판 당사자가 위헌 법률 심판을 헌법 재판소에 제청해 줄 것을 법원에 신청했으나 기각된 경우에 청구할 수 있다.

❼ 헌법 재판소의 심판 결정 정족수
법률의 위헌 결정, 탄핵의 결정, 정당 해산의 결정 또는 헌법 소원 심판에서 인용 결정을 할 때에는 재판관 9인 중 6인 이상의 찬성이 있어야 한다. 한편, 권한 쟁의 심판은 종국 심리에 관여한 재판관 과반수의 찬성으로 사건에 관한 결정을 한다.

❽ 국가 기관 간의 권력 분립
우리나라 헌법은 대통령제를 채택하고 있으므로 국가 기관 간 엄격한 권력 분립의 원리에 따른 견제와 균형을 강조하고 있다. 따라서 국회, 대통령(정부), 법원 및 헌법 재판소 간에는 상호 견제를 위한 장치가 마련되어 있다. 이러한 상호 견제 장치는 개별 국가 기관의 자의적인 권한 행사나 권력 남용을 방지함으로써 국민의 기본권 보장에 기여한다.

핵심 개념 CHECK!

· 정답 및 해설 031~032쪽

다음 설명이 맞으면 '○', 틀리면 '×'에 표시하시오.

주제 1 법원

01 대법원장은 국회의 동의를 얻어 대통령이 임명하고, 임기는 6년으로 중임할 수 없다. ○ ×

02 1심 법원의 판결에 불복하여 2심 법원에 재판을 청구하는 것을 항소라고 한다. ○ ×

03 선거 과정에서 발생한 금품 수수 행위에 대해서는 선거 재판으로 진행된다. ○ ×

04 법관은 헌법과 법률에 의하여 그 양심에 따라 독립하여 심판한다. ○ ×

05 사법(司法)은 국가와 개인, 개인과 개인 간의 분쟁에 법을 적용하여 적법과 위법을 가리는 작용을 말한다. ○ ×

06 함정 법관은 탄핵 또는 벌금 이상의 형의 선고에 의하지 아니하고는 파면되지 아니한다. ○ ×

07 대법원은 국회의 동의를 얻어 대통령이 임명하는 대법원장과 대법관으로 구성된다. ○ ×

08 대법원은 최고 법원으로서 항소 및 재항고 사건을 담당한다. ○ ×

09 함정 대통령, 국회 의원, 비례 대표 시·도 의원, 시·도지사 선거 소송은 2심제가 적용된다. ○ ×

10 지방 법원 본원 합의부는 지방 법원 단독 판사의 판결에 대한 항소 사건과 결정이나 명령에 대한 항고 사건을 담당한다. ○ ×

11 함정 법률이 헌법에 위반되는 여부가 재판의 전제가 된 경우에 대법원만이 헌법 재판소에 위헌 법률 심판을 제청을 할 수 있다. ○ ×

12 심급 제도는 법관이 잘못된 판결을 내릴 가능성을 최소화하고 공정한 재판을 실현하여 국민의 기본권을 보장하기 위한 것이다. ○ ×

13 재판의 심리와 판결은 공개한다. 다만, 판결은 국가의 안전 보장 또는 안녕질서를 방해하거나 선량한 풍속을 해할 염려가 있을 때에는 법원의 결정으로 공개하지 아니할 수 있다. ○ ×

14 2심 법원의 결정이나 명령에 불복하여 대법원에 재판을 청구하는 것을 재항고라 한다. ○ ×

15 심급 제도에서 3심은 법률의 해석만을 하므로 법률심이라고 하며, 당사자가 참여하는 변론 절차가 없다. ○ ×

16 심급 제도는 반드시 세 번 재판한다는 것이다. ○ ×

주제 2 헌법 재판소

17 위헌 법률 심판은 법원의 제청에 따라 법률의 헌법 위반 여부를 심판한다. ○ ×

18 함정 공권력에 의한 기본권을 침해받은 국민은 최초의 구제 수단으로 헌법 소원을 청구할 수 있다. ○ ×

19 위헌 결정이 내려지면 해당 법률은 그 결정이 있은 날부터 효력을 상실한다. ○ ×

20 함정 고위 공무원이 직무 수행 중 헌법이나 법률을 위반하면 헌법 재판소가 직권으로 탄핵 심판을 한다. ○ ×

21 헌법 재판소는 대통령이 임명하는 9인의 재판관으로 구성된다. 이 중 3인은 국회에서 선출하는 자를, 3인은 대법원장이 지명하는 자를 임명한다. ○ ×

22 헌법 재판소는 정치적 중립이 강조되므로 헌법 재판소 재판관은 정당에 가입할 수 없다. ○ ×

23 함정 법원의 재판은 헌법 소원 심판의 대상이 될 수 있다. ○ ×

24 재판 당사자가 위헌 법률 심판을 헌법 재판소에 제청해 줄 것을 법원에 신청했으나 기각된 경우에 직접 헌법 재판소에 청구하는 것은 권리 구제형 헌법 소원 심판이다. ○ ×

25 정당 해산 심판은 시민 단체의 제소에 의해 해당 정당의 해산 여부를 결정하는 심판이다. ○ ×

26 헌법 재판소장은 재판관 중 한 명이 맡는데, 대통령이 국회의 동의를 얻어 임명한다. ○ ×

주제 3 우리나라 국가 기관 간의 관계

27 법원은 위헌 법률 심판 제청권을 행사하여 행정부를 견제한다. ○ ×

28 대통령은 법률안 거부권을 행사함으로써 국회를 견제한다. ○ ×

29 국회는 국정 감사나 국정 조사 등을 통해 행정부를 견제한다. ○ ×

30 함정 법원은 명령·규칙·처분의 심사를 통해 국회를 견제한다. ○ ×

31 국회는 탄핵 심판권을 통해 행정부나 법원을 견제한다. ○ ×

헌법 소원 심판의 유형에는 무엇이 있을까?

개념 기출 자료로 확인

자료 헌법 소원 심판의 유형

유형 구분	(가) → 위헌 심사형 헌법 소원	(나) → 권리 구제형 헌법 소원
청구 주체	㉠ → 재판을 받고 있는 당사자	공권력에 의해 기본권이 침해된 당사자
전제 조건	법률의 위헌 여부에 대한 심판 제청 신청이 기각된 경우	㉡ → 모든 권리 구제 절차를 거쳤을 것

헌법 소원 심판은 국민들이 가장 자주 활용하는 기본권 구제 방식이다. 그 내용이 약간 복잡하고 이해하기가 어려운 부분도 있으면서도 중요시되어 시험에 자주 출제된다.

❶ 자료에서 권리 구제형 헌법 소원 심판과 위헌 심사형 헌법 소원 심판을 구분하자! (가)는 법률의 위헌 여부에 대한 심판 제청 신청이 기각된 경우에 재판 당사자가 직접 헌법 재판소에 헌법 소원 심판을 청구하는 것이므로 위헌 심사형 헌법 소원 심판이다. (나)는 재판과 관계없이 공권력에 의해 기본권이 침해된 당사자가 청구하는 것이므로 권리 구제형 헌법 소원 심판이다.

❷ 권리 구제형 헌법 소원 심판과 위헌 심사형 헌법 소원 심판의 내용을 정리하자!

권리 구제형 헌법 소원 심판	요건	• 국가 공권력의 행사 또는 불행사로 기본권을 침해당했어야 함 • 공권력의 행사 또는 불행사에는 국회의 법률 제·개정, 대통령의 명령, 행정청의 처분 등이 모두 포함되지만 법원의 재판은 대상이 되지 않음 • 법률에 규정된 모든 구제 절차를 거쳐야 함
	절차	당사자가 변호인을 통해 직접 헌법 재판소에 헌법 소원 심판을 청구함
	헌법 재판소의 결정	• 공권력의 행사 또는 불행사가 기본권을 침해한다고 판단할 경우 인용 결정을 함 • 공권력 행사의 근거가 된 법률이나 법률 조항이 기본권을 침해하는 경우에는 해당 법률이나 법률 조항에 대하여 위헌 결정을 선고함
위헌 심사형 헌법 소원 심판	요건	법률의 위헌 여부가 재판의 전제가 되어야 함
	절차	재판 당사자가 법원에 위헌 법률 심판 제청 신청을 했으나 법원이 기각했을 경우 변호인을 통해 직접 헌법 재판소에 헌법 소원 심판을 청구함
	헌법 재판 소의 결정	해당 법률 조항이 위헌으로 결정되면 즉시 효력을 상실함

❸ 선택지를 해석하자!

> **보기**
> ㄱ. ㉠은 '소송 중인 당사자 및 <u>법원</u>'이다.
> ㄴ. ㉡에는 '다른 구제 절차를 모두 거친 후'가 들어갈 수 있다.
> ㄷ. (가)에서 위헌 결정이 내려지면 해당 법률의 <u>효력</u>이 상실된다. → 모든 국민에게 적용된다.
> ㄹ. (나)를 통해 기본권 침해를 구제받으려면 헌법 재판관 <u>과반수의 찬성</u>이 필요하다. → 6인 이상

▷ 청구 주체 파악 : 둘 다 본인이 청구하지만 위헌 심사형은 재판 당사자가, 권리 구제형은 공권력으로 기본권을 침해당한 국민이 청구한다.

▷ 헌법 재판소의 인용 결정 : 헌법 재판소가 헌법 소원 심판 청구를 인용하려면 재판관 9명 중 6명 이상이 찬성해야 한다.

개념 문제로 확인하기

Q1 다음 내용이 권리 구제형 헌법 소원에 해당하면 '권', 위헌 심사형 헌법 소원에 해당하면 '위'에 표시하시오.

01. 해당 법률이 재판의 전제 　　　　(권 / 위)
02. 법원의 기각 결정 　　　　(권 / 위)
03. 공권력에 의해 기본권 침해 　　　　(권 / 위)
04. 모든 구제 절차를 거쳐야 함 　　　　(권 / 위)
05. 재판 당사자가 청구함 　　　　(권 / 위)
06. 재판 결과에 대해서는 청구할 수 없음 　　　　(권 / 위)
07. 법률의 위헌 여부만 심사 　　　　(권 / 위)
08. 위헌 결정이 된 법률 조항은 즉시 효력 상실 　　　　(권 / 위)
09. 9명의 재판관 중 6명이 찬성해야 인용 결정 　　　　(권 / 위)
10. 대통령의 명령에 대해서도 청구 가능 　　　　(권 / 위)
11. 심판 기간 중에는 재판 중지 　　　　(권 / 위)

Q2 다음 표에서 알맞은 단어를 고르시오.

12. 법원	❶ 대법관은 국회의 동의를 얻어 (대통령 / 대법원장)이 임명함 ❷ 법원은 위헌 법률 심판 제청권을 통해 (국회 / 행정부)를 견제함
13. 헌법 재판소	❶ 헌법 재판소는 법관의 자격을 가진 (9인 / 13인)의 재판관으로 구성 ❷ 법원의 재판은 헌법 소원 심판이 대상이 (됨 / 되지 않음)

Q3 〈자료〉를 보고 다음 내용이 맞으면 'O', 틀리면 '×'에 표시하시오.

14. (가)는 권리 구제형 헌법 소원 심판이다. 　　　　(O / ×)
15. (나)는 위헌 심사형 헌법 소원 심판이다. 　　　　(O / ×)
16. ㉠은 재판을 받고 있는 당사자이다. 　　　　(O / ×)
17. ㉡은 법률에 규정된 모든 구제 절차를 거쳤을 것이다. 　　　　(O / ×)

주제 1 법원

족집게 전략 | • 법원의 권한은 형사 소송 제도와 맞물려 큰 주목을 받지 못하고 있다. 오히려 형사 소송 제도에서 법원이 약간 언급되는 정도이다. 그러나 법원과 헌법 재판소, 행정부, 국회의 권한을 비교할 때는 자주 출제된다. 이때는 주로 선지로 활용되는데, 정확하게 알지 못하면 놓치기 쉽다.

• 법원의 권한 중에서 상소 제도는 혼동하기 쉽다. 또 단독 판사와 합의부가 1심을 맡았을 경우 2심 재판을 어디서 하는지 등도 기본적으로 알고 있어야 한다. 3심제의 예외가 되는 내용은 과거에는 별로 출제되지 않았으나 최근에는 선지에서 간혹 활용되기도 한다. 특히 선거 소송에서 단심제나 2심제가 있는데, 이 부분도 정확하게 공부해 두는 것이 좋다.

134 대표 문항 고난도

| 평가원 기출 |

그림은 우리나라의 사법 제도를 나타낸 것이다. 이에 대한 설명으로 옳은 것은?

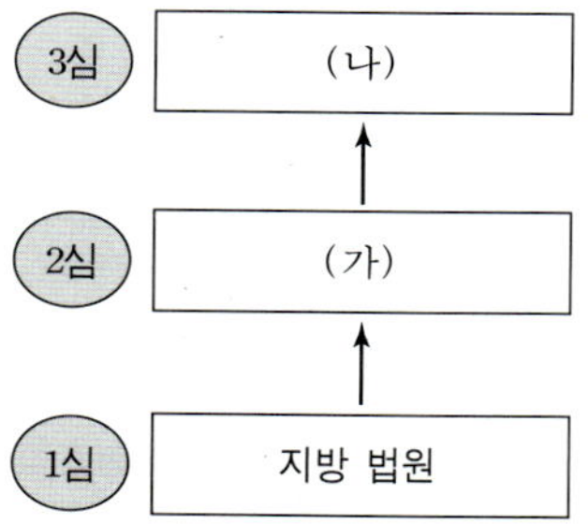

① 동일 사건에 대해 2심이 항소심이라면 3심은 항고심이다.
② (가)에서의 재판이 민사 재판이라면 국민 참여 재판으로 이루어질 수 있다.
③ (가)가 지방 법원이라면 (나)는 고등 법원이다.
④ (나)는 (가)와 달리 위헌·위법 명령에 대한 심사권을 가진다.
⑤ (가), (나)의 법관은 국회에 의해 탄핵 소추될 수 있다.

135

(가)~(다)와 관련한 옳은 설명만을 〈보기〉에서 고른 것은?

> (가) ◇◇지방 법원 단독 판사 김××는 형법상 명예 훼손죄로 재판을 받은 갑에 대해 징역 1년을 선고했다.
> (나) 법원은 개표에 부정이 있다면서 국회 의원 선거를 무효로 해 달라는 을의 청구를 기각하였다.
> (다) 1심 법원은 불법 행위로 인한 손해 배상과 관련하여 병의 재산에 대해 가압류 결정을 내렸다.

> **보기**
> ㄱ. (가)에서 갑이 항소하면 고등 법원에서 2심이 열린다.
> ㄴ. (나)에서 을은 더 이상 재판을 청구할 수 없다.
> ㄷ. (다)에서 병은 2심 법원에 항고할 수 있다.
> ㄹ. (가)와 (다)는 형사 재판, (나)는 선거 재판이다.

① ㄱ, ㄴ   ② ㄱ, ㄷ   ③ ㄴ, ㄷ
④ ㄴ, ㄹ   ⑤ ㄷ, ㄹ

136

밑줄 친 ㉠~㉤에 대한 설명으로 옳은 것은?

> 재판은 사건의 성질에 따라 ㉠ 민사 재판, ㉡ 형사 재판, 행정 재판, 군사 재판 등으로 나뉘며, 국민의 기본권을 보장하기 위하여 원칙적으로 3심 제도를 택하고 있다. 민·형사 사건 중 가벼운 사건은 지방 법원 단독 판사가 1심을 맡고, 2심은 지방 법원 합의부에서, 3심은 대법원에서 맡는다. 만일 합의부 관할 사건이라면 ㉢ 지방 법원, ㉣ 고등 법원, ㉤ 대법원의 순서로 재판이 이루어진다.

① ㉠이 진행되려면 반드시 변호인이 참석해야 한다.
② ㉡의 재판 당사자는 가해자와 피해자이다.
③ ㉢은 위헌 법률 심판 제청권을 갖는다.
④ 국민 참여 재판은 ㉣에서 담당한다.
⑤ ㉤은 정당의 해산 여부를 심판한다.

137

(가)에 들어갈 내용으로 옳지 **않은** 것은?

① 객관적 증거에 입각하여 재판하는 것
② 권리 구제형 헌법 소원 심판을 청구하는 것
③ 재판의 심리(審理) 및 판결 과정을 국민에게 공개하는 것
④ 하급 법원 판결에 불복하는 경우 상급 법원에서 재판받을 수 있도록 하는 것
⑤ 형벌이 무거운 범죄에 대한 재판은 단독 판사가 아닌 법원 합의부에서 담당하도록 하는 것

138 고난도

다음 사례에 대한 옳은 설명을 〈보기〉에서 고른 것은?

- ○○법 위반으로 기소된 갑은 1심 재판에서 유죄를 선고받았고 이에 불복하여 A에 항소하였다.
- 대통령 선거에서 낙선한 을이 소속된 △△당이 선거 관리 위원회 위원장을 상대로 B에 제기한 대통령 선거 무효 소송이 기각되었다.

〈보기〉

ㄱ. 1심 재판을 지방 법원 합의부에서 담당했다면 A는 고등 법원이다.
ㄴ. 갑이 A의 판결에 불복할 경우에는 B에 재항고할 수 있다.
ㄷ. B는 명령·규칙 또는 처분이 헌법이나 법률에 위반되는지 여부에 대한 최종 심사권을 가진다.
ㄹ. △△당이 제기한 소송은 신속한 재판을 위하여 2심제가 적용된다.

① ㄱ, ㄴ   ② ㄱ, ㄷ   ③ ㄴ, ㄷ
④ ㄴ, ㄹ   ⑤ ㄷ, ㄹ

139

그림의 A, B에 대한 설명으로 옳은 것은?

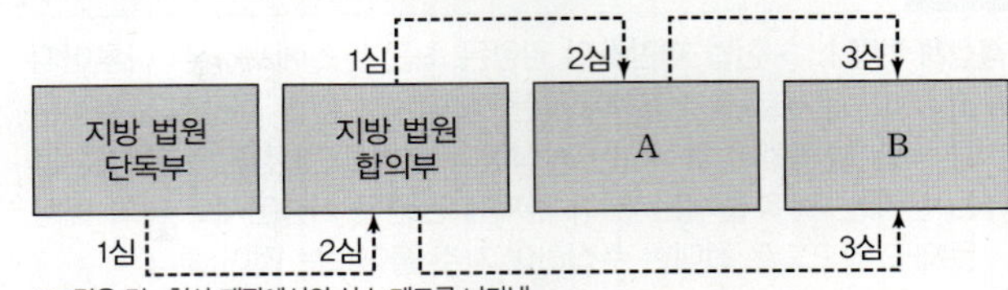

*그림은 민·형사 재판에서의 상소 제도를 나타냄

① A와 B의 법관은 모두 대법원장이 임명한다.
② B의 장(長)은 국무총리의 제청으로 대통령이 임명한다.
③ A와 B에서 모두 위헌 법률 심판 제청을 할 수 있다.
④ B와 달리 A에서는 국민 참여 재판을 실시하지 않는다.
⑤ 국회 의원 선거 소송은 A를 거쳐 B에서 최종 판결한다.

140

밑줄 친 ㉠~㉣에 대한 설명으로 옳은 것은?

갑은 성매매 장소로 사용될 것을 알고도 자신의 건물을 을에게 임대한 혐의로 구속·기소되었으나 1심에서 ㉠ 무죄를 선고받았다. 그러나 ㉡ 2심인 ◇◇ 고등 법원은 갑에게 벌금 2000만 원을 선고했다. 이에 갑은 성매매 장소로 사용되는 사실을 알면서 건물을 빌려준 행위를 처벌하는 법 규정에 대해 법원에 ㉢ 위헌 법률 심판 제청을 신청했으나 ㉣ 기각당했다.

① ㉠으로 인해 갑은 형사 보상 청구권을 행사할 수 있다.
② ㉡은 국회 의원의 선거 소송 1심 재판을 담당한다.
③ ◇◇고등 법원에 항소한 측은 갑일 것이다.
④ 법원은 갑의 신청이 있어야 ㉢을 제기할 수 있다.
⑤ ㉣에 대해 갑은 헌법 재판소에 헌법 소원을 청구할 수 있다.

주제 2 헌법 재판소

족집게 전략 | • 헌법 재판소의 권한은 최근 뉴스에서 자주 다루어지고 있고, 문제로 출제하기에 좋은 영역이다. 헌법 재판소의 결정문을 약간 변형하여 분석하는 방식이나 헌법 소원 심판의 유형을 묻는 문제는 자주 출제된다. 이 주제에 관련된 기출문제도 많고 예상문제도 있으므로 최대한 수집하여 자주 풀어보는 것이 좋다.

• 헌법 소원 심판에서 권리 구제형과 위헌 심사형을 비교하는 문제가 단골로 출제된다. 약간만 관심을 기울이면 쉽게 이해할 수 있다. 이와 관련된 뉴스 등도 관심 있게 살펴본다면 자연스럽게 이해할 수 있다. 최근 낙태죄 위헌 결정 등 사회적 이슈가 되는 사건 등을 자주 살펴보는 것이 좋다.

141 대표 문항
| 평가원 기출 |

(가), (나)에 대한 설명으로 옳은 것은?

▢(가)▢ **신청서**

사건 : 96가합1234
원고 : △△안전 공단
피고 : 갑

신 청 취 지
㉠ △△안전 공단법 제○○조가 헌법에 위반된다.

신 청 이 유
…(전략)…위헌이라고 판단되므로 …(중략)… 제청해 주실 것을 신청하기에 이르렀습니다.

▢(나)▢ **청구서**

청구인 갑
  대리인 변호사 ◇◇◇

청 구 취 지
"△△안전 공단법 제○○조가 헌법에 위반된다."라는 결정을 구합니다.

당 해 사 건
96가합1234

위헌이라고 해석되는 법률 조항 △△안전 공단법 제○○조

① (가)는 국가 기관 상호 간의 권한 다툼을 해결하고자 하는 것이다.
② (가)는 ㉠으로 인해 침해된 기본권을 구제받기 위하여 원고가 신청한 것이다.
③ 갑이 청구한 (나)는 권리 구제형 헌법 소원에 해당한다.
④ (가)의 신청은 법원에, (나)의 청구는 헌법 재판소에 해야 한다.
⑤ (가)의 신청이 기각되지 않아도 갑은 ㉠에 대해 (나)를 청구할 수 있다.

142

빈칸 A, B에 들어갈 용어로 옳은 것은?

갑은 지난 2008년 ○○시 교육감 선거 과정에서 △△교원 단체의 모금을 통해 8억 9000여 만 원을 불법 기부받아 기소됐다. 갑은 재판 도중 법원에 단체의 정치 자금 기부를 금지하고 있는 정치 자금법 규정이 정치적 표현의 자유에 위배된다며 ▢ A ▢를 신청했으나 기각당하고 벌금 300만 원과 추징금 1,120만 6,059원을 선고받자 ▢ B ▢를 청구했다. 이에 대해 헌법 재판소는 "정치 자금법 조항들은 단체의 정치적 의사 표현 자체를 금지하거나 그 내용에 따라 규제하도록 한 것이 아니라 개인 간 불균형적으로 주어지기 쉬운 자금을 사용하는 방법과 관련해 규제를 한 것이므로 정치적 표현의 자유의 본질을 침해했다고 볼 수 없다."며 합헌 결정을 내렸다.

– ○○신문, 2012. 7. 31 –

	A	B
①	헌법 소원 심판	위헌 법률 심판
②	헌법 소원 심판	위헌 법률 심판 제청
③	위헌 법률 심판	헌법 소원 심판
④	위헌 법률 심판 제청	헌법 소원 심판
⑤	위헌 법률 심판 제청	위헌 법률 심판

143
| 교육청 기출 |

밑줄 친 ㉠~㉣에 대한 옳은 설명을 〈보기〉에서 고른 것은?

헌법 제111조 ① 헌법 재판소는 다음 사항을 관장한다.
1. 법원의 제청에 의한 ㉠ 법률의 위헌 여부 심판
2. ㉡ 탄핵의 심판
3. ㉢ 정당의 해산 심판
4. 국가 기관 상호 간, 국가 기관과 지방 자치 단체 간 및 지방 자치 단체 상호 간의 권한 쟁의에 관한 심판
5. 법률이 정하는 ㉣ 헌법 소원에 관한 심판

보기
ㄱ. ㉠에서 위헌으로 결정된 법률은 효력을 상실한다.
ㄴ. 법원 또는 국회의 소추가 있어야 ㉡이 진행된다.
ㄷ. ㉢에서는 정당의 목적이나 활동이 민주적 기본 질서에 위배되는지 여부를 판단한다.
ㄹ. ㉣에서 법률의 위헌 여부는 판단하지 않는다.

① ㄱ, ㄴ   ② ㄱ, ㄷ   ③ ㄴ, ㄷ
④ ㄴ, ㄹ   ⑤ ㄷ, ㄹ

144

밑줄 친 ㉠~㉤에 대한 설명으로 옳지 <u>않은</u> 것은?

> ㉠ <u>헌법 재판소</u>는 기초 생활 보장 급여를 받아오던 중 구치소에 수감된 갑이 "구치소에 수감된 사람을 ㉡ <u>기초 생활 보장 급여 지급 대상에서 제외시킨 것은 헌법에 위반된다.</u>"며 낸 ㉢ <u>헌법 소원</u> 사건에서 ㉣ <u>갑의 청구를 기각</u>했다. 헌법 재판소는 결정문에서 "기초 생활 보장 급여의 수급은 부양 의무자 또는 다른 법령에 의한 보호가 결여된 경우에 보충적으로 적용되는 것으로서 교도소·구치소에 수용중인 자는 ㉤ <u>중복적인 보장을 피하기 위해 지급 대상에서 제외하는 것이다.</u>"고 밝혔다.

① ㉠은 탄핵 심판권을 갖고 있다.
② ㉡은 실질적인 평등 실현을 목표로 한다.
③ ㉢은 권리 구제형 헌법 소원에 해당한다.
④ ㉣에 대해 갑은 대법원에 상고할 수 있다.
⑤ ㉤은 기본권 제한의 목적이 정당함을 뜻한다.

145

그림에 나타난 헌법 재판 유형 A, B에 관한 설명으로 옳은 것은?

① A에서 국회 의원은 갑에 해당할 수 없다.
② A는 공권력에 의해 기본권을 침해당한 국민이 청구할 수 있다.
③ B는 재판관 9인 중 과반수가 위헌에 찬성해야 가능하다.
④ B는 위헌 심사형 헌법 소원 심판에 대한 결정이다.
⑤ A, B는 모두 대통령 직속의 독립적 헌법 기관이 담당한다.

146

다음 신문 기사 제목과 같은 결정을 내린 국가 기관에 대한 설명으로 옳은 것은?

> • "교도소 수용자의 서신 봉함을 금지한 △△법 규정은 위헌"
> • "득표율 2% 미만 정당의 등록 취소를 규정한 ○○법 규정은 위헌"
> • "응급실·항공기 조종 등에 대해 파업을 제한한 ◇◇법 규정은 합헌"

① 국가의 세입·세출을 결산한다.
② 국회 의원 선거 소송을 담당한다.
③ 행정부의 주요 정책을 심의한다.
④ 고위 공무원의 탄핵 여부를 심판한다.
⑤ 명령, 규칙, 처분의 최종 심사권을 갖는다.

147

(가), (나)는 기본권 침해에 대한 구제 수단을 구분한 것이다. 이에 대한 설명으로 옳은 것은?

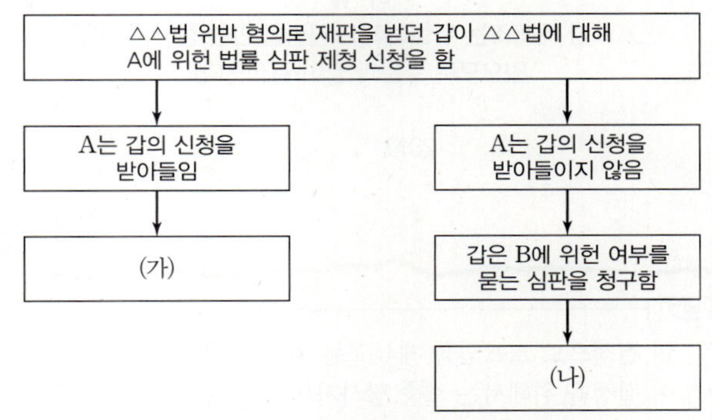

① A는 위헌, 위법 명령에 대한 최종 심사권을 갖는다.
② (가)는 갑의 신청이 있어야 A가 제청할 수 있다.
③ (나)는 권리 구제형 헌법 소원 심판이다.
④ B가 위헌 결정을 하려면 재판관 과반수의 찬성이 필요하다.
⑤ (가), (나)로 인해 ○○법이 위헌이라고 결정되면 갑은 ○○법의 적용을 받지 않는다.

148

|교육청 기출|

(가), (나)에 대한 설명으로 옳은 것은?

> (가) ○○법 제17조 위반으로 2심 재판을 받고 있는 갑은 해당 법률 조항의 위헌을 주장하며 법원에 A의 제청을 신청하였으나 기각당하자 B를 헌법 재판소에 청구하였다.
>
> (나) △△ 사건을 심리 중인 판사 을은 재판의 전제가 된 ◇◇법 제16조가 헌법에 위반된다고 판단하여 A를 헌법 재판소에 제청하였다.

① A의 제청은 행정부도 가능하다.

② A는 재판 당사자의 신청이 없더라도 법원이 제청할 수 있다.

③ B는 권리 구제형 헌법 소원 심판이다.

④ (가)에서 헌법 재판소가 기각 결정을 하면 이에 대해 갑은 대법원에 상고할 수 있다.

⑤ (나)에서 A가 진행되더라도 △△ 사건의 재판은 정지되지 않는다.

149

그림을 통해 알 수 있는 헌법 재판에 대한 옳은 설명만을 〈보기〉에서 고른 것은?

> **○○법원**
>
> **위 헌 제 청 결 정**
>
> **이 유**
>
> … △△법 제45조는 위헌이라고 인정할 만한 상당한 이유가 있으므로 주문과 같이 결정한다.
>
> 2019. . .
>
> 판사 갑 (인)

〔보기〕

ㄱ. 이 결정으로 △△법률 제45조는 효력을 상실한다.

ㄴ. 이 결정을 위해서는 소송 당사자의 신청이 있어야 한다.

ㄷ. 당해 사건의 재판에서 △△법률 제45조가 전제가 되어야 한다.

ㄹ. 헌법 재판관 5인이 위헌에 찬성하면 △△법률 제45조는 효력을 유지한다.

① ㄱ, ㄴ 　② ㄱ, ㄷ 　③ ㄴ, ㄷ
④ ㄴ, ㄹ 　⑤ ㄷ, ㄹ

150

|평가원 기출|

밑줄 친 ㉠~㉢에 대한 적절한 분석 및 추론을 〈보기〉에서 고른 것은?

> 헌법 재판소는 지난 2015년 6월 25일 변호사 시험법상의 변호사 시험 성적 공개 금지 규정에 대하여 ㉠ 위헌 결정을 내렸다. 변호사 시험에 응시하여 합격한 청구인은 관련 법 규정이 변호사 시험 성적의 공개를 요구할 수 있는 자신의 기본권을 침해한다며 직접 헌법 재판소에 관련 법 규정에 대한 ㉡ 헌법 소원 심판을 청구하였다. 헌법 재판소는 성적 공개로 인한 대학의 서열화 및 대학 간 과다 경쟁 등을 방지하려는 심판 대상 조항의 입법 목적은 정당하나 법익의 균형성 요건 등을 충족하지 못하여 헌법에 위배된다는 결정을 내린 것이다. 이에 따라 변호사 시험 응시자는 변호사 시험 관리 주체인 법무부 장관에 대하여 보유하는 ㉢ 정보를 공개하도록 적극적으로 요구할 권리를 가지게 되었다.

〔보기〕

ㄱ. ㉠은 법 규범에 상하의 위계가 있음을 전제로 한 것이다.

ㄴ. 위 사건에서는 ㉠의 판단에 있어 과잉 금지 원칙을 심사 기준으로 삼았을 것이다.

ㄷ. 위 사건의 ㉡은 위헌 심사형 헌법 소원 심판일 것이다.

ㄹ. ㉢은 최소한의 인간다운 생활을 보장하기 위한 것이다.

① ㄱ, ㄴ 　② ㄱ, ㄷ 　③ ㄴ, ㄷ
④ ㄴ, ㄹ 　⑤ ㄷ, ㄹ

151

헌법 재판소의 권한 (가)~(라)에 대한 설명으로 옳지 않은 것은?

종류	청구 요건
(가)	법률이 헌법에 위반되는지의 여부가 재판의 전제가 될 때
(나)	대통령 등 고위 공무원이 직무 집행에 있어서 헌법이나 법률을 위반한 때
(다)	공권력의 행사나 불행사로 기본권이 침해되었을 때
(라)	정당의 내용이나 활동이 민주적 기본 질서에 위배될 때

① (가)의 위헌 결정에는 헌법 재판관 과반수의 찬성이 필요하다.

② (나)는 국회의 탄핵 소추를 전제로 한다.

③ (다)의 청구권자는 국민이다.

④ (다)는 소송 당사자의 (가)의 제청 신청이 기각된 경우에도 가능하다.

⑤ (라)는 정부의 제소에 의해 이루어진다.

153

다음은 교사가 수업 시간에 제시한 자료이다. 이 자료를 종합하여 파악할 수 있는 학습 목표로 가장 적절한 것은?

A 신문	B 일보
대통령, ○○법에 대해 거부권 행사 방침	국회, △△사업에 대해 국정 조사권 요구

① 국회 다수당의 횡포를 막는 장치를 설명할 수 있다.
② 대통령제와 의원 내각제의 공통점을 이해할 수 있다.
③ 의회주의의 위기를 극복하는 방안을 파악할 수 있다.
④ 행정부와 입법부 간의 견제와 균형 원리를 파악할 수 있다.
⑤ 우리나라 정부 형태에서 의원 내각제적 요소를 찾아볼 수 있다.

152 대표 문항 | 평가원 기출 |

그림은 우리나라 입법부, 행정부, 사법부 간의 견제와 균형 관계를 나타낸 것이다. 이에 대한 옳은 설명을 〈보기〉에서 고른 것은?

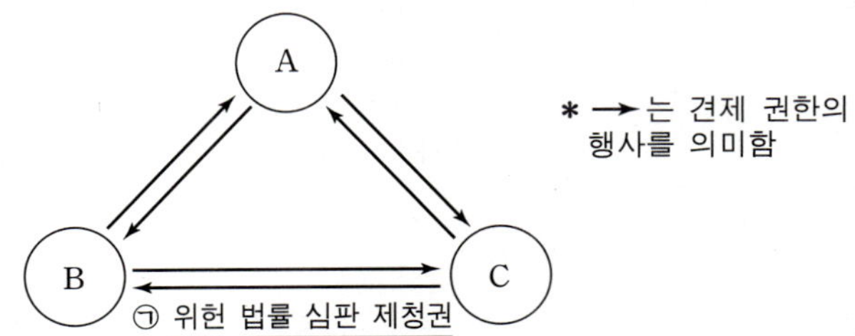

보기
ㄱ. B는 ㉠이 행사되면 해당 법률을 개정해야 한다.
ㄴ. B는 C에 대해서 탄핵 소추권을 행사할 수 있다.
ㄷ. 사면권은 C가 A를 견제하는 권한이다.
ㄹ. C는 A의 명령·규칙·처분의 위헌 또는 위법 여부에 대한 심사권을 갖는다.

① ㄱ, ㄴ   ② ㄱ, ㄷ   ③ ㄴ, ㄷ
④ ㄴ, ㄹ   ⑤ ㄷ, ㄹ

154 | 평가원 기출 |

우리나라 헌법 기관 A~D에 대한 설명으로 옳은 것은?

우리 헌법은 입법 기관인 A에 의한 기본권 침해를 예방 및 구제하기 위해 아래와 같은 제도적 장치를 두고 있다.
• 의결된 법률안이 헌법을 위반하거나 기본권을 침해할 우려가 있을 경우 B가 일정 기간 내 재의를 요구할 수 있다.
• 법률의 위헌 여부가 구체적 사건의 해결을 위한 선결 문제가 된 경우에 당해 사건을 담당하는 C의 제청으로 D가 해당 법률의 위헌 여부를 심판한다.

① A는 국가의 예산안을 심의·확정하고 결산을 검사한다.
② 행정부 내 최고 심의 기관의 모든 구성원은 A의 구성원 지위를 동시에 가질 수 있다.
③ B는 국가 원수의 지위에서 C와 D의 모든 구성원을 임명한다.
④ B는 사면, 감형 등을 명할 수 있는 권한을 행사하여 D를 견제할 수 있다.
⑤ A가 헌법상 입법 의무가 있는 사항에 관하여 입법을 하지 않아 기본권이 침해된 경우 A의 행위는 D의 심판 대상이 될 수 있다.

지방 자치

주제 1 지방 자치의 의의

1. 지방 자치의 의미
┌─ 지방 자치는 지역 주민이 중앙 정부로부터 상대적으로 독립된 자치 단체를 구성하는 일에서 출발하며, 이러한 단체가 해당 지역 주민의 의사에 따라 충실히 운영될 때 실현될 수 있다.

(1) **의미** : 일정한 지역에 거주하는 주민들이 단체를 구성해 자신들의 의사와 책임하에 해당 지역의 정치와 행정을 처리하는 활동

(2) **요건** : 일정한 구역, 그 구역 내에 거주하는 주민과 그 주민들에 의한 자치 활동

(3) **종류**

단체 자치	지방 자치 단체가 중앙 정부로부터 자치권을 인정받아 스스로 지역 사무를 처리하는 지방 자치 → 중앙 정부로부터 권한을 위임받은 지방 자치 단체에 의한 자율적인 행정 활동이 중심이 됨
주민 자치	지역 주민들이 해당 지역의 문제에 관한 정책을 스스로 결정하고 집행하는 지방 자치 → 주민들이 스스로 지역의 문제에 관한 정책을 만들고 집행하는 정치 활동이 중심이 됨

2. 지방 자치의 의의

(1) **풀뿌리 민주주의 실현에 기여** : 지역 주민은 정치·사회·교육·문화 등 생활 주변에서 마주치는 다양한 영역의 문제를 자주적으로 해결하는 과정에서 민주주의의 경험을 쌓는 훈련을 할 수 있음 ❶
┌─ 중앙 정부는 국가 전체에 대한 통치권을, 지방 정부는 관할 구역에 대한 통치권을 가진다.

(2) **권력 분립 원리의 실현에 기여** : 지방 자치는 정치권력이 중앙 정부에 지나치게 집중되는 것을 막고 이를 각 지방에 분산하여 수직적 권력 분립의 원리를 실현하는 데 이바지함
┌─ 중앙 정부와 지방 정부의 권력 분립을 수직적 권력 분립이라고 한다.

주제 2 우리나라의 지방 자치

1. 우리나라 지방 자치의 역사

제헌 헌법(1948)	지방 자치 제도 규정, 지방 자치법 제정, 1952년 지방 의회 구성, 자치 단체장 선거는 미루어짐
지방 자치 실시(1960)	모든 자치 단체장이 주민의 직선으로 선출됨
지방 자치제 잠정 중단(1962)	• 지방 자치 단체장 임명제 • 1972년 유신 헌법에서는 통일이 이루어질 때까지 지방 의회 구성 연기 • 1980년 헌법에서는 지방 의회의 구성 시기를 재정 자립도를 감안하여 순차적으로 하되 그 시기는 법률에 규정하기로 함
지방 자치 부활(1991)	1988년 '지방 자치법'이 정비됨. 1991년 주민 선거를 통해 지방 의회 구성
본격적인 지방 자치 시대(1995)	지방 자치 단체장을 주민이 직접 선거로 선출함

2. 우리나라의 지방 자치 제도

(1) **종류** ❷

① 광역 자치 단체 : 특별시, 광역시, 도, 특별자치도, 특별자치시 ─┐
② 기초 자치 단체 : 시, 군, 구 ❸

└─ 교육감은 광역 지방 자치 단체장이다. 교육의 자주성 및 전문성을 위해 선거에서 정당의 공천을 받지 않는다.

• 우리나라 「지방 자치법」상 지방 자치 단체의 종류

구분		의결 기관	집행 기관	
			일반 업무	교육·학예 업무
광역 자치 단체	특별시, 광역시, 특별자치시, 도, 특별자치도	시·도 의회	시장·도지사	교육감
기초 자치 단체	시·군·구(자치구)	시·군·구 의회	시장·군수·구청장	–

---

❶ **풀뿌리 민주주의**
땅 아래에서 수많은 뿌리가 물과 양분을 흡수하여 성장하는 풀처럼, 수많은 국민이 정치를 자신의 문제로 여기고 적극적으로 참여하여 국민 자치가 활발하게 이루어지는 민주주의를 가리킨다.

❷ **우리나라의 광역 자치 단체**

특별시	서울특별시
광역시	부산광역시, 대구광역시, 인천광역시, 대전광역시, 광주광역시, 울산광역시
특별자치시	세종특별자치시
도	경기도, 강원도, 충청남도, 충청북도, 전라남도, 전라북도, 경상남도, 경상북도
특별자치도	제주특별자치도

❸ **자치구와 행정구**
지방 자치 단체로서 자치구는 특별시나 광역시에 속한 구만을 가리킨다. 안양시 동안구와 같이 인구 50만 명 이상의 시에 둘 수 있는 구는 행정구이다. 이 경우 시장이 구청장을 임명하고, 기초 지방 의회를 구성하지 않는다.

❹ **조례(條例)**
지방 자치 단체가 그 권한에 속하는 사무에 관하여 법령의 범위 내에서 지방 의회의 의결을 통해 제정하는 자치 규범을 말한다.

❺ **법의 체계와 제정 주체**

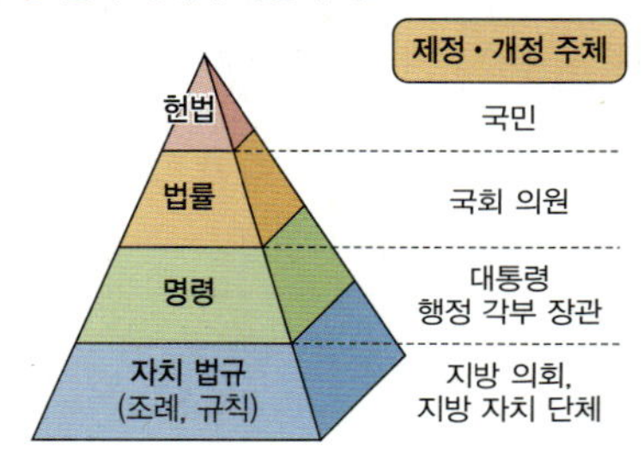

(2) 기관

지방 의회 (의결 기관)	• 지위 : 주민의 대표 기관, 최고 의사 결정 기관, 집행 기관의 견제 및 감시 기관 • 구성 : 지역 주민이 직접 선출하는 임기 4년의 지방 의회 의원(지역구 의원과 비례 대표 의원) • 역할 : 조례의 제정 및 개폐, 지방 자치 단체의 예산의 심의·확정, 결산의 승인, 지방 행정 사무에 대한 감사와 조사 등 ④⑤
지방 자치 단체장 (집행 기관)	• 지위 : 지방 자치 단체를 대표하는 집행 기관 • 구성 : 주민의 직접 선거로 선출되며, 임기는 4년 • 역할 : 지역의 각종 행정 사무 처리, 규칙 제정권, 지방 의회의 의결에 대해 재의 요구권 행사

3. 우리나라의 주민 참여 제도

주민 투표 제도	주민에게 과도한 부담을 주거나 중대한 영향을 미치는 주요 정책 등을 주민의 직접 투표로 결정함
주민 발안 제도	주민이 조례 제정안이나 개정안, 폐지안을 제출할 수 있음
주민 소환 제도	선거에 의해 선출된 지방 자치 단체장이나 지방 의회 의원(비례 대표 지방 의회 의원 제외)을 임기 중에 주민의 투표에 의하여 해임할 수 있음
주민 감사 청구 제도	주민은 지방 자치 단체와 그 장의 권한에 속하는 사무의 처리가 법령에 위반되거나 공익을 현저히 해친다고 인정되면 감사를 청구할 수 있음
주민 소송 제도	감사를 청구한 주민이 감사 결과 등에 불복하는 경우에는 법원에 소송을 제기할 수도 있음
주민 참여 예산 제도	주민은 지방 자치 단체의 예산 편성 과정에 참여하여 사업 제안 등 의견 제시
청원 제도	주민은 지방 자치 단체가 마련하기를 바라는 정책이나 조치 등을 지방 의회에 문서로써 청원할 수 있음

4. 우리나라 지방 자치의 과제

(1) 지방 자치 단체의 독립성 문제 ⑥

① 국가 사무의 비중이 높아 실질적인 지방 분권이 이루어지지 못함

② 지방 자치 단체에 대한 중앙 정부의 지도와 감독, 법률을 통한 통제는 지방 자치 단체의 자율적인 사무 처리와 조례 제정을 저해하는 부작용이 있음

③ 중앙 정부에 집중된 권한을 줄이고 지방 자치 단체에 입법, 행정 등에 대한 충분한 자율성을 보장

④ 중앙 정부에 적합한 역할과 지방 자치 단체에 적합한 역할을 합리적으로 조정하고, 서로 긴밀하게 협력함으로써 국가의 이익과 지역 이익 간의 조화를 추구할 필요가 있음

(2) 지방 자치 단체의 재정 문제 ⑦⑧ → 지방 자치 단체의 재정 자립도가 매우 낮고 지역별 편차도 크다.

① 우리나라의 조세 체계는 지방세보다는 국세 중심이어서, 대부분의 지방 자치 단체는 독자적 재원이 부족해 중앙 정부의 경제적 지원에 크게 의존하는 경향이 있음

② 지방세의 비중을 높이는 등 조세 제도 개편이 필요함

③ 재정이 열악한 지방 자치 단체에 대한 지방 교부세와 같은 중앙 정부의 재정 지원 강화나 지방 자치 단체의 수입 확대를 위한 제도 개선이 요구됨
└ 중앙 정부가 지방 자치 단체의 재원을 보조하고 지방 자치 단체 간 재원 균형을 위해 지원하는 금액을 말한다.

(3) 주민 직접 참여 제도의 활성화

① 주민 투표제, 주민 소환제, 주민 감사 및 소송제, 주민 참여 예산제, 조례 제정 및 개폐 청구권 등이 있으나 참여 요건이 까다로워 형식적으로 운영되고 있음

② 관련 법규와 제도를 명료하게 정비하고 참여 요건을 완화하여 주민의 참여를 확대해야 함

(4) 지역 이기주의 문제 ⑨

① 지역 주민이 사회 전체의 이익을 고려하지 않고 자기 지역의 이익만을 추진하면 사회 갈등이 발생할 수 있음

② 각 지방 자치 단체가 자기 지역의 이익만 우선시하여 발생하는 갈등을, 양보와 타협을 통해 해결함

③ 공동의 문제는 인접 지방 자치 단체 간 협력 체계를 구축하고, 지역 이기주의보다는 사회 전체의 이익을 고려하는 자세 확립

⑥ 중앙 정부의 지도 및 감독

중앙 정부가 지방 자치 단체를 지도·감독하기 위해 활용할 수 있는 권한에는 대표적으로 지방 자치 단체나 그 장이 위임받아 처리하는 국가 사무에 관한 일반적인 지도·감독권, 지방 자치 단체장에 대한 직무 이행 명령권, 지방 자치 단체에 대한 감사권, 지방 의회 의결에 대한 재의 요구 지시권 등이 있다.

주민 소환제가 남용되면 자치 단체장이 소신 있는 행정을 주저할 수 있다.

⑦ 국세와 지방세

국세는 중앙 정부에서 걷는 세금으로 소득세, 부가 가치세, 상속세 등이 있다. 지방세는 지방 자치 단체가 걷는 세금으로 주민세, 재산세, 자동차세 등이 있다.

⑧ 우리나라 각 도별 재정 자립도

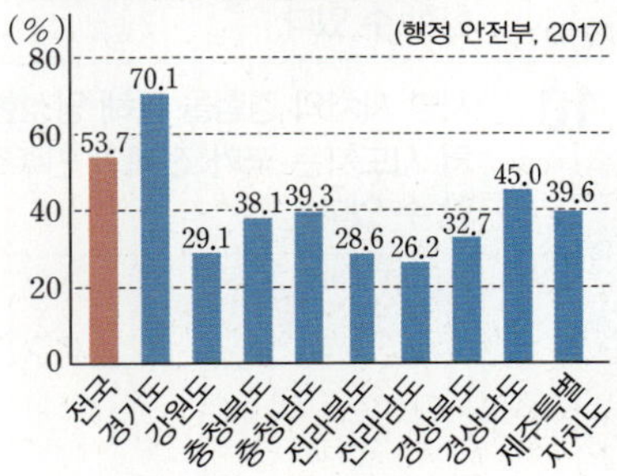

⑨ 지역 이기주의의 유형

님비 (NIMBY)	'Not In My Back Yard'의 약자로, 자기 지역에 불이익을 줄 수 있는 혐오 시설이 들어오는 것을 꺼리는 현상을 말한다.
핌피 (PIMFY)	'Please In My Front Yard'의 약자로, 자기 지역의 발전과 이익에 도움이 되는 시설을 적극적으로 유치하려는 현상을 말한다.

핵심 개념 CHECK!

• 정답 및 해설 036쪽

✎ 다음 설명이 맞으면 '○', 틀리면 '×'에 표시하시오.

주제 1 지방 자치의 의의

01 지방 자치란 지역의 주민이 스스로 그 지역의 사무를 자율적으로 처리하는 제도이다. ○ ×

02 지방 자치를 시행하려면 자치 구역, 주민, 자치권, 지방 자치 단체가 있어야 한다. ○ ×

03 함정 '풀뿌리 민주주의'란 중앙 정부의 강력한 지도력에 의한 정치 사회화를 의미한다. ○ ×

04 지방 자치는 지방 정부와 중앙 정부 간 권력 분립 효과도 달성할 수 있다. ○ ×

05 중앙 정부와 지방 정부의 권력 분립을 수평적 권력 분립이라고 한다. ○ ×

06 함정 지방 자치는 중앙 정부가 지방 정부를 견제할 수 있다는 점에서 중요하다. ○ ×

07 지방 정부는 독립된 법인격을 지닌 주체로서 자치 사무를 스스로 처리한다. ○ ×

08 자치 사무의 예로 주민 복리 증진에 관한 사무를 들 수 있다. ○ ×

09 지방 정부는 자기 지역의 문제에 전문성이 있어 중앙 정부보다 지역 문제를 효율적으로 처리할 수 있으므로 지방 자치를 통해 근거리 행정을 실현할 수 있다. ○ ×

10 지방 자치의 경험을 통해 양성한 민주 시민과 정치 지도자는 국가 전체의 민주주의 발전에 기여할 수 있다. ○ ×

주제 2 우리나라의 지방 자치

11 우리나라의 지방 자치는 1948년 공포된 제헌 헌법에 규정되어 있었다. ○ ×

12 지방 자치제 시행의 법률적 근거인 「지방 자치법」은 1949년에 제정되었고, 이에 따라 1952년 최초의 지방 의회가 주민의 직접 선거로 구성되었다. ○ ×

13 4·19 혁명 직후인 1960년에는 처음으로 모든 자치 단체장이 직선제로 선출되었다. ○ ×

14 1972년 유신 헌법에서는 지방 의회를 완전히 폐지하기로 명문화하였다. ○ ×

15 1995년부터 지방 자치 단체장을 주민이 직접 선거로 선출함으로써 명실상부한 지방 자치 시대를 맞이하였다. ○ ×

16 함정 자치 입법권 규정에 따라 지방 의회는 법률과 명령의 범위 안에서 규칙을 제정할 수 있다. ○ ×

17 함정 교육감은 기초 자치 단체장으로서 교육의 자주성 및 전문성과 지방 교육의 특수성을 살리기 위하여 교육과 학예에 관한 사무를 관장한다. ○ ×

18 지방 의회는 예산 심의 및 확정권, 예산 결산 승인권 등을 가진다. ○ ×

19 기초 자치 단체에는 특별자치시, 시, 군, 구가 있다. ○ ×

20 주민은 지방 자치 단체와 그 장의 권한에 속하는 사무의 처리가 법령에 위반되거나 공익을 현저히 해친다고 인정되면 감사를 청구할 수 있다. ○ ×

21 지방 의회는 지방 업무와 관련한 전반적인 사항을 심의하고 의결하는 최고 의사 결정 기관이다. ○ ×

22 지방 의회는 자치 행정 운영에 관한 주요 사항을 결정하고 지방 행정이 제대로 수행되고 있는지를 감시·감독하는 역할을 한다. ○ ×

23 함정 지방 의회는 지역 주민이 직접 선출하는 임기 4년의 지방 의회 의원으로 구성되며, 지방 의회 의원은 정치적 중립을 지켜야 한다. ○ ×

24 주민 소환제는 자치 단체장의 소신 있는 행정 처리 의욕을 제고한다. ○ ×

25 우리나라는 지방 정부의 중앙 정부에 대한 경제적 의존도가 낮다. ○ ×

26 지방 정부의 재정 자립도를 높이기 위해서는 국세의 비중을 늘려야 한다. ○ ×

27 주민 발안제는 선거에 의해 선출된 지방 자치 단체장이나 지방 의회 의원(비례 대표 지방 의회 의원 제외)을 임기 중에 주민의 투표에 의하여 해임하는 제도를 말한다. ○ ×

28 지방 자치 단체들이 자율적으로 분쟁을 해결할 수 있는 제도나 절차를 강화하고, 중앙 정부의 합리적인 갈등 조정 역할을 확립해야 한다. ○ ×

29 지방 자치의 발전을 위해서는 지방 의회 및 지방 자치 단체의 권한을 확대해야 한다. ○ ×

30 지방 교부세는 지방 자치 단체 간 재원 균형을 위해 지원하는 금액을 말한다. ○ ×

31 님비 현상은 자기 지역 발전에 도움이 되는 시설을 적극적으로 유치하고자 하는 지역 이기주의 현상이다. ○ ×

지방 자치 단체의 종류를 어떻게 풀이할까?

자료 지방 자치 제도

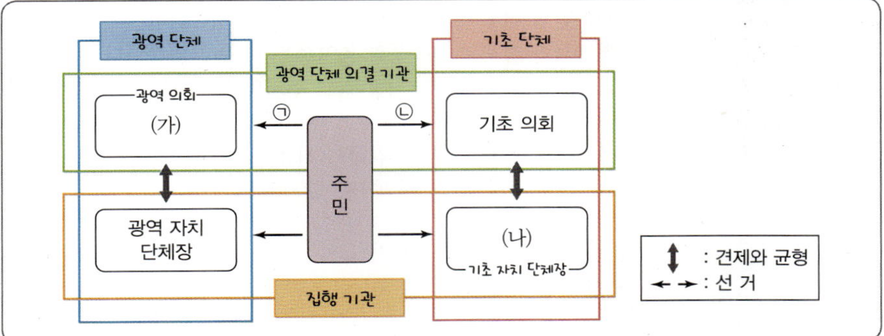

지방 자치가 본격적으로 실시된 지는 20년이 넘었다. 따라서 지방 자치의 현실을 돌아볼 수 있는 시점이어서 시험에 출제될 가능성이 높아졌다.

❶ 자료에서 의결 기관과 집행 기관, 광역 단체와 기초 단체를 구분하자!

(가)는 광역 의회, (나)는 기초 자치 단체장이다. 지방 자치 단체장은 집행 기관, 지방 의회는 의결 기관이다.

❷ 의결 기관과 집행 기관의 내용을 정리하자!

의결 기관	• 지방 의회 • 지위 : 주민의 대표 기관, 최고 의사 결정 기관, 집행 기관의 견제 및 감시 기관 • 구성 : 지역 주민이 직접 선출하는 임기 4년의 지방 의회 의원(지역구 의원과 비례 대표 의원) • 역할 : 조례의 제정 및 개폐, 지방 자치 단체의 예산의 심의·확정, 결산의 승인, 지방 행정 사무에 대한 감사와 조사 등
집행 기관	• 지방 자치 단체장 • 지위 : 지방 자치 단체를 대표하는 집행 기관 • 구성 : 주민의 직접 선거로 선출되며, 임기는 4년(3회 연임 가능) • 역할 : 지역의 각종 행정 사무를 처리함. 규칙 제정권, 지방 의회의 의결에 대해 재의 요구권 행사

❸ 선택지를 해석하자!

▷ 역할 파악 : 지방 의회는 의결 기관으로서 조례의 제정 및 개폐, 지방 자치 단체의 예산의 심의·확정, 결산의 승인, 지방 행정 사무에 대한 감사와 조사 등을 한다. 지방 자치 단체장은 집행 기관으로서 지역의 각종 행정 사무를 처리하며, 법령의 범위 내에서 규칙을 제정하고, 지방 의회의 의결에 대해 재의 요구권을 행사하기도 한다.

▷ 선출 방식 파악 : 지방 의회는 지역 주민이 직접 선출하는 임기 4년의 지방 의회 의원으로 구성되며, 지방 의회 의원은 지역구 의원과 비례 대표 의원으로 나뉜다. 지방 자치 단체장은 주민의 직접 선거로 선출되며, 임기는 4년이다. 또 3회까지만 연임이 허용된다. 지방 의회 의원과 지방 자치 단체의 장은 모두 정당의 공천을 받아야 한다.

▷ 의결 기관과 집행 기관의 관계 파악 : 지방 의회와 지방 자치 단체의 장은 서로 견제와 균형을 이루는 수평적 권력 분립을 지향한다. 두 기관 모두 지역 주민의 직접 선거에 의해 선출되므로 지방 자치 단체의 장이 지방 의회를 해산하거나 지방 의회가 지방 자치 단체의 장을 불신임할 수는 없다.

Q1 다음 내용이 의결 기관에 해당하면 '의', 집행 기관에 해당하면 '집'에 표시하시오.

01. 서울특별시 의회 　　　　　(의 / 집)
02. 부산광역시장 　　　　　　(의 / 집)
03. 조례 제정 　　　　　　　(의 / 집)
04. 규칙 제정 　　　　　　　(의 / 집)
05. 최고 의사 결정 기관 　　　(의 / 집)
06. 지방 자치 단체의 예산의 심의·확정
　　　　　　　　　　　　(의 / 집)
07. 3회까지만 연임 가능 　　　(의 / 집)
08. 지방 행정 사무에 대한 감사와 조사
　　　　　　　　　　　　(의 / 집)
09. 지역의 각종 행정 사무를 처리함 (의 / 집)
10. 지역구 의원과 비례 대표 의원으로 구성
　　　　　　　　　　　　(의 / 집)
11. 지방 자치 단체 예산의 결산 승인 (의 / 집)

Q2 다음 표에서 알맞은 단어를 고르시오.

12. 지방 의회	❶ 지방 의회는 (의결 기관 / 집행 기관)임 ❷ 지방 의회는 법령의 범위 내에서 (조례 / 규칙)을/를 제정함
13. 지방 자치 단체의 장	❶ 지방 자치 단체의 장은 지방 자치 단체를 대표하는 (의결 기관 / 집행 기관)임 ❷ 지방 자치 단체의 장의 임기는 (4년 / 5년)

Q3 〈자료〉를 보고 다음 내용이 맞으면 'O', 틀리면 '×'에 표시하시오.

14. (가)는 광역 의회이다. 　　　(O / ×)
15. (나)는 기초 자치 단체장이다. 　(O / ×)
16. ㉠은 비례 대표 의원만 선출한다. (O / ×)
17. ㉡은 지역구 대표 의원만 선출한다.
　　　　　　　　　　　　(O / ×)

주제 1 지방 자치의 의의

족집게 전략 | 지방 자치는 10여 년만에 교과서에 들어왔기 때문에 출제될 가능성이 아주 높다. 특히 지방 자치를 실시하는 목적은 가장 핵심적인 부분이지만, 크게 어렵지는 않게 출제될 것이다. 교과서를 잘 읽어 보면서 지방 자치를 왜 실시해야 하는지를 생각해 보면 쉽게 풀 수 있을 것이다. 과거에 이와 관련된 기출문제와 예상 문제를 풀어 보는 것도 도움이 될 것이다. 지방 자치의 의의는 지역 주민의 입장에서 생각해 보는 것이 쉽다. 지역 주민이 원하는 행정을 펼 수 있다는 것, 지역 주민 스스로 지역 정치에 참여함으로써 정치 사회화의 경험을 쌓는다는 것, 그래서 사회 통합의 실현에 기여한다는 것 등을 들 수 있다.

155 ◀ 대표 문항

| 평가원 기출 |

다음에서 공통적으로 강조하는 민주 정치의 원리에 대한 설명으로 옳지 <u>않은</u> 것은?

> • 민주주의의 최상의 학교이며, 민주주의 성공의 보증서라는 명제를 입증해 준다.
> • 자유의 보장을 위한 장치이고 납세자의 의사 표현 수단이며, 정치의 훈련장이다.
> • 민주주의의 싹으로서 지역 사회의 주민들이 각종 지역 문제를 스스로 결정하고 실행하는 풀뿌리 민주주의이다.

① 주민의 정치 참여 기회를 확대하고자 한다.
② 국가 정책 집행의 효율성과 통일성을 제고한다.
③ 중앙 집권으로 인한 권력 남용을 억제하고자 한다.
④ 지역의 특수성과 다양성을 반영한 정책 수립이 용이하다.
⑤ 권력의 수직적 분립을 통해 국민의 자유와 권리를 보장하고자 한다.

156

교사의 질문에 틀린 답변을 한 학생은?

> 교사 : 지방 자치의 실시로 인해 좋은 점은 무엇일까요?
> 갑 : 주민의 참여가 확대되어 자치 능력을 기를 수 있습니다.
> 을 : 간접 민주 정치의 한계를 극복할 수 있습니다.
> 병 : 국가 정책의 신속성과 통일성을 기할 수 있습니다.
> 교사 : 그럼 우리나라 지방 자치 제도의 문제점은 어떤 것이 있을까요?
> 정 : 중앙 정부의 지도 · 감독이 허용되는 부분이 남아 있습니다.
> 무 : 재정을 중앙 정부에게 의존할 정도로 재정 자립도가 낮습니다.

① 갑   ② 을   ③ 병
④ 정   ⑤ 무

157

밑줄 친 '이것'에 해당하는 제도의 의의로 옳지 <u>않은</u> 것은?

> <u>이것</u>은 일정한 지역의 주민이 스스로 선출한 기관을 통해서 그 지역의 고유한 사무를 자율적으로 처리하는 제도이다. 따라서 지역의 자치권은 주민에게 있고, 모든 지방 통치 권력은 주민들로부터 나온다. 일정한 지역의 주민이 스스로 선출한 기관을 통하여 그 지역의 사무를 자율적으로 처리한다.

① 국가 행정의 독주와 남용을 억제할 수 있다.
② 국가 전체의 통일적인 정책이 실시될 수 있다.
③ 지역의 특수성을 반영하는 정책을 수립할 수 있다.
④ 지역 행정에 대한 주민의 참여가 활성화될 수 있다.
⑤ 지역 문화의 활성화와 균형 있는 지역 발전을 꾀할 수 있다.

주제 2 | 우리나라의 지방 자치

족집게 전략 | 우리나라의 지방 자치에서는 지방 자치의 종류와 내용을 먼저 파악해야 한다. 지방 자치는 광역과 기초, 의결 기관과 집행 기관으로 나뉘는데, 각각의 내용을 정확히 알고 있어야 한다. 특히 광역 자치 단체에서 특별자치도와 특별자치시가 포함된다는 사실을 알고 있어야 한다. 의결 기관은 의회, 집행 기관은 자치 단체장인데, 이 두 기관이 서로 견제와 균형을 이루면서 수평적 권력 분립을 실현하고 있다. 조례는 의회, 규칙은 자치 단체장이 만드는 법임을 알아야 한다. 우리나라에서 지방 자치를 본격적으로 실시한 지 20년이 지났기 때문에 그동안의 성과나 문제점을 묻는 문제도 나올 수 있다. 이와 관련된 신문 기사를 평소에 눈여겨보는 것도 도움이 될 것이다.

158 〈대표 문항〉 | 평가원 기출 |

교사의 질문에 대해 옳은 답변을 한 학생은?

① 갑 : 지방 행정에 대한 주민의 통제를 강화하는 것입니다.
② 을 : 지역에서의 비정부 기구 활동을 활성화하는 것입니다.
③ 병 : 지방 행정에서 정당의 역할과 책임을 강화하는 것입니다.
④ 정 : 지방 행정에 대한 주민 감사 청구를 활성화하는 것입니다.
⑤ 무 : 지방 자치 단체장이 소신 있는 행정을 펼칠 수 있도록 하는 것입니다.

159

다음은 우리나라 지방 자치 단체의 구성을 나타낸다. 이에 대한 설명으로 옳지 <u>않은</u> 것은?

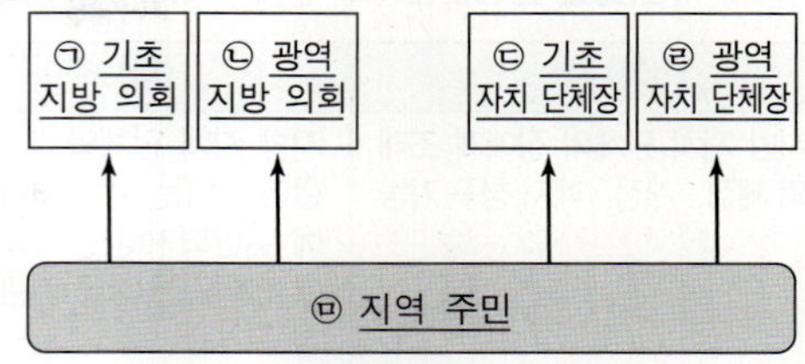

① ㉠은 ㉢을, ㉡은 ㉣을 견제할 수 있다.
② 특별시, 광역시, 도에는 ㉡과 ㉣이 구성되어 있다.
③ ㉢과 ㉣은 규칙을 제정할 수 있다.
④ ㉣은 ㉢을 해임할 수 있다.
⑤ ㉤은 ㉠~㉣을 직접 선거에 의해 구성할 권한이 있다.

160

다음 글에 나타난 정치 제도의 실시가 추구하는 목적으로 가장 적절한 것은?

> 미국의 A주는 조례의 제정·개폐에 관한 주민의 발의가 있으면 직접 주민 투표에 부친다. 조례가 아닌 법률 제정도 총유권자의 1/20에 상당하는 수의 서명만 있으면 가능하다. 일본은 지방 자치 단체의 조례 제정 또는 개폐 청구의 경우 총유권자의 1/50의 서명으로 청구할 수 있도록 정해놓고 있다.

① 정책 결정의 전문성을 높인다.
② 지방 의회의 기능을 강화시킨다.
③ 정책 결정에 주민의 요구를 적극 반영한다.
④ 지방 자치 단체장의 부정부패를 막을 수 있다.
⑤ 정치적 의사 결정 과정에서 시간과 비용이 절약된다.

161
| 교육청 기출 |

(가), (나) 제도에 대한 옳은 설명만을 〈보기〉에서 있는 대로 고른 것은?

구분	(가) 제도	(나) 제도
핵심 내용	지방 자치 단체의 장에게 조례의 제정·개정·폐지 청구 가능	지방 자치 단체와 그 장의 권한에 속하는 사무 처리가 법령에 위반되거나 공익을 해친다고 인정되면 상급 기관에 감사 청구 가능
청구 요건	• 시·도와 인구 50만 명 이상 대도시 : 19세 이상 주민 총수의 1/100 이상 1/70 이하 • 시·군 및 자치구 : 19세 이상 주민 총수의 1/50 이상 1/20 이하	• 시·도 : 주민 500명 이내 • 인구 50만 명 이상 대도시 : 주민 300명 이내 • 시·군 및 자치구 : 주민 200명 이내

〔보기〕
ㄱ. 두 제도 모두 참여적 경험을 통한 정치 사회화의 계기가 될 수 있다.
ㄴ. 두 제도 모두 중앙과 지방 정부의 수직적 권력 분립을 실현하는 제도이다.
ㄷ. 인구 50만 명 이상 대도시에서 (나)보다 (가)의 청구 요건이 더 엄격하다.
ㄹ. (가)는 주민들의 입법 참여 제도이고, (나)는 주민 청구에 의한 사법적 통제 제도이다.

① ㄱ, ㄴ ② ㄱ, ㄷ ③ ㄷ, ㄹ
④ ㄱ, ㄴ, ㄹ ⑤ ㄴ, ㄷ, ㄹ

162
| 평가원 기출 |

교사의 질문에 <u>틀리게</u> 답변한 학생은?

교사 : 우리나라의 지방 자치 단체는 의결 기관인 A와 집행 기관인 B로 구성되어 있습니다. A, B에 대해 발표해 볼까요?
갑 : A는 지역 주민이 직접 선출한 대표들로 구성된 주민의 대표 기관입니다.
을 : B의 장(長)은 중앙 정부에 의해 임명됩니다.
병 : A는 지방 자치 단체 예산의 심의·확정권을 갖고 있습니다.
정 : B는 법령 또는 조례가 위임한 범위 내에서 규칙을 제정할 수 있는 권한을 가집니다.
무 : B는 A의 의결에 대해 재의 요구권을 행사함으로써 A를 견제하기도 합니다.

① 갑 ② 을 ③ 병
④ 정 ⑤ 무

163

다음 자료에 대한 설명으로 옳은 것은?

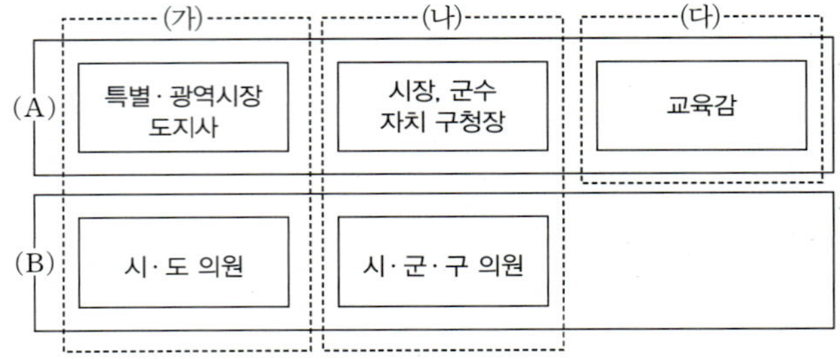

① (가)의 (B)는 (나)의 (B)를 감독할 권한을 가진다.
② (A)는 다수 대표제, (B)는 비례 대표제에 의해 선출된다.
③ (다)는 (가), (나)와 달리 정당 공천이 허용되지 않는다.
④ (A)는 명령을, (B)는 조례를 제정할 수 있다.
⑤ (B)는 주민 소환 제도로서 (A)를 견제할 수 있다.

164
| 교육청 기출 |

밑줄 친 ㉠~㉢에 대한 옳은 설명만을 〈보기〉에서 고른 것은?

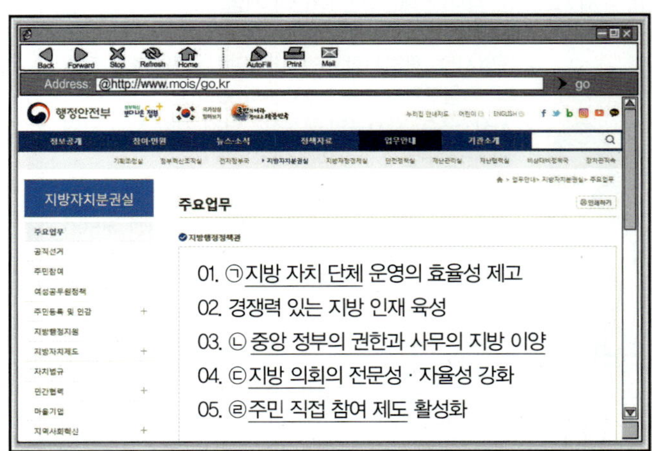

〔보기〕
ㄱ. ㉠의 장은 조례를 제정할 수 있는 권한을 갖는다.
ㄴ. ㉡은 지방 자치 단체의 자율성 실현에 기여한다.
ㄷ. ㉢은 비례 대표 의원 없이 지역구 의원만으로 구성된다.
ㄹ. ㉣에는 주민 투표 제도와 주민 소환 제도가 해당된다.

① ㄱ, ㄴ ② ㄱ, ㄷ ③ ㄴ, ㄷ
④ ㄴ, ㄹ ⑤ ㄷ, ㄹ

165

밑줄 친 ㉠~㉢에 대한 옳은 설명만을 〈보기〉에서 고른 것은?

> • ○○시와 △△군은 행정 구역을 통합하기로 하고 이를 ㉠ <u>주민 투표</u>를 통하여 확정하기로 하였다.
> • 주민 숙원 사업에 관한 공약을 이행하지 않은 ◇◇시장에 대하여 시민들이 ㉡ <u>주민 소환</u>을 추진하고 있다.
> • 한 시민 단체는 유권자의 서명을 받아 □□시 교육감에게 고교 평준화 ㉢ <u>조례</u>를 제정해 줄 것을 청구하였다.

> **〈보기〉**
> ㄱ. ㉠은 주민의 정치적 효능감을 높이는 데 기여할 수 있다.
> ㄴ. ㉡은 지방 자치 단체장의 소신 있는 정책 결정을 어렵게 할 수 있다.
> ㄷ. ㉠은 간접 민주 정치 제도, ㉡과 ㉢은 직접 민주 정치 제도이다.
> ㄹ. ㉠, ㉡, ㉢ 모두 주민 자치보다 단체 자치의 성격이 강한 제도이다.

① ㄱ, ㄴ   ② ㄱ, ㄷ   ③ ㄴ, ㄷ
④ ㄴ, ㄹ   ⑤ ㄷ, ㄹ

166

밑줄 친 '한 사람'에 해당하는 학생은?

> 교사 : 우리나라의 지방 자치 제도의 역사에 대해 발표해 볼까요?
> 갑 : 지방 자치제 시행의 법률적 근거인 「지방 자치법」은 1949년에 제정되었습니다.
> 을 : 1952년 최초의 지방 의회가 주민의 직접 선거로 구성되었습니다.
> 병 : 4·19 혁명 이후인 1960년에는 모든 자치 단체장이 직선제로 선출되었습니다.
> 정 : 1961년 5·16 군사 정변 이후에는 지방 의회 의원과 지방 자치 단체장을 중앙 정부에서 임명했습니다.
> 무 : 1995년부터 지방 자치 단체장을 주민이 직접 선거로 선출함으로써 명실상부한 지방 자치 시대가 열렸습니다.
>
> 교사 : <u>한</u> 사람을 제외하고는 모두 맞게 대답했습니다.

① 갑   ② 을   ③ 병
④ 정   ⑤ 무

167

그림에 표현된 (가)와 (나)에 대한 설명으로 옳은 것은?

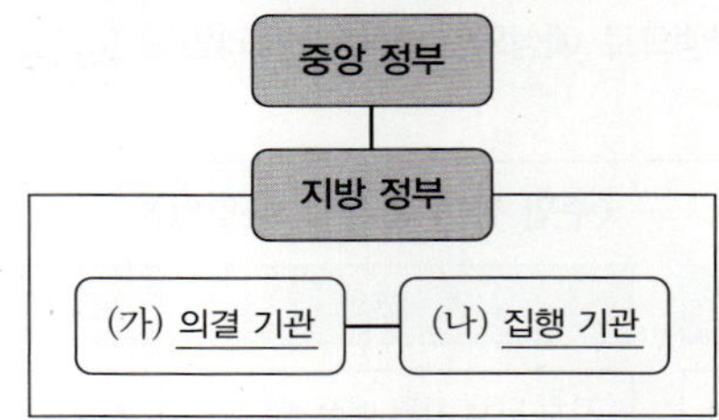

① (가), (나)는 수직적 권력 분립을 보여 준다.
② (가)는 지방 자치 단체의 장이 담당한다.
③ (나)는 법령의 범위 내에서 조례를 제정할 수 있다.
④ (가)의 구성원과 달리 (나)의 장(長)은 주민 소환제가 적용된다.
⑤ (가)는 (나)의 업무 수행에 대해 감시하고 비판하는 기능을 수행한다.

168

다음 뉴스 기사에 나타난 문제점을 해결하기 위해 주민들이 취할 수 있는 조치만을 〈보기〉에서 있는 대로 고른 것은?

> 인구 5만 명의 A군입니다. 올 초 군청 인사에서 5급 면장이었던 갑이 4급인 건설 경제 국장으로 승진했습니다. 그런데 갑은 군수의 사돈입니다. 갑은 A군 의회 근무 당시 매달 가짜 출장서를 꾸몄습니다. 1년 동안 2400여만 원을 빼돌려 술값 등에 쓴 것입니다. 이 사건으로 갑은 지난 2017년 벌금형을 선고받았습니다. 하지만 지난해 현재의 군수가 당선되었고, 사돈 갑이 요직에 오른 것입니다. 군수 가족과 관련된 문제는 또 있습니다. A군 의료원 구석에 있는 컨테이너 박스입니다. 안에는 주사기나 거즈 등 의료 폐기물이 쌓여 있습니다. 이를 수거하는 업체는 '○○위생'입니다. ○○위생 주소지를 찾아가 보았습니다. 간판도 없는 사무실에서 군수의 부인 을이 나옵니다. ○○위생 대표입니다. 군수가 직위를 이용해 사돈을 취업시켰고, 부인을 통해 이익을 착취하기도 했습니다.

> **〈보기〉**
> ㄱ. 주민 소환 절차를 통해 군수를 해임한다.
> ㄴ. 중앙 정부에 군수에 대한 해임을 요청한다.
> ㄷ. 군수의 친인척에 대한 공무 담임권을 제한한다.
> ㄹ. 군수의 사무 처리에 대한 주민 감사를 청구한다.

① ㄱ, ㄴ   ② ㄱ, ㄹ   ③ ㄷ, ㄹ
④ ㄱ, ㄴ, ㄷ   ⑤ ㄴ, ㄷ, ㄹ

169

|교육청 기출|

다음 제도의 시행으로 예상되는 정치적 효과만을 〈보기〉에서 있는 대로 고른 것은?

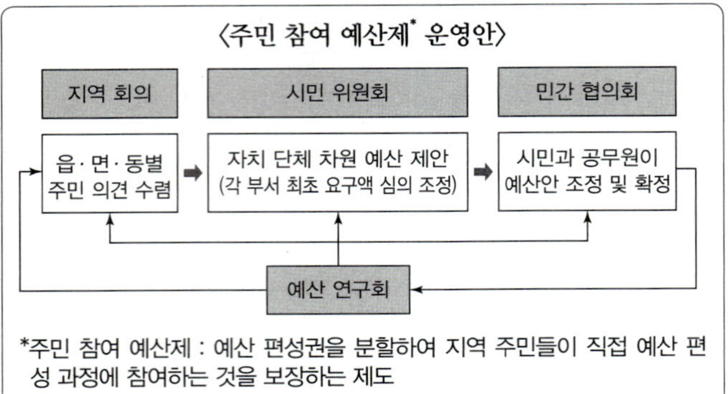

*주민 참여 예산제 : 예산 편성권을 분할하여 지역 주민들이 직접 예산 편성 과정에 참여하는 것을 보장하는 제도

┌ 보기 ┐
ㄱ. 지역 이기주의 문제를 해결할 수 있을 것이다.
ㄴ. 지방 재정의 공정성과 투명성이 강화될 것이다.
ㄷ. 대의제에 따른 관객 민주 정치의 문제점이 개선될 것이다.
ㄹ. 부당한 예산 편성을 사전(事前)에 차단할 수 있을 것이다.

① ㄱ, ㄴ   ② ㄱ, ㄷ   ③ ㄷ, ㄹ
④ ㄱ, ㄴ, ㄹ   ⑤ ㄴ, ㄷ, ㄹ

170

다음 사례를 바탕으로 지방 자치가 성공하기 위한 조건으로 가장 적절한 것은?

A시는 기차가 더 이상 다니지 않는 철길에 공원을 조성하여, 시민의 휴식 공간을 만들었다. 원래 A는 폐선 구간을 경전철 노선으로 활용할 계획이었으나, 시민 단체와 주민들은 공원 조성 운동을 전개하고, A시 의회에 청원서를 제출하였다. A시는 시민들의 청원을 받아들여 경전철 사업을 접고 공원을 조성하였다. 지금은 시민 모두가 휴식을 즐기는 공원으로 자리 잡아가고 있다.

① 주민 참여의 활성화
② 지역 이기주의의 배척
③ 지방 정부의 재정 확충
④ 중앙 정부의 적극적 지원
⑤ 의결 기관과 집행 기관의 협조

171

|평가원 기출|

다음 사례에 나타난 문제점을 극복하기 위한 정치 발전 방안으로 옳은 것만을 〈보기〉에서 있는 대로 고른 것은?

직접 선거에 의해 선출된 ○○시의 시장은 취임 후 독단적인 정책을 시행하여 비난을 받아 왔다. 시장의 시정 운영에 대해 시민과 시민 사회 단체들은 정책 제의 및 결정 과정에의 참여, 정책 집행의 투명성 보장과 해당 업무에 대한 조사 및 시장의 사퇴를 요구하였다. 그러나 시장은 이에 대한 법적 근거가 없다고 거부하였다.

┌ 보기 ┐
ㄱ. 주민 소환제 도입을 통해 시장을 소환한다.
ㄴ. 시장의 직무에 대한 감사 청구 제도를 마련한다.
ㄷ. 주요 정책에 대해 시민이 발안할 수 있는 제도를 도입한다.
ㄹ. 공직 선출자에 대한 정통성을 확보하기 위해 의무 투표제를 실시한다.

① ㄱ, ㄷ   ② ㄱ, ㄹ   ③ ㄴ, ㄹ
④ ㄱ, ㄴ, ㄷ   ⑤ ㄴ, ㄷ, ㄹ

172

다음 자료에 나타난 우리나라 지방 자치의 문제점을 극복하기 위한 대안으로 보기 어려운 것은?

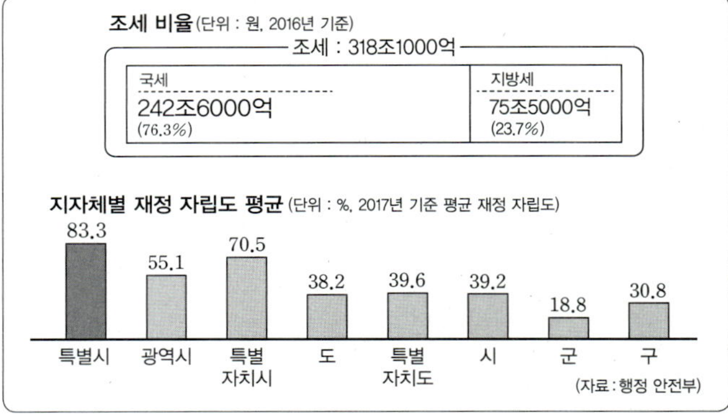

① 국세의 비중을 줄이고 지방세의 비중을 늘린다.
② 조세의 종류를 지방 정부가 정할 수 있도록 한다.
③ 중앙 정부와 지방 정부가 세금을 나누어 집행한다.
④ 중앙 정부의 지방 정부에 대한 재정 지원을 강화한다.
⑤ 국세의 항목을 상당 부분 지방세의 항목으로 이전한다.

173

밑줄 친 ㉠~㉣에 대한 설명으로 옳은 것은?　　　| 평가원 7 출 |

> 최근 □□군은 △△시와의 ㉠ 행정 구역 통합을 위한 주민 투표를 실시하여 투표율 36.7%, 찬성률 79%로 통합을 결정했으며, △△시는 이미 ㉡ 지방 의회 의결로 통합에 찬성했다. 중앙 정부가 아닌 ㉢ 지방 자치 단체의 요구에 의해 주민 투표를 거쳐 통합을 결정한 것은 주민 투표법이 시행된 이후 이번이 처음이다. 현재 우리나라에서는 주민 발안제와 ㉣ 주민 소환제도 시행하고 있다.

① ㉠에서 유권자 과반수의 찬성에 의한 합의형 여론이 나타났다.
② 국회는 ㉡에 대해서도 국정 감사를 실시할 수 있다.
③ ㉢ 사이의 분쟁에 대해서는 중앙 정부가 헌법 재판소에 권한 쟁의 심판을 청구한다.
④ ㉣의 목적은 해당 지역의 단체장과 지역구 국회 의원의 위법　부당한 사무 처리나 직권 남용 행위를 견제하는 데 있다.
⑤ 법령의 범위 내에서 ㉡은 규칙을, ㉢의 장은 조례를 제정한다.

174

다음 사례에 공통적으로 나타난 지방 자치의 문제점에 대한 설명으로 옳은 것은?

> • ○○교도소는 1963년 건축 당시 도심 외곽에 자리했지만 현재는 도심 한가운데를 차지해 지역 발전을 가로막고 있다. 이에 따라 ○○시민들은 교도소 이전을 원하고 있지만 이전 예정 지역의 자치 단체와 주민들은 강력하게 반대하고 있다.
> • 정부가 반도체 산업 단지 조성을 추진하는 대규모 클러스터 사업이 지방 자치 단체 간 갈등으로 비화되고 있다. 유력 후보지로 떠오른 경기 A시를 비롯해, B시와 충북 C시에서 정부 구상에 대한 찬반 여론이 확산되는 모습이다.

① 지방 정치가 중앙 정치에 예속되고 있다.
② 지방 자치에 대한 주민의 관심과 참여가 부족하다.
③ 지방 자치 단체의 독립성과 자율성이 부족한 편이다.
④ 지방 자치 단체의 재정 자립도가 낮고, 그 차이가 크다.
⑤ 자기 지역의 이익만 우선시하는 지역 이기주의가 심각하다.

175

지방 자치와 관련하여 다음 기사에서 강조하고 있는 내용으로 가장 적절한 것은?

> 접경 지역인 화천군은 볼 것도, 먹을거리도 적은 첩첩산중 오지였다. 낙담하던 차에 입질이 왕성하고 육질이 좋다는 산천어 아이디어가 나왔다고 한다. 산천어를 화천천에 풀어 놓고 낚시를 해 보니 '대박'. 미국 CNN도 극찬한 축제가 시작된 연유다. 얼음낚시와 맨손잡기용 산천어는 모두 양식이다. 화천·춘천·강릉·양양·봉화·울진에서 25억 원어치가 공급된다. 며칠을 굶긴 뒤 얼음 구멍으로 하루 여섯 번 방류한다. 허기진 물고기는 덥석 루어를 물어 짜릿한 손맛을 선사한다. 화천군은 추운 지역에다 얼음이 두껍게 얼고 얼음이 어느 기간이 어느 지역보다 길다. 이런 기후 조건을 잘 조합한 것이 산천어 축제이다. 화천군은 이번 축제에 160만 명이 찾을 것으로 기대한다. 직간접 경제 효과가 2500억 원으로 군 전체 예산과 맞먹는다.

① 지역 주민의 과도한 정치 참여는 자제되어야 한다.
② 중앙 정부와 지방 정부의 권한이 균형을 이루어야 한다.
③ 지역의 특수성을 반영하는 정책은 주민의 삶의 질을 높인다.
④ 중앙 정부의 일방적 정책 추진은 지역 주민에게 피해를 준다.
⑤ 경제적 이익을 줄 수 있는 정책을 개발해야 지방 자치가 실현된다.

176

다음 기사에 나타난 제도가 실시될 경우 기대되는 효과로 가장 적절한 것은?

> 앞으로 주민이 발의하는 조례안이 지방 자치 단체장을 거치지 않고 곧장 지방 의회에 제출·심의된다. 조례 재개정을 청구할 수 있는 주민의 연령도 선거권 기준 연령과 동일하게 19세 이상에서 18세 이상으로 낮아진다. 행정 안전부는 이같은 내용을 뼈대로 한 '주민 조례 발안에 관한 법률안'이 26일 국무 회의를 통과했다고 밝혔다. 그간 단체장에 제출해 조례 규칙 심의회 등의 절차를 거쳐야 하는 청구 절차를 지방 의회에 직접 제출하게 함으로써 간소화했다. 지방 의회는 주민 청구 조례안에 대해 1년 이내 심의·의결하도록 의무화했다.
> 　　　　　　　　　　　　　　　　　- ○○○ 경제 2019. 3. 26. -

① 지역 이기주의 문제가 해소될 것이다.
② 지방 행정의 전문성이 향상될 것이다.
③ 직접 민주 정치의 한계를 보완할 것이다.
④ 지방 자치 단체장의 자율성을 높일 것이다.
⑤ 주민 의사를 반영한 정책 결정이 촉진될 것이다.

Ⅲ 정치 과정과 참여

Ⅲ 단원 PREVIEW – MIND MAP

09강 정치 과정과 시민의 정치 참여	주제 1 정치 과정의 이해	· 정치 과정의 의미 · 정치 과정의 체계
	주제 2 시민의 정치 참여	· 정치 참여의 의미 · 정치 참여의 유형 · 전자 민주주의
10강 선거와 선거 제도	주제 1 선거와 선거 제도	· 선거의 의미 · 민주 선거의 원칙 · 선거구 제도 · 대표 결정 방식
	주제 2 우리나라의 선거 제도	· 우리나라의 선거 제도 · 선거구 법정주의 · 선거 공영제 · 선거 관리 위원회
11강 다양한 정치 주체와 시민 참여	주제 1 정당과 시민 참여	· 정당의 의미와 특징 · 정당의 기능 · 정당 제도의 유형
	주제 2 이익 집단, 시민 단체와 정치 참여	· 이익 집단 · 시민 단체 · 언론

III 단원 학습 SOULTION

▶ 선거 제도를 이해하고 이를 바탕으로 한 선거 결과 분석 문제를 정복하자!

선거 제도 중 선거구 제도와 대표 결정 방식의 특징을 비교하는 문제는 수능에 매년 출제되었다. 이를 토대로 한 선거 결과 분석 문제는 과거 수능에서 항상 난도가 가장 높은 문항이었다. 따라서 선거구 제도와 대표 결정 방식에 대한 이해는 필수이며, 이를 바탕으로 선거 결과 분석 문제를 많이 접해 보는 방식으로 학습해야 한다.

▶ 정당, 이익 집단, 시민 단체의 기능을 비교하는 문제에 대해 대비하자!

정치 참여 주체 중 정당, 이익 집단, 시민 단체의 기능 중 공통점과 차이점을 묻는 문항은 수능에서 매년 출제되었다. 각 정치 참여 주체가 어떤 기능을 하는지에 대해 꼼꼼하게 준비하지 않으면 함정에 빠질 가능성이 높다. 본 교재를 통해 각 유형의 문항을 접해보고 이를 바탕으로 응용력을 키우는 노력을 해야 한다.

정치 과정과 시민의 정치 참여

주제 1 정치 과정의 이해

1. 사회의 다원화와 갈등

(1) 원인

① 현대 사회에서 나타난 세계화, 정보화 등의 사회 변화 → 사람들의 생활 범위 확장, 사회의 다양한 분야에 관심 증가

② 민주주의 발달, 개인의 자유와 권리 신장 → 시민의 권리 의식이 높아짐

(2) 정치 과정과 정치 참여가 중요한 이유 : 다원화된 사회에서 의견 충돌로 발생하는 대립과 갈등 해결

2. 정치 과정

(1) 의미 : 사회 구성원의 요구와 지지가 정책 결정 기구에 투입되어 정책 결정 및 집행이 산출되고, 정치 참여 주체에 의한 환류를 통해 정책으로 나타나는 일련의 과정

(2) 정치 과정의 변화 ❶

전통적인 정치 과정	• 정치 과정을 지배자의 통치 행위로 이해함 • 정치를 위로부터의 지시와 통제로 봄
오늘날 정치 과정	• 정치를 위로부터의 통치와 아래로부터의 반응이라는 정부와 국민 간의 역동적인 상호 작용으로 이해함 • 정치 과정을 다양한 집단 간의 경합 과정으로 봄

3. 정치 체계

(1) 정치 과정의 체계

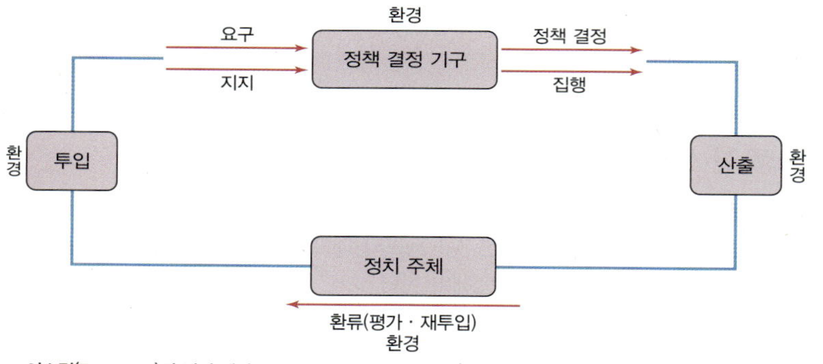

▲ 이스턴(Easton, D.)의 정치 체계

└→ 이스턴은 정치 분석의 일반적인 구조를 정치 체계로 제시하고, 정치 과정을 피드백 과정으로 설명했다.

투입	• 개인이나 집단이 정책 결정 기구를 대상으로 정책 결정을 요구하거나 기존의 정책 결정 기구에 의해 결정된 정책에 대하여 지지하거나 불만의 의견을 표출하는 것 → • 개인, 정당, 시민 단체, 이익 집단 등에 의해 이루어짐
산출	• 정책 결정 기구에 의하여 정책을 결정하고 시행하는 것 • 행정부의 정책 결정, 입법부의 법률 제 · 개정, 사법부의 판결 등이 해당함
환류	• 정책 평가를 바탕으로 새로운 요구와 지지가 형성되는 단계임 • 정책 결정 기구의 산출에 대한 평가의 수정 또는 새로운 정책에 대해 요구하는 것 ❷
환경	• 정치 외적 요소로 경제, 사회, 문화, 생태 등이 해당함 • 국내적 환경뿐만 아니라 국제적 환경에도 영향을 받음

정책이란 공공 문제를 해결하고자 정부에 의해 결정된 행동 방침을 말한다. 정책은 법률·정책·사업·사업 계획·정부 방침·정책 지침·결의 사항과 같이 여러 형태로 표현된다.

(2) 민주적인 정치 과정

① 시민의 적극적이고 자발적인 정치 참여가 필요함

② 정당, 시민 단체, 이익 집단, 언론 등 다양한 정치 주체의 참여 확대 ❸

③ 시민의 다양한 이해와 요구에 대해 정책 결정 기구에서 정책에 반영해야 함

---

❶ 정치 과정의 변화

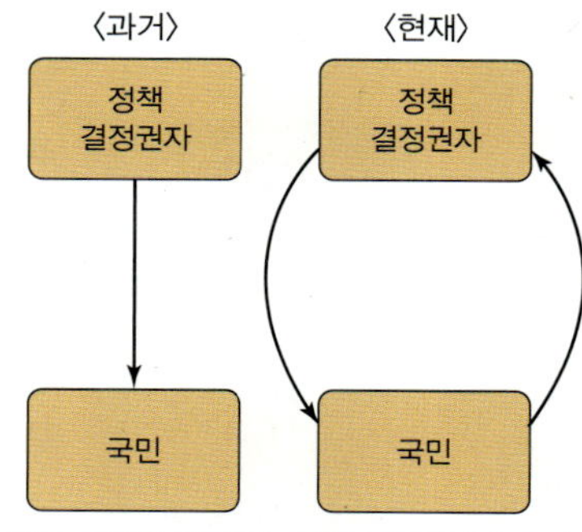

정치 과정은 과거에는 정책 결정권자가 국민에게 일방적으로 영향력을 행사하여 정책을 결정하였지만, 현재는 국민들은 자신이 원하는 바를 정책 결정권자에게 제시하고, 정책 결정권자는 국민들의 요구에 기초를 두고 정책 결정 활동을 전개함

❷ 공공 정책 결정 과정

정책 의제 설정	여러 가지 사회 문제 가운데 조치가 필요한 문제를 정책 의제로 설정함
정책 결정	정책 의제를 해결하기 위해 여러 가지 대안 가운데 최선의 것을 선택하는 활동
정책 집행	• 결정된 정책 내용을 정부가 구체화하는 단계 • 주로 행정부의 행정 관료들에 의해 정책이 집행됨
정책 평가	문제가 정책의 집행 결과 해결되었는지를 확인하는 단계
환류	정책 평가를 바탕으로 새로운 요구와 지지가 형성되는 단계

❸ 정치 과정 체계에서의 참여자

공식적 정치 참여자	행정부(대통령), 국회, 사법부, 헌법 재판소, 감사원, 지방 자치 단체 등 정책 결정 권한을 공식적으로 부여받은 정치 참여자
비공식적 정치 참여자	정당, 시민 단체, 이익 집단, 전문가 및 학자, 언론, 개인 등 정책 결정의 공식적 권한을 갖고 있지 않은 정치 참여자

1. 정치 참여의 의미, 의의 및 기능 ❹

(1) **의미** : 시민들이 사회 문제나 국가 기관의 공공 정책 결정 과정에 있어서 영향을 끼치는 모든 직·간접적인 활동 ❸

(2) **정치 참여의 의의**

① 시민의 다양한 의사가 표출되고 이를 정책에 반영해 가는 과정에서 민주 정치가 발전함

② 정책에 정당성과 권위를 부여함

③ 정치적 효능감을 높이고 공익 증진 실현을 도모함 ❹

(3) **정치 참여의 기능**
　　＞ 시민이 공직자나 공공 기관에 영향을 미칠 수 있다고 생각하는 정치적 자신감을 의미한다.

주권 의식 신장	정치 과정에 대한 시민 참여는 민주 시민 의식을 학습할 수 있는 기회를 제공함으로써 시민의 주권 의식을 고취시킴
시민의 이익 증진	정치 참여는 시민의 권익을 보호하고 공익을 증진시키며 나아가 정치 발전에 기여함
대표자의 감시와 통제	정책 결정자의 자의적인 결정을 방지하여 책임 있는 정책 결정이 이루어지게 함으로써 정책의 효율성을 제고하고 부정 부패를 방지함
대의 민주 정치의 보완	시민의 의사를 정책 결정 과정에 투입하게 함으로써 정치적 무관심과 시민 의사의 왜곡을 방지할 수 있음

2. 정치 참여의 유형

(1) **개별적인 정치 참여** ❺

참여 유형	방법
선거 관련 참여	• 공직 선거에서 대표자를 선출하기 위하여 후보자에게 투표 • 후보자가 내세운 공약에 대한 지지 또는 반대 의견 표출 • 자신이 지지하는 후보자의 선거 운동에 참여 • 공무 담임권 행사
언론 기관에의 독자 투고	자신의 견해를 신문, TV, 인터넷 등의 언론에 제시
정부 당국에의 청원	국가 기관에 자신이 요구하는 사항을 문서로 제출 ❻

(2) **집단적인 정치 참여**

참여 유형	방법
정당	정당에 가입하여 정당의 구성원으로서 활동
시민 단체	시민 단체에 가입하여 활동함
이익 집단	집단의 특수한 이익 실현을 위해 정치 과정에 영향력 행사
집회 또는 시위	자신의 의사 및 집단의 정치 의사를 집회 또는 시위를 통해 행사

3. 바람직한 정치 참여의 태도

(1) 주권 의식을 발휘하여 자발적이고 능동적으로 참여함

(2) 공익에 대한 고려와 관용적 태도로서 집단 이기주의를 경계하고 타인의 입장과 견해를 존중하는 태도를 가짐

(3) 정치적 무관심이 발생하지 않도록 정치에 관심을 가짐 ❼

4. 전자 민주주의 발달

(1) 인터넷 활용을 통한 정치 참여로 시간과 공간의 제약을 완화

(2) 정보 통신 매체를 활용한 정치 참여의 영향력 증대

(3) 누리 소통망 서비스(SNS), 개인 방송 운영, 전자 투표 등

❹ **정치 참여의 중요성**

> 정치를 외면한 가장 큰 대가는 가장 저질스러운 인간들에게 지배당하는 것이다.
> – 플라톤 –

플라톤의 이 표현은 적극적인 정치 참여의 중요성을 강조한 것이다.

❺ **시민의 정치 참여를 위한 제도적 장치**

• 공청회 : 공공 기관이 중요한 안건에 대해 이해관계자나 해당 분야의 전문가에게 공개 석상에서 의견을 듣는 제도

• 사전 예고제 : 정부가 정책, 민원 등에 대한 정보를 미리 공고하여, 시민들의 참여와 관심을 높이는 제도

• 옴부즈맨 제도 : 민원 조사관이 정부의 활동이나 공무원의 권한 남용 등을 조사·감시하는 제도

• 청원 : 국민이 행정 기관, 국회, 법원 등 국가 기관에 국민의 희망이나 의사를 문서로 요구할 수 있는 제도

❻ **국민 신문고(www.epeople.go.kr)**

국민 신문고는 정부에 대한 모든 민원·제안·신고와 정책 토론 등을 인터넷으로 간편하게 신청하고 처리하는 대표 온라인 소통 창구로, 모든 행정 기관(중앙·지방 자치 단체·교육청·해외 공관), 사법부, 주요 공공 기관과 연결되어 있다.

❼ **정치적 무관심**

의미	어떠한 권력이나 정부에 대해서 적극적인 지지, 반항, 부인도 보이지 않는 태도
원인	• 정치 과정의 거대화와 복잡화 • 분업화와 기계화로 인한 수동적 태도 • 대중 매체의 비정치적 영역으로의 관심 집중으로 탈의식화 조장 • 정치에 대한 불신
폐해	• 정부의 무책임, 권력의 남용과 부패 초래, 독재 권력이 등장할 가능성 높아짐 • 국민 전체의 의사와 다른 방향으로 정책 결정이 이루어질 수 있음

핵심 개념 CHECK!

· 정답 및 해설 040~041쪽

✎ 다음 설명이 맞으면 'O', 틀리면 '×'에 표시하시오.

주제 1   정치 과정의 이해

01 정치 과정은 정치 참여자를 비롯한 사회의 여러 요소가 공공 정책의 형성과 집행을 둘러싸고 서로 작용하는 과정이다.   O ×

02 (함정) 정치 과정 중 투입은 개인, 집단이 정부를 대상으로 정책을 요구하는 활동이다.   O ×

03 (함정) 정치 과정 중 산출은 이익 집단이 담당할 수 있다.   O ×

04 정치 과정에서 산출 기능을 하는 정책 결정 기구에는 입법부, 행정부, 사법부 등이 있다.   O ×

05 정치 과정 중 환경은 정치 외적 요소로 국내·국제적 환경에도 영향을 받는다.   O ×

06 정치 과정에서 환류는 정부의 산출에 대한 평가의 수정 또는 새로운 정책에 대해 요구하는 활동을 말한다.   O ×

07 선거는 정치 과정 중 산출에 해당하는 활동이다.   O ×

08 전통적인 정치 과정에서는 아래로부터의 정치가 이루어졌다.   O ×

09 오늘날 정치 과정은 정책 결정권자와 국민 간에 서로 영향을 주고받으면서 이루어진다.   O ×

10 (함정) 정당, 이익 집단, 시민 단체, 국회는 비공식적 정치 참여자이다.   O ×

주제 2   시민의 정치 참여

11 시민들이 사회 문제나 국가 기관의 정책을 결정하는 과정에 있어서 영향력을 행사하거나 미치는 직·간접적인 활동을 정치 참여라고 한다.   O ×

12 대표 선출을 위하여 후보자에게 투표하는 행위는 개별적인 정치 참여 방법이다.   O ×

13 공무 담임권을 행사하는 것은 집단적인 정치 참여 방법이다.   O ×

14 자신의 견해를 신문을 통해 제시하는 것은 개별적인 정치 참여 방법이다.   O ×

15 국가 기관에 요구 사항을 일정한 형식의 문서로 제출하는 정치 참여 방법을 청원이라고 한다.   O ×

16 집회 또는 시위에 참여하는 것은 개별적인 정치 참여 방법이다.   O ×

17 (함정) 정책 결정에 대한 토론회에 참석하여 자신의 의견을 표명하는 것은 집단적인 정치 참여 방법이다.   O ×

18 정치 참여를 통해 민주 시민 의식을 학습할 수 있는 기회를 제공함으로써 시민의 주권 의식을 신장시킨다.   O ×

19 시민들의 정치 참여는 대표자에 대한 감시와 통제의 기능을 한다.   O ×

20 시민의 의사를 정책 결정 과정에 투입하게 함으로써 정치적 무관심과 시민 의사의 왜곡을 방지할 수 있다.   O ×

21 시민 단체를 통한 정치 참여는 개별적 정치 참여의 방법이다.   O ×

22 이익 집단을 통해 집단의 특수 이익을 추구하기 위해 정치에 참여하는 것은 개별적인 정치 참여의 방법이다.   O ×

23 정치 과정에 시민이 참여하면서 정책 결정에 영향을 미칠 수 있다는 인식 또는 기대감을 정치적 효능감이라고 한다.   O ×

24 시민들의 정치적 효능감이 높을수록 정치 참여가 활발하게 이루어질 것이다.   O ×

25 전자 민주주의의 발달로 정보 통신 매체를 활용한 정치 참여의 영향력이 증대된다.   O ×

26 어떠한 권력이나 정부에 대해서 적극적인 충성이나 지지, 적극적인 반항과 부인도 보이지 않는 태도를 정치적 무관심이라고 한다.   O ×

27 정치 참여는 공익에 대한 시민들의 관심을 높이고 공익 증진 실현을 도모한다.   O ×

28 (함정) 시민의 적극적인 정치 참여는 직접 민주제의 한계를 보완한다.   O ×

29 정당에 가입하여 정당 구성원으로 참여하는 것은 집단적인 정치 참여 방법에 해당한다.   O ×

30 타인의 의견을 존중하고 배려하는 자세는 바람직한 정치 참여의 태도이다.   O ×

31 정치적 무관심의 요인으로 현대 정치 기구의 거대화, 현대 사회의 관료화, 정치에 대한 불신 등을 들 수 있다.   O ×

32 자신의 이익을 위해 주권 의식을 발휘하여 개인적인 입장만을 내세우는 것은 바람직한 정치 참여의 자세 중 하나이다.   O ×

정책의 결정 과정은 무엇일까?

개념 기출 자료로 확인

자료 정책 결정 과정

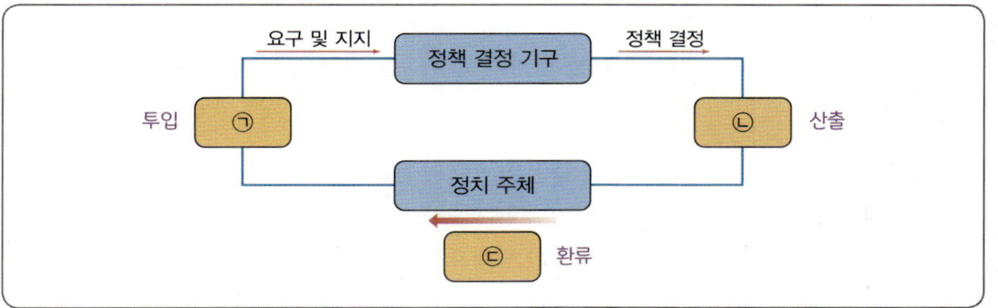

정책 결정 과정은 이스턴의 정치 체계론을 모형으로 한 문제가 많이 출제되고 있다. 각 단계별 특징에 대한 지식을 우선 갖추고 있어야 한다.

❶ 자료에서 투입, 정책 결정 기구, 산출, 환류를 구분하자!

㉠은 정책 결정 과정 중 개인, 집단이 정부를 대상으로 정책을 요구하거나 기존의 정부 정책에 대하여 지지하거나 불만을 표출하는 투입이고, ㉡은 정책 결정 기구에 의하여 정부의 정책을 수립하고 시행하는 산출이며, ㉢은 정부의 산출에 대한 평가의 수정 또는 새로운 정책에 대하여 요구하는 환류이다.

❷ 헌법 개정 절차와 법률 개정 절차를 정리하자!

투입	• 개인이나 집단이 정책 결정 기구를 대상으로 정책 결정을 요구하거나 기존의 정책 결정 기구에 의해 결정된 정책에 대하여 지지하거나 불만의 의견을 표출하는 것 • 개인, 정당, 시민 단체, 이익 집단 등에 의해 이루어짐
산출	• 정책 결정 기구에 의하여 정책을 결정하고 시행하는 것 • 행정부의 정책 결정, 입법부의 법률 제·개정, 사법부의 판결 등이 해당함
환류	• 정책 평가를 바탕으로 새로운 요구와 지지가 형성되는 단계임 • 정책 결정 기구의 산출에 대한 평가의 수정 또는 새로운 정책에 대해 요구하는 것
환경	• 정치 외적 요소로 경제, 사회, 문화, 생태 등이 해당함 • 국내적 환경뿐만 아니라 국제적 환경에도 영향을 받음

❸ 선택지를 해석하자!

① ㉠은 정치 집단을 통해서만 가능하다. ⟶ 투입은 개인도 가능하다.
② 정당의 당론 결정은 ㉡에 해당한다. ⟶ 산출은 공식적 정치 참여자에 의해 이루어진다.
③ ㉢이 활발할수록 신속한 의사 결정이 가능하다. ⟶ 환류가 활발하면 의사 결정 속도는 느려진다.
④ 선거에의 참여는 ㉠, ㉢의 사례에 해당한다. ⟶ 선거는 환류 및 투입에 해당한다.
⑤ 민주적 국가일수록 ㉠, ㉡보다 ㉢을 중시한다. ⟶ 민주적 국가일수록 투입이 활발하다.

▷ 투입의 주체 : 정책 결정 과정 중 투입은 정당, 이익 집단, 시민 단체와 같은 집단뿐만 아니라 개인, 언론 등에 의해서도 이루어질 수 있다.
▷ 산출의 주체 : 정책 결정 과정 중 산출은 공식적 정치 참여자인 입법부, 행정부, 사법부에 의해 이루어지는 것이지 정당, 이익 집단, 시민 단체와 같은 비공식적 정치 참여자에 의해 이루어지는 것은 아니다.
▷ 환류의 의의 : 환류는 정책 결정 기구의 산출에 대한 평가의 수정 또는 새로운 정책에 대해 요구하는 것으로, 많은 주체들의 의견이 모아지는 단계이므로 신속한 의사 결정과는 거리가 멀다.
▷ 선거의 의의 : 정책 결정 과정 중 선거는 환류 및 투입 단계에 해당한다.
▷ 정치 문화 : 민주적 국가일수록 정책 결정 과정 중 투입 단계가 활발하게 이루어진다.

개념 문제로 확인하기

Q1 다음 내용이 공식적 정치 참여자에 해당하면 '공', 비공식적 정치 참여자에 해당하면 '비'에 표시하시오.

01. 정당 (공 / 비)
02. 이익 집단 (공 / 비)
03. 시민 단체 (공 / 비)
04. 입법부 (공 / 비)
05. 행정부 (공 / 비)
06. 사법부 (공 / 비)
07. 언론 (공 / 비)

Q2 다음 표에서 알맞은 단어를 고르거나 쓰시오.

08. 투입	❶ 개인이나 집단이 정책 결정 기구를 대상으로 정책 결정을 요구하는 것 ❷ (공식적 / 비공식적) 정치 참여자에 의해 이루어짐
09. 산출	❶ (　　　)의 정책 결정, 입법부의 법률 제정, 사법부의 판결 등 ❷ (공식적 / 비공식적) 정치 참여자에 의해 이루어짐
10. 환류	• 정책 평가를 바탕으로 새로운 요구와 지지가 형성되는 단계 ❶ 공직자를 선출하는 (　　　)가 대표적임
11. 환경	❶ 국내적 환경뿐만 아니라 (　　　) 환경에도 영향을 받음

Q3 다음 내용이 맞으면 'O', 틀리면 '×'에 표시하시오.

12. 환류의 활성화는 신속한 정책 결정을 가능하게 한다. (O / ×)
13. 정책 결정 과정에서 정치 외적인 요소를 환경이라고 한다. (O / ×)
14. 정책 결정 과정에서 산출은 공식적 정치 참여자, 비공식적 정치 참여자에 의해 이루어진다. (O / ×)

WHAT & HOW 정답 Q1 01. 비 02. 비 03. 비 04. 공 05. 공 06. 공 07 비 Q2 08. ❶ 비공식적 09. ❶ 행정부 ❷ 공식적 10. ❶ 선거 11. ❶ 국제적 Q3 12 × 13. ○ 14. ×

족집게 전략 | • 정치 과정의 의미와 체계는 정치 파트에서 중요하게 다루어지던 개념이다.

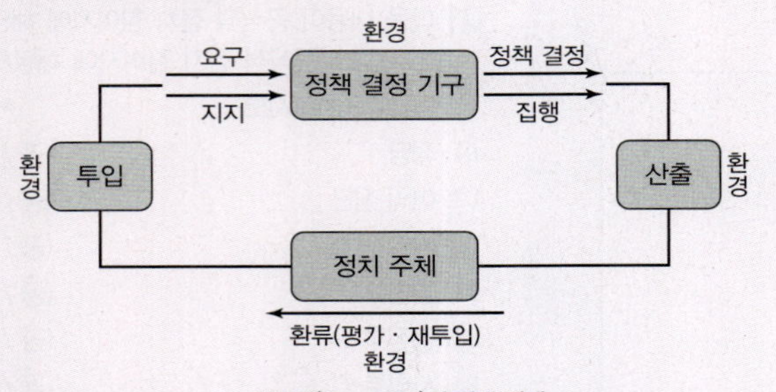

그림과 같이 정책 결정 과정은 크게 '투입 → 산출 → 환류 → 투입'으로 이루어진다는 것을 파악하고, 정치 과정과 그 과정에서의 각 정치 참여 주체의 역할 등에 대해 꼼꼼하게 준비해야 한다. 특히 투입은 시민 단체, 이익 집단, 정당, 언론과 같은 비공식적 정치 참여자에 의해 이루어지고, 산출은 입법부, 행정부, 사법부와 같은 공식적 정치 참여자에 의해 이루어진다는 점을 알아야 한다.

177 　대표 문항

다음 〈자료 1〉의 ㉠~㉢에 해당하는 (가)~(다) 사례를 바르게 연결한 것은?

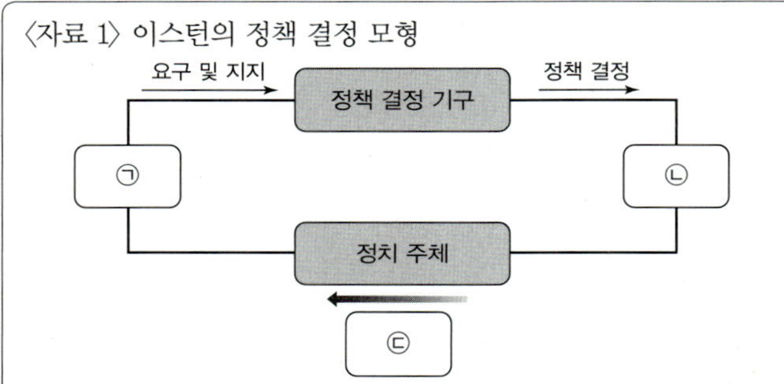

〈자료 2〉 사례
(가) 국회는 ○○ 시민 단체의 요구를 반영하여 환경 보호 관련 △△법률안을 의결하였다.
(나) ◇◇협회는 △△ 법률의 시행으로 자신들의 이익이 크게 침해되고 있다며 해당 법률의 개정을 요구하고 있다.
(다) ○○ 시민 단체는 환경 보호 관련 △△ 법률안의 제정을 촉구하는 의견서를 국회에 제출하였다.

	㉠	㉡	㉢
①	(가)	(나)	(다)
②	(나)	(가)	(다)
③	(나)	(다)	(가)
④	(다)	(가)	(나)
⑤	(다)	(나)	(가)

178

밑줄 친 ㉠~㉣에 대한 설명으로 옳지 <u>않은</u> 것은?

> 어떤 정치학자에 의하면 정치 체계는 국민의 요구와 지지가 ㉠ 정책 결정 기구로 전달되는 ㉡ 투입, 요구와 지지가 정책 결정 기구에 들어가 공공 정책으로 전환되어 나오는 ㉢ 산출, 산출이 투입에 다시 영향을 미치는 ㉣ 환류의 과정으로 이루어진다. 그리고 이러한 과정은 정치 체계를 둘러싼 제반 환경과 영향을 주고받는다.

① 입법부와 행정부는 ㉠의 대표적인 예이다.
② 시민의 입법 청원 활동은 ㉡의 예이다.
③ 언론이 일정한 방향으로 여론을 형성하는 것은 ㉢의 예이다.
④ 민주주의 국가에서는 전체주의 국가에서보다 ㉣이 활발하게 나타난다.
⑤ 정책 집행 결과에 대한 평가가 이루어지고 그에 따른 정책 수정의 필요성 여부가 제기되는 과정은 ㉣에 해당한다.

179

정치학자 갑, 을의 주장에 대한 설명으로 옳은 것은?

> 갑 : 우리 사회에서 공동체에 영향을 주는 중요한 정책을 결정할 때에는 시민보다는 소수 엘리트에게 맡기는 것이 옳습니다. 다수의 시민은 정치적 사고 능력이 부족하고 자신의 정치적 결정에 대한 책임 의식도 부족합니다.
>
> 을 : 아닙니다. 우리 사회의 시민은 정치적 사회화가 잘 이루어져 있어서 정치적 사고 능력이 부족하지 않습니다. 중요한 정책에 대해 스스로 사고할 수 있는 충분한 능력을 가지고 있고 이에 대한 권리도 있습니다. 따라서 공동체에 영향을 주는 중요한 정책은 시민의 참여를 전제로 결정되어야 합니다.

① 갑은 시민의 정치 참여가 정책 결정의 효율성을 저해시킨다는 주장에 동의할 것이다.
② 을은 공식적 정치 참여자의 역할을 경시한다.
③ 갑과 달리 을은 정치 과정의 투입 기능을 중시하지 않는다.
④ 을과 달리 갑은 국민 자치의 원리를 강조한다.
⑤ 갑, 을 모두 직접 민주제를 옹호한다.

180

정치 과정과 관련하여 A국~D국의 사례에 대한 설명으로 옳은 것은?

구분	사례
A국	의회를 통과한 법률에 대해 반대하는 각종 집회나 시위가 빈번하게 나타나고 있다.
B국	정책 결정을 위해 국민을 참여 대상으로 하는 각종 공청회, 토론회 등을 자주 개최하고 있다.
C국	정치 과정에서 국민의 투입 기능은 활발하지만 산출 기능이 이에 미치지 못하고 있다.
D국	정치 과정에서 국민의 의견을 무시하는 정책 결정이 빈번하게 나타나고 있다.

① A국의 사례는 정치 과정에서 환류가 활발하게 나타나는 것을 보여 준다.
② B국에서는 정치 과정에서 환류가 활발하게 나타나지 않을 것이다.
③ C국에서는 권위주의적인 정부의 모습이 나타날 것이다.
④ D국에서는 투입 기능보다 산출 기능이 활발하게 나타날 것이다.
⑤ A~D국 중 국민의 정치적 효능감은 D국에서 가장 높을 것이다.

181

정치 과정과 관련하여 갑, 을의 입장에 대한 설명으로 옳은 것은?

① 갑은 을과 달리 대의 민주제를 부정한다.
② 을은 갑에 비해 상향식 의사 결정을 중시한다.
③ 을은 갑에 비해 정책 결정에서의 효율성을 중시한다.
④ 을은 갑과 달리 공식적 정치 참여자의 역할을 경시한다.
⑤ 갑, 을 모두 정치 과정에서 산출보다 투입 기능을 중시한다.

182 고난도↗

| 평가원 기출 |

그림은 정치 과정을 나타낸 것이다. 이에 대한 설명으로 가장 적절한 것은?

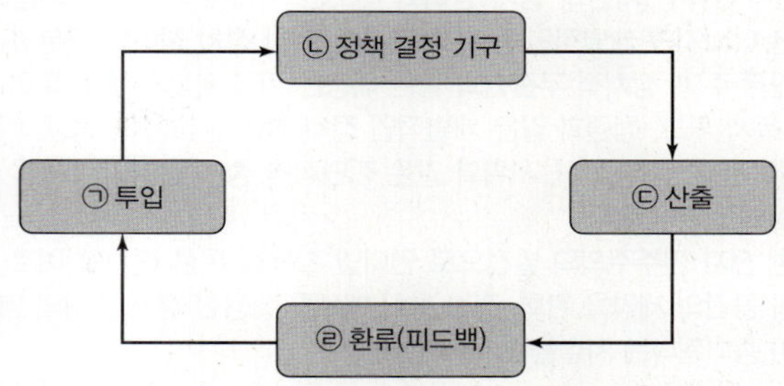

① ㉠에서 제출되는 행정부의 법률안은 위임 입법에 해당한다.
② 시민의 요구에 부응하는 의회의 입법 과정은 ㉠으로 분류된다.
③ 언론은 ⓒ에서 강력한 영향력을 행사함으로써 정부 정책 변동을 주도한다.
④ 시민 단체는 ⓒ의 대표적인 참여자로서 정부 정책 집행을 대행한다.
⑤ ㉣을 거치면서 시민은 정부 정책을 평가하고 새로운 정책 개발의 필요성을 제기한다.

183

정치 과정의 유형 (가), (나)에 대한 옳은 설명만을 〈보기〉에서 고른 것은?

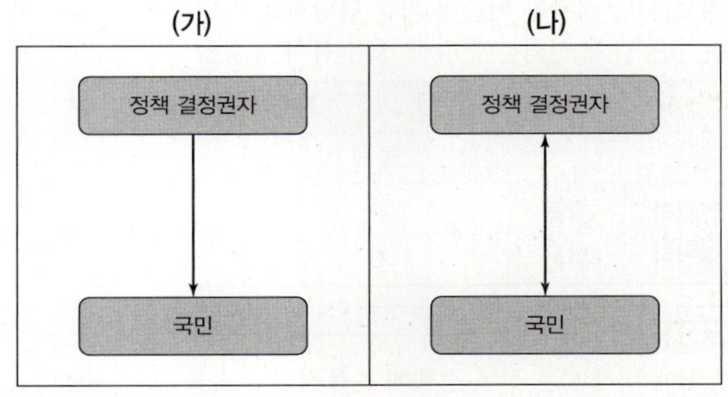

보기
ㄱ. (가)에서는 정치 과정을 지배자의 통치 행위로만 이해한다.
ㄴ. (가)는 (나)와 달리 국민 주권을 바탕으로 한다.
ㄷ. (가)에 비해 (나)에서 정책 결정을 위한 투입이 활발하게 이루어진다.
ㄹ. (나)에 비해 (가)에서 환류가 활발하게 나타난다.

① ㄱ, ㄴ ② ㄱ, ㄷ ③ ㄴ, ㄷ
④ ㄴ, ㄹ ⑤ ㄷ, ㄹ

주제 2 시민의 정치 참여

족집게 전략 | 시민의 정치 참여와 태도는 시험에 자주 출제되는 부분은 아니지만 개별적인 정치 참여, 집단적인 정치 참여의 구분과 전자 민주주의, 정치적 무관심과 같은 내용은 가끔 출제되었다. 특히 선거, 독자 투고, 청원과 같은 개별적인 정치 참여의 내용과, 정당, 이익 집단, 시민 단체, 집회, 시위와 같은 집단적인 정치 참여의 내용을 파악하고 있어야 한다.
또한 전자 민주주의의 발전으로 인터넷 활용을 통한 정치 참여로 시간과 공간의 제약을 완화, 정보 통신 매체를 활용한 정치 참여의 영향력이 증대된다는 사실을 알아야 한다.

184 대표 문항 고난도↑

| 평가원 기출 |

A~D에 대한 적절한 추론을 〈보기〉에서 고른 것은?

정치적 효능감은 개인의 정치 행동이 정치적 인물이나 정책 결정에 영향을 미칠 수 있다는 의식이며, 정치적 신뢰감은 전반적인 정치 질서나 정부를 이끌어 가는 담당자들에 대한 믿음이다. 아래 표는 효능감과 신뢰감에 따라 정치 참여 유형을 구분한 것이다.

구분		정치적 효능감	
		높음	낮음
정치적 신뢰감	높음	A	B
	낮음	C	D

〈보기〉
ㄱ. B에 비해 C는 정부 정책에 순응적인 모습을 보일 것이다.
ㄴ. D에 비해 A는 정치 과정에 능동적으로 참여하며 국가 정책에 대한 지지 정도가 높을 것이다.
ㄷ. B, D에 비해 A, C는 적극적으로 자신의 정치적 의사를 실현하고자 할 것이다.
ㄹ. C, D에 비해 A, B는 점거나 농성과 같은 비제도적 방법을 통한 정치 참여 정도가 높을 것이다.

① ㄱ, ㄴ   ② ㄱ, ㄷ   ③ ㄴ, ㄷ
④ ㄴ, ㄹ   ⑤ ㄷ, ㄹ

185

그림의 (가)~(라)에 해당하는 국가의 정치 과정 특징으로 옳은 것만을 〈보기〉에서 있는 대로 고른 것은?

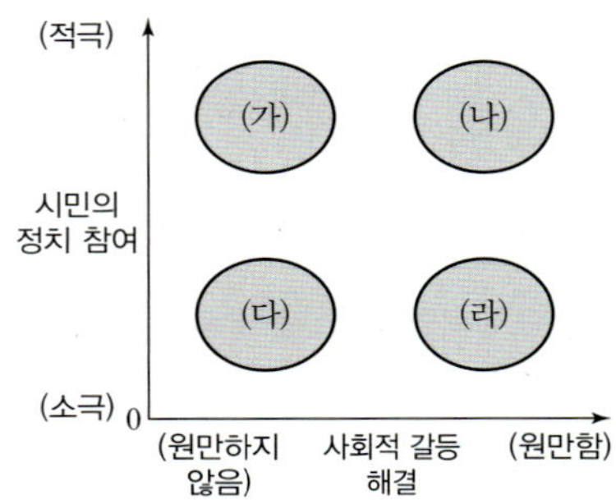

〈보기〉
ㄱ. (가)보다 (다)에서 권위주의적 정책 결정이 나타날 가능성이 높다.
ㄴ. (나)보다 (라)에서 투입 기능보다 산출 기능이 활발할 것이다.
ㄷ. (다)보다 (나)에서 시민의 정치적 효능감이 높을 것이다.
ㄹ. (가)~(라) 중 정책 결정의 효율성은 (라)에서 가장 높을 것이다.

① ㄱ, ㄴ   ② ㄱ, ㄹ   ③ ㄴ, ㄷ
④ ㄱ, ㄷ, ㄹ   ⑤ ㄴ, ㄷ, ㄹ

186

다음 자료의 (가)에 대한 설명으로 옳지 않은 것은?

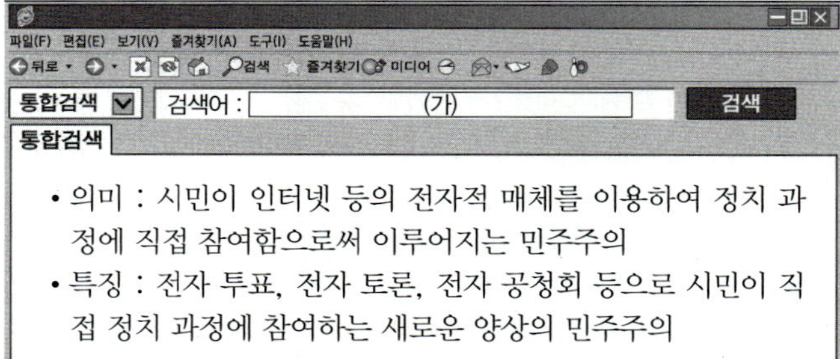

• 의미 : 시민이 인터넷 등의 전자적 매체를 이용하여 정치 과정에 직접 참여함으로써 이루어지는 민주주의
• 특징 : 전자 투표, 전자 토론, 전자 공청회 등으로 시민이 직접 정치 과정에 참여하는 새로운 양상의 민주주의

① 정치 과정에서의 투입 기능이 활성화될 수 있다.
② 정보 격차가 정치 참여의 불평등으로 나타날 수 있다.
③ 선거 비용이 감소하고 직접 민주주의를 실현할 수 있다.
④ 개인 정보의 유출, 해킹 등에 대한 보안 대책이 필요하다.
⑤ 공직 선거에서 당선자의 대표성을 높이는 기능을 수행할 수 있다.

187

정치 참여 방법 (가)~(다)에 대한 옳은 설명만을 〈보기〉에서 있는 대로 고른 것은?

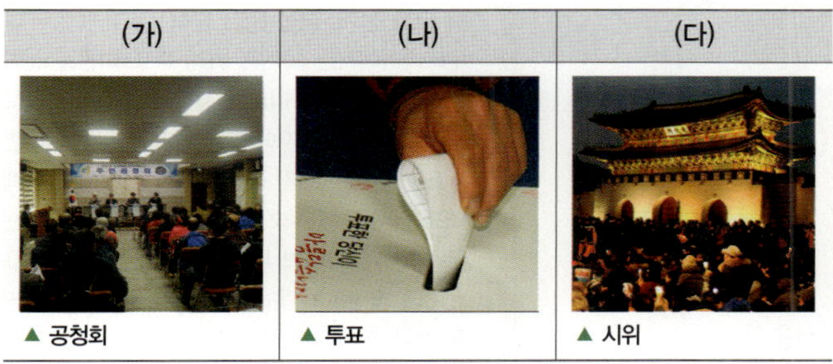

[보기]
ㄱ. (나)와 달리 (다)는 집단적 정치 참여 방법에 해당한다.
ㄴ. 시민의 정치적 효능감이 높으면 (가), (나)와 달리 (다)의 참여는 줄어든다.
ㄷ. (가), (다)와 달리 (나)는 정치 과정에서 산출 기능에 해당한다.
ㄹ. (가)~(다) 모두 정책 결정의 정당성을 높이는 데 기여한다.

① ㄱ, ㄷ   ② ㄱ, ㄹ   ③ ㄴ, ㄷ
④ ㄱ, ㄴ, ㄹ   ⑤ ㄴ, ㄷ, ㄹ

188

표는 A국~C국의 정치 과정과 관련한 시민의 인식 정도를 나타낸 것이다. 이에 대한 옳은 설명만을 〈보기〉에서 있는 대로 고른 것은?

구분	A국	B국	C국
정치 참여자	높음	낮음	낮음
투입 과정	높음	낮음	낮음
산출 과정	높음	낮음	높음
정치 체제	높음	낮음	높음

[보기]
ㄱ. 정부 정책에 대한 환류는 A국에서 가장 활발하게 나타날 것이다.
ㄴ. 정치 과정에 대한 관심의 정도는 B국에서 가장 낮을 것이다.
ㄷ. 시민들의 정치적 효능감이 가장 높은 국가는 C국일 것이다.
ㄹ. A국보다 C국에서 권위주의적 정책 결정이 이루어질 가능성이 높다.

① ㄱ, ㄷ   ② ㄱ, ㄹ   ③ ㄴ, ㄷ
④ ㄱ, ㄴ, ㄹ   ⑤ ㄴ, ㄷ, ㄹ

189

| 평가원 기출 |

(가)~(다)는 인터넷의 기능에 대한 설명이다. 갑, 을, 병의 진술에 나타나는 기능으로 적절한 것은?

(가) 인터넷은 시민들이 정치적 태도 및 행동 양식을 습득해 나가는 데에 영향을 미친다.
(나) 인터넷은 시민들에게 사회적 쟁점을 제기할 수 있는 공간을 제공하여 의제 형성 과정에 영향을 미친다.
(다) 인터넷은 시민들이 정책 결정에 직접 참여할 수 있도록 함으로써 대의제의 문제점을 보완하는 역할을 한다.

갑 : 인터넷에 익숙한 젊은 세대와 그렇지 않은 세대 간에 정치 성향의 차이가 더 벌어지고 있어.

을 : 최근 인터넷은 여론 형성을 주도하는 새로운 매체로 자리를 잡아가고 있어.

병 : 인터넷 투표 등을 통해 시민들이 시공간적 제약을 넘어 국가의 주요 의사를 결정하는 기회를 확대하는 제도를 도입할 수 있게 되었어.

	갑	을	병			갑	을	병
①	(가)	(나)	(다)		②	(가)	(다)	(나)
③	(나)	(가)	(다)		④	(나)	(다)	(가)
⑤	(다)	(나)	(가)					

190

다음 자료의 갑, 을 주장에 대한 설명으로 옳은 것은?

① 갑과 달리 을은 대의제에 대해 찬성할 것이다.
② 갑과 달리 을은 대표자에 의한 정책 결정을 반대할 것이다.
③ 국민의 정치적 효능감은 갑에 비해 을에 따른 정치 과정에서 높을 것이다.
④ 갑에 비해 을에 따른 정치 과정에서의 정책 결정 방식에서 신속한 정책 결정이 이루어 질 것이다.
⑤ 갑, 을 모두 전자 민주주의 확대에 대해 찬성할 것이다.

주제 1 선거와 선거 제도

1. 선거

└─ 오늘날 대의 민주제 국가에서는 국민이 국가의 모든 일을 직접 결정하지 않고 자신을 대신할 대표자를 뽑아 국가를 운영한다.

(1) **선거의 의미** : 주권자인 국민이 자신들을 대표하여 국가를 운영할 공직자를 투표로 선출하는 행위

(2) **선거의 의의** : 국민이 정치적 의사를 표현하는 가장 기본적인 수단

(3) **선거의 기능**

① 대표자 선출 : 국민의 의사에 따라 국민을 대신하여 국정을 담당할 대표자를 선출함

② 정치권력 통제 : 선거를 통해 대표자를 재신임하거나 책임을 물어 교체함

③ 정치권력에 정당성 부여 : 합법적 절차와 국민의 지지를 얻은 정치권력은 정당성을 가짐

④ 여론 반영 : 국민의 다양한 의사나 요구를 정치 과정에 투입하여 이를 정책 결정에 반영함

⑤ 주권 의식 향상 : 선거에 국민이 직접 참여하면서 국민의 주권 의식이 신장됨

└─ 여론이란 사회적인 쟁점이나 문제에 대한 다수의 의견이다.

(4) **민주 선거의 원칙** ❶

보통 선거	재산, 교육 수준, 성별 등을 이유로 선거권을 제한하지 않고 일정한 나이에 달한 모든 국민에게 선거권 부여 └─ 보통 선거 원칙이 확립되기 전에는 인종, 종교, 신분, 성별, 재산 등에 따라 선거권이 제한되기도 하였다.
평등 선거	모든 유권자에게 동일한 수의 투표권을 부여하고, 투표 가치에 차등을 두지 않는 표의 등가성 실현 → 한 표가 선거 결과에 기여하는 정도가 동등해야 한다는 원칙이다.
직접 선거	유권자가 직접 대표를 선출하는 것 → 대리 투표가 허용된다면 본인의 의사에 반하는 투표가 이루어질 수도 있다.
비밀 선거	투표자의 투표 내용을 타인이 알 수 없게 하는 것 → 유권자의 선택이 공개된다면 사회적 관계 등이 작용하여 유권자의 자유로운 선택이 제한될 수도 있다.

└─ 과거에는 재산, 교육 수준 등에 따라 표의 가치를 다르게 부여하기도 하였다.

2. 선거 제도

(1) **선거구 제도**

① 선거구의 의미 : 대표자를 선출하는 지역적 단위, 전체 선거구를 일정 단위로 나누어 독립적으로 대표를 선출하는 단위 구역

② 선거구의 종류

• 소선거구제 : 한 선거구에서 1인의 대표자를 선출함, 다수 대표제와 결합 ❷

특징	다수당에 유리하여 양당제를 촉진함
장점	• 군소 정당의 난립을 막아 정국 안정에 유리함 • 유권자가 후보자를 파악하기 용이함 • 선거구의 지역적 범위가 좁기 때문에 선거 관리가 쉽고 선거 비용이 적게 듦
단점	• 한 선거구에 1명만 당선되기 때문에 선거 운동이 과열될 수 있음 • 사표가 많이 발생함 • 정당별 득표율과 의석률의 불일치가 심하여 과대 대표, 과소 대표의 문제가 발생하기도 함 • 주요 정당 후보에게 유리하여 소수당이나 신인 정치인의 의회 진출에 불리함

• 중 · 대선거구제 : 한 선거구에서 2명 이상의 대표자를 선출하는 제도

특징	소수당에 유리하여 다당제를 촉진함 └─ 사표란 선거 때 대표자의 당선에 기여하지 못한 표를 말한다.
장점	• 여러 후보 중 2명 이상이 당선되기 때문에 사표가 적음 • 후보자 선택의 폭이 넓어 국민의 다양한 의사가 반영될 수 있음 • 한 선거구에 다수의 후보자가 당선될 수 있어 선거 운동의 과열이 줄어들 수 있음
단점	• 군소 정당의 난립 가능성이 높고 정국이 불안정해 질 수 있음 • 한 선거구의 범위가 넓기 때문에 후보자의 선거 비용이 많이 듦 • 당선자 간 득표율의 차이로 동일 선거구 내에서 투표에 대한 가치의 차등 문제가 발생할 수 있음 ❸

❶ 평등 선거, 직접 선거 원칙

우리나라에서는 과거에 비례 대표 의원을 선출하기 위한 선거를 따로 실시하지 않고 1인 1표로 지역구 의원 후보자에 대한 투표를 정당에 대한 투표로 간주하여 각 정당의 득표율에 따라 비례 대표 의석을 배분하였다. 그러나 헌법 재판소는 무소속 후보자에게 투표한 유권자는 비례 대표 선거에 참여하지 못하는 결과가 발생하므로 평등 선거 원칙에 위반되고, 유권자의 직접 투표로 비례 대표 의원을 선출하지 않아 직접 선거의 원칙에 위반된다고 판단하였다. 이에 우리나라에서는 지역구 의원을 선출하기 위해 지역구 의원 후보자에게 1표, 비례 대표 의원을 선출하기 위해 정당에게 1표를 행사하게 되었다.

❷ 다수 대표제

단순 다수 대표제는 가장 많은 표를 얻은 후보자 또는 득표한 순서에 따라 일정한 후보자를 당선시키는 방식이다. 한편, 절대 다수 대표제는 과반수 득표자와 같이 다수 대표의 일정 기준을 두어 당선자를 결정하는 방식이다. 절대 다수 대표제는 단순 다수 대표제에 비해 당선자의 대표성을 높이는 데 유리하다.

❸ 동일 선거구 내의 투표 가치의 차등 문제

중 · 대선거구제에서는 한 선거구에서 2명 이상의 대표자를 선출하게 된다. 따라서 당선자의 득표율이 다른 경우가 일반적인데 이때 각 당선자를 지지한 유권자의 투표 가치가 다르다. 예를 들면 1위로 당선된 후보자가 100만 표를 얻어 당선되고, 2위로 당선된 후보자가 10만 표를 얻어 당선되었다면, 2위로 당선된 후보자를 지지하는 유권자의 투표 가치는 1위로 당선된 후보자를 지지하는 유권자의 투표 가치의 10배이다.

(2) 대표 결정 방식

① 다수 대표제

구분	단순 다수 대표제(상대 다수 대표제)	절대 다수 대표제
의미	후보자들 중에서 가장 많은 득표를 획득한 후보자 또는 득표순으로 일정한 수의 후보자가 당선되는 방식	후보자가 일정 비율 이상의 득표를 획득해야 당선되는 방식
특징	• 사표가 많이 발생할 수 있음 • 당선자 결정이 간편함	• 당선자의 대표성이 높아짐 • 선거 비용이 더 발생함 • 결선 투표제, 선호 투표제 등이 있음 ❹, ❺

② 비례 대표제 : 각 정당이 획득한 득표율에 비례하여 의석수를 할당하고 당선자를 결정하는 방식

장점	• 사표 발생을 줄일 수 있음 • 과대 대표, 과소 대표 문제를 줄일 수 있음 • 군소 정당의 의회 진출에 대한 가능성이 높음
단점	• 의석수 할당 방식이 복잡함 • 군소 정당이 난립할 경우 정국이 불안정해질 수 있음 • 지역 대표가 아니라 정당 대표로 전락할 수 있음

③ 혼합 대표제 : 다수 대표제와 비례 대표제의 단점을 보완하여 혼합한 제도

주제 2 우리나라의 선거 제도

1. 우리나라의 선거 제도

구분		선출 대상	특징
대통령 선거(5년)		대통령	• 전국 단위 단순 다수 대표제 • 단임제
국회 의원 선거(4년)		지역구	소선거구제, 단순 다수 대표제
지방 선거 (4년)	광역	비례 대표	정당 명부식 비례 대표제
		시 · 도지사	• 단순 다수 대표제 • 3회에 한해 연임 가능
		지역구	소선거구제, 단순 다수 대표제
	기초	시장 · 군수 · 구청장	단순 다수 대표제 • 3회에 한해 연임 가능
		지역구	• 중 · 대선거구제 • 단순 다수 대표제(2명 이상 선출)
		비례 대표	정당 명부식 비례 대표제
	교육감	시 · 도 교육감	• 단순 다수 대표제, 정당 공천 없음 • 3회에 한해 연임 가능

2. 우리나라 선거 제도의 문제점과 개선 방안

(1) **지역주의** : 후보의 공약이나 배경보다 지역적 경향 → 최근 권역별 비례 대표제 도입 논의 ❻

(2) 사표가 많이 발생하고, 당선자의 대표성 문제가 나타날 수 있음

(3) 다수당에 유리하고, 군소 정당에게 불리함 ┐ 국회 의원과 광역 의회 의원, 기초 의회 의원은 비례 대표제를 결합한 혼합형 선거 제도를 적용하기 때문에 군소 정당의 후보에게도 당선될 기회가 열려 있기는 하지만, 실제로는 소선거구제·단순 다수 대표제로 선출하는 의원의 수가 많아서 군소 정당 후보의 국회 진입이 어려운 편이다.

3. 공정한 선거를 위한 제도 및 기관

선거구 법정주의	특정 정당이나 특정 인물에 유리하도록 선거구가 정해지는 것(게리맨더링)을 방지하기 위해 선거구를 법률로써 획정하는 제도 ❼
선거 공영제	• 선거 과정을 국가 기관이 관리하고 선거 비용의 일부를 국가 또는 지방 자치 단체에서 부담하는 제도 • 선거 운동 기회의 균등한 보장, 재력이 부족하여 입후보하기 어려운 사람에게도 후보자로 나설 수 있는 기회 보장
선거 관리 위원회	선거와 국민 투표에 대하여 공정하게 관리하고 정당에 관한 사무를 처리하는 헌법상 독립 기관

❹ 결선 투표제

재투표의 한 가지로, 선거 시 절대 다수제의 원칙에 조금이라도 충실하게 따를 것을 목적으로 일정의 조건하에서 처음의 선거 후에 다시 실시하는 선거를 말한다. 개표의 결과 후보자의 누구도 결정 득표수를 얻지 못한 경우나 후보자의 누구도 유권자의 과반수의 표를 얻지 못한 경우에 득표수가 많은 상위 후보에 의해 이루어지는 것으로 통상은 처음의 득표수가 많은 상위 2명의 후보자에 의해 실행되는 경우가 많다. 결선 투표를 채용한 경우 이론상으로는 유권자 의사를 보다 정확하게 반영시킬 수 있다. 그러나 그 한편으로 각각의 정당이 결선 투표 전에 조정 등을 하여 전략적인 행동을 취할 가능성도 있다.

❺ 선호 투표제

유권자가 한 명의 후보에게만 투표하는 1후보 투표제와는 달리, 출마한 후보 모두에게 지지하는 순서대로 순위를 매겨 투표하는 제도이다. 오스트레일리아(호주)는 1918년 이 투표제를 채택한 이래 연방 하원 의원 선거를 비롯한 몇몇 선거에 적용하고 있다.

❻ 권역별 비례 대표제

권역별 비례 대표제란 전국을 5~6개 정도의 권역으로 나눈 다음, 인구 비례에 따라 권역별 의석수(지역구 대표 + 비례 대표)를 먼저 배정하고, 그 의석을 정당 득표율에 따라 나누는 제도이다. 이때 권역별 지역구 당선자 수를 제외한 나머지에는 비례 대표를 배정한다.

❼ 게리맨더링

특정 정당이나 특정인에 유리하도록 선거구를 정하는 것으로, 예컨대 반대당이 강한 지구를 억지로 분할하거나 자기 당에게 유리한 지역적 기반을 멋대로 결합시켜 당선을 획책하는 것을 말한다. 선거구를 정함에 있어 특정 정당이나 후보에 유리하도록 정했을 경우 선거의 공정을 기할 수 없다. 따라서 이런 행위를 방지하기 위해 선거구는 국민의 대표 기관인 국회의 의결을 거쳐 만들어진 법률로 정하도록 규정되어 있으며, 이러한 원칙을 선거구 법정주의(選擧區法定主義)라 한다.

핵심 개념 CHECK!

· 정답 및 해설 043~044쪽

📝 다음 설명이 맞으면 '○', 틀리면 '×'에 표시하시오.

주제 1 선거와 선거 제도

01 국민이 절차에 따라 국민의 대표를 투표로 선출하는 행위를 선거라고 한다. ○ ×

02 신분, 종교, 성별 등의 자격 요건에 대한 제한 없이 일정한 연령에 달하는 모든 국민의 선거권을 인정한다는 선거 원칙은 보통 선거이다. ○ ×

03 모든 유권자가 평등하게 한 표를 행사할 수 있으면, 투표 가치가 동등하지 않더라도 평등 선거의 원칙은 지켜진다. ○ ×

04 유권자가 대리인을 거치지 않고 대표자를 직접 투표하여 선출하는 선거 원칙은 직접 선거이다. ○ ×

05 유권자가 누구에게 투표를 했는지 다른 사람이 알지 못하도록 비밀을 보장한다는 선거 원칙은 비밀 선거이다. ○ ×

06 국민의 대표자를 선거를 통하여 선출하는 지역적 단위를 선거구라고 한다. ○ ×

07 한 선거구에서 2명 이상의 대표자를 선출하는 제도를 소선거구제라고 한다. ○ ×

08 소선거구제는 대표 결정 방식 중 일반적으로 다수 대표제와 결합한다. ○ ×

09 소선거구제는 소수당에게 유리하여 군소 정당의 의회 진출 가능성이 높다. ○ ×

10 소선거구제는 유권자가 후보자에 대한 파악이 용이하다. ○ ×

11 함정 소선거구제는 정당 득표율과 의석률과의 격차가 크지 않아 과대 대표, 과소 대표의 문제가 심각하지 않다. ○ ×

12 중·대 선거구제는 유권자의 후보자 선택의 폭이 넓다. ○ ×

13 중·대선거구제보다 소선거구제에서 사표가 적게 발생한다. ○ ×

14 중·대선거구제에서는 동일 선거구 내 당선자 간 투표에 대한 가치의 차등 문제가 발생할 수 있다. ○ ×

15 함정 정당의 득표율보다 의석률이 높으면 과소 대표, 정당의 득표율보다 의석률이 낮으면 과대 대표 되었다고 한다. ○ ×

16 선거구 내 후보자 중에서 다수 득표를 얻은 후보자가 당선되는 대표 결정 방식을 다수 대표제라고 한다. ○ ×

17 단순 다수 대표제는 당선자의 대표성이 높아지는 장점을 갖는다. ○ ×

18 단순 다수 대표제는 사표가 적게 발생한다. ○ ×

19 절대 다수 대표제는 선거 운영이 복잡하고 선거 비용이 더 발생한다. ○ ×

20 함정 비례 대표제는 각 정당의 의석률에 비례하여 의석수를 할당하고 당선자를 결정하는 것이 일반적인 방법이다. ○ ×

주제 2 우리나라의 선거 제도

21 우리나라 대통령 선거는 단순 다수 대표제를 적용하고 4년마다 실시한다. ○ ×

22 국회 의원 지역구 선거에는 소선거구제, 단순 다수 대표제가 적용된다. ○ ×

23 국회 의원 중 비례 대표 의원은 정당 명부식 비례 대표제로 선출된다. ○ ×

24 우리나라의 시·도지사는 4회에 한해 연임이 가능하다. ○ ×

25 함정 우리나라의 광역 지방 자치 단체 시·도 의원은 지역구 의원만 존재한다. ○ ×

26 우리나라의 기초 지방 자치 단체 지역구 시·군·구의원은 단순 다수 대표제로 2명 이상 선출된다. ○ ×

27 우리나라의 시·도 교육감은 3회에 한해 연임이 가능하다. ○ ×

28 우리나라의 시·도 교육감은 정당 공천제가 적용된다. ○ ×

29 국회 의원 선거와 달리 지방 선거는 4년마다 실시된다. ○ ×

30 우리나라의 선거 제도는 다수당에 유리하여 군소 정당 후보자의 당선 가능성이 낮아 의회 진입이 어렵다는 문제점을 갖고 있다. ○ ×

31 선거구를 특정 인물 또는 정당에 유리하게 자의적으로 획정하는 게리멘더링이 일어나지 않도록 선거구를 획정하는 제도를 선거구 법정주의라고 한다. ○ ×

32 선거 비용에 관한 일부를 국가나 지방 자치 단체가 부담하는 제도를 선거 공영제라고 한다. ○ ×

선거 결과 분석 문제는 어떻게 풀이할까?

개념 | 기출 자료로 확인

자료 선거 결과 분석
→ 선거 결과 분석 문제는 선거구 제도, 대표 결정 방식에 대한 지식을 바탕으로 해당 자료를 분석하고 해석하는 능력을 갖추어야 한다.

현재 갑국의 의회는 5개의 선거구에서 선출된 지역구 의원으로만 구성된다. 각 정당은 선거구별로 한 명의 후보자만 공천하며, 유권자는 자신의 지역구 후보 중 한 명에게만 투표한다. 그리고 선거구별 선출 의원 수는 같다. 갑국은 현재의 선거구 수는 유지하되 현행 선거구제인 ___(가)___ 를 ___(나)___ 로 변경하고자 한다. 이 경우 ___(가)___ 로는 갑국에서 한 정당이 지역구 전체 의

중·대선거구제
△은 2위 득표자이다.
○은 최다 득표자이다.
(단위 : %)

구분	A당 후보	B당 후보	C당 후보	D당 후보
선거구 1	△30	○35	25	10
선거구 2	△30	○45	10	15
선거구 3	○40	20	△30	10
선거구 4	25	○40	△28	7
선거구 5	○75	△10	7	8

석의 과반수를 확보할 수 없었지만, ___(나)___ 에서는 가능하다. 더불어 선거구제 변경과 함께 각 정당의 지역구 후보들이 선거구 전체에서 얻은 득표율에 비례하여 의석을 배분하는 제도를 도입하여 비례 대표 10석을 추가하려 한다. 이와 같이 갑국이 선거 제도를 변경하면 의회 전체 의석수는 변경 전 선거에서 1.5배가 된다. 선거 제도 변경 안은 제10다 의회 의원 선거에서부터 시행하고자 한다. 위의 표는 현행 선거 제도로 실시된 제9대 의회 의원 선거에서의 정당 후보별 득표율을 나타낸 것이다.

비례 대표제

* 모든 선거구의 유권자 수와 투표율은 동일하다.
** 선거 제도 변경 후에도 정당 공천 후보 수와 유권자 투표 방식은 동일하다.

❶ 자료에서 선거구 제도의 변경 내용을 파악하자! (가) 선거구제에서는 한 정당이 선거구별로 한 명의 후보자만 공천하고, 한 정당이 지역구 전체 의석의 과반수를 확보할 수 없으므로 (가)는 중·대선거구제이다. 따라서 (나)는 소선거구제이다. 또한 비례 대표 10석을 추가하고, 소선거구제로 5명을 선출하며, 의회 전체의 의석수가 변경 전 의석수의 1.5배가 되므로 선거 제도 변경 전 10명, 변경 후 15명의 의회 의원을 선출하게 된다.

❷ 선거 결과를 살펴보자!

〈변경 전 선거 결과〉

구분	A	B	C	D
총의석수	4석	4석	2석	0석
정당별 득표율	40%	30%	20%	10%
정당별 의석률	40%	40%	20%	0%

〈변경 후 선거 결과〉

구분	A	B	C	D
지역구 의석수	2석	3석	0석	0석
정당별 득표율	40%	30%	20%	10%
비례 대표 의석수	4석	3석	2석	1석
총 의석수	6석	6석	2석	1석

❸ 선택지를 해석하자!

▷ 사표 발생 : 소선거구제는 중·대선거구제보다 사표가 많이 발생하여 득표율과 의석률의 불일치가 심하다.

▷ 표의 등가성 : 중·대선거구제는 소선거구제와 달리 서로 다른 득표수를 획득해도 같은 당선자로 선출됨으로써 선거구 내 당선자 간 표의 등가성 문제가 발생한다.

▷ 과대 대표, 과소 대표 : 과대 대표는 득표율에 비해 의석률이 높은 경우이고, 과소 대표는 득표율에 비해 의석률이 낮은 경우이다.

▷ 평등 선거, 직접 선거 : 지역구 득표율에 따른 비례 대표 의석 배분 방식은 1인 1표를 전제로 하며 이 경우에는 직접 선거와 평등 선거 원칙에 위배된다.

개념 | 문제로 확인하기

Q1 다음 표에서 알맞은 단어를 고르시오.

01. 소선거구제	❶ 한 선거구에서 (1명 / 2명 이상)의 대표자를 선출 ❷ 일반적으로 (다수 대표제 / 비례 대표제)와 결합 ❸ 유권자의 후보자 파악이 (용이 / 곤란)함
02. 중·대선거구제	❶ (양당제 / 다당제)를 촉진함 ❷ 군소 정당의 난립 가능성이 (높음 / 낮음) ❸ 선거구 내 당선자 간 표의 등가성 문제가 발생할 수 (있음 / 없음)

Q2 다음 내용이 맞으면 'O', 틀리면 '×'에 표시하시오.

03. 사회적 신분이나 지위 등의 자격 요건에 대한 제한 없이 일정한 연령에 달하는 모든 국민의 선거권을 인정하는 민주 선거의 원칙을 보통 선거라고 한다. (O / ×)

04. 평등 선거 원칙의 반대 개념은 제한 선거이다. (O / ×)

05. 유권자가 대리인을 통해 투표 행위를 하는 것은 직접 선거 원칙에 어긋난다. (O / ×)

06. 비밀 선거 원칙의 반대 개념은 공개 선거이다. (O / ×)

07. 단순 다수 대표제는 절대 다수 대표제에 비해 당선자의 대표성이 낮다. (O / ×)

08. 비례 대표제는 단순 다수 대표제에 비해 군소 정당의 의회 진출 가능성이 높다. (O / ×)

09. 비례 대표제는 단순 다수 대표제에 비해 사표 발생을 줄일 수 있다. (O / ×)

10. 단순 다수 대표제는 절대 다수 대표제에 비해 선거 운영이 복잡하고 선거 비용이 많이 발생한다. (O / ×)

HOW & WHAT 정답 Q1 01. ❶1명 ❷ 다수 대표제 ❸ 용이 02. ❶ 다당제 ❷ 높음 ❸ 있음 Q2 03. ○ 04. × 05. ○ 06. ○ 07. ○ 08. ○ 09. ○ 10. ×

주제 1　선거와 선거 제도

족집게 전략 |　• 선거구 제도는 선거 결과 분석 문제에 포함되어 매년 출제되고 있으며 난도도 매우 높다. 소선거구제와 중·대선거구제의 의미, 특징, 장점, 단점을 각각 비교하여 파악하고 있어야 한다. 이와 관련한 선거 결과 분석 문제는 많은 기출문제를 접함으로써 고난도 문제에 대한 적응력을 높이고 정해진 시간 안에 해결할 수 있는 능력도 키워야 한다.

• 대표 결정 방식은 크게 다수 대표제와 비례 대표제로 구분되며 특히 다수 대표제의 개념이 이전 교육 과정과 다르므로 이에 대해 정확하게 파악하고 있어야 한다. 이전 교육 과정에서는 다수 대표제와 소수 대표제로 구분하여 소선거구제는 다수 대표제, 중·대선거구제는 소수 대표제와 결합하는 것으로 제시되었지만 현 교육과정에서는 개념을 정확히 하여 소선거구제, 중·대선거구제 모두 다수 대표제와 결합하는 것으로 적시되어 있다.

191　대표 문항　고난도↑

| 평가원 기출 |

다음 자료에 대한 분석 및 추론으로 옳은 것은?

갑국의 의회 의원 정수는 6명으로, 현재 6개 선거구(1~6)에서 단순 다수제로 의회 의원을 선출하고 있다. 다음은 갑국의 최근 의회 의원 선거의 정당별 득표 결과와 선거구를 나타낸다.

〈정당별 득표 결과〉　　(단위 : 표)

정당 / 선거구	A당	B당	C당	D당	E당	합계
1	20	40	0	0	0	60
2	30	15	15	0	0	60
3	10	35	10	5	0	60
4	0	15	5	0	0	20
5	5	0	0	15	20	40
6	15	5	0	0	40	60
합계	80	110	30	20	60	300

* 유권자 1인은 1표를 행사하고, 투표율은 100%이며, 무효표는 없음

〈선거구〉

1	2	3
4	5	6

갑국은 현재의 의원 정수를 유지하면서 다음과 같은 두 가지 선거 제도 개편안을 검토하고 있다. 개편안의 경우 최근 의회 의원 선거의 정당별 득표 결과만을 근거로 판단한다.

〈1안〉　2개의 선거구를 하나로 통합하여 선거구를 3개로 축소하고, 각 선거구에서 득표순으로 2인의 대표를 선출한다. 정당이 후보자를 공천할 때 2인이 당선 가능한 경우 2인을, 그렇지 않은 경우 1인을 공천한다. 선거구는 경계선이 접한 경우에만 통합이 가능하며, 대각선 방향으로의 통합은 고려하지 않는다. 통합 후 하나의 선거구 유권자 수가 다른 선거구 유권자 수의 2배 이상이 되지 않도록 한다.

〈2안〉　선거구 모두를 통합하여 한 개의 선거구로 만들며, 의석 할당 정당의 득표 비율에 의원 정수를 곱하여 산출된 수의 정수(整數)만큼 정당의 의석으로 배분한다. 의석 할당 정당의 득표 비율은 각 의석 할당 정당의 득표수를 모든 의석 할당 정당의 득표수 합계로 나누어 산출한다. 이후 잔여 의석은 소수점 이하의 수가 큰 순서대로 각 의석 할당 정당에 1석씩 배분한다. 단, 의석 할당 정당은 전체 투표 총수의 15% 이상을 득표하여야 한다.

① 현행에서 A당과 C당은 과소 대표되고, 2안에서 B당과 E당은 과대 대표된다.

② 1안에서 A당이 얻을 수 있는 최소 의석수는 1석, 최대 의석수는 3석이다.

③ 1안에서 선거구가 1–4, 2–5, 3–6으로 통합된다면, B당의 의석수는 현행보다 적어도 1석이 증가할 것이다.

④ C당의 경우 1안과 2안에서 얻을 수 있는 의석수는 동일하지 않다.

⑤ D당과 E당은 1안보다 2안이 유리하다.

192

밑줄 친 'A 제도'를 실시함으로써 얻을 수 있는 효과로 가장 적절한 것은?

A 제도는 선거 당일 투표가 어려운 선거인이 별도의 부재자 신고 없이 일정한 기간 동안 전국 어느 투표소에서나 투표할 수 있는 제도이다. 전국의 투표소를 통신망으로 연결하여 선거인 명부를 하나로 통합 운영하고, 투표 용지 발급기를 이용해 투표소가 설치된 곳 어디에서나 선거인에게 해당 선거구의 투표 용지를 발급·교부함으로써 투표가 가능하도록 한 시스템이다. 모든 공직 선거에 해당되며 선거일 전에 투표하고자 하는 모든 선거인은 투표소가 설치된 곳이면 전국 어디에서나 투표할 수 있다.

① 선거 비용의 절감　　② 전자 민주주의 강화
③ 당선자의 대표성 확보　　④ 보통 선거 제도의 확립
⑤ 선거 관리의 투명성 확보

193

다음 갑국~병국이 위반하고 있는 민주 선거의 원칙으로 옳은 것은?

- 갑국에서는 19세 이상의 모든 국민에게 선거권을 부여하지만 선거 시 세금 납부액을 기준으로 1표에서 5표까지 다르게 표를 행사하도록 하고 있다.
- 을국에서는 중우 정치 발생 가능성을 차단하기 위해 고등학교 이상의 학력자에게만 선거권을 부여하고 있다.
- 병국에서는 투표 참여율을 높이기 위해서 유명 연예인들이 자신의 선택 후보자를 표현하는 인증샷을 제3자가 알 수 있도록 SNS상에 공개하는 것을 허용하고 있다.

	갑국	을국	병국
①	직접 선거	보통 선거	비밀 선거
②	보통 선거	직접 선거	비밀 선거
③	보통 선거	평등 선거	직접 선거
④	평등 선거	직접 선거	보통 선거
⑤	평등 선거	보통 선거	비밀 선거

194

(가), (나)에 해당하는 선거의 기능으로 옳은 것은?

선거의 기능	의미
(가)	선거를 통해 집권한 정부의 행위는 국민의 의사에 따라 수행되는 것으로 간주되기 때문에 국민을 대상으로 하는 공권력의 행사에 대해 국민은 인정하고 따르게 된다.
(나)	국민은 지난 선거에서 선출되어 국정을 담당하고 있는 대표자를 다시 선거를 통해 평가할 수 있다. 만일 대표자가 국민의 의사를 충실히 반영하였다면 다음 선거에서도 그 대표자에게 투표하겠지만 그렇지 않을 경우에는 다른 후보자에게 투표할 것이다.

	(가)	(나)
①	여론 반영	대표자 선출
②	대표자 선출	여론 반영
③	주권 의식 향상	정치권력에 정당성 부여
④	정치권력에 대한 통제	대표자 선출
⑤	정치권력에 정당성 부여	정치권력에 대한 통제

195

자료는 갑국의 의회 의원 선거 결과이다. 이에 대한 분석 및 추론으로 옳지 <u>않은</u> 것은?

구분	지역구 의석수(석)	정당 투표 득표율(%)	총의석수(석)
A당	45	40	87
B당	30	45	78
C당	15	5	15
D당	10	10	20
계	100	100	200

* 갑국의 지역구 선거구 수는 50개며, 각 선거구당 당선자 수는 같음

① 의회 의원 선거 시 갑국 국민들은 1인 2표를 행사한다.
② 정당 투표에 의한 비례 대표 의석 배분 시 사표가 발생하였다.
③ 비례 대표 의석 배분 시 군소 정당의 난립을 막는 제도가 적용된다.
④ A당은 국민의 지지에 비해 과대 대표되었고, C당은 과소 대표되었다.
⑤ 갑국의 선거구 제도는 한 선거구 내에서 당선자 간 표의 등가성 문제가 발생할 수 있다.

196

다음 자료는 갑국의 의회 의원 선거 결과이다. 이에 대한 분석 및 추론으로 옳은 것만을 〈보기〉에서 있는 대로 고른 것은? (단, 갑국은 전형적인 정부 형태를 채택하고 있다.)

구분	지역구 의석 점유율(%)				비례 대표 의석 점유율(%)			
	A당	B당	C당	D당	A당	B당	C당	D당
T기	55	30	10	5	40	45	15	0
T+1기	45	40	5	10	60	20	10	10
T+2기	40	55	2	3	30	55	10	5

* 지역구 의석수는 200석, 비례 대표 의석수는 100석임
** 지역구 선거구 수는 200개이며, 비례 대표 의석은 지역구 선거에서 후보자가 득표한 정당 득표율로 배분함

> **보기**
> ㄱ. 국민들은 의회 의원 선거에서 1인 1표를 행사한다.
> ㄴ. 의원 내각제 정부 형태라면 단독 정부는 T+2기에만 구성된다.
> ㄷ. 지역구 선거에서의 선거구제는 다수당에 유리하여 양당제를 촉진한다.
> ㄹ. 지역구 선거에서는 T기와 달리 T+1기에 무소속 후보자가 당선되었다.

① ㄱ, ㄴ   ② ㄱ, ㄹ   ③ ㄷ, ㄹ
④ ㄱ, ㄴ, ㄷ   ⑤ ㄴ, ㄷ, ㄹ

197

다음 선거 결과에 대한 분석으로 옳은 것은?

구분	지역구별 득표율(%)					비례 대표 의석수(석)
	갑	을	병	정	무	
A당	48	35	20	25	35	3
B당	46	32	30	65	25	1
C당	5	30	40	2	20	1
D당	1	3	10	8	20	0
계	100	100	100	100	100	5

* 지역구별 당선자 인원은 동일하며, 총의석수는 15석임
** 지역구별 유권자 수는 같으며, 투표율은 100%임

① C당의 지역구 의석 점유율과 비례 대표 의석 점유율은 같다.
② 지역구 선거에서 의석수는 10석이고, 절대 다수 대표제를 적용한다.
③ A당의 지역구 의석 점유율은 비례 대표 의석 점유율보다 높다.
④ 지역구 선거에서 사표가 가장 많이 발생한 선거구는 무 선거구이다.
⑤ 갑국이 전형적인 대통령제를 채택했다면 여대야소 현상이 나타난다.

198

갑국은 기존의 의회 의원 선거 제도 (가)를 (나)로 변경하려고 한다. 이에 대한 옳은 설명만을 〈보기〉에서 고른 것은?

구분	(가)	(나)
총의석수	300명 (지역구 의원 200명, 비례 대표 의원 100명)	300명 (지역구 의원 200명, 비례 대표 의원 100명)
선거구	지역구 선거구(100개) 및 비례 대표	• 전국 4개 권역 구분 • 지역구 선거구(200개) 및 권역별 비례 대표
당선자 결정 및 의석 배분 방식	• 지역구 의원 : 절대 다수 대표제 • 비례 대표 의원 : 정당 득표율에 따라 의석 배분	• 지역구 의원 : 상대 다수 대표제 • 비례 대표 의원 : 권역별 정당 득표율에 따라 정당별 총의석수를 우선 배정하고, 각 정당별 지역구 당선자 숫자를 제외한 의석수만큼 비례 대표 의석 배분

〔보기〕

ㄱ. (나)의 경우에는 정당 득표율에 따른 정당별 총의석수보다 지역구 선거 당선자가 많으면 총의석이 늘어날 수 있다.
ㄴ. 의회 의원 선거에서 (가)는 (나)와 달리 유권자가 1인 2표를 행사한다.
ㄷ. 지역구 선거에서 (가)의 선거구 제도는 (나)보다 군소 정당의 의회 진출이 용이하다.
ㄹ. 대표 결정 방식을 고려하면 (가)의 지역구 의원보다 (나)의 지역구 의원의 대표성이 높다.

① ㄱ, ㄴ ② ㄱ, ㄷ ③ ㄴ, ㄷ
④ ㄴ, ㄹ ⑤ ㄷ, ㄹ

199

다음 자료에 나타난 갑국과 을국의 선거 제도에 대한 설명으로 옳지 <u>않</u>은 것은?

갑국의 의회 의원은 지역구 의원 100명과 비례 대표 의원 50명으로 구성되어 있다. 지역구 의원은 50개의 선거구에서 선출되며, 비례 대표 의석은 지역구 선거에서 각 정당이 얻은 득표율에 비례하여 배분한다. 을국의 의회 의원은 지역구 의원 100명과 비례 대표 의원 50명으로 구성되어 있다. 지역구 의원은 100개의 선거구에서 선출되며, 비례 대표 의석은 정당 투표에 의한 정당 득표율에 비례하여 배분한다. 갑국과 을국에서는 공통적으로 비례 대표 의석 배분 시 정당 득표율이 5% 미만인 정당은 제외하며, 각 지역구당 당선자 수는 같고, 각 정당은 지역구별로 1명씩만 공천할 수 있다.

① 갑국의 지역구 선거구 제도는 을국의 지역구 선거구 제도와 달리 동일 선거구 내 당선자 간 표의 등가성 문제가 발생할 수 있다.
② 을국과 달리 갑국의 유권자는 1인 1표를 행사한다.
③ 을국의 지역구 선거구 제도는 갑국의 지역구 선거구 제도에 비해 거대 정당에 불리하다.
④ 을국과 달리 갑국에서는 지역구 의석 점유율이 50%를 초과하는 정당이 나타날 수 없다.
⑤ 갑국, 을국 모두에서 비례 대표 의석 배분 시 사표가 발생할 수 있다.

200

다음 자료는 갑국의 의회 의원 선거 제도 개편 전과 개편 후의 결과이다. 이에 대한 설명으로 옳지 <u>않은</u> 것은?

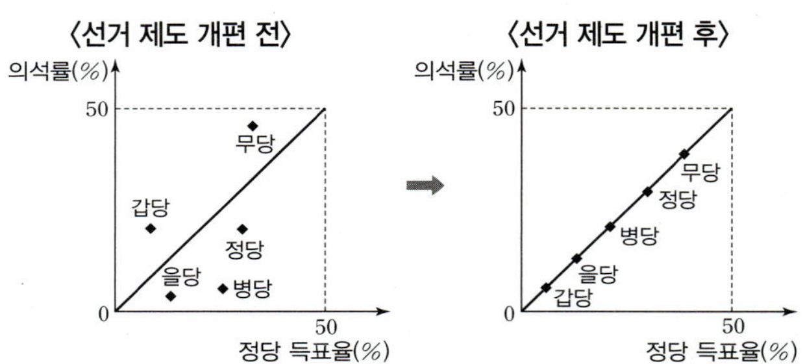

* 단, 갑국에는 갑당~무당 5개 정당만 존재하며 무소속 의원은 없음
** 선거 제도 개편 전 갑국 의회는 지역구 의원으로만 구성되었고, 다수 대표제로 당선자를 결정하였음

① 선거 제도 개편 후보다 선거 제도 개편 전에 사표가 많이 발생하였다.
② 선거 제도 개편 전 선거구 제도는 군소 정당의 의회 진출 가능성이 높다.
③ 선거 제도 개편 전 갑당, 무당은 유권자들의 의사가 과대 대표되었다.
④ 선거 제도 개편의 내용으로 '정당 득표율에 의한 비례 대표 의원만 선출'은 적절하다.
⑤ 갑국의 정부 형태가 전형적인 의원 내각제라면 선거 제도 개편 전후 모두 연립 정부가 구성되었을 것이다.

[201~202] 다음 자료를 보고 물음에 답하시오.

갑국 의회의 의원 수는 총 10명이며 지역구 의원으로만 구성되어 있다. 지역구 의원 수와 지역구 선거구 수는 같으며 상대 다수 대표제로 당선자를 결정한다. 갑국은 다음 의회 의원 선거부터 선거 제도를 변경하기로 하고 〈1안〉, 〈2안〉 중 한 가지를 선택하기 위해 검토 중이다. 단, 현행, 〈1안〉, 〈2안〉 모두 각 정당은 선거구당 1명씩만 공천할 수 있다.

〈1안〉 의원 수는 현행대로 하되 선거구 수는 5개로 줄인다. 선거구는 a–b, c–d, e–f, g–h, i–j로 조정하며 각 선거구당 당선자 수는 같다.

〈2안〉 의원 수는 현행대로 하되 지역구 의원이 아닌 비례 대표 의원을 선출한다. 비례 대표 의석은 각 정당 득표율에 총 의석수를 곱하여 산출된 수의 정수(整數)만큼 의석을 각 정당에 먼저 배분하고 잔여 의석은 소수점 이하 수가 큰 순서대로 각 정당에 1석씩 배분하되, 정당 득표율이 10% 미만인 정당은 의석 배분에서 제외된다.

201

현행, 〈1안〉, 〈2안〉 선거 제도에 대한 옳은 설명만을 〈보기〉에서 고른 것은?

〔보기〕
ㄱ. 〈1안〉의 선거구 제도는 동일 선거구 내 당선자 간 표의 등가성 문제가 발생할 수 있다.
ㄴ. 〈2안〉의 경우 과대 대표, 과소 대표의 문제가 발생하지 않는다.
ㄷ. 현행 선거구 제도는 〈1안〉의 선거구 제도보다 사표가 많이 발생한다.
ㄹ. 현행 선거구 제도는 〈2안〉에 비해 소수 정당의 의회 진출 가능성이 높다.

① ㄱ, ㄴ   ② ㄱ, ㄷ   ③ ㄴ, ㄷ
④ ㄴ, ㄹ   ⑤ ㄷ, ㄹ

202

표는 최근에 실시된 갑국의 의회 의원 선거 결과이다. 〈1안〉, 〈2안〉대로 선거를 치렀을 경우에 예상되는 결과에 대한 분석으로 옳지 <u>않은</u> 것은?

(단위 : %)

정당＼선거구	a	b	c	d	e	f	g	h	i	j	정당 득표율
A당 후보	45	5	40	3	1	50	9	25	2	10	19
B당 후보	30	45	30	2	4	5	10	40	13	11	19
C당 후보	15	40	20	60	35	40	11	24	15	20	28
D당 후보	7	7	7	30	55	3	25	6	60	50	25
E당 후보	3	3	3	5	5	2	45	5	10	9	9

* 각 선거구별 유권자 수는 동일하고 투표율은 100%이며 무효표는 없음

① A당과 달리 C당은 〈1안〉에 대해 찬성할 것이다.
② C당과 달리 E당은 〈2안〉에 대해 반대할 것이다.
③ 〈1안〉에서 C당은 유권자의 의사가 과소 대표된다.
④ 현행, 〈1안〉, 〈2안〉 모두 과반수 정당은 나타나지 않는다.
⑤ 〈2안〉에서 E당을 제외한 모든 정당은 유권자의 의사가 과대 대표된다.

203

표는 갑국의 최근 의회 의원 선거 결과이다. 이에 대한 분석으로 옳지 <u>않은</u> 것은?

구분	비례 대표 의원		총의석수 (석)
	점유율(%)	정당 투표 득표율(%)	
A당	43	42	80
B당	31	30	67
C당	16	15	30
D당	0	4	13
E당	10	9	10
계	100	100	200

* 지역구 의원은 50개 선거구에서 선거구당 2명씩 당선됨
** 비례 대표 의석은 정당 투표에 의한 득표율에 비례하여 배분함
*** 지역구 선거에서 각 정당은 선거구당 1명만 공천할 수 있음

① D당보다 E당의 지역구 의석 점유율이 높다.
② 갑국의 지역구 선거에서 선거구제는 중·대선거구제이다.
③ 갑국의 지역구 선거에서 의석 점유율이 50%를 넘는 정당은 나타날 수 없다.
④ 정당 투표 득표율을 고려하면 A당과 달리 B당의 경우 총 의석률이 과대 대표되었다.
⑤ 갑국에서 비례 대표 의석을 배분함에 있어서 군소 정당의 난립을 방지하는 제도가 존재한다.

204

| 평가원 기출 |

다음 자료에 대한 분석 및 추론으로 옳지 <u>않은</u> 것은?

전형적인 정부 형태를 지닌 갑국과 을국의 의회 전체 의석 수는 각각 300석으로 지역 대표 200명과 비례 대표 100명으로 구성된다. 갑국과 을국 모두 하나의 선거구에서 선출되는 지역 대표의 수는 같고, 각 정당은 선거구별로 한 명의 후보자만 공천한다. 유권자는 지역 대표 선출을 위해 후보자에 1표를, 비례 대표 선출을 위해 정당에 1표를 행사한다.
- 갑국의 선거 제도는 병립형으로 각 정당이 얻은 지역 대표 의석 수와 정당 득표율에 따라 배분된 비례 대표 의석수를 합쳐 정당별 총의석 수가 확정된다.
- 을국의 선거 제도는 연동형으로 의회 전체 의석을 정당 득표율에 비례해 정당별 총의석으로 할당하고, 각 정당별 비례 대표 의석은 할당된 총의석수에서 지역 대표 의석수를 뺀 만큼 배정된다.

다음은 갑국과 을국의 최근 선거 결과이다.

〈갑국의 최근 선거 결과〉

구분	A당	B당	C당	D당
정당 득표율(%)	40	30	20	10
지역 대표 의석수(석)	120	50	20	10

〈을국의 최근 선거 결과〉

구분	가당	나당	다당	라당
정당 득표율(%)	40	30	20	10
지역 대표 의석수(석)	105	50	30	15

① 갑국에서 지역 대표를 선출하는 선거구 수는 200개이다.

② 을국이 대통령제 정부 형태라면 여소야대 정국이 형성된다.

③ 을국의 가당 비례 대표 의석 수와 라당의 비례 대표 의석 수는 같다.

④ 갑국의 최근 선거 결과에 을국의 선거 제도를 적용하면, B당의 비례 대표 의석 수는 C당의 비례 대표 의석 수보다 많다.

⑤ 을국의 최근 선거 결과에 갑국의 선거 제도를 적용하면, 나당, 다당, 라당과 달리 가당의 의회 의석률은 높아질 것이다.

205 고난도↑

| 평가원 기출 |

다음 자료에 대한 분석 및 추론으로 옳은 것은?

○○국 의회 의원 정수는 4명으로, 4개 선거구(A1~A4)에서 단순 다수제로 의원을 선출하고 있다. 현재의 의원 정수와 대표 결정 방식은 유지하되, 인구 이동을 고려하여 선거구를 재획정하기로 하고 다음과 같은 개편안을 논의하고 있다.

- 인구가 증가한 B지역(B1~B4)을 분리하여 이 지역을 2개의 선거구로 획정함
- 각각의 A지역에서 B지역을 제외한 나머지 지역을 a지역 (a1~a4)으로 함. 예를 들어, A1에서 B1을 제외한 나머지 지역이 a1임. 그리고 a지역도 2개의 선거구로 획정함
- 경계선이 접한 선거구 혹은 지역끼리만 통합하고, 대각선 방향으로의 통합은 고려하지 않음
- 하나의 선거구 유권자 수가 다른 선거구 유권자 수의 2배 이상이 되지 않도록 함

〈자료 1〉은 ○○국 선거구 및 지역별 유권자 수를, 〈자료 2〉는 최근 의회 의원 선거에서의 각 정당 득표율을 나타낸다.

〈자료 1〉 (단위 : 명)

A1 (300)	A2 (300)
B1 (200)	B2 (200)
B3 (100)	B4 (100)
A3 (200)	A4 (200)

〈자료 2〉 (단위 : %)

선거구 정당	A1	A2	A3	A4
갑	60	30	20	10
을	30	50	60	50
병	10	20	20	40

* 〈자료 1〉의 ( ) 안 수치는 유권자 수이며, A1~A4 선거구 유권자 수는 각각 B1~B4 지역 유권자 수를 포함한 수치임

** B1~B4 지역과 a1~a4 지역의 정당 후보 득표율은 현행 제도에서 각각 속해 있던 A1~A4 선거구 정당 후보 득표율과 동일함

*** 투표율은 100%이며, 무효표는 없음

**** 개편안의 경우, 위 〈자료 1〉과 〈자료 2〉를 근거로 차기 결과를 판단함

① 최근 의회 의원 선거 결과, 갑 정당과 을 정당은 과소 대표되었다.

② 개편안의 경우, a지역에 비해 B지역 유권자 의사가 과대 대표된다.

③ 갑 정당의 경우, 현행 선거구 확정 방식보다 a1과 a3을 통합하는 개편안이 유리하다.

④ 을 정당의 경우, 개편안에서 a1과 a2의 통합보다는 a1과 a3을 통합하는 선거구 획정 방식이 유리하다.

⑤ 병 정당의 경우, 현행 선거구 확정 방식보다 개편안이 유리하다.

206
| 평가원 기출 |

다음 자료에 대한 분석 및 추론으로 옳은 것은?

갑국 의회의 전체 의석수는 6석이며, 현재 6석의 선거구(가~바)에서 단순 다수제를 통해 의회 의원을 선출하고 있다. 갑국은 현재의 의석수는 유지하면서 다음과 같은 선거 제도 개편안을 논의하고 있다.

〈1안〉 선거구 모두를 통합하여 전국을 한 개의 선거구로 만들고 정당별 전국 득표율에 따라 전체 의석을 각 정당에 배분한다.

〈2안〉 전국을 2개의 선거구(가-나-다, 라-마-바)로 나누어, 선거구별로 유권자 수에 비례하여 전체 의석을 할당한다. 이후 각 선거구별로 할당받은 의석을 해당 선거구 내 정당별 득표율에 따라 각 정당에 배분한다.

* 〈1안〉, 〈2안〉 모두 각 정당의 득표율에 의석수를 곱하여 산출된 수의 정수(整數)만큼 각 정당에 의석을 배분하고, 이후 잔여 의석은 소수점 이하의 수가 큰 순서대로 각 정당에 1석씩 배분한다.

표는 갑국의 최근 의회 의원 선거에 선거구별로 각 정당의 후보가 획득한 득표율과 유권자 수를 나타낸다.

선거구	정당별 득표율(%)				유권자 수 (명)
	A당	B당	C당	D당	
가	43	36	15	6	2,000
나	34	36	21	9	2,000
다	37	30	24	9	2,000
라	26	42	22	10	1,000
마	33	31	28	8	1,000
바	46	29	19	6	1,000
전국	37	34	21	8	9,000

* 투표율은 100%이며, 무효표는 없음
** 개편안의 경우, 위 표를 근거로 차기 선거 결과를 판단함

① 현행 제도에 비해 1안에서 의회 의원의 지역 대표성이 강화된다.
② 현행 제도와 달리 2안에서 선거구 간 표의 등가성 문제가 발생한다.
③ 1안과 달리 2안에서 C당은 과대 대표된다.
④ 1안보다 2안에서 A당의 의석수가 많다.
⑤ 1안보다 2안에서 정당별 전국 득표율과 의석률 간 차이가 작다.

207 고난도↑
| 평가원 기출 |

다음 자료에 대한 분석으로 옳은 것은?

갑국은 현재 6개 선거구에서 단순 다수 대표제로 6명의 의회 의원을 선출하고 있다. 다음은 최근 의회 의원 선거 결과이다.

〈정당별 득표 결과〉

(단위 : 표)

구분	A당	B당	C당	D당	합계
선거구 1	60	80	40	20	200
선거구 2	50	0	10	40	100
선거구 3	30	80	60	30	200
선거구 4	70	80	50	0	200
선거구 5	40	50	0	10	100
선거구 6	200	0	0	0	200
합계	450	290	160	100	1,000

* 투표율은 100%이며, 무효표는 없음

갑국의 차기 의회 의원 선거를 앞두고 현재의 의석 정수를 유지하면서 다음과 같은 두 가지 개편안을 검토하고 있다.(단, 개편안의 경우 최근 의회 의원 선거의 정당별 득표 결과만을 근거로 차기 선거 결과를 판단한다.)

〈1안〉 선거구 1-2, 3-4, 5-6을 통합하여 선거구를 3개로 축소하고, 각 선거구에서 득표순으로 2인의 대표를 선출한다. 정당은 당선 가능성을 고려하여 각 선거구에서 2인까지 후보자를 공천할 수 있다.

* 정당이 후보자를 공천할 때 2인이 당선 가능한 경우 2인을, 그렇지 않은 경우 1인을 공천한다.

〈2안〉 선거구 모두를 통합하여 한 개의 선거구로 만들며, 정당의 득표 비율에 의석 정수를 곱하여 산출된 수의 정수(整數)만큼 정당의 의석으로 배분하고, 이후 잔여 의석은 소수점 이하의 수가 큰 순서대로 각 정당에 1석씩 배분한다.

① A당의 경우 현행은 2안보다 유리하다.
② B당의 경우 현행은 1안보다 불리하다.
③ C당의 경우 현행보다 1안이, D당의 경우 현행보다 2안이 유리하다.
④ A당이 1안에서 얻을 수 있는 최대 의석수와 2안에서 얻을 수 있는 의석수는 동일하다.
⑤ 1안에서 B당은 과소 대표되고, 2안에서 C당은 과대 대표된다.

주제 2 우리나라의 선거 제도

족집게 전략 | •우리나라의 선거는 대통령 선거, 국회 의원 선거, 지방 선거로 구분된다. 이와 관련하여 각각의 선출 대상, 특징 등을 명확하게 알고 있어야 한다. 다소 지엽적인 부분이라는 생각이 들어도 가끔 출제되는 부분인 만큼 확실하게 준비를 하여야 한다. 특히 지방 선거에서 지역구 시·군·구 기초 의원은 단순 다수 대표제이나 2명 이상을 선출하는 중·대선거구제라는 점을 기억해야 한다.

•공정한 선거를 위한 제도인 선거구 법정주의, 선거 공영제의 의미와 그 취지를 정확히 알아야 하며, 공정한 선거를 위한 헌법 기관인 선거 관리 위원회의 역할 등에 대해서도 가끔 수능에 출제되므로 대비해야 한다.

208 ◀ 대표 문항

| 교육청 기출 |

다음은 우리나라 선거에 대한 내용이다. ㉠~㉣에 대한 적절한 설명을 〈보기〉에서 고른 것은?

> 재외국민의 참정권을 배제하는 것은 헌법에 위배된다는 ㉠ 헌법 재판소의 결정에 따라 재외국민 선거가 2012년에 처음으로 실시되었다. 그러나 ㉡ 제19대 총선거와 제18대 대통령 선거에서 전체 재외국민 유권자의 투표율은 2.5%와 7.1%로 저조하게 나타났다. 낮은 투표율의 원인으로 현지 공관으로부터 멀리 떨어진 재외국민도 투표를 위해 공관을 직접 방문하여 등록 절차를 마친 뒤 투표 기간에 또 다시 공관을 가야 하는 실질적인 어려움이 제기되고 있다. 이를 해결하기 위해 자신의 거주지에서 선관위의 투표 용지를 받아 투표하여 우편으로 발송하는 '우편 투표제'의 도입이 논의되고 있다. 하지만 우편 투표가 ㉢ 실질적 투표권을 실현하는 민주 선거의 원칙에는 부합하지만, ㉣ 또 다른 측면에서의 민주 선거 원칙에 위배될 가능성이 있으므로 이에 대한 보완책이 마련되지 않는 한 제도 도입에 신중해야 한다는 주장도 있다.

〈보기〉
ㄱ. ㉠의 취지는 국민 주권을 보장하기 위한 것이다.
ㄴ. ㉡은 직접 민주 정치를 실현하기 위한 것이다.
ㄷ. ㉣에는 유권자의 의사가 공개되거나 대리 투표가 해당된다.
ㄹ. ㉠은 평등 선거 원칙, ㉢은 보통 선거 원칙의 보장에 해당된다.

① ㄱ, ㄴ ② ㄱ, ㄷ ③ ㄴ, ㄷ
④ ㄴ, ㄹ ⑤ ㄷ, ㄹ

209

| 평가원 기출 |

민주 선거의 원칙 (가), (나)에 대한 설명으로 옳은 것은?

> •공직 선거법에서 선거인은 투표한 후보자의 성명이나 정당명을 누구에게도 또한 어떠한 경우에도 진술할 의무가 없다고 규정한 것은 ___(가)___ 을 실현하기 위한 것이다.
> •헌법 재판소는 단지 해외에 거주한다는 이유만으로 재외국민에게 선거권을 부여하지 않는 것은 ___(나)___ 에 위배된다고 보았다.

① 수형자의 선거권에 대한 전면적·획일적 제한은 (가)에 위배된다.
② 기표소 안에서 자신이 기표한 투표지를 촬영하여 외부에 공개하는 행위는 (가)에 위배된다.
③ 유권자가 대리인을 통해 투표하는 것은 (나)에 위배된다.
④ 선거구 간 인구 편차를 줄이려는 노력은 (나)를 실현하기 위한 것이다.
⑤ 한 선거구에 3년 미만 거주한 자에게 2표, 3년 이상 거주한 자에게 3표를 부여하는 것은 (나)에 위배된다.

210

다음은 우리나라에서 시행하는 선거 A~C를 구분한 것이다. 이에 대한 옳은 설명만을 〈보기〉에서 있는 대로 고른 것은? (단, A~C는 각각 국회 의원 선거, 광역 의회 의원 선거, 기초 의회 의원 선거 중 하나이다.)

구분	A	B	C
중·대선거구제를 채택하고 있는가?	예	아니요	아니요
(가)	예	예	아니요
(나)	예	예	예

〈보기〉
ㄱ. (가)에 '정당 공천제가 적용되는가?'가 들어갈 수 없다.
ㄴ. (나)에 '정당 명부식 비례 대표제를 실시하는가?'가 들어갈 수 없다.
ㄷ. C가 국회 의원 선거라면, A와 달리 B에 의해 선출된 단체장은 3회에 한해 연임이 가능하다.
ㄹ. A~C 모두에서 유권자는 1인 2표를 행사한다.

① ㄱ, ㄴ ② ㄱ, ㄹ ③ ㄴ, ㄷ
④ ㄱ, ㄷ, ㄹ ⑤ ㄴ, ㄷ, ㄹ

211

밑줄 친 ㉠, ㉡에 해당하는 민주 선거의 원칙으로 옳은 것은?

> 헌법 재판소는 1인 1표제하에서의 비례 대표 의석 배분 방식은 ㉠ 유권자가 지지하는 정당과 유권자가 선택한 후보자의 소속 정당이 다를 경우에 유권자는 자신이 지지하지도 않는 정당에 투표하는 결과가 발생하며, ㉡ 무소속 후보자에게 투표한 유권자의 경우에는 정당 소속 후보자에게 투표한 유권자와 달리 비례 대표 의원 선출에 기여하지 못하는 결과를 가져온다고 보았다. 이에 우리나라 국회 의원 선거에서 유권자는 1인 2표를 행사하게 되었다.

	㉠	㉡
①	직접 선거	평등 선거
②	직접 선거	보통 선거
③	평등 선거	직접 선거
④	평등 선거	보통 선거
⑤	보통 선거	직접 선거

212

표는 우리나라 국회 의원 선거 제도의 변화를 나타낸 것이다. 이에 대한 옳은 설명만을 〈보기〉에서 있는 대로 고른 것은?

구분	6~8대	9, 10대	11, 12대	13대	14대	15, 16대	17~20대
지역구	소선거구제	중·대선거구제		소선거구제			
전국구	정당 득표 수에 비례하여 배분	통일 주체 국민 회의에서 선출	정당 의석수에 비례하여 배분			지역구 선거에서의 정당 득표율에 비례하여 배분	정당 투표에 의한 정당 득표율에 비례하여 배분

〔보기〕
ㄱ. 9대, 10대의 전국구 의원 선거는 직접 선거의 원칙에 위배된다.
ㄴ. 11대~14대의 전국구 의원 배분 방식은 다수당보다 소수당에 유리하다.
ㄷ. 15대, 16대와 달리 17~20대의 선거에서 유권자는 1인 2표를 행사하였다.
ㄹ. 9대~12대의 지역구 선거구제는 6대~8대의 지역구 선거구제에 비해 군소 정당의 의회 진출 가능성이 높다.

① ㄱ, ㄴ ② ㄱ, ㄹ ③ ㄴ, ㄷ
④ ㄱ, ㄷ, ㄹ ⑤ ㄴ, ㄷ, ㄹ

213

표는 우리나라 제20대 국회 의원 선거 결과이다. 이에 대한 설명으로 옳은 것은?

구분		A당	B당	C당	D당	기타
지역구 의원	서울·경기·인천권	35	82	2	1	2
	강원·충청권	20	13	0	0	1
	영남권	48	9	0	1	7
	호남권	2	3	23	0	0
	세종·제주권	0	3	0	0	1
비례 대표 의원		17	13	13	4	0
합계		122	123	38	6	11

① 여대야소 현상이 나타났다.
② 지역주의 투표 성향은 나타나지 않았다.
③ 정당 공천을 받지 않은 당선자는 없을 것이다.
④ 지역구 선거에서 C당보다 D당의 사표가 많았을 것이다.
⑤ 정당 투표에 의한 득표율을 고려하면 총 의석률은 B당보다 C당이 과소 대표되었다.

214 고난도↑

〔교육청 기출〕

표는 우리나라 19대 국회 의원 선거 결과이다. 이에 대한 옳은 분석을 〈보기〉에서 고른 것은?

(단위 : %)

정당	지역구 선거		비례 대표 선거		총의석률
	득표율	의석률	득표율	의석률	
A당	43.3	51.6	42.8	46.3	50.7
B당	37.9	43.1	36.5	38.9	42.3
C당	6.0	2.8	10.3	11.1	4.3
D당	2.2	1.2	3.2	3.7	1.7
무소속	9.4	1.2	0	0	1.0

* 제19대 국회의 총의석수는 300석이다.

〔보기〕
ㄱ. A당 소속 국회 의원만으로도 개헌안을 의결할 수 있다.
ㄴ. C당 소속 국회 의원만으로도 법률안을 발의할 수 있다.
ㄷ. 지역구 선거에서 A당과 B당 후보자를 선택한 유권자의 표 중 사표는 없다.
ㄹ. 지역구 선거에서 C당과 D당 후보에 투표한 유권자의 의사가 과소 대표되었다.

① ㄱ, ㄴ ② ㄱ, ㄷ ③ ㄴ, ㄷ
④ ㄴ, ㄹ ⑤ ㄷ, ㄹ

다양한 정치 주체와 시민 참여

주제 1 정당과 시민 참여

1. 정당의 의미와 특징

(1) **의미** : 정치적 견해를 같이하는 사람들이 정권을 획득함으로써 자신들의 정강을 실현하는 것을 목적으로 조직한 단체

> 정당이 국민에게 공약하여 실현하고자 하는 정책과 이념을 나타낸 것이다. 경제, 안보, 복지, 문화, 교육 등 다양한 분야에 걸쳐 제시되어 있다.

(2) **특징**

① 정권 획득을 목적으로 선거에서 후보자를 공천함
② 특수한 이익보다는 공익을 도모하여 국민의 지지를 확보하려고 노력함
③ 선거에서 공약을 제시하고, 이것의 실천과 정책에 대한 국민의 평가를 받아 정치적 책임을 짐
④ 다양한 분야에서 정책을 개발하고 제시하여 정부의 정책 결정에 영향력을 행사함

2. 정당의 기능

> 현대 민주 정치를 정당 정치라고 부를 만큼 대의 민주주의 국가에서 정당은 중요한 역할을 담당한다. 국민은 각종 선거에서 정당이 추천한 후보자 가운데 대표를 선출한다.

(1) **정치적 충원** : 공직 선거에 후보자를 공천하여 대표자를 배출함
(2) **여론의 형성과 조직화** : 국민의 의견을 수렴하고 조직화하여 이를 정부에 전달
(3) **정치 사회화** : 각종 공청회, 대중 집회 등을 통해 정치에 대한 국민의 지식과 관심을 증진
(4) **정부와 의회의 매개** : 당정 협의회 등을 통해 정부와 의회를 연결함으로써 양자 간 매개 역할 ❶
(5) **정부 감시** : 정부 정책에 대해 건전한 비판과 견제 기능 수행

3. 정당 제도의 유형 ❷

(1) 일당제(단일 정당제)와 복수 정당제(양당제와 다당제)

구분	일당제	복수 정당제
의미	정권 획득 가능성이 있는 정당이 하나만 있는 것	두 개 이상의 정당이 정권 획득을 목표로 서로 경쟁하는 형태
특징	• 민주적 정권 교체가 불가능하고 독재의 가능성이 있음 • 국민의 다양한 의사 반영이 곤란함	여러 개의 정당이 국민의 다양한 의사를 국가 정책에 반영할 수 있어 국민 주권의 원리를 실현할 수 있음

(2) 양당제와 다당제

구분	양당제	다당제
의미	정권 교체가 가능하고 대표적인 두 정당이 존재	경쟁할 수 있는 정당이 세 개 이상 존재
장점	• 정국 안정에 기여 • 강력한 정책 추진 가능 • 정치적 책임 소재 명확 • 유권자의 정당 선택 용이	• 다양한 의견 반영 • 소수의 이익 보호 • 정당 간 대립 시 중재 용이 • 유권자의 정당 선택 범위 넓음
단점	• 다양한 민의 반영 곤란 • 다수당의 횡포로 소수 이익 무시 • 양당 간 대립 시 중재가 어려움 • 유권자의 정당 선택 범위 좁음	• 군소 정당의 난립으로 정국의 불안정 우려 • 강력한 정책 수행 곤란 • 정치적 책임 소재 불분명

4. 정당을 통한 시민의 정치 참여

정당원으로서 참여	• 당의 정책 입안이나 의사 결정 과정에 참여 • 정당 소속 후보로 공직 선거 출마
비정당원으로서 참여	• 선거에 참여하여 특정 정당 및 후보에 투표 • 정당 주최의 공청회 등에 참여
한계	• 정당 조직의 거대화, 과두제화로 지도부 중심의 비민주적 의사 결정 ❸ • 다원화된 현대 사회의 요구를 정당이 제대로 반영하지 못함
극복 방안	정책 중심의 정당 운영, 상향식 의사 결정 방식, 정치 자금의 투명화

> 당의 강령과 기본 정책을 따르고 당헌·당규를 준수하며 당비를 납부할 의무 등을 진다.

---

❶ 당정 협의회

당정 협의란 정부와 대통령이 속한 여당이 정책을 협의하는 것을 말한다. 정부는 법률안이나 대통령령안, 국민 생활 또는 국가 경제에 중대한 영향을 미치는 주요 정책 등에 관해 입안 단계에서 여당과 협의한다. 이 과정에서 야당에 협조를 구하는 경우도 있다. 당정 협의는 행정부와 여당의 정책 방향을 맞추고 합리적인 대안을 모색하기 위한 것으로, 국회에서의 입법 추진이 원활히 진행되게 하려는 목적도 있다. 행정부의 당정 협의 업무는 국무총리가 총괄·조정한다.

❷ 정당 제도의 유형

구분	특징	예
일당제	오직 하나의 정당에게만 활동이 허용되는 경우로 단일 정당이 정부 기구를 통제하기 때문에 정당을 통한 정치 참여 기능이 제대로 수행될 수 없다.	중국의 공산당
일당 우위제	하나의 정당이 항상 권력을 장악하지만, 다른 정당들도 어느 정도 효과적으로 기능하도록 허용된다.	멕시코의 제도 혁명당
양당제	어떤 하나의 정당이 항상 권력을 장악한다고 보장할 수 없으며, 보통 두 개의 정당만이 권력을 획득할 실질적 가능성을 가진다.	미국의 공화당과 민주당
다당제	두 개 이상의 주요 정당이 존재하며, 어느 정당도 독자적으로 통치하기에 충분한 의석을 갖지 못하기 때문에 정당 간에 서로 연합하는 경향이 있다.	캐나다의 보수당, 신민주당, 자유당, 블록 퀘벡당, 녹색당 등

❸ 과두제화

사전적 의미로는 1인이나 다수 또는 전체가 지배하는 것이 아니라 몇몇 소수가 지배하는 정치 체제를 의미하며, 이를 플라톤은 법률의 준수 여부를 기준으로 법률을 잘 지키는 공정국(公正國)을 귀족제라 하고, 법률을 잘 지키지 않는 불공정국(不公正國)을 과두제라 하여 구분하였다. 아리스토텔레스는 과두제를 귀족제의 타락한 정체로 파악하였다. 그러나 오늘날에는 부정적인 의미로만 사용하지 않고, 오히려 보다 폭넓은 의미로 사용하고 있다. 즉, 국가뿐만이 아니라 정당·회사·노조·대학·종교 단체 등의 사회 집단에서도 소수의 지배가 현저하게 나타나기 때문에 과두제라는 용어는 국가는 물론 사회 단체에도 적용되어 널리 쓰이고 있다.

현대 사회가 다원화·세분화되면서 사람들의 이익이 복잡해지고 있다. 그러나 기존의 지역 대표나 정당으로는 다양해진 시민들의 이익이나 가치를 정책에 반영하기 어려워 이익 집단이나 시민 단체에 참여하는 시민들이 늘어나고 있으며, 이로 인해 두 집단의 영향력도 커지고 있다.

주제 2 · 시민 단체, 이익 집단과 정치 참여

1. 시민 단체를 통한 정치 참여 ❹

(1) **시민 단체** : 공공선과 공익 실현을 목적으로 시민들이 자발적으로 참여하여 구성한 단체

(2) **시민 단체 등장 배경** : 대의 민주주의가 발달하면서 국민의 의사가 정치 과정에 제대로 반영되지 못하고 시민들의 자발적 정치 참여 필요성이 증대됨

(3) **시민 단체 활동 영역** : 정치, 경제, 환경, 복지, 국제 연대 등 다양한 영역에서 활동함

(4) **시민 단체의 역할과 영향력**

① 시민의 정치 참여를 활성화하여 시민 의사의 집약 및 여론 형성 주도

② 공공선과 공익 추구로 사회의 건전한 발전을 주도하고 '풀뿌리 민주주의' 실현에 기여 ❺

③ 사회 문제 등에 대한 비판과 해결책을 제시하여 대의제 보완

(5) **시민 단체를 통한 시민 참여 방법 및 문제점**

참여 방법	토론회, 공청회 개최, 관련 기관에 의견 제출, 캠페인 활동 등
문제점	• 시민 단체에 대한 시민의 참여도가 낮음 　• 시민 단체의 관료제화 현상 • 시민 단체의 운영 자금을 정부 지원금이나 외부 후원에 의존하여 시민 단체의 자율성이 훼손됨
극복 방안	• 시민들의 시민 단체에 대한 적극적 참여 • 재정 자립의 실현을 통한 시민 단체의 자율성 확보

2. 이익 집단을 통한 정치 참여 ❻

(1) **이익 집단의 의미** : 특정한 이해관계나 목표를 같이하는 사람들이 자신의 특수 이익을 실현하기 위해 결성한 집단

(2) **이익 집단의 등장 배경**

이해관계의 다원화	현대 사회의 다원화·전문화로 인해 다양한 이해관계 발생
지역 대표제의 한계	지역 대표자를 통한 다양한 직업적 이익의 반영이 어려움
정당 정치의 한계	정당의 과두제화, 관료제화로 정당의 여론 수렴 기능 약화

(3) **이익 집단의 순기능과 역기능**

순기능	• 정부에 대한 감시와 비판　　　　　• 국민의 다양한 정치적 의사 표출 • 특정 분야의 전문성을 바탕으로 한 정당의 부족한 점 보완
역기능	• 특수 이익이 사회 전체의 보편적 이익과 충돌할 우려 • 이익 집단의 경쟁적 압력 행사로 정책 결정의 지연과 혼란 초래 가능성

(4) **이익 집단을 통한 시민의 정치 참여**

로비란 각종 사회 단체들이 자기들의 특수 이익을 보호하기 위하여 주로 입법 과정에 영향력을 행사하는 행위를 말한다.

참여 방법	대중 매체를 통한 홍보 활동, 합법적 정치 자금 기부, 로비 활동, 시위, 파업 등
역기능 극복 방안	집단 활동이 집단 이기주의로 변질되지 않도록 공익과 사익의 조화 필요

3. 언론을 통한 정치 참여

→ 국가 기관은 입법부, 행정부, 사법부의 3부로 구성되지, 언론을 '제4부'라고 부르기도 한다. 그 이유는 권력을 감시하고 비판함으로써 민주주의를 유지하는 중요한 기능을 수행하고 있다는 점을 강조하는 것이다.

(1) **언론의 의미와 기능**

의미	신문, 텔레비전, 인터넷 등 대중 매체를 통해 사실을 밝혀 알리거나 여론을 형성하는 활동
의의	언론을 통해 다양한 사상과 의견이 자유롭게 교환되고 비판 및 토론이 가능할 때 민주주의가 실현될 수 있음
기능	국민의 알 권리 보장, 정치 참여자에 대한 비판과 견제, 의제 설정 및 여론 형성

└ 국민 개개인이 정치·사회 현실 등에 관한 정보를 자유롭게 알 수 있는 권리이다.

(2) **언론을 통한 시민의 정치 참여** : 독자 투고, 인터뷰, 제보, 언론 매체가 전달하는 정보의 비판적 검토 등 → 언론이 제공하는 정보를 비판적으로 평가하고 수용하여야 함 ❼

---

❹ **시민 단체**

정부의 기관이 아닌 순수 민간 단체. 비정부 기구(NGO)라 불리기도 한다. 하지만 국가 권력을 견제하고 시민의 권익을 옹호한다는 의미를 명료히 하기 위해 최근에는 시민 사회 단체(CSO)로 부른다. 영리를 목적으로 활동하지 않는 비영리 단체로, 환경 운동이나 인권 보호 운동, 부패 방지 운동을 위해 적극적으로 활동하는 단체를 말한다. 특수한 이익 실현을 목적으로 결성된 한의사회나 의사회, 약사회 같은 이익 단체와는 구별된다. 시민 단체는 다수의 시민을 위해 활동하는 단체이며 시민들이 자발적으로 참여해서 활동하는 단체이다.

❺ **풀뿌리 민주주의**

민중의 저변에 파고들어 민중의 지지를 얻는 대중적인 민주주의. 기존의 중앙 집권적이고 엘리트 위주의 정치 행위를 지양하고, 지역에서 평범한 시민들의 자발적인 참여를 통해 권력의 획득보다는 자신이 살고 있는 지역과 실생활을 변화시키려는 참여 민주주의의 한 형태이다. 1935년 미국 공화당 대회에서 내세운 주장으로, 일반화되어 환경 운동 등과 같은 대중의 자발적인 운동을 가리키는 말이 되었다.

❻ **이익 집단, 시민 단체, 정당의 특징**

이익 집단	시민 단체	정당
특수 이익 추구	공적 이익 추구	
• 정권 획득을 목표로 하지 않음 • 정치적 책임을 지지 않음		• 공직 획득을 목표로 함 • 정치적 책임을 짐

❼ **언론 중재 위원회와 언론 조정·중재 제도**

• 언론 중재 위원회 : 언론 중재 위원회는 언론 보도로 발생하는 국민과 언론 간의 분쟁을 해결하고 보도에 의한 법익 침해 상황을 심의하는 준사법적 기관이다. 언론 보도로 피해를 본 피해자가 정정·반론·추후 보도 또는 손해 배상을 청구할 경우 언론 조정·중재 제도를 통해 분쟁이 원만히 해결될 수 있도록 돕는다.

• 언론 조정·중재 제도 : 언론 조정은 언론 보도로 인한 피해자와 언론사 사이에 발생한 분쟁을 중재부가 양 당사자의 의견을 듣고 당사자 간 합의를 이끌어 내 분쟁을 해결하는 방법이다. 언론 중재는 중재부의 결정에 따라 당사자 간 분쟁을 해결하는 방법으로, 중재 신청을 하려면 신청인과 피신청인이 중재부의 중재 결정에 따르겠다는 합의가 있어야 한다.

핵심 개념 CHECK!

• 정답 및 해설 050~051쪽

🔍 다음 설명이 맞으면 '○', 틀리면 '×'에 표시하시오.

주제 1 정당과 시민 참여

01 정치적 견해를 같이하는 사람들이 정권을 획득함으로써 자신들의 정강을 실현하는 것을 목적으로 조직한 단체를 정당이라고 한다. ○ ×

02 함정 정당은 공익보다는 집단의 특수 이익을 추구한다. ○ ×

03 정당은 각종 공직 선거에서 후보자를 공천함으로써 정치적 충원 기능을 한다. ○ ×

04 함정 정부와 의회를 연결함으로써 양자 간의 매개 역할을 하는 것은 정당만의 기능이다. ○ ×

05 사회의 구성원이 그 사회의 일반적인 정치적 가치관이나 태도 등의 정치 문화를 학습하는 과정을 정치 사회화라고 한다. ○ ×

06 일당제는 정권 획득 가능성이 있는 정당이 하나만 있는 정당 제도이다. ○ ×

07 일당제는 국민 주권의 원리를 실현할 수 있는 정당 제도이다. ○ ×

08 양당제는 정권 교체가 가능한 대표적인 두 정당이 존재하여 정국 안정에 기여하는 장점이 있다. ○ ×

09 양당제는 국민의 다양한 의견이 반영될 수 있는 정당 제도이다. ○ ×

10 함정 양당제는 다수당의 횡포로 소수의 이익이 무시될 수 있는 단점이 있다. ○ ×

11 정당 간 대립 시 중재가 어려운 정당 제도는 다당제이다. ○ ×

12 유권자의 정당 선택의 범위가 넓은 정당 제도는 양당제이다. ○ ×

13 정치적 책임 소재가 명확한 정당 제도는 다당제이다. ○ ×

14 군소 정당의 난립으로 정국의 불안정 우려가 있는 정당 제도는 다당제이다. ○ ×

15 선거에 참여하여 특정 정당 혹은 특정 정당 후보에 투표하는 것은 비정당원으로서의 참여 방법에 해당한다. ○ ×

16 정당의 소속 후보로 공천 심사를 통과하여 각종 공직 선거에 출마하는 것은 정당원으로서의 참여 방법에 해당한다. ○ ×

17 함정 정당 조직의 거대화 및 지도부 중심의 비민주적 의사 결정 경향에 대한 해결 방안은 정당의 과두 제화이다. ○ ×

18 정당 주최의 공청회나 집회 등에 참여하여 특정 정책에 대한 의견을 표명하는 것은 비정당원으로서의 참여 방법이다. ○ ×

주제 2 시민 단체, 이익 집단과 정치 참여

19 특정한 이해관계나 목표를 같이하는 사람들이 자신의 특수 이익을 실현하기 위해 결성한 집단을 이익 집단이라고 한다. ○ ×

20 함정 이익 집단은 정당과 달리 정치 사회화 기능을 수행한다. ○ ×

21 이익 집단은 정당과 달리 공익이 아닌 사익을 추구한다. ○ ×

22 공공선과 공익 실현을 목적으로 시민들이 자발적으로 참여하여 구성한 집단을 시민 단체라고 한다. ○ ×

23 정당, 시민 단체, 이익 집단은 모두 공식적 정책 참여자이다. ○ ×

24 시민 단체, 이익 집단은 정당과 달리 정치 충원 기능을 담당하지 않는다. ○ ×

25 이익 집단은 사회의 건전한 발전을 주도하고 풀뿌리 민주주의 실현에 이바지한다. ○ ×

26 함정 이익 집단이 특수 이익만을 추구하면 사회 전체의 보편적 이익과 충돌할 우려가 있다. ○ ×

27 이익 집단은 정당과 달리 선거에서 후보자를 공천하지 않는다. ○ ×

28 시민 단체는 정치뿐만 아니라 경제, 환경, 복지, 인권, 국제 연대 등 다양한 영역에서 활동을 한다. ○ ×

29 신문이나 텔레비전, 인터넷 등 대중 매체를 통해 사실을 알리거나 어떤 문제에 대하여 여론을 형성하는 활동을 언론이라고 한다. ○ ×

30 독자 투고, 인터뷰, 제보는 언론을 통한 정치 참여 방법에 해당한다. ○ ×

31 언론은 시민의 의사 결정에 도움을 주는 국민의 알 권리 보장의 기능을 한다. ○ ×

32 정당과 달리 이익 집단, 시민 단체는 자신들의 활동에 대해 정치적 책임을 진다. ○ ×

33 이익 집단, 시민 단체는 정부와 의회의 매개 역할을 하지 않는다. ○ ×

34 시민들은 언론 매체가 전달하는 정보를 비판적으로 검토하고 평가해야 한다. ○ ×

정치 참여 집단은 어떻게 풀이할까?

HOW & WHAT

개념 기출 자료로 확인

자료 정치 참여 주체

A와 B는 대기 오염을 줄이기 위해 관련 법 개정에 공동의 노력을 하고 있다. A는 법 개정에 필요한 대기 오염 원인 및 해결 방안에 대한 정보를 B에 제공하기도 한다. B는 다가올 선거에서 관련 내용을 공약으로 제시하고 대기 환경 전문가도 영입해 공천할 예정이다. 반면 대기 오염 규제로 매출 감소가 예상되는 기업들로 조직된 C는 A와 B가 추진하고 있는 법안이 산업 발전을 저해할 것이라며 반대 여론 형성을 위한 방안을 모색하고 있다.

(정당 / 시민 단체 / 이익 집단)

대표적인 정치 참여 주체에는 시민 단체, 이익 집단, 정당이 있다. 각 정치 참여 주체의 기능을 비교하는 문제가 자주 출제되므로 이에 대한 지식을 갖추고 있어야 한다.

❶ 제시문에서 시민 단체, 이익 집단, 정당을 구분하자! B는 선거에서 공약을 제시하고 공천을 할 수 있는 정치 참여 주체이므로 정당이고, A는 대기 오염과 같은 공익 관련 문제에 대해 정보를 정당에 제공하기도 하므로 시민 단체이다. C는 기업들로 조직되었으므로 이익 집단이다.

❷ 시민 단체, 이익 집단, 정당의 특징을 파악하자!

시민 단체	정당	이익 집단
• 공공선과 공익 실현을 목적으로 시민들이 자발적으로 참여하여 구성한 단체 • 여론의 형성과 조직화 • 정치 사회화 • 정부 감시	• 공직 선거에 후보자를 공천하여 대표자를 배출함 • 여론의 형성과 조직화 • 정치 사회화 • 정부와 의회의 매개 • 정부 감시	• 특정한 이해 관계나 목표를 같이하는 사람들이 자신의 특수 이익을 실현하기 위해 결성한 집단 • 여론의 형성과 조직화 • 정치 사회화 • 정부 감시

❸ 선택지를 해석하자!

① A는 자신의 활동에 대해 정치적 책임을 진다. ← 정당의 특징
② B는 국민의 대표를 배출하는 정치 충원 기능을 수행한다. ← 정당만 가능
③ C는 사익의 실현보다 공익의 실현을 중시한다. ← 정당과 시민 단체
④ A와 달리 B와 C는 정치 사회화 기능을 수행한다. ← 이익 집단, 정당, 시민 단체 모두 수행
⑤ C와 달리 A와 B는 정권 획득을 목표로 한다. ← 정당의 특징

▷ 정치적 책임 : 자신의 활동에 대해 정치적 책임을 지는 것은 시민 단체, 이익 집단, 정당 중 정당에만 해당하는 특징이다.

▷ 정치 충원 기능 : 공직 선거에 후보자를 공천하고 국민의 대표를 배출하는 정치적 충원 기능은 시민 단체, 이익 집단, 정당 중 정당만의 기능이다.

▷ 공익 추구 : 시민 단체, 정당은 집단의 이익보다는 공익을 추구하는 반면, 이익 집단은 공익보다 집단의 특수 이익을 추구한다.

▷ 정치 사회화 : 정치 사회화 기능은 시민 단체, 이익 집단, 정당 모두에서 수행한다.

▷ 정권 획득 : 시민 단체, 이익 집단, 정당 중 정권 획득을 목표로 하는 정치 참여 주체는 정당이다.

개념 문제로 확인하기

Q1 다음 내용이 시민 단체에 해당하면 '시', 이익 집단에 해당하면 '이', 정당에 해당하면 '정'에 표시하시오.

01. 정치적 책임   (시 / 이 / 정)
02. 정치 사회화   (시 / 이 / 정)
03. 정부와 의회 매개   (시 / 이 / 정)
04. 여론의 형성과 조직화   (시 / 이 / 정)
05. 정부 감시   (시 / 이 / 정)
06. 집단의 특수 이익 추구   (시 / 이 / 정)
07. 정치적 충원   (시 / 이 / 정)
08. 대의제 한계 보완   (시 / 이 / 정)
09. 정권 획득   (시 / 이 / 정)
10. 정치 과정에서 투입 기능   (시 / 이 / 정)
11. 공익 추구   (시 / 이 / 정)

Q2 다음 표에서 알맞은 단어를 고르시오.

12. 시민 단체	❶ (사익 / 공익) 추구 ❷ 정책 결정 과정에서 (투입 / 산출) 기능 수행 ❸ (직접 / 간접) 민주제의 한계 보완
13. 이익 집단	❶ (사익 / 공익) 추구 ❷ 정치적 책임을 (짐 / 지지 않음) ❸ 정치 사회화 기능을 (수행함 / 수행하지 않음)
14. 정당	❶ 공직 선거에서 후보자를 (공천함 / 공천하지 않음) ❷ 정부와 의회를 매개하는 기능을 (수행함 / 수행하지 않음)

Q3 다음 내용이 맞으면 '○', 틀리면 '×'에 표시하시오.

15. 정치적 책임을 지는 것은 시민 단체, 이익 집단, 정당 중 정당만 해당한다. (○ / ×)
16. 정치 사회화 기능을 수행하는 것은 시민 단체, 이익 집단, 정당 모두이다. (○ / ×)
17. 대의 정치의 한계를 보완하는 것은 이익 집단, 시민 단체이다. (○ / ×)

HOW & WHAT 정답 Q1 01. 정 02. 시, 이, 정 03. 정 04. 시, 이, 정 05. 시, 이, 정 06. 이 07 정 08. 시, 이 09. 정 10. 시, 이, 정 11. 시, 정 Q2 12. ❶ 공익 ❷ 투입 ❸ 간접 13. ❶ 사익 ❷ 지지 않음 ❸ 수행함 14. ❶ 공천함 ❷ 수행함 Q3 15. ○ 16. ○ 17. ○

주제 1　정당 제도

족집게 전략 | 정당 제도는 수능에 매년 출제될 정도로 중요한 내용 중 하나이다. 민주적 정당 제도에는 양당제와 다당제가 있는데, 각 정당 제도의 특징을 비교하는 문제가 자주 출제된다. 또한 정당 제도와 전형적인 정부 형태를 함께 묻는 고난도의 문제가 출제되는 것이 최근의 경향이므로 이에 대한 철저한 대비를 하여야 한다.

215 대표 문항
|평가원 기출|

다음 자료에 대한 옳은 분석 및 추론만을 〈보기〉에서 있는 대로 고른 것은?

갑국의 정당 제도는 〈방식 1〉과 〈방식 2〉에 따라 양당제 또는 다당제로 판단할 수 있다.

〈방식 1〉
유효 정당 수로 정당 제도를 판단한다. 유효 정당은 의회의 총의석수의 10% 이상을 가진 정당을 의미한다. 유효 정당 수가 2개이면 양당제, 3개 이상이면 다당제로 판단한다.

〈방식 2〉
유효 정당 지수로 정당 제도를 판단한다. 특정 국가의 유효 정당 지수가 1.5 이상 2.5 미만이면 양당제, 2.5 이상이면 다당제로 판단한다.

$$유효\ 정당\ 지수 = \frac{1}{각\ 정당의\ 의석률을\ 제곱한\ 값의\ 합}$$

* 정당의 의석률=정당의 의석수 / 총의석수

다음은 갑국의 의회 의원 선거 결과이다.

시기	정당별 의석수					총의석수
	A당	B당	C당	D당	E당	
t	5	40	5	50	0	100
t+1	5	50	5	30	10	100

보기
ㄱ. 〈방식 1〉로 판단하면 t 시기 정당 제도는 t+1 시기 정당 제도에 비해 정당 간 대립 시 중재가 용이하다.
ㄴ. 〈방식 2〉를 적용하면 갑국의 유효 정당 지수는 t+1 시기가 t 시기에 비해 높다.
ㄷ. 〈방식 2〉로 판단하면 t+1 시기 정당 제도는 t 시기 정당 제도에 비해 소수 의견 반영 가능성이 높다.
ㄹ. 〈방식 1〉로 판단한 t 시기 정당 제도와 〈방식 2〉로 판단한 t+1 시기 정당 제도는 동일하다.

① ㄱ, ㄴ　　　② ㄱ, ㄹ　　　③ ㄴ, ㄷ
④ ㄱ, ㄷ, ㄹ　　⑤ ㄴ, ㄷ, ㄹ

216

그림은 A당, B당의 정당 수입 비율이다. 이에 대한 설명으로 옳은 것은?

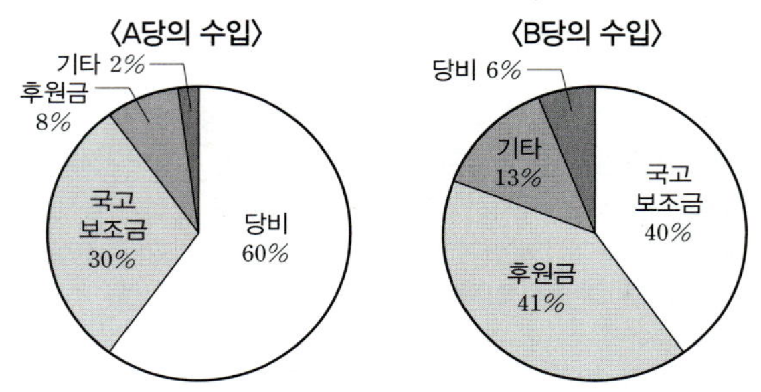

① A당은 B당에 비해 정당 수입에 대한 처리 절차가 투명할 것이다.
② A당은 B당에 비해 정당 활동에 대한 외부 압력으로부터 자유로울 것이다.
③ B당은 A당에 비해 정책 중심의 정당 운영이 이루어질 것이다.
④ B당보다 A당에서 새로운 정책 개발이 활발하게 이루어질 것이다.
⑤ B당은 A당에 비해 하향식 의사 결정 방식에 의한 결정이 이루어질 것이다.

217

표는 갑국의 시기별 각 정당 의석률이다. 이에 대한 설명으로 옳은 것은?

(단위 : %)

구분	A당	B당	C당	D당	E당	계
T기	55	40	2	3	0	100
T+1기	35	30	28	5	2	100

* 갑국은 전형적인 정부 형태를 채택하고 있음

① T+1기에는 T기에 비해 정치적 책임 소재가 명확할 것이다.
② T+1기에 비해 T기에 정당 간 대립 시 중재가 용이할 것이다.
③ T+1기에 비해 T기에 국민의 다양한 여론이 반영되기 용이할 것이다.
④ 갑국의 정부 형태가 의원 내각제라면 T기의 행정부 수반은 A당 소속일 것이다.
⑤ 갑국의 정부 형태가 대통령제라면 T기와 달리 T+1기에는 여소야대 현상이 나타난다.

218

그림은 A국과 B국의 의회 의석 점유율을 나타낸 것이다. 이에 대한 설명으로 옳은 것은?

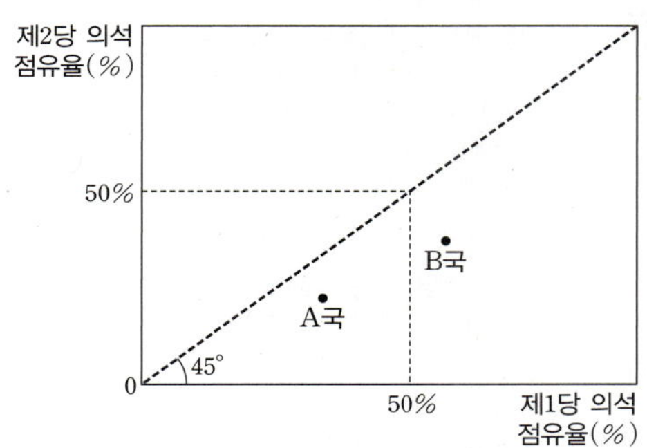

┌─ 보기 ─────────────────────────────────┐

ㄱ. A국이 전형적인 대통령제 국가라면 여소야대 현상이 나타난다.

ㄴ. A국이 전형적인 의원 내각제 국가라면 행정부 수반이 제2당 소속일 수도 있다.

ㄷ. B국이 전형적인 대통령제 국가라면 행정부 수반은 제1당 소속이다.

ㄹ. B국이 전형적인 의원 내각제 국가라면 연립 정부가 구성될 것이다.

└──┘

① ㄱ, ㄴ   ② ㄱ, ㄷ   ③ ㄴ, ㄷ

④ ㄴ, ㄹ   ⑤ ㄷ, ㄹ

219

밑줄 친 ㉠~㉣에 대한 설명으로 옳은 것은?

┌──┐

갑당은 의회 의원 선거를 앞두고 지역구 후보자를 결정하는 방식을 고민하고 있다. 1안은 ㉠ 지역구 당원이 참가하여 후보자를 선출하는 것이고, 2안은 ㉡ 정당 내부의 공천 심사 위원회에서 심사하여 결정하는 것이며, 3안은 ㉢ 정당인이 아닌 일반 국민의 투표로 후보자를 선출하는 방안이다. 갑당은 지금까지 ㉣ 당원과 일반인이 각각 50% 참여하여 후보자를 선출하였다.

└──┘

┌─ 보기 ─────────────────────────────────┐

ㄱ. ㉠보다 ㉣이 정당의 정체성을 유지하는 데 유리하다.

ㄴ. ㉢보다 ㉡이 상향식 의사 결정 방식에 해당한다.

ㄷ. 후보자 선출 비용은 ㉡보다 ㉣이 많이 소요된다.

ㄹ. ㉠~㉣ 중 ㉢이 당선 가능성이 높은 후보자를 선출하는 데 가장 유리하다.

└──┘

① ㄱ, ㄴ   ② ㄱ, ㄷ   ③ ㄴ, ㄷ

④ ㄴ, ㄹ   ⑤ ㄷ, ㄹ

220

다음 자료에 대한 설명으로 옳지 <u>않은</u> 것은?

┌──┐

A국과 B국은 전형적인 정부 형태를 채택하고 있다. A국에서는 국민들이 행정부 수반을 선출하는 선거와 의회 의원을 선출하는 선거를 별도로 실시하는 반면 B국에서는 국민들이 의회 의원을 선출하면 행정부 수반이 의회에서 선출된다.

└──┘

〈A국, B국의 정당별 의석 점유율〉

(단위 : %)

구분	제1당	제2당	제3당	제4당
A국	45	35	15	5
B국	45	30	15	10

① A국에서 행정부 수반은 제1당 소속이다.

② A국에서는 행정부의 강력한 정책 추진이 곤란할 수 있다.

③ B국에서 행정부 수반은 제2당 소속일 수 있다.

④ A국보다 B국의 제4당이 의회 내에서의 영향력이 크다.

⑤ B국에서는 A국과 달리 의원의 각료 겸직이 가능하다.

221

그림은 정당 제도 A, B를 비교한 것이다. 이에 대한 옳은 설명만을 〈보기〉에서 고른 것은? (단, A, B는 각각 양당제, 다당제 중 하나이다.)

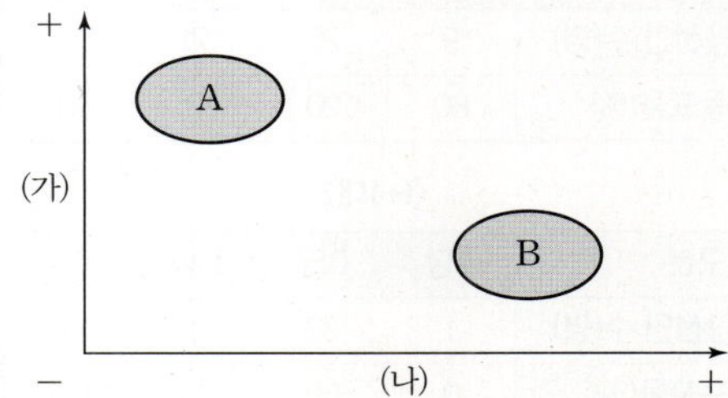

* +는 (가), (나)의 정도가 높거나 큼을 의미하고, −는 (가), (나)의 정도가 낮거나 작음을 의미함

┌─ 보기 ─────────────────────────────────┐

ㄱ. A가 양당제라면 (나)에 '다수당의 횡포 가능성'이 들어갈 수 없다.

ㄴ. B가 다당제라면 (가)에 '정치적 책임 소재 명확성'이 들어갈 수 없다.

ㄷ. (가)에 '유권자의 정당 선택 용이', (나)에 '다양한 의견 반영 가능성'이 들어갈 수 있다.

ㄹ. (가)가 '정당 간 대립 시 중재 용이'이면 (나)에 '강력한 정책 추진 가능성'이 들어갈 수 없다.

└──┘

① ㄱ, ㄴ   ② ㄱ, ㄷ   ③ ㄴ, ㄷ

④ ㄴ, ㄹ   ⑤ ㄷ, ㄹ

222
| 평가원 기출 |

다음 자료에 대한 옳은 설명만을 〈보기〉에서 있는 대로 고른 것은?

〔보기〕
ㄱ. ㉠은 정당의 정치 사회화 기능을 보여 준다.
ㄴ. ㉡을 통해 정당은 의회와 정부를 매개하는 역할을 한다.
ㄷ. ㉢은 정당의 하향식 의사 결정 구조를 강화한다.
ㄹ. ㉣은 정당의 정치 엘리트 충원 기능을 보여 준다.

① ㄱ, ㄷ 　② ㄱ, ㄹ 　③ ㄴ, ㄷ
④ ㄱ, ㄴ, ㄹ 　⑤ ㄴ, ㄷ, ㄹ

223
| 평가원 기출 |

다음 자료에 대한 옳은 분석 및 추론을 〈보기〉에서 고른 것은?

전형적인 의원 내각제를 채택하고 있는 갑국의 의회 의원은 100명이며, 단순 다수제로 선출된 지역구 의원 80명과 정당별 득표율에 따라 결정된 비례 대표 의원 20명으로 구성된다. 표는 시기별 갑국의 의회 의원 선거 결과를 나타낸다.

〈t대〉

구분	A당	B당	C당	D당	합계
지역구 당선인 수(명)	9	20	21	30	80
정당 득표율(%)	80	20	0	0	100

〈t+1대〉

구분	A당	B당	C당	D당	합계
지역구 당선인 수(명)	1	32	1	46	80
정당 득표율(%)	0	50	5	45	100

* 비례 대표 선거에서 모든 정당은 득표율에 따라 의석을 할당받을 수 있음

〔보기〕
ㄱ. t는 t+1대에 비해 다수당의 횡포 가능성이 높았을 것이다.
ㄴ. t+1대는 t대에 비해 국정 운영에 대한 정치적 책임의 소재가 명확할 것이다.
ㄷ. t대 정당 제도에서는 t+1대에 비해 정국이 불안정해질 가능성이 높다.
ㄹ. t+1대 정당 제도에서는 t대에 비해 국민의 다양한 의견이 정책 결정 과정에 투입될 가능성이 높다.

① ㄱ, ㄴ 　② ㄱ, ㄷ 　③ ㄴ, ㄷ
④ ㄴ, ㄹ 　⑤ ㄷ, ㄹ

224
| 평가원 기출 |

다음 대화의 (가), (나)에 들어갈 수 있는 적절한 내용을 〈보기〉에서 고른 것은? (단, A와 B는 각각 양당제, 다당제 중 하나이다.)

〔보기〕
ㄱ. (가) - 강력한 정책 추진이 어렵습니다.
ㄴ. (가) - 다양한 의견을 반영하기 어렵습니다.
ㄷ. (나) - 다수당의 횡포 가능성이 높습니다.
ㄹ. (나) - 정책 실패에 대한 책임 소재가 불분명합니다.

① ㄱ, ㄴ 　② ㄱ, ㄷ 　③ ㄴ, ㄷ
④ ㄴ, ㄹ 　⑤ ㄷ, ㄹ

225
| 평가원 기출 |

표에 대한 옳은 분석 및 추론을 〈보기〉에서 고른 것은?

〈갑국의 의회 의원 선거 결과〉

구분	t대				t+1대			
정당	A	B	…	합계	A	B	…	합계
의석률(%)	30	31	…	100	52	43	…	100

* t대와 t+1대에서 의석을 차지한 정당의 수는 각각 4개이며, 무소속 의원은 없음
** 갑국은 전형적인 의원 내각제를 채택하고 있음

〔보기〕
ㄱ. t대는 t+1에 비해 정국이 안정적으로 운영되었을 가능성이 높다.
ㄴ. t+1대는 t대에 비해 정당의 정치적 책임 소재가 명확할 것이다.
ㄷ. t+1대는 t대에 비해 국민의 다양한 의사가 정책에 반영될 기회가 많아질 것이다.
ㄹ. t대에서는 t+1대와 달리 연립 내각을 구성하는 것이 필요했을 것이다.

① ㄱ, ㄴ 　② ㄱ, ㄷ 　③ ㄴ, ㄷ
④ ㄴ, ㄹ 　⑤ ㄷ, ㄹ

주제 2 정치 참여 주체의 기능

족집게 전략 | 정치 참여 주체는 매년 수능에 출제되는 부분이다. 정치 참여 주체 중 시민 단체, 이익 집단, 정당의 특징을 비교하여 묻는 문항에 대한 대비를 철저히 해야 한다. 특히 각 정치 참여 주체가 공통적으로 수행하는 기능이 있는 반면 특정 정치 참여 주체만 수행하는 기능이 존재한다. 특히 정당에만 해당하는 특징인 정부와 의회 매개 기능, 정치적 책임, 정치적 충원 기능을 구분하여 정리하는 것이 필요하다.

226 대표 문항 | 평가원 기출 |

다음에 나타난 정치 참여 집단 A~C에 대한 설명으로 옳은 것은? (단, A~C는 각각 정당, 시민 단체, 이익 집단 중 하나에 해당하는 집단이다.)

- A는 의회 의원의 윤리적 자질을 평가하고 이들의 정치 활동에 대한 정보를 인터넷에 공개하고 있다. 이 밖에 공직자의 부정과 부패를 감시하며, 문제점을 해결할 수 있는 방안을 제시하기도 한다.
- B는 총기 판매와 소지에 대한 규제를 주장하는 강력한 여론에도 불구하고 자신들이 추구하는 목적을 달성하는 데에만 관심이 있다. 그러나 복지, 교육, 외교, 노동, 환경 등 다른 분야에는 관심이 없다.
- C는 중산층을 기반으로 설립되었고, 체제 유지를 위한 전통적인 규범과 권위를 중요시한다는 강령을 갖고 있다. 이들은 정권 획득을 통해 시장에 대한 국가의 개입을 최소로 하는 정책을 실현하고자 한다.

① A는 정치 과정에서 투입 기능을 독점한다.
② B는 행정부와 의회를 매개한다.
③ C는 정치적 중립을 추구한다.
④ A는 B와 달리 구성원의 이익을 공익보다 우선한다.
⑤ B, C 모두 정치 사회화 기능을 수행하지만, C는 정치적으로 책임을 진다는 점에서 B와 다르다.

227

정치 참여 집단 A~C에 대한 옳은 설명만을 〈보기〉에서 고른 것은? (단, A~C는 각각 시민 단체, 이익 집단, 정당 중 하나이다.)

- '정권 획득을 목적으로 하는가?'라는 질문으로 A와 B를 구분할 수 없다.
- '공익을 추구하는가?'라는 질문으로 B와 C를 구분할 수 없다.

〈보기〉
ㄱ. A는 B와 달리 대의 민주제의 한계를 보완하는 역할을 한다.
ㄴ. B는 C와 달리 집단의 활동 결과에 대한 정치적 책임을 진다.
ㄷ. C는 A와 달리 공직 선거에서 후보자를 공천한다.
ㄹ. A~C는 모두 정치 사회화 기능을 수행한다.

① ㄱ, ㄴ   ② ㄱ, ㄷ   ③ ㄴ, ㄷ
④ ㄴ, ㄹ   ⑤ ㄷ, ㄹ

228

그림은 정치 참여 집단 A~C를 구분한 것이다. 이에 대한 설명으로 옳은 것은? (단, A~C는 각각 시민 단체, 이익 집단, 정당 중 하나이다.)

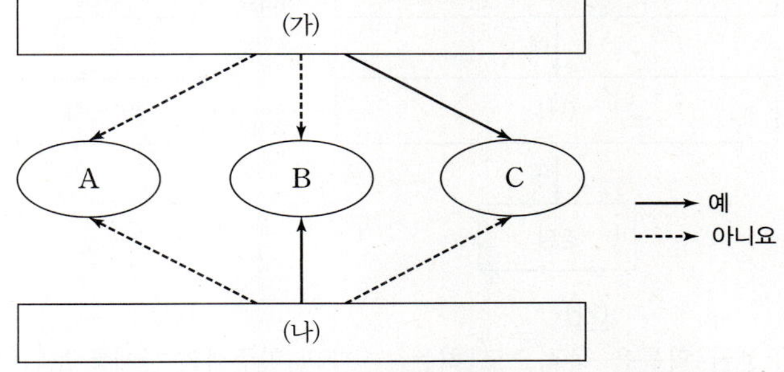

① (가)에 '대의 민주제의 한계를 보완하는 기능을 하는가?'가 들어갈 수 있다.
② (나)에 '정치 과정에서 투입 기능을 하는가?'가 들어갈 수 있다.
③ (가)에 '공직 선거에서 후보자를 공천하는가?'가 들어가면 C는 A, B와 달리 정치 사회화 기능을 수행한다.
④ (나)에 '정부와 의회의 매개적 기능을 수행하는가?'가 들어가면 A는 C와 달리 정권 획득을 목적으로 한다.
⑤ (가)에 '공익보다 집단의 특수 이익을 추구하는가?'가 들어가면 (나)에 '정부 감시 기능을 하는가?'가 들어갈 수 없다.

229

그림은 정치 참여 집단 A, B를 구분한 것이다. 이에 대한 옳은 설명만을 〈보기〉에서 고른 것은? (단, A, B는 각각 시민 단체, 이익 집단 중 하나이다.)

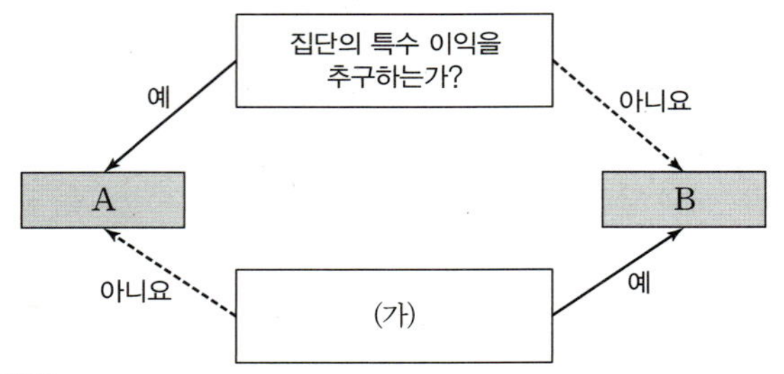

〈보기〉
ㄱ. A는 B와 달리 비영리성, 비당파성을 갖는다.
ㄴ. B는 A와 달리 대의 민주제의 한계를 보완하는 기능을 수행한다.
ㄷ. A, B 모두 사회적 쟁점에 대한 여론 형성 및 조직 기능을 수행한다.
ㄹ. (가)에 '정책 결정 과정에서 산출 기능을 수행하는가?'가 들어갈 수 없다.

① ㄱ, ㄴ 　② ㄱ, ㄷ 　③ ㄴ, ㄷ
④ ㄴ, ㄹ 　⑤ ㄷ, ㄹ

230

그림은 정치 참여 집단을 구분한 것이다. (가), (나)에 들어갈 질문으로 옳은 것은?

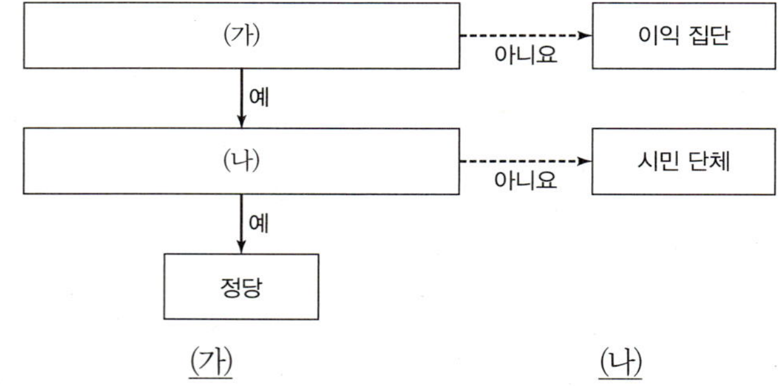

　　　　(가)　　　　　　　　　　(나)
① 정권 획득을 목적으로 하는가? ／ 대의 민주제의 한계를 보완하는 기능을 수행하는가?
② 정치 사회화 기능을 수행하는가? ／ 정부와 의회를 매개하는 기능을 수행하는가?
③ 정치 과정에서 투입 기능을 수행하는가? ／ 공직 선거에서 후보자를 공천하는가?
④ 정부에 대한 비판과 감시 활동을 하는가? ／ 여론 형성과 조직화 기능을 수행하는가?
⑤ 집단의 특수 이익보다 공익을 추구하는가? ／ 집단의 행위에 대해 정치적 책임을 지는가?

231

정치 참여 집단 A, B에 대한 설명으로 옳은 것은?

A와 B는 정치 과정에서 투입 기능을 수행하는 정치 참여 집단이다. A는 이해관계를 같이하는 사람들이 공동의 이익을 실현하기 위해 결성한 집단이며, 정부의 정책 결정에 영향을 준다. 그러나 A는 B처럼 정권 획득을 목표로 하지는 않는다. A는 지역 대표자를 통한 다양한 직업적 이익의 반영이 어렵고, B의 여론 수렴 기능 약화로 등장하게 되었다.

① A는 공공선과 공익 실현을 목적으로 구성한 집단이다.
② B는 A와 달리 대의제를 보완하는 기능을 수행한다.
③ B는 A와 달리 정치적 충원 기능을 수행한다.
④ A, B 모두 정부와 의회를 매개하는 기능을 수행한다.
⑤ A, B를 통한 정치 참여는 개별적 정치 참여에 해당한다.

232

밑줄 친 'A 현상'에 대한 옳은 설명만을 〈보기〉에서 고른 것은?

A 현상은 여론이 형성되는 과정에서 자신의 입장이 다수의 의견과 동일하면 적극적으로 동조하지만 소수의 의견일 경우에는 남에게 나쁜 평가를 받거나 고립되는 것이 두려워 침묵하는 현상을 말한다. 고립에 대한 두려움과 주류에 속하고 싶은 인간의 강한 욕망이 A 현상을 만든다. 이 현상은 명백하게 참과 거짓을 구별할 수 있는 사실 문제에는 적용되지 않는다. 윤리적인 문제나 공공의 문제에 관한 의견 등 주관적인 생각에만 적용된다. A 현상에 따르면 공공의 문제에 관한 여론 형성 과정에서는 지배적인 의견을 주로 반영하는 텔레비전과 같은 대중 매체의 영향력, 그리고 소수의 의견을 공개적으로 표명하려는 의지가 있는가의 여부가 중요한 변수가 될 수 있다.

〈보기〉
ㄱ. 소수의 의견도 존중하려는 사회적 분위기를 통해 극복될 수 있다.
ㄴ. 자신이 속한 사회 집단으로부터 고립되는 것에 대한 두려움에서 나타난다.
ㄷ. 사회 문제에 대한 가치 판단 자체를 거부하는 국민의 행태를 설명할 수 있다.
ㄹ. 대중 매체가 제공하는 정보를 무비판적으로 받아들이는 문제를 설명하기에 용이하다.

① ㄱ, ㄴ 　② ㄱ, ㄷ 　③ ㄴ, ㄷ
④ ㄴ, ㄹ 　⑤ ㄷ, ㄹ

233 고난도 ↑
|평가원 기출|

밑줄 친 정치 참여 집단 ㉠, ㉡의 일반적인 특징에 대한 공통점으로 옳은 것은?

구분	주요 활동
㉠ ○○ 단체	• 국정 감사 모니터링 활동 • 노동 문제에 대한 대안 제시 • 사법부 활동 감시를 위한 시민 연대 결성
㉡ △△ 단체	• 성과 연봉제 도입 반대를 위한 파업 주도 • 해외 금융 회사의 국내 진출 반대 로비 활동 • 조합원의 후생 복지를 위한 시설의 설치 운영

① 정치 사회화를 담당하며 정치 과정에서 산출 기능을 수행한다.
② 정부에 대하여 비판을 하며 정강에 기본 이념이 규정되어 있다.
③ 정치권력 획득에는 관심이 없으며 사회 전체의 공공선을 추구한다.
④ 정치적으로 책임을 지지 않으며 정부의 정책 결정 과정에 영향력을 행사한다.
⑤ 대의 민주주의의 한계를 보완하기 위해 시민의 여론을 수렴하여 법률안을 발의한다.

234
|평가원 기출|

다음 대화에 나타난 정치 참여 집단 A~C에 대한 설명으로 옳은 것은? (단, A~C는 각각 정당, 이익 집단, 시민 단체 중 하나에 해당하는 집단이다.)

> 갑 : 이번에 정부가 추진하는 정책이 시행되면 우리 A의 회원인 농·축산업자들이 큰 피해를 보게 됩니다. 따라서 우리는 회원들의 이익을 침해하는 정부 정책에 반대합니다.
> 을 : 이 정책은 우리나라의 환경에도 큰 피해를 줄 가능성이 있습니다. 환경 보호라는 공익적 가치를 위해 설립하여 활동해 온 우리 B로서도 이 정책에 반대할 수밖에 없습니다.
> 병 : 우리 C는 오늘 간담회에서 제시된 의견들을 충분히 반영하여 다음 선거에서 공약으로 제시하고 유권자의 선택을 받겠습니다.

① A는 B와 달리 대의제의 한계를 보완한다.
② B는 C와 달리 정치 과정에서 산출 기능을 담당한다.
③ A, B는 모두 시민의 다양한 요구를 표출하는 역할을 한다.
④ B, C는 모두 자신들의 활동에 대해 정치적 책임을 진다.
⑤ A~C는 모두 정치권력 획득을 목표로 한다.

235
|평가원 기출|

표는 정치 참여 집단 A~C에 해당되는 단체의 목적 및 활동을 나타낸 것이다. 이에 대한 설명으로 옳은 것은? (단, A~C는 각각 정당, 시민 단체, 이익 집단 중 하나이다.)

구분	목적 및 활동
A	우리는 자유와 정의, 인권과 복지를 실현하고자 자발적인 시민들의 연대를 통해 입법, 행정, 사법에 대한 감시 활동을 한다.
B	우리는 자유·평화를 기본 가치로 지향하며 국민의 삶을 행복하게 만들기 위해 모든 공직 선거에서 후보자를 공천한다.
C	우리는 조합원의 경제적 지위 향상을 도모하기 위해 임금 및 근로 조건을 비롯한 제반 노동 환경을 개선하고자 노력한다.

① A는 특정한 분야에서 사적 이익을 추구한다.
② B는 행정부와 의회를 매개하는 역할을 한다.
③ C는 공적 이익을 추구하는 비영리 조직이다.
④ A는 B와 달리 자신들의 행위에 정치적 책임을 진다.
⑤ B는 C와 달리 정치 사회화 기능을 수행한다.

236
|평가원 기출|

다음 자료에 나타난 정치 참여 집단 A~C에 대한 설명으로 옳은 것은? (단, A~C는 각각 정당, 시민 단체, 이익 집단 중 하나이다.)

> 정부가 추진하는 정책으로 인한 비용은 A에게 집중되고 이익은 국민에게 분산될 경우, A는 자신에게 소속된 업계 회원들의 비용 부담을 우려하여 해당 정책을 강력히 반대할 것이다. 반면 국민은 각자에게 돌아오는 이익이 작아서 큰 관심을 보이지 않을 것이다. 국민의 관심을 불러일으키기 위해서는 공익을 위해 활동하는 B의 역할이 요구된다. 한편 유권자의 지지가 필요한 C는 A와 B의 의견을 종합하여 이에 관한 정책을 다음 선거에서 공약으로 제시할 것이다.

① A는 B와 달리 정치 과정에서 산출 기능을 담당한다.
② B는 C와 달리 행정부와 의회를 매개한다.
③ C는 A와 달리 정권 획득을 목적으로 한다.
④ A는 B, C와 달리 대의제의 한계를 보완한다.
⑤ B는 A, C와 달리 정치 사회화 기능을 수행한다.

IV 개인 생활과 법

IV단원 PREVIEW – MIND MAP

| 12강 | 주제 1 민법의 의미와 기본 원리 | ·민법의 의미   ·민법의 기능
·근대 민법의 원칙 |
| 민법의 기초 | 주제 2 근대 민법의 수정 원리 | ·소유권 공공 복리의 원칙   ·계약 공정의 원칙
·무과실 책임의 원칙 |

| 13강 | 주제 1 계약과 미성년자의 계약 | ·계약의 의미   ·계약의 성립   ·계약의 이행
·미성년자의 계약 |
| 재산 관계와 법 | 주제 2 불법 행위와 손해 배상 | ·불법 행위   ·특수 불법 행위   ·손해 배상 |

14강	주제 1 혼인	·혼인의 의미 ·혼인의 법률 효과
	주제 2 이혼	·이혼의 의미 ·이혼의 유형
가족 관계와 법	주제 3 친자(親子) 관계, 친권	·친생자 ·양자 ·친권
	주제 4 유언과 상속	·유언 ·법정 상속 ·유류분

IV 단원 학습 SOULTION

▶ 계약의 성립 및 미성년자의 계약의 법률 효과에 대해 철저히 준비하자!

청약과 승낙에 의해 성립되는 계약의 특징과 미성년자의 계약 효과 및 미성년자와 거래한 상대방을 보호하는 내용은 매년 수능에 출제된다. 특히 미성년자의 계약 효과와 미성년자가 단독으로 할 수 있는 법률 행위, 미성년자와 거래한 상대방을 보호하는 내용인 확답을 촉구할 권리, 철회권, 취소권 행사의 배제 등의 내용은 철저하게 준비해야 한다.

▶ 특수 불법 행위 책임을 묻는 문제에 대해 대비하자!

민법에 규정된 특수 불법 행위 책임의 유형과 각 유형에 해당하는 경우의 법률 효과를 판단하는 문제는 매년 수능에 출제되었다. 특히 책임 능력이 없는 자의 감독자 책임, 사용자의 배상 책임, 공작물 등의 점유자 및 소유자 책임의 출제 빈도가 높으므로 이에 대한 철저한 대비가 요구된다.

민법의 기초

 민법의 의미와 기본 원리

1. 법률관계

(1) **의미** : 생활 관계 중 법 규범에 의해 규율되는 생활 관계

(2) **종류**

공적 법률관계	사적 법률관계
국가를 조직·유지하는 생활 관계 ㉠ 선거 참여, 조세 납부, 병역 의무 이행 등	개인으로서의 삶과 관련된 생활 관계 ㉠ 상품 매매, 계약 체결, 혼인, 이혼, 상속 등

2. 법이 규율하는 생활 관계의 실체에 따른 법의 분류

구분	사법(私法)	공법(公法)
의미	개인과 개인 간의 대등한 사적 생활 관계를 규율하는 법	국가 또는 공공 단체 상호 간 또는 이들과 개인 간의 공적인 생활 관계를 규율하는 법
적용 사례	• 갑과 을이 차용증을 작성하여 금전 대차 계약을 체결하였다. • 병이 정을 입양하였다.	• 절도 혐의가 있는 피의자를 경찰이 수사 중에 있다. • 국세청이 기업에 세금을 부과하였다.
종류	민법, 상법 등	헌법, 형법, 각종 소송법 등

3. 민법의 의미와 의의 ❶

(1) **민법의 의미** : 사인 간의 법률관계에서 발생하는 권리와 의무의 종류 및 내용을 다루는 가장 대표적인 사법

(2) **민법의 규율 대상**

구분	재산 관계	가족 관계
내용	• 동산, 부동산 등의 재산과 관련된 권리와 의무의 종류 및 내용 • 채무 불이행 및 불법 행위에 대한 배상 문제 등	• 가족과 관련된 권리와 의무 • 친족, 친권, 상속, 혼인, 이혼 등
사례	• 부동산 매매 계약 • 계약의 내용대로 이행하지 않아 손해 배상을 청구함 • 불법 행위로 손해를 입은 경우 손해 배상을 청구함	• 혼인 신고를 함 • 친양자로 입양을 함 • 법원의 판결로 이혼을 함 • 양 당사자가 합의하여 이혼을 함

(3) **민법의 구조** ❷

① 총칙 : 민법 전반에 관한 원칙적 규정들이 있음

② 재산법(물권, 채권) : 계약 등을 통해 생기는 권리와 의무의 문제를 다루는 채권법과 물건에 대한 권리를 다루는 물권법

③ 가족법(친족, 상속) : 부부와 친자를 중심으로 한 친족 관계를 정한 친족법과 사망한 사람의 재산을 어떻게 처리할 것인지를 다루는 상속법

(4) **민법의 기능**

└─ 사람과 사람 사이에 일정한 법률 효과를 발생시킬 목적으로 이루어지는 합의 또는 약속을 의미한다.

① 동산, 부동산에 대한 권리, 계약, 불법 행위 등을 규정하여 개인의 경제 활동과 경제적 권리를 둘러싼 법률관계를 합리적으로 조정함

② 가족 관계 규율 : 출생, 혼인, 이혼, 입양, 상속 등을 규정하여 우리 사회의 가족 및 친족과 연관된 법률관계를 안정적으로 유지하도록 함

③ 법의 일반 원칙 제시 : 신의 성실의 원칙, 권리 남용 금지의 원칙 등의 법의 일반 원칙을 규정하여 사법적 생활 관계의 행위 기준을 제시함 ❸, ❹

---

❶ 민법의 구성

> **제1편 총칙** 법원(法源), 권리 능력, 제한 능력자, 법인, 법률 행위 등
> **제2편 물권** 점유권, 소유권, 지상권, 전세권, 유치권, 질권, 저당권 등
> **제3편 채권** 채무 불이행, 채권의 양도, 변제, 계약, 불법 행위 등
> **제4편 친족** 친족, 혼인, 이혼, 친권, 입양, 친생자, 친양자, 부양 등
> **제5편 상속** 상속 순위, 상속분, 상속의 승인 및 포기, 유언의 방식 및 효력 등

민법은 개인과 개인 간의 관계를 다루는 사법으로 크게 재산 관계와 가족 관계로 구성되어 있으며, 총 5편으로 나누어 있다.

❷ 나폴레옹 법전

근대 민법전의 시초가 되는 법전으로 사유 재산권 존중, 계약 자유의 원칙, 과실 책임주의 등 근대 민법의 기본 원리를 담고 있다. 이 법전은 최초로 성문화된 근대적 민법전이라는 점에서 의의가 있으며, 각국의 민법전 제정의 기반이 되었다.

❸ 신의 성실의 원칙

민법 제2조는 '권리의 행사와 의무의 이행은 신의에 좇아 성실히 이행하여야 한다.'라고 규정하고 있다. 이것은 권리·의무의 양 당사자는 권리를 행사하거나 의무를 이행함에 있어서 신의와 성실로써 행동해야 한다는 민법상의 대원칙이다. 줄여서 신의칙이라고 하기도 한다. 이것은 상대방의 정당한 이익을 고려하고 상대방의 신뢰를 저버리지 않도록 행동하여야 하며, 형평에 어긋나지 않아야 한다는 것이다.

❹ 권리 남용 금지의 원칙

겉으로 보기에는 권리를 행사하는 것처럼 보이지만 실제로는 공공의 복리에 반하기 때문에 권리의 행사라고 할 수 없는 경우 그에 따른 법률 효과도 발생하지 않는다는 원칙을 말한다. 민법(제2조 제2항)에는 "권리는 남용하지 못한다."고 규정하여 권리 남용 금지의 원칙을 정해 놓았다.

4. 근대 민법의 원칙

(1) **근대 민법의 기본 이념** : 개인주의, 자유주의, 합리주의

자유와 평등 사상을 바탕으로 개인이 국가나 사회 제도의 억압이나 부담에서 벗어날 것을 강조하는 사상을 의미한다.

(2) **근대 민법의 기본 원칙**

국가나 사회보다 개인의 자유와 권리를 더 중요시하는 사상을 의미한다.

사유 재산권 존중의 원칙 (소유권 절대의 원칙)	• 개인 소유의 재산에 대한 사적 지배를 인정하고 국가나 다른 개인은 함부로 이를 간섭하거나 제한하지 못한다는 원칙 • 사유 재산권 중 핵심 내용이라고 할 수 있는 소유권을 전면에 내세워 '소유권 절대의 원칙'이라고도 함
사적 자치의 원칙 (계약 자유의 원칙)	• 개인은 자율적인 판단에 기초하여 법률관계를 형성해 나갈 수 있다는 원칙 • 개인 간의 법률관계를 형성하는 가장 대표적인 것이 계약이기 때문에 '계약 자유의 원칙'이라고도 함
과실 책임의 원칙	자신의 고의 또는 과실에 따른 위법한 행위로 타인에게 손해를 끼친 경우에만 책임을 진다는 원칙

주제 2 근대 민법의 수정 원리

1. 근대 민법의 기본 원칙 수정 배경 ❺

자본주의 경제 체제하의 시장 구조가 경쟁 상태를 결여하여 하나 또는 소수의 기업이 생산과 시장을 지배하고 있는 상태를 가리키는 경제 용어를 의미한다.

(1) **자본주의 발달 과정** : 빈부격차, 환경 오염, 독과점 등의 부작용이 발생함

(2) **소유권 절대의 원칙과 계약 자유의 원칙** : 경제적 강자가 경제적 약자를 지배하는 수단으로 악용되기도 함

(3) **과실 책임의 원칙** : 사회적 강자가 자신의 책임을 회피하는 수단으로 악용되기도 함

2. 근대 민법의 기본 원칙에 대한 수정

(1) **소유권 공공 복리의 원칙**

물건에 대한 전면적 지배권으로 우리 민법은 "소유자는 법률의 범위 내에서 그 소유물을 사용, 수익, 처분할 권리가 있다."고 규정하고 있다.

의미	• 소유권에 공공의 개념을 적용하여 소유권은 공공복리에 적합하도록 행사해야 한다는 원칙 • 개인의 소유권도 공공의 이익을 위해서라면 경우에 따라 제한될 수 있는 상대적 권리임을 의미함 • 소유권 절대의 원칙을 보완함
사례	• 개발 제한 구역으로 지정하여 개인 소유의 토지임에도 불구하고 건물을 건설하는 등의 토지 이용을 제한함 • 자신 소유의 토지라고 하더라도 수년 동안 타인의 통행에 활용된 길이라면 토지 소유자가 이를 함부로 막지 못하도록 함

(2) **계약 공정의 원칙**

의미	• 계약 내용이 사회 질서에 반하거나 공정하지 못한 경우에는 법적 효력이 발생하지 않는다는 원칙 • 계약 자유의 원칙을 보완함
사례	• 계약 상대방에게 일방적으로 불리한 불공정한 계약은 그 효력을 무효로 함

(3) **무과실 책임의 원칙**

고의는 자신의 행위가 다른 사람에게 손해를 입힐 것을 알면서도 그 행위를 하는 것이고, 과실은 자신의 행위가 다른 사람에게 손해를 입힐 것을 부주의로 알지 못하고 그 행위를 하는 것이다.

의미	• 자신에게 고의나 과실이 없는 경우에도 일정 요건에 따라 손해 배상 책임을 질 수 있다는 원칙 • 과실 책임의 원칙과 공존함
사례	• 제조물 책임법 : 제조물의 결함으로 인해 생명, 신체, 재산의 손해가 발생한 경우 제조업자나 원인자가 지는 책임 ❻ • 환경 정책 기본법 : 환경 오염으로 인해 피해를 준 행위자가 지는 책임 ❼ • 공작물 등의 소유자가 지는 책임 ❽

---

❺ **계약 자유의 원칙이 수정·보완된 민법 조항**

> 제103조 선량한 풍속 기타 사회 질서에 위반한 사항을 내용으로 하는 법률 행위는 무효로 한다.
> 제104조 당사자의 궁박, 경솔 또는 무경험으로 인하여 현저하게 공정을 잃은 법률 행위는 무효로 한다.

❻ **제조물 책임법**

> 제3조(제조물 책임) ① 제조업자는 제조물의 결함으로 생명·신체 또는 재산에 손해(그 제조물에 대하여만 발생한 손해는 제외한다.)를 입은 자에게 그 손해를 배상하여야 한다.

제조물 책임법에서는 정상적으로 제조물을 사용하였음에도 피해자의 손해가 발생하였다면 제조업자 등의 손해 배상 책임에 무과실 책임주의가 적용된다는 것을 규정하고 있다.

❼ **환경 정책 기본법**

> 제7조(오염 원인자 책임 원칙) 자기의 행위 또는 사업 활동으로 환경 오염 또는 환경 훼손의 원인을 발생시킨 자는 그 오염·훼손을 방지하고 오염·훼손된 환경을 회복·복원할 책임을 지며, 환경 오염 또는 환경 훼손으로 인한 피해의 구제에 드는 비용을 부담함을 원칙으로 한다.

환경 정책 기본법에 환경 오염으로 피해를 발생시킨 원인자는 무과실 책임을 진다고 규정하고 있다.

❽ **공작물 소유자 책임(민법)**

> 제758조(공작물 등의 점유자, 소유자의 책임) ① 공작물의 설치 또는 보존의 하자로 인하여 타인에게 손해를 가한 때에는 공작물 점유자가 손해를 배상할 책임이 있다. 그러나 점유자가 손해의 방지에 필요한 주의를 해태하지 아니한 때에는 그 소유자가 손해를 배상할 책임이 있다.

민법에 공작물 등의 설치 또는 보존의 하자로 인하여 타인에게 손해를 가한 때에는 점유자가 1차 책임을 지며, 점유자 책임이 면책되면 소유자가 책임을 지도록 규정하고 있는데 이 때의 책임은 무과실 책임에 해당한다.

핵심 개념 CHECK!

• 정답 및 해설 054~055쪽

✏️ 다음 설명이 맞으면 'O', 틀리면 '×'에 표시하시오.

주제 1 민법의 의미와 기본 원리

01 사회생활 중에서 특별히 법으로 규율할 필요가 있는 관계를 법률관계라고 한다. O ×

02 공적인 법률관계의 예로는 선거 참여, 조세 납부, 병역 의무 이행 등을 들 수 있다. O ×

03 민법은 우리 사회의 가족 관계를 안정적으로 지속할 수 있도록 한다. O ×

04 함정 근대 민법은 사회를 구성하는 각 개인이 자유롭고 평등하다고 전제한다. O ×

05 민법은 개인과 개인의 법률관계에서 발생하는 권리와 의무의 종류 및 내용을 다루는 대표적인 사법이다. O ×

06 국가 또는 공공 단체 상호 간 또는 이들과 개인 간의 공적인 생활 관계를 규율하는 법을 공법이라고 한다. O ×

07 당사자 한쪽이 금전 소유를 상대방에게 이전할 것을 약속하는 금전 대차 계약은 사법에 의해 규정된다. O ×

08 민법은 사적 법률관계 전반으로서 재산 관계와 가족 관계를 규율한다. O ×

09 갑이 노트북을 구매한 행위는 가족 관계와 관련된 법률 행위이다. O ×

10 함정 자연인이 사망하여 법정 상속이 개시되는 것은 재산 관계와 관련된 것이다. O ×

11 신의 성실의 원칙, 권리 남용 금지의 원칙은 민법에 규정된 법의 일반 원칙이다. O ×

12 헌법, 형법은 공법이다. O ×

13 함정 각종 소송법, 민법, 상법은 사법이다. O ×

14 근대 민법은 개인주의, 자유주의, 합리주의를 기본 이념으로 한다. O ×

15 개인 소유의 재산에 대한 사적 지배를 인정하고 국가나 다른 개인은 함부로 이를 간섭하거나 제한할 수 없다는 민법의 원칙을 소유권 절대의 원칙이라고 한다. O ×

16 개인은 자율적인 판단에 기초하여 법률관계를 형성해 나갈 수 있다는 민법의 원칙을 계약 자유의 원칙이라고 한다. O ×

17 자신의 고의나 과실에 따른 행위로 타인에게 손해를 끼친 경우에만 책임을 진다는 민법의 원칙을 과실 책임의 원칙이라고 한다. O ×

18 근대 민법의 원칙 중 계약 자유의 원칙은 사적 자치의 원칙이라고도 한다. O ×

19 근대 민법의 원칙 중 사유 재산권 존중의 원칙은 소유권 절대의 원칙이라고도 한다. O ×

주제 2 근대 민법의 수정 원리

20 자본주의 발달 과정에서 빈부 격차, 환경 오염, 독과점 등의 부작용이 발생하여 근대 민법의 원칙을 수정하게 되었다. O ×

21 함정 소유권 절대의 원칙과 계약 자유의 원칙은 경제적 강자가 경제적 약자를 지배하는 수단으로 악용되기도 하였다. O ×

22 과실 책임의 원칙은 사회적 강자가 자신의 책임을 회피하는 수단으로 악용되기도 하였다. O ×

23 소유권 절대의 원칙은 소유권 공공복리의 원칙으로 대체되었다. O ×

24 계약 자유의 원칙은 계약 공정의 원칙으로 보완되었다. O ×

25 과실 책임의 원칙은 무과실 책임의 원칙으로 대체되었다. O ×

26 소유권 공공복리의 원칙은 소유권에 공공의 개념을 적용하여 소유권은 공공복리에 적합하도록 행사해야 한다는 원칙이다. O ×

27 계약 공정의 원칙은 계약 내용이 사회 질서에 위반되거나 공정하지 못한 경우에는 법적 효력이 발생하지 않을 수 있다는 원칙이다. O ×

28 무과실 책임의 원칙은 자신에게 직접적인 고의나 과실이 없는 경우에도 일정한 요건에 따라 배상 책임을 질 수 있다는 원칙이다. O ×

29 함정 소유권 공공복리의 원칙에 따른 개인의 소유권은 절대적 권리이다. O ×

30 계약 공정의 원칙에 따라 계약 과정에서 경제적 약자에게 일방적으로 불리한 내용의 계약이 체결되면 해당 계약은 무효가 된다. O ×

31 우리나라의 경우 사업자의 환경 오염으로 손해 발생의 경우에는 무과실 책임의 원칙이 적용되기도 한다. O ×

32 우리나라의 경우 제조물의 결함으로 발생한 일정한 손해에 대해서는 무과실 책임이 적용되고 있다. O ×

근대 민법의 원칙은 어떻게 풀이할까?

개념 기출 자료로 확인

자료 근대 민법 3대 원칙의 수정

근대 민법 3대 원칙의 수정 원칙은 소유권 공공복리의 원칙, 계약 공정의 원칙, 무과실 책임의 원칙이며, 근대 민법의 원칙과 비교하여 구분하는 문항이 자주 출제되므로 각 원칙에 대한 내용을 정확하게 파악하고 있어야 한다.

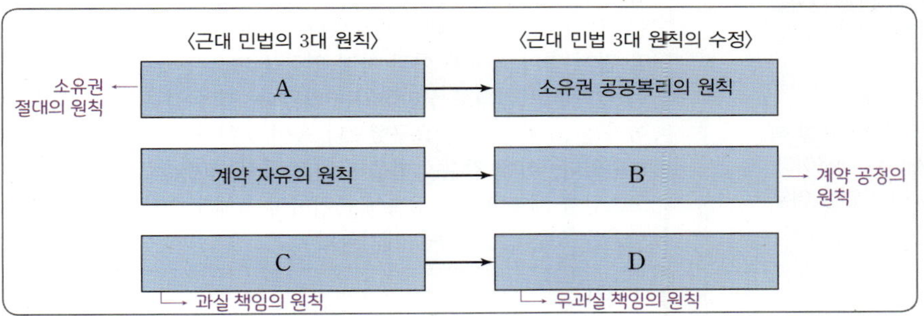

❶ 자료에서 근대 민법의 3대 원칙과 수정 원칙을 구분하자! A는 근대 민법의 원칙인데 '소유권 공공복리의 원칙'으로 수정되었으므로 '소유권 절대의 원칙'이고, B는 '계약 자유의 원칙'의 수정 원칙인 '계약 공정의 원칙'이며, C는 '과실 책임의 원칙'이고 D는 '과실 책임의 원칙'의 수정 원칙인 '무과실 책임의 원칙'이다.

❷ 근대 민법 원칙에 대한 수정 내용을 파악하자!

소유권 공공복리의 원칙	• 소유권에 공공의 개념을 적용하여 소유권은 공공복리에 적합하도록 행사해야 한다는 원칙 • 개인의 소유권도 공공의 이익을 위해서라면 경우에 따라 제한될 수 있는 상대적 권리임을 의미함 • 소유권 절대의 원칙을 보완함
계약 공정의 원칙	• 계약 내용이 사회 질서에 반하거나 공정하지 못한 경우에는 법적 효력이 발생하지 않는다는 원칙 • 계약 자유의 원칙을 보완함
무과실 책임의 원칙	• 자신에게 고의나 과실이 없는 경우에도 일정한 요건에 따라 손해 배상 책임을 질 수 있다는 원칙 • 과실 책임의 원칙과 공존함

❸ 선택지를 해석하자!

① A에 따르면 공익을 위하여 재산권 행사를 제한할 수 있다. → 소유권 공공복리의 원칙
② B가 적용된 사례로는 개발 제한 구역의 지정을 들 수 있다. → 소유권 공공복리의 원칙
③ C에 따르면 최저 임금을 지키지 않은 근로 계약에서 해당 내용은 무효이다. → B
④ D에 따르면 공작물 소유자는 과실이 없더라도 배상 책임을 질 수 있다. → 무과실 책임
⑤ 현대 사회에서는 원칙적으로 D가 적용되고, 예외적으로 C가 적용된다. → 원칙적으로 C, 예외적으로 D

▷ 소유권 공공복리의 원칙 : 소유권 공공복리의 원칙에 따라 공익을 위하여 개인의 재산권 행사를 제한할 수 있다.
▷ 개발 제한 구역 : 개발 제한 구역은 도시 팽창을 억제하고 도시 주변 지역의 개발 행위를 제한하기 위해 설치된 공지와 저밀도의 토지 이용 지대를 말한다. 이는 소유권 공공복리의 원칙이 적용된 사례이다.
▷ 계약 공정의 원칙 : 최저 임금을 지키지 않은 근로 계약은 계약 공정의 원칙에 위배되어 효력이 없다.
▷ 무과실 책임의 원칙 : 공작물 등의 설치 및 하자로 인하여 손해를 입힌 경우에 1차 책임은 점유자가 지나 점유자가 면책되면 소유자가 무과실 책임을 지게 된다.
▷ 현대 사회에서 무과실 책임의 원칙은 과실 책임의 원칙과 병존하여 인정된다. 과실 책임의 원칙이 무과실 책임의 원칙으로 대체된 것이 아니다.

개념 문제로 확인하기

Q1 다음 표에서 알맞은 단어를 고르시오.

01. 소유권 공공복리의 원칙	❶ 소유권은 (절대적 / 상대적) 권리임을 의미함 ❷ 소유권 절대의 원칙이 (대체 / 보완)된 것임
02. 계약 공정의 원칙	❶ 사회 질서에 반한 계약의 내용은 그 효력이 (없음 / 있음) ❷ 양 당사자가 합의한 경우라도 한쪽 당사자에게 일방적으로 불리한 내용의 계약이면 그 효력이 (있음 / 없음)
03. 무과실 책임의 원칙	❶ 고의나 과실이 없는 경우에도 손해 배상 책임을 질 수 (있음 / 없음)

Q2 다음 내용이 맞으면 'O', 틀리면 '×'에 표시하시오.

04. 사유 재산권 존중의 원칙은 소유권 절대의 원칙이라고도 한다. (O / ×)
05. 계약 자유의 원칙은 개인은 자율적인 판단에 기초하여 법률관계를 형성해 나갈 수 있다는 원칙이다. (O / ×)
06. 근대 민법의 기본 원칙은 개인주의, 자유주의를 근본 이념으로 한다. (O / ×)
07. 과실 책임의 원칙은 과실에 따른 행위로 타인에게 손해를 끼친 경우에만 책임을 진다는 원칙이다. (O / ×)
08. 소유권 절대의 원칙은 소유권 공공복리의 원칙으로 보완되었다. (O / ×)
09. 계약 공정의 원칙에 따라 공정하지 못한 내용의 계약은 효력이 없다. (O / ×)
10. 제조물 책임, 환경 오염과 관련한 책임은 무과실 책임의 원칙이 적용된다. (O / ×)
11. 소유권 공공복리의 원칙에 따라 개인의 재산권은 절대적 권리임을 알 수 있다. (O / ×)

주제 1 민법의 의의와 근대 민법의 원칙

족집게 전략 | • 민법의 의미는 자주 출제되는 내용은 아니지만 법의 분류상 민법이 사법이고, 형법이 공법이며, 노동법이 사회법에 해당한다는 내용은 알고 있어야 한다. 민법은 개인으로서의 사적 생활 관계를 규율하는 사법이고, 형법은 국민으로서의 공적 생활 관계를 규율하는 공법이며, 사회법은 공법과 사법의 중간 영역 법이라고 할 수 있다.

• 근대 민법의 원칙인 소유권 절대의 원칙, 계약 자유의 원칙, 과실 책임의 원칙은 수정 원칙과 더불어 수능에 자주 출제되는 내용이다. 각 원칙에 대한 의미와 사례에 원칙을 적용하였을 경우 인정 여부 등은 반드시 학습해야 하는 부분이다.

237 대표 문항

|교육청 기출|

민법의 기본 원리 (가)~(다)에 대한 옳은 설명을 〈보기〉에서 고른 것은?

> 근대 민법의 기본 원리는 인간의 존엄성으로부터 도출되는 개인의 자율성에 기반을 둔다. 따라서 개인은 자신의 의지에 따라 자유롭게 법률관계를 형성할 수 있으며 이는 계약 영역에서 ⎡ (가) ⎤(으)로, 소유권 영역에서는 ⎡ (나) ⎤(으)로 구체화된다. 또한 ⎡ (다) ⎤을/를 통해 귀책 사유가 있는 개인의 행위에 의한 결과만 책임을 지게 함으로써 행위의 자유를 보장한다.

〔보기〕
ㄱ. (가)에 의해 사회적 이익에 반하거나 불공정한 계약은 법적 효력이 없다.
ㄴ. (나)에 의해 개인의 사유 재산에 대한 절대적 지배권이 인정된다.
ㄷ. (다)에 의해 제조업자는 제품의 결함으로 소비자가 손해를 입은 경우 과실 유무에 관계없이 손해 배상 책임을 진다.
ㄹ. (가)~(다)는 모두 현대 민법에서도 기본 원리로 작용한다.

① ㄱ, ㄴ 　② ㄱ, ㄷ 　③ ㄴ, ㄷ
④ ㄴ, ㄹ 　⑤ ㄷ, ㄹ

238

다음 사례의 A법, B법에 대한 옳은 설명만을 〈보기〉에서 있는 대로 고른 것은?

> 갑은 을에게 돈을 빌려주면서 1년 뒤 이자까지 일시에 상환한다는 계약서를 을과 함께 작성하였다. 그러나 1년이 지나도 을이 돈을 갚지 않아 을에게 여러 차례 연락을 했으나 을은 돈을 갚겠다는 말만하고 실제로 상환하지는 않았다. 결국 갑은 을을 직접 찾아가 돈을 갚을 것을 요구했으나 을이 오히려 화를 내며 갑을 폭행하였다. 이에 갑은 A법을 근거로 을에 대한 처벌을 요구하는 고소장을 제출하였고, B법에 근거하여 을에게 손해 배상 및 원금 상환을 요구하는 소송을 제기하였다.

〔보기〕
ㄱ. B법에는 재산 관계, 가족 관계를 규율하는 내용이 규정되어 있다.
ㄴ. A법과 달리 B법은 권리를 실현하는 절차를 규정하고 있다.
ㄷ. B법과 달리 A법은 권리의 의무와 종류 및 내용을 다루고 있다.
ㄹ. A법은 공법, B법은 사법에 해당한다.

① ㄱ, ㄴ 　② ㄱ, ㄹ 　③ ㄴ, ㄷ
④ ㄱ, ㄷ, ㄹ 　⑤ ㄴ, ㄷ, ㄹ

239

빈칸의 A 원칙에 부합하는 진술로 옳은 것은?

> 갑은 자신이 소유하고 있는 토지의 근처에 공공 기관의 건립이 확정되자 기뻐하였다. 그러나 공공 기관의 건립 주체는 갑과 상의도 없이 갑의 토지 일부를 도로로 만들어야 한다며 갑에게 통보하였다. 갑은 자신의 토지 일부를 도로로 사용할 수 없다고 주장하였으나 공공 기관 건립 주체는 공공의 이익을 위해 양보를 부탁하였다. 결국 법원은 ⎡ A ⎤ 원칙을 이유로 갑의 손을 들어주었다.

① 고의나 과실이 있는 경우에만 책임을 져야 한다.
② 계약 당사자 일방에게만 유리한 계약은 무효이다.
③ 재산권의 행사는 공공복리에 적합하도록 해야 한다.
④ 개인은 자율적인 판단에 기초하여 법률관계를 형성해 나갈 수 있다.
⑤ 개인 소유의 재산에 대해 국가나 다른 개인은 함부로 이를 간섭하지 못한다.

240

근대 민법의 원칙 (가)~(다)에 대한 옳은 설명만을 〈보기〉에서 고른 것은?

근대 민법의 원칙	내용
(가)	개인 소유의 재산에 대해 사적 지배를 인정하고 국가나 다른 개인은 함부로 이를 간섭하거나 제한하지 못한다.
(나)	개인은 자율적인 판단에 기초하여 법률관계를 자유롭게 형성해 나갈 수 있다.
(다)	자신의 고의나 과실에 따른 위법한 행위로 타인에게 손해를 끼친 경우에만 책임을 진다.

〈보기〉

ㄱ. (가)에 따르면 공공복리를 위해서도 사유 재산권을 제한할 수 없다.
ㄴ. (나)에 따르면 공정하지 못한 계약은 효력을 갖지 못한다.
ㄷ. (나)는 '계약 자유의 원칙', (다)는 과실 책임의 원칙이다.
ㄹ. (가), (나)와 달리 (다)는 개인주의, 자유주의를 바탕으로 한다.

① ㄱ, ㄴ ② ㄱ, ㄷ ③ ㄴ, ㄷ
④ ㄴ, ㄹ ⑤ ㄷ, ㄹ

241

다음 두 사례의 (가) 원칙에 부합하는 진술로 옳은 것은?

- 법원은 A 상가에 입점하는 점주들 간에 합의하여 결정한 영업 업종의 제한은 (가) 원칙에 부합한다고 판단하였다. 법원은 점주들 사이에 합의하였음에도 불구하고 상당한 이유 없이 계약의 체결을 거부하여 다른 점주들에게 손해를 입혔다면 이는 신의 성실의 원칙에 위배된다고 본 것이다.
- 법원은 아이돌 그룹의 멤버들과 엔터테인먼트 회사와 체결한 계약은 (가) 원칙에도 불구하고 그 내용이 어느 일방에게 공정하지 못하다면 무효라고 판단하였다. 엔터테인먼트 회사는 아이돌 그룹의 멤버들과 합의하여 계약을 체결하였기 때문에 (가) 원칙에 근거하여 계약의 효력이 인정되어야 한다고 주장하였으나 법원은 이를 인정하지 않았다.

① 공공복리를 위해 사유 재산권을 인정하지 않는다.
② 공정하지 못한 계약은 그 효력을 인정하지 않는다.
③ 국가는 개인의 재산에 대해 제한을 가해서는 안 된다.
④ 법률관계는 당사자의 자유로운 의사에 기초하여 형성되어야 한다.
⑤ 타인에게 끼친 손해에 대해서는 고의 또는 과실이 있을 경우에만 책임을 진다.

242

| 교육청 기출 |

다음 신문 기사에서 재판부가 강조한 법 원칙으로 가장 적절한 것은?

○○일보

사생활 노출 우려 등으로 인기가 없는 아파트 1층의 분양을 촉진하려고 전용 정원을 주는 것처럼 과장 광고했다면 입주자에게 손해를 배상해야 한다는 판결이 나왔다. 재판부는 '견본 주택 1층 발코니 앞 정원은 안내 책자에 나온 것처럼 사생활은 보호하고 전원 주택 느낌이 들게 시공했지만, 실제 아파트 정원은 큰 차이가 있다.'며 '과장 광고에 해당한다고 볼 수 있는 만큼 피고들은 입주자들의 손해를 배상해야 한다.'고 밝혔다.

① 권리의 행사는 공공복리에 적합하도록 해야 한다.
② 법을 몰랐다고 해도 자기 행동에 책임을 져야 한다.
③ 개인은 자유로운 의사에 기초하여 법률관계를 형성해야 한다.
④ 법률관계 당사자들은 상대방의 정당한 이익을 고려해야 한다.
⑤ 타인에게 손해를 가할 목적으로 권리를 행사한 경우에는 손해 배상의 책임을 져야 한다.

243 고난도↑

| 교육청 기출 |

㉠, ㉡이 규율하는 생활 관계의 사례로 가장 적절한 것은?

교사 : 생활 관계를 규율하는 법에는 어떤 것이 있을까요?
갑 : 개인과 개인 간의 대등한 사적 생활 관계를 규율하는 ㉠ 이 있습니다.
을 : 국가나 공공 단체 간 또는 이들과 개인 간의 공적인 생활 관계를 규율하는 ㉡ 이 있습니다.
교사 : 갑, 을 학생 모두 잘 대답했습니다. 두 법의 중간 영역에 해당하는 사회법도 있어요.

① ㉠ – A는 은행에서 자신의 주택을 담보로 대출을 받았다.
② ㉠ – 공무원인 B는 기업으로부터 공장 설립 허가와 관련하여 고가의 선물 세트를 받았다.
③ ㉡ – C는 사업 확장을 위해 친구에게 돈을 빌렸다.
④ ㉡ – 경찰관 D는 사귀던 여성과 결혼하였다.
⑤ ㉡ – E는 아버지의 유언에 따라 전 재산을 상속받았다.

주제 2 근대 민법의 수정 원리

족집게 전략 | 근대 민법의 기본 원칙의 수정 내용은 수능에 자주 출제되는 부분이다. 특히 근대 민법의 원칙이 어떻게 수정되었는지에 대한 것과 수정 원칙의 구체적 내용 및 적용 사례 등에 대해 철저하게 대비해야 한다. 소유권 절대의 원칙은 소유권 공공복리의 원칙으로 보완되었고, 계약 자유의 원칙은 계약 공정의 원칙으로 보완되었으며, 과실 책임의 원칙은 무과실 책임의 원칙과 공존하고 있다는 내용을 알아야 한다.

245

(가), (나) 사례에 나타난 법원의 판결 근거가 된 민법의 원칙으로 옳은 것은?

> (가) △△지방 법원은 주택 임대차 계약을 체결하는 과정에서 양 당사자가 합의를 하였더라도 주택의 임차인의 귀책 사유로 임대차 계약을 부득이하게 해지하게 될 때 보증금의 30%를 위약금으로 지불해야 한다는 조항은 무효라고 판결하였다.
>
> (나) ○○지방 법원은 상가 건물의 점유자인 PC방 사장이 간판이 떨어져 행인에게 손해를 발생시킬 것을 방지하기 위해 필요한 주의를 다했으므로 다친 행인에 대해 상가 건물의 소유자는 손해 방지에 대한 주의 의무를 다했는지 여부와 관계 없이 다친 행인에게 손해를 배상할 책임이 있다고 판결하였다.

	(가)	(나)
①	무과실 책임의 원칙	계약 공정의 원칙
②	계약 공정의 원칙	무과실 책임의 원칙
③	계약 공정의 원칙	소유권 공공복리의 원칙
④	소유권 공공복리의 원칙	계약 공정의 원칙
⑤	소유권 공공복리의 원칙	무과실 책임의 원칙

244 대표 문항

| 평가원 기출

㉠~㉤에 대한 설명으로 옳지 <u>않은</u> 것은?

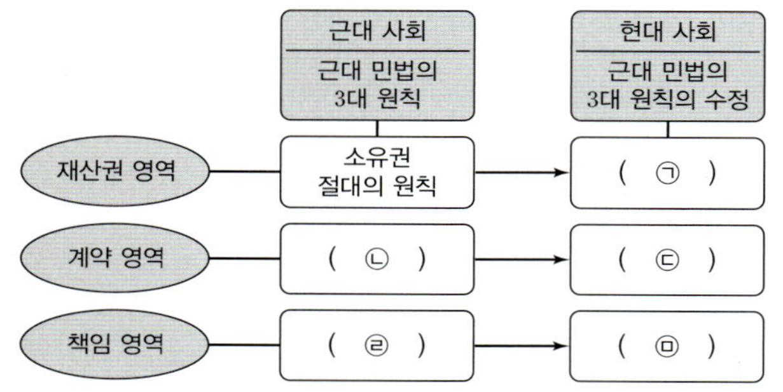

① ㉠은 재산권 행사의 공공복리 적합성을 강조한다.

② ㉡은 사적 자치의 원칙을 제한하고, 계약의 공공성을 강조한다.

③ ㉢은 계약 체결에 있어 경제적 약자를 보호하기 위한 것이다.

④ ㉣은 자신에게 고의나 과실 없이는 책임을 부담하지 않는다는 원칙이다.

⑤ ㉤은 고도로 발달한 기계 문명과 대규모 집단 생활에서 확대되었다.

246

다음 법 조항이 공통적으로 강조하는 민법의 원칙에 부합하는 진술로 옳은 것은?

> • **민법 제758조** ① 공작물의 설치 또는 보존의 하자로 인하여 타인에게 손해를 가한 때에는 공작물 점유자가 손해를 배상할 책임이 있다. 그러나 점유자가 손해의 방지에 필요한 주의를 해태하지 아니한 때에는 그 소유자가 손해를 배상할 책임이 있다.
>
> • **환경 정책 기본법 제44조** ① 환경 오염 또는 환경 훼손으로 피해가 발생한 경우에는 해당 환경 오염 또는 환경 훼손의 원인자가 그 피해를 배상하여야 한다.

① 개인은 자율적인 판단에 기초하여 법률관계를 형성해 나갈 수 있다.

② 개인의 소유권은 공공의 이익을 위해서 경우에 따라 제한될 수 있다.

③ 계약 내용이 사회 질서에 위반되거나 공정하지 못한 경우에는 법적 효력이 발생하지 않는다.

④ 개인 소유의 재산에 대해 사적 지배를 인정하고 국가는 함부로 이를 간섭하거나 제한할 수 없다.

⑤ 자신에게 직접적인 고의나 과실이 없는 경우에도 일정한 요건에 따라 손해 배상 책임을 질 수 있다.

247

다음 자료의 ⊙~㉣에 대한 설명으로 옳은 것은?

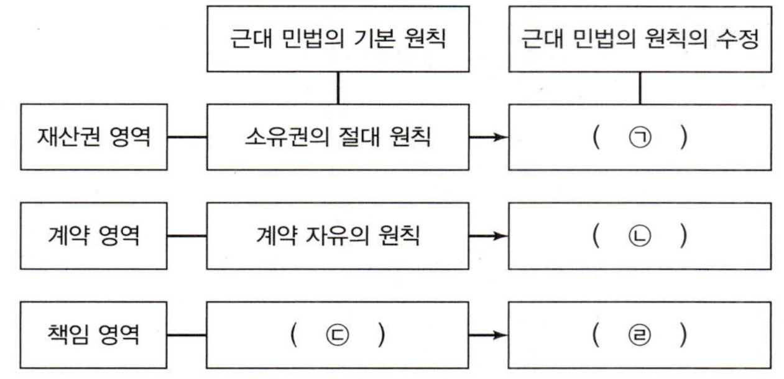

① ⊙에 따라 개인 소유의 재산권은 인정되지 않는다.

② ⓒ에 따라 계약 자유의 원칙은 현대 사회에서 인정되지 않는다.

③ ⓒ에 따라 공정하지 않은 내용을 포함한 계약의 효력을 인정하지 않는다.

④ 현대 사회에서 ⓒ은 ㉣로 대체되었다.

⑤ ⓒ과 달리 ㉣은 개인주의, 자유주의를 근본 이념으로 한다.

248

다음 사례의 빈칸 (가)에 들어갈 민법의 원칙에 부합하는 진술로 옳은 것은?

> 대법원은 토지 소유자 A가 타인의 통행로로 사용되는 자신 소유의 토지를 인도하고 사용료를 지급하라며 공공기관을 상대로 청구한 소송에서 원고 승소 판결을 한 원심을 깨고 사건을 제2심 법원으로 돌려보냈다. 재판부는 "A가 자신의 토지에 대한 소유권을 행사하여 타인의 통행로를 막으면 원고인 A에게는 큰 이익이 없는 반면 새로운 통행로를 개설하기 위한 시간과 비용은 커 피고인 공공 기관의 피해는 크다고 할 수 있다. 따라서 원고인 A의 행위는 민법의 원칙인 [(가)]에 반하여 인정될 수 없다."고 판단하였다.

① 자신의 행위가 아닌 타인의 행위에 대해서는 책임을 지지 않는다.

② 개인의 소유권은 공공의 이익을 위해서 경우에 따라 제한될 수 있다.

③ 선량한 풍속, 기타 사회 질서에 위반되는 계약은 그 효력을 인정할 수 없다.

④ 일정한 상황에서는 고의나 과실이 없을 경우에도 손해 배상 책임을 질 수 있다.

⑤ 개인 소유의 재산에 대해 사적 지배를 인정하고 국가는 함부로 이를 간섭하거나 제한할 수 없다.

249 고난도↑

(가), (나)에서 도출되는 민법의 원칙에 대한 설명으로 옳은 것은?

> (가) 계약을 체결할 것인가, 누구와 체결할 것인가, 계약의 내용을 어떻게 할 것인가는 당사자가 자유롭게 정할 수 있다.
>
> (나) 개인 간에 체결한 계약이라도 그 계약의 내용이 사회 질서에 부합하여야 하고, 어느 한쪽의 무경험 등으로 인하여 현저하게 균형을 잃어서는 안 된다.

① (가)는 소유권을 행사함에 있어서 공공복리에 적합해야 함을 강조한다.

② (가)는 원칙적으로 국가를 포함한 타인의 간섭을 받지 않고 자기의 법률관계를 스스로 정할 수 있다는 의미이다.

③ (나)는 제한 능력자에게는 적용되지 않는다.

④ (나)는 어떤 사람이 다른 사람에게 손해를 입혔을 때 고의나 과실이 인정되는 경우에만 책임을 진다는 의미이다.

⑤ 근대 자본주의의 문제점을 겪은 이후 (나)는 (가)로 수정되었다.

250

밑줄 친 ⊙~㉣에 대한 설명으로 옳은 것은?

> 근대 민법의 세 가지 기본 원칙에는 사유 재산권 존중의 원칙, ⊙계약 자유의 원칙, ⓒ과실 책임의 원칙이 있다. 이러한 근대 민법의 원칙들은 독과점, 빈부 격차 등 자본주의의 문제점을 경험하면서 각각 ⓒ소유권 공공복리의 원칙, ㉣계약 공정의 원칙, ㉤무과실 책임의 원칙으로 수정되었다.

① ⊙은 개인의 자율적 의사에 기초하여 체결된 계약의 부작용을 강조한다.

② ⓒ은 새로운 원칙으로 대체되면서 현재 우리나라 민법에서는 폐기되었다.

③ ⓒ에 따르면 소유권은 공공복리의 차원에서 제한될 수 없는 절대적 권리이다.

④ ㉣에 따르면 노예 계약도 적법한 것으로 인정된다.

⑤ ㉤을 적용한 예로 우리나라의 제조물 책임법을 들 수 있다.

주제 1 계약과 미성년자의 계약

1. 계약의 이해

(1) **계약의 의미** : 일정한 법률 효과를 발생시킬 목적으로 사람들 사이에서 이루어지는 합의 또는
약속 → 계약은 문서뿐 아니라 구두로도 할 수 있으며 효력을 인정받는다.

(2) **계약의 성립 및 효력 발생 요건**

① 계약의 성립 : 계약은 계약을 체결하고 싶다는 의사 표시인 청약과 이를 받아들이겠다는 의사 표시
인 승낙이 합치된 때 성립함 → 만약 양 당사자가 서로 같은 내용의 청약을 한 경우, 양 청약이 상대방에게
도달한 때에 계약이 성립한다(민법 제 533 조).

② 효력 발생 요건

• 계약 당사자가 의사 능력을 갖추어야 함

• 행위 능력이 제한되는 자가 단독으로 체결한 계약을 취소 가능

• 계약의 내용이 실현 가능하고 적법해야 함 → 무효 ❶

• 계약의 내용이 선량한 풍속 기타 사회 질서에 반하지 않아야 함 → 무효

(3) **계약서 작성** → 계약이 성립되기 위해서 계약서 작성이 반드시 요구되는 것은 아니다.

① 용도 : 계약의 내용을 명확히 하고 다툼이 발생했을 때 증거 자료로 활용 가능

② 내용 : 계약 당사자, 계약의 대상, 금액의 지급 방법과 시기, 당사자 간의 특약 사항, 계약 체결 일
시 및 장소, 당사자 서명 등

(4) **계약의 효력**

① 계약을 체결한 양 당사자에게 일정한 권리(채권)와 의무(채무)가 발생함

② 계약에 따른 의무, 즉 채무를 불이행할 경우 손해 배상과 같은 법적 책임을 질 수 있음

2. 미성년자의 계약

(1) **미성년자의 의미와 법적 지위**

① 미성년자 : 민법상 생년월일을 기준으로 19세 미만인 자

② 미성년자의 법적 지위

• 행위 능력이 제한되는 제한 능력자이므로 단독으로 유효한 법률 행위를 할 수 없음 ❷, ❸

• 원칙적으로 법정 대리인의 동의를 얻어 법률 행위를 하여야 함

• 법정 대리인의 동의를 얻지 않은 미성년자의 법률 행위는 일단 유효하지만 미성년자 본인이나 법정
대리인이 취소할 수 있음 → 법정 대리인은 법률의 규정에 따라 어떤 사람의 행위를 대리할 권한을 가진
사람을 말한다. 미성년자의 법정 대리인은 보통 친권자인 부모이다.

③ 미성년자가 단독으로 할 수 있는 법률 행위

• 단순히 권리만을 얻거나 의무만을 면하는 행위

• 법정 대리인이 범위를 정하여 처분을 허락한 재산(용돈)의 처분

• 허락된 영업에 관한 행위, 임금 청구 행위

(2) **미성년자와 거래한 상대방의 보호**

① 필요성 : 미성년자와 거래한 상대방의 경우 미성년자 측에서 법정 대리인의 동의가 없었다는 이유
로 임의로 계약을 취소하면 손해가 발생할 수 있음

② 미성년자와 거래한 상대방에게 인정되는 권리

> 요건을 갖추지 않은 불완전한 법률 행위를
> 사후에 보충하여 요건을 갖춤으로써 확정적
> 으로 유효하게 만드는 의사 표시를 말한다.

확답을 촉구할 권리	• 법정 대리인의 동의가 없는 상태에서 미성년자가 거래한 상대방은 일정 기간을 정하여 미성년자의 법정 대리인에게 계약을 취소할 것인지 확정하도록 요구할 수 있음 • 미성년자의 법정 대리인이 확답을 하지 않으면 확정적으로 유효한 법률 행위가 됨
철회권	• 미성년자와 거래한 상대방은 해당 계약에 대한 미성년자의 법정 대리인의 추인이 있을 때까지 거래의 의사 표시를 철회할 수 있음 • 철회권 행사를 위해서는 거래 당시 미성년자임을 몰랐어야 함
취소권 행사의 제한	미성년자가 신분증을 위조하는 등의 속임수를 써서 자신이 행위 능력자인 것처럼 믿게 한 경우 또는 속임수로써 법정 대리인의 동의를 얻은 것처럼 믿게 한 경우 등에는 취소권이 배제됨

❶ 무효와 취소

무효	특정인의 주장을 기다리지 않고 법률 행위가 성립할 때부터 당연히 그 효력이 없는 것으로 확정된 것
취소	특정인의 주장이 있어야 법률 행위의 효력이 없어지는 것으로 일단 유효하게 성립한 법률 행위의 효력을 법률 행위 시에 소급하여 무효로 하는 특정인의 의사 표시

의사 무능력자의 법률 행위, 반사회적 법률 행위, 불공정한 법률 행위 등은 그 효력이 무효이며, 제한 능력자의 법률 행위, 속임수나 협박 또는 강요에 의한 의사 표시를 한 경우에는 취소할 수 있다.

❷ 제한 능력자

우리나라에서는 단독으로 유효하게 법률 행위를 할 수 있는 자인 행위 능력자와 할 수 없는 자인 제한 능력자를 나누고, 제한 능력자가 단독으로 법률 행위를 한 경우에는 그에게 의사 능력이 있었는지 여부를 묻지 않고 그 행위를 취소할 수 있도록 하고 있다. 또한 이 획일적 기준을 외부에서 쉽게 인식할 수 있도록 객관화하여 상대방을 보호하고 있다. 이처럼 획일적 기준에 의하여 의사 능력을 객관화한 제도가 행위 능력 제도 또는 제한 능력자 제도이다. 행위 능력에 관한 민법 총칙의 규정은 가족법상의 행위에는 원칙적으로 적용되지 않으므로 제한 능력자일지라도 의사 능력을 가진 자는 독립하여 완전히 유효한 가족법상의 행위를 할 수 있다. 제한 능력자의 대표적 예는 미성년자이다.

❸ 행위 능력과 의사 능력

• 행위 능력 : 단독으로 완전하고 유효하게 법률 행위를 할 수 있는 지위 또는 자격을 말한다. 행위 능력자의 법률 행위가 효력을 지니기 위해서는 의사 능력이 있어야 한다. 약관에 의한 계약 체결은 고객에게 불리한 것이 되기 쉬우므로 경제적 약자 보호와 사업자와 고객 사이의 실질적 평등을 위하여 약관에 대한 법적 규제가 필요하다.

• 의사 능력 : 자신이 하는 행동의 의미나 결과를 판단하여 정상적인 의사 결정을 할 수 있는 정신 능력을 말한다. 의사 능력이 있는지는 구체적인 행위에 대하여 개별적으로 판단하는데, 일반적으로 만취한 사람이나 젖먹이는 의사 능력이 없다고 본다.

주제 2 불법 행위와 손해 배상

1. 불법 행위
(1) **의미** : 고의나 과실로 위법하게 타인에게 손해를 끼치는 행위
(2) **불법 행위의 성립 요건**

가해 행위	가해자가 피해자에게 손해를 야기시키는 행위를 하여야 함
고의 또는 과실	• 가해 행위와 관련하여 가해자에게 고의 또는 과실이 있어야 함 • 고의나 과실을 구별하는 것이 큰 의미를 가지지 않음
위법성 ❹	• 가해자의 침해 행위는 원칙적으로 위법이지만, 정당방위나 긴급 피난 등이 인정되면 예외적으로 위법성이 조각됨 • 법질서 전체에 위반되는 것으로 법이 보호할 가치가 있는 이익을 침해하거나 법이 금지한 행위를 한 경우 위법성이 추정됨
손해의 발생	• 가해자의 행위 때문에 피해자에게 손해가 발생해야 함 • 재산적인 손해뿐만 아니라 정신적 손해도 포함됨
인과 관계	가해 행위와 피해자의 손해 사이에 상당한 인과 관계가 있어야 함
책임 능력	• 가해자에게 자신의 행위로 인해 법률상 책임이 발생한다는 것을 변식할 수 있는 능력이 있어야 함 • 심신 상실자, 어린이 등은 책임 능력이 없다고 봄

> 자신의 행위에 따른 책임을 변식할 수 있는 능력을 말한다. 객관적 기준은 없고 사안에 따라 개별적으로 책임 능력의 유무를 판단한다.

2. 특수 불법 행위
(1) **의미** : 일반적인 불법 행위와 달리 타인의 가해 행위, 공동으로 저지른 행위, 사람 또는 물건의 관리 감독 소홀 등에 대해서도 책임을 지는 경우
(2) **유형**

책임 능력이 없는 자의 감독자 책임	• 책임 능력이 없는 미성년자나 심신 상실자가 타인에게 손해를 가할 경우 이를 감독할 법정 의무가 있는 자가 배상할 책임이 있음 • 감독 의무를 게을리하지 않았음을 감독자 스스로가 증명할 경우 책임이 면제됨
사용자 배상 책임 ❺	• 피용자(직원)가 업무와 관련하여 타인에게 손해를 가한 경우 사용자(업주)는 피용자의 선임 및 사무 감독상의 과실에 대한 배상 책임을 짐 • 사용자가 피용자의 선임 및 그 사무 감독에 상당한 주의를 다하였음을 증명하면 책임이 면제됨
공작물 등의 점유자, 소유자 책임	• 공작물 등의 설치 또는 보존의 하자로 인하여 타인에게 손해를 가한 경우 점유자가 1차적으로 책임을 짐 • 점유자가 손해 방지를 위한 주의를 다하였음을 증명하면 책임이 면제됨 • 점유자의 책임이 면제되는 경우 공작물 등의 소유자가 배상 책임을 지는데, 이때 소유자는 과실 여부와 관계 없이 책임을 짐(무과실 책임)
동물의 점유자 책임	• 점유하는 동물이 타인에게 손해를 가한 경우 동물의 점유자가 배상 책임을 짐 • 점유자가 동물의 종류와 성질에 따라 그 보관에 상당한 주의를 기울였음을 증명하면 책임이 면제됨
공동 불법 행위자의 책임	• 여러 사람이 공동으로 타인에게 손해를 입힌 경우 견대하여 배상 책임을 짐 • 공동이 아닌 여러 사람의 행위 중 어느 사람의 행위가 그 손해를 가한 것인지 알 수 없는 경우에도 연대하여 배상 책임을 짐

3. 손해 배상 ❻
(1) **의미** : 채무 불이행 또는 불법 행위 등으로 발생한 손해를 보전해 주는 것
(2) **손해 배상 방식**
① 금전 배상을 원칙으로 함
② 재산적 손해는 물론 정신적 손해까지 배상해야 하며, 정신적 손해에 대한 배상금을 위자료라고 함
③ 타인의 명예를 훼손한 경우 법원은 피해자의 청구에 따라 명예 회복에 필요한 적당한 처분을 내릴 수 있음 ⓔ 정정 보도문 게재 등

---

❹ 위법성 조각 사유

정당 방위	자기 또는 타인(他人)의 법익에 대한 현재의 부당한 침해를 방위하기 위한 행위이다. 정당방위는 타인의 불법 행위에 대하여 자기 또는 제3자의 법익을 방위하기 위하여 부득이 그 타인에게 손해를 가한 행위는 정당방위가 되어 그 손해를 배상할 책임이 없다고 민법은 규정하고 있다. 그러나 이 때의 피해자는 불법 행위자에 대하여 손해의 배상을 청구할 수 있다.
긴급 피난	자기 또는 타인의 급박한 위난(危難)을 피하기 위하여 부득이 취한 행위이다. 긴급 피난은 위난 상태에 빠진 법익을 보호하기 위해서, 다른 법익을 침해하지 않고는 달리 피할 방법이 없을 때 인정되는 정당화 사유의 하나이다.

❺ 사용자 배상 책임

> 갑이 운영하는 음식점에서 주차 대행 업무를 담당하는 을이 손님의 차를 주차하다가 실수로 차량을 파손시켰다. 이에 대해 손님은 손해 배상을 청구하려고 한다.

피용자(종업원)가 업무와 관련하여 타인에게 손해를 가한 경우 사용자는 피용자의 선임 및 사무 감독상의 과실에 대해 손해 배상 책임을 질 수 있다. 이때 사용자가 지는 책임은 특수 불법 행위 책임에 해당한다. 사용자 책임이 인정되기 위해서는 위 사례에서 을의 행위가 일반 불법 행위여야 한다.

❻ 손해 배상 관련 민법 규정

> **제750조** 고의 또는 과실로 인한 위법 행위로 타인에게 손해를 가한 자는 그 손해를 배상할 책임이 있다.
> **제751조** ① 타인의 신체, 자유 또는 명예를 해하거나 기타 정신상 고통을 가한 자는 재산 이외의 손해에 대하여도 배상할 책임이 있다.
> **제764조** 타인의 명예를 훼손한 자에 대하여는 법원은 피해자의 청구에 의하여 손해 배상에 갈음하거나 손해 배상과 함께 명예 회복에 적당한 처분을 명할 수 있다.

핵심 개념 CHECK!

• 정답 및 해설 057~058쪽

✎ 다음 설명이 맞으면 '○', 틀리면 '×'에 표시하시오.

주제 1 계약과 미성년자의 계약

01 일정한 법률 효과를 발생시킬 목적으로 사람들 사이에서 이루어지는 합의 또는 약속을 계약이라고 한다. ○ ×

02 계약은 계약 당사자의 청약과 승낙이 이루어지면 성립한다. ○ ×

03 (함정) 계약이 성립하기 위해서는 반드시 계약서를 작성해야 한다. ○ ×

04 의사 능력이 없는 자가 체결한 계약의 효력은 무효이다. ○ ×

05 계약의 내용이 실현 불가능하고 적법하지 않으면 그 계약의 효력은 무효이다. ○ ×

06 우리나라 민법에서 미성년자는 18세 미만인 자이다. ○ ×

07 미성년자는 단독으로 유효한 법률 행위를 할 수 없는 제한 능력자이다. ○ ×

08 원칙적으로 미성년자가 법률 행위를 할 경우 법정 대리인의 동의를 얻어야 한다. ○ ×

09 (함정) 법정 대리인의 동의를 얻지 않고 미성년자가 체결한 계약은 미성년자가 아닌 법정 대리인이 취소할 수 있다. ○ ×

10 권리만을 얻거나 의무만을 면하는 행위는 미성년자가 단독으로 할 수 있다. ○ ×

11 범위를 정하여 처분을 허락한 재산의 처분도 법정 대리인의 동의를 얻어야 한다. ○ ×

12 미성년자와 거래한 상대방은 일정 기간을 정하여 미성년자에게 계약을 취소할 것인지 여부를 확정하도록 요구할 수 있다. ○ ×

13 미성년자와 거래한 상대방은 계약이 확정적으로 유효가 되기 전까지 거래의 의사 표시를 철회할 수 있다. ○ ×

14 미성년자와 거래한 상대방이 철회권을 행사하기 위해서는 거래 당시 미성년자임을 알았어야 한다. ○ ×

15 미성년자가 신분증을 위조하였거나, 법정 대리인의 동의서를 위조한 경우에는 미성년자가 아닌 법정 대리인만 계약을 취소할 수 있다. ○ ×

16 미성년자가 고용주로부터 아르바이트를 하고 대가를 받는 경우는 법정 대리인의 동의가 없어도 된다. ○ ×

주제 2 불법 행위와 손해 배상

17 고의나 과실로 위법하게 타인에게 손해를 가한 행위를 불법 행위라고 한다. ○ ×

18 불법 행위가 성립하기 위해서는 가해자에게 고의 또는 과실이 있어야 한다. ○ ×

19 (함정) 불법 행위가 성립하기 위한 손해의 발생에는 정신적인 손해는 포함되지 않는다. ○ ×

20 자신의 행위로 인해 법률상 책임이 발생한다는 것을 변식할 수 있는 능력을 책임 능력이라고 한다. ○ ×

21 심신 상실자는 책임 능력이 없다. ○ ×

22 불법 행위가 성립하기 위해서는 가해자의 위법 행위와 피해자의 손해 사이에 상당한 인과 관계가 있어야 한다. ○ ×

23 책임 능력이 없는 미성년자가 타인에게 손해를 가한 경우에는 미성년자 본인은 손해 배상 책임을 지지 않는다. ○ ×

24 책임 능력이 없는 미성년자가 타인에게 손해를 가한 경우에는 이를 감독할 법정 의무가 있는 자가 특수 불법 행위 책임을 진다. ○ ×

25 책임 능력이 없는 자의 감독자 책임은 무과실 책임주의가 적용되는 것은 아니다. ○ ×

26 특수 불법 행위 유형 중 사용자 배상 책임이 인정되기 위해서는 피용자의 가해 행위가 불법 행위로 성립해야 한다. ○ ×

27 공작물 등의 설치 또는 보존의 하자로 인하여 타인에게 손해를 가한 경우 1차 책임은 점유자가 진다. ○ ×

28 (함정) 공작물 등의 설치 또는 보존의 하자로 인하여 타인에게 손해를 가한 경우 점유자가 손해 방지를 위한 주의를 다하였음을 증명하면 공작물 등의 소유자가 무과실 책임을 진다. ○ ×

29 동물이 타인에게 손해를 가한 경우 동물의 점유자가 아닌 소유자가 배상 책임을 진다. ○ ×

30 여러 사람이 공동으로 타인에게 손해를 입힌 경우에는 연대하여 배상 책임을 진다. ○ ×

30 손해에 대한 배상은 금전으로 하는 것이 원칙이다. ○ ×

32 타인의 명예를 훼손한 경우 법원은 피해자의 청구에 의하여 손해 배상에 대신하거나 손해 배상과 함께 명예 회복에 적당한 처분을 명할 수 있다. ○ ×

특수 불법 행위 책임에의 유형에는 무엇이 있을까?

개념 | 기출 자료로 확인

자료 | 특수 불법 행위

갑, 을, 병의 공동 불법 행위 →
→ B의 사용자
A의 피용자

Ⓐ가 운영하는 학원에 다니는 갑(16세), 을(14세), 병(10세)은 수업을 받던 중, 고용된 강사 Ⓑ가 잠시 자리를 비운 사이에 정(13세)과 말다툼을 하게 되었다. 그 과정에서 갑은 망을 보고 을과 병이 정을 때려 정에게 5주의 치료를 요하는 상해를 입혔다. 정은 폭행을 피하기 위해 강의실을 뛰쳐나가다 택배 기사 C를 밀어 C에게 2주의 치료를 요하는 부상을 입혔다. 현재 갑, 을, 병은 경찰에서 조사를 받고 있으며, 정은 A에게 남은 기간의 수강료에 대한 환불을 요구하고 있다.

특수 불법 행위에 대해 구체적 사례를 제시하여 법적 판단을 묻는 문항은 매년 출제되고 있다. 특수 불법 행위 각 유형에 대한 요건과 효과에 대해 철저한 학습이 필요하다.

❶ 제시문에서 특수 불법 행위 유형을 구분하자! 제시문에서 파악할 수 있는 특수 불법 행위 유형은 크게 ==사용자 배상 책임==, ==공동 불법 행위자 책임==, ==책임 능력이 없는 자의 감독자 책임==으로 나눌 수 있다.

❷ 특수 불법 행위의 유형을 파악하자!

사용자 배상 책임	피용자(직원)가 업무와 관련하여 타인에게 손해를 가한 경우 사용자(업주)는 피용자의 선임 및 사무 감독상의 과실에 대한 배상 책임을 짐
책임 능력이 없는 자의 감독자 책임	책임 능력이 없는 미성년자나 심신 상실자가 타인에게 손해를 가할 경우 이를 감독할 법정 의무가 있는 자가 배상할 책임이 있음
공동 불법 행위자 책임	• 여러 사람이 공동으로 타인에게 손해를 입힌 경우 연대하여 배상 책임을 짐 • 공동이 아닌 여러 사람의 행위 중 어느 사람의 행위가 그 손해를 가한 것인지 알 수 없는 경우에도 연대하여 배상 책임을 짐

❸ 선택지를 해석하자!

→ 을은 책임 무능력자가 아니다

① 정에 대한 을의 불법 행위 책임이 인정되는 경우 을의 부모는 책임 무능력자의 감독자 책임을 지지 않는다.

② 정에 대한 병의 불법 행위 책임이 인정되지 않는 경우 갑과 을은 정에게 불법 행위 책임을 지지 않는다.
병은 책임 무능력자이다.

③ A가 B의 사용자로서 정에 대해 불법 행위 책임을 지는 경우 B는 정에게 불법 행위 책임을 지지 않는다.
책임을 진다.

④ B의 불법 행위 책임이 인정되지 않는 경우에만 A는 정에게 채무 불이행으로 인한 손해 배상 책임을 진다.
인정되어야

⑤ 정이 C에게 부상을 입힌 행위는 정당방위에 해당하여 범죄가 성립되지 않으므로 정의 불법 행위 책임은 인정되지 않는다.
→ 긴급 피난에 해당한다.

▷ 책임 능력이 없는 자의 감독자 책임 : 책임 능력이 없는 자가 타인에게 손해를 가한 경우에는 감독할 의무가 있는 자가 감독자 책임을 진다. 그러나 책임 능력이 있는 미성년자가 타인에게 손해를 준 경우에는 그 감독자가 특수 불법 행위 책임을 지는 것이 아니라 일반 불법 행위 책임을 질 수 있다.

▷ 사용자 배상 책임 : 사용자 배상 책임은 피용자(직원)가 업무와 관련하여 타인에게 손해를 가한 경우 사용자(업주)는 피용자의 선임 및 사무 감독상의 과실에 대한 배상 책은을 지는 것을 말한다. 이때 피용자의 행위가 반드시 일반 불법 행위여야 하며, 사용자는 자신에게 과실이 없음을 증명하면 사용자 배상 책임을 지지 않는다.

▷ 공동 불법 행위자 책임 : 여러 사람이 공동으로 타인에게 손해를 입힌 경우 연대하여 배상 책임을 지며, 공동이 아닌 여러 사람의 행위 중 어느 사람의 행위가 그 손해를 가한 것인지 알 수 없는 경우에도 연대하여 배상 책임을 진다. 공동으로 피해를 준 경우 망을 본 자도 공동 불법 행위자 책임을 지므로 연대하여 배상 책임을 지게 된다.

▷ 위법성 조각 사유 : 위법성 조각 사유인 정당방위, 긴급 피난에 해당하는 행위로 타인에게 손해를 준 경우에는 불법 행위가 성립하지 않아 손해 배상 책임이 없다.

개념 | 문제로 확인하기

Q1 다음 표에서 알맞은 단어를 고르시오.

01. 책임 능력이 없는 자의 감독자 책임	❶ 심신 상실자가 타인에게 손해를 준 경우에는 감독자가 (과실 / 무과실) 책임을 짐 ❷ 책임 능력이 있는 미성년자의 감독자는 (특수 / 일반) 불법 행위 책임을 짐
02. 공작물 등의 점유자 및 소유자 책임	❶ 공작물의 점유자는 (1차적 / 2차적) 책임을 짐 ❷ 공작물의 소유자는 (과실 / 무과실) 책임을 짐

Q2 다음 내용이 맞으면 'O', 틀리면 'x'에 표시하시오.

03. 책임 무능력자의 감독자는 무과실 책임을 진다. (O / x)

04. 책임 무능력자에게 손해를 입은 사람은 책임 무능력자에게 손해 배상 책임을 물을 수 있다. (O / x)

05. 사용자 배상 책임이 인정되기 위해서는 피용자의 행위가 일반 불법 행위여야 한다. (O / x)

06. 사용자 배상 책임이 인정되기 위해서는 피용자의 행위가 업무와 관련이 있는 행위여야 한다. (O / x)

07. 공작물 등의 설치 및 보존의 하자로 인해 타인에게 손해를 입힌 경우에는 점유자가 무과실 책임을 진다. (O / x)

08. 공작물 등의 소유자는 자신에게 과실이 없음을 증명하면 손해 배상 책임을 지지 않는다. (O / x)

09. 동물이 타인에게 손해를 입힌 경우에는 소유자가 아니더라도 점유자이기만 하면 손해 배상 책임을 진다. (O / x)

10. 공동 불법 행위자 책임이 인정되면 피해자는 공동 불법 행위자에게 똑같은 금액의 배상액을 청구해야 한다. (O / x)

WHAT & HOW 정답 **Q1** 01. ❶ 과실 ❷ 일반 02. ❶ 1차적 ❷ 무과실 **Q2** 03. x 04. x 05. O 06. O 07. x 08. x 09. O 10. x

주제 1 계약과 미성년자의 계약

족집게 전략 | • 계약의 성립과 효과는 수능에 자주 출제되는 내용이다. 계약은 계약을 체결하고 싶다는 의사 표시인 청약과 이를 받아들이겠다는 의사 표시인 승낙이 합치된 때 성립하는 것이지 계약서를 작성해야 성립하는 것은 아니라는 점을 특히 주의해야 한다.

• 미성년자의 계약은 매년 수능에 출제되는 중요한 내용이다. 미성년자는 단독으로 유효한 법률 행위를 할 수 없으므로 법정 대리인의 동의를 얻어 법률 행위를 하여야 한다. 만약 동의를 얻지 않고 법률 행위를 하면 미성년자 본인 또는 법정 대리인이 취소할 수 있다는 점을 반드시 기억해야 한다. 또한 속임수로 계약을 체결한 경우에는 계약이 확정적으로 유효하게 되며, 미성년자와 거래한 상대방을 보호하기 위해 확답을 촉구할 권리, 철회권 등을 인정하고 있다는 것도 반드시 파악하고 있어야 한다.

251 대표 문항 고난도 ↑
| 평가원 기출

다음 사례에 대한 법적 판단으로 옳은 것은?

> 갑, 을, 병은 모두 17세이며, 법정 대리인의 동의 없이 각각 다음의 계약을 체결하였다.
> • 갑은 A(30세)에게서 고가의 자전거를 구입했는데, A는 갑이 미성년자임을 알고 있는 상태에서 거래했다.
> • 을은 B(30세)에게서 고가의 노트북을 구입했는데, B는 을과 거래할 당시에는 을이 미성년자임을 몰랐으나 다음날 알게 되었다.
> • 병은 C(30세)에게서 고가의 음향 장비를 구입했는데, 병은 법정 대리인의 동의서를 위조하여 제시하였고, C는 이것을 보고 병이 미성년자이지만 법정 대리인의 동의를 받은 것으로 생각했다.

① 갑은 법정 대리인을 통해서만 A와의 계약을 취소할 수 있다.
② A는 갑의 법정 대리인에게 계약 체결의 의사 표시를 철회할 수 있다.
③ B는 미성년자인 을에게 계약의 취소 여부를 확답해 줄 것을 촉구할 수 없다.
④ 병이 법정 대리인의 동의서를 위조한 속임수로 계약을 체결했으므로 병과 C의 계약은 무효이다.
⑤ 갑, 을, 병은 모두 자신의 계약을 취소할 수 없다.

252

밑줄 친 ㉠, ㉡에 대한 법적 판단으로 옳은 것은?

> • 갑은 을이 회사 기밀을 유출하는 것을 목격하고 이를 묵인하는 조건으로 을로부터 매달 50만 원씩 받는 것을 내용으로 하는 ㉠ 계약을 체결하였다.
> • 병은 정에게 자신 소유의 토지를 매매하는 ㉡ 계약을 체결하였다. 그러나 매매 계약을 체결한 후 며칠이 지나지 않아 해당 토지는 산사태로 쓸려가 소멸되었다.

① ㉠은 실현 불가능한 내용을 포함한 계약이다.
② ㉡은 사회 질서에 반하는 내용을 포함한 계약이다.
③ ㉠과 달리 ㉡은 계약서를 작성해야 법적 효력이 인정된다.
④ ㉡과 달리 ㉠은 권리만을 발생시킨다.
⑤ ㉠, ㉡ 모두 처음부터 법률 효과가 발생하지 않는다.

253

다음 사례에 대한 법적 판단 및 추론으로 옳은 것은?

> 갑(17세)은 고가의 노트북을 시중 가격보다 싸게 판다는 을의 인터넷 광고를 보고 을에게 연락을 하여 계약을 체결하였다. 갑이 노트북을 사용하는 것을 본 갑의 부모는 허락 없이 노트북을 구매한 갑을 꾸중하였다. 이에 갑은 부모님께서 주신 용돈을 모아 노트북을 구매하였다며 노트북을 계속 사용하겠다고 하였다. 그러나 갑의 부모는 노트북을 구매하라고 준 용돈이 아니라면서 노트북 구매 계약을 취소하겠다고 하였다.

① 갑은 부모의 용돈으로 노트북을 구매한 것이므로 갑의 부모는 노트북 구매 계약을 취소할 수 없다.
② 갑이 부모의 동의서를 위조하여 노트북을 구매하였다면 갑과 달리 갑의 부모는 노트북 구매 계약을 취소할 수 없다.
③ 노트북 구매 계약 당시 갑이 미성년자임을 을이 몰랐다면 을은 노트북 구매 계약에 대한 의사 표시를 철회할 수 있다.
④ 갑이 부모의 동의 없이 노트북 구매 계약을 체결했으므로 갑의 부모와 달리 갑은 노트북 구매 계약을 취소할 수 없다.
⑤ 노트북 구매 계약 당시 갑이 미성년자임을 을이 알았는지 여부와 상관없이 을은 갑에게 확답을 촉구할 권리를 갖는다.

254

다음 형성 평가에서 사례에 대한 옳은 법적 판단을 한 모둠만을 〈보기〉에서 고른 것은?

구분	사례	법적 판단
1모둠	정신병을 앓고 있어 심신 상실 상태에 있던 A는 B의 꾀임에 빠져 자신 소유의 집을 헐값에 매매하는 계약을 체결하였다.	계약 체결 당시 A는 의사 능력이 없는 상태였으므로 계약의 효력은 무효이다.
2모둠	미성년자 C는 부모의 동의 없이 D로부터 고가의 오토바이를 구매하는 계약을 체결하였다.	오토바이 구매 계약은 유효하게 성립하였으나 C가 취소하면 소급하여 무효가 된다.
3모둠	E와 F는 100만 원을 1년 후에 110만 원으로 갚겠다는 금전 대차 계약을 구두로 체결하였다.	금전 대차 계약을 구두로 체결하였으므로 계약의 효력은 무효이다.
4모둠	미성년자이지만 혼인 신고를 한 G는 H와 고가의 노트북을 구매하는 계약을 체결하였다.	G는 미성년자이므로 G는 노트북 구매 계약을 취소할 수 있다.

① 1모둠, 2모둠　　② 1모둠, 3모둠　　③ 2모둠, 3모둠
④ 2모둠, 4모둠　　⑤ 3모둠, 4모둠

255 고난도 | 평가원 기출 |

다음 사례에 대한 옳은 법적 판단을 〈보기〉에서 고른 것은?

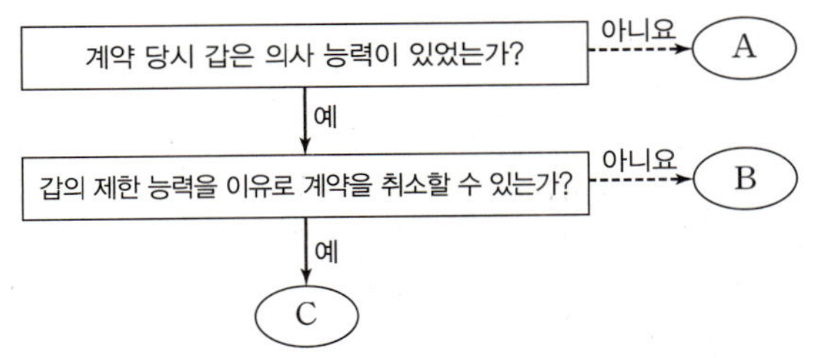

〈보기〉
ㄱ. A의 경우에 갑의 부모가 갑의 행위를 동의했더라도 계약의 효력은 없다.
ㄴ. 계약 당시 의사 능력을 가진 갑이 문서로 을과 계약을 하였다면 B의 경우에 해당한다.
ㄷ. C의 경우에 을은 갑에게 계약의 취소 여부에 대한 확답을 요구할 수 없다.
ㄹ. C의 경우에 갑의 부모가 계약을 취소하면 을은 손해 배상을 청구할 수 있다.

① ㄱ, ㄴ　　② ㄱ, ㄷ　　③ ㄴ, ㄷ
④ ㄴ, ㄹ　　⑤ ㄷ, ㄹ

256

밑줄 친 ㉠~㉣에 대한 옳은 법적 판단만을 〈보기〉에서 고른 것은?

민법상 미성년자는 19세 미만인 자인데 미성년자는 제한 능력자에 해당하므로 단독으로 유효한 법률 행위를 할 수 없고, ㉠ 법정 대리인의 동의를 얻어 법률 행위를 해야 한다. 그러나 예외적으로 ㉡ 미성년자가 법정 대리인의 동의 없이 단독으로 법률 행위를 할 수 있는 경우도 있다. 미성년자가 단독으로 법률 행위를 하였더라도 ㉢ 일정한 경우에는 취소권 행사를 제한하고 있다. 한편 미성년자와 거래한 상대방은 거래의 불확실성으로 인해 피해를 입을 수 있기 때문에 민법에 ㉣ 미성년자와 거래한 상대방을 보호하는 규정을 두고 있다.

〈보기〉
ㄱ. ㉠ 없이 미성년자가 단독으로 계약을 체결하였을 경우 미성년자는 법정 대리인의 동의를 얻어 계약을 취소할 수 있다.
ㄴ. '부담 없는 증여를 받는 경우'는 ㉡에 해당하는 예이다.
ㄷ. '미성년자가 신분증을 위조하여 자신을 성년자로 믿게 한 경우'는 ㉢에 따라 법정 대리인과 달리 미성년자 본인은 계약을 취소할 수 없다.
ㄹ. ㉣에 따라 미성년자가 법정 대리인의 동의 없이 계약을 체결한 경우, 계약 체결 시 미성년자임을 몰랐다면 미성년자와 거래한 상대방은 철회권을 행사할 수 있다.

① ㄱ, ㄴ　　② ㄱ, ㄷ　　③ ㄴ, ㄷ
④ ㄴ, ㄹ　　⑤ ㄷ, ㄹ

257 | 평가원 기출 |

(가)에 해당하는 사례로 옳은 것은?

① 을과 불공정한 금전 차용 계약을 법정 대리인의 동의를 받아 체결한 경우
② 소장품을 안 팔겠다고 했는데도 을이 몰래 가져가고 돈을 입금한 경우
③ 성년자인 것처럼 신분증을 위조하여 을로부터 오토바이를 구입한 경우
④ 용돈의 범위 내에서 법정 대리인의 동의를 받지 않고 을로부터 게임기를 구입한 경우
⑤ 1주일 동안 을의 강아지를 돌보는 조건으로 법정 대리인의 동의 없이 을로부터 장학금을 받는 계약을 체결한 경우

258

그림에 대한 옳은 법적 판단만을 〈보기〉에서 고른 것은?

〈보기〉

ㄱ. (가)에서 갑의 청약은 이루어졌지만 을의 승낙이 이루어지지 않았다.
ㄴ. (나)에서 갑과 을에게 각각 권리와 의무가 발생한다.
ㄷ. (다)에서 갑과 을의 청약과 승낙이 이루어졌다.
ㄹ. (라)에서 을은 채무를 이행하지 않았다.

① ㄱ, ㄴ　　② ㄱ, ㄷ　　③ ㄴ, ㄷ
④ ㄴ, ㄹ　　⑤ ㄷ, ㄹ

259

다음 A, B 계약에 대한 법적 판단으로 옳은 것은?

구분	주요 내용
A 계약	• '갑을 폭행해 주면 100만 원을 주겠음'이 계약의 내용임 • 계약 당사자인 을과 병이 구두 합의 후 계약서를 작성하였음
B 계약	• '고가의 도자기를 300만 원에 매매함'이 계약의 내용임 • 도자기 판매자인 정은 미성년자인데 법정 대리인의 동의를 얻지 않았고, 구매자는 치매에 걸려 의사 능력이 없는 노인임

① A 계약은 계약의 내용으로 인해 계약의 효력이 무효이다.
② A 계약에서 구두 합의는 계약 내용과 상관 없이 계약 성립에 영향을 주지 않는다.
③ B 계약은 계약의 내용으로 인해 계약의 효력이 무효이다.
④ B 계약에서 노인이 의사 능력이 있었다면 도자기 매매 계약은 확정적으로 유효하다.
⑤ A 계약과 달리 B 계약은 계약의 효력이 유효가 될 수 있다.

260

| 평가원 기출 |

교사의 질문에 대한 옳은 답변을 〈보기〉에서 고른 것은?

〈보기〉

ㄱ. 갑이 법정 대리인의 동의를 얻지 않고 게임기를 구매하였다면 을은 갑의 법정 대리인에게 계약을 취소할 것인지의 확답을 요구할 수 있어요.
ㄴ. 게임기 구매 시 갑이 법정 대리인의 동의가 있는 것으로 을을 속였다면 갑의 법정 대리인은 계약을 취소할 수 없어요.
ㄷ. 을이 갑에게 아무런 조건 없이 게임기를 무상으로 지급하는 경우에도 갑은 법정 대리인의 동의를 얻어야 해요.
ㄹ. 갑이 법정 대리인의 동의를 얻어 게임기를 구매하였더라도 갑은 계약을 취소할 수 있어요.

① ㄱ, ㄴ　　② ㄱ, ㄷ　　③ ㄴ, ㄷ
④ ㄴ, ㄹ　　⑤ ㄷ, ㄹ

261

| 평가원 기출 |

다음 사례에 대한 법적 판단으로 옳은 것은?

고등학생 갑(17세)이 부모(법정 대리인)의 동의 없이 전자 대리점에서 고가의 노트북을 주문하였고, 대리점 사장 을은 갑이 미성년자임을 알면서도 판매하였다. 다음 날 갑의 동갑내기 이성 친구 병은 갑으로부터 그 노트북을 선물로 받았다.

① 갑은 미성년자임을 이유로 을과의 계약을 취소할 수 없다.
② 갑의 부모는 갑의 동의가 없으면 을과의 계약을 취소할 수 없다.
③ 갑의 부모는 갑이 병에게 노트북을 준 행위를 갑의 동의 없이 취소할 수 없다.
④ 갑이 부모의 동의 없이 구매하였으므로 을은 먼저 판매 의사 표시를 철회할 수 있다.
⑤ 을은 미성년자인 갑에게는 계약을 취소할 것인지의 확답을 요구할 수 없다.

족집게 전략 | •특수 불법 행위 책임과 관련하여서는 수능에 매년 고난도 문제가 출제된다. 특수 불법 행위 책임에는 책임 무능력자의 감독자 책임, 사용자 배상 책임, 공작물 등의 점유자 및 소유자 책임, 동물의 점유자 책임, 공동 불법 행위자 책임이 있는데 각각의 경우에 대한 책임 소재 여부, 과실 책임 – 무과실 책임 여부, 요건 성립 기준 등에 대해 철저하게 준비해야 한다.

•손해 배상은 금전 배상으로 하는 것이 원칙이며, 재산적 손해뿐만 아니라 정신적 손해까지도 배상해야 한다는 점을 명확하게 알아야 한다. 또한 타인의 명예를 훼손한 경우에는 명예 회복에 적당한 처분을 명할 수도 있다는 점도 기억하면 좋을 것이다.

262 대표 문항

다음 사례에 대한 옳은 설명만을 〈보기〉에서 고른 것은?

대법원은 보행자 자전거 겸용 도로의 우측에서 선행하던 자전거 운전자(갑)가 갑자기 좌회전을 하자 위 도로의 좌측에서 후행하던 자전거 운전자(을)가 충돌을 피하기 위하여 급하게 정지하다가 함께 넘어져 상해를 입은 사안에서 선행 자전거 운전자의 손해 배상 책임을 인정하였다. 대법원은 도로 교통법 제19조 제2항에서 "모든 차의 운전자는 차의 진로를 변경하고자 하는 경우에 그 변경하고자 하는 방향으로 오고 있는 다른 차의 정상적인 통행에 장애를 줄 우려가 있는 때에는 진로를 변경하여서는 아니 된다."와 제38조 제1항에서 "모든 차의 운전자는 같은 방향으로 진행하면서 진로를 바꾸려고 하는 때에는 손이나 방향 지시기 또는 등화로써 그 행위가 끝날 때까지 신호를 하여야 한다."고 규정하고 있고, 자전거는 도로 교통법상 '차'에 해당하는 점에 비추어 보면, 운전자 주위에 다른 자전거의 운전자가 근접하여 운행하고 있는 때에는 손이나 적절한 신호 방법으로 진로를 변경한다는 것을 표시할 주의 의무가 있는데, 선행 자전거 운전자는 위와 같은 주의 의무를 준수하지 아니하였기 때문에 손해 배상 책임이 있다고 보았다.

〔보기〕
ㄱ. 갑은 을의 손해에 대해 원상 회복하는 것이 원칙이다.
ㄴ. 갑의 행위가 불법 행위에 해당한다는 것은 을이 증명하였을 것이다.
ㄷ. 을은 갑에게 재산적 손해뿐만 아니라 정신적 손해에 대한 배상을 요구할 수 있다.
ㄹ. 을이 입은 상해에 대해 을도 일정 부분 책임이 있다면 갑은 손해 배상 책임을 지지 않을 것이다.

① ㄱ, ㄴ ② ㄱ, ㄷ ③ ㄴ, ㄷ
④ ㄴ, ㄹ ⑤ ㄷ, ㄹ

263

다음 자료에 대한 설명으로 옳은 것은?

갑은 아파트 옥상에서 돌을 던져 지나가던 을에게 상해를 입혔다. 이에 을은 법적 절차를 밟으려고 한다.

구분		갑은 책임을 변식할 능력이 있는가?	
		예	아니요
갑은 미성년자 인가?	예	(가)	(나)
	아니요	(다)	(라)

① (가)의 경우 을은 갑에게 손해 배상 책임을 물을 수 있다.
② (가)의 경우 갑의 법정 대리인은 특수 불법 행위 책임을 진다.
③ (나)의 경우 갑의 법정 대리인은 무과실 책임을 진다.
④ (다)의 경우 갑은 특수 불법 행위 책임을 진다.
⑤ (나)의 경우와 달리 (라)의 경우 갑은 불법 행위 책임을 지지 않는다.

264

다음 사례에서 법원이 밑줄 친 부분과 같이 판단한 이유로 가장 적절한 것은?

○○지방 법원은 ◇◇회사가 노동조합을 상대로 제기한 손해 배상 청구 소송에서 원고 패소 판결을 하였다. 법원은 ◇◇ 회사의 노동조합의 파업은 근로자의 복지와 관련한 사항이었고, 파업 이전에 법에 정해진 절차를 적법하게 모두 거쳤기 때문에 노동조합의 파업으로 인해 회사가 손해를 입었더라도 ◇◇회사의 노동조합은 ◇◇회사에게 손해 배상 책임을 지지 않는다고 판단하였다.

① 회사에 손해가 발생하지 않았다.
② 노동조합에게 책임 능력이 없다.
③ 노동조합은 가해 행위를 하지 않았다.
④ 노동조합의 가해 행위에 위법성이 없다.
⑤ 노동조합의 가해 행위와 회사가 입은 손해 발생 간에 인과 관계가 없다.

265

다음 사례에 대한 옳은 법적 판단만을 〈보기〉에서 있는 대로 고른 것은?

갑은 을 소유의 건물을 임차하여 병원을 운영하고 있었다. 해당 건물에 부착되어 있던 에어컨 실외기 받침대를 을이 관리하지 않아 노후화되자 갑은 수리업자인 병에게 에어컨 실외기 받침대 보수를 의뢰하였다. 병은 종업원인 정에게 에어컨 실외기 받침대 보수를 맡겼다. 그러나 정은 보수 도중에 에어컨 실외기 받침대를 떨어뜨려 지나가던 무가 상해를 입었다. 무는 자신이 입은 손해에 대해 배상을 청구하였는데, 병은 에어컨 실외기 받침대가 노후화되어서 떨어졌다고 주장하고, 을은 정이 실수로 떨어뜨렸다고 주장하고 있다.

〈보기〉
ㄱ. 정의 행위가 불법 행위가 아니라면 병은 무에게 손해 배상 책임을 지지 않는다.
ㄴ. 에어컨 실외기 받침대에 대한 관리 소홀로 무가 손해를 입었다면, 1차적 책임은 을에게 있다.
ㄷ. 정의 실수로 무가 손해를 입었다면, 무는 병에게 일반 불법 행위 책임, 정에게 특수 불법 행위 책임을 물을 수 있다.
ㄹ. 에어컨 실외기 받침대에 대한 관리 소홀로 무가 손해를 입은 경우, 갑이 자신에게 과실이 없음을 증명하면 을은 무에게 무과실 책임을 진다.

① ㄱ, ㄴ　　② ㄱ, ㄹ　　③ ㄴ, ㄷ
④ ㄱ, ㄷ, ㄹ　　⑤ ㄴ, ㄷ, ㄹ

266

그림의 상황에 대한 옳은 법적 판단만으로 〈보기〉에서 고른 것은?

〈보기〉
ㄱ. 갑의 부모는 갑의 감독상 주의 의무를 다했음을 증명하면 손해 배상 책임을 지지 않는다.
ㄴ. 을은 갑 또는 갑의 부모에게 손해 배상 책임을 물을 수 있다.
ㄷ. 을과 병은 정신적 손해에 대한 배상 책임을 물을 수 있다.
ㄹ. 정의 집에 점유자가 있었다면 정은 손해 배상 책임을 지지 않는다.

① ㄱ, ㄴ　　② ㄱ, ㄷ　　③ ㄴ, ㄷ
④ ㄴ, ㄹ　　⑤ ㄷ, ㄹ

267

다음 사례에 대한 옳은 법적 판단을 〈보기〉에서 고른 것은?

• 갑 소유의 주택을 임차해서 살고 있는 을은 외벽 창틀에 하자가 있음을 알게 되었다. 그러던 어느 날 그 창틀이 갑자기 아래로 떨어져서 주차장에 주차되어 있던 병의 자동차가 파손되었다.
• 정이 운영하는 음식점의 종업원 무(17세)는 오토바이를 타고 급하게 음식 배달을 하던 중, 지나가던 사람을 치어 다치게 하였다.

〈보기〉
ㄱ. 갑, 을은 공동 불법 행위 책임을 진다.
ㄴ. 을은 공작물의 관리에 소홀함이 없음을 증명하지 못할 경우 병에게 금전으로 손해를 배상해야 한다.
ㄷ. 무는 미성년자이므로 고의가 없다면 불법 행위가 성립하지 않는다.
ㄹ. 정은 무에 대한 감독상의 과실이 없음을 증명할 경우 손해 배상 책임을 면할 수 있다.

① ㄱ, ㄴ　　② ㄱ, ㄷ　　③ ㄴ, ㄷ
④ ㄴ, ㄹ　　⑤ ㄷ, ㄹ

268

다음 사례에 대한 옳은 법적 분석만을 〈보기〉에서 고른 것은?

• 심신 상실자 갑이 지나가던 행인을 이유 없이 폭행하여 전치 6주의 상해를 입혔다.
• 을이 운영하는 음식점에서 주차 대행 업무를 하던 병이 실수로 손님의 차를 파손하였다.
• 정은 자신의 애완견을 산책시키다가 애완견이 공원에 있던 사람을 물어 전치 4주의 상해를 입혔다.

〈보기〉
ㄱ. 갑은 책임 능력이 없기 때문에 지나가던 행인은 손해 배상을 받을 방법이 없다.
ㄴ. 차량 소유자는 을에게 특수 불법 행위 책임을 물을 수 있다.
ㄷ. 차량 소유자는 병에게 손해 배상 책임을 물을 수 있다.
ㄹ. 애완견으로 인해 발생한 손해에 대해 정은 무과실 책임을 진다.

① ㄱ, ㄴ　　② ㄱ, ㄷ　　③ ㄴ, ㄷ
④ ㄴ, ㄹ　　⑤ ㄷ, ㄹ

269 | 평가원 기출 |

다음 사례에 대한 법적 판단으로 옳은 것은?

> 갑(19세)은 개를 데리고 공원을 산책하던 중 스마트폰으로 게임을 하느라 개의 목줄을 놓치고 말았다. 이때 잔디밭에서 놀고 있던 을(7세)에게 개가 갑자기 달려들자, 을은 개의 공격을 피할 다른 방법이 없어 길가에 세워둔 병의 자전거와 부딪쳐서 넘어졌다. 이로 인해 병의 자전거가 파손되었고 을은 전치 2주의 부상을 입었다.

① 갑은 병의 자전거 파손에 대해 고의가 없으므로 손해 배상 책임을 지지 않는다.

② 갑이 개의 소유자가 아닌 경우, 갑은 을에게 특수 불법 행위 책임을 지지 않는다.

③ 갑은 을의 부모와 함께 병에게 공동 불법 행위 책임을 진다.

④ 을의 행위는 위법성이 없으므로 을의 부모는 병에게 책임 무능력자의 감독자 책임을 지지 않는다.

⑤ 병은 민사 조정 절차를 거쳐야 재산적 손해에 대한 배상을 받을 수 있다.

270 | 평가원 기출 |

밑줄 친 ㉠~㉢에 대한 옳은 법적 판단만을 〈보기〉에서 있는 대로 고른 것은?

> 갑(17세)은 을이 운영하는 피자 가게에서 배달 아르바이트를 하였다. 어느 날 병은 생일 파티에 쓸 피자 20판을 을의 가게에 주문하였고, 갑은 이를 배달하기 위하여 오토바이를 몰다가 운전 부주의로 횡단보도에서 ㉠정을 치어 다치게 하였다. 이 사고로 ㉡배달이 늦어져 병은 피자를 파티에 쓸 수 없었다. 한편 갑은 을이 자신을 나무라자 기분이 상하여 ㉢인터넷 게시판에 을에 대한 악담과 허위 사실을 올려 을의 명예를 훼손하였다.

〈보기〉

ㄱ. ㉠의 경우, 갑에게 책임 능력이 인정된다면 정은 특수 불법 행위 책임을 근거로 갑의 부모에게 손해 배상을 청구할 수 없다.

ㄴ. ㉠의 경우, 갑의 정에 대한 일반 불법 행위가 성립한다면 정은 특수 불법 행위 책임을 근거로 을에게 손해 배상을 청구할 수 있다.

ㄷ. ㉡의 경우, 병은 채무 불이행을 근거로 갑에게 손해 배상을 청구할 수 있다.

ㄹ. ㉢의 경우, 갑의 불법 행위가 성립한다 하더라도 을은 금전을 통한 손해 배상 이외의 다른 처분을 청구할 수 없다.

① ㄱ, ㄴ　　② ㄱ, ㄹ　　③ ㄷ, ㄹ
④ ㄱ, ㄴ, ㄷ　　⑤ ㄴ, ㄷ, ㄹ

271 | 평가원 기출 |

다음 사례에 대한 옳은 법적 판단만을 〈보기〉에서 고른 것은?

> 갑은 X 건물의 소유자인 A에게서 X 건물을 임차하여 음식점을 운영하고 있다. 음식점에 방문한 을은 종업원 병에게 음식을 주문하면서, 자신은 새우 알레르기가 있으니 새우를 빼고 요리를 해 달라고 부탁하였다. 그런데 이를 귀찮게 여긴 병은 을의 요구를 주방장에게 전달하지 않았고, 이에 새우가 들어간 음식을 먹게 된 을은 알레르기 반응에 의해 성대가 훼손되었다. 이 사고로 성악가의 꿈을 포기할 수밖에 없게 된 을은 자신의 처지를 비관하던 중, X 건물에 방화를 하였다. 그런데 X 건물의 화재 경보기가 작동하지 않아 음식점 안에 있던 정이 중상을 입게 되었다.

〈보기〉

ㄱ. 갑과 병은 연대하여 을에게 채무 불이행 책임을 진다.

ㄴ. 병이 을에게 불법 행위 책임을 지지 않는 경우, 갑은 특수 불법 행위 책임을 진다.

ㄷ. 갑이 정에게 건물 점유자로서 특수 불법 행위 책임을 지는 경우, A는 특수 불법 행위 책임을 지지 않는다.

ㄹ. 을이 A에게 건물에 대한 손해를 금전으로 모두 배상하였더라도, 정은 을에게 위자료를 청구할 수 있다.

① ㄱ, ㄴ　　② ㄱ, ㄷ　　③ ㄴ, ㄷ
④ ㄴ, ㄹ　　⑤ ㄷ, ㄹ

272 | 평가원 기출 |

그림의 (가)에 들어갈 법적 조언으로 옳은 것은?

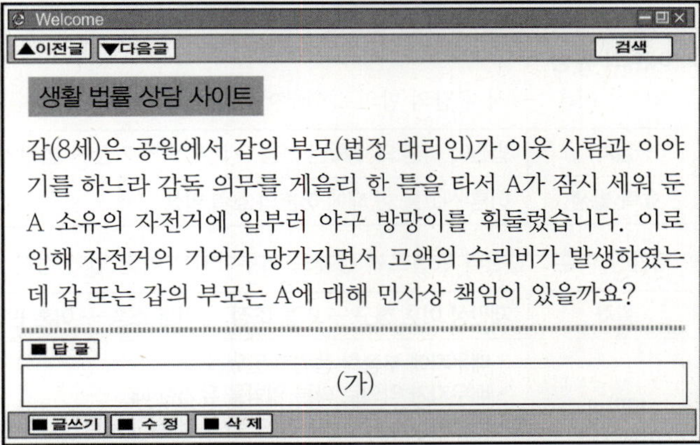

① 갑에게 고의가 있으므로 갑은 특수 불법 행위 책임이 있습니다.

② 갑의 부모가 갑의 행위를 지시한 것이 아니므로 갑의 부모는 민사상 책임이 없습니다.

③ A가 자전거를 방치한 책임이 있기 때문에 갑의 부모는 불법 행위 책임이 없습니다.

④ 갑은 불법 행위 책임이 없지만 갑의 부모는 특수 불법 행위 책임이 있습니다.

⑤ 갑과 갑의 부모 모두에게 책임이 있으므로 갑과 갑의 부모는 연대하여 배상해야 합니다.

주제 1 혼인

1. 혼인의 의미와 성립 요건

(1) **혼인의 의미** : 남녀가 부부가 되는 것으로서 일종의 계약에 해당함

(2) **혼인의 성립 요건**

실질적 요건	• 양 당사자가 자유로운 의사에 기초하여 혼인에 대해 동의할 것 • 민법에서 규정하고 있는 혼인할 수 있는 연령에 해당할 것(18세가 되면 혼인할 수 있으나 18세는 부모의 동의를 얻어야 함) • 민법에서 제한하고 있는 혼인할 수 없는 친족 관계가 아닐 것 • 해당 혼인이 중혼(重婚)이 아닐 것
형식적 요건	혼인 신고를 할 것 → 법률혼주의

> 배우자 있는 자가 거듭 혼인을 하는 일을 의미하며, 민법 제810조에 "배우자 있는 자는 다시 혼인하지 못한다"고 중혼 금지 규정을 두고 있다.

> 결혼식은 사회적으로 제3자가 지켜보는 가운데 남녀가 부부 관계를 맺는 서약을 하는 의식으로 사회적으로 공인받기 위한 것으로, 혼인 신고를 위하여 반드시 필요한 것은 아니다.

• 실질적 요건과 형식적 요건을 모두 갖추어야 유효한 법률혼이 되며, 실질적 요건을 갖추고 형식적 요건을 갖추지 못한 혼인은 사실혼이라고 함 ❶

> 혼인할 의사 없이 남녀가 같이 사는 것을 동거라고 한다.

2. 혼인의 법적 효과

(1) 친족 관계의 발생(배우자 및 인척 관계)

(2) 부부 간의 동거, 협조, 부양의 의무 발생

> 부부의 일방이 혼인 전부터 가진 고유 재산과 혼인 중 자기의 명의로 취득한 재산은 그 일방의 재산으로 하는 것을 말한다.

(3) 일상 가사에 대한 대리권 발생(부부 별산제에 따른 보완)

(4) 18세인 미성년자가 부모의 동의를 얻어 법적으로 유효한 법률혼을 한 경우에는 성년으로 의제되어 민법상 행위 능력이 인정됨 ❷

주제 2 이혼

1. 이혼의 의미와 유형

(1) **이혼의 의미** : 혼인 관계를 인위적으로 해소시키는 것

(2) **이혼의 유형**

① 협의상 이혼 : 당사자 간의 합의로 이루어지는 이혼

절차	법원에 이혼 의사 확인 신청 → 이혼 숙려 기간 → 법원의 이혼 의사 확인 → 이혼 신고 ❸
효력 발생	이혼 신고를 한 때에 이혼의 효력 발생

② 재판상 이혼 : 법원의 판결로써 강제로 이루어지는 이혼(법이 정한 사유에 해당해야 함)

절차	재판상 이혼 청구 → 이혼 조정 → 이혼 소송 → 이혼 판결 → 이혼 신고
재판상 이혼 사유 (민법 제840조)	• 배우자에 부정한 행위가 있었을 때 • 배우자가 악의로 다른 일방을 유기한 때 • 배우자 또는 그 직계 존속으로부터 심히 부당한 대우를 받았을 때 • 자기의 직계 존속이 배우자로부터 심히 부당한 대우를 받았을 때 • 배우자의 생사가 3년 이상 분명하지 아니한 때 • 기타 혼인을 계속하기 어려운 중대한 사유가 있을 때
효력 발생	법원의 이혼 판결이 확정된 때 이혼의 효력이 발생함

2. 이혼의 법적 효과

(1) 혼인 생활 중 취득한 부부 공유 재산에 대한 분할 청구권 발생

(2) 혼인에 의해 발생한 친족 관계(배우자 및 인척 관계) 소멸

(3) 자녀를 직접 양육하지 않는 부모의 일방 또는 해당 자녀에게 면접 교섭권 발생

(4) 이혼의 책임이 있는 상대방에게 손해 배상을 청구할 수 있음

> 현실적으로 자를 보호·양육하지 않는 한쪽 부모와 자녀가 서로 직접 만나거나 편지 또는 전화 등을 할 수 있는 권리를 말한다.

---

❶ 법률혼, 사실혼

사실혼은 사회적으로는 정당한 부부로 사실상 부부의 생활을 하고 있지만, 혼인 신고를 하지 않아 법률상 혼인 관계라고 볼 수 없는 상태를 말한다. 우리나라는 '혼인 신고'를 혼인의 형식적인 성립 요건으로 하고 있기 때문에 신고라는 요건이 결여된 사실혼은 법률혼과 동일한 법적 보호를 받지 못한다. 사실혼의 부부도 법률상의 부부와 마찬가지로 동거하여 협조하고 부양하여야 할 의무가 있고, 일상 가사에 대해서는 서로 대리권이 있다. 그러나 사실혼은 혼인 신고를 전제로 하는 법률적 효과를 받지 못한다. 따라서 사실혼 관계에 있는 자가 다른 이성과 혼인하더라도 중혼이 되지 않으며, 친족 관계도 발생하지 않는다.

❷ 성년의제(成年擬制)

미성년자가 혼인함으로서 성년자로 의제되는 것(민법 제826조의 2)을 말한다. 18세가 되면 혼인할 수 있지만 민법상으로는 성인이 아니라서 단독으로 유효한 법률 행위를 할 수 없는 문제가 발생하게 된다. 따라서 미성년자는 친권이나 후견에 복종하므로 혼인하더라도 부부의 일방 또는 쌍방이 미성년자인 경우는 부부의 생활이 제3자의 간섭을 받게 되기 때문에 미성년자도 혼인하면 친권 또는 후견을 벗어나서 행위 능력을 가지는 것으로 한다. 성년의제의 적용 범위는 민법에만 한정된다고 하는 것이 원칙이다.

❸ 이혼 숙려 기간

개정 전 법에 의하면 협의 이혼 제도는 당사자의 이혼 의사 합치, 가정 법원의 확인, 호적법에 의한 신고 등 간편한 절차만으로도 이혼의 효력이 발생함으로써 혼인의 보호보다는 자유로운 해소에 중점을 두고 있다는 문제점이 있어 왔다. 이에 2007. 12. 21. 민법 개정으로 이혼 숙려 기간을 도입하였다. 즉, 협의 이혼 당사자는 일정 기간(양육하여야 할 자녀가 있는 경우는 3개월, 양육하여야 할 자녀가 없는 경우는 1개월)이 경과한 후 가정 법원으로부터 이혼 의사 확인을 받아야만 이혼이 가능하도록 하였다. 이에 따라 신중하지 아니한 이혼이 방지될 것으로 기대된다.

주제 3　친자(親子) 관계, 친권

1. 친자 관계

(1) **의미** : 부모와 자녀 간의 법률관계

(2) **친자 관계** : 친생자와 양자

친생자	• 혼인 중 또는 혼인 외의 관계에서 출생한 혈연 관계의 자녀 • 혼인 중 출생자 : 법률혼 관계에서 태어난 자녀 • 혼인 외 출생자 : 법률혼 관계가 아닌 남녀 사이에서 태어난 자녀로 친자 관계 확인을 위해서는 인지 절차를 거쳐야 함
양자	• 혈연 관계는 없으나 입양 절차를 통해 입양한 자녀 • 일반 입양 : 입양된 때부터 양부모의 친생자와 같은 지위를 가지며, 친생 부모와 양부모 모두 재산 상속 및 부양의 의무 등이 발생함 • 친양자 ❹ – 가정 법원에 미성년자에 대한 친양자 입양을 청구하여 청구가 받아들여지면 혼인 중의 출생자로 봄 – 일반 입양과 달리 양부모의 성과 본을 따르고 특별한 경우(예 갑의 어머니와 재혼을 한 자가 갑을 친양자로 입양할 경우 갑과 갑의 어머니 사이의 친족 관계는 종료되지 않음)를 제외하고는 입양 전의 친족 관계가 종료됨

2. 친권

의미	부모가 미성년인 자녀에 대해 갖는 신분 · 재산상의 여러 권리와 의무 → 자녀의 복리 보호
내용	자녀에 대한 보호와 양육의 권리와 의무, 거소 지정권, 자녀의 재산에 대한 관리권 등
행사	• 부모가 공동으로 행사하는 것이 원칙 ┌─ 자녀는 친권자(親權者)가 지정한 장소에 거주하여야 하므로 　(민법 제914조) 친권자는 자녀에 대한 거소 지정권을 가진다. • 부모 중 한쪽이 친권을 행사할 수 없는 때에는 다른 한쪽이 행사함 • 부모가 이혼하는 경우 친권 행사자가 협의가 되지 않으면 가정 법원에서 친권 행사자를 지정함 • 부모가 친권을 남용하거나 자녀의 복리를 현저히 해치거나 해칠 우려가 있는 경우에는 가정 법원의 선고에 의하여 친권이 상실되거나 일부 제한될 수 있음

주제 4　유언과 상속

1. 출생과 사망

(1) **출생** : 민법에서는 태아가 살아 있는 상태로 완전히 어머니 몸 밖으로 나온 때를 출생 시점으로 봄
• 예외 : 임신 중의 태아 보호를 위해 상속 등의 예외적인 상황에서는 태아의 권리 능력 인정

(2) **사망**

① 심폐 기능 정지설 : 일반적으로 숨이 멎고 심장과 폐의 기능이 다하는 시점

② 뇌사설 등을 주장하는 사람도 늘고 있음

2. 유언 : 유언은 유언자가 사망한 때 효력이 발생하며, 법에 규정된 요건을 갖추어야 함(요식주의)

• 유언의 방법 : 자필 증서, 공정 증서, 녹음, 비밀 증서, 구수 증서 ┐

구수 증서 유언이란 유언자가 사망의 위험이 있을 시 유언을 구수한 내용을 작성하여 증명하는 기록을 말한다. 병환이나 갑작스러운 이유가 있을 경우 두 명 이상의 증인이 참석한 자리에서 문서를 작성한다.

3. 상속

의미	• 자연인(피상속인)이 사망함으로써 그가 남긴 재산에 대한 권리와 의무가 타인(상속인)에게 포괄적으로 승계되는 것 • 피상속인의 재산뿐만 아니라 빚도 상속됨 ❺
방법	• 법적 효력을 갖는 유언이 있을 경우에는 유언에 따르되 유류분을 고려함 ❻ • 법적 효력을 갖는 유언이 없을 경우에는 민법에서 정한 순서와 비율대로 법정 상속이 이루어짐 • 법정 상속 순위 : 1순위 – 직계 비속, 2순위 – 직계 존속, 3순위 – 형제자매, 4순위 – 4촌 이내 방계 혈족 • 선순위 상속인이 있을 경우에 후순위는 상속받을 수 없음 • 같은 순위의 상속인 간의 상속분을 균등함 • 배우자는 피상속인의 직계 비속이나 직계 존속이 있을 경우에는 공동으로 상속을 받으나 없을 경우에는 단독으로 상속을 받음 → 공동 상속인의 상속분에 50%를 가산하여 상속받음

---

❹ 친양자

친양자 제도는 2005. 3. 31 민법 개정 시에 새로 도입되어 2008. 1. 1.부터 시행된 제도이다. 친양자는 부부의 혼인 중의 출생자로 간주되는 것을 말한다. 친양자는 양자가 마치 양친의 친생자인 것처럼 양친의 성과 본을 따를 뿐만 아니라 가족 관계 등록부(종전의 호적부)에도 양친의 친생자로 된다. 양자는 양부모의 자녀로 출생한 것으로 다루어지므로, 친양자 입양은 '제2의 출생'으로 다루어진다. 현행 민법상의 일반 입양과는 달리 친양자는 법원의 선고(허가)에 의해서만 성립한다.

❺ 유언 상속과 법정 상속

• 유언 상속 : 살아 있는 동안 자신이 모은 재산을 사망하였을 때 어떻게 처리할 것인지를 미리 정하는 것이다.
• 법정 상속 : 별도의 유언을 하지 않았으면 사망한 사람의 재산이 민법에서 정한 순위와 상속분에 따라 상속되는 것을 말한다.

❻ 유류분 제도

피상속인은 유언(또는 증여)에 의하여 재산을 자유로이 처분할 수 있지만, 일정한 범위의 유족에게 일정액을 유보해 두지 않으면 안 되며, 그 한도를 넘는 유증이나 증여가 있을 때 그 상속인은 반환을 청구할 수 있게 한 제도이다. 사람이 생전에 자기의 재산을 자유로이 처분할 수 있는 것과 같이 유언으로써 재산을 처분(유증)하는 것도 자유여야겠지만, 사망자 근친자(상속인)의 생계도 고려함이 없이 사망 직전에 모두 타인에게 유증하는 처분 행위는 바람직하지 못하므로 일정 비율의 재산을 근친자를 위하여 남기도록 하는 것이 이 제도의 취지이다. 영국 · 미국을 제외한 대부분의 국가가 이 제도를 채용하고 있으며 한국도 1977년의 민법 개정으로 이 제도를 신설하였다. 피상속인의 배우자, 직계 비속은 법정 상속분의 1/2, 직계 존속, 형제자매는 법정 상속분의 1/3을 유류분 반환 청구를 할 수 있다.

핵심 개념 CHECK!

✎ 다음 설명이 맞으면 'O', 틀리면 'X'에 표시하시오.

주제 1 혼인

01 혼인은 남녀가 부부가 되는 것으로서 일종의 계약에 해당한다. O X

02 혼인이 성립하기 위한 형식적 요건은 혼인 신고를 하는 것이다. O X

03 혼인 가능 연령은 19세 이상이다. O X

04 사실혼은 혼인의 형식적 요건을 갖추었지만 실질적 요건을 갖추지 못한 혼인이다. O X

05 법률혼으로 인해 배우자 및 인척 관계가 형성된다. O X

06 함정 18세인 미성년자가 혼인하게 되면 성년으로 의제되어 공법상 행위 능력이 인정된다. O X

07 부부 간에는 일상 가사에 대한 대리권이 인정되어 일상 가사에 해당하는 경우 연대 책임을 진다. O X

주제 2 이혼

08 혼인 관계를 인위적으로 해소시키는 것을 이혼이라고 한다. O X

09 협의상 이혼은 법원에서의 절차를 거칠 필요는 없다. O X

10 협의상 이혼의 경우 양육할 자녀가 있으면 3개월의 이혼 숙려 기간을 거쳐야 한다. O X

11 함정 협의상 이혼 시 자녀가 성인이라면 이혼 숙려 기간을 거칠 필요가 없다. O X

12 협의상 이혼의 이혼 효력 발생 시기는 이혼 신고를 한 때이다. O X

13 재판상 이혼이 이루어지기 위해서는 민법에서 정한 이혼 사유에 해당하여야 한다. O X

14 재판상 이혼은 법원의 판결이 확정되면 이혼의 효력이 발생한다. O X

15 이혼으로 인해 자녀를 직접 양육하지 않는 부모의 일방과 해당 자녀에게 면접 교섭권이 발생한다. O X

16 협의상 이혼과 달리 재판상 이혼에서는 이혼의 책임이 있는 상대방에게 손해 배상을 청구할 수 있다. O X

주제 3 친자 관계, 친권

17 부모와 자녀 간의 법률 관계를 친자 관계라고 한다. O X

18 혼인 중 또는 혼인 외의 관계에서 출생한 혈연 관계의 자녀를 친생자라고 한다. O X

19 혼인 외 출생자는 법률혼 관계가 아닌 남녀 사이에서 태어난 자녀이지만 친자 관계 확인을 위해 따로 절차를 거칠 필요는 없다. O X

20 일반 입양된 자는 양부모의 친생자와 같은 지위를 갖는다. O X

21 일반 입양된 자는 친부모의 사망 시 친부모의 재산에 대한 상속권을 갖는다. O X

22 친양자는 가정 법원에 미성년자에 대한 친양자 입양을 청구하여 받아들여지면 양부모의 혼인 중 출생자로 본다. O X

23 친양자는 일반 입양과 달리 양부모의 성과 본을 따르게 된다. O X

24 친양자는 입양 전의 친족 관계가 종료된다. O X

25 함정 일반 입양과 달리 친양자는 미성년자만 가능하다. O X

26 부 또는 모가 친권을 남용하거나 자녀의 복리를 현저히 해치거나 해칠 우려가 있는 경우에는 가정 법원의 선고에 의해 친권이 상실될 수 있다. O X

주제 4 유언과 상속

27 유언은 유언자가 사망한 때에 효력이 발생하며 법에 정해진 요건을 갖추어야 한다. O X

28 유언의 방법에는 자필 증서, 공정 증서, 녹음, 비밀 증서, 구수 증서에 의한 유언이 있다. O X

29 자연인이 사망함으로써 그가 남긴 재산에 대한 권리와 의무가 타인에게 포괄적으로 승계되는 것을 상속이라고 한다. O X

30 재산뿐만 아니라 빚도 상속된다. O X

31 함정 법정 상속 순위 2순위는 직계 비속이다. O X

32 배우자는 직계 비속, 직계 존속과 균등한 비율로 공동 상속을 받는다. O X

33 법정 상속 시 선순위 상속인이 있을 경우에는 후순위 상속인은 상속을 받을 수 없다. O X

34 직계 비속, 직계 존속이 없으면 배우자가 단독으로 상속을 받는다. O X

법률혼과 사실혼 관계에서의 상속 문제는 어떻게 풀이할까?

개념 기출 자료로 확인

자료 혼인과 상속

어려서 부모를 모두 여읜 갑은 을과 결혼식을 올린 후 유일한 혈육인 동생 병과 같이 살고 있었다. 얼마 전 갑은 "모든 재산 5억 원을 ○○재단에 기부한다."라는 내용의 유언장을 남기고

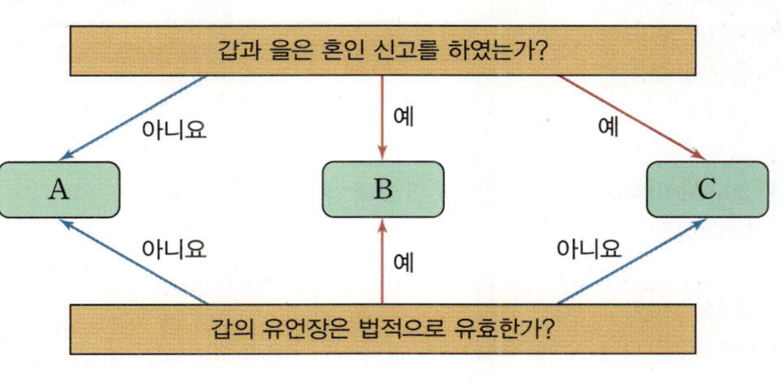

채무 없이 사망하였다. 갑은 을과의 사이에 자녀가 없다. 오른쪽 그림의 A~C는 상황에 따른 상속의 경우를 나타낸 것이다.

법률혼과 사실혼 부부의 상속 관계의 상속 문제를 묻는 문제가 자주 출제되고 있다. **법률혼 관계의 배우자와 달리 사실혼 관계의 배우자 간에는 상속 문제가 발생하지 않는다.**

❶ **제시문에서 혼인의 유형과 유언의 효력 유무를 구분하자!** A는 갑과 을이 사실혼 관계이고, 법정 상속이 이루어지는 경우이고, B는 갑과 을이 법률혼 관계이고 유언에 의한 상속이 이루어지는 경우이며, C는 갑과 을이 법률혼 관계이고, 법정 상속이 이루어지는 경우이다.

❷ **법률혼과 사실혼의 법률 효과의 공통점과 차이점을 파악하자!**

구분	법률혼	사실혼
공통점	• 부부 간의 동거, 협조, 부양의 의무 발생 • 일상 가사에 대한 대리권 발생(부부 별산제에 따른 보완)	
차이점	• 친족 관계의 발생(배우자 및 인척 관계) • 배우자 간 상속 문제가 발생함	• 친족 관계가 발생하지 않음 • 배우자 간 상속 문제가 발생하지 않음

❸ **선택지를 해석하자!**

① A의 경우 을은 갑의 재산을 상속받을 수 있다. → 없다
② B의 경우 병은 재단을 상대로 유류분에 대한 반환을 청구할 수 있다. → 을
③ C의 경우 을은 병이 상속받게 될 상속액의 50%를 가산하여 상속받는다. → 을이 5억 원을 단독으로 상속받는다.
④ A의 경우 병의 상속액과 C의 경우 을의 상속액은 동일하다. → 둘 다 5억 원이다.
⑤ C와 달리 B의 경우 을의 법정 상속권이 인정되지 않는다. → 모두 / 인정된다

▷ A의 경우 : 갑과 을은 사실혼 관계이므로 갑의 재산에 대해 을은 법정 상속을 받을 수 없고, 동생인 병이 단독으로 법정 상속을 받는다. 유언장의 법적 효력이 없으므로 법정 상속이 이루어지는데, 병이 단독으로 5억 원을 상속받는다.

▷ B의 경우 : 갑과 을은 법률혼 관계이므로 갑의 재산에 대해 을은 법정 상속을 단독으로 받을 수 있고, 동생인 병은 법정 상속을 받지 못한다. 유언장의 효력이 있으므로 법정 상속권자인 을만 ○○재단에 유류분을 청구할 수 있다.

▷ C의 경우 : 갑과 을은 법률혼 관계이므로 갑의 재산에 대해 을은 법정 상속을 단독으로 받을 수 있고, 동생인 병은 법정 상속을 받지 못한다. 유언장의 효력이 없으므로 을이 5억 원을 단독으로 상속받는다.

개념 문제로 확인하기

Q1 다음 표에서 알맞은 단어를 고르시오.

01. 유언 상속	❶ 직계 비속은 법정 상속분의 (1/2 / 1/3)의 유류분을 청구할 수 있음 ❷ 유언의 효력은 (유언자가 사망한 때 / 유언장을 작성하였을 때) 발생함
02. 법정 상속	❶ 피상속인의 재산뿐만 아니라 빚도 상속(됨 / 안 됨) ❷ 법정 상속 1순위는 (직계 비속 / 직계 존속)임 ❸ 선순위 상속인이 있을 경우에는 후순위는 상속을 받을 수 (있음 / 없음)

Q2 다음 내용이 맞으면 '○', 틀리면 '×'에 표시하시오.

03. 혼인 신고는 혼인의 형식적 요건이다.
(○ / ×)

04. 우리나라는 법률혼주의를 채택하고 있어 일정한 요건을 충족해야 혼인의 성립을 인정한다.
(○ / ×)

05. 법률혼, 사실혼은 모두 혼인으로 인해 친족 관계가 발생한다.
(○ / ×)

06. 법률혼, 사실혼은 모두 일상 가사에 대한 대리권이 발생한다.
(○ / ×)

07. 우리나라에서는 19세 이상인 경우에만 법률혼이 가능하다.
(○ / ×)

08. 법률혼의 배우자와 달리 사실혼의 배우자 간에는 상속 문제가 발생하지 않는다.
(○ / ×)

09. 해당 혼인이 중혼인 경우라도 혼인이 성립한다.
(○ / ×)

10. 유언이 없는 경우에는 법정 상속이 이루어지며 배우자는 공동 상속인의 상속분에 50%를 가산하여 상속받는다.
(○ / ×)

HOW & WHAT 정답 ● **Q1** 01. ❶ 1/2 ❷ 유언자가 사망한 때 02. ❶ 됨 ❷ 직계 비속 ❸ 없음 **Q2** 03. ○ 04. ○ 05. × 06. ○ 07. × 08. ○ 09. × 10. ○

주제 1 혼인

족집게 전략 | • 혼인의 의미와 성립 요건은 수능에서 중요하게 다루어지는 내용 중 하나이다. 혼인도 일종의 계약이며, 혼인이 성립하기 위해서는 혼인 신고라는 형식적 요건과 실질적 요건 4가지(일정 연령에 해당할 것, 혼인 의사의 합치가 있을 것, 중혼이 아닐 것, 일정한 범위의 친족 관계가 아닐 것)를 갖추어야 함을 정확하게 알아야 한다. 또한 형식적 요건을 갖추지 못했지만 실질적 요건을 갖춘 혼인을 사실혼이라고 한다는 점도 빼놓지 않고 학습해야 한다.

• 혼인의 법률 효과와 관련해서는 사실혼과 법률혼을 구별하여 파악할 필요가 있다. 부부 간의 동거, 협조, 부양의 의무, 부부 별산제, 일상 가사에 대한 대리권 등은 법률혼과 사실혼 모두에서 발생하는 법률 효과이다. 하지만 부부 간의 상속 문제, 친족 관계 발생은 법률혼과 달리 사실혼 관계에서는 나타나지 않는다는 점을 반드시 인지하고 있어야 한다.

273 대표 문항

다음 사례에 대한 옳은 법적 판단만을 〈보기〉에서 있는 대로 고른 것은?

- A와 B는 혼인 신고가 되어 있으나 사실은 A가 B 모르게 한 것이었다.
- C는 이미 법률혼을 한 상태인데 D에게 미혼이라고 속이고 D와 결혼식을 한 후 공동생활을 하고 있다.
- E(18세)와 F(18세)는 결혼식을 올렸는데 E는 혼인에 대해 부모가 동의하였지만, F는 부모가 동의하지 않았다.

〈보기〉
ㄱ. A와 B의 혼인 신고는 실질적 요건을 갖추지 못하여 효력이 없다.
ㄴ. C와 D는 C의 이혼 없이 혼인 신고를 통해 법적으로 유효한 법률혼을 할 수 있다.
ㄷ. F의 부모가 동의하더라도 E와 F는 법률혼을 할 수 없다.
ㄹ. F의 부모가 동의한다면 E와 F는 법정 대리인의 동의 없이 단독으로 유효한 법률 행위를 할 수 있다.

① ㄱ, ㄴ ② ㄱ, ㄹ ③ ㄴ, ㄷ
④ ㄱ, ㄷ, ㄹ ⑤ ㄴ, ㄷ, ㄹ

274

다음 자료의 교사 질문에 대한 옳은 발표 내용만을 〈보기〉에서 고른 것은?

〈보기〉
ㄱ. 혼인 신고를 하지 않았어요.
ㄴ. 부부 간 부양의 의무가 있어요.
ㄷ. 친족 관계가 발생하지 않아요.
ㄹ. 일상 가사에 대한 대리권을 가져요.

① ㄱ, ㄴ ② ㄱ, ㄷ ③ ㄴ, ㄷ
④ ㄴ, ㄹ ⑤ ㄷ, ㄹ

275 고난도 | 교육청 기출 |

밑줄 친 ㉠~㉴에 대한 설명으로 옳은 것은?

- 갑은 만 18세이다. 갑에게는 할아버지가 물려주신 ㉠ 2억 원 상당의 주택이 있다. 갑은 부모님의 동의를 얻어 만 20세의 을과 ㉡ 결혼식을 올린 후 ㉢ 혼인 신고를 마쳤다.
- 병과 정은 모두 만 35세이다. 병에게는 그동안 회사 생활을 하며 모아 둔 돈으로 마련한 ㉣ 2억 원 상당의 주택이 있다. 혼인 의사가 있는 병과 정은 ㉤ 결혼식을 올리고 ㉥ 부부 공동생활을 하고 있지만, 아직 혼인 신고는 하지 않았다.

① ㉡으로 인해 갑은 민법상 성년으로 의제된다.
② ㉢으로 인해 갑과 을은 혼인의 실질적 요건을 갖추었다.
③ ㉢에도 불구하고 을에게 ㉠에 대한 소유권은 인정되지 않는다.
④ ㉤으로 인해 정은 ㉣에 대한 소유권을 갖는다.
⑤ ㉥으로 인해 병과 정 사이에는 상속권이 발생한다.

276

그림은 공동생활을 하는 갑과 을의 혼인 효력 유무를 구분하기 위한 것이다. 이에 대한 옳은 설명만을 〈보기〉에서 고른 것은?

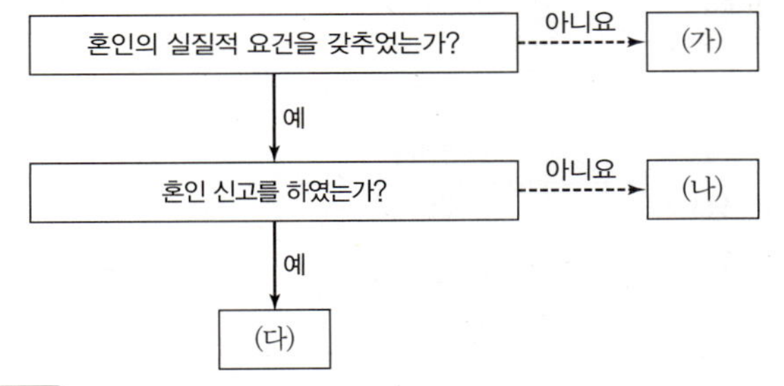

【보기】
ㄱ. 18세의 미성년자인 갑이 부모의 동의를 얻어 성인인 을과 혼인한 경우는 (가)에 해당한다.
ㄴ. (나)인 경우에 갑과 을 사이에 자녀가 태어난다면 친자 관계가 형성되지 못한다.
ㄷ. (나)는 갑과 을이 사실혼 관계에 있는 경우, (다)는 갑과 을이 법률혼 관계에 있는 경우이다.
ㄹ. 갑과 을 사이에 동거, 협조의 의무는 (나), (다) 모두에서 발생한다.

① ㄱ, ㄴ 　② ㄱ, ㄷ 　③ ㄴ, ㄷ
④ ㄴ, ㄹ 　⑤ ㄷ, ㄹ

277

다음 자료의 빈칸 (가)에 들어갈 적절한 내용만을 〈보기〉에서 있는 대로 고른 것은?

교사 : 법률혼이 사실혼과 다른 점을 설명해 보세요.
갑 : 혼인 신고를 한 상태입니다.
을 : 부부 간 상속 문제가 발생합니다.
병 : (가)
정 : 혼인 의사의 합치가 이루어졌습니다.
교사 : 2명의 학생은 옳은 답을 했지만 2명의 학생은 틀린 답을 했어요.

【보기】
ㄱ. 친족 관계가 발생합니다.
ㄴ. 일상 가사에 대한 대리권이 발생합니다.
ㄷ. 자녀와 친자 관계가 형성될 수 있습니다.
ㄹ. 부부 간의 동거, 협조, 부양의 의무가 발생합니다.

① ㄱ, ㄴ 　② ㄱ, ㄹ 　③ ㄴ, ㄷ
④ ㄱ, ㄷ, ㄹ 　⑤ ㄴ, ㄷ, ㄹ

278

(가)~(다)의 법률 관계에 대한 법적 판단으로 옳은 것은?

(가) : 갑과 을은 혼인을 합의하였으나 혼인 신고 없이 공동생활을 하고 있다.
(나) : 갑과 을은 양가 부모의 축복 속에 장차 혼인하기로 합의하고 증표로서 반지를 주고 받았다.
(다) : 중매로 만난 갑과 을은 혼인을 합의하고 바로 혼인 신고를 마쳤다.

① (가)의 경우 갑과 을 간에는 일상 가사 대리권이 인정되지 않는다.
② (나)의 경우 갑은 을에 대한 일방적 의사 표시로 양자 간의 관계를 해소할 수 없다.
③ (다)의 경우 갑과 을이 실제로 동거하지 않는다면 법률상 부부라고 할 수 없다.
④ (가), (다)의 경우 갑과 을 간에는 상속권이 인정된다.
⑤ (가)~(다)의 관계가 해소되면 이에 책임 있는 자는 상대방에게 손해 배상 책임을 진다.

279

다음 (가)~(라) 단계의 법률관계에 대한 옳은 설명을 〈보기〉에서 고른 것은?

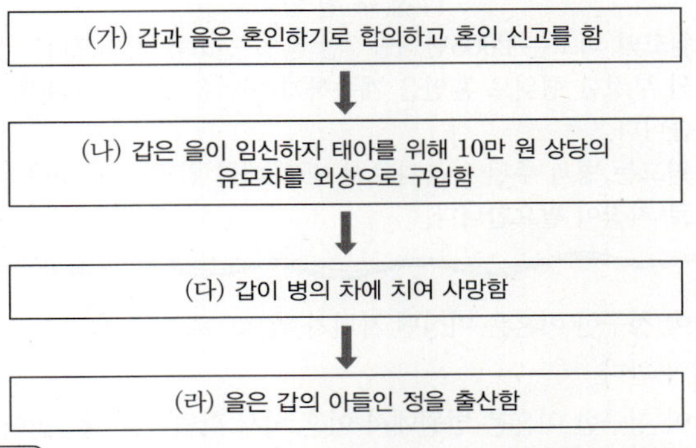

【보기】
ㄱ. (가) – 갑과 을이 합의한 때 혼인의 효력이 발생한다.
ㄴ. (나) – 유모차 구입은 일상 가사의 범위에 속한다.
ㄷ. (다) – 을은 병에게 손해 배상을 청구할 수 있다.
ㄹ. (라) – 친족이 협의하여 정의 친권자를 정한다.

① ㄱ, ㄴ 　② ㄱ, ㄷ 　③ ㄴ, ㄷ
④ ㄴ, ㄹ 　⑤ ㄷ, ㄹ

주제 2　이혼

족집게 전략 | • 이혼의 의미와 유형은 매년 수능에 출제될 정도로 비중이 높은 학습 요소이다. 이혼은 혼인 관계를 인위적으로 해소시키는 것이고, 이혼의 유형에는 협의상 이혼, 재판상 이혼이 있다는 점을 일단 파악하고 있어야 한다. 또한 협의상 이혼과 재판상 이혼의 이혼 절차를 파악할 필요가 있다. 협의상 이혼은 이혼 숙려 기간을 거치고, 재판상 이혼은 이혼 조정 절차를 거친다는 점을 알아야 하며, 협의상 이혼의 효력은 행정 관청에 이혼 신고를 한 때에 발생하고, 재판상 이혼은 법원의 판결이 확정된 때 발생한다는 사실을 반드시 알아야 한다.

• 이혼의 법적 효과에 대해서도 파악하고 있어야 한다. 이혼을 하게 되면 혼인 생활 중 취득한 부부 공유 재산에 대해 분할 청구권이 발생하고, 혼인에 의해 발생한 친족 관계가 소멸하며, 이혼의 책임이 있는 상대방에게 손해 배상을 청구할 수 있으며, 자녀를 양육하지 않는 부모의 일방 또는 해당 자녀에게 면접 교섭권이 발생한다는 사실을 반드시 알아야 한다.

280 ◀ 대표 문항

| 교육청 기출 |

다음 자료에 대한 법적 판단으로 옳은 것은?

소　장

원고 : 갑 / 피고 : 을
사건본인(미성년 자녀) : 병

청 구 취 지

1. 원고와 피고는 이혼한다.

청 구 원 인

1. 원고와 피고는 2005년 3월 2일 혼인 신고를 마쳤으나, 피고의 부정한 행위로 혼인을 계속하기 어려운 중대한 사유가 있습니다.
2. 원고는 병의 주된 양육자로서 병에 대한 친권자 및 양육권자로 지정이 필요합니다.

---

① 갑이 청구한 이혼은 미성년 자녀가 있으므로 이혼 숙려 기간을 거쳐야 한다.
② 갑이 청구한 이혼은 법원에서 이혼 의사 확인서를 발급받아 해당 관청에 신고를 해야 효력이 발생한다.
③ 갑의 청구가 받아들여지면, 병은 을의 사망 시 법정 상속인이 될 수 없다.
④ 갑의 청구가 받아들여지면, 갑은 을에게 병에 대한 양육비를 청구할 수 없다.
⑤ 갑, 을은 모두 혼인 중 공동으로 마련한 재산에 대해 재산 분할을 청구할 수 있다.

281

다음은 이혼 신고서를 간략하게 나타낸 것이다. 이에 대한 설명으로 옳은 것은?

이혼 신고서			
구분	남편(부)	아내(처)	
이혼 당사자	갑	을	
재판 확정 일자	2019년 12월 13일	법원명	○○ 가정 법원
제출인	갑		

① 위 서류를 제출해야 이혼의 효력이 발생한다.
② 갑과 을은 이혼 숙려 기간을 거쳐야만 했을 것이다.
③ 자녀가 있다면 친권자 지정이 반드시 이루어졌을 것이다.
④ 갑과 을 사이에는 민법에 정해진 이혼 사유가 있었을 것이다.
⑤ 갑에게 이혼 귀책 사유가 있다면 갑은 재산 분할 청구권을 행사할 수 없다.

282

다음 사례에 대한 옳은 법적 분석만을 〈보기〉에서 있는 대로 고른 것은?

• 갑은 도박에 빠져 재산을 탕진하고 심지어 을과 자녀 병을 폭행하기도 하였다. 이에 을은 더 이상 참지 못하고 갑에게 이혼을 요구하였으나 갑이 거부하자, 재판을 통하여 ㉠ 이혼을 하게 되었다.
• A는 B에게 생활비를 갖다 주지 않고 자신의 취미 생활에만 매달려 가정에 소홀하였다. 이에 B는 자녀 C를 자신이 키우겠다고 주장하며 이혼을 요구하였고, A는 이를 받아들여 A와 B는 ㉡ 이혼을 하게 되었다.

* 사례의 혼인은 모두 법률혼임

〔보기〕
ㄱ. ㉡을 위해서 A와 B는 이혼 숙려 기간을 거쳤을 것이다.
ㄴ. ㉠과 달리 ㉡은 이혼 신고 시 이혼의 효력이 발생한다.
ㄷ. 갑과 달리 A는 재산 분할 청구권을 행사할 수 있다.
ㄹ. 을은 갑에게, B는 A에게 각각 정신적 손해 배상 청구를 할 수 있다.

① ㄱ, ㄷ　　　　② ㄱ, ㄹ　　　　③ ㄴ, ㄷ
④ ㄱ, ㄴ, ㄹ　　　⑤ ㄴ, ㄷ, ㄹ

283

다음 사례에 대한 옳은 법적 판단만을 〈보기〉에서 고른 것은?

갑과 을은 법적으로 유효한 법률혼을 하고 자녀 병을 낳고 살았다. 많은 돈을 벌고 싶다는 생각에 갑은 무리하게 주식 투자를 하게 되었고, 심지어 을도 모르게 친구에게 돈을 빌리기도 하였다. 갑이 무리하게 주식 투자를 한 결과로 갑은 많은 손실을 입게 되었고, 이를 알게 된 을과 자주 다투게 되었다. 을은 갑에게 이혼을 요구하였고 갑은 이를 받아들여 둘은 이혼을 하게 되었다. 갑과 을 부부에게는 결혼 전 갑이 가지고 있던 아파트와 결혼 후 둘이 노력하여 매입한 토지가 있으며, 자녀 병은 혼인을 하여 따로 살고 있다.

〈보기〉

ㄱ. 친구에게 빌려 준 돈에 대해 을은 연대 책임을 진다.
ㄴ. 갑과 을의 이혼은 법원에 이혼 신고서를 제출하면 효력이 발생한다.
ㄷ. 갑과 을은 자녀 병이 혼인을 한 상태여도 이혼 숙려 기간을 거쳤을 것이다.
ㄹ. 결혼 전에 갑이 가지고 있던 아파트는 결혼 후 매입한 토지와 달리 이혼 시 재산 분할의 대상이 되지 않는다.

① ㄱ, ㄴ   ② ㄱ, ㄷ   ③ ㄴ, ㄷ
④ ㄴ, ㄹ   ⑤ ㄷ, ㄹ

284

다음은 이혼 확인서를 간단하게 나타낸 것이다. 이에 대한 옳은 설명만을 〈보기〉에서 고른 것은?

이혼 확인서

당사자   남편(부)   갑(주민 등록 번호 등 생략)
             아내(처)   을(주민 등록 번호 등 생략)

위 당사자는 서로 이혼하기로 합의하였음을 확인합니다.

2019년 12월 17일
판사 ○○○

* 갑과 을에게는 13세의 자녀가 있으며, 자녀에 대한 대한 양육권은 을이 갖기로 하였음

〈보기〉

ㄱ. 갑은 자녀에 대한 면접 교섭권을 갖는다.
ㄴ. 2019년 12월 17일에 이혼의 효력이 발생한다.
ㄷ. 갑과 을은 3개월의 이혼 숙려 기간을 거쳤을 것이다.
ㄹ. 법원은 갑과 을의 이혼 청구 사유가 법에 정해진 이혼 사유에 해당하여 이혼 확인을 하였다.

① ㄱ, ㄴ   ② ㄱ, ㄷ   ③ ㄴ, ㄷ
④ ㄴ, ㄹ   ⑤ ㄷ, ㄹ

285

| 교육청 기출 |

표는 혼인, 이혼을 분류한 것이다. 이에 대한 설명으로 옳은 것은?

질문	응답	유형
혼인의 형식적 요건을 갖춘 혼인 관계입니까?	예	(가)
	아니요	(나)
양 당사자의 의사 합치만 있으면 가능한 이혼 방식입니까?	예	A
	아니요	B

* (가), (나)는 모두 혼인의 실질적 요건을 갖춘 혼인 관계임

① (나)의 경우 사망에 의한 배우자 간 상속권이 인정된다.
② (가)의 경우 (나)와 달리 혼인 관계 해소 시 재산 분할 청구권이 인정된다.
③ B의 경우 법에 정해진 이혼 사유가 있어야 혼인 관계가 해소될 수 있다.
④ B의 경우 양육할 자녀가 있으면 이혼 과정에서 3개월의 이혼 숙려 기간을 거치게 된다.
⑤ A의 경우 B와 달리 양육하지 않는 자녀에 대한 면접 교섭권이 인정된다.

286

| 평가원 기출 |

(가), (나) 사례에 대한 법적 분석으로 옳은 것은?

(가)	(나)
갑과 을은 혼인 신고를 하지 않은 채 살며 자녀를 낳았고 갑은 그 자녀를 인지하였다. 그러나 갑이 가정을 잘 돌보지 않아 혼인 관계 해소를 요구하고 있다.	병과 정은 법적으로 유효한 법률혼을 한 상태에서 자녀를 낳았다. 그러나 정이 도박에 빠지는 등 가정을 소홀히 하여 병이 혼인 관계 해소를 요구하고 있다.

① (가)와 달리 (나)의 혼인은 부부 간 친족 관계가 형성된다.
② (나)와 달리 (가)의 혼인에서는 부부 간 일상 가사에 대한 대리권이 없다.
③ 갑과 을이 혼인 관계를 해소하기 위해서는 법이 정한 절차를 따라야 한다.
④ 병이 정과 이혼하기 위해서는 이혼 사유가 법에 정해져 있어야 한다.
⑤ 갑과 자녀는 친자 관계가 형성되지 않지만, 병과 자녀는 친자 관계가 형성된다.

주제 3 친자 관계, 친권

족집게 전략 | • 부모와 자녀 간의 법률관계를 친자 관계라고 하며 이에는 친생자와 양자가 있다. 특히 양자 중 친양자와 일반 입양에 의한 양자를 구별하여 공통점과 차이점을 파악하는 것은 수능에 자주 출제되었다. 친양자는 일반 입양에 의한 양자와 달리 미성년자만 가능하고 양부모의 성과 본을 따르며, 친부모와의 친족 관계가 소멸된다는 점을 반드시 파악하고 있어야 한다.

• 친권과 관련하여서도 수능에 자주 출제되는데 특히 부모가 친권을 남용하거나 자녀의 복리를 현저히 해치거나 해칠 우려가 있는 경우에는 가정 법원의 선고에 의하여 친권이 상실되거나 일부 제한될 수 있다는 점을 알아야 한다.

287 대표 문항 고난도

|교육청 기출|

다음 사례에 대한 법적 판단으로 옳은 것은?

> 갑(남)과 을(여)은 자녀 병을 낳아 기르면서 성격 차이 외에는 별다른 문제없이 혼인 생활을 유지했다. 하지만 결국 성격 차이를 극복하지 못하여, 을이 병을 양육하는 조건으로 협의하에 이혼을 하였다. 이혼 후 을은 정(남)을 만나 결혼식을 올리고 무를 낳고 살고 있지만 아직 혼인 신고는 하지 않은 상태이다. 그런데 을이 갑작스럽게 지병이 악화되어 현재 병원에 입원 중이다.

① 갑과 을의 이혼은 법이 정한 사유가 있어야 한다.

② 갑과 을의 이혼은 이혼 숙려 기간을 거쳐야 한다.

③ 갑은 가정 법원의 결정에 의해 병과의 면접 교섭권을 갖는다.

④ 정과 무는 인지 절차가 없더라도 법적으로 친자 관계가 인정된다.

⑤ 을이 유언 없이 사망할 경우 병, 정, 무는 법정 상속인의 지위를 갖는다.

288

다음 자료에 대한 옳은 설명만을 〈보기〉에서 있는 대로 고른 것은?

실권 회복 심판 청구

청구인 : 갑
사건 본인 : 을
상대방 : 병

청구 취지
'을에 대한 갑의 친권을 회복한다.'라는 심판을 구함

〈보기〉

ㄱ. 을은 민법상 미성년자이다.

ㄴ. 갑과 병의 이혼으로 을에 대한 갑의 친권이 상실된 것이다.

ㄷ. 갑의 청구가 받아들여지면 갑과 을의 친자 관계는 회복된다.

ㄹ. 갑의 청구가 받아들여지지 않아도 을은 갑의 재산에 대한 상속을 받을 수 있다.

① ㄱ, ㄴ   ② ㄱ, ㄹ   ③ ㄴ, ㄷ

④ ㄱ, ㄷ, ㄹ   ⑤ ㄴ, ㄷ, ㄹ

289

그림은 친자 관계를 구분한 것이다. 이에 대한 옳은 설명만을 〈보기〉에서 고른 것은?

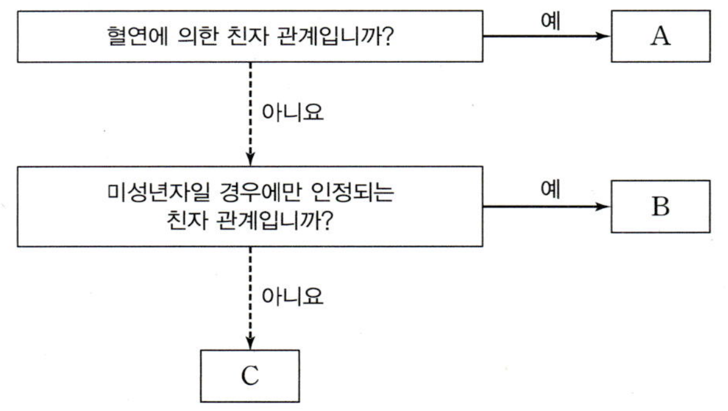

〈보기〉

ㄱ. A는 혼인 중 출생자이다.

ㄴ. B는 친부모와의 친족 관계가 상실된다.

ㄷ. 사실혼 관계에서 태어난 자녀는 C가 된다.

ㄹ. B는 친양자, C는 일반 입양에 의한 양자이다.

① ㄱ, ㄴ   ② ㄱ, ㄷ   ③ ㄴ, ㄷ

④ ㄴ, ㄹ   ⑤ ㄷ, ㄹ

290

표에 대한 옳은 설명만을 〈보기〉에서 있는 대로 고른 것은? (단, A, B는 각각 일반 입양에 의한 양자와 친양자 중 하나이다.)

구분	A	B
(가)	아니요	아니요
(나)	예	아니요

〈보기〉

ㄱ. (가)에 '친생부모의 재산에 대한 상속권이 있습니까?'가 들어갈 수 없다.

ㄴ. (가)에 '인지 절차를 거쳐 형성된 친자 관계입니까?'가 들어갈 수 있다.

ㄷ. A가 친양자이면, (나)에 '친생 부모와의 친족 관계가 소멸됩니까?'가 들어갈 수 없다.

ㄹ. (나)에 '양부모의 성과 본을 따릅니까?'가 들어가면, A는 친양자, B는 일반 입양에 의한 양자이다.

① ㄱ, ㄷ   ② ㄱ, ㄹ   ③ ㄴ, ㄷ

④ ㄱ, ㄴ, ㄹ   ⑤ ㄴ, ㄷ, ㄹ

291

|교육청 기출|

가계도에 나타난 친족 간의 법률관계에 대한 설명으로 옳은 것은?

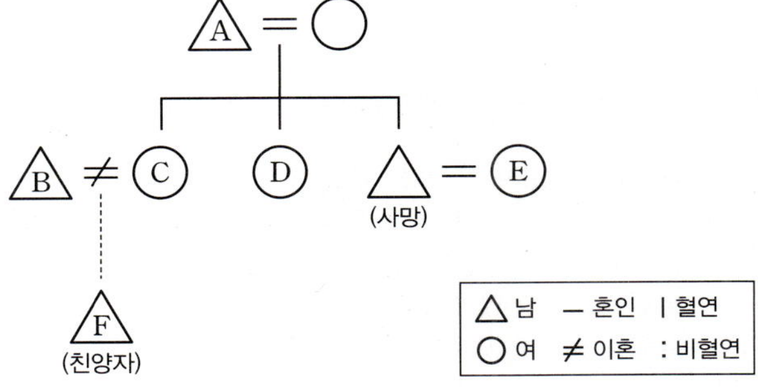

① B와 E는 모두 A와 인척 관계가 소멸된다.

② C와 D는 A의 친권 행사에 대해 복종해야 할 의무가 있다.

③ B는 C와 이혼한 후 일정 기간이 지나면 D와 재혼할 수 있다.

④ F는 B, C와 부양 관계는 있지만, 친생부모와의 부양 관계는 없다.

⑤ 이혼의 책임이 B에게 있다면, B는 F에 대한 양육권을 행사할 수 없다.

292

다음 교사 질문에 대한 학생의 답변으로 옳지 <u>않은</u> 것은?

이 문서에 의해 친자 관계가 형성된다면 이와 관련하여 발표해 보세요.

친양자 입양 동의서

구분		성명
친양자 입양 청구인	양부로 될 자	갑
	양모로 될 자	을
친양자로 될 자		병
친양자로 될 자의 친생부모	친생부	정
	친생모	무

(이하 생략)

① 병은 19세 미만이에요.

② 병은 갑 또는 을의 성과 본을 따라야 해요.

③ 병은 갑과 을의 혼인 중의 출생자로 간주돼요.

④ 정과 무는 병에 대한 친권을 행사할 수 있어요.

⑤ 정이 사망하면 병은 정의 재산에 대한 상속권이 없어요.

293

|교육청 기출|

밑줄 친 ㉠, ㉡으로 인해 발생하는 법률 효과로 옳지 <u>않은</u> 것은?

갑은 을과 이혼한 후 병과 재혼하였고, 재혼 후 병은 갑과 을 사이의 두 자녀 A와 B 중에서 A만을 ㉠ 친양자로 입양하였다. 그 후 을은 재혼하지 않고 혼자 살다가 갑작스런 교통 사고로 유언도 남기지 못한 채 ㉡ 사망하였다.

① ㉠ – A와 을의 친족 관계가 종료된다.

② ㉠ – A는 병의 혼인 중의 출생자로 간주된다.

③ ㉠ – A에 대한 친권은 갑과 병이 공동으로 행사한다.

④ ㉡ – A에 대한 을의 부양 의무가 종료된다.

⑤ ㉡ – B가 을의 재산을 단독으로 상속받는다.

주제 4 유언과 상속

족집게 전략 | • 유언의 효력과 상속의 방법에 대해서는 매년 출제된다. 유언은 유언자가 사망한 때 효력이 발생하며 법에 규정된 요건을 반드시 갖추어야 한다는 점을 알아야 한다.

• 유언이 있으면 유언에 따른 상속이 이루어지며, 유언이 없으면 법정 상속이 이루어진다. 유언에 따라 상속이 이루어지더라도 법정 상속권자는 법정 상속분의 일정 비율에 대해 유류분 반환 청구를 할 수 있다는 점을 정확하게 알아야 한다. 또한 법정 상속이 이루어질 때 법정 상속 순위에 따른다는 점과 배우자는 공동 상속인의 상속분에 50%를 가산하여 상속을 받는다는 점을 반드시 알아야 한다.

294 〔대표 문항〕

다음은 인터넷 법률 상담 게시판에 올라온 글이다. 법적으로 타당한 답변만을 〈보기〉에서 고른 것은?

▲이전글 ▼다음글   검색

갑 : 안녕하세요? 아버지(을)께서 전 재산의 50%는 어머니인 병, 50%는 형인 정에서 물려준다는 내용의 유언장을 남기시고 사망하셨습니다. 제가 보기에는 유언장이 효력이 없는 것 같은데 저는 아버지의 재산을 물려받을 수 없습니까? 참고로 유가족은 병, 정만 있으며, 아버지의 재산은 14억 원입니다.

■ 답 글

변호사 :   (가)

■ 글쓰기 ■ 수정 ■ 삭제

〔보기〕

ㄱ. 유언장이 효력이 있어도 배우자인 병이 정보다 아버지의 재산을 더 받게 됩니다.

ㄴ. 유언장이 효력이 있어도 의뢰인(갑)은 2억 원의 유류분 반환을 청구할 수 있습니다.

ㄷ. 유언장이 효력이 있으면 병과 정이 최대로 받을 수 있는 재산은 각각 7억 원입니다.

ㄹ. 유언장이 효력이 없으면 의뢰인(갑)과 정의 상속분을 합친 것은 병의 상속분의 50%가 됩니다.

① ㄱ, ㄴ   ② ㄱ, ㄷ   ③ ㄴ, ㄷ
④ ㄴ, ㄹ   ⑤ ㄷ, ㄹ

295

다음 사례에 대한 법적 판단으로 옳은 것은?

갑은 노모 무, 배우자 을, 자녀 병, 정과 함께 살고 있었는데, 어느 날 교통 사고로 사망하였다. 노모 무는 갑이 직접 작성한 유언장이 있다면서 을에게 보여 주었는데, 유언장에는 '나의 모든 재산을 어머니 무에게 물려준다.' 라는 내용이 적혀 있었다. 갑의 재산은 21억 원이며, 을은 유언장이 효력이 없다고 주장하고 있다.

① 유언이 유효라면 무는 최대 10억 5천만 원을 받을 수 있다.

② 유언이 유효라면 을의 유류분 반환 청구분이 병과 정의 유류분 반환 청구분을 합친 금액보다 크다.

③ 유언이 무효라면 을과 병은 각각 9억 원을 상속받는다.

④ 유언이 무효라면 갑이 직접 유언장을 작성했기 때문이다.

⑤ 유언이 무효라면 무는 갑의 재산에 대한 상속을 받을 수 없다.

296

다음 사례에서 을과 무의 상속액으로 옳은 것은?

• 갑은 배우자 을, 양자 병, 노모 무와 함께 살고 있다.
• 갑과 병은 여행 도중 교통 사고를 당해 병은 현장에서 사망하였고, 갑은 크게 다쳐 병원에 입원하였으나 사망하였다.
• 갑은 유언을 남기지 않았으며, 갑의 재산은 8억 원이다.
• 병은 유언을 남기지 않았으며, 병의 재산은 4억 원이다.

	을의 상속액	무의 상속액
①	12억 원	0원
②	10억 8천만 원	3억 2천만 원
③	10억 원	2억 원
④	8억 원	4억 원
⑤	6억 원	6억 원

297

다음 사례에 대한 옳은 법적 판단만을 〈보기〉에서 고른 것은?

갑은 배우자 을, 친생자 병, 친양자 정, 노모 무와 함께 살고 있으며, 정은 갑의 친구인 A와 B 부부의 친생자였으나, 갑과 을 부부가 입양하였다. 갑과 A는 여행 도중 사고로 사망을 하였고, 갑은 오른쪽과 같은 유효한 유언장을 남겼지만 A는 유언을 남기지 않았다. 갑의 재산은 14억 원, A의 재산은 5억 원이다.

> **유언장**
>
> 유언자: 갑
>
> **유언 사항**
> 전 재산을 ○○ 복지 재단에 물려준다.
>
> **작성 일자**: 2019년 5월 17일
>
> (이하 생략)

〈보기〉

ㄱ. B는 5억 원을 상속받는다.
ㄴ. 유언장의 효력은 2019년 5월 17일에 발생한다.
ㄷ. 무는 ○○ 복지 재단에 유류분을 청구할 수 없다.
ㄹ. 병과 정이 유류분 반환을 청구할 수 있는 금액은 각각 4억 원이다.

① ㄱ, ㄴ   ② ㄱ, ㄷ   ③ ㄴ, ㄷ
④ ㄴ, ㄹ   ⑤ ㄷ, ㄹ

298 고난도↑

〈평가원 기출〉

다음 사례에 대한 법적 판단으로 옳은 것은?

갑과 을은 법률상 혼인 후 병을 입양하였다. 3년 후 갑과 을 사이에 정이 태어났다. 어느 날 갑은 심장마비로 사망하였다. 자신의 전 재산 21억 원을 A 재단에 기부한다는 갑의 유언장을 갑의 홀어머니 무가 발견하였는데, 법적으로 효력이 있는 유언장이었다. 갑은 사망 당시 채무가 전혀 없는 상태였다.

* 사망자의 직계 비속과 배우자에게는 법정 상속분의 2분의 1, 사망자의 직계 존속과 형제자매에게는 법적 상속분의 3분의 1의 유류분이 보장됨
** 이 사례에서 유류분을 받을 수 있는 자는 자신에게 보장되는 유류분의 전액을 청구하는 것을 전제로 함

① 갑의 사망으로 을과 병의 친자 관계는 종료된다.
② A 재단은 법정 상속인에 해당한다.
③ 을과 정의 법정 상속분은 동일하다.
④ 을은 병보다 적은 유류분액을 받게 된다.
⑤ 무는 유류분액을 받을 수 없다.

299

〈평가원 기출〉

다음 사례에 대한 법적 판단으로 옳은 것은?

A(남)는 B(여)와 이혼을 하였고 혼인 중에 출생한 딸 C는 B가 키우고 있었다. 홀어머니 D를 모시고 A는 E와 혼인 신고는 하지 않은 채 사실혼 관계에 있으면서 E와의 사이에서 태어난 아들 F와 함께 살고 있었다. 그런데 A가 사고를 당해 사망하였다. A가 남긴 재산으로는 7천만 원이 전부이고 F는 상속 자격을 갖추고 있다. A는 자신의 모든 재산을 D와 E에게 각각 1/2씩 주겠다고 유언장을 남겼다.

① A는 F를 친양자로 입양하는 절차를 거쳤다.
② 유언이 무효라면 C는 2천만 원을 상속받는다.
③ A의 사망 당시 E와 달리 B는 A의 친족이 아니다.
④ 유언이 무효이고 C와 F가 상속을 포기하면 D는 7천만 원을 상속받을 수 있다.
⑤ 유언이 유효하고 D와 E가 유언에 의한 권리를 포기하지 않더라도 C와 F는 균등하게 법정 상속분 전액을 상속받는다.

300 고난도↑

〈평가원 기출〉

다음 사례에 대한 옳은 법적 판단을 〈보기〉에서 고른 것은?

갑(남)과 을(여)은 법률상 부부이고 그 사이에는 혼인 중의 출생자 A가 있다. 한편 병(남)과 정(여) 역시 법률상 부부이고 그 사이에는 혼인 중의 출생자 B가 있다. 그런데 어느 날 교통사고로 을이 사망하였고, 병과 정은 이혼하였다. 이후 갑과 정이 결혼하여 혼인 신고를 하였고, 병은 홀어머니를 모시고 B와 함께 살고 있다. 갑과 정의 혼인 중에 C가 태어났고, 정은 함께 살고 있던 A를 합법적으로 입양하였다.

〈보기〉

ㄱ. 을의 사망 당시 A가 16세였다면, A는 단독으로 유효하게 상속을 포기할 수 있다.
ㄴ. 갑이 자신의 전 재산을 C에게 준다는 내용의 유효한 유언을 하고 사망하였다면, A는 C를 상대로 유류분의 반환을 청구할 수 있다.
ㄷ. 병이 2억 5천만 원의 재산을 남긴 채 유언 없이 사망하였다면, B는 1억 원을 상속받는다.
ㄹ. 정이 10억 원의 재산과 1억 원의 빚을 남긴 채 유언 없이 사망하였다면, B는 2억 원을 상속받는다.

① ㄱ, ㄴ   ② ㄱ, ㄷ   ③ ㄴ, ㄷ
④ ㄴ, ㄹ   ⑤ ㄷ, ㄹ

Ⅴ 사회생활과 법

Ⅴ 단원 PREVIEW – MIND MAP

15강 형법의 의의와 기능	주제 1 형법과 죄형 법정주의	• 형법의 의미 • 죄형 법정주의 • 죄형 법정주의의 파생 원칙
	주제 2 범죄와 형벌	• 범죄의 의미 • 범죄의 성립 요건 • 형벌 • 보안 처분

16강 형사 절차와 인권 보장	주제 1 형사 절차의 이해	• 수사 • 형사 재판 절차 • 형의 선고
	주제 2 형사 절차에서의 인권 보호 제도	• 무죄 추정의 원칙 • 진술 거부권 • 변호인의 조력을 받을 권리 • 구속 적부 심사 제도 • 형사 보상 제도 • 국민 참여 재판
	주제 3 소년 사건	• 소년법 • 보호 처분

17강 근로자의 권리	주제 1 노동법, 근로자의 권리 보호	• 근로 3권 • 사회법 • 근로 계약 • 근로 기준법 • 부당 해고 • 부당 노동 행위
	주제 2 청소년 근로	• 근로 기준법 • 연소 근로자 • 청소년 보호법

V 단원 학습 SOULTION

▶ 범죄의 성립 요건을 이해하고 위법성 조각 사유, 책임 조각 사유를 정복하자!

범죄의 성립 요건은 구성 요건 해당성, 위법성, 책임이다. 이와 관련하여 위법성 조각 사유, 책임 조각 사유를 묻는 문제는 수능에 자주 출제되었다. 정당 행위, 정당방위, 긴급 피난, 자구 행위, 피해자의 승낙은 위법성 조각 사유이고, 형사 미성년자, 심신 상실자, 피할 수 없는 강요된 행위는 책임이 조각된다는 사실을 반드시 알아야 한다. 이를 토대로 각 사례의 범죄 성립 여부를 판단하는 문제를 많이 풀며 연습하는 방식으로 학습해야 한다.

▶ 형사 절차와 인권 보호 제도, 소년 사건 처리 절차에 대해 철저히 학습하자!

수사 및 재판 절차, 해당 절차에서 인정되는 인권 보호 원칙 및 제도, 그리고 19세 미만인 자에게 적용되는 소년법과 관련한 내용은 매년 수능에 출제되었다. 형사 절차 각 단계에서 반드시 알아야 하는 내용을 꼼꼼하게 준비해야 하는데 특히 수사 절차와 재판 절차를 구분해서 학습해야 한다. 19세 미만인 자에게 적용되는 소년법과 관련해서는 소년법상 보호 처분을 부과할 수 있는 연령과 형벌을 부과할 수 있는 연령을 구분한 후 각각에 대한 절차상 차이점을 확실하게 학습해야 한다.

주제 1 형법과 죄형 법정주의

1. 형법의 의의와 기능

(1) **범죄의 개념** : 사회에 유해하거나 법익을 침해하는 반사회적 행위 중에서 형법에 의하여 형벌을 부과함으로써 금지하려는 행동
  └ 법적으로 보호되는 이익 또는 가치로, 좁은 뜻으로는 형벌 법규에 의해서 보호되는 객체를 말한다.

(2) **형벌의 부과** : 국가가 범죄에 대하여 공권력을 행사하여 가하는 법적 효과의 하나로 범죄자에 대하여 책임을 전제로 가하는 법익의 박탈을 의미함
  └ 공권력(公權力)은 국가나 공공 단체가 우월한 의사의 주체로서 국민에 대하여 명령하거나 강제하는 권력을 뜻한다.

(3) **형법의 의미**

① 일반적 의미 : 범죄와 형벌에 관한 법 규범

② 형식적 의미 : '형법'이라는 명칭이 붙은 법률 ❶

③ 실질적 의미 : 법의 명칭과 형식을 불문하고 범죄와 그에 대한 형사 제재를 규율하고 있는 모든 법 규범

(4) **형법의 필요성과 기능 및 형벌 부과의 효과**

① 형법의 필요성 : 범죄 행위에 대해 개인적인 응징과 보복을 금지하여 사회적 혼란을 방지함 → 공적인 관점에서 형법을 만들어 가해자를 형벌로 처벌할 필요성이 생김

② 형법의 기능

보호적 기능	범죄를 저지르면 형벌이 부과됨을 미리 알려 잠재적 범죄자가 범죄를 저지르지 못하게 함 → 범죄 행위에 형벌을 가함으로써 국민을 보호
보장적 기능	국가로 하여금 법률로 정한 범죄와 형벌만 적용하도록 하여 국가 권력의 자의적인 형벌권 남용으로부터 국민의 자유와 권리를 보장함

③ 형벌 부과의 효과

응보적 효과	형벌은 가해자를 응징하는 효과가 있음 ── 일반 예방론
범죄의 예방 효과	• 일반 국민이 형벌을 두려워하여 범죄를 저지르지 않게 되는 효과 ── 특별 예방론 • 형벌은 범죄자가 앞으로 범죄를 저지르지 않도록 교화하는 효과가 있음

2. 죄형 법정주의

(1) **죄형 법정주의의 의미** : 어떤 행위가 범죄가 되고 그 범죄에 대하여 어떤 처벌을 할 것인가는 행위 이전에 미리 성문의 법률로 정해져 있어야 한다는 형법의 기본 원리

① 등장 배경 : 국가의 자의적인 형벌권 행사로부터 시민의 자유와 권리를 보호하려는 근대 인권 사상의 요청

② 죄형 법정주의의 의미 변천 : "법률이 없으면 범죄도 없고 형벌도 없다."의 형식적 의미의 죄형 법정주의는 "적정한 법률이 없으면 범죄도 없고 형벌도 없다."라는 실질적 의미의 죄형 법정주의의 의미로 변천하여 법관의 자의적 판단뿐만 아니라 입법자의 자의로부터 국민의 자유와 권리를 보장함

(2) **죄형 법정주의의 내용(파생 원칙)**
  └ 국민을 대표하는 기관인 의회에서 일정한 절차를 거쳐 제정한 성문법이 아닌, 불문법인 관습법을 근거로는 처벌할 수 없다는 원칙이다.

관습 형법 금지의 원칙	범죄와 형벌을 미리 성문의 법률에 규정되어 있어야 한다는 원칙(성문 법률주의)
명확성의 원칙	어떤 행위가 범죄이며 각각의 범죄에 대해 어떤 형벌을 부과하는지가 법률에 구체적으로 명확하게 규정되어야 한다는 원칙
적정성의 원칙	범죄 행위의 경중과 행위자가 부담해야 할 형사 책임 사이에 균형을 갖추어야 한다는 것으로 범죄와 형벌을 규정한 법률의 내용도 적정해야 한다는 원칙
소급효 금지의 원칙 ❷	범죄와 그 처벌을 행위 당시의 법률에 의해야 하고 행위 후에 법률을 제정하여(사후 입법) 그 법으로 이전의 행위를 처벌해서는 안 된다는 원칙
유추 해석 금지의 원칙 ❸	어떤 사항에 대하여 직접 규정한 법규가 없을 때 그와 비슷한 사항에 대해 규정한 법률을 적용하여 피고인에게 불리하게 형벌을 부과하거나 가중하지 못한다는 원칙

---

❶ **성문법과 불문법**

성문법	일정한 법 제정 절차를 거쳐 문서의 형식으로 만들어진 법
불문법	일정한 법 제정 절차를 거치지 않고 형성된 법 ⑩ 관습법, 판례법

❷ **소급효 금지의 원칙**
소급효 금지의 원칙은 형벌 법규가 시행된 이후의 행위에 대해서만 그 법규를 적용해야 하고 법 시행 이전의 행위에 대해서 소급 적용해서는 안 된다는 원칙이다. 이는 국민들로 하여금 법적 안정성을 부여하고, 예측 가능성을 담보하게 됨으로써 국민들의 신뢰를 보호하기 위한 것이다. 다만 법률 변경에 의하여 행위자에게 유리하게 작용된다면, 새로운 법이 적용될 수 있다. 법률의 개정에 의하여 범죄를 구성하지 아니하거나 범죄 후 형벌이 가볍게 바뀐 경우에는 범죄 시의 법률이 아니라 개정된 이후의 법률을 적용한다. 이는 국민들의 권익 보호에 부합하기 때문이다.

❸ **유추 해석 금지의 원칙**
유추 해석 금지의 원칙은 법률에 규정이 없는 사항에 대하여 그와 유사한 성질의 법률을 적용하는 것을 금지한다는 원칙이다. 이는 법관의 자의적인 법률 적용으로 말미암아 새로운 구성 요건을 만들어 내는 것을 금지함으로써, 국민들의 자유와 권리를 보장하고자 함이다. 다만 피고인에게 유리한 유추 해석은 허용된다.

주제2 범죄와 형벌

1. 범죄의 의미와 성립 요건
→ 범죄의 개념은 상대성을 갖는다. 어떤 행위가 범죄로 규정되는지는 각 사회마다 시대마다 공유하는 가치관에 따라 달라진다.

(1) **범죄의 의미** : 형법에 의해 금지되어 형벌의 부과 대상이 되는 행위

(2) **범죄의 성립** : 구성 요건 해당성, 위법성, 책임의 요건이 모두 충족되어야 함

(3) 범죄의 성립 요건

① 구성 요건 해당성 : 법률로 정해 놓은 범죄 행위의 유형을 범죄의 구성 요건이라고 하며, 범죄가 성립하기 위해서는 어떤 행위가 법률에서 규정하고 있는 구성 요건에 해당해야 함

② 위법성
- 의미 : 범죄의 구성 요건에 해당하는 행위가 법질서 전체의 관점에서 부정이라는 판단
- 위법성 조각 사유 : 구성 요건에 해당하는 행위의 위법성을 배제하는 특별한 사유 → 범죄가 성립되지 않음

정당 행위	법령에 의한 행위 또는 업무로 인한 행위 기타 사회 상규에 위배되지 않는 행위
정당방위	자기 또는 타인의 법익에 대한 현재의 부당한 침해를 방위하기 위한 상당한 이유가 있는 행위
긴급 피난	자기 또는 타인의 법익에 대한 현재의 위난을 피하기 위한 행위로서 상당한 이유가 있는 행위
자구 행위	법정 절차에 의해 청구권을 보전하기 불가능한 경우에 그 청구권의 실행 불능 또는 현저한 실행 곤란을 피하기 위한 상당한 이유가 있는 행위
피해자 승낙	처분할 수 있는 자의 승낙에 의하여 그 법익을 훼손한 행위로서 법률에 특별한 규정이 없는 경우

③ 책임
- 의미 : 위법 행위를 하였다는 데 대하여 행위자에게 가해지는 법적 비난 가능성
- 책임 조각 사유 및 감경 사유

책임 조각 사유	형사 미성년자(14세 미만) 또는 심신 상실자의 행위, 저항할 수 없는 폭력이나 자신 또는 가족의 생명 · 신체에 대한 협박 등 피할 수 없는 강요된 행위
책임 감경 사유	심신 미약자, 청각과 발음 기능에 모두 장애가 있는 자가 범죄를 저지른 경우 → 범죄는 성립되나 형을 감경함

2. 형벌과 보안 처분

(1) **형벌**

① 형벌의 의미 : 범죄인의 생명, 자유, 명예, 재산 등을 박탈하는 것

② 형벌의 종류

생명형	사형 → 우리나라는 1998년 이후 사형을 집행하지 않고 있다.
자유형	• 징역 : 1개월 이상 교도소 등에 수감, 정역을 부과함 • 금고 : 1개월 이상 교도소 등에 수감, 정역을 부과하지 않음 • 구류 : 1일 이상 30일 미만 교도소 등에 수감, 정역을 부과하지 않음
명예형	자격 상실, 자격 정지 ❹
재산형	• 벌금 : 원칙적으로 5만 원 이상 • 과료 : 2천 원 이상 5만 원 미만 • 몰수 : 범죄 행위와 관계 있는 일정한 물품을 압수하여 국고에 귀속시키는 처분. 몰수할 수 있는 것은 범죄 행위를 구성한 물건, 범죄 행위에 제공하였거나 제공하려고 했던 물건, 범죄 행위로 생기고 또는 이에 의하여 취득한 물건 혹은 범죄 행위의 대가로 얻은 물건, 도품의 매각 대금 등

(2) **보안 처분**

① 의미 : 재범의 위험을 막고, 범죄자의 사회 복귀와 사회 질서의 보호라는 목적을 달성하기 위한 대안적 제재 수단

② 종류 : 치료 감호, 보호 관찰, 수강 명령, 사회 봉사 명령 등 ❺, ❻, ❼, ❽

---

❹ 자격 상실

일정한 형의 선고가 있으면 그 형의 효력으로써 당연히 일정한 자격이 상실되는 명예형이다. 다른 형벌과 함께 선고되는 것이 아니라, 일정한 형의 선고로 당연히 효력을 발생하는 점이 특징이다. 현행 「형법」상 자격 상실이 되는 경우는 사형 · 무기 징역 또는 무기 금고의 판결을 선고받은 경우이다. 따라서 범행에 관하여 법정형이 사형 · 무기 징역 또는 무기 금고로 규정되어 있더라도 재판을 통하여 위와 같은 형량으로 처단되어야 비로소 자격이 상실된다. 자격 상실로 인하여 상실되는 자격은 공무원이 되는 자격, 공법상의 선거권과 피선거권, 법률로써 요건을 정한 공법상의 업무에 관한 자격 및 법인의 이사 · 감사 또는 지배인, 기타 법인의 업무에 관한 검사역이나 재산 관리인이 되는 자격 등이다.

정당방위와 긴급 피난의 차이점

정당방위는 현재 위법한 침해에 대한 정당한 반격이므로, 이때 요구되는 상당한 이유는 침해에 대한 방위가 사회 상규에 비추어 상당한 정도를 넘지 아니하고 당연시되는 것을 말한다. 반면, 긴급 피난은 위법하지 않은 침해에 대하여 일정한 한도에서 피난하는 것을 법이 허용되는 것을 말한다. 이때의 상당한 이유는 정당방위보다 엄격한 요건이 요구된다. 이때 위난은 '사람' 뿐만 아니라 동물이나 전쟁, 천재 지변 같은 결과도 포함된다.

❺ 치료 감호

심신 장애 상태, 마약류 · 알코올이나 그 밖의 약물 중독 상태 등에서 범죄 행위를 한 자로서 재범의 위험성이 있어 특수한 교육 · 개선 및 치료가 필요하다고 인정되는 자에 대해 치료 감호 시설에서 적절한 보호와 치료를 받도록 한다.

❻ 보호 관찰

선고 유예, 집행 유예, 가석방 처분 등을 받은 경우 범죄인을 교도소나 기타의 시설에 수용하지 않고 사회생활을 영위하게 하면서 보호 관찰관의 지도 · 감독을 받도록 하는 제도이다.

❼ 수강 명령

유죄가 인정된 의존성 · 중독성 범죄자를 교도소 등에 구금하는 대신 자유로운 생활을 허용하면서 일정 시간 준법 지원 센터 등의 기관에서 교육을 받도록 하는 제도이다.

❽ 사회 봉사 명령 명령

유죄가 인정된 범죄인으로 하여금 일정 기간 내에 지정된 시간 동안 무보수로 사회에 유용한 활동이나 급부를 제공하도록 하는 제도이다.

핵심 개념 CHECK!

• 정답 및 해설 067~068쪽

다음 설명이 맞으면 '○', 틀리면 '×'에 표시하시오.

주제 1 형법과 죄형 법정주의

01 사회에 유해하거나 법익을 침해하는 반사회적 행위 중에서 형법에 의하여 형벌을 부과함으로써 금지하려는 행동을 범죄라고 한다. ○ ×

02 법의 명칭과 형식을 불문하고 범죄와 그에 대한 형사 제재를 규율하고 있는 모든 법 규범을 형식적 의미의 형법이라고 한다. ○ ×

03 범죄를 저지르면 형벌이 부과됨을 미리 알려 잠재적 범죄자가 범죄를 저지르지 못하게 하여 일반 국민을 범죄로부터 보호하는 형법의 기능을 보호적 기능이라고 한다. ○ ×

04 국가로 하여금 법률로 정한 범죄와 형벌만 적용하도록 하여 국가 권력의 자의적인 형벌권 남용으로부터 국민의 자유와 권리를 보장하는 형법의 기능을 보장적 기능이라고 한다. ○ ×

05 형벌은 일반 국민이 형벌을 두려워하여 범죄를 저지르지 않게 되는 효과, 범죄자가 앞으로 범죄를 저지르지 않도록 교화하는 효과와 같은 범죄 예방의 효과가 있다. ○ ×

06 어떤 행위가 범죄가 되고 그 범죄에 대하여 어떤 처벌을 할 것인가는 행위 이전에 미리 성문의 법률로 정해져 있어야 한다는 형법의 기본 원리를 죄형 법정주의라 한다. ○ ×

07 (함정) 죄형 법정주의는 오늘날 "법률이 없으면 범죄도 없고 형벌도 없다."라는 의미로 변천하여 법관의 자의적 판단뿐만 아니라 입법자의 자의로부터 국민의 자유와 권리를 보장한다. ○ ×

08 어떤 행위가 범죄이며 각각의 범죄에 대해 어떤 형벌을 부과하는지가 법률에 구체적으로 명확하게 규정되어야 한다는 원칙을 명확성의 원칙이라고 한다. ○ ×

09 범죄와 그 처벌을 행위 당시의 법률에 의해야 하고 행위 후에 법률을 제정하여(사후 입법) 그 법으로 이전의 행위를 처벌해서는 안 된다는 원칙을 적정성의 원칙이라고 한다. ○ ×

10 어떤 사항에 대하여 직접 규정한 법규가 없을 때 그와 비슷한 사항에 대하여 규정한 법률을 적용함으로써 피고인에게 불리하게 형벌을 부과하거나 가중하지 못한다는 원칙을 유추 해석 금지의 원칙이라고 한다. ○ ×

11 죄형 법정주의의 궁극적인 목적은 국가의 형벌권과 입법권 강화에 있다. ○ ×

12 (함정) 범죄와 형벌은 미리 성문의 규칙으로 규정되어야 한다. ○ ×

주제 2 범죄와 형벌

13 형법에 의해 금지되어 형벌의 부과 대상이 되는 행위를 범죄라고 한다. ○ ×

14 형법에 따라 범죄가 성립하기 위해서는 구성 요건 해당성, 위법성, 책임의 요건이 모두 충족되어야 한다. ○ ×

15 법률로 정해 놓은 범죄 행위의 유형을 범죄의 구성 요건이라고 하며, 범죄가 성립하기 위해서는 어떤 행위가 법률에서 규정하고 있는 구성 요건에 해당해야 한다. ○ ×

16 위법성 조각 사유 중 법령에 의한 행위 또는 업무로 인한 행위 기타 사회 상규에 위배되지 않는 행위를 정당방위라고 한다. ○ ×

17 위법성 조각 사유 중 자기 또는 타인의 법익에 대한 현재의 위난을 피하기 위한 행위로서 상당한 이유가 있는 행위를 긴급 피난이라고 한다. ○ ×

18 위법성 조각 사유 중 법정 절차에 의해 청구권을 보전하기 불가능한 경우에 그 청구권의 실행 불능 또는 현저한 실행 곤란을 피하기 위한 상당한 이유가 있는 행위를 자구 행위라고 한다. ○ ×

19 위법 행위를 하였다는 데 대하여 행위자에게 가해지는 비난 가능성을 책임이라고 한다. ○ ×

20 (함정) 형사 미성년자(14세 미만) 또는 심신 상실자의 행위, 피할 수 없는 강요된 행위는 책임이 감경되는 사유이다. ○ ×

21 심신 미약자, 청각과 발음 기능에 모두 장애가 있는 자가 범죄를 저지른 경우는 책임이 조각되어 범죄가 성립하지 않는다. ○ ×

22 범죄인의 생명, 자유, 명예, 재산 등을 박탈하는 것을 형벌이라고 한다. ○ ×

23 징역은 1개월 이상 교도소 등에 수감하고 정역을 부과하지만, 금고는 1개월 이상 교도소 등에 수감하고 정역을 부과하지 않는다. ○ ×

24 명예형에는 자격 상실, 자격 정지가 있다. ○ ×

25 재산형에는 벌금, 과료, 몰수가 있다. ○ ×

26 (함정) 몰수는 범죄자의 재산을 모두 압수하여 국가로 귀속시키는 형벌이다. ○ ×

27 범죄자의 사회 복귀와 사회 질서의 보호라는 목적을 달성하기 위한 대안적 제재 수단을 보안 처분이라고 한다. ○ ×

28 보안 처분에는 치료 감호, 보호 관찰, 수강 명령, 사회 봉사 명령 등이 있다. ○ ×

범죄가 성립하기 위한 요건은 무엇일까?

개념 기출 자료로 확인

• 자료 범죄 성립 요건

→ 범죄의 성립 요건인 구성 요건 해당성, 위법성, 책임을 묻는 문항이 출제되는 경우가 많다. 각 요건이 의미하는 바와 조각 사유를 반드시 숙지하고 있어야 한다.

자료는 범죄가 성립되는 요건과 이를 적용한 형사 재판의 사례를 제시한 것이다.

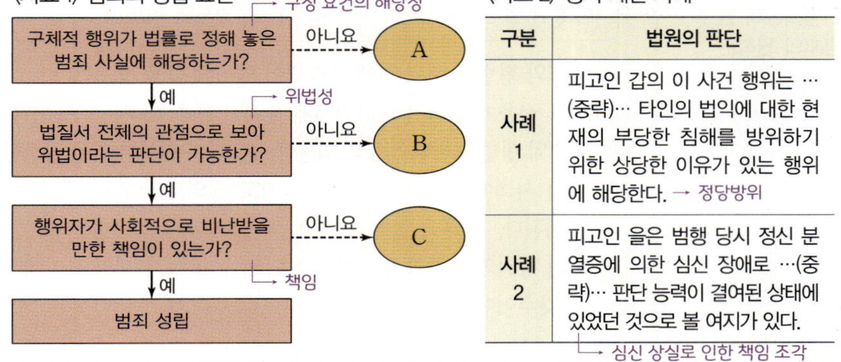

〈자료 2〉 형사 재판 사례

구분	법원의 판단
사례 1	피고인 갑의 이 사건 행위는 …(중략)… 타인의 법익에 대한 현재의 부당한 침해를 방위하기 위한 상당한 이유가 있는 행위에 해당한다. → 정당방위
사례 2	피고인 을은 범행 당시 정신 분열증에 의한 심신 장애로 …(중략)… 판단 능력이 결여된 상태에 있었던 것으로 볼 여지가 있다.

→ 심신 상실로 인한 책임 조각

❶ 자료에서 범죄의 성립 여부를 판단해 보자! A는 구성 요건에 해당하지 않아 범죄가 성립하지 않는 경우이고, B는 위법성이 조각되어 범죄가 성립하지 않는 경우이며, C는 책임이 조각되어 범죄가 성립하지 않는 경우이다. 〈자료 2〉의 형사 재판 〈사례 1〉에서 갑의 행위는 **정당방위**에 해당된다고 법원이 판단했는데 이는 B에 해당하는 것이며, 〈사례 2〉에서 을의 행위는 **책임이 조각**된다고 법원이 판단했으며 이는 C에 해당하는 것이다.

❷ 범죄 성립 요건에 대해 이해하자!

구성 요건 해당성	법률로 정해 놓은 범죄 행위의 유형을 범죄의 구성 요건이라고 하며, 범죄가 성립하기 위해서는 어떤 행위가 법률에서 규정하고 있는 구성 요건에 해당해야 함
위법성	범죄의 구성 요건에 해당하는 행위가 법질서 전체의 관점에서 부정이라는 판단 → 위법성 조각 사유(정당 행위, 정당방위, 긴급 피난, 자구 행위, 피해자의 승낙)
책임	위법 행위를 하였다는 데 대하여 행위자에게 가해지는 비난 가능성 → 책임 조각 사유(형사 미성년자, 심신 상실자, 피할 수 없는 강요된 행위)

❸ 선택지를 해석하자!

ㄱ. 반사회적 행위는 A에 해당되어도 형사 처벌할 수 있다. → 없다   → 14세 미만이다.

ㄴ. 12세인 형사 미성년자의 행위가 C에 해당하더라도 소년법상 보호 처분을 받을 수 있다.

ㄷ. 법원은 갑의 행위를 정당 행위로 보아 B로 판단하였다.   → 정당방위

ㄹ. 법원은 을의 행위가 C에 해당한다고 판단하더라도 재범의 위험성이 있는 경우, 을에게 치료 감호 처분을 내릴 수 있다.

▷ 정당방위 : 정당방위는 자기 또는 타인의 법익에 대한 현재의 부당한 침해를 방위하기 위한 상당한 이유가 있는 행위로서 정당방위에 해당하면 위법성이 조각되어 범죄가 성립하지 않는다.

▷ 책임 조각 사유 : 형사 미성년자(14세 미만), 심신 상실자, 강요된 행위 등은 책임이 조각되어 범죄가 성립하지 않는다.

▷ 반사회적 행위 : 반사회적 행위라고 하더라도 구성 요건에 해당하지 않으면 범죄가 성립하지 않는다. 이는 죄형 법정주의에 따른 것이다.
→ 형벌이 아닌 보안 처분의 일종이다.

▷ 치료 감호 : 심신 상실자는 책임이 없어 형벌을 받지는 않지만 재범의 위험성이 있는 경우 보안 처분의 일종인 치료 감호 처분을 내릴 수는 있다.

개념 문제로 확인하기

Q1 다음 표에 알맞은 말을 쓰거나 고르시오.

01. 구성 요건 해당성	❶ 어떤 행위가 범죄가 성립되기 위해서는 ( )에서 규정하고 있는 구성 요건에 해당해야 함
02. 위법성	❶ 구성 요건에 해당하면 해당 행위는 위법성이 (있는 / 없는) 것으로 봄 ❷ 법령에 의한 행위는 (정당 행위 / 정당방위)에 해당하여 위법성이 조각됨 ❸ 긴급 피난, 자구 행위는 (위법성 / 책임) 조각 사유에 해당함
03. 책임	❶ 형사 미성년자인 (13세 / 14세) 미만인 자는 책임이 조각되어 범죄가 성립하지 않음 ❷ (심신 미약자 / 심신 상실자)의 행위는 책임이 조각됨

Q2 다음 내용이 맞으면 '○', 틀리면 '×'에 표시하시오.

04. 범죄가 성립하기 위해서는 구성 요건 해당성, 위법성, 책임의 요건을 모두 갖추어야 한다. (○ / ×)

05. 범죄 성립 여부의 판단은 구성 요건 해당성 → 위법성 → 책임 순으로 판단한다. (○ / ×)

06. 정당 행위는 위법성 조각 사유이다. (○ / ×)

07. 긴급 피난은 책임 조각 사유이다. (○ / ×)

08. 형사 미성년자의 행위는 위법성이 조각되는 사유이다. (○ / ×)

09. 심신 상실자의 행위는 범죄가 성립하지 않는다. (○ / ×)

10. 피해자의 승낙은 책임이 조각되는 사유이다. (○ / ×)

11. 청각과 발음 기능에 모두 장애가 있는 자가 범죄를 저지른 경우에는 책임이 조각되어 범죄가 성립하지 않는다. (○ / ×)

WHAT & HOW 정답 **Q1** 01. ❶ 법률 02. ❶ 있는 ❷ 정당 행위 ❸ 위법성 03. ❶ 14세 ❷ 심신 상실자 **Q2** 04. ○ 05. ○ 06. ○ 07. × 08. × 09. ○ 10 × 11. ×

주제 1 형법과 죄형 법정주의

족집게 전략 | • 죄형 법정주의는 수능에 자주 출제되는 중요한 내용이다. 특히 '적정한 법률이 없으면 범죄도 없고 형벌도 없다.'라는 현대적 의미의 죄형 법정주의는 법관의 자의적 판단뿐 아니라 입법자의 자의로부터 국민의 자유와 권리를 보장한다는 점을 반드시 알아야 한다.

• 죄형 법정주의의 파생 원칙인 관습 형법 금지의 원칙, 명확성의 원칙, 적정성의 원칙, 소급효 금지의 원칙, 유추 해석 금지의 원칙은 그 내용과 적용 사례를 반드시 숙지해야 한다. 특히 소급효 금지의 원칙과 유추 해석 금지의 원칙이 자주 출제된다.

301 대표 문항
| 평가원 기출

(가)에 대한 옳은 설명만을 〈보기〉에서 있는 대로 고른 것은?

> 국가 권력이 형벌권을 자의적으로 행사한다면 시민의 자유와 권리가 심각하게 침해되므로 국가 형벌권의 남용을 방지하기 위하여 형법의 기본 원리인 [(가)] 이/가 등장하게 되었다. [(가)] 은/는 근대에는 "법률이 없으면 범죄도 없고, 형벌도 없다."라는 말로 표현되었다. 그러나 오늘날에는 법률의 내용까지도 정의로워야 한다는 의미에서 "적정한 법률이 없으면 범죄도 없고, 형벌도 없다."라고 표현된다.

〔보기〕
ㄱ. 형법의 보장적 기능을 수행하기 위해 필요한 원리이다.
ㄴ. 일반 시민에게 적용되나 범죄인에 대해서는 적용되지 않는다.
ㄷ. 사회적으로 큰 비난을 받는 행위라도 관습에 의해 처벌할 수 없다는 원칙을 포함한다.
ㄹ. 법률에 규정이 없는 사항에 대해서는 그것과 유사한 규정을 적용하여 처벌해서는 안 된다는 원칙을 포함한다.

① ㄱ, ㄴ　　　② ㄴ, ㄹ　　　③ ㄷ, ㄹ
④ ㄱ, ㄴ, ㄹ　　⑤ ㄱ, ㄷ, ㄹ

302

빈칸 (가)에 들어갈 개념에 대한 설명으로 옳지 <u>않은</u> 것은?

> 근대 이전의 절대 왕정 시대에는 왕이 자의적으로 형벌권을 행사하여 국민의 자유와 권리가 심각하게 침해되었다. 이에 따라 시민 혁명을 거치면서 형법의 기본 원칙으로서 [(가)] 이/가 강조되면서 법률에 규정되어 있어야만 범죄로 인정하도록 하고 국민이 행위 이전에 범죄 여부를 파악할 수 있도록 하였다.

① 범죄와 형벌은 행위 전에 규정되어 있어야 함을 강조한다.
② 법률 적용에 있어서 피고인에게 불리한 유추 해석은 허용된다.
③ 범죄와 형벌은 미리 성문의 법률에 규정되어 있어야 함을 강조한다.
④ 현대 사회에서는 법률의 내용까지도 정의로워야 한다는 의미로 이해된다.
⑤ 범죄 행위의 경중과 행위자가 부담해야 할 형사 책임 사이에 균형을 갖추어야 함을 강조한다.

303

빈칸 (가)에 들어갈 죄형 법정주의의 파생 원칙에 부합하는 진술로 옳은 것은?

> 갑은 실제 총과 비슷한 모의 소총을 수입하여 판매한 혐의로 재판을 받던 중 재판의 전제가 된 해당 법률 조항의 내용이 죄형 법정주의에 어긋난다고 판단하여 위헌 법률 심판 제청을 신청하였으나 기각당하자 헌법 소원 심판을 제기하였다. 이에 헌법 재판소는 해당 법률 조항의 모의 총포란 총포는 아니지만 총포와 같은 위협 수단이 될 수 있을 정도로 총포와 모양이 매우 유사하여 충분히 범죄에 악용될 소지가 있거나, 총포와 같이 인명이나 신체에 충분히 위해를 가할 정도의 성능을 갖춘 것이라고 충분히 예측할 수 있다고 보아, 죄형 법정주의의 파생 원칙 중 [(가)] 에 위반되지 않는다고 판단하였다.

① 범죄와 형벌 사이에 균형을 갖추어야 한다.
② 범죄와 그 처벌은 행위 당시의 법률에 의해야 한다.
③ 범죄와 형벌은 미리 성문의 법률에 규정되어 있어야 한다.
④ 어떤 행위가 범죄이며 각각의 범죄에 대해 어떤 형벌이 부과되는지가 명확해야 한다.
⑤ 어떤 사항에 대하여 직접 규정한 법률이 없을 때 그와 비슷한 사항에 대하여 규정한 법률을 적용하지 못한다.

304

그림의 갑~병의 관점에 대한 옳은 설명만을 〈보기〉에서 고른 것은?

┌ 보기 ┐
ㄱ. 갑은 형벌을 '눈에는 눈, 이에는 이'라는 내용으로 이해한다.
ㄴ. 을은 형벌이 범죄자를 교화하는 기능을 한다고 본다.
ㄷ. 을과 달리 병은 형벌의 범죄 예방 효과를 강조한다.
ㄹ. 갑은 을, 병과 달리 피해자의 사적 보복을 인정한다.

① ㄱ, ㄴ   ② ㄱ, ㄷ   ③ ㄴ, ㄷ
④ ㄴ, ㄹ   ⑤ ㄷ, ㄹ

305

빈칸 (가)에 들어갈 죄형 법정주의의 파생 원칙에 부합하는 진술로 옳은 것은?

'성폭력 범죄의 처벌 등에 관한 특례법'에 따라 과거에 성범죄를 저질러 유죄가 확정된 사람들에 대해 검사가 보안 처분의 일종인 신상 정보 공개를 청구하면 법원은 신상 공개 명령을 내릴 수 있게 되었다. 그러나 이에 대해 반대하는 사람들은 보안 처분도 넓은 의미에서 형사 처벌에 해당한다면서 신상 정보 공개의 대상을 법률 제정 이전에 성범죄를 저지른 사람들에게까지 확대하는 것은 죄형 법정주의의 파생 원칙 중 [(가)]에 위반된다며 비판하고 있다.

① 관습법이 아닌 성문의 법률로 미리 범죄와 형벌을 규정해야 한다.
② 범죄 행위의 경중과 행위자가 부담해야 할 형사 책임 사이에 균형을 갖추어야 한다.
③ 범죄와 그 처벌은 행위 후에 법률을 제정하여 그 법으로 이전의 행위를 처벌해서는 안 된다.
④ 어떤 행위가 범죄이며 각각의 범죄에 대해 어떤 형벌이 부과되는지가 법률에 구체적으로 명확하게 규정되어야 한다.
⑤ 어떤 사항에 대하여 직접 규정한 법규가 없을 때 그와 비슷한 사항에 대하여 규정한 법률을 적용함으로써 피고인에게 불리하게 형벌을 부과할 수 없다.

306 고난도↑

밑줄 친 'A 원칙'에 대한 옳은 설명만을 〈보기〉에서 있는 대로 고른 것은?

갑은 을의 컴퓨터에 저장된 전자 파일을 자신의 이동식 저장 장치에 몰래 복사한 행위와 관련하여 절도죄로 공소 제기되었다. 갑은 1심 재판에서, 컴퓨터 파일과 같은 전자 정보를 복사하는 행위는 절도죄의 구성 요건에 해당하지 않음에도 절도 행위와 유사하다는 이유만으로 절도죄의 규정을 그대로 적용하는 것은 죄형 법정주의의 A 원칙에 위반된다고 주장하였다.

┌ 보기 ┐
ㄱ. 범죄의 성립과 형벌에 모두 적용된다.
ㄴ. 범죄와 처벌이 균형을 갖추어야 한다는 원칙이다.
ㄷ. 적용할 형법 규정이 없는 경우 법관의 자의적인 판단만으로 처벌할 수 없다는 것을 의미한다.
ㄹ. 범죄 행위가 어떤 것인지를 누구나 예측할 수 있게 법률로 명확하게 규정하여야 한다는 것을 의미한다.

① ㄱ, ㄷ   ② ㄴ, ㄷ   ③ ㄴ, ㄹ
④ ㄱ, ㄴ, ㄹ   ⑤ ㄱ, ㄷ, ㄹ

307

죄형 법정주의의 파생 원칙 A에 부합하는 진술로 가장 적절한 것은?

갑 : '단체나 다중의 위력'을 수단으로 하는 범죄는 그 피해가 확대될 위험성을 내포하고 있는 등의 이유로 단순 상해 사건이나 2인 이상이 공동하여 상해를 가하는 경우보다 더 중한 범죄로 평가된다. 따라서 이를 중하게 처벌하는 해당 조항은 A에 위반되지 않는다.
을 : '단체나 다중의 위력'을 수단으로 하는 범죄는 그 피해의 경중을 고려하지 않고 일률적으로 법정형을 3년 이상의 유기 징역형으로 규정하고 있다. 따라서 행위자의 책임 정도를 초과하는 형벌이 부과되는 경우가 발생하므로 A에 위반된다.

① 범죄와 형벌 간에 적정한 균형이 이루어져야 한다.
② 범죄와 형벌은 미리 성문의 법률에 규정되어 있어야 한다.
③ 범죄와 형벌은 명확하게 규정되어 누구나 알 수 있어야 한다.
④ 유추 해석을 통해 피고인에게 불리하게 형벌을 부과하거나 가중하지 못한다.
⑤ 행위 후에 법률을 제정하여 그 법으로 이전의 행위를 처벌하는 것은 금지된다.

주제 2 범죄와 형벌

족집게 전략 | • 범죄의 성립 요건은 수능에서 매년 출제되는 핵심적인 내용 중 하나이다. 범죄가 성립하기 위해서는 구성 요건 해당성, 위법성, 책임의 요건을 모두 갖추어야 하는데 이 중 위법성 조각 사유(정당 행위, 정당방위, 긴급 피난, 자구 행위, 피해자의 승낙)와 책임 조각 사유(형사 미성년자, 심신 상실자, 강요된 행위)를 사례와 연결하여 철저하게 학습해야 한다. 또한 심신 미약자의 행위는 책임 조각 사유가 아니라 책임 감경 사유에 해당되어 범죄는 성립하나 형벌이 감경된다는 사실도 알아야 한다.

• 형벌, 보안 처분과 관련한 문제는 형사 절차를 묻는 문제와 통합되어 매년 출제가 되므로 형벌의 종류 및 내용과 보안 처분의 종류 및 내용에 대해 반드시 학습해야 한다. 특히 보안 처분과 관련해서는 대안적 제재 수단이라는 의의도 함께 알아두어야 한다.

308 대표 문항
|평가원 기출|

밑줄 친 ㉠에 대한 근거로 옳은 것은?

갑(14세)은 하굣길에 갑자기 자신에게 달려오는 오토바이를 피하려다 지나가는 행인과 부딪쳐 경미한 상해를 입혔다. 이후 다친 행인이 갑에게 형사 책임을 지우려 하자 갑의 아버지는 변호사를 찾아가 상담을 요청하였다. 이에 변호사는 다음 그림을 이용하여 갑의 행위는 ㉠ 범죄가 성립하지 않는다고 설명하였다.

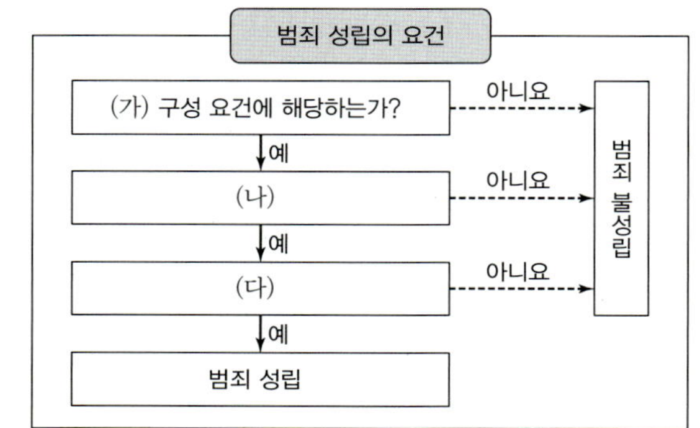

① (가) 단계에서 고의나 과실이 없기에 범죄가 불성립된다.
② (나) 단계에서 정당방위로 범죄가 불성립된다.
③ (나) 단계에서 긴급 피난으로 범죄가 불성립된다.
④ (다) 단계에서 형사 미성년자로 범죄가 불성립된다.
⑤ (다) 단계에서 저항할 수 없는 폭력에 의해 강요된 행위로 범죄가 불성립된다.

309

다음은 범죄의 성립 요건을 나타낸 것이다. (가)~(라)에 해당하는 사례로 옳은 것은?

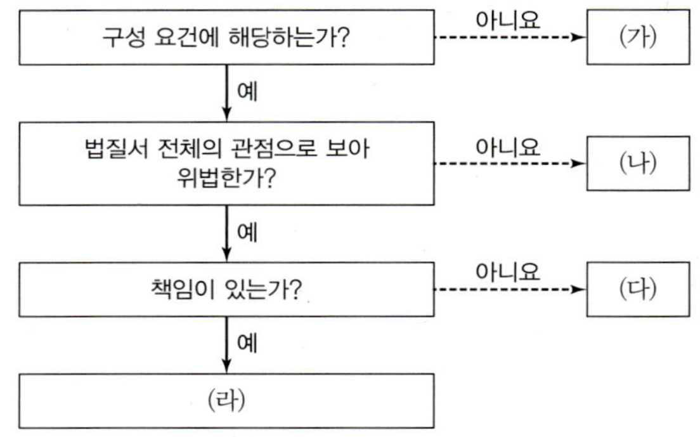

① (가) : 심신 상실자 갑(25세)은 지나가던 행인을 아무 이유 없이 폭행하였다.
② (나) : 을(30세)은 음식점에서 타인의 우산인 줄 알고 우산을 훔쳤지만 알고 보니 자신의 우산이었다.
③ (나) : 병(35세)은 피할 수 없는 강요로 인해 회사의 기밀을 타인에게 주었다.
④ (다) : 미성년자인 정(17세)은 학교에서 친구를 폭행하였다.
⑤ (라) : 심신 미약자 무(40세)는 편의점에서 물건을 훔쳐 달아났다.

310

다음 사례의 ○○ 법원이 밑줄 친 부분과 같이 판단한 이유로 가장 적절한 것은?

○○ 법원은 갑이 순찰차 탑승을 거부했음에도 불구하고 미란다 원칙을 고지하지 않은 채 강제로 순찰차에 태우려 했기 때문에 이는 정당한 공무 집행으로 볼 수 없다고 판단하였다. 따라서 갑을 순찰차에 강제로 태우는 과정에서 갑이 위법한 체포에 따른 부당한 침해에서 벗어나기 위해 경찰에게 상해를 입혔기 때문에 갑의 행위는 범죄가 성립하지 않는다고 보았다.

① 갑이 심신 상실자이기 때문이다.
② 구성 요건에 해당하지 않기 때문이다.
③ 위법성 조각 사유 중 정당 방위에 해당하기 때문이다.
④ 위법성 조각 사유 중 자구 행위에 해당하기 때문이다.
⑤ 갑에게 사회적으로 비난받을 만한 책임이 없기 때문이다.

311

밑줄 친 ㉠~㉣에 대한 옳은 설명만을 〈보기〉에서 있는 대로 고른 것은?

> 갑은 같은 병원에 입원해 있던 을을 ㉠ 폭행하여 상해를 입힌 혐의로 재판을 받아 ㉡ 징역 10월에 ㉢ 치료 감호 처분을 받았다. 갑은 병원에서 을이 이상 행동을 보이자 을을 폭행하였고 전치 10주의 상해를 입힌 혐의로 재판을 받았다. 법원은 갑이 을을 폭행하여 상해를 입힌 부분은 인정하였지만, 갑도 ㉣ 정신 이상 증세로 입원하고 있는 상태였기 때문에 이를 고려하여 판결하였다.

> ─〔보기〕─
> ㄱ. ㉠은 갑의 행위가 범죄의 구성 요건에 해당됨을 보여 준다.
> ㄴ. ㉡은 교도소 등에 수감되어 정역이 부과되는 형벌이다.
> ㄷ. ㉢은 범죄자의 사회 복귀와 사회 질서의 보호를 위한 대안적 제재 수단 중 하나이다.
> ㄹ. ㉣은 갑의 행위가 책임 조각 사유에 해당됨을 보여 준다.

① ㄱ, ㄷ 　② ㄱ, ㄹ 　③ ㄴ, ㄷ
④ ㄱ, ㄴ, ㄷ 　⑤ ㄴ, ㄷ, ㄹ

312

다음 사례에서 갑~병의 위법성 조각 사유로 옳은 것은?

> • 갑은 자녀와 함께 공원을 산책하던 중 갑자기 개가 자녀를 덮쳐 물려고 하자 개를 발로 걷어차 개에게 상처를 입혔다.
> • 을은 퇴근 길에 골목길에서 불량배들에게 둘러싸여 폭행을 당하던 학생을 불량배들로부터 떨어뜨려 놓는 과정에서 불량배들에게 상처를 입혔다.
> • 병은 지하철에서 소매치기를 한 후 도주하는 범인을 쫓아가 힘으로 제압하고 경찰에 넘겼으나 제압하는 과정에서 소매치기에게 상처를 입혔다.
>
> * 갑~병은 모두 무죄 선고를 받고 판결이 확정되었다.

	갑	을	병
①	긴급 피난	정당방위	정당 행위
②	긴급 피난	정당 행위	정당방위
③	정당방위	긴급 피난	정당 행위
④	자구 행위	정당방위	정당 행위
⑤	정당 행위	자구 행위	정당방위

313

다음 자료는 피고인 갑에 대한 재판 진행을 나타낸 것이다. 이에 대한 설명으로 옳지 <u>않은</u> 것은?

> • ㉠ 1심 법원 : 피고인 갑은 범행 당시 사물의 선악과 시비를 구별할 만한 판단 능력이 미약한 상태였으므로 □□(가)□□을/를 선고한다.
> • ㉡ 2심 법원 : 피고인 갑은 범행 당시 사물의 선악과 시비를 구별할 만한 판단 능력이 결여된 상태였으므로 □□(나)□□(으)로 선고한다.
> • ㉢ 대법원 : 원심 판결이 피고인을 심신 상실 상태에 있었다고 판단한 위법이 있다고 할 수 없다.

① (가)에는 유죄에 대한 형벌이 들어갈 수 있다.
② (나)에는 '무죄'가 들어갈 수 있다.
③ ㉢은 ㉠이 아닌 ㉡의 판결과 같은 판결을 내렸다.
④ ㉠, ㉡은 모두 피고인의 행위가 구성 요건에 해당한다고 보았다.
⑤ ㉠과 달리 ㉢은 피고인의 행위가 위법성 조각 사유에 해당한다고 보았다.

314

범죄에 대한 제재 수단 (가), (나)에 대한 옳은 설명만을 〈보기〉에서 고른 것은?

(가)	선고 유예, 집행 유예, 가석방 처분 등을 받은 경우 범죄인을 교도소나 기타의 시설에 수용하지 않고 사회생활을 영위하게 하면서 보호 관찰관의 지도·감독을 받도록 한다.
(나)	유죄가 인정된 의존성·중독성 범죄자를 교도소 등에 구금하는 대신 자유로운 생활을 허용하면서 일정 시간 준법 지원 센터 등에서 교육을 받도록 한다.

> ─〔보기〕─
> ㄱ. (가)는 (나)와 달리 형벌과 함께 부과된다.
> ㄴ. (나)는 (가)와 달리 범죄인에 대한 교화보다는 응징에 목적이 있다.
> ㄷ. (가)는 보호 관찰, (나)는 수강 명령이다.
> ㄹ. (가), (나) 모두 대안적 제재 수단인 보안 처분의 일종이다.

① ㄱ, ㄴ 　② ㄱ, ㄷ 　③ ㄴ, ㄷ
④ ㄴ, ㄹ 　⑤ ㄷ, ㄹ

315

다음 자료의 빈칸 (가)에 들어갈 적절한 내용만을 〈보기〉에서 고른 것은?

교사 : 형벌의 종류에 대해 발표해 보세요.
갑 : 징역과 달리 금고는 정역을 부과하지 않아요.
을 : 자격 상실과 자격 정지는 재산형에 해당하는 형벌이에요.
병 : ______________ (가) ______________
정 : 몰수는 범죄인의 재산 모두를 국가가 환수하는 형벌이에요.
교사 : 한 학생을 제외하고는 모두 틀린 답을 했어요.

〈보기〉
ㄱ. 사형은 자유형에 해당하는 형벌이에요.
ㄴ. 금고와 달리 벌금형은 구금되지 않아요.
ㄷ. 벌금은 과료보다 적은 금액을 부과하는 형벌이에요.
ㄹ. 구류는 1일 이상 30일 미만 교도소 등에 수감하는 형벌이에요.

① ㄱ, ㄴ   ② ㄱ, ㄷ   ③ ㄴ, ㄷ
④ ㄴ, ㄹ   ⑤ ㄷ, ㄹ

316

다음 사례에 대한 옳은 법적 판단만을 〈보기〉에서 고른 것은?

- 갑(13세)은 편의점에서 물건을 사다가 같은 동네에 사는 을이 편의점 물건을 훔치는 것을 보고 쫓아가면서 경찰에 신고를 하였다. 결국 갑은 을을 제압하고 경찰에 을을 인도하였다.
- 병(17세)은 식당에서 아르바이트를 하다가 술을 먹고 횡포를 부리며 사장인 정에게 폭행을 휘두르는 무를 제지하는 과정에서 무에게 상처를 입혔다.

〈보기〉
ㄱ. 갑, 병의 행위는 범죄의 구성 요건에 해당한다.
ㄴ. 갑과 병은 민법상 미성년자이므로 갑, 병의 행위는 책임이 조각된다.
ㄷ. 갑이 을을 제압한 행위는 정당 행위로 위법성이 조각되어 범죄가 성립하지 않는다.
ㄹ. 병이 무를 제지하는 과정에서 무에게 상처를 입힌 행위는 책임이 조각되어 범죄가 성립하지 않는다.

① ㄱ, ㄴ   ② ㄱ, ㄷ   ③ ㄴ, ㄷ
④ ㄴ, ㄹ   ⑤ ㄷ, ㄹ

317

A, B에 해당하는 옳은 사례만을 〈보기〉에서 있는 대로 고른 것은?

위법성 조각 사유 중 A로 인정을 받기 위해서는 일정한 요건을 갖추어야 한다. 현재의 부당한 침해가 있어야 하고, 자기 또는 타인의 법익을 방위하기 위한 행위여야 하며, 상당한 이유가 있어야 한다. 만약 침해 행위가 종료된 이후에도 범죄 행위를 한다든지, 상대방에 대한 방위 행위의 폭력 정도가 본인이 당한 침해 행위 수준보다 과하다면 A가 인정되지 않는다. 또 다른 위법성 조각 사유인 B는 법령에 의한 행위 또는 업무로 인한 행위 기타 사회 상규에 위배되지 않는 행위라면 인정될 수 있다.

〈보기〉
ㄱ. 의사가 치료를 위해 수술을 하는 행위
ㄴ. 골목길에서 달려오는 차를 피하려다가 어쩔 수 없이 옆집 대문을 부순 행위
ㄷ. 자신의 집에 들어온 강도가 휘두른 칼을 피하기 위해 강도에게 상처를 입힌 행위
ㄹ. 자신에게 돈을 빌려간 사람이 해외로 도주하려고 하자 경찰을 부를 시간적 여유가 없어 직접 체포한 행위

	A	B
①	ㄱ	ㄷ
②	ㄷ	ㄱ
③	ㄷ	ㄹ
④	ㄱ, ㄴ	ㄷ, ㄹ
⑤	ㄱ, ㄷ	ㄴ, ㄹ

318

| 평가원 기출 |

형사 제재의 유형 (가), (나)에 대한 설명으로 옳지 <u>않은</u> 것은? (단, (가), (나)는 각각 형벌, 보안 처분 중 하나이다.)

구분	의미
(가)	범죄 행위를 한 자에게 공권력을 행사하여 책임을 전제로 부과하는 처벌
(나)	범죄 행위를 한 자의 재범 위험성을 막기 위하여 행하는 개선 및 교육 처분

① (가)의 종류로는 자격 상실과 과료를 들 수 있다.
② (나)의 종류로는 치료 감호와 보호 관찰을 들 수 있다.
③ (나)는 범죄 행위를 한 자의 사회 복귀를 촉진하기 위해 부과하는 대안적 제재 수단이다.
④ (가)는 (나)와 달리 범죄 예방을 목적으로 하지 않는다.
⑤ (가), (나)는 모두 법률과 적법한 절차에 의하지 않고는 부과될 수 없다.

319 고난도↑ | 평가원 기출 |

다음 사례에서 범죄 성립에 대한 옳은 법적 판단만을 〈보기〉에서 있는 대로 고른 것은?

- 경찰관 갑은 범죄 현장에서 적법한 절차에 따라 강도를 체포하였다.
- 을은 강풍에 의해 간판이 머리 위로 떨어지자 이를 달리 피할 방도가 없어 남의 집 안으로 뛰어 들어갔다.
- 평소 심신 장애로 인하여 사물을 변별할 능력이 없는 병이 아무런 이유 없이 지나가는 행인을 폭행하였다.
- 고등학생 정(17세)은 친구 A의 동의하에 A의 아버지 소유의 자전거를 훔쳤다.

〔보기〕
ㄱ. 갑의 행위는 구성 요건에 해당되지 않는다.
ㄴ. 을의 행위는 구성 요건에 해당되나 위법성이 조각된다.
ㄷ. 병의 행위에 구성 요건에 해당되고 위법성은 인정되나 책임이 조각된다.
ㄹ. 정의 행위는 구성 요건에 해당되고 위법성과 책임이 모두 인정된다.

① ㄱ, ㄴ   ② ㄱ, ㄷ   ③ ㄷ, ㄹ
④ ㄱ, ㄴ, ㄹ   ⑤ ㄴ, ㄷ, ㄹ

320 | 교육청 기출 |

(가)~(라)에 들어갈 수 있는 적절한 사례를 〈보기〉에서 고른 것은?

- 범죄의 구성 요건에 해당하고 A가 인정되어도, 행위자에게 가해지는 비난 가능성인 B가 인정되어야 범죄가 성립한다.
- ㉠은 A를 조각하는 사유, ㉡은 B를 조각하는 사유이다.

구분			사례
구성 요건에 해당하지 않음			(가)
구성 요건에 해당함	㉠이 있음		(나)
	㉠이 없음	㉡이 있음	(다)
		㉡이 없음	(라)

〔보기〕
ㄱ. (가) – 12세인 갑은 친구의 승낙을 얻어 그 친구 아버지의 지갑을 훔쳤다.
ㄴ. (나) – 을은 돌진하는 차량을 피하기 위해 어쩔 수 없이 남의 집 안으로 뛰어들었다.
ㄷ. (다) – 소매치기 현장을 목격한 병은 도주하는 현행범인을 추격하여 체포하였다.
ㄹ. (라) – 심신 장애로 인해 사물을 변별할 능력이 미약한 정은 남의 집에 방화를 하였다.

① ㄱ, ㄴ   ② ㄱ, ㄷ   ③ ㄴ, ㄷ
④ ㄴ, ㄹ   ⑤ ㄷ, ㄹ

321 고난도↑ | 평가원 기출 |

다음 자료에 나타난 법원의 판단으로 옳은 것은?

○○일보

갑은 길에서 버스를 기다리고 있었다. 이때 을이 갑으로부터 가방을 훔치기 위하여 갑의 가방을 잡아당겼다. 이를 저지하기 위하여 갑은 가방을 잡아당기는 을의 손을 뿌리쳐 을에게 3주간의 치료를 요하는 상처를 입혔다. 이에 대해 법원은 "갑의 행위는 을의 불법적인 공격 행위로부터 벗어나기 위한 본능적인 소극적 방어 행위에 지나지 아니하므로 사회 상규에 위반되지 아니한다."라고 판단하였다.

① 갑의 행위는 구성 요건에 해당하고 위법하다.
② 갑의 행위는 피해자의 승낙에 의한 행위에 해당한다.
③ 갑의 행위는 범죄의 성립 요건을 충족하지 않는다.
④ 을의 행위는 구성 요건에 해당하지 않는다.
⑤ 을의 행위는 정당방위에 해당한다.

322 | 교육청 기출 |

표는 (가)~(라) 재판의 쟁점과 판결을 나타낸 것이다. 이에 대한 법적 판단으로 옳은 것은?

구분	쟁점	판결
(가)	남의 집 창문의 방충망을 열고 휴대 전화 플래시를 비춰 피해자를 놀라게 한 갑의 행위가 주거 침입에 해당하는지 여부	유죄
(나)	시위 현장을 취재하기 위해 허가 없이 국가 보안 시설에 들어간 을의 행위가 기자의 업무 범위에 속하는 행위에 해당하는지 여부	무죄
(다)	악귀에 씌었다며 행인을 폭행한 병의 행위가 심신 장애로 사물을 판별하거나 의사를 결정할 능력이 없는 상태에서 이루어졌는지 여부	유죄
(라)	쇠로 된 지팡이를 휘두르는 사람에게 맨손으로 저항하다 상해를 입힌 정의 행위가 현재의 부당한 법의 침해를 방위하기 위한 상당한 이유가 있는 행위에 해당하는지 여부	무죄

① (가)에서는 갑의 행위가 위법성 조각 사유에 해당하는지 여부가 재판의 쟁점이 되었다.
② (나)에서는 을의 행위가 범죄의 구성 요건에 해당하지 않는다는 판결이 내려졌다.
③ (다)에서는 병의 책임이 감경되는지 여부가 재판의 쟁점이 되었다.
④ (나)에서는 을의 행위가 정당 행위로, (라)에서는 정의 행위가 정당방위로 인정되었다.
⑤ (다)의 병과 달리 (라)의 정에 대해서는 책임이 조각된다는 판결이 내려졌다.

형사 절차와 인권 보장

주제 1 형사 절차의 이해

1. 형사 절차의 흐름

2. 수사 절차의 이해

(1) **수사** : 범죄가 발생하였거나 발생한 것으로 생각되는 경우 범인을 찾고 증거를 수집하는 활동

(2) **수사의 원칙** : 피의자를 체포·구속하지 않고 수사하는 것이 원칙(불구속 수사 원칙) → 예외적으로 필요한 경우 판사(법관)로부터 영장을 발부받아 체포·구속 가능 ❶

(3) **수사 절차**

수사 개시	고소 및 고발, 현행범의 체포, 긴급 체포, 범인의 자수, 수사 기관의 인지 등에 의해서 수사 절차가 시작되는 것
수사	피의자를 불구속 상태에서 수사하는 것이 원칙
검찰 송치	사법 경찰관이 피의자, 수사 기록 및 증거물을 함께 검찰에 보내는 과정
수사 종결	기소(공소 제기), 불기소 처분, 기소 유예 처분 ❷

3. 형사 재판 절차

(1) **기소와 형사 재판**

① 기소(공소 제기) : 검사가 일정한 형사 사건에 대하여 법원의 재판을 구하는 행위

② 형사 재판 : 법원에 의하여 진행되는 공소 제기 이후의 공판 절차로, 피고인의 형사 책임 유무와 그 정도를 판단하는 일련의 소송 절차

③ 형사 재판의 당사자 : 검사, 피고인

(2) **기소 후 형사 재판 절차**

재판부 구성	사건의 경중에 따라 경한 사건은 단독 판사, 중한 사건은 합의부로 구성
심리	• 심리 : 검사는 피고인이 유죄임을 증명하기 위한 자료와 논거를 제시하고, 피고인은 자기의 처지에서 검사의 주장을 반박함 • 검사의 의견 진술(구형), 피고인과 변호인의 최후 진술
판결 선고	유죄로 인정할 만한 증거가 없으면 무죄, 유죄가 입증되면 유죄 판결을 내림

구형은 형사 재판에서, 피고인에게 어떤 형벌을 줄 것을 검사가 판사에게 요구하는 일이다.

4. 형의 선고와 집행

(1) **형의 선고**

유죄 선고	실형	법원의 선고를 받아 실제로 집행되는 형벌
	집행 유예	형을 선고하면서 이를 즉시 집행하지 않고 일정 기간 형의 집행을 미루는 것 → 유예 기간 동안 일정한 범죄를 저지르지 않으면 형 선고의 효력을 상실시킴
	선고 유예	피고인의 유죄를 인정하면서도 정상을 참작하여 형의 선고를 미루는 것 → 일정한 범죄를 저지르지 않고 유예를 받은 날로부터 2년을 경과한 때에는 면소된 것으로 간주함
무죄 선고		기소한 사건에 대해 유죄를 인정할 만한 증거가 없거나 범죄 성립이 되지 않는 경우

유죄 판결의 선고가 없었던 것과 똑같은 효력이 있다.

(2) **판결에 대한 불복** : 검사나 피고인은 판결에 불복하여 상급 법원에 상소 가능

(3) **형의 집행** : 법원의 판결로 형이 확정될 경우 검사의 지휘에 따라 형을 집행함

(4) **가석방 제도** : 징역 또는 금고형을 집행받고 있는 자(수형자)가 개전의 정이 현저하여 재범의 위험성이 없다고 판단되는 때에 형기 만료 전에 일정한 요건을 갖추면 조건부로 석방되는 제도

5. 국민 참여 재판 : 지방 법원 합의부 관할 사건에 대해 국민이 배심원으로 참여하는 형사 재판 제도 → 사법의 민주적 정당성을 강화하고 투명성을 높임 ❸

반성 또는 참회하는 태도

---

❶ 피의자

죄를 범한 혐의로 수사 기관의 수사 대상이 되어 있는 자로서 아직 공소(公訴)가 제기되지 않은 자를 말한다. 공소가 제기된 뒤의 피고인과 대립되는 개념이다. 피의자는 엄격한 뜻의 소송 당사자가 아니고, 조사의 객체로서의 색채가 강하다. 피의자에게는 진술 거부권, 변호인 선임권을 인정하고 있으며, 구속 영장에 의하여 구속된 피의자는 관할 법원에 구속의 적부 심사를 청구할 수 있다. 구속 적부 심사 청구에서 구속된 피의자에게 변호인이 없는 때에는 법원이 직권으로 국선 변호인을 선정하도록 되어 있다.

고소는 범죄의 피해자 또는 그와 일정한 관계가 있는 고소권자가 수사 기관에 범죄 사실을 신고하여 범인의 처벌을 구하는 의사 표시이다. 반면, 고발은 고소권자와 범인 이외의 사람이 수사 기관에 범죄 사실을 신고하여 범인의 처벌을 구하는 의사 표시를 말한다. 신고를 하는 주체에 따른 차이와 규정적인 차이가 있을 뿐 두 가지 모두 범죄에 대한 신고 방법이다.

❷ 기소 유예 처분

죄를 범한 사람에 대하여 공소(公訴)를 제기하지 않는 검사의 처분을 말한다. 검사는 범인의 연령·성행(性行), 지능과 환경, 피해자에 대한 관계, 범행 동기·수단과 결과, 범행 후의 정황 등을 참작하여 소추할 필요가 없다고 사료될 때에는 공소를 제기하지 않을 수 있다.

❸ 국민 참여 재판

그림은 국민 참여 재판의 재판정 모습이다. 국민 참여 재판은 지방 법원 합의부(1심) 관할 사건인 경우 피고인의 신청으로 열리며, 배심원은 피고인에 관한 평의를 진행하여 유무죄 여부의 평결을 내리고 유죄일 경우 적정한 형을 토의한다. 배심원의 평결은 권고적 효력만 가지므로 판사는 평결과 다르게 판결할 수 있다.

주제 2 형사 절차에서의 인권 보호 제도

1. 형사 절차 단계에서의 인권 보호 원칙

> 수사와 재판은 불구속 상태에서 하는 것이 원칙이다.

무죄 추정의 원칙	피의자가 피고인은 유죄 판결이 확정될 때까지는 무죄로 추정됨
적법 절차의 원칙	공권력에 의한 기본권 제한은 반드시 법에 정해진 절차에 의한 경우에만 유효함
진술 거부권	피의자나 피고인이 형사 절차에서 불리한 진술을 강요당하지 않을 권리
변호인의 조력을 받을 권리	피의자나 피고인이 수사 기관과 대등한 관계에서 자신을 방어할 수 있도록 헌법이 변호인의 조력을 받을 권리를 보장함 → 국선 변호인 제도 ❹

> 죄형 법정주의와 함께 국가의 형벌권 남용을 견제하는 역할을 한다.

2. 수사 절차에서의 인권 보장 제도

영장 제도	피의자에 대한 체포 · 구속 · 압수 · 수색 시 검사의 청구에 의해 법관이 발부한 영장을 제시해야 하며 예외적으로 사후 영장 허용함 ❺
구속 전 피의자 심문 제도	검사가 구속 영장을 청구한 경우 법관이 피의자를 직접 심문하여 구속 사유가 인정되는지를 판단하는 과정 → 영장 실질 심사라고도 한다.
구속 적부 심사 제도	구속된 피의자가 구속의 적법성과 필요성을 심사해 줄 것을 법원에 청구하는 제도 → 부당하다면 피의자 석방, 타당하다면 피의자 청구 기각

- 보석 제도 : 구속된 피고인은 일정한 보증금의 납부를 조건으로 하여 구속의 집행을 정지하도록 신청할 수 있음

3. 형사 피해자 등의 인권 보장 제도

> 손해 발생 원인이 잘못된 공권력 행사에 의한 것이어야 하며, 기소 유예 등 피의자의 잘못이 인정되지만 사정을 참작해 기소하지 않은 경우는 형사 보상의 대상이 되지 않는다.

범죄 피해자 구조 제도	범죄 행위로 인해 생명 또는 신체에 피해를 당해 가해자로부터 피해의 전부 또는 일부를 배상받지 못하는 경우 국가가 피해자 또는 유족에게 일정한 한도의 구조금을 지급하는 제도
형사 보상 제도 ❻	형사 피의자 또는 피고인이 억울하게 구금된 경우 물질적 · 정신적 피해의 보상을 청구할 수 있도록 한 제도
배상 명령 제도	상해죄 등 일정한 사건의 형사 재판 과정에서 피해자의 간단한 신청 절차만으로 민사적 손해 배상 명령까지 받아낼 수 있도록 한 제도
명예 회복 제도	무죄 판결 등이 법원에서 확정된 경우 무죄 재판 사건 등에 대한 재판서를 법무부 홈페이지에 게재해 줄 것을 청구할 수 있는 제도

주제 3 소년 사건

1. 소년 사건의 처리

(1) **소년 사건의 대상자** : 10세 이상 19세 미만인 자

(2) **소년의 특성** : 소년은 성인에 비해 심신의 성장이 미숙한 상태이므로 이들의 범죄 사건이나 범죄를 범할 우려가 있는 비행 사건의 경우 성인 사건과는 다른 특별한 취급을 함

2. 소년 사건의 처리 절차

10세 이상 14세 미만	• 경찰서장이 직접 가정 법원(지방 법원) 소년부로 송치함 • 형벌이 아닌 소년법상 보호 처분을 부과할 수 있음
14세 이상 19세 미만	• 검사가 가정 법원 소년부로 송치 → 소년법상 보호 처분 가능 • 검사가 기소하여 형사 재판을 받음 → 형벌 부과 가능 • 검사가 선도 조건부 기소 유예 처분 가능 • 검사가 기소한 사건에 대해 형사 법원은 가정 법원 소년부로 송치할 수도 있음 → 소년법상 보호 처분 가능

- 소년법상 보호 처분은 전과로 기록되지 않음
- 10세 미만인 자는 소년법상 보호 처분 및 형벌을 모두 받지 않음 → 10세 미만은 보호 처분 및 형벌 등 어떠한 형사 제재도 받지 않는다.

---

❹ 국선 변호인 제도

법원이 직권으로 피고인의 이익을 위하여 선임하는 변호인으로, 사선 변호인과 대립되는 개념이다. 헌법은 형사 피고인(刑事被告人)이 스스로 변호인을 구할 수 없는 경우에는 국가가 변호인을 붙이도록 하고 있다. 피고인이 구속된 때, 미성년자 · 70세 이상의 노인 · 심신 장애자의 의심이 있는 때, 사형, 무기 또는 3년 이상의 징역이나 금고에 해당하는 사건으로 기소된 때 변호인이 없는 경우에 법원은 직권으로 변호인을 선정하며, 경제적 어려움을 비롯한 그 밖의 이유가 있을 경우에는 법원은 피고인의 청구가 있는 경우에 변호인을 선정하게 된다.

❺ 사후 영장

현행범인이 아닌 피의자에 대해 사전 영장을 받아 체포할 수 없는 긴급한 사정이 있는 경우 수사 기관이 그를 영장 없이 체포하는 것을 말한다. 형사 소송법에는 피의자 체포 제도로 현행범 체포, 긴급 체포, 정식 영장에 의한 체포의 3종류가 규정되어 있다. 긴급 체포는 범행과 인신 처분 사이의 시간적 접속성이 인정되지 않는 점에서 범행 중 또는 범행 직후에 있는 자인 현행범인의 체포와 구별된다. 긴급 체포는 법관이 발부하는 영장 없이 수사 기관이 피의자에 대해 인신 처분을 하는 것이기 때문에 엄격히 통제되고 있다.

❻ 형사 보상 제도

피의자로서 미결 구금된 사람이 무죄 취지의 불기소 처분을 받은 경우, 피고인으로서 미결 구금되었던 사람이 무죄 판결이 확정된 경우, 판결이 확정되어 형의 집행을 받거나 받았던 사람이 재심을 통해 무죄 판결이 확정된 경우에는 물질적 · 정신적 피해의 보상을 청구할 수 있다.

핵심 개념 CHECK!

· 정답 및 해설 072쪽

다음 설명이 맞으면 '○', 틀리면 '×'에 표시하시오.

주제 1 형사 절차의 이해

01 형사 절차는 국가가 수사나 재판을 통해 범죄 사실과 범죄자에 관한 사건의 실체적 진실을 밝혀 내어 형벌이나 보안 처분을 부과하고 형을 집행하기 위해서 거쳐야 하는 절차이다. ○ ×

02 범죄가 발생하였거나 발생한 것으로 생각되는 경우 범인을 찾고 증거를 수집하는 활동을 수사라고 한다. ○ ×

03 피의자를 체포·구속하지 않고 수사하는 것이 원칙이다. ○ ×

04 함정 수사 시 필요한 경우 검사로부터 영장을 발부받아 체포·구속이 가능하다. ○ ×

05 검사가 일정한 형사 사건에 대하여 법원의 재판을 구하는 행위를 기소라고 한다. ○ ×

06 형을 선고하면서 이를 즉시 집행하지 않고 일정 기간 형의 집행을 미루는 것으로서 유예 기간 동안 일정한 범죄를 저지르지 않으면 형 선고의 효력을 상실시키는 선고의 유형은 집행 유예이다. ○ ×

07 피고인의 유죄를 인정하면서도 정상을 참작하여 형의 선고를 미루는 것으로서 일정한 범죄를 저지르지 않고 유예를 받은 날로부터 2년을 경과한 때에는 면소된 것으로 간주하는 선고의 유형은 선고 유예이다. ○ ×

08 법원의 판결로 형이 확정될 경우 판사의 지휘에 따라 형을 집행한다. ○ ×

09 징역 또는 금고형을 집행받고 있는 자(수형자)가 개전의 정이 현저하여 재범의 위험성이 없다고 판단되는 때에 형기 만료 전에 일정한 요건을 갖추면 조건부로 석방되는 제도를 가석방이라고 한다. ○ ×

10 지방 법원 합의부 관할 사건에 대해 국민이 배심원으로 참여하는 형사 재판 제도는 국민 참여 재판이다. ○ ×

주제 2 형사 절차에서의 인권 보호 제도

11 무죄 추정의 원칙에 따라 피의자나 피고인은 유죄 판결이 확정될 때까지는 무죄로 추정된다. ○ ×

12 피의자나 피고인이 형사 절차에서 불리한 진술을 강요당하지 않을 권리를 진술 거부권이라고 한다. ○ ×

13 피의자나 피고인이 수사 기관과 대등한 관계에서 자신을 방어할 수 있도록 헌법이 변호인의 조력을 받을 권리를 보장하고 있다. ○ ×

14 검사가 구속 영장을 청구한 경우 법관이 피의자를 직접 심문하여 구속 사유가 인정되는지를 판단하는 과정을 영장 실질 심사라고 한다. ○ ×

15 구속된 피의자가 구속의 적법성과 필요성을 심사해 줄 것을 법원에 청구하는 제도를 구속 적부 심사 제도라고 한다. ○ ×

16 함정 보석 제도는 피의자 신분이 아닌 피고인 신분에서 활용이 가능하다. ○ ×

17 형사 보상 제도는 형사 피의자 또는 피고인이 억울하게 구금된 경우 물질적·정신적 피해의 보상을 청구할 수 있도록 한 제도이다. ○ ×

18 함정 배상 명령 제도는 형사 재판 시 민사적 손해 배상 명령까지 받아낼 수 있는 제도로 모든 범죄에 적용될 수 있다. ○ ×

19 무죄 판결 등이 법원에서 확정된 경우 무죄 재판 사건 등에 대한 재판서를 법무부 홈페이지에 게재해 줄 것을 청구할 수 있는 제도를 명예 회복 제도라고 한다. ○ ×

20 범죄 피해자 구조 제도는 범죄 행위로 인해 생명 또는 신체에 피해를 당해 가해자로부터 피해의 전부 또는 일부를 배상받지 못하는 경우 국가가 피해자 또는 유족에게 일정한 한도의 구조금을 지급하는 제도이다. ○ ×

주제 3 소년 사건

21 소년법 적용의 대상이 되는 소년은 10세 이상 19세 미만인 자이다. ○ ×

22 8세가 폭행을 하였다면 형벌뿐만 아니라 소년법상 보호 처분을 부과할 수 없다. ○ ×

23 범죄 혐의가 있는 12세는 경찰서장이 직접 가정 법원 소년부로 송치할 수 있다. ○ ×

24  함정 검사의 선도 조건부 기소 유예는 13세의 소년에게도 내릴 수 있다. ○ ×

25 검사가 기소한 사건에 대해 형사 법원은 가정 법원 소년부로 송치할 수도 있다. ○ ×

26 소년법상 보호 처분은 전과로 기록되지 않는다. ○ ×

형사 절차는 어떻게 진행될까?

기출 자료로 확인

자료 | 형사 절차 및 인권 보호 제도

> 갑(25세)은 을에 대한 사기죄로 고소되어 경찰에서 피의자 신문을 받았다. 갑의 사건이 검찰로 송치된 이후 구속 영장이 발부되어 갑은 구속되었다가 5일 후 석방되었고 불구속 상태에서 공소가 제기되었다. 갑은 1심 재판에서 징역형을 선고받아 항소하였고, ○○고등 법원 항소심 재판부는 갑에 대하여 A를 선고하였으며 그 판결은 항소심에서 최종 확정되었다.
>
> ▸ 구속 적부 심사를 통해 석방되었을 것이다.
> ▸ 항소 → 1심 재판 판결 불복

형사 절차 및 인권 보호 제도를 묻는 문항은 수능에서 매년 출제되고 있다. 수사 과정, 재판 과정의 구체적 내용과 각 단계에서 보장되는 인권 보호 제도에 대해 꼼꼼한 준비가 필요하다.

❶ 제시문에 나타난 형사 절차에 대해 법적 판단을 해보자! 갑은 검찰로 송치된 후 구속 영장이 발부되었다가 5일 후 석방되었으므로 구속 적부 심사를 통해 석방되었을 가능성이 크다. ==1심 재판의 판결에 불복하여 2심 재판을 청구하는 것을 항소==라 하며 갑이 항소심에서 어떤 판결을 받았느냐에 따라 석방 또는 구금될 수 있다.

❷ 형사 절차의 특징을 알아보자!

- 수사 : 범죄가 발생하였거나 발생한 것으로 생각되는 경우 범인을 찾고 증거를 수집하는 활동
- 기소 : 검사가 일정한 형사 사건에 대하여 법원의 재판을 구하는 행위
- 공판 : 검사는 피고인이 유죄임을 증명하기 위한 자료와 논거를 제시하고, 피고인은 자기의 처지에서 검사의 주장을 반박함
- 선고 : 유무죄에 대한 판결을 선고함
- 집행 : 법원의 판결로 형이 확정될 경우 검사의 지휘에 따라 형을 집행함

❸ 선택지를 해석하자!

① 갑은 영장 실질 심사를 통해 석방되었을 것이다. → 구속 적부 심사제
② A가 '벌금형'이라면 갑은 형사 보상을 청구할 수 없다.
③ 갑의 1심 재판은 지방 법원 단독 판사가 담당하였을 것이다. → 합의부
④ A가 '무죄'라면 갑은 항소심 재판부에 을을 상대로 한 배상 명령을 신청할 수 있다. → 형사 보상 청구
⑤ 수사 절차에서와 달리 1심 재판에서 갑은 진술 거부권을 보장받지 못했을 것이다. → 보장받았을 것이다

▷ 영장 실질 심사 : 검사가 피의자에 대한 구속 영장을 청구하면 판사가 피의자를 대면하여 심문하면서 영장 발부 여부를 판단한다. 구속 전 피의자 심문 제도라고도 한다.
▷ 형사 보상 제도 : 피의자로서 미결 구금된 사람이 무죄 취지의 불기소 처분을 받은 경우, 피고인으로서 미결 구금되었던 사람이 무죄 판결이 확정된 경우, 판결이 확정되어 형의 집행을 받거나 받았던 사람이 재심을 통해 무죄 판결이 확정된 경우에는 물질적·정신적 피해의 보상을 청구할 수 있다.
▷ 형사 재판 심급 제도 : 형사 재판은 1심, 2심, 3심이 다음과 같이 진행된다. 지방 법원 단독 판사 → 지방 법원 본원 합의부 → 대법원, 지방 법원 합의부 → 고등 법원 → 대법원
▷ 배상 명령 제도 : 상해죄 등 일정한 사건의 형사 재판 과정에서 피해자의 간단한 신청 절차만으로 민사적 손해 배상 명령까지 받아낼 수 있도록 한 제도를 말한다.
▷ 진술 거부권 : 형사 절차에서 불리한 진술을 강요당하지 않을 권리로 피의자와 피고인 모두에게 인정된다.

문제로 확인하기

Q1 다음 표에서 알맞은 말을 고르시오.

01. 수사	❶ 수사의 대상이 되는 사람을 (피의자 / 피고인)(이)라고 함 ❷ 피의자에 대한 수사는 (구속 / 불구속) 상태에서 이루어지는 것이 원칙임 ❸ 구속 적부 심사 청구는 (검사 / 피의자 측)에 의해 이루어짐
02. 인권 보호 제도	❶ 구속 영장은 (법관 / 검사)(이)가 발부함 ❷ 영장 실질 심사는 (법관 / 검사)에 의해 이루어짐 ❸ 배상 명령 제도는 (민사 / 형사) 재판에서 활용됨

Q2 다음 내용이 맞으면 'O', 틀리면 '×'에 표시하시오.

03. 범죄가 발생하였거나 발생한 것으로 생각되는 경우 범인을 찾고 증거를 수집하는 활동을 수사라고 한다. (O / ×)
04. 수사는 고소 및 고발에 의해서만 개시된다. (O / ×)
05. 기소는 검사에 의해서만 이루어진다. (O / ×)
06. 형사 재판의 당사자는 검사, 피고인, 피해자이다. (O / ×)
07. 형을 선고하면서 이를 즉시 집행하지 않고 일정 기간 형의 집행을 미루는 것을 선고 유예라고 한다. (O / ×)
08. 형의 집행은 판사의 지휘에 따라 이루어진다. (O / ×)
09. 무죄 추정의 원칙은 피의자가 아닌 피고인에게만 적용된다. (O / ×)
10. 모든 형사 재판에서 배상 명령 제도가 활용될 수 있다. (O / ×)

주제 1 · 형사 절차의 이해

족집게 전략 | 형사 절차는 매년 수능에 출제되고 있기 때문에 각 단계별로 꼼꼼하게 내용을 정리할 필요가 있다. 수사는 불구속으로 이루어지며, 수사의 대상이 되는 사람을 피의자라고 하고, 수사 과정에서 구속 적부 심사, 영장 실질 심사 등이 이루어질 수 있다는 점을 반드시 알아야 한다. 검사의 기소로 이루어지는 형사 재판의 당사자는 검사와 피고인이며, 판사는 유무죄를 판단하여 실형, 집행 유예, 선고 유예, 무죄 선고를 내리게 되는데 각 선고의 유형별 특징을 파악하고 있어야 한다. 판결이 확정되면 검사의 지휘로 형을 집행하게 되는데 특히 집행 유예, 선고 유예는 유죄 선고이지만 구금하지 않는다는 점을 파악하고 있어야 한다.

324

형의 선고 유형 A~D에 대한 설명으로 옳은 것은?

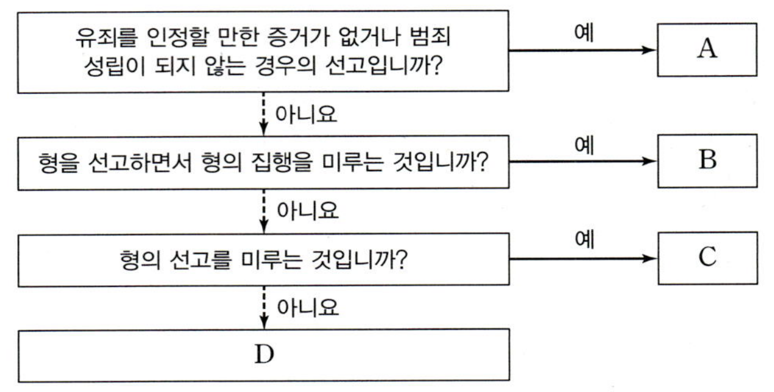

① A는 선고 유예이다.
② C는 일정한 범죄를 저지르지 않고 2년이 경과하면 형 선고의 효력을 상실시키는 것이다.
③ B, C는 가석방 제도를 적용될 수 있다.
④ B와 달리 D는 피고인이 구금된다.
⑤ B~D는 모두 유죄 선고에 해당한다.

323 대표 문항 고난도↑ | 평가원 기출 |

밑줄 친 ㉠~㉣에 대한 법적 판단으로 옳은 것은?

갑(30세)은 을을 폭행한 뒤 을의 주머니에서 10만 원을 꺼내 도주하였다. 다음은 갑에 대한 일반적인 형사 절차를 간략하게 정리한 것이다.

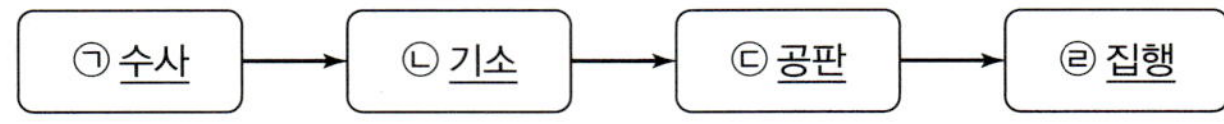

① 을이 수사 기관에 갑을 고발해야만 ㉠이 개시된다.
② ㉠ 단계에서 갑이 구속되었다면 ㉡ 이후에 구속 적부 심사를 청구하여 석방될 수 있다.
③ ㉡은 검사의 청구에 의해 법원이 결정한다.
④ ㉢에서 형의 선고와 동시에 집행이 유예되었다면 일정 기간이 지난 후 면소된 것으로 간주된다.
⑤ 검사는 ㉠~㉣의 형사 절차에 모두 관여한다.

325

다음 (가)~(마)는 갑에 대한 형사 절차를 나타낸 것이다. 이에 대한 설명으로 옳은 것은?

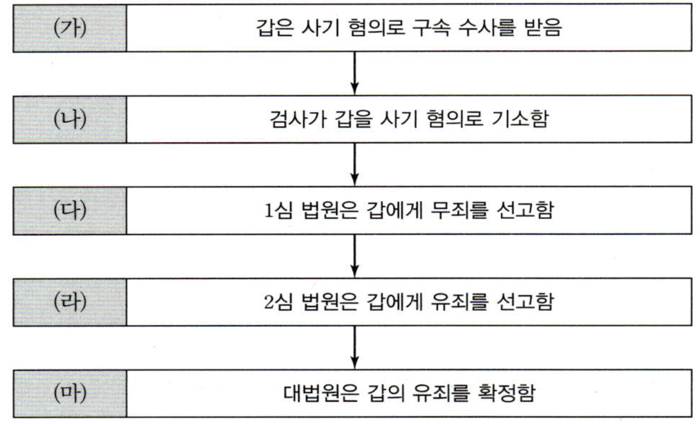

① (가)에서 갑에 대한 구속 영장은 법관이 발부한다.
② (나) 직후 갑은 구속되어 재판을 받는다.
③ (다)의 판결에 대해 항소를 제기한 당사자는 피고인이다.
④ (라) 직후 갑은 구금된다.
⑤ (마)의 판결에 대해 갑은 헌법 재판소에 헌법 소원 심판을 청구할 수 있다.

326

다음 자료에 대한 옳은 법적 판단만을 〈보기〉에서 있는 대로 고른 것은?

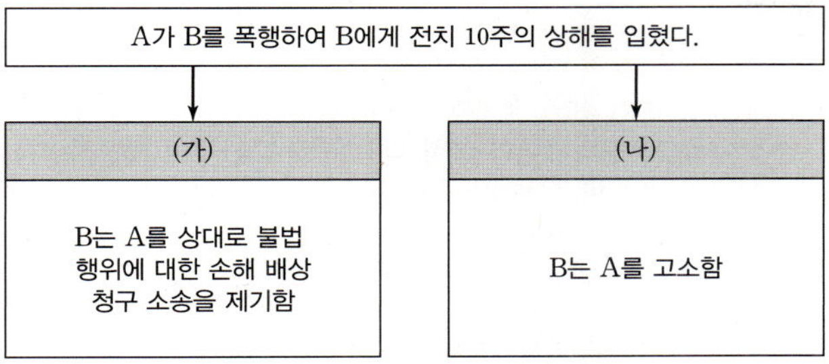

〈보기〉

ㄱ. (가)에서 A의 행위가 정당방위로 인정되면 손해 배상을 하지 않는다.
ㄴ. (가)에서 B는 A에게 정신적 손해에 대한 배상을 청구할 수 있다.
ㄷ. (나)는 B가 아닌 검사의 기소로 재판이 개시된다.
ㄹ. (나)에서 무죄 판결이 확정되면 (가)에서 B는 패소한다.

① ㄱ, ㄷ　② ㄱ, ㄹ　③ ㄴ, ㄹ
④ ㄱ, ㄴ, ㄷ　⑤ ㄴ, ㄷ, ㄹ

327

다음 자료에 대한 법적 판단으로 옳은 것은?

〈사례〉
A는 B가 자신을 쳐다본다는 이유로 폭행을 하여 B에게 전치 6주의 상해를 입혔다.

〈A에 대한 형사 절차〉

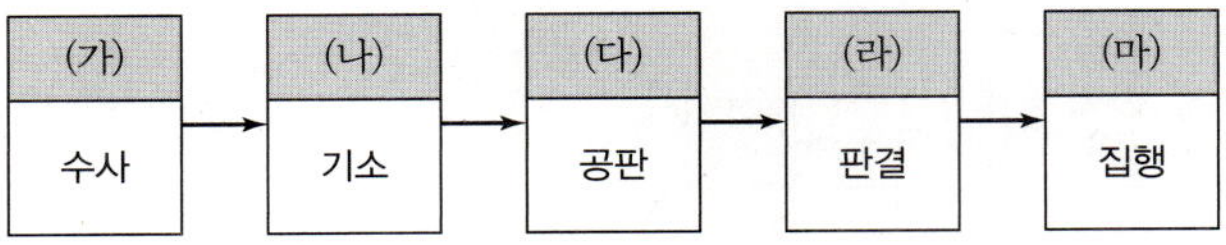

① (가)에서 A를 구속 수사하기 위해서는 검사가 발부한 영장이 필요하다.
② (나)는 검사에 의해 이루어지며 1심은 지방 법원 단독 판사가 담당한다.
③ (다)에서 재판 당사자는 A, B, 검사이다.
④ (라)에서 유죄 판결이 확정되더라도 A는 구금되지 않을 수 있다.
⑤ (라), (마)는 모두 검사에 의해 이루어진다.

328

밑줄 친 ㉠~㉥에 대한 설명으로 옳은 것은?

갑은 살인 혐의로 ㉠ 수사를 받았으며, 검사는 갑을 기소하여 갑은 ㉡ 국민 참여 재판을 받았다. 1심 법원은 갑에게 ㉢징역 5년을 선고하였다. 그러나 ㉣재판 당사자가 항소를 하였고 2심 법원은 무죄를 선고하였다. 이에 ㉤재판 당사자가 상고를 하였고 대법원은 ㉥2심 법원의 판결을 확정하였다.

① ㉠은 불구속으로 이루어지는 것이 원칙이다.
② ㉡은 모든 형사 재판에 활용될 수 있다.
③ ㉢으로 인해 갑은 구금되지 않는다.
④ ㉣과 달리 ㉤은 피고인이다.
⑤ ㉥은 지방 법원 본원 합의부이다.

329

다음은 수사 절차를 나타낸 것이다. 이에 대한 옳은 설명만을 〈보기〉에서 고른 것은?

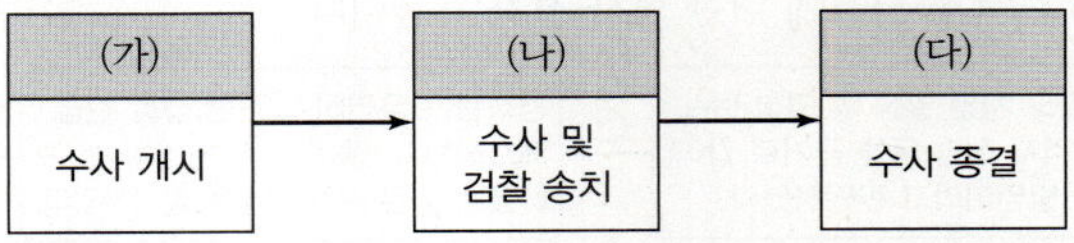

〈보기〉

ㄱ. (가)는 고소 및 고발에 의해서만 이루어진다.
ㄴ. (나)에서 수사는 법관이 발부한 영장이 있을 경우에 구속된 상태에서 이루어질 수 있다.
ㄷ. (다)는 공소 제기 및 불기소 처분 등에 의해 이루어진다.
ㄹ. (가)~(다)에서 수사의 대상이 되는 사람을 피고인이라고 한다.

① ㄱ, ㄴ　② ㄱ, ㄷ　③ ㄴ, ㄷ
④ ㄴ, ㄹ　⑤ ㄷ, ㄹ

330 고난도↗
| 평가원 기출 |

(가)~(마) 단계에 대한 법적 판단으로 옳은 것은?

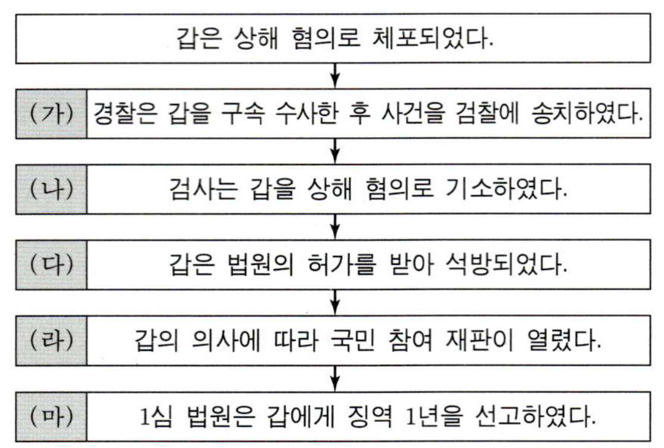

① (가) 단계 이전에 검사가 발부한 구속 영장이 필요하다.

② (가)와 (나) 단계 사이에는 진술 거부권이 인정되나 (나) 단계 이후에는 인정되지 않는다.

③ (나)와 (다) 단계 사이에서 갑은 구속 적부 심사 제도를 활용하였다.

④ (라) 단계에서 민법상 성년인 19세 시민은 배심원으로 선정될 수 있다.

⑤ (마) 단계 이후 판결이 확정되었다면 검사의 지휘에 따라 형이 집행된다.

331
| 평가원 기출 |

㉠~㉣에서 나타날 수 있는 형사 절차에 대한 설명으로 옳은 것은?

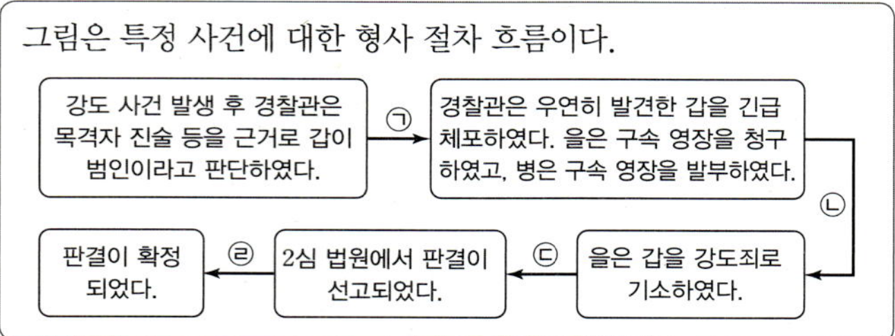

① ㉠에서 증거로 사용될 물건에 대하여 적법한 절차에 따른 압수가 가능하다.

② ㉡에서 갑에 대한 피고인 신문이 가능하다.

③ ㉢에서 1심 법원은 기소 유예 처분을 선고하였다.

④ ㉣에서 항소가 이루어졌다.

⑤ ㉢, ㉣에서 판사의 지휘로 형의 집행이 이루어졌다.

332
| 교육청 기출 |

밑줄 친 ㉠~㉺에 대한 옳은 설명만을 〈보기〉에서 있는 대로 고른 것은?

- 갑에 대한 국민 참여 재판에서 배심원들은 만장일치로 유죄 평결을 내렸고, 징역 2년의 양형 의견을 ㉠재판부에 개진하였다.
- ㉡불구속 기소된 을에게 ㉢1심 판결이 내려졌고, 재판 당사자 어느 누구도 이에 불복하여 ㉣상급 법원의 재판을 청구하지 않아 1심 판결이 확정되었다. 이후 을은 2년 동안 범죄를 저지르지 않아 면소(免訴)되었다.
- 구속 기소된 병에게 ㉤2심 판결이 내려졌고, 재판 당사자 어느 누구도 이에 불복하여 ㉥상급 법원의 재판을 청구하지 않아 2심 판결이 확정되었다. 이후 병은 국가로부터 형사 보상금을 받았다.

〈보기〉
ㄱ. ㉠은 갑에게 징역 2년 형을 선고해야 한다.
ㄴ. ㉡으로 인해 을은 무죄로 추정된다.
ㄷ. ㉢은 ㉤과 달리 유죄 판결이다.
ㄹ. ㉣은 항소, ㉥은 상고이다.

① ㄱ, ㄴ   ② ㄱ, ㄷ   ③ ㄷ, ㄹ
④ ㄱ, ㄴ, ㄹ   ⑤ ㄴ, ㄷ, ㄹ

333
| 평가원 기출 |

다음 자료에 대한 법적 판단으로 옳은 것은?

갑은 백화점에서 물건을 고르던 중, 을의 지갑을 훔쳐 달아나던 병(25세)을 발견하여 ㉠ 제압하고 경찰관에게 병을 인도하였다.

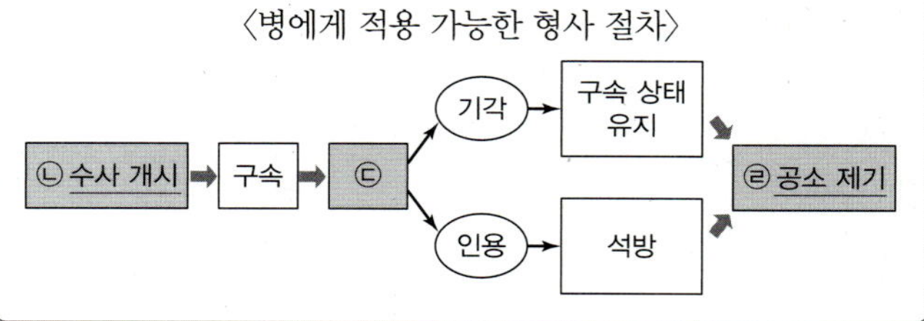

① ㉠은 지갑을 찾아주기 위한 자구 행위로서 위법성이 조각된다.

② ㉡에 있어서 갑은 고소인이 된다.

③ ㉢은 법원에 신청하며 병이 피의자 신분일 때만 인정된다.

④ ㉣의 요건을 갖춘 경우라도 법원은 병의 기소를 유예할 수 있다.

⑤ 만일 ㉣ 이후에 병이 징역 6월에 집행 유예 2년을 선고받아 확정되면, 병은 6개월 동안 복역해야 한다.

족집게 전략 | 형사 절차에서 보장되는 인권 보호 제도는 수능에 빠짐없이 출제되고 있다. 무죄 추정의 원칙, 진술 거부권, 변호인의 조력을 받을 권리, 영장 제도, 영장 실질 심사 제도, 구속 적부 심사 제도, 보석 제도, 범죄 피해자 구조 제도, 배상 명령 제도, 형사 보상 제도, 명예 회복 제도 등과 관련한 내용 및 요건 등을 내용과 사례 모두 확실하게 학습해야 한다.

335

그림의 갑과 을이 활용할 수 있는 형사 절차에서의 인권 보호 제도로 옳은 것은?

	갑	을
①	배상 명령 제도	형사 보상 제도
②	형사 보상 제도	배상 명령 제도
③	형사 보상 제도	범죄 피해자 구조 제도
④	범죄 피해자 구조 제도	형사 보상 제도
⑤	범죄 피해자 구조 제도	배상 명령 제도

334 대표 문항 고난도

|평가원 기출|

다음 사례에 대한 법적 판단으로 옳은 것은?

> 갑(25세)은 을에 대한 사기죄로 고소되어 경찰에서 피의자 신문을 받았다. 갑의 사건이 검찰로 송치된 이후 구속 영장이 발부되어 갑은 구속되었다가 5일 후 석방되었고, 불구속 상태에서 공소가 제기되었다. 갑은 1심 재판에서 징역형을 선고받아 항소하였고, ○○ 고등 법원 항소심 재판부는 갑에 대하여 A를 선고하였으며, 그 판결은 항소심에서 최종 확정되었다.

① 갑은 영장 실질 심사를 통해 석방되었을 것이다.
② A가 '벌금형'이라면 갑은 형사 보상을 청구할 수 없다.
③ 갑의 1심 재판은 지방 법원 단독 판사가 담당하였을 것이다.
④ A가 '무죄'라면 갑은 항소심 재판부에 을을 상대로 한 배상 명령을 신청할 수 있다.
⑤ 수사 절차에서와 달리 1심 재판에서 갑은 진술 거부권을 보장받지 못했을 것이다.

336

(가)~(마)는 갑에 대한 형사 절차를 나타낸 것이다. 이에 대한 법적 판단으로 옳은 것은?

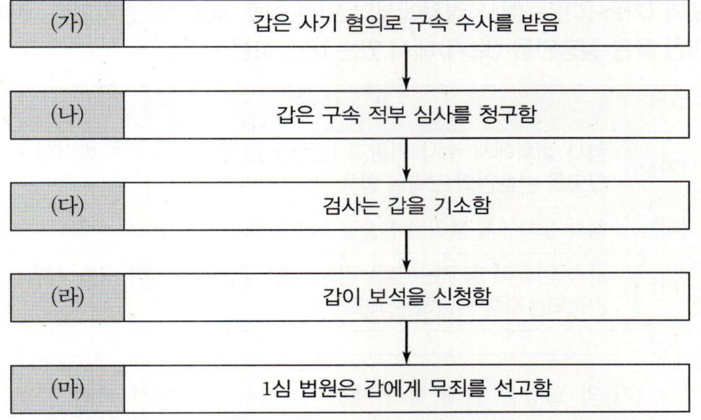

① (가)의 수사는 수사 기관의 인지에 의해서도 개시될 수 있다.
② (나)의 청구가 받아들여졌다면 (다)에서 검사는 기소하지 못했을 것이다.
③ (다)의 기소로 갑에게 무죄 추정의 원칙이 적용되지 않는다.
④ (라)의 보석 신청은 기소 전에도 가능하다.
⑤ (마)의 선고 직후 갑은 형사 보상을 청구할 수 있다.

337

다음은 수사 절차를 간단하게 나타낸 것이다. 이에 대한 옳은 설명만을 〈보기〉에서 고른 것은?

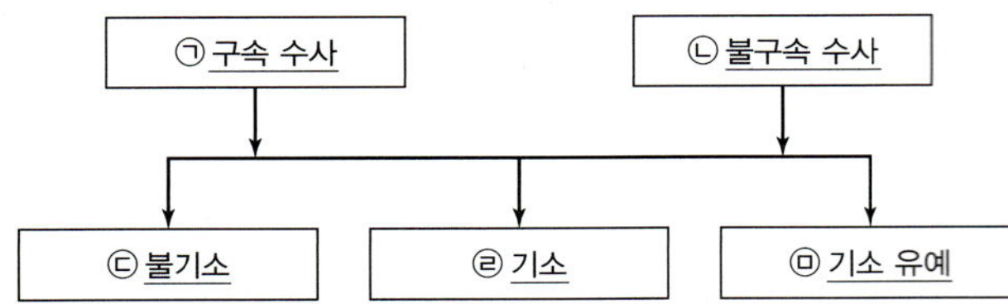

〈보기〉
ㄱ. ㉠을 위해서 피의자는 검사의 영장 실질 심사를 거쳤을 것이다.
ㄴ. ㉠을 받고 ㉤이 이루어지면 피의자는 형사 보상을 청구할 수 없다.
ㄷ. ㉡을 받고 무죄 취지의 불기소 처분을 받으면 형사 보상을 청구할 수 없다.
ㄹ. ㉢, ㉤과 달리 ㉣이 이루어지면 피의자는 구금된다.

① ㄱ, ㄴ 　② ㄱ, ㄷ 　③ ㄴ, ㄷ
④ ㄴ, ㄹ 　⑤ ㄷ, ㄹ

338

표의 (가)~(다)는 형사 절차에서의 인권 보호 제도 및 권리이다. 이에 대한 옳은 설명만을 〈보기〉에서 있는 대로 고른 것은?

구분	내용
(가)	형사 절차에서 수사 기관과 대등한 관계에서 자신을 방어할 수 있도록 변호인의 조력을 받을 권리
(나)	형사 절차에서 불리한 진술을 강요당하지 않는 권리
(다)	구속 영장이 청구된 경우 피의자를 직접 심문하여 구속 사유가 인정되는지를 판단하는 제도

〈보기〉
ㄱ. (가)의 보장을 위해 형사 재판 및 민사 재판에서 국선 변호인 제도를 운영하고 있다.
ㄴ. (나)의 고지 없이 얻은 진술의 증거 능력은 인정되지 않는다.
ㄷ. (다)는 법관에 의해 이루어진다.
ㄹ. (가), (나)는 (다)와 달리 피의자 및 피고인에게 인정된다.

① ㄱ, ㄴ 　② ㄱ, ㄹ 　③ ㄴ, ㄷ
④ ㄱ, ㄷ, ㄹ 　⑤ ㄴ, ㄷ, ㄹ

339

다음 사례의 빈칸 (가), (나)에 들어갈 제도로 옳은 것은?

- 연예인 갑은 사기 사건에 연루된 혐의로 수사를 받았다. 이 과정에서 대중 매체를 통해 갑의 수사 사실이 알려지고 국민들은 갑에 대해 악플을 다는 등 갑에 대한 국민의 감정이 악화되었다. 그러나 재판 과정에서 갑에게는 혐의가 없음이 밝혀졌고 결국 갑은 무죄 판결을 받게 되었다. 갑은 ┌ (가) ┐를 활용하여 무죄 재판 사건에 대한 재판서를 법무부 홈페이지에 올리도록 하였다.
- 을은 병으로부터 폭행을 당하여 전치 6주의 상해를 입었다. 을은 형사 재판 과정에서 민사상 손해 배상 명령까지 받을 수 있는 ┌ (나) ┐를 활용하여 을로부터 손해 배상을 받았다.

	(가)	(나)
①	형사 보상 제도	명예 회복 제도
②	명예 회복 제도	배상 명령 제도
③	명예 회복 제도	형사 보상 제도
④	범죄 피해자 구조 제도	배상 명령 제도
⑤	범죄 피해자 구조 제도	형사 보상 제도

340

다음은 형사 절차를 간단하게 나타낸 것이다. 이에 대한 옳은 설명만을 〈보기〉에서 있는 대로 고른 것은?

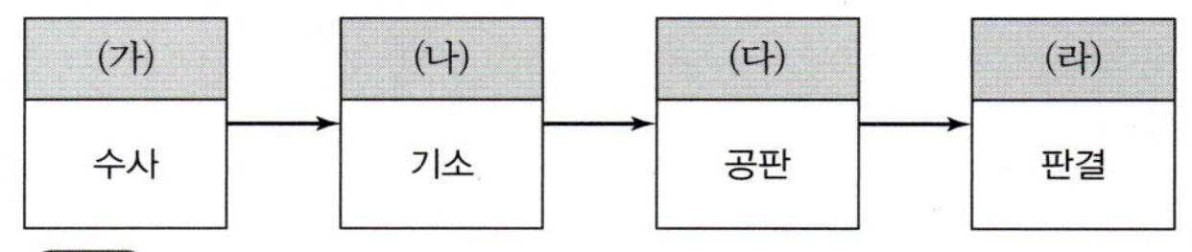

〈보기〉
ㄱ. 구속 적부 심사 청구는 (나) 이전에 가능하다.
ㄴ. 변호인의 조력을 받을 권리는 (다)에서만 인정된다.
ㄷ. (가)의 피의자와 달리 (다)의 피고인에게는 진술 거부권이 인정되지 않는다.
ㄹ. (라)에서 무죄 판결이 확정되면 (다)에서 구속 재판을 받은 피고인은 형사 보상을 청구할 수 있다.

① ㄱ, ㄴ 　② ㄱ, ㄹ 　③ ㄴ, ㄷ
④ ㄱ, ㄷ, ㄹ 　⑤ ㄴ, ㄷ, ㄹ

341 | 평가원 기출 |

다음 사례에 대한 법적 판단으로 옳은 것은?

> 갑은 고속도로에서 인접 차량의 운전자 을과 시비가 붙어 을의 차량에 위험을 가하는 보복 운전을 하여 을에게 상해를 입혔다. ㉠ 형사 법규 위반 혐의로 구속된 상태에서 수사를 받던 갑은 ㉡ <u>구속 적부심을 신청하였지만 기각되었다.</u> 이후 검사는 갑이 형사 법규를 위반한 것으로 판단하고 ○○지방 법원에 ☐ A ☐ 을/를 하였다. 이로 인해 공판 절차가 진행되었으며, 재판부는 갑에게 ☐ B ☐ 을/를 선고하였다.

① 재판 중 ㉠이 개정되어 처벌 규정이 강화되더라도 갑은 행위 시의 법률을 적용받는다.

② ㉡으로 인해 갑은 피고인으로 신분이 바뀐다.

③ 갑은 A 이전에 보증금을 납부한 후 석방을 신청할 수 있다.

④ 을은 갑의 유·무죄와 관계없이 A 이후 공판 과정에서 배상 명령 제도를 통해 배상받을 수 있다.

⑤ B가 선고 유예라면 갑은 형사 보상을 청구할 수 있다.

342 | 평가원 기출 |

형사 절차 (가)~(다) 단계에 대한 설명으로 옳은 것은?

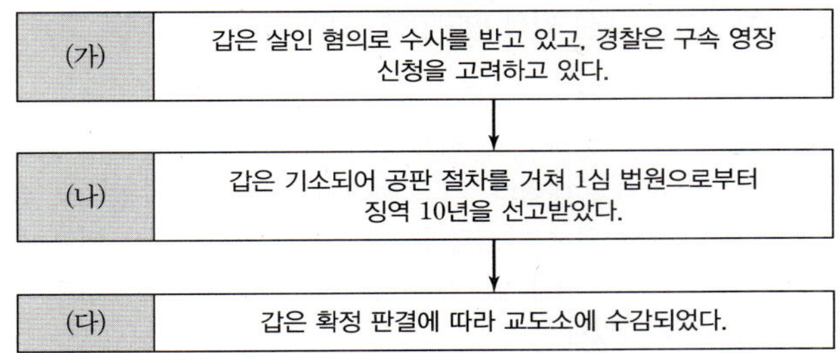

① (가) 단계에서 경찰이 갑을 구속하려면 검사가 발부한 영장을 제시하여야 한다.

② (가) 단계에서 갑이 구속되었다면 검사의 청구에 의하여 갑은 구속 적부 심사를 받을 수 있다.

③ (가) 단계와 달리 (나) 단계는 수사 절차가 아니므로 진술 거부권을 행사할 수 없다.

④ (나) 단계에서 갑이 징역 10년을 선고받았더라도 검사는 항소할 수 있다.

⑤ (다) 단계에서 수형자 갑의 인권 보호를 위해 판사의 지휘로 형을 집행한다.

343 고난도↑ | 평가원 기출 |

그림은 형사 절차를 거친 갑~병을 구분한 것이다. 이에 대한 분석 및 추론으로 옳은 것은?

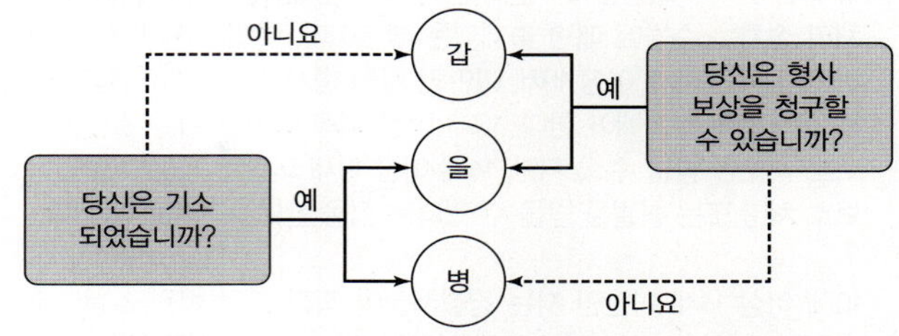

① 갑은 구금되지 않거나 불구속 상태에서 수사를 받고 무혐의 처분을 받았을 것이다.

② 을은 불구속된 상태에서 기소된 후 선고 유예의 판결이 확정되었을 것이다.

③ 을은 형사 보상을 법원에 청구할 수 있고, 명예 회복 청구는 검찰청에 할 수 있다.

④ 병이 무죄 판결을 받았다면 병은 배상 명령 제도를 통해 피해에 대한 배상을 받을 수 있다.

⑤ 병은 형사 재판 중 청구한 구속 적부 심사를 통해 석방된 상태에서 무죄 판결이 확정되었을 것이다.

344 | 교육청 기출 |

밑줄 친 ㉠~㉣에 대한 옳은 법적 판단을 〈보기〉에서 고른 것은?

> 병을 폭행한 혐의로 수사를 받고 있던 갑과 을에 대해 검사는 ㉠ <u>구속 영장을 청구</u>하였다. 하지만 판사는 갑과 달리 ㉡ <u>을에 대해서만 구속 영장을 발부</u>하였다. 이후 갑과 을은 기소되어 재판을 받았다. ㉢ <u>○○ 지방 법원은 갑에게 징역 1년에 집행 유예 2년을 선고하였고, 을에게는 금고 8개월의 선고를 유예하였다.</u> ㉣ <u>갑과 을은 항소를 하지 않았다.</u>

〈보기〉

ㄱ. ㉠으로 인해 갑, 을에 대한 구속 적부 심사가 이루어진다.

ㄴ. ㉡에도 불구하고 을에게 무죄 추정의 원칙이 적용된다.

ㄷ. ㉢의 판결로 갑, 을이 구금되는 것은 아니다.

ㄹ. ㉣로 인해 갑, 을은 유죄가 확정된다.

① ㄱ, ㄴ   ② ㄱ, ㄷ   ③ ㄴ, ㄷ

④ ㄱ, ㄹ   ⑤ ㄷ, ㄹ

주제 3 소년 사건

족집게 전략 | • 소년법이 적용되는 19세 미만인 자에 대한 형사 사건 처리 절차는 수능에 매년 출제되는 부분이다. 특히 10세 이상 14세 미만인 자와 14세 이상 19세 미만인 자의 형사 절차의 차이점에 대해 철저하게 학습해야 한다. 10세 이상 14세 미만인 자는 소년법상 보호 처분만 받을 수 있지만, 14세 이상 19세 미만인 자는 소년법상 보호 처분 또는 형벌을 받을 수 있다는 점을 반드시 기억해야 한다.

• 10세 이상 14세 미만인 자는 경찰서장이 직접 가정 법원 소년부로 송치할 수 있고, 14세 이상 19세 미만인 자는 검사가 가정 법원 소년부로 송치하거나 기소하여 형사 재판을 받게 할 수도 있다는 점을 알아야 한다. 또한 검사는 선도 조건부 기소 유예 처분을 내려 형사 재판을 받게 하지 않을 수도 있다.

345 ◀대표 문항

|평가원 기출|

다음 사례를 읽고 아래 물음에 답하시오.

A가 운영하는 학원에 다니는 갑(16세), 을(14세), 병(10세)은 수업을 받던 중, 고용된 강사 B가 잠시 자리를 비운 사이에 정(13세)과 말다툼을 하게 되었다. 그 과정에서 갑은 망을 보고 을과 병이 정을 때려 정에게 5주의 치료를 요하는 상해를 입혔다. 정은 폭행을 피하기 위해 강의실을 뛰쳐나가다 택배 기사 C를 밀어 C에게 2주의 치료를 요하는 부상을 입혔다. 현재 갑, 을, 병은 경찰에서 조사를 받고 있으며, 정은 A에게 남은 기간의 수강료에 대한 환불을 요구하고 있다.

갑~병의 소년 사건 처리에 대한 법적 판단으로 옳은 것은?

정에게 상해를 입힌 갑, 을, 병의 행위에 대한 경찰 수사 결과에 따라 갑과 을은 검사에게, 병은 가정 법원 소년부로 송치되었다. 검사는 갑과 을에 법적 조치를 검토 중이다.

① 을, 병은 갑과 달리 선도 조건부 기소 유예 처분을 받을 수 없다.

② 갑과 을의 행위는 병의 행위와 달리 구성 요건에 해당하며 위법하다.

③ 검사가 갑과 을의 행위를 범죄로 판단하더라도 갑과 을을 가정 법원 소년부로 송치할 수 있다.

④ 검사가 갑과 을을 가정 법원 소년부로 송치하면 가정 법원 소년부가 형의 선고를 유예할 수 있다.

⑤ 병이 소년법상 보호 처분을 받는다면 갑, 을의 부모와는 달리 병의 부모는 민사상 책임이 면제된다.

346

다음은 갑(15세)에 대한 형사 절차를 간단하게 나타낸 것이다. 이에 대한 설명으로 옳은 것은?

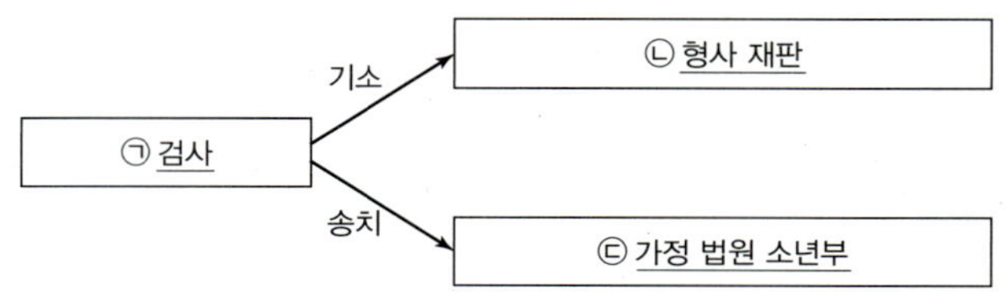

① ㉠은 갑에 대해 선도 조건부 기소 유예 처분을 내리면 ㉢으로 송치된다.

② ㉡에서 갑에게 소년법상 보호 처분을 내릴 수 있다.

③ ㉢의 보호 처분 결정에 불복하는 것을 항소라고 한다.

④ 갑이 12세라면 ㉠은 ㉢으로 송치한다.

⑤ 갑에게 ㉡에서의 형벌, ㉢에서의 보호 처분 결정이 동시에 내려질 수 없다.

347

다음 사례에 대한 옳은 법적 판단만을 〈보기〉에서 있는 대로 고른 것은?

○○ 지방 법원은 폭행 등의 혐의로 기소된 갑에 대해 가정 법원 소년부 송치 결정을 내렸다. 갑은 학교 친구를 폭행한 혐의로 수사를 받고 검사에 의해 기소되었으나, ○○ 지방 법원은 여러 가지 상황을 고려하여 갑에게는 형벌이 아닌 보호 처분 결정을 내려야 한다고 판단하였다.

보기

ㄱ. 갑의 연령은 14세 이상 19세 미만이다.

ㄴ. 갑이 가정 법원 소년부에서 보호 처분을 결정을 받으면 전과로 기록된다.

ㄷ. ○○ 지방 법원은 갑의 폭행 행위가 범죄로 성립되지 않는다고 판단하였다.

ㄹ. 검사는 갑이 보호 처분이 아닌 형벌을 받아야 한다고 판단하여 기소한 것이다.

① ㄱ, ㄷ   ② ㄱ, ㄹ   ③ ㄴ, ㄷ

④ ㄱ, ㄴ, ㄹ   ⑤ ㄴ, ㄷ, ㄹ

348

다음 사례에 대한 옳은 법적 판단만을 〈보기〉에서 있는 대로 고른 것은?

- 갑(8세)은 아파트 지하 주차장에서 불장난을 하다 차량을 훼손하였다.
- 을(12세)은 편의점에서 물건을 훔쳐 달아나다 붙잡혔다.
- 병(16세)은 같은 학교에 다니는 친구를 폭행하여 전치 6주의 상해를 입혔다.

〈보기〉
ㄱ. 갑은 형벌 또는 소년법상 보호 처분을 받지 않는다.
ㄴ. 을은 병과 달리 소년법상 보호 처분을 받을 수 있다.
ㄷ. 을은 병과 달리 경찰서장이 가정 법원 소년부로 송치할 수 있다.
ㄹ. 병은 을과 달리 선도 조건부 기소 유예 처분을 받을 수 있다.

① ㄱ, ㄴ   ② ㄱ, ㄹ   ③ ㄴ, ㄷ
④ ㄱ, ㄷ, ㄹ   ⑤ ㄴ, ㄷ, ㄹ

349

그림은 A~C에 대한 형사 절차를 구분한 것이다. 이에 대한 옳은 설명만을 〈보기〉에서 있는 대로 고른 것은? (단, A~C는 각각 8세, 12세, 17세 중 하나이다.)

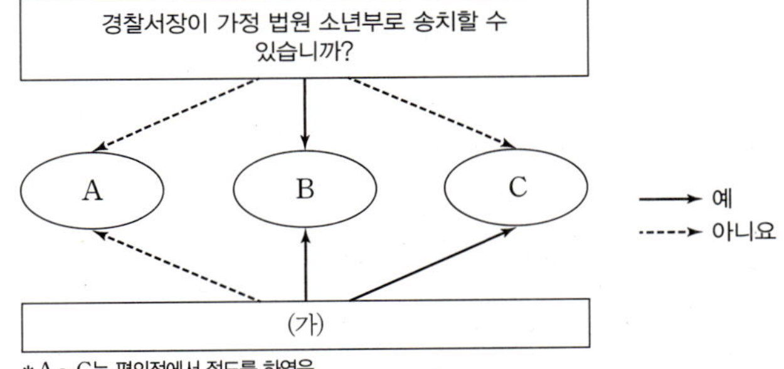

*A~C는 편의점에서 절도를 하였음

〈보기〉
ㄱ. (가)에 '소년법상 보호 처분을 받을 수 있습니까?'가 들어갈 수 있다.
ㄴ. (가)에 '선도 조건부 기소 유예 처분을 받을 수 있습니까?'가 들어갈 수 있다.
ㄷ. A, C는 검사가 기소할 수 있다.
ㄹ. A가 8세라면 C는 B와 달리 형사 재판을 통해 형벌을 받을 수 있다.

① ㄱ, ㄷ   ② ㄱ, ㄹ   ③ ㄴ, ㄹ
④ ㄱ, ㄴ, ㄷ   ⑤ ㄴ, ㄷ, ㄹ

350

| 평가원 기출 |

다음 사례에 대한 법적 판단으로 옳은 것은?

갑(15세)은 동생 을(9세)과 길을 걷던 중, 머리 위로 떨어지는 간판을 피하려다 같이 가던 병(18세)을 밀쳤고 그 결과 병에게 가벼운 상처를 입혔다. 그 사정을 몰랐던 병은 순간 화가 나 갑과 을을 폭행하였고 이로 인해 갑과 을에게 2주간 치료를 요하는 상해를 입혔다. 앙갚음할 기회를 엿보고 있던 갑과 을은 병의 노트북을 훔쳐 사용하다가 정에게 팔아 버렸다. 며칠 후 정이 자신의 노트북을 사용하는 것을 우연히 본 병은 정에게 폭력을 행사하여 노트북을 되찾았다.

① 병에게 상처를 입힌 행위와 관련하여 갑과 달리 을에게는 선도 조건부 기소 유예 처분을 내릴 수 없다.
② 절도 행위와 관련하여 을과 달리 갑에게는 가정 법원 소년부에 의해 보호 처분이 부과될 수 있다.
③ 절도 행위를 이유로 갑이 기소되었다면, 형사 법원은 형벌 외에도 소년법상 보호 처분을 내릴 수 있다.
④ 갑과 을에 대해 상해 행위를 한 병에게 선도 조건부 기소 유예 처분이 내려졌다면, 불법 행위로 인한 민사상 책임은 면제된다.
⑤ 폭력을 행사하여 자신의 노트북을 되찾은 병의 행위는 정당방위에 해당하여 범죄가 성립하지 않는다.

351

| 평가원 기출 |

다음 사례에 대한 법적 판단으로 옳은 것은?

갑(30세)은 길을 걷다 을(18세)과 병(13세)이 A를 구타하고 있는 현장을 목격하고 이를 말리려 하였다. 갑의 개입에 화가 난 을이 갑자기 흉기를 꺼내 덤비자, 생명에 위협을 느낀 갑은 이를 제지하는 과정에서 ㉠ 을을 벽으로 밀어 전치 2주의 상해를 입혔다. 화가 난 을이 더욱 심하게 덤벼들자 갑은 일단 자리를 피하려고 하였지만 을은 갑을 끝까지 추격하였다. 막다른 골목에 다다른 갑은 끝까지 따라온 을의 추격을 따돌리기 위한 다른 방법이 없자 ㉡ 옆집 대문을 부수고 그 집 차고로 들어갔다. 출동한 경찰관은 을을 ㉢ 현행범으로 체포하였고, A에 대한 상해 혐의로 현재 을에 대한 1심 형사 재판이 진행 중이다.

① 을에게 유죄가 인정되면 을은 형벌과 동시에 소년법상 보호 처분을 받을 수 있다.
② 병에게는 책임 조각 사유가 존재하기 때문에 소년원 송치 처분의 대상이 될 수 없다.
③ A는 을을 상대로 민사 소송을 별도로 제기하지 않아도 재판이 진행 중인 법원에 상해로 인한 치료비에 대해 배상 명령을 신청할 수 있다.
④ ㉢은 법령에 근거한 행위로서 구성 요건에 해당하지 않기 때문에 범죄가 성립하지 않는다.
⑤ ㉠, ㉡에 대해 범죄가 성립하지 않는다면, 모두 긴급 피난에 해당되어 위법성이 조각되기 때문이다.

근로자의 권리

주제 1 노동법과 근로자의 권리 보호

1. 사회법의 발달과 노동법의 등장

(1) 사회법의 의미와 등장 배경

① 사회법의 의미 : 사적 자치의 원칙, 사유 재산권 존중의 원리가 지배하는 사법(私法) 영역에 국가가 개입하여 공법(公法)적 규제를 가할 수 있도록 제정된 법

> 계약 자유의 원칙이라고도 하며, 개인의 법률관계(계약 등)는 자유 의사에 기초하여 형성하고, 개인의 권리·의무는 자율적인 의사에 의하여 취득되거나 상실된다.

② 특징 : 공법과 사법의 중간 영역, 제3의 영역

③ 사회법의 등장 배경 : 빈익빈 부익부 현상, 노사 간 대립, 독점 기업 발생 등 근대 자본주의 발전 과정에서 나타난 모순과 부조리를 해결하기 위해 등장 → 국가가 개인 또는 집단 간의 생활 관계에 적극적으로 개입하여 국민의 경제생활과 노사 관계 등을 규제·조정하게 됨

> 직업의 종류를 불문하고 사업 또는 사업장에서 임금을 목적으로 근로를 제공하는 자를 말한다.

(2) 노동법의 의미와 종류

① 노동법의 의미 : 자본주의 경제 질서에서 종속적 근로 관계를 맺고 있는 근로자의 생존권 확보와 사회적 지위 향상을 도모하고, 사용자와 근로자 간의 이해관계를 조정하고 대립을 완화하는 법

② 노동법의 의의 : 경제적 약자인 근로자의 보호를 위해 근로 조건 및 노사 관계를 규정하여 근로자의 인간다운 생활과 생존권을 보장하기 위해 제정

③ 우리나라 노동법의 종류 : 근로 기준법, 노동조합 및 노동 관계 조정법, 최저 임금법 등 ❶, ❷

> 근로자가 자주적으로 단결하여 근로 조건의 유지·개선, 근로자의 경제적·사회적 지위의 향상을 목적으로 조직하는 단체를 말한다.

2. 근로자의 권리 보호

(1) 헌법상의 근로자 권리 보호

① 근로 기본권의 보장 : 근로자의 권리는 헌법상 근로 기본권으로 보장됨

② 근로 3권(근로 삼권)의 보장

단결권	• 근로자들이 자주적으로 노동조합을 조직·운영할 수 있는 권리 • 노동조합의 설립과 가입은 근로자만 할 수 있음 → 사용자나 자영업자는 안 됨
단체 교섭권	• 노동조합이 근로 조건에 관하여 사용자와 교섭할 수 있는 권리 • 사용자가 정당한 이유 없이 교섭을 거부할 수 없음
단체 행동권	• 단체 교섭의 실효성 확보를 위해 쟁의 행위 등의 단체 행동을 할 수 있는 권리 • 정치 활동이나 경영에 관여할 목적으로 하는 단체 행동은 금지됨 • 폭력 또는 파괴 행위와 같은 형태의 쟁의 행위는 금지됨 • 정당한 쟁의 행위에 대해서는 민·형사상 책임이 면제됨 ❸

> 교섭이란 어떤 사안에 관하여 서로 의논하고 절충하는 것을 말한다.

(2) 근로 계약과 근로 기준법

① 근로자 : 임금을 목적으로 근로를 제공하는 자

② 근로 기준법 : 헌법에 따라 근로 조건의 기준을 정함으로써 근로자의 기본적 생활을 보장·향상시키며, 균형 있는 국민 경제의 발전을 꾀하는 것을 목적으로 제정된 법, 근로 계약의 내용이 근로 기준법에 어긋나면 안 됨 → 어긋나는 경우 해당 조항은 무효

③ 근로 계약 ❹ —— 근로 기준법의 근로 조건은 최저 기준이므로 사용자는 이 기준을 이유로 기존의 근로 조건을 낮출 수 없다.

의미	근로자가 사용자에게 근로를 제공하고 사용자는 이에 대하여 임금을 지급할 목적으로 체결된 계약
임금 ❺	• 통화의 형태로 근로자에게 직접 전액을 지급해야 함 • 매월 1회 이상 일정한 날짜에 지급해야 함 • 최저 임금법상 최저 임금액 이상의 임금을 지급해야 함 • 소정의 근로일을 개근한 근로자에게 일주일에 평균 1회 이상의 유급 휴일을 주어야 함 • 임금의 계산과 구체적인 지급 방법은 근로 계약 또는 단체 협약을 정할 수 있음
근로 시간	• 휴게 시간을 제외하고 원칙적으로 1일 8시간, 1주 40시간을 초과할 수 없음 • 사용자와 근로자가 합의한 경우 연장 근로 가능 → 1주 12시간 이내 • 근로 시간 도중에 휴게 시간 제공 → 근로 시간이 4시간인 경우 30분 이상, 8시간인 경우 1시간 이상

---

❶ 근로 기준법

헌법에 따라서 근로 조건의 기준을 정함으로써 근로자의 기본적 생활을 보장, 향상시키며 균형 있는 국민 경제의 발전을 도모하기 위해 제정한 법이다. 근로 조건의 기준을 확보하기 위해 고용 노동부 및 그 소속 기관에 근로 감독관을 둔다. 근로자는 사업 또는 사업장에서 근로 기준법의 위반 사실을 고용 노동부 장관 또는 근로 감독관에게 통고할 수 있다.

❷ 노동조합 및 노동 관계 조정법

헌법에 의한 노동 3권을 보장하여 근로 조건의 유지·개선과 근로자의 경제적·사회적 지위의 향상을 도모하고, 노동 관계를 공정하게 조정하여 노동 쟁의를 예방·해결함으로써 산업 평화의 유지와 국민 경제의 발전에 이바지하기 위해 제정한 법이다.

> 최저 임금제는 국가가 근로자들의 생활 안정을 위해 임금의 최저 수준을 정하고 사용자가 그 수준 이상의 임금을 지급하도록 법으로 강제하는 제도이다. 적용 대상은 1인 이상 근로자를 사용하는 모든 사업장이다. 최저 임금 위원회가 매년 인상안을 의결해 정부에 제출하면 고용 노동부 장관이 8월 5일까지 최저 임금을 결정해 고시한다.

❸ 쟁의 행위

노동 관계 당사자가 그 주장을 관철할 목적으로 행하는 행위와 이에 대항하는 행위로서 업무의 정상적인 운영을 저해하는 것을 말한다. 쟁의 행위로는 근로자 측의 동맹 파업·태업, 보이콧, 생산 관리, 피케팅 등이 있고 사용자 측의 직장 폐쇄가 있다.

❹ 근로 계약서 작성 시 명시해야 할 조건

1. 임금의 구성 항목, 계산 방법, 지급 방법
2. 소정 근로 시간
3. 휴일에 관한 사항
4. 연차 유급 휴가에 관한 사항
5. 취업의 장소와 업무에 관한 사항, 취업 규칙에서 정한 사항, 기숙사 규칙에서 정한 사항

❺ 통상 임금

통상 임금이란 근로 계약에서 근로를 제공하면 근로자에게 정기적, 일률적, 고정적으로 지급하기로 정하여진 임금을 말한다. 통상 임금은 초과 근로에 대한 임금을 정할 때 기준이 된다.

3. 근로자 권리의 침해와 구제

(1) 부당 해고

> 정당한 해고의 요건은 해고의 정당한 사유, 불가피한 경우, 합리적이고 공정한 해고 기준으로 해고 대상자 선정, 해고의 사유와 시기는 반드시 서면으로 통지 등이 있다.

의미	정당한 이유와 절차 없이 정당한 해고의 요건을 지키지 않고 해고하는 경우
구제 방법	• 노동 위원회에 구제 신청 : 지방 노동 위원회 → 중앙 노동 위원회 → 행정 법원 → 고등 법원 → 대법원 ❻ • 해고 무효 확인 소송(민사 소송) : 노동 위원회를 거치지 않고 바로 법원에 해고 무효 확인 소송 제기 가능 • 부당 해고를 당한 근로자 개인만 구제 절차 신청 가능 → 노동조합은 안 됨

(2) 부당 노동 행위 ❼

> 근로자, 사용자, 사회의 공익을 대변하는 위원들로 구성된 준사법적 성격의 합의제 행정 기관을 말한다. 노사 간의 분쟁을 신속하고 공정하게 조정·판정하는 기관으로, 중앙 노동 위원회와 각 지방 노동 위원회로 구성된다.

의미	• 근로자의 노동조합 가입, 조직, 활동 등을 이유로 근로자를 해고하거나 근로자에게 불이익을 주는 행위 • 근로자가 노동조합에 가입하지 아니할 것 또는 탈퇴할 것을 고용 조건으로 하거나 특정한 노동조합의 조합원이 될 것을 고용 조건으로 하는 행위 • 노동조합과의 단체 교섭을 정당한 이유 없이 거부하는 행위 등
구제 방법	• 노동 위원회에 구제 신청 : 지방 노동 위원회 → 중앙 노동 위원회 → 행정 법원 → 고등 법원 → 대법원 • 근로자 개인뿐만 아니라 노동조합도 구제 절차를 밟을 수 있음

(3) 근로 계약 위반

의미	근로 계약서에 명시된 근로 조건이 사실과 다른 경우
구제 방법	근로 계약을 즉시 해제할 수 있고, 손해 배상을 청구할 수 있음

(4) 임금 체불

의미	정해진 날짜가 지나도 임금의 일부나 전부를 받지 못한 경우
구제 방법	고용 노동부나 근로 감독관에게 진정서 제출, 민사 소송 제기, 형사 고소

노사 문제를 공정하고 합목적적으로 처리하기 위하여 설치된 합의제 행정 기관이다. 노동 위원회는 노·사·공익 3자로 구성된 준(準)사법적 성격을 지녔으며, 노동 관계에서 발생하는 노사 간의 이익 및 권리 분쟁을 신속하고 공정하게 조정·판정하여 산업 평화 정착에 기여할 목적으로 설립되었다.

❼ 부당 노동 행위 구제 절차

피해 당사자 (근로자, 노동조합)

↓ 3개월 이내 구제 신청

지방 노동 위원회

↓ 불복시 10일 이내 재심 신청

중앙 노동 위원회

↓ 불복시 15일 이내 행정 소송 제기

행정 법원

주제 2 청소년 근로

1. 청소년 근로 보호를 위한 법률

(1) **근로 기준법** : 연소 근로자를 보호하기 위한 내용 규정

(2) **청소년 보호법** : 청소년에게 유해한 매체물과 약물 등이 청소년에게 유통되는 것과 청소년이 유해한 업소에 출입하는 것 등을 규제하고 청소년을 유해한 환경으로부터 보호·구제함으로써 청소년이 건전한 인격체로 성장할 수 있도록 하는 것을 목적으로 제정된 법

2. 청소년 근로자의 근로 보호 ❽

취업 연령 제한	• 15세 미만인 자(중학교에 재학 중인 18세 미만인 자 포함)는 원칙적으로 근로를 할 수 없음 • 고용 노동부 장관이 발급한 취직 인허증을 지닌 경우에는 15세 미만인 자도 취업 가능 • 18세 미만인 자를 근로자로 고용하는 사용자는 그 연령을 증명하는 가족 관계 증명서와 부모(친권자 또는 후견인)의 동의서를 사업장에 비치하여야 함
근로 내용	사용자는 18세 미만의 연소 근로자를 도덕상 또는 보건상 유해하거나 위험한 사업에 근로하게 할 수 없음
근로 시간	• 18세 미만인 근로자의 근로 시간은 원칙적으로 1일 7시간, 1주일 35시간을 넘지 못함 (야간 근로나 휴일 근로는 원칙적으로 금지) • 연장 근로에 합의하더라도 1일 1시간, 1주 5시간을 초과할 수 없음
근로 계약과 임금	• 청소년 근로자는 부모의 동의를 얻어 본인이 직접 계약을 체결해야 하며 부모가 대리할 수 없음 • 청소년 근로자도 최저 임금 제도의 적용을 받음 • 청소년 근로자는 독자적으로 임금을 청구할 수 있음

> 취직이 금지된 13세 이상 15세 미만인 사람의 취직을 고용 노동부 장관이 인정하고 허가해 주는 증명서를 말한다. 15세 미만인 사람이 '취직 인허증'을 가지고 있으면 고용할 수 있다. 한편, 예술 공연에 참가하려는 경우에는 13세 미만인 사람도 취직 인허증을 받을 수 있다.

❽ 청소년 아르바이트 10계명

1. 15세 이상이어야 근로가 가능하다.
2. 부모님 동의서와 나이를 알 수 있는 증명서가 필요하다.
3. 근로 계약서를 반드시 작성한다.
4. 성인과 동일한 최저 임금을 적용받는다.
5. 하루 7시간, 일주일에 35시간 이상 일할 수 없다.
6. 휴일 근무나 초과 근무를 했을 때 50%의 가산 임금을 받는다.
7. 일주일을 개근하고 15시간 이상 일을 하면 하루의 유급 휴일을 받는다.
8. 위험한 일이나 유해 업종의 일을 할 수 없다.
9. 일하다 다치면 산재 보험으로 치료와 보상을 받을 수 있다.
10. 청소년 신고 대표 전화 1644-3119
   – 고용 노동부 누리집, 2018

핵심 개념 CHECK!

✏️ 다음 설명이 맞으면 '○', 틀리면 '×'에 표시하시오.

주제 1 노동법과 근로자의 권리 보호

01 사적 자치의 원칙, 사유 재산권 존중의 원리가 지배하는 사법(私法) 영역에 국가가 개입하여 공법(公法)적 규제를 가할 수 있도록 제정된 법을 사회법이라고 한다. ○ ×

02 사회법은 공법과 사법의 중간 영역, 제3의 영역으로 불린다. ○ ×

03 노동법은 자본주의 경제 질서에서 종속적 근로 관계를 맺고 있는 근로자의 생존권 확보와 사회적 지위 향상을 도모하고, 사용자와 근로자 간의 이해관계를 조정하고 대립을 완화하는 법이다. ○ ×

04 근로 3권에는 단결권, 단체 교섭권, 단체 행동권이 있다. ○ ×

05 근로자들이 자주적으로 노동조합을 조직·운영할 수 있는 권리를 단결권이라고 한다. ○ ×

06 (함정) 사용자와 자영업자도 단결권을 갖는다. ○ ×

07 사용자는 정당한 이유 없이 단체 교섭을 거부할 수 없으며 만약 거부한다면 이는 부당 노동 행위에 해당한다. ○ ×

08 정치 활동이나 경영에 관여할 목적으로 하는 단체 행동도 허용된다. ○ ×

09 (함정) 정당한 쟁의 행위여도 민·형사상 책임이 면제되는 것은 아니다. ○ ×

10 근로 계약의 내용이 근로 기준법에 어긋나면 해당 조항만 무효가 된다. ○ ×

11 임금은 통화의 형태로 근로자에게 직접 전액을 지급해야 한다. ○ ×

12 임금은 매월 2회 이상 일정한 날짜에 지급해야 한다. ○ ×

13 임금의 계산과 구체적인 지급 방법은 근로 계약 또는 단체 협약으로 정할 수 있다. ○ ×

14 근로 시간은 휴게 시간을 제외하고 원칙적으로 1일 8시간, 1주 40시간을 초과할 수 없다. ○ ×

15 사용자와 근로자가 합의한 경우 1주 12시간 이내에서 연장 근로가 가능하다. ○ ×

16 휴게 시간은 근로 시간이 4시간인 경우 30분 이상, 8시간인 경우 1시간 이상을 근로 시간 중에 주어야 한다. ○ ×

17 부당 해고는 정당한 이유와 절차 없이 해고하는 것이다. ○ ×

18 근로 기준법의 근로 조건은 최저 기준이므로 사용자는 이 기준을 이유로 기존의 근로 조건을 낮출 수 있다. ○ ×

19 (함정) 부당 해고에 대해서는 근로자 개인뿐만 아니라 노동조합도 구제 절차 신청이 가능하다. ○ ×

20 근로자가 노동조합에 가입하지 아니할 것 또는 탈퇴할 것을 고용 조건으로 하거나 특정한 노동조합의 조합원이 될 것을 고용 조건으로 하는 행위도 부당 노동 행위이다. ○ ×

21 해고 무효 확인 소송은 노동 위원회의 구제 절차를 거친 후에 제기할 수 있는 민사 소송이다. ○ ×

22 부당 노동 행위에 대해서는 근로자 개인뿐만 아니라 노동조합도 노동 위원회에의 구제 절차를 밟을 수 있다. ○ ×

23 부당 해고에 대해 사용자를 상대로 행정 소송을 제기할 수 있다. ○ ×

24 부당 해고, 부당 노동 행위 모두 지방 노동 위원회 → 중앙 노동 위원회 → 행정 법원 → 고등 법원 → 대법원의 구제 절차를 거칠 수 있다. ○ ×

주제 2 청소년 근로

25 (함정) 15세 미만인 자는 원칙적으로 근로를 할 수 없다. ○ ×

26 예외적으로 고용 노동부 장관이 발급한 취직 인허증을 지닌 경우에는 15세 미만인 자라도 취업이 가능하다. ○ ×

27 18세 미만인 자를 근로자로 고용하는 사용자는 그 연령을 증명하는 가족 관계 증명서와 부모(친권자 또는 후견인)의 동의서를 사업장에 비치하여야 한다. ○ ×

28 18세 미만인 근로자의 근로 시간은 원칙적으로 1일 7시간, 1주일 35시간을 넘지 못한다. ○ ×

29 청소년 근로자는 부모의 동의를 얻어 본인이 직접 계약을 체결해야 하며 부모가 대리할 수 없다. ○ ×

30 청소년 근로자는 독자적으로 임금을 청구할 수 있다. ○ ×

31 (함정) 청소년 근로자는 최저 임금 제도의 적용 예외 대상이다. ○ ×

근로자의 권리는 어떻게 보호가 될까?

자료 근로자의 권리 보호

> 갑이 운영하는 A 회사에서 2018년 7월부터 일하고 있는 을(20세)은 갑과 오른쪽과 같은 내용의 근로 계약서를 작성하였다.
> 그러나 을은 근로 계약 내용과 달리 주차장 관리 업무도 담당하게 되었다. 을은 이에 대해 항의하는 과정에서 갑을 밀어 부상을 입혔다. 갑은 징계 위원회의 해고 결정에 따라 2018년 10월 5일 을에게 해고 사유와 시기를 구두로 통보하였다. 그러나 A 회사 노동조합은 을에 대한 해고를 반대하고 있다.
> → 부당 해고
>
> • 계약 기간은 1년, 시급은 9,000원
> • 근로 시간은 14시부터 21시까지 (근무일 주 5일, 휴게 시간 17시부터 18시까지)
> • 업무 내용은 상품 개발 및 마케팅

근로 기준법에 명시된 근로 계약 기준과 부당 해고 및 부당 노동 행위의 권리 구제 절차에 대해서는 수능에 자주 출제가 된다. 각 내용을 구체적으로 파악하고 있어야 한다.

❶ **자료에서 근로 계약 위반 여부와 부당 해고 여부를 파악하자!** 갑과 을이 체결한 근로 계약에서 근로 시간은 14시부터 21시로 7시간이며, 중간에 1시간의 휴게 시간이 있으므로 근로 기준법에 어긋나지 않는다. 그러나 해고 사유와 시기를 구두로 통보하였기 때문에 부당 해고에 해당하며 이에 대해 노동 위원회에 구제 신청을 하거나 해고 무효 확인 소송을 제기할 수 있다.

❷ **근로 기준과 부당 해고 구제 절차를 파악하자!**

근로 기준법 상 근로 기준	• 임금은 통화의 형태로 근로자에게 직접 전액을 지급해야 함 • 매월 1회 이상 일정한 날짜에 임금은 지급해야 함 • 근로 시간은 휴게 시간을 제외하고 원칙적으로 1일 8시간, 1주 40시간을 초과할 수 없음 • 사용자와 근로자가 합의한 경우 연장 근로 가능 → 1주 12시간 이내 • 근로 시간 도중에 휴게 시간 제공 → 근로 시간이 4시간인 경우 30분 이상, 8시간인 경우 1시간 이상
부당 해고 구제 절차	• **노동 위원회에 구제 신청** : 지방 노동 위원회 → 중앙 노동 위원회 → 행정 법원 → 고등 법원 → 대법원 • **해고 무효 확인 소송(민사 소송)** : 노동 위원회를 거치지 않고 바로 법원에 해고 무효 확인 소송 제기 가능 • 부당 해고를 당한 근로자 개인만 구제 절차 신청 가능 → **노동조합은 안 됨**

❸ **선택지를 해석하자!**

> ㄱ. 갑의 을에 대한 해고 통보로 해고의 효력이 발생한다. → 발생하지 않는다
> ㄴ. 을은 노동 위원회 구제 신청과 별도로 법원에 해고의 효력을 다투는 소를 제기할 수 있다.
> ㄷ. 을이 근무일에 근로 계약서에 따라 일했다면 갑은 을에게 하루 임금으로 63,000원을 지급해야 한다. → 54,000원
> ㄹ. 갑의 을에 대한 행위는 부당 노동 행위에 해당하지 않으므로 A 회사 노동조합은 노동 위원회에 구제 신청을 할 수 없다.

> ▷ 부당 해고 : 정당한 사유가 있고, 불가피하며, 합리적이고 공정한 기준으로 해고 대상자를 선정하고, 해고의 사유와 그 시기는 반드시 서면으로 통지해야 정당한 해고가 된다.
> ▷ 부당 해고 구제 절차 : 부당 노동 행위가 아닌 부당 해고에 대해서는 노동조합이 아닌 근로자만 노동 위원회에 구제 신청을 할 수 있다.
> ▷ 해고 무효 확인 소송 : 부당 해고에 대해서 근로자는 노동 위원회에의 구제 절차를 거치는 것과 별개로 해고 무효 확인 소송(민사 소송)을 제기할 수 있다.

Q1 다음 표에서 알맞은 단어를 고르시오.

01. 부당 해고	❶ (근로자 / 노동조합)이/가 노동 위원회에 구제 신청을 할 수 있음 ❷ (민사 / 형사) 소송의 일종인 해고 무효 확인 소송을 제기할 수 있음 ❸ 중앙 노동 위원회의 재심 판정에 대해 (민사 / 행정) 소송을 제기할 수 있음
02. 부당 노동 행위	❶ (근로자만 / 근로자 또는 노동조합)이 노동 위원회에 구제 신청을 할 수 있음 ❷ 사용자가 정당한 이유 없이 단체 교섭을 거부하는 경우 (부당 해고 / 부당 노동 행위)에 해당됨

Q2 다음 내용이 맞으면 '○', 틀리면 '×'에 표시하시오.

03. 근로자들이 자주적으로 노동조합을 결성할 수 있는 권리는 단결권이다. (○ / ×)

04. 회사 경영상의 이유로 단체 교섭권을 행사하는 것은 인정된다. (○ / ×)

05. 정당한 쟁의 행위는 민·형사상 책임을 지지 않는다. (○ / ×)

06. 임금은 매월 1회 이상 통화의 형태로 지급해야 한다. (○ / ×)

07. 사용자와 근로자가 합의만 하면 법정 최저 임금보다 낮은 임금으로 근로 계약을 체결할 수 있다. (○ / ×)

08. 근로 시간은 휴게 시간을 제외하고 1일 8시간, 1주 50시간을 초과할 수 없다. (○ / ×)

09. 휴게 시간은 근로 시간 도중에 주어야 한다. (○ / ×)

10. 해고의 사유는 구두로 전달해도 부당 해고가 아니다. (○ / ×)

주제 1 노동법과 근로자의 권리 보호

족집게 전략 ｜ • 근로 기준법상 근로 기준에 대해서는 수능에 자주 출제되고 있는 부분이다. 이번 교육과정에서는 사회법 영역에서 노동법만 다루고 있으므로 앞으로는 매년 출제될 가능성이 높다. 근로 기준법에 규정되어 있는 근로 기준을 다소 지엽적이라는 생각이 들어도 꼼꼼하게 체크하면서 학습해야 한다.

• 부당 해고와 부당 노동 행위의 의미와 유형, 이에 따른 구제 절차를 묻는 문항은 수능에 자주 출제되었다. 부당 해고와 부당 노동 행위에 대한 구제 절차는 공통적인 부분도 존재하지만 부당 해고인 경우에는 해고 무효 확인 소송이라는 민사 소송을 제기할 수 있고, 부당 해고와 달리 부당 노동 행위는 근로자뿐만 아니라 노동조합도 노동 위원회에 구제 신청을 할 수 있다는 점은 반드시 학습해야 하는 내용이다.

---

352 대표 문항 고난도↑
|평가원 기출|

다음 사례에 대한 옳은 법적 판단을 〈보기〉에서 고른 것은?

A 식료품 회사 사용자와 노동조합은 근로 조건에 관해 단체 교섭을 진행하였으나 사용자가 안건에 합의하지 않아 결렬되었다. 이에 노동조합은 적법하게 파업을 이끌었다. A 식료품 회사는 인사 위원회를 열어 파업을 주도했다는 이유로 갑(28세)에게 해고를 통보하였다. 이에 갑은 즉시 해고의 효력을 다투는 소송을 제기하였다. 법원은 해고 처분이 재량권 범위를 일탈·남용하여 위법하다고 판결하였고, 이 판결은 확정되었다.

〈보기〉

ㄱ. 갑은 소송을 제기하기 전, 노동 위원회에 구제 신청을 할 수 있다.
ㄴ. 갑이 A 식료품 회사의 인사 위원회 결정에 불복하여 제기한 소송은 민사 소송이다.
ㄷ. 갑의 행위에 대한 A 식료품 회사의 해고 처분은 부당 해고에는 해당하지만 부당 노동 행위에는 해당하지 않는다.
ㄹ. A 식료품 회사 사용자가 노동조합이 제시한 근로 조건에 관해 합의를 하지 않은 행위는 단체 교섭권을 침해한 것이다.

① ㄱ, ㄴ   ② ㄱ, ㄷ   ③ ㄴ, ㄷ
④ ㄴ, ㄹ   ⑤ ㄷ, ㄹ

353

빈칸 (가)에 들어갈 법에 대한 옳은 설명만을 〈보기〉에서 있는 대로 고른 것은?

근대 시민 사회가 성립되고 자본주의가 발달함에 따라 빈익빈 부익부, 노사 갈등, 환경 오염으로 인한 피해 등과 같은 문제가 심화되었다. 이에 따른 폐해를 막고 해결하기 위하여 국가가 개인의 법률 관계에 적극적으로 개입하여 사회적 약자를 보호하고 사회적 강자를 규제하는 법을 제정하게 되었다. 이러한 흐름에 따라 제정된 법을 [(가)]이라고 한다.

〈보기〉

ㄱ. 공법과 사법의 중간 영역에 해당한다.
ㄴ. 형식적 평등을 실현하기 위해 제정된 법이다.
ㄷ. 근로 기준법, 노동조합 및 노동 관계 조정법 등이 예이다.
ㄹ. 사법 영역에 국가가 개입하여 공법적 규제를 가할 수 있도록 제정된 법이다.

① ㄱ, ㄴ   ② ㄱ, ㄹ   ③ ㄴ, ㄷ
④ ㄱ, ㄷ, ㄹ   ⑤ ㄴ, ㄷ, ㄹ

354

다음 교사의 질문에 대한 학생의 답변으로 옳은 것만을 〈보기〉에서 고른 것은?

〈보기〉

ㄱ. 갑에 대한 해고는 단결권 침해로 부당 노동 행위에 해당돼요.
ㄴ. 을의 부당 노동 행위는 노동 조합 및 노동 관계 조정법에 규정되어 있어요.
ㄷ. 갑과 을이 체결한 계약은 전체가 무효가 돼요.
ㄹ. 갑과 을이 근로 계약에 합의하였으므로 사적 자치의 원칙에 의해 해고는 정당해요.

① ㄱ, ㄴ   ② ㄱ, ㄷ   ③ ㄴ, ㄷ
④ ㄴ, ㄹ   ⑤ ㄷ, ㄹ

355

다음 자료에 대한 옳은 설명만을 〈보기〉에서 고른 것은?

〈근 로 계 약 서〉

사업주 갑(○○편의점 사장)과 근로자 을(25세)은 다음과 같이
근로 계약을 체결한다.

1. **계약 기간** : 2019년 5월 1일부터 2019년 12월 31일까지
2. **근무 장소** : ○○편의점
3. **업무 내용** : 편의점 관리 및 물건 판매
4. **임금** : 시간당 8,000원
5. **근로 시간** : 월~금 13:00~22:00

(이하 생략)

* 2019년 최저 임금은 시간당 8,350원임

보기

ㄱ. 근로 시간 중에 휴게 시간 2시간 이상이 포함되어 있어야
   한다.
ㄴ. 을의 임금은 최저 임금에 미치지 못하므로 갑과 을의 근로
   계약은 무효이다.
ㄷ. 임금을 을이 아닌 을의 부모 통장으로 입금하는 것은 근로
   기준법 위반이다.
ㄹ. 계약 기간이 1년 미만이어도 갑과 을이 합의한 내용이므로
   계약 기간은 유효하다.

① ㄱ, ㄴ   ② ㄱ, ㄷ   ③ ㄴ, ㄷ
④ ㄴ, ㄹ   ⑤ ㄷ, ㄹ

356

근로자의 권리 (가)~(다)에 대한 설명으로 옳지 <u>않은</u> 것은?

구분	내용
(가)	근로자들이 자주적으로 노동조합을 조직·운영할 수 있는 권리
(나)	노동조합이 근로 조건에 관하여 사용자와 교섭할 수 있는 권리
(다)	단체 교섭의 실효성 확보를 위해 쟁의 행위 등의 단체 행동을 할 수 있는 권리

① (가)는 사용자에게는 인정되지 않는 권리이다.
② (나)의 행사에 대해 사용자는 정당한 사유가 있어도 거부할 수 없다.
③ (다)의 행사가 정당하게 이루어졌다면 사용자는 노동조합에게 민
   사적·형사적 책임을 물을 수 없다.
④ (나), (다)는 회사 경영에 관여하는 목적으로 행사될 수 없다.
⑤ (가)~(다)를 침해하는 사용자의 행위를 부당 노동 행위라고 한다.

357

다음은 부당 해고 및 부당 노동 행위에 대한 구제 절차를 간단하게 나
타낸 것이다. 밑줄 친 ㉠~㉣에 대한 설명으로 옳지 <u>않은</u> 것은?

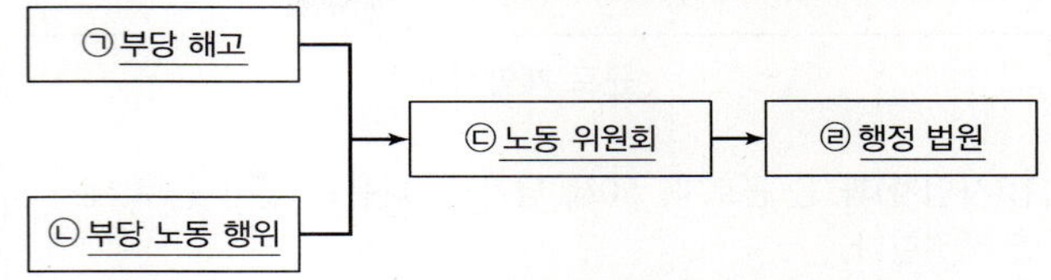

① ㉢은 지방 노동 위원회와 중앙 노동 위원회로 나뉜다.
② 사용자가 노동자의 노동조합 활동을 이유로 노동자를 해고하였다
   면 ㉠, ㉡에 모두 해당된다.
③ ㉠과 달리 ㉡에 대해서는 노동조합이 ㉢에 구제 신청을 할 수 있다.
④ ㉠의 경우 ㉢을 거치지 않고 바로 ㉣에 해고 무효 확인 소송을 제
   기할 수 있다.
⑤ ㉡의 경우 노동자는 중앙 노동 위원회 위원장을 상대로 ㉣에 소송
   을 제기할 수 있다.

358

| 평가원 기출 |

다음 자료는 부당 해고를 당한 갑(19세)이 작성한 체크리스트이다. 이
에 대한 법적 판단으로 옳은 것은?

Ⅰ **근로 계약 관련**
1. 근로 계약서를 서면으로 작성했나요?   ☑ 예 ☐ 아니요
2. 근로 계약서에 근로 시간과 임금이 명
   시되어 있었나요?   ☐ 예 ☑ 아니요
3. 실제 근로 시간이 1주일에 40시간을
   초과하였나요?   ☐ 예 ☑ 아니요
4. 법에 따라 정해진 최저 임금 이상을
   급여로 지급받았나요?   ☐ 예 ☑ 아니요
5. 노동조합에 가입하여 활동하는 것을
   금지하는 내용이 있었나요?   ☐ 예 ☑ 아니요
6. 이 외에 근로 계약에 특별한 사항이
   있었나요?   ☐ 예 ☑ 아니요

Ⅱ **부당 해고 관련**
1. 근로 3권을 침해당하였나요?   ☐ 예 ☑ 아니요

① 갑은 부당 노동 행위를 이유로 하여 노동 위원회에 구제 신청을
   할 수 있다.
② 갑이 체결한 근로 계약은 근로 기준법과 노동조합 및 노동 관계
   조정법에 위반된다.
③ 국가는 계약 자유의 원칙으로 인해 갑이 사용자와 자율적으로 체
   결한 근로 계약에 대해 공법적 규제를 가할 수 없다.
④ 갑은 사용자를 상대로 해고의 효력을 다투는 민사 소송을 제기하
   지 않아도 노동 위원회에 구제 신청을 할 수 있다.
⑤ 갑이 체결한 근로 계약에 법이 정한 최저 기준에 미치지 못하는
   내용이 포함되어 있으므로 근로 계약 전체가 무효가 된다.

359 고난도 | 평가원 기출 |

다음 자료에 대한 법적 판단으로 옳은 것은?

근로 계약서

갑(사업자)과 을(근로자, 20세 남자)은 다음과 같이 근로 계약을 체결한다.

1. **계약 기간** : 2017년 8월 30일부터 2017년 9월 24일까지
2. **근로 시간** : 9시~18시(휴게 시간 : 12시~13시)
3. **근무일** : 매주 수요일부터 일요일까지(유급 휴일 : 매주 월요일)
4. **임금** : 시간당 8,000원(연장 근로 시 임금의 50%를 연장 근로 수당으로 지급)
5. **업무 내용** : ○○ 백화점의 주차 안내

---

* 「근로 기준법」상 연장 근로 시간은 1주간 12시간 이내이며, 이에 대한 예외 규정은 고려하지 않음

① 을이 근무일에 하루 9시간 일했다면 하루 임금으로 72,000원을 받아야 한다.

② 근로 계약서의 근로 시간이 1일 8시간을 초과하였기에 해당 부분은 효력이 없다.

③ 갑이 을에게 매 근무일 21시까지 근로를 시키는 것은 서로 합의가 있어도 위법하다.

④ 을이 체결한 근로 계약서의 근로 기준법 준수 여부에 대해 근로 감독관은 감독 권한이 없다.

⑤ 을이 매주 수요일부터 일요일까지 개근하더라도 유급 휴일에 대한 임금을 추가로 받을 수 없다.

360 | 교육청 기출 |

다음 사례에 대한 설명으로 옳은 것은?

- 갑이 노동조합에 가입했다는 이유로 회사는 갑을 근무 기피 지역으로 발령하였다.
- 을은 구조 조정 과정에서 사내 부부 직원이라는 이유만으로 회사로부터 해고되었다.
- 병(소비자)이 정(사업자)과 계약을 체결했으나 병에게 일방적으로 불리한 내용의 약관 조항이 포함되어 있었다.

① 갑의 회사는 단체 행동권을 침해하는 부당 노동 행위를 하였다.

② 지방 노동 위원회에 구제 신청을 하려면 노동조합이 아닌 갑이 직접 해야 한다.

③ 을이 해고 무효 확인 소송을 제기하려면 우선 지방 노동 위원회에 구제 신청을 해야 한다.

④ 병과 정이 맺은 계약에서 일방적으로 불리한 내용의 약관 조항은 효력이 없다.

⑤ 갑, 을과 달리 병의 사례를 규율하는 법은 사회법의 영역에 해당한다.

361 | 평가원 기출 |

그림의 ㉠~㉢에 대한 옳은 설명만을 〈보기〉에서 있는 대로 고른 것은?

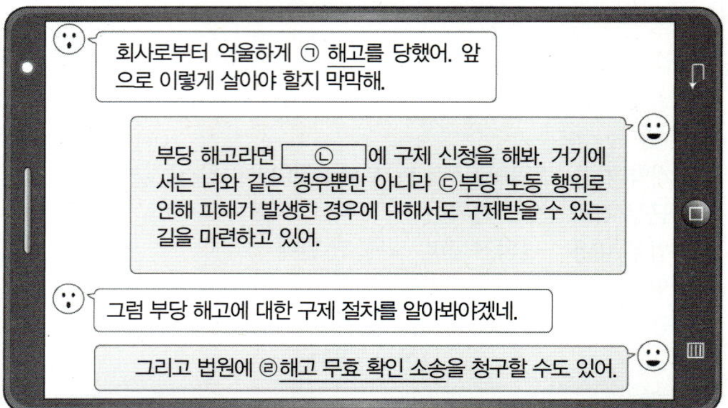

〈보기〉

ㄱ. ㉠의 사유와 그 시기는 서면으로 통지해야 한다.

ㄴ. ㉡에는 국가 인권 위원회와 공정 거래 위원회가 해당된다.

ㄷ. ㉢은 사용자가 근로자의 정당한 근로 3권 행사를 침해하는 행위를 포함한다.

ㄹ. ㉣은 행정 소송으로 3심제가 적용된다.

---

① ㄱ, ㄴ　　② ㄱ, ㄷ　　③ ㄴ, ㄹ

④ ㄱ, ㄷ, ㄹ　　⑤ ㄴ, ㄷ, ㄹ

362

다음 사례에 대한 법적 판단으로 옳지 _않은_ 것은?

갑은 ○○회사로부터 노동조합원으로서 파업을 주도했다는 이유로 갑을 해고당했다. 갑은 지방 노동 위원회에 구제 신청을 했고 지방 노동 위원회의 결정에 대해 ○○회사가 불복하여 중앙 노동 위원회에 구제 신청을 하였다. 이후 중앙 노동 위원회의 재심 결정에 대해서 갑이 불복하여 재판이 열렸는데, 1심 법원과 2심 법원에서 갑이 패소하였으나 대법원에서는 갑의 손을 들어주었다.

① 지방 노동 위원회에 갑뿐만 아니라 노동조합도 구제 신청을 할 수 있었다.

② 지방 노동 위원회는 중앙 노동 위원회와 달리 갑에 대한 해고를 부당하다고 보았다.

③ 갑은 중앙 노동 위원회의 위원장을 상대로 1심 법원에 소송을 제기하였을 것이다.

④ 2심 법원과 달리 1심 법원은 갑에 대한 해고를 정당하다고 보았다.

⑤ 대법원의 판결에 대해 ○○회사는 헌법 재판소에 헌법 소원 심판을 청구할 수 없다.

족집게 전략 | 이번 교육 과정에 새롭게 추가된 내용 중 하나이다. 청소년 근로와 관련한 근로 기준법상 내용을 정확히 숙지하고 있어야 하는 것이 핵심이다. 15세 미만인 자는 원칙적으로 근로할 수 없으며, 부모의 동의를 얻어 직접 근로 계약을 체결해야 하고, 근로 시간이 1일 7시간, 1주일 35시간을 넘으면 안 되고, 청소년 근로자가 독자적으로 임금을 청구할 수 있다는 점, 청소년 근로자도 성인 근로자와 마찬가지로 최저 임금 제도의 적용을 받는다는 점 등을 꼼꼼하게 체크하고 있어야 한다.

364

빈칸 (가)에 들어갈 내용으로 옳지 **않은** 것은?

① 부모가 직접 근로 계약을 체결해야 해.
② 임금은 부모가 아닌 청소년에게 직접 지불해야 해.
③ 원칙적으로 15세 미만인 청소년은 고용할 수 없어.
④ 법정 대리인이 동의해야 근로 계약을 체결할 수 있어.
⑤ 1일 7시간, 1주일에 35시간을 초과하여 일하게 할 수 없어.

363 대표 문항

|평가원 기출|

다음은 TV 뉴스의 일부이다. 밑줄 친 부분에 들어갈 말로 적절한 것을 〈보기〉에서 고른 것은?

> 기자 : 일부 청소년들이 유해하거나 위험한 사업장은 아니지만, 위법한 근로 상황에 방치되어 있습니다. 일부 고용주들은 근로 관계법에 대한 청소년들의 무지를 이용해 가혹한 근로 조건을 제시하고 있습니다.
> '위법한 근로 조건'을 경험한 17세 청소년의 이야기를 들어 보겠습니다.
> 청소년 : _______________

〔보기〕
ㄱ. 사장님이 휴식 시간 없이 하루 7시간 일하게 합니다.
ㄴ. 사장님이 저와 근로 계약을 체결할 때 부모님의 동의서를 요구했습니다.
ㄷ. 사장님이 제가 임금을 청구해도 저에게 주지 않고 아버지께 드립니다.
ㄹ. 사장님이 아버지께서 저의 근로 계약을 대리로 체결하는 것을 인정하지 않습니다.

① ㄱ, ㄴ　　② ㄱ, ㄷ　　③ ㄴ, ㄷ
④ ㄴ, ㄹ　　⑤ ㄷ, ㄹ

365

다음 자료는 갑(16세)이 을과 체결한 근로 계약서의 일부이다. 밑줄 친 ㉠~㉣에 대한 옳은 설명만을 〈보기〉에서 고른 것은?

〈근로 계약서〉

갑(근로자)과 을(사용자)은 다음과 같이 ㉠ 근로 계약을 체결한다.

1. **계약 기간** : 2019.3.1~2019.8.31
2. **근무 장소** : ㉡ ○○ 사업장
3. **업무 내용** : 청소
4. ㉢**근로 시간** : 오전 8시부터 오후 5시까지
　　　　　　　　(휴게 시간 1시간 포함)
5. ㉣**임금** : 시간당 8,000원
　　　　　　(이하 생략)

* 2019년 최저 임금은 시간당 8,530원임

〔보기〕
ㄱ. ㉠은 부모 동의를 얻어 갑이 직접 체결해야 한다.
ㄴ. ㉡이 청소년 유해 업소라도 갑과 을이 합의하면 갑의 근로는 가능하다.
ㄷ. ㉢은 갑과 을이 연장 근로에 합의한 경우여야 가능하다.
ㄹ. ㉣은 갑이 18세 미만 청소년이므로 법 위반이 아니다.

① ㄱ, ㄴ　　② ㄱ, ㄷ　　③ ㄴ, ㄷ
④ ㄴ, ㄹ　　⑤ ㄷ, ㄹ

VI 국제 관계와 한반도

VI 단원 PREVIEW - MIND MAP

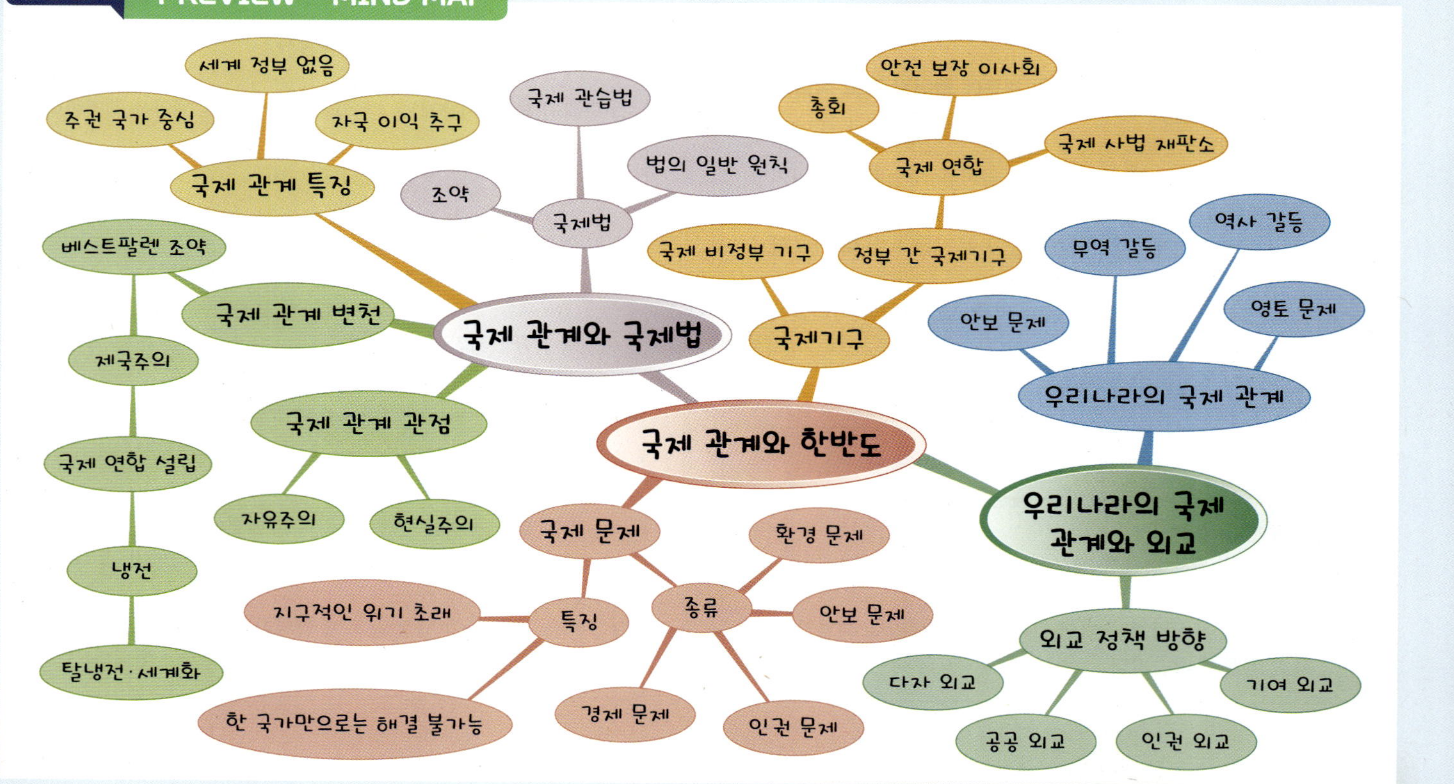

| 18강
국제 관계와
국제법 | 주제 1 국제 관계의 변화 | • 국제 관계의 특징　• 국제 관계의 변화 과정
• 국제 관계를 보는 관점 |
| | 주제 2 국제법의 이해 | • 국제법의 기능　• 국제법의 법원 |

19강 국제 문제와 국제기구, 우리나라의 국제 관계	주제 1 국제 문제의 이해	• 국제 문제의 종류　• 국제 문제의 해결 방안
	주제 2 국제기구의 역할	• 국제 연합(UN)
	주제 3 우리나라의 국제 관계와 외교	• 외교의 역사　　• 우리나라의 국제 관계 • 외교의 종류　　• 다양한 외교 활동

VI 단원　학습 SOLUTION

▶ **국제 관계의 변화 과정, 국제 관계를 보는 관점은 기출문제를 중심으로 학습하자!**

국제 관계의 변화 과정, 국제 관계를 보는 관점은 매년 빠짐없이 출제되어 왔으므로 기출문제를 중심으로 학습하면서 중요한 사항을 확인하면 쉽게 이해할 수 있다.

▶ **국제법과 국제기구는 기본적인 지식을 갖춘 상태에서 최신의 신문 기사 등을 활용하여 학습하자!**

국제법과 국제기구는 지식 위주의 학습을 원칙으로 하면서도 최근의 판례 등을 제시문으로 활용하여 문제로 출제될 가능성이 높다. 뉴스 등을 통해 최근의 국제 관계에 관심을 기울이도록 하자.

▶ **우리나라의 국제 관계와 외교는 제시문으로 활용될 가능성이 높으므로 교과서에 있는 내용을 기본으로 하면서 최근의 사건을 자주 살펴보자.**

우리나라의 국제 관계는 매일 뉴스에서 다루어진다. 제시문으로 활용되어 출제될 가능성이 높으므로 관심 있게 살펴보는 수준으로 공부하는 것이 좋다.

주제 1 국제 관계의 변화

1. 국제 관계의 의미와 특징
(1) **국제 관계의 의미** : 다양한 국제 사회의 행위 주체들이 정치, 경제, 사회, 문화 등 여러 영역에서 상호 작용하는 관계
(2) **특징**
① 원칙적으로 평등한 주권을 가진 국가를 기본 단위로 구성 ❶
② 강제력을 행사할 수 있는 세계 정부가 존재하지 않음
③ 자국의 이익을 우선적으로 추구, 힘의 논리와 국제 규범이 공존

2. 국제 관계의 변천 과정

베스트팔렌 조약(1648)	종교에 대한 국가의 우위와 주권 국가 중심의 국제 질서가 형성됨
제국주의 시대 (19세기 후반)	유럽 열강의 식민지 확보 경쟁 → 유럽의 주권 국가 체제가 전 세계로 확산됨
국제 연합(UN) 창설(1945)	제2차 세계 대전 이후 전쟁 방지와 국제 평화를 위하여 설립
냉전 체제의 형성 (1940년대 중반 이후)	• 미국 중심의 자유 진영과 구소련 중심의 공산 진영으로 대립 • 트루먼 독트린(1947), 북대서양 조약 기구, 바르샤바 조약 기구 등 ❷
냉전 체제의 완화와 종식 (1970년대~1990년대)	• 제3 세계 등장, 닉슨 독트린(1969), 중국과 소련의 분쟁으로 냉전 완화 ❸ • 몰타 선언(1989), 독일 통일(1990), 구 소련의 해체(1991) 등으로 냉전 종식
오늘날의 국제 관계	• 이념 대립에서 벗어나 경제적 실리 추구 경향 • 민족, 종교, 영토, 자원 등 다양한 이유로 발생하는 분쟁은 증가함

3. 국제 관계를 보는 관점

구분	자유주의적 관점	현실주의적 관점
전제	국가는 이성적 판단 가능	국가는 자국의 이익 우선시
평화 실현 방안	• 국제법, 국제기구의 중요성 강조 • 집단 안보 전략을 통한 국제 평화 보장	힘의 우위 확보, 동맹 등으로 이루는 세력 균형 전략을 통해 국가의 안전 보장
한계	자국의 이익을 우선시하고 힘의 논리가 지배하는 현실을 간과함	국가 간 상호 의존적 관계를 간과함

4. 국제 관계의 행위 주체

국가	일정한 영토와 국민을 바탕으로 주권을 갖는 독립적 행위 주체로서 국제 사회의 가장 기본적인 행위 주체
국제기구	• 정부 간 국제기구 : 국가를 회원으로 함 예 국제 연합(UN), 유럽 연합(EU) 등 • 국제 비정부 기구 : 개인 또는 민간 단체를 회원으로 함 예 그린피스, 국경 없는 의사회, 국제 사면 위원회 등
다국적 기업	세계 각지에 공장과 지사를 두고 생산 및 판매 활동을 하는 기업
국가 내부적 행위체	한 국가의 일부분이지만, 독자적으로 국제 사회에서 활동하는 행위 주체 예 지방 자치 단체, 한 국가 내부의 소수 인종, 민족과 이익 집단, 시민 단체 등
영향력 있는 개인	강대국의 전직 국가 원수, 저명한 학자 및 예술가 등 국제적 영향력이 강한 인물

5. 세계화 현상

의미	국제 사회가 국경을 초월하여 하나의 지구촌으로 통합되어 가는 현상
영향	국내 정치와 국제 정치의 상호 영향 증대, 국제법과 국제기구의 역할 증대, 정부뿐만 아니라 시민 단체, 지역 사회 등이 국제 사회의 중요한 주체로 등장함

❶ **주권 국가**
다른 권력이나 국가로부터 독립되어 간섭을 받지 않고 주권을 온전히 행사할 수 있는 국가를 가리킨다.

1920년 제1차 세계 대전 이후 국제 평화 기구로서 국제 연합의 전신 국제 연맹(LN)을 창설하였으나 군사력 등 전쟁 억제 기능이 약해 집단 안보 체제 구축이라는 당초 창설 목표를 달성하지 못했다.

❷ **트루먼 독트린, 닉슨 독트린, 몰타 선언**
트루먼 독트린은 1947년 미국의 트루먼 대통령이 의회 연설에서 소련의 공산화 위협을 막기 위해 그리스 등의 자유 진영 국가들을 지원해야 한다는 것으로서 냉전 체제의 시작을 알린 사건이다. 닉슨 독트린은 1969년 베트남 전쟁에 시달린 미국이 아시아 국가에 대한 지원을 줄이겠다는 선언으로서 냉전 체제의 완화를 불러왔다. 1989년 지중해 섬 몰타에서 만난 미국과 소련의 정상은 국제 사회의 냉전을 종식을 선언하였다. 이로써 민주주의와 공산주의 간의 이념 대립의 상징이었던 냉전 체제는 소멸되었다.

북대서양 조약 기구는 자유 진영 국가들의 군사적 공동체이고, 바르샤바 조약 기구는 공산 진영 국가들의 군사적 공동체이다.

현실주의적 관점은 인간은 이기적이라는 홉스의 사상관을 배경으로 한다. 인간이 모여 만든 국가 역시 자국의 이익을 추구하며 국제 사회는 이러한 이익 추구 무대이기 때문에 무정부 상태라고 본다.

❸ **제3 세계**
냉전 체제에서 자유 진영과 공산 진영 어디에도 속하지 않고 비동맹 중립 노선을 지켰던 국가들을 가리킨다.

❹ **집단 안보 전략과 세력 균형 전략**

집단 안보 전략	국제 규범을 집행할 국제기구를 두고 공동으로 침략국을 응징함으로써 국제 평화를 실현할 수 있다는 전략
세력 균형 전략	외부 세력이 침략 의도를 갖지 못하도록 힘의 균형이 존재해야 국가 안보가 가능하다는 입장에서 군사력 증강을 중시하는 전략

1. 국제법의 의미 및 의의

국제법의 의미	• 국제 사회 행위 주체들의 관계를 규율하고 국제 질서를 유지하는 규범이나 원칙 • 국가 간의 관계 규율 → 개인, 다국적 기업, 국제기구 등으로 점차 확대됨
국제법의 의의	• 국제 분쟁을 겪는 당사자에게 유용한 분쟁 해결 수단을 제공함 • 전 지구적 문제를 해결하기 위한 국제 사회의 협력을 유도함 • 세계 시민의 일상적 삶에 편리함을 제공하고 권리를 보호함

2. 국제법의 법원 —▶ 법이 적용될 수 있는 근거로서, 법의 존재 형식을 말한다.

(1) 조약

① 국가나 국제기구를 당사자로 하여 상호 간에 체결하는 법적 구속력을 가진 합의

② 명시적 절차를 거쳐 문서 형식으로 합의

③ 우리나라의 경우 주요 조약을 체결하거나 비준할 때 국회 동의 필요 ❺

④ 종류 : 양자 조약(당사국이 둘인 경우), 다자 조약(당사국이 셋 이상인 경우) ❻

⑤ 사례 : 한미 상호 방위 조약, 한중 어업 협정, 교토 의정서 등

(2) 국제 관습법

① 오랜 기간 반복된 관행이 국제 사회에서 법 규범으로 승인되어 효력을 가지게 된 국제법

② 원칙적으로 국제 사회의 모든 국가에 대하여도 법적 구속력 발생(포괄적 구속력)

③ 사례 : 전쟁 포로에 대한 인도적 대우, <u>외교관의 특권과 면제</u>, 집단 학살의 금지, 국내 문제 불간섭의 원칙 등 ❼

> └ 외교관이나 외교 공관은 당사국의 주권이 미치는 곳으로 인정하여 각종 특권을 부여한다.

(3) 법의 일반 원칙

① 국제 사회 문명국들이 공통으로 인정하여 국내법에 반영하고 있는 행위 원칙

② 명확한 다른 국제법이 존재하지 않을 경우 유용한 분쟁 해결의 규범으로 인정

③ 사례 : 신의 성실의 원칙, 권리 남용 금지의 원칙, 불법 행위에 대한 손해 배상 책임의 원칙 등

(4) 기타 : 판례나 국제법 학자의 학설 등은 국제적 판단의 보조 수단으로 기능

3. 국내법과 국제법

(1) 국내법과 국제법의 비교

구분	국내법	국제법
제정	권위를 가진 입법부에 의해 제정	당사국 간의 합의에 의해 형성(조약)
적용	한 나라의 주권이 미치는 범위 안에서 적용	• 다수의 국가 사이에 적용 • 국가 상호 관계 혹은 국제기구 등을 규율
구속력	• 국가 내 모든 개인에게 효력이 미침 • 법을 위반하면 처벌이 가해지므로 구속력이 강함	강제적 집행 기구나 집행 수단이 없어 구속력이 약함

(2) 우리나라에서 국제법과 국내법의 관계

① 법 상호 간 관계에서 헌법이 국제법보다 상위의 지위를 가지는 것으로 봄

② 헌법에 의해 체결·공포된 조약과 일반적으로 승인된 국제 법규는 국내법과 같은 효력을 지님

> 국내의 법률과 동등한 효력을 가지는 것으로 보기 때문에 국제법에 위반된 국내의 명령, 조례나 규칙은 무효가 된다.

4. 국제법의 한계 ❽

(1) 고유한 입법 기구가 없어 모든 국가에 적용할 법 규범의 제정이 어려움

(2) 제정된 법을 강제할 집행 기구가 없어 국제법의 이행을 강제하기 어려움

(3) 분쟁 당사국의 동의가 있어야 재판이 이루어지므로 재판 규범으로 적용이 어려움

(4) 국제법과 국내법의 내용이 충돌할 경우 상위법을 정하기 어려움

---

❺ **비준**

전권 위원(임시 외교 사절)이 체결·서명한 조약 등에 대해 대통령 또는 헌법상의 조약 체결권자가 최종적으로 확인하는 절차를 의미한다.

❻ **우리나라의 조약 체결 절차**

• 양자 조약 : 상대국과 조약 문안 교섭 및 확정 → 조약 체결(서명) 및 비준 → 일부 조약의 경우 국회 동의(필요 시) → 비준서 교환 → 국내 공포

• 다자 조약 : 조약문 교섭 및 채택 → 조약 체결(서명) 및 비준 → 일부 조약의 경우 국회 동의(필요 시) → 비준서 기탁

❼ **우리나라의 외교관의 특권과 면제**

외교관에 대하여 접수국에서 인정하는 일정한 특권과 면제를 가리킨다. 대표적으로 외교 공관에 대한 불가침 및 외교관의 불체포 특권, 외교관에 대한 형사 재판 관할권 면제, 일부 사건을 제외한 민사 및 행정 재판 관할권 면제, 일부 경우를 제외한 조세의 면제 등이 있다.

❽ **국제 관습법의 법전화**

국제법의 법원으로서 조약의 중요성이 높아졌다 해도, 특히 다자 조약의 내용은 국제 관습법에 기초를 두지 않으면 국제 사회의 폭넓은 호응을 얻기 어렵고, 원활한 운영도 쉽지 않다. 이 같은 문제점을 해소하기 위해 국제 연합 총회 산하 국제법 위원회(ILC)를 중심으로 국제 관습법의 법전화 작업이 추진되고 있다. 법전화의 장점은 관련 국제 관습법의 내용을 명확히 하므로 국가 간 분쟁을 예방하는 효과를 가져 오며, 신생국도 법전화 작업에 참여함으로써 국제 사회에서 국제법에 대한 더욱 폭넓은 지지도와 동조를 얻을 수 있다. 또한 법의 내용을 국제 사회의 변화에 맞게 발전적으로 정비하는 계기가 될 수 있다는 것이다.

핵심 개념 CHECK!

· 정답 및 해설 081쪽

✏️ 다음 설명이 맞으면 '○', 틀리면 '×'에 표시하시오.

주제 1 국제 관계의 변화

01 국제 관계는 국제 사회에서 다양한 행위 주체가 상호 작용을 통해 만드는 관계이다. ○ ×

02 함정 오늘날 국제 관계에서 가장 중요한 행위 주체는 국가가 아니라 비정부 간 국제기구이다. ○ ×

03 국제 사회에는 국제 문제나 분쟁을 조정하고 해결할 수 있는 세계 정부가 존재하지 않는다. ○ ×

04 유럽 각국이 1648년에 맺은 베스트팔렌 조약을 계기로 주권 국가 중심의 국제 질서가 형성되었다. ○ ×

05 국제 연맹은 강대국의 탈퇴가 이어지면서 실질적인 영향력을 행사하지 못하였다. ○ ×

06 자유주의적 관점에 따르면 국가는 자국의 이익을 추구하는 이기적인 존재이다. ○ ×

07 19세기에 유럽의 열강들이 식민지를 확보하기 위하여 아시아와 아프리카 지역 등을 침략하면서 제국주의 시대가 열렸다. ○ ×

08 닉슨 독트린은 공산주의와 자유주의 간의 이념 대립을 격화시켰다. ○ ×

09 냉전 체제는 미국과 소련이 동서 협력을 선언한 몰타 선언(1989)으로 막을 내렸다. ○ ×

10 함정 현실주의적 관점은 국제 관계의 평화 실현으로 집단 안보 전략을 강조한다. ○ ×

11 세계화 현상이 나타나면서 국내 정치와 국제 정치의 구별이 현저히 강화되고 있다. ○ ×

12 세계화 현상과 더불어 유럽 연합(EU)과 같은 지역 블록화 현상도 진행되고 있다. ○ ×

13 냉전 체제에서 자유 진영과 공산 진영 어디에도 속하지 않고 비동맹 중립 노선을 지켰던 국가들을 제3 세계라고 한다. ○ ×

14 함정 국제 사회에는 국제 규범이 배제되고 힘의 논리만이 존재한다. ○ ×

15 국제 연합은 강대국의 참여를 이끌어 냄으로써 국제 평화를 위해 실질적인 활동을 할 수 있게 되었다. ○ ×

16 탈냉전 시대로 들어선 국제 사회는 대부분의 갈등이 사라졌다. ○ ×

17 세계화로 인해 국제법과 같은 국제 규범의 역할이 커지고 있다. ○ ×

주제 2 국제법의 이해

18 조약 체결의 주체는 국가뿐만 아니라 국제기구도 될 수 있다. ○ ×

19 우리나라에서는 주권의 제약에 관한 조약을 체결·비준 시에 국회의 동의를 받아야 한다. ○ ×

20 국가 간에 영토, 무역, 자원 등과 관련한 분쟁이 발생하는 경우 국제법을 활용하면 보다 평화적으로 분쟁을 해결할 수 있다. ○ ×

21 함정 외교관의 면책 특권, 국내 문제 불간섭의 원칙 등은 법의 일반 원칙이다. ○ ×

22 국제 관습법과 달리 법의 일반 원칙은 국제 사회에서 포괄적인 구속력을 가진다. ○ ×

23 우리나라에서 조약의 체결권자는 대통령, 비준권자는 국회이다. ○ ×

24 국제법은 고유한 입법 기구가 없어 국제 사회의 모든 국가에 적용할 수 있는 국제법을 제정하기가 쉽지 않다. ○ ×

25 함정 우리나라에서 국회의 동의를 얻어 체결된 조약은 일반적으로 국내법보다 상위의 지위를 가진다. ○ ×

26 조약은 체결 당사자가 둘인 양자 간 조약과 셋 이상인 다자 간 조약으로 구분된다. ○ ×

27 조약은 국제법 주체 간에 체결된 명시적 합의로 조약 외에 협약, 협정, 의정서 등 다양한 용어로 불린다. ○ ×

28 국제 관습법이 성립하려면 국제 사회에 반복적으로 나타나는 일반적인 관행이 존재해야 하고, 그 관행에 대하여 세계 각국이 국제법상 의무라는 신념을 가지고 행동하는 법적 확신이 필요하다. ○ ×

29 국제 사회에서는 국제 관습법이 갖는 모호함을 극복하기 위해 국제기구를 중심으로 국제 관습법의 내용을 조약으로 성문화하는 경향이 나타나고 있다. ○ ×

30 국제 관습법은 국제 사회의 문명국들이 공통으로 인정하여 국내법에 반영하고 있는 행위 원칙을 말한다. ○ ×

31 국제법은 세계 시민의 일상적 삶에 편리함을 제공하고 권리를 보호한다. ○ ×

32 국제 사회의 행위 주체에 대한 국제법의 구속력과 실효성은 제한적인 것이 현실이다. ○ ×

33 판례나 국제법 학자의 학설 등은 국제법적 판단의 보조 수단으로 기능한다. ○ ×

국제법의 법원은 어떻게 풀이할까?

자료 국제법의 법원

국제법의 법원은 매년 빠짐없이 출제되고 있다. 출제 방식이 다르지만 기본적인 내용만 정확하게 알고 있으면 큰 어려움 없이 해결할 수 있다.

❶ **자료에서 국제법의 법원 A, B, C가 무엇인지를 파악하자!** 발문에 A~C의 유형이 이미 제시되어 있다. A는 반복적 관행이 국제 사회에서 법 규범으로 승인되어 효력을 가지게 된 것이므로 국제 관습법이다. C는 국가 간에 합의로 성립되므로 조약이다. B는 조약과 국제 관습법을 제외한 것이므로 법의 일반 원칙이다.

❷ **조약, 국제 관습법, 법의 일반 원칙의 특징을 파악하자!**

조약	• 국가나 국제기구를 당사자로 하여 상호 간에 체결하는 법적 구속력을 가진 합의 • 우리나라의 경우 조약의 체결권 및 비준권은 대통령에게 있음(단, 권한을 위임받은 자에 의해서도 체결 가능) • 종류 : 양자 조약(당사국이 둘인 경우), 다자 조약(당사국이 셋 이상인 경우) • 사례 : 한미 상호 방위 조약, 한 중 어업 협정, 파리 기후 협정 등
국제 관습법	• 국제 사회의 반복적인 관행이 국제 사회에서 법 규범으로 승인되어 효력을 가지게 된 관습법규 • 국제 관습법이 성립되면 원칙적으로 국제 사회의 모든 국가에 대하여도 법적 구속력 발생 (포괄적 구속력) • 사례 : 국내 문제 불간섭 원칙 등
법의 일반 원칙	• 문명국들이 공통적으로 승인하여 따르는 법의 일반 원칙 • 국제 분쟁 발생 시 관련 법규가 없거나 법규의 내용이 명확하지 않을 경우 재판의 준거로 활용 • 사례 : 신의 성실의 원칙, 권리 남용 금지의 원칙, 손해 배상 책임의 원칙 등

❸ **선택지를 해석하자!**

① A는 당사국 간의 명시적 수용 절차를 거쳐야만 성립된다. → C

② B의 예로는 신의 성실 원칙과 권리 남용 금지의 원칙이 있다.

③ 우리나라에서 C의 체결 · 비준 권한은 국회에 있다. → 대통령

④ A는 C와 달리 성문화된 형식으로 존재한다. → C는 A와 달리

⑤ B는 A와 달리 국제 사회에서 포괄적 구속력을 가진다. → 모두

▷ 국내에서의 구속력 : 조약은 체결 당사국에게만 구속력을 갖지만, 국제 관습법과 법의 일반 원칙은 모든 국가에 대해 포괄적인 구속력을 갖는다.

▷ 조약의 체결 및 비준권자 : 우리나라에서 조약의 체결 및 비준권자는 대통령이다. 국회는 중요한 국제 조약의 체결 및 비준에 대해 동의권을 행사한다.

▷ 각각의 사례 : 신의 성실의 원칙과 권리 남용 금지의 원칙은 법의 일반 원칙에 해당한다. 외교관의 면책 특권과 내정 불간섭 원칙은 국제 관습법에 해당한다.

Q1 다음 내용이 조약에 해당하면 '조', 국제 관습법에 해당하면 '관', 법의 일반 원칙에 해당하면 '원'에 표시하시오.

01. 주로 성문의 형식으로 존재　(조 / 관 / 원)

02. 체결 당사국에게만 구속력　(조 / 관 / 원)

03. 국내 문제 불간섭 원칙　(조 / 관 / 원)

04. 신의 성실의 원칙, 권리 남용 금지의 원칙　(조 / 관 / 원)

05. 파리 기후 협정, 한중 어업 협정　(조 / 관 / 원)

06. 모든 국가에 대해 포괄적인 구속력　(조 / 관 / 원)

07. 우리나라에서 체결 및 비준권은 대통령에게 있음　(조 / 관 / 원)

08. 반복적인 관행이 존재함　(조 / 관 / 원)

09. 국제기구와도 체결 가능　(조 / 관 / 원)

10. 국제 사법 재판소의 재판에서 법원으로 작용　(조 / 관 / 원)

11. 최근 성문화하는 움직임　(조 / 관 / 원)

Q2 다음 표에서 알맞은 단어를 고르시오.

12. 조약	❶ 당사국이 둘인 경우는 (양자 / 다자) 조약 ❷ 우리나라에서 조약의 체결권자는 (대통령 / 국회)
13. 국제 관습법	❶ 국제 관습법은 (체결 당사국만 효력 / 모든 국가에 포괄적인 구속력)을 가짐 ❷ 국제 관습법의 예로는 (국내 문제 불간섭의 원칙 / 신의 성실의 원칙)이 있음
14. 법의 일반 원칙	❶ 법의 일반 원칙은 국제 사법 재판소의 재판의 준거가 (됨 / 되지 않음) ❷ 법의 일반 원칙은 (체결 당사국만 효력 / 모든 국가에 포괄적인 구속력)을 가짐

Q3 〈자료〉를 보고 다음 내용이 맞으면 'O', 틀리면 '×'에 표시하시오.

15. A는 국제 관습법이다.　(O / ×)

16. B는 체결 당사국만 적용된다.　(O / ×)

17. C는 국제기구와도 체결할 수 있다.　(O / ×)

주제 1　국제 관계의 변화

족집게 전략 | • 국제 관계의 변화는 국제 사회가 변화되어 온 역사적인 사건, 선언 등을 중심으로 출제되고 있다. 역사 과목에서도 중요시되고 있는데 정치와 법에서는 정치적인 측면에 초점을 맞추어 출제되고 있다. 당시의 시대적인 상황을 충분히 이해하려는 노력이 필요하다. 무조건 암기하려고 해서는 안 된다. 교과서의 내용을 토대로 인터넷 등을 통해 당시의 시대적 상황을 좀 더 살펴본다면 더욱 쉽게 이해할 수 있다.

• 국제 관계의 변화에서 빠트리지 말아야 할 것은 국제 관계를 보는 관점이다. 자유주의적 관점과 현실주의적 관점은 출제하기 아주 좋은 소재이다. 국제 관계가 힘의 논리에 의해 이루어지는가 아니면 국제 규범에 의해 이루어지는가를 생각해 보게 하는 내용으로서 다양한 기출문제와 시사성이 반영된 예상 문제를 풀어보면 쉽게 정리가 된다.

366 ◂ 대표 문항
|평가원 기출|

국제 사회를 바라보는 관점 A, B에 대한 추론으로 가장 적절한 것은?

관점	관점을 뒷받침하는 사례
A	갑국과 영토권 분쟁을 빚고 있는 지역에 을국이 자국의 이익만을 고려하여 군대를 파견하였다. 그리고 을국은 "군대를 파견한 것은 해당 지역에 대한 정당한 주권 행사이며, 향후 추가 파견을 통해 실질적인 지배권을 확보하겠다."라고 발표했다. 갑국은 이에 대응하여 을국에 선전 포고를 하였다.
B	병국은 해상 경계선 문제로 국제 사법 재판소에 정국을 제소하였다. 국제 사법 재판소는 정국의 주권을 80해리까지로 제한한다고 판결하였다. 이에 대해 정국은 "국제 규범과 국제법을 따르는 국가로서, 국제 사법 재판소의 판결을 존중하며 이를 따르겠다."라고 발표했고, 병국 역시 동일한 입장을 밝혔다.

① A는 국제법을 통해 국가 간 분쟁이 평화롭게 해결될 수 있다고 볼 것이다.

② A는 국제 사회가 무정부 상태에 가깝기 때문에 국가 스스로 안보를 지켜야 한다고 볼 것이다.

③ B는 국제 사회에서 국가들이 이기적 행위자이기 때문에 국가 간 협력은 불가능하다고 볼 것이다.

④ A는 B와 달리 국제기구를 통해 국제 사회에서 협력을 이룰 수 있다고 볼 것이다.

⑤ B는 A와 달리 국제 사회에서 국가 간 힘의 균형을 중요시하고 이를 통해 전쟁이 억제된다고 볼 것이다.

367

그림에 나타난 사건이 국제 사회에 끼친 영향으로 가장 적절한 것은?

① 탈냉전의 시대로 진입하였다.

② 국제 연합을 창설하게 되었다.

③ 제국주의 시대를 종식되었다.

④ 주권 국가가 국제 사회의 주체로 등장하였다.

⑤ 종교나 인종 등의 차이에 의한 갈등이 줄어들었다.

368

(가), (나)는 국제 사회를 바라보는 관점이다. 이에 대한 설명으로 옳은 것은?

> (가) 국제 사회는 군사력과 같은 힘에 의해 주도되며, 각국은 자국의 이익만을 추구하여 계산적으로 움직이므로 양보를 기대하는 것은 불가능하다.
>
> (나) 국제 사회는 보편적인 가치나 질서에 의해 유지되며, 각 국가들은 국가 간 합의를 통해 평화적이고 협력적인 국제 사회를 건설할 수 있다.

① (가)는 국가 간 집단 안보를 통해 국제 평화가 유지된다고 본다.

② (나)는 개별 국가의 이익과 국제 사회 전체의 이익이 일치한다고 본다.

③ (가)는 (나)와 달리 국제 규범을 통한 국가 간 협력이 용이하다고 본다.

④ (나)는 (가)와 달리 국제 사회를 홉스식의 자연 상태로 간주한다.

⑤ (가)와 (나)는 모두 국제 사회를 무정부 상태로 인식한다.

369

(가)~(라) 시기의 국제 사회에 대한 옳은 설명만을 〈보기〉에서 있는 대로 고른 것은?

베스트팔렌 조약	(가)	제1차 세계 대전	(나)	닉슨 독트린	(다)	몰타 선언	(라)

⎡보기⎤
ㄱ. (가)에서는 제국주의에 의한 식민지 쟁탈이 전개되었다.
ㄴ. (나)에서는 강대국의 적극적인 참여로 국제 연맹이 창설되었다.
ㄷ. (다)에서는 미국과 소련 간의 냉전 체제가 약화되었다.
ㄹ. (라)에서는 이념의 대결에서 벗어나 실리 추구로 전환되었다.

① ㄱ, ㄴ   ② ㄱ, ㄷ   ③ ㄴ, ㄹ
④ ㄱ, ㄷ, ㄹ   ⑤ ㄴ, ㄷ, ㄹ

370 고난도↑

| 평가원 기출 |

다음은 국제 사회의 변화 과정을 시기별로 도식화한 것이다. 이에 대한 설명으로 옳지 <u>않은</u> 것은?

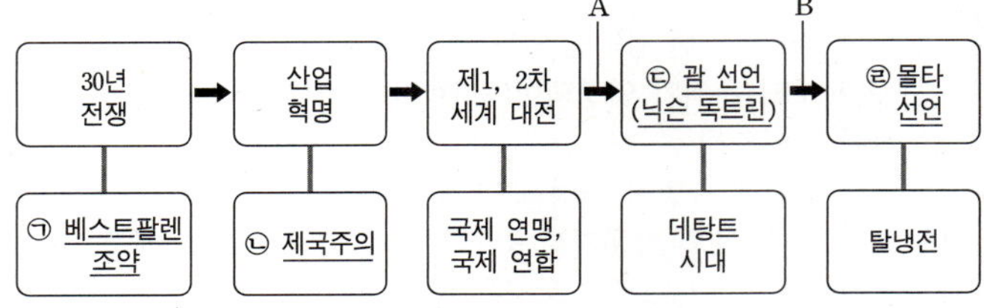

① ㉠을 계기로 주권을 가진 민족 국가가 중요한 정치 단위가 되었다.
② ㉡ 시기에는 식민지 쟁탈을 위한 강대국 간 패권주의 경쟁이 강화되었다.
③ ㉢은 국제 사회에서 냉전 체제가 완화되고 실리 추구 경향이 강화되는 데 기여하였다.
④ ㉣ 이후 국제 연합(UN) 활동의 증가는 집단 안보 전략보다 세력 균형 전략에 기초한 것이다.
⑤ B 시기에 비해 A 시기에는 이념적 대립에 기초한 양극 체제가 지배적이었다.

371

빈칸 (가)에 들어갈 말로 가장 적절한 것은?

> 중세 유럽은 로마 교황을 중심으로 하는 기독교가 지배하는 사회로, 국왕의 권력이 확고하지 않은 봉건 체제였다. 그러다가 종교 개혁 이후 일어난 30년 전쟁을 마무리하기 위하여 유럽의 국가들은 베스트팔렌 조약을 맺게 되었다. 이 조약의 체결로 인해
> ⎣   (가)   ⎦

① 국제 사회에서 이념 대립이 심화되었다.
② 민족 단위의 독자적인 주권 국가가 등장하였다.
③ 국제 연합이 주요한 국제 문제의 해결에 기여하였다.
④ 국제 사회에서 비정부 기구가 중요한 역할을 하게 되었다.
⑤ 각국이 환경이나 인권 문제 등에 공동으로 대처하게 되었다.

372

다음은 최근의 신문 기사 제목들이다. 이 제목에서 공통적으로 추론할 수 있는 국제 사회의 특징으로 가장 적절한 것은?

> • 미국, 북한에 완전한 핵 폐기 요구
> • 스리랑카에서 부활절에 교회 등 연쇄 테러 발생
> • 자국 이익 추구로 유럽 난민 사태 악화 일로
> • 중국, 남중국해 곳곳에서 '인공섬 건설' 강행
> • 신장 · 티베트… 독립 외치는 중국 소수 민족들

① 정치적 이념을 둘러싼 갈등이 심화되고 있다.
② 세계화에 반대하는 세력의 국제적 연대가 모색되고 있다.
③ 제3 세계 비동맹 국가들의 국제적 지위가 강화되고 있다.
④ 정치적 이념을 대신하는 다양한 형태의 갈등이 증가한다.
⑤ 정치적 이념보다는 경제적 실리를 추구하는 경향이 강하다.

373

| 평가원 기출 |

국제 사회를 바라보는 관점 (가), (나)에 대한 설명으로 옳은 것은?

> (가) 국제 사회는 무정부 상태이며, 자국의 안보를 위해서는 군사력을 강화하거나 동맹을 맺는 것이 필요하다.
> (나) 국제 사회에는 보편적인 선(善)이 존재하며, 국제 사회의 문제들은 국제법이나 국제기구를 통해서 해결할 수 있다.

① (가)는 국가 간 권력 관계보다 상호 협력 관계를 중시한다.
② (가)는 국가 간 균형 상태에서 전쟁 발발 가능성이 높다고 본다.
③ (나)는 국제 사회는 힘의 논리보다 이성과 제도의 영향력이 크다고 본다.
④ (가)와 달리 (나)는 국제 사회에서 국가는 자국의 이익을 최우선으로 추구한다고 본다.
⑤ (나)와 달리 (가)는 국제 사회에서 국가보다 초국가적 행위 주체의 영향력이 강화되고 있다고 본다.

374

| 평가원 기출 |

다음 자료의 (가)~(라)에 대한 설명으로 옳은 것은?

> (가) 제2차 세계 대전 종전 후, 미국의 트루먼 독트린 발표 및 마셜 플랜 시행
> (나) 1969년 중·소 국경 분쟁 및 미국의 닉슨 독트린 발표
> (다) 1989년 미·소 몰타 정상 회담에서 새로운 세계 질서 수립 선언
> (라) 2001년 뉴욕 세계 무역 센터에 대한 '9·11 테러' 발생

① (가)는 국제 연맹을 대체하는 국제 연합 창설의 기초가 되었다.
② (나)는 미·소 간 이데올로기 대립을 종식시키는 결과를 가져왔다.
③ (다) 이후 상이한 두 경제 체제 간의 경쟁 구도는 사라지고 시장 경제 체제가 확대되는 현상이 나타났다.
④ (라)는 탈냉전 후 발생한 국가 간 국지적 전쟁의 대표적인 사례이다.
⑤ (가) 이후에는 이념 중심의 양극 체제가, (다) 이후에는 실리 중심의 양극 체제가 출현하였다.

375

다음 자료를 통해 추론할 수 있는 국제 사회의 특성으로 가장 적절한 것은?

> 냉전이 한창이던 1964년 프랑스는 서방 국가 중에서 처음으로 공산 국가인 중국과 수교했다. 미·소(美·蘇)가 양립하는 세계 질서에서 독자 노선을 걷겠다는 선언이었다. 2010년 후진타오 중국 주석이 프랑스를 방문하자 사르코지 대통령이 부인 브루니와 함께 공항에 나가 영접했다. 매우 드문 일이었다. 2박 3일 동안 환대를 받은 후진타오는 200억 달러 규모의 양국 간 경협 계약에 서명했다. 프랑스는 큰 손 중국으로부터 투자를 유치하려고 고개를 깊이 숙였다.

① 국제 관계는 이성의 논리보다 힘의 논리가 작용한다.
② 국제 사회에서 각국은 자국의 이익을 우선 추구한다.
③ 국제 사회에서 개별 국가의 주권은 동등하게 취급된다.
④ 오늘날 국제 사회는 국가보다는 국제기구의 역할이 커지고 있다.
⑤ 국제 사회에서는 국제기구를 통해 분쟁을 해결하는 것이 대부분이다.

376

빈칸 (가)에 들어갈 내용으로 적절하지 <u>않은</u> 것은?

> 오늘날 세계 여러 국가가 정치, 경제, 사회, 문화 등 다양한 분야에서 서로 영향을 주고받으면서 국제 사회가 국경을 초월하여 하나의 지구촌으로 통합되어 가는 세계화 현상이 촉진되었다. 이러한 현상으로 인해 오늘날 국제 사회는 ______(가)______

① 국내 문제와 국제 문제의 구분이 명확해지고 있다.
② 여러 국제기구가 설립되어 새로운 질서를 형성해 가고 있다.
③ 국내 문제가 국제 문제에 영향을 미치는 경우가 발생하고 있다.
④ 국제법을 통한 규율에 의해 지배되는 현상이 나타나고 있다.
⑤ 인접 국가끼리 경제적 협력을 도모하는 지역 블록화 현상이 나타나고 있다.

377

| 평가원 기출 |

다음 글에 나타난 국제 사회의 특징만을 〈보기〉에서 있는 대로 고른 것은?

> ### ○○ 신문
>
> 2009년 2월 중국은 홍콩에 머물고 있는 탁신 전(前) 타이 총리를 송환해 달라는 타이 정부의 요구를 받고 고민에 빠졌다. 타이는 중국과 1993년 범죄인 인도 조약을 체결한 만큼 타이 최고 법원으로부터 유죄가 인정되어 2년형을 선고받은 탁신 전 총리를 타이로 인도해 줄 것을 요구하고 있다. 하지만 중국은 탁신 전 총리에 대해 각별한 애정을 갖고 있다. 탁신은 2001년 총리에 오른 뒤 첫 해외 방문지로 중국을 택할 만큼 확고한 친중 노선을 견지했다. 이 때문에 중국은 탁신 전 총리를 타이로 인도하는 것에 대하여 부정적인 입장을 보이고 있다.

> **보기**
> ㄱ. 국가 간 신뢰가 국가 이익보다 중요하다.
> ㄴ. 국제법의 이행에는 당사국의 의지가 중요하다.
> ㄷ. 국내 문제가 국가 간 문제를 야기하기도 한다.
> ㄹ. 국가 간 조약은 국내법보다 강한 구속력을 갖는다.

① ㄱ, ㄹ   ② ㄴ, ㄷ   ③ ㄴ, ㄹ
④ ㄱ, ㄴ, ㄷ   ⑤ ㄱ, ㄷ, ㄹ

족집게 전략 | • 국제법의 법원은 매년 빠짐없이 출제된다. 단순히 국제법의 특징을 묻는 형식에서 발전해서 실제로 행해진 국제법의 판례를 제시하고 그 판례를 해석하게도 하면서 다양한 국제법의 특징을 묻기도 한다. 따라서 우선 국제법의 법원에 해당하는 조약, 국제 관습법, 법의 일반 원칙의 특징부터 정확하게 이해해야 한다. 그리고 각각에 해당하는 사례를 알아두도록 하자.

• 이 부분은 다양한 방법으로 물어보고 있으므로 기출문제를 최대한 많이 풀어보는 것이 도움이 된다. 기출문제를 풀다 보면 저절로 국제법의 법원에 대해 정리해볼 수 있다.

378

A의 일반적 특징에 대한 설명으로 옳은 것은?

> 교사 : 국제법의 법원(法源) 중 A에 대해 발표해 볼까요?
> 갑 : 국가 간 체결하는 법적 구속력을 지닌 명시적 합의입니다.
> 을 : 우리나라에서는 헌법에 의하여 체결·공포되면 국내법과 같은 효력을 가집니다.
> 병 : 문명국들이 공통적으로 승인하여 따르는 보편적 법 원칙입니다.
> 교사 : 한 사람만 빼고 옳게 발표했네요.

① 국제기구는 A의 체결 주체가 될 수 있다.
② A는 국가를 초월한 입법 기관에 의해 제정된다.
③ 우리나라에서 A에 대한 체결·비준권은 국회에 있다.
④ A는 원칙적으로 국제 사회에서 포괄적 구속력을 가진다.
⑤ A의 예로는 신의 성실의 원칙과 국내 문제 불간섭의 원칙이 있다.

379 대표 문항 고난도

| 평가원 기출 |

그림은 우리나라에서 주요 조약이 성립되는 일반적인 과정을 나타낸 것이다. 이에 대한 설명으로 옳은 것은?

① 개별 주권 국가만이 (가)의 당사자가 된다.
② (가)의 행위는 권한을 위임받은 자에 의해서도 이루어진다.
③ (나)를 위해 국회 출석 의원 3분의 2 이상의 동의가 필요하다.
④ (다)를 통해 해당 조약은 국제 관습법으로 제도화된다.
⑤ (가)~(다)를 거치면 해당 조약은 국내법보다 상위의 효력을 갖는다.

380

국제법의 법원(法源) (가), (나)에 대한 옳은 설명만을 〈보기〉에서 고른 것은?

국제법의 법원	사례
(가)	독일과 프랑스는 결속력이 약해지고 있는 유럽 연합(EU)을 되살리기 위해 새로운 독불 우호 조약을 체결했다. 새 조약에는 외교·국방 정책을 비롯해 테러 등 범죄·경제·연구 등 다양한 분야에서 양국 간 협력을 공고히 하는 내용이 담겼다.
(나)	중국 외교부는 베네수엘라 사태에 대해 "중국은 베네수엘라 정부의 독립과 안정을 수호하기 위한 노력을 지지한다."면서 "중국은 다른 나라의 내정 간섭을 안 한다는 원칙을 견지하며 동시에 외부 세력이 베네수엘라 내정을 간섭하는 것을 반대한다."고 밝혔다.

> **보기**
> ㄱ. 우리나라에서 (가)의 체결권자는 외교부 장관이다.
> ㄴ. (나)는 국제 사회의 관행이 법적 인식을 얻은 것이다.
> ㄷ. (가)는 (나)와 달리 원칙적으로 모든 국가에 효력을 가진다.
> ㄹ. (가)와 (나)는 모두 국제 사법 재판소의 재판 규범이 된다.

① ㄱ, ㄴ ② ㄱ, ㄷ ③ ㄴ, ㄷ
④ ㄴ, ㄹ ⑤ ㄷ, ㄹ

381

그림은 국제법의 법원(法源) A가 성립되는 과정을 나타낸 것이다. A에 대한 설명으로 옳지 <u>않은</u> 것은?

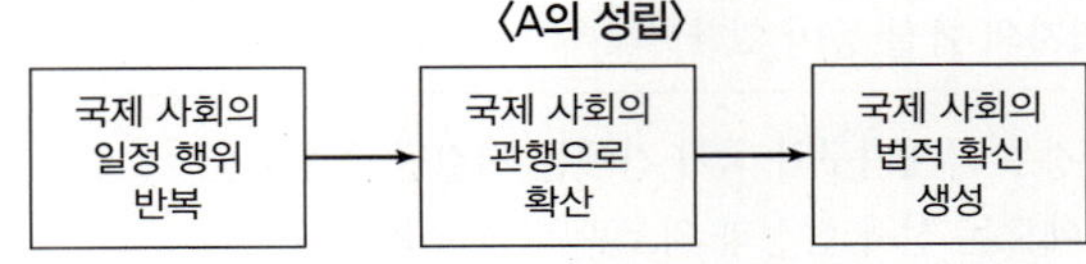

① 국내에서는 헌법보다 하위의 효력을 가진다.
② 원칙적으로 모든 국가에 대하여 효력이 발생한다.
③ 국제 사법 재판소 판결의 근거로 활용될 수 있다.
④ 외교관의 특권과 면제, 국내 문제 불간섭 등이 해당된다.
⑤ 국내에서 법적 효력을 가지려면 별도의 입법 절차가 필요하다.

382

그림은 국제법의 법원(法源)을 구분한 것이다. 이에 대한 설명으로 옳은 것은? (단, A, B는 각각 국제 관습법, 법의 일반 원칙 중 하나이다.)

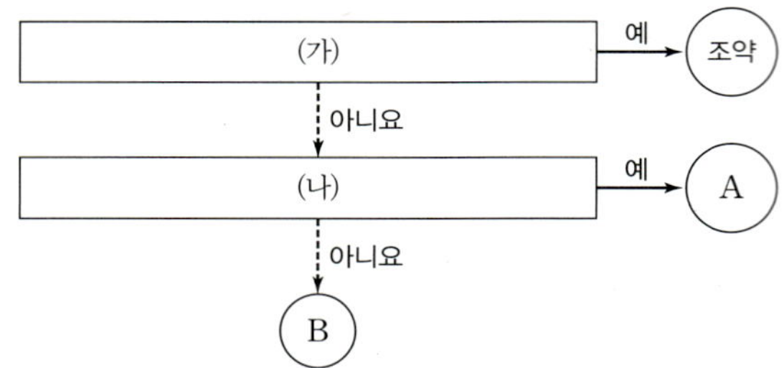

① (가)는 '모든 국가에 포괄적 구속력을 가지는가?'가 들어갈 수 있다.
② A가 국제 관습법이라면 B는 신의 성실의 원칙을 예로 들 수 있다.
③ (나)가 '국제 사회의 관행이 법적 구속을 갖게 된 것인가?'이라면 A는 문서로 되어 있다.
④ 우리나라에서 A와 B는 모두 헌법과 동등한 지위를 가진다.
⑤ 국제 사법 재판소에서는 B와 달리 A를 법원(法源)으로 적용한다.

383

| 평가원 기출 |

다음 자료에 대한 설명으로 옳은 것은?

> 국제법은 다양한 형태로 존재한다. ⠀⠀⠀㉠⠀⠀⠀은/는 2개 이상의 국가 간에 체결되는 구속력 있는 약속이다. ⠀⠀⠀㉡⠀⠀⠀은/는 국제 사회의 반복적인 관행이 법 규범으로 승인되어 효력을 가지게 된 유형이다. 그리고 ⠀⠀⠀㉢⠀⠀⠀은/는 문명국들이 공통으로 승인하여 따르는 법의 보편적인 원칙이다. 이 밖에도 국제 사법 재판소의 판례, 국제기구의 질의, 그리고 ㉣ 각국의 가장 우수한 국제법 학자의 학설 등이 있다.

① ㉠의 경우 국제기구와 국가 간에는 체결될 수 없다.
② ㉡의 예로는 신사 협정과 외교관의 면책 특권이 있다.
③ ㉢의 경우 원칙적으로 이를 승인한 국가에만 법적 구속력이 발생한다.
④ ㉣은 국제 사법 재판소 판결의 준거로 사용될 수 있다.
⑤ ㉠과 ㉡의 경우 우리나라에서는 국회의 동의가 있어야 법적 효력을 갖는다.

384

국제법의 법원 (가), (나)에 대한 설명으로 옳지 <u>않은</u> 것은?

(가) ⠀⠀⠀⠀⠀⠀⠀⠀⠀⠀⠀⠀⠀ (나)

① (가)의 체결권은 대통령에게 있다.
② (나)는 국제 사회의 관행이 법적 인식을 얻은 것이다.
③ (가)는 원칙적으로 체결 당사국에게만 적용된다.
④ (나)는 모든 국가에 대해 포괄적 구속력을 가진다.
⑤ (가)는 (나)와 달리 국제 사법 재판소에서 재판 규범이다.

385

다음 자료에 대한 설명으로 옳은 것은?

> ### 장애인의 권리에 관한 협약
>
> 2007년 3월 30일 서명
> 2008년 12월 2일 국회 비준 동의
> 2009년 1월 10일 발효(조약 제1928호)
>
> 제1조(목적) 이 협약의 목적은 장애인이 모든 인권과 기본적인 자유를 완전하고 동등하게 향유하도록…
> 제4조(일반 의무) 당사국은 장애를 이유로 한 어떤 형태의 차별 없이 장애인의 모든 인권과 기본적인 자유의 완전한 실현을 보장하고 촉진하기 위한 의무를 부담한다.

① 다자 조약에 해당한다.
② 강제적으로 집행할 기구가 존재한다.
③ 원칙적으로 모든 국가에 포괄적 구속력을 가진다.
④ 반복적으로 나타나는 일반적인 관행을 전제로 한다.
⑤ 국내법에 적용하기 위해서는 별도의 입법 절차가 반드시 필요하다.

386 고난도↑
|평가원 기출|

다음 자료에 대한 설명으로 옳은 것은?

○○일보

2014년 12월에 페루 리마에서 196개의 당사국이 참여하는 유엔 기후 변화 협약 당사국 총회가 개최되었다. 총회에서는 온실 가스 감축 의무를 부과한 1997년 ㉠ 교토 의정서의 한계를 극복하기 위한 방안들이 논의되었다.
A국은 교토 의정서를 의회의 동의를 거쳐 비준하였지만 온실 가스 감축 의무를 부과받지 않았다. 그러나 국제 사회의 흐름에 부응하여 A 국에서는 ㉡ '온실 가스 감축에 관한 법률'을 제정하여 탄소 배출권 거래 제도를 시행하고 있다.

① ㉠은 포괄적 구속력이 있는 국제 관습법이다.
② ㉡은 강제적으로 집행할 기구가 없다.
③ A국이 우리나라라면 우리나라 법원의 재판에서 ㉠을 직접 적용할 수 있다.
④ A국이 우리나라라면 ㉠과 ㉡ 간 적용의 우선 순위 문제가 발생하지 않는다.
⑤ ㉠과 관련된 A국의 국제 분쟁이 국제 사법 재판소에 제소되었을 때 ㉡을 직접 적용할 수 있다.

387

밑줄 친 부분에 대한 설명으로 가장 적절한 것은?

1875년 파리에 모인 17개국 대표들은 '미터 협약'에 합의하였다. 현재 많은 국가가 공식 측정 단위로 미터법을 사용하고 있다. 우리나라도 1961년부터 미터 협약의 내용을 법정 계량 단위로 채택하였다. 이처럼 우리나라의 계량 단위가 다른 나라에서도 사용되는 배경에는 국제법의 역할이 숨겨져 있다.

① 분쟁을 평화적으로 해결한다.
② 국제 사회의 협력을 유도한다.
③ 국가 간의 문화적 교류를 촉진한다.
④ 강력한 구속력을 통해 세계 질서를 유지한다.
⑤ 세계 시민의 일상적 삶에 편리함을 제공한다.

388
|평가원 기출|

표는 국제법의 법원(法源) A~C를 질문에 따라 구분한 것이다. 이에 대한 설명으로 옳지 않은 것은? (단, A~C는 각각 조약, 국제 관습법, 법의 일반 원칙 중 하나이다.)

질문	A	B	C
국가 간에 체결한 법적 구속력을 가진 약속입니까?	아니요	아니요	예
문명국들이 공통적으로 승인하여 따르는 법의 보편적 원칙입니까?	예	아니요	아니요
(가)	아니요	예	아니요

① A에는 신의 성실의 원칙, 권리 남용 금지의 원칙 등이 있다.
② B는 국제 사회의 관행이 규범화된 것이다.
③ C는 우리나라의 경우 대통령이 비준권을 행사한다.
④ A~C 모두 국제 사법 재판소의 재판 준거가 된다.
⑤ (가)에는 '국내에서 효력이 발생되려면 별도의 입법 절차가 필요합니까?'가 들어갈 수 있다.

389

다음은 국제 사법 재판소 규정의 일부이다. (가)~(다)에 대한 옳은 설명만을 〈보기〉에서 고른 것은?

제38조 ① 재판소는 본 재판소에 회부된 분쟁을 국제법에 따라 재판하는 것을 임무로 하며, 다음을 적용한다.
(가) 분쟁국에 의하여 명백히 인정된 규칙을 확립하고 있는 일반 또는 특별한 국제 협약
(나) 법으로 수락된 일반 관행의 증거로서의 국제 관습
(다) 문명국에 의하여 인정된 법의 일반 원칙
　　… (후략) …

〈보기〉
ㄱ. 우리나라의 경우 (가)의 체결 권한은 국회에 있다.
ㄴ. 다른 나라의 내정에 간섭해서는 안 된다는 것은 (나)에 속한다.
ㄷ. 불법 행위에 대한 손해 배상 책임은 (다)에 해당한다.
ㄹ. (가)는 (나), (다)와 달리 국내의 법률과 동등한 효력을 가진다.

① ㄱ, ㄴ　　　　② ㄱ, ㄷ　　　　③ ㄴ, ㄷ
④ ㄴ, ㄹ　　　　⑤ ㄷ, ㄹ

주제 1 국제 문제의 이해

1. 국제 문제의 의미와 특징 ❶
(1) **의미** : 여러 국가나 국제 사회 전반에 부정적인 영향을 미치는 문제
(2) **특징** ┐ 환경 문제의 경우 제대로 해결되지 못하면 현 세대뿐만 아니라 미래 세대까지 위험해질 수 있다.
① 제대로 해결되지 않으면 전 지구적인 위기를 초래함
② 어느 한 국가의 노력만으로는 해결하기 어려움
③ 강제성을 가진 기구가 없어 국가 간 합의를 도출하기 어려움

2. 국제 문제의 종류 ── 인구 증가와 산업화로 인한 자원의 빠른 고갈과 대체 에너지 개발 등도 국제 사회의 큰 문제이다.

국가 안보와 평화 문제	• 자국의 안보를 위한 군비 경쟁 → 군사적 긴장 초래 • 종교, 인종, 자원 등을 이유로 한 국지적 전쟁 증가 예 팔레스타인 지역 분쟁 ❷ • 비무장 민간인을 공격하는 테러 증가 ❸ ── 최근에는 인터넷을 이용한 사이버상의 테러나 해킹 　등도 새로운 형태의 안보 문제로 등장하였다.
경제 문제	• 세계화로 인한 자유 무역의 확대 → 국가 간 빈부 격차(남북문제) 심화 • 저개발 국가의 기아 문제 심각 　┌ 경제 성장이 앞선 북반구의 국가 　와 뒤처진 남반구 국가 간의 경제 　적 격차에서 생기는 정치적·경제 　적 문제를 통틀어 이르는 말이다.
환경 문제	• 산성비, 오존층 파괴, 지구 온난화 현상 심화 • 자국의 이익 우선 추구로 문제 해결이 쉽지 않음
인권 문제	• 아동 노동, 내전으로 발생하는 난민, 종교적 관습 등으로 인한 여성 인권 침해 • 국가 권력에 의한 자국민의 인권 침해도 발생함

3. 국제 문제의 해결 노력

국제법을 통한 해결	• 의미 : 국제 사법 기관에 제소하여 국제법에 따라 해결 • 의의 : 공정하고 객관적인 해결안 도출의 기대 가능 • 한계 : 재판 기간이 길고, 당사국의 판결 불복 시 구속력을 행사하기 어려움
국제기구를 통한 해결	• 유형 : 국제 조정, 국제 중재 • 의의 : 기존의 해결 방식에 비해 신속하게 분쟁 해결 가능 • 특징 : 최근 무역 및 투자 관련 분쟁이 증가하면서 경제 분야의 국제 중재 기구 증가
외교 활동을 통한 해결	• 의미 : 분쟁 당사국끼리 자율적인 해결이 원칙이며 절차에 합의하고 협상을 통해 해결 　책 마련 • 의의 : 분쟁의 실질적인 해결에 도달할 수 있고, 향후 발생할 분쟁을 사전에 예방 가능 • 한계 : 종교 간 갈등 등 첨예한 대립 상황에서는 기대하기 어려움

주제 2 국제기구의 역할

1. 국제기구의 역할 ❹

평화 유지에 기여	• 국제 원자력 기구 : 원자력의 평화적 이용과 국제 공동 관리를 목적으로 활동 • 국제 평화 유지군 : 분쟁 지역에 군대를 파견하여 정전 감시 등의 활동
인권 신장을 위해 노력	• 국제 사면 위원회 : 정치범들의 인권 구제, 고문 금지와 사형제 폐지, 인권 침해 예방을 위 　해 노력 • 국제 연합 인권 이사회 : 유엔 가입국의 인권 상황을 정기적, 체계적으로 검토하고 국제 사 　회의 인권 상황을 개선하기 위해 철저하고, 조직적인 인권 침해를 해결하고자 노력함
환경 보호를 위해 노력	그린피스(북극 보호 운동, 플라스틱 사용 줄이기 운동, 석탄 사용 줄이기 운동 등 국제적인 환경 보호를 위해 노력함)

2. 국제 연합(UN)
(1) **창설 목적** : 국제 평화 유지 및 경제, 사회, 문화 등 비정치적 분야에서의 활발한 교류를 통해
　국가 간 우호와 협력 증진

---

❶ 국제 문제의 발생 배경
• 국가 간 이해관계의 충돌, 집단 간 종교나 관습 등의 차이로 인한 갈등, 인류의 물질적 풍요에 대한 무한한 욕구 등
• 국제 행위 주체들을 통제할 수 있는 강제력을 갖춘 규범이 없고, 차이를 존중하는 관용과 인류애에 기초한 세계 시민 의식이 부족할 때 국제 문제의 양상은 심화됨

❷ 팔레스타인 분쟁
유대인이 성서를 근거로 팔레스타인 지방 이스라엘 건국을 선언하며 촉발된 영토 분쟁이다. 이를 계기로 팔레스타인에 살고 있던 아랍계 무슬림들과 크리스트교도들은 자신들의 근거지를 잃고 쫓겨나는 신세가 되었다. 결국 이스라엘과 이스라엘 건국을 반대한 인접한 아랍 국가들, 자신들의 터전을 잃어버린 팔레스타인 인들 사이에 전쟁이 시작되었다. 이스라엘과 팔레스타인 양측 모두 이스라엘을 수도로 선포하는 등 두 나라 간 충돌이 계속되고 있다.

❸ 테러
특정 개인이나 단체가 자신의 목적을 달성하기 위하여 폭력을 사용하여 적이나 상대편을 위협하거나 공포에 빠뜨리는 행위를 말한다. 전쟁과 달리 테러는 공격 대상을 특별히 정해 놓지 않고 불특정 다수를 대상으로 하는 경우가 많다.

❹ 국제기구의 종류

정부 간 국제기구	• 국가를 회원으로 함 • 국제 연합(UN), 유럽 연합(EU), 국제 통화 기금(IMF) 등
국제 비정부 기구	• 개인이나 민간 단체를 회원으로 함 • 국제 사면 위원회, 그린피스, 국경 없는 의사회 등

(2) 주요 기구

총회	• 모든 회원국이 참여하는 최고 의결 기관 • 국제 평화에 관한 권고, 안전 보장 이사회 비상임 이사국 선출, 새로운 가입국의 승인 등 • 주권 평등의 원칙에 따라 1국 1표를 행사
안전 보장 이사회	• 국제 평화와 안전 유지에 관한 국제 연합의 실질적 의사 결정 기관 • 국제 분쟁 조정 절차나 방법 권고, 침략국에 대한 경제 · 외교적 제재나 군사적 개입 • 5개 상임 이사국과 10개 비상임 이사국으로 구성 **⑤** → 비상임 이사국의 임기는 2년으로 연임할 수 없으며, 매년 5개국씩 총회에서 선출된다. • 15개 이사국 중 9개국 이상의 찬성으로 의결하는데, 절차 사항이 아닌 실질 사항의 경우에는 상임 이사국 중 한 국가라도 거부권을 행사하면 안건이 부결됨 **⑥**
국제 사 법 재판소 (ICJ)	• 국가 간의 분쟁에 대해 국제법을 적용하여 해결하는 국제 연합의 사법 기관 • 국제 연합 총회 및 안전 보장 이사회에서 선출한 서로 국적이 다른 15명의 재판관으로 구성됨 • 강제적 관할권이 없어 기본적으로 분쟁 당사국 간 합의가 있어야 재판 가능 • 당사국의 판결 불복 시 직접적인 제재 수단이 없음

판결에 불복할 경우 국제 사법 재판소에서는 직접 제재를 할 수 없으나 안전 보장 이사회에서 제재 조치를 취할 수 있다.

(3) 한계

① 안전 보장 이사회 상임 이사국의 거부권 행사로 중요한 의사 결정이 지연됨
② 회원국들이 분담금을 제대로 내지 않아 재정적인 어려움을 겪고 있음
③ 국제적으로 중요한 문제는 국제 연합이 배제된 채 당사국과 관련 국가들의 협상으로 해결되고 있음

주제 3 · 우리나라의 국제 관계와 외교

1. 우리나라의 국제 관계

(1) 우리나라의 지정학적 위치 : 대륙과 해양 세력이 만나는 전략적 요충지 → 국제 질서의 변화, 중국이나 일본과의 역사적 관계 등에 큰 영향을 받고 있음
• 동아시아 중심에서 중재자 역할 수행 → 경제적 성장 및 국제 평화 유지에 기여할 수 있음

(2) 최근의 한반도를 둘러싼 국제 관계
① 안보 문제 : 북한의 비핵화 문제를 둘러싸고 미국과 북한 정상 회담, 남북 정상 회담 등이 이어짐
② 무역 갈등 : 미국과 중국의 무역 분쟁, 한국과 일본의 수입 물품 제한 조치 등
③ 역사 갈등 : 중국의 동북 공정, 일본의 역사 교과서 왜곡과 관련한 문제가 있음
④ 영토 갈등 : 중국과의 이어도 분쟁, 일본과의 독도 갈등 등이 문제가 됨

2. 바람직한 외교 정책
→ 외교란 한 국가가 자국의 이익을 달성하기 위하여 국제 사회의 평화적인 방법으로 펼치는 대외적 활동을 의미한다.

(1) 우리나라 외교 역사

1950년대	반공 외교, 미국 중심 외교
1960년대	제3 세계 국가에 대한 외교 강화
1970년대	공산권 외교 강화, 사회주의 국가에 문호 개방
1980년대	북방 외교 – 소련이나 중국, 동유럽 국가 등으로 외교 영역 확대 **⑦**
1990년대	남북 간 긴장 완화 노력, 실리 외교 전개
2000년대	6자 회담 추진, 6 · 15 남북 공동 선언 채택 **⑧**
2010년대	북한 비핵화 추진, 문화 외교 강화

(2) 다양한 외교 활동

다자 외교	셋 이상의 국가가 특정 의제에 관해 이해관계를 조정하고 협력 방안을 찾아가는 외교 활동
공공 외교	문화, 예술, 스포츠, 가치관 등 무형의 자산이 지닌 매력을 통해 상대국 대중의 마음을 사로잡는 소프트파워 중심의 외교 활동 **⑨** → 다양한 문화 콘텐츠를 통한 한류 외교 등의 형식과 분야를 확장하고 있다.
기여 외교	적극적인 대외 원조를 통해 국가 이미지를 높이는 방식의 외교 활동
인권 외교	여성, 아동, 장애인, 난민 등 취약 계층의 인권 보호와 증진에 노력함

⑤ 국제 연합 안전 보장 이사회의 상임 이사국
국제 연합의 핵심 임무인 국제 평화와 안보 유지를 위한 책임과 권한을 가지고 있다. 미국, 영국, 프랑스, 러시아, 중국으로 이들은 거부권을 가지고 있어 안전 보장 이사회 의사 결정의 핵심이라고 할 수 있다.

⑥ 절차 사항과 실질 사항
국제 연합 헌장에는 절차 사항과 실질 사항이 명시되어 있지 않지만, 과거의 예로 보면 토의 순서의 결정, 새로운 의제의 삽입, 회의 참석국의 초대 등은 절차 문제로 처리되었다.

⑦ 북방 외교
우리나라가 1980년대 중국, 소련 등 사회주의 국가들과의 관계 개선을 통해 한반도의 평화와 안정을 유지하려고 추진한 외교 정책을 말한다. 사회주의 국가와의 경제 협력을 통한 경제적 이익 증진과 외교 정상화, 남북한 교류 및 관계 발전을 추구해 궁극적으로 남북한 통일을 실현하는 것을 목적으로 한다.

⑧ 6 · 15 남북 공동 선언
대한민국의 김대중 대통령과 조선민주주의인민공화국의 김정일 국방 위원장이 남북 정상 회담을 가진 뒤, 2000년 6월 15일에 발표한 공동 선언이다. 8 · 15 광복 이후 남북 최고 지도자가 합의하여 발표한 최초의 선언이다.

⑨ 소프트파워(soft power)
군사력이나 경제력과 같은 하드 파워(hard power)에 대응하는 개념으로, 강제나 보상이 아닌 설득과 매력을 통해 원하는 것을 얻는 능력을 말한다.

핵심 개념 CHECK!

• 정답 및 해설 085~086쪽

다음 설명이 맞으면 'O', 틀리면 'X'에 표시하시오.

주제 1 국제 문제의 이해

01 오늘날에는 민족·인종·종교를 둘러싼 분쟁보다 전면적인 전쟁 위협이 증가한다. O X

02 선진국과 개발 도상국 간 경제적 격차를 남북문제라고 한다. O X

03 함정 안보 문제는 최근 국제 관계에서 일시적으로 발생하고 있는 문제이다. O X

04 경제 성장으로 선진국과 개발 도상국 간 경제 격차는 오히려 심화되고 있다. O X

05 온실가스 감축을 위해 맺은 파리 기후 변화 협약은 국제법을 통한 해결 방식이다. O X

06 중국과 환경 장관 회의로 미세 먼지 문제를 해결하려는 것은 사법적 해결 방식이다. O X

07 함정 국제 사회에는 행위 주체들을 통제할 수 있는 강제력을 갖춘 규범이 존재한다. O X

08 국제 문제는 국경을 초월하여 발생하기 때문에 한 국가만으로 해결하기 곤란하다. O X

09 국제 문제는 책임 소재가 분명하지 않은 경우가 많다. O X

주제 2 국제기구의 역할

10 국제 연합은 세계 평화를 유지하고 국가 간 우호와 협력을 증진하려는 목적이 있다. O X

11 총회는 국제 연합 헌장 개정, 예산안 심의 및 승인을 담당하며, 국제 사회의 다양한 문제를 논의·의결하여 안전 보장 이사회 등 산하 기관과 회원국에 대해 권고할 수 있다. O X

12 총회는 모든 안건에 대해서 출석 투표국 2/3 이상의 찬성으로 의결한다. O X

13 안전 보장 이사회의 이사국 중 한 국가라도 거부권을 행사하면 안건은 부결된다. O X

14 안전 보장 이사회는 국제 분쟁이나 침략 발생 시 해당 국가에 대해 평화적 해결안을 권고하거나 경제·외교적 제재 조치를 취할 수 있다. O X

15 함정 총회는 평화적인 해결이 곤란할 경우에는 평화 유지군 파견 등 군사적 강제 조치를 통해 분쟁에 개입할 수 있다. O X

16 경제 사회 이사회는 경제, 인권, 교육, 문화, 보건, 식량 등 비정치적 분야의 다양한 문제를 다룬다. O X

17 국제 사법 재판소는 사법적 절차에 따라 국가 간 분쟁을 해결한다. O X

18 함정 국제 사법 재판소의 재판관은 15명인데, 같은 국적도 가능하다. O X

19 함정 국제 사법 재판소에 제소하기 위해서는 국제 연합 회원국이어야 한다. O X

20 국제 사법 재판소는 국가 간 분쟁에 대해 강제적 관할권이 없다. O X

21 안전 보장 이사회의 상임 이사국의 거부권 행사로 의사 결정이 지연되기도 한다. O X

주제 3 우리나라의 국제 관계와 외교

22 한반도는 대륙과 해양이 만나는 전략적 요충지이기 때문에 외세의 침입이 잦았다. O X

23 북한은 한반도 비핵화 선언에 합의하여 핵을 영구히 폐기했다. O X

24 함정 우리나라는 일본의 독도 영유권 주장에 대해 국제 사법 재판소에 제소 후 판결에 따르려고 한다. O X

25 중국은 동북 공정으로 고조선 및 고구려, 발해의 역사를 자국의 역사라고 왜곡하고 있다. O X

26 우리나라와 중국은 미세 먼지 오염의 원인을 놓고 책임 공방을 벌이고 있다. O X

27 오늘날에는 민간 차원의 국제적 교류 활동도 외교로 본다. O X

28 국가 간의 외교에서 가장 중요한 활동은 협상이다. O X

29 한반도의 평화를 위해서는 지속적인 대화와 협력을 통해 남북 관계를 개선해야 한다. O X

30 국제기구를 통한 국제 문제 해결에 적극적인 참여는 바람직한 외교 활동이다. O X

31 1950년대는 소련과 중국 등 공산권과의 외교에 치중하였다. O X

32 1960년대에는 제3 세계 국가들의 성장에 맞추어 외교 대상 국가를 확대하였다. O X

33 공공 외교는 정부와 같은 공공기관이 공식적으로 행하는 외교 활동이다. O X

34 국제 관계에서 설득과 매력으로 원하는 것을 얻어내는 능력을 소프트 파워라고 한다. O X

35 다자 외교는 셋 이상의 국가가 특정 의제에 대해 이해관계를 조정하는 외교 활동이다. O X

국제 연합의 주요 기구를 어떻게 풀이할까?

개념 · 기출 자료로 확인

자료 · 국제 연합의 주요 기구

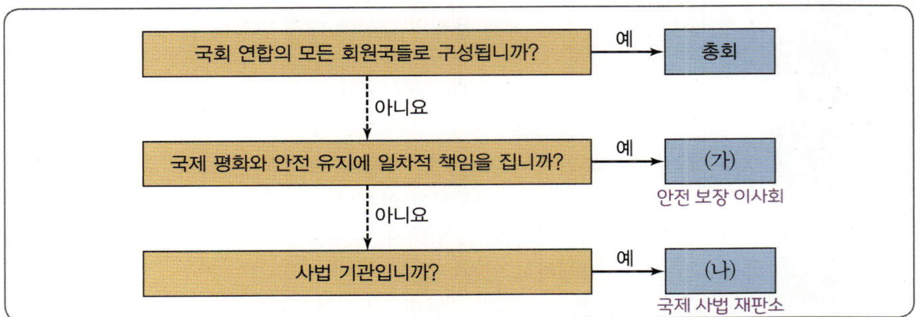

국제 연합의 주요 기구는 최근 매년 출제되고 있다. 총회와 안전 보장 이사회의 차이를 구분하는 문제, 국제 사법 재판소의 역할 등을 주로 묻고 있다.

❶ **자료에서 안전 보장 이사회와 국제 사법 재판소를 구분하자!** (가)는 국제 평화와 안전 유지에 1차적 책임을 지고 있으므로 안전 보장 이사회, (나)는 국제 연합의 사법 기관이므로 국제 사법 재판소이다.

❷ **국제 연합의 주요 기구를 정리하자!**

총회	• 모든 회원국이 참여하는 최고 의결 기관 • 국제 평화에 관한 권고, 안전 보장 이사회 비상임 이사국 선출, 새로운 가입국의 승인 등 • **주권 평등의 원칙에 따라 1국 1표를 행사**
안전 보장 이사회	• 국제 평화와 안전 유지에 관한 국제 연합의 실질적 의사 결정 기관 • **국제 분쟁 조정 절차나 방법 권고, 침략국에 대한 경제·외교적 제재나 군사적 개입** • 5개 상임 이사국과 10개 비상임 이사국으로 구성 • 15개 이사국 중 9개국 이상의 찬성으로 의결하는데, 절차 사항이 아닌 실질 사항의 경우에는 상임 이사국 중 한 국가라도 거부권을 행사하면 안건이 부결됨
국제 사법 재판소	• 국제 연합 총회 및 안전 보장 이사회에서 선출한 서로 국적이 다른 15명의 재판관으로 구성됨 • **강제적 관할권이 없어 기본적으로 분쟁 당사국 간 합의가 있어야 재판 가능** • 당사국의 판결 불복 시 직접적인 제재 수단이 없음

❸ **선택지를 해석하자!**

① (가)는 국제 분쟁에 개입할 때 군사력을 사용할 수 없다. → 있다
② (가)는 경제적, 사회적, 문화적, 인도적 활동을 지휘·관리한다. → 경제 사회 이사회의 기능
③ (나)에는 국제 연합 회원국만이 재판을 신청할 수 있다. → 비회원국도 가능
④ (나)는 국가 간의 분쟁에 대하여 당사국 일방의 제소로 재판 관할권을 갖는다. → 쌍방
⑤ (나)의 판결을 당사국이 이행하지 않을 경우, (가)는 판결의 이행을 위해 적절한 조치를 취할 수 있다.

▷ 안전 보장 이사회의 역할 파악 : 안전 보장 이사회는 국제 분쟁 조정 절차나 방법 권고, 침략국에 대한 경제·외교적 제재나 군사적 개입 등 강제력을 행사할 수 있다. 또한 국제 사법 재판소의 판결에 불복하는 국가에 대해서도 제재를 취할 수 있다.
▷ 국제 사법 재판소의 제소 조건 파악 : 국제 사법 재판소에 제소하기 위해서는 분쟁 당사국이 제소에 합의해야 재판이 시작된다. 어느 한 국가만의 제소로는 재판이 이루어지지 않는 것이 원칙이다. 또한 국제 연합 가입국이 아니어도 제소가 가능하다.

개념 · 문제로 확인하기

Q1 다음 내용이 총회에 해당하면 '총', 안전 보장 이사회에 해당하면 '안', 국제 사법 재판소에 해당하면 '재'에 표시하시오.

01. 최고 의사 결정 기관　　　　(총 / 안 / 재)
02. 실질적 의결 기관　　　　　　(총 / 안 / 재)
03. 사법 기관　　　　　　　　　(총 / 안 / 재)
04. 거부권 행사 가능　　　　　　(총 / 안 / 재)
05. 경제적 제재 조치　　　　　　(총 / 안 / 재)
06. 모든 회원국 참여　　　　　　(총 / 안 / 재)
07. 분쟁 당사국의 합의에 의한 제소
　　　　　　　　　　　　　　　(총 / 안 / 재)
08. 국적이 서로 다른 15명의 재판관으로 구성
　　　　　　　　　　　　　　　(총 / 안 / 재)
09. 판결 불복 시 직접적인 제재가 불가능
　　　　　　　　　　　　　　　(총 / 안 / 재)
10. 군사적 조치 가능　　　　　　(총 / 안 / 재)
11. 15개 이사국으로 구성　　　　(총 / 안 / 재)

Q2 다음 표에서 알맞은 단어를 고르시오.

12. 총회	❶ (모든 회원국 / 상임 이사국)이 참여하는 최고 의결 기관 ❷ 안전 보장 이사회의 (상임 / 비상임) 이사국 선출
13. 안전 보장 이사회	❶ 침략국에 대한 군사적 개입 (가능 / 불가능) ❷ 실질 사항의 경우 (상임 / 비상임) 이사국의 거부권 가능
14. 국제 사법 재판소	❶ 국적이 (같은 / 다른) 15명의 재판관으로 구성 ❷ 분쟁 당사국 간 합의가 (있어야 / 없어도) 재판 가능

Q3 〈자료〉를 보고 다음 내용이 맞으면 'O', 틀리면 '×'에 표시하시오.

15. (가)는 안전 보장 이사회이다.　　（ O / × ）
16. (나)는 국제 사법 재판소이다.　　（ O / × ）
17. (가)는 군사력을 사용할 수 없다.　（ O / × ）
18. (나)에 재판을 하기 위해서는 국제 연합의 회원국이어야 한다.
　　　　　　　　　　　　　　　（ O / × ）

주제 1 국제 문제의 이해

족집게 전략 | • 국제 문제가 단독으로 출제되기는 어렵다. 다른 주제와 연결하여 출제되는 경우가 대부분이다. 국제 단원에서는 국제법, 국제기구를 제외하면 출제되는 경우가 드물다. 그러나 다른 주제의 제시문 형식으로 출제될 가능성이 높으므로 기본적인 사항은 공부해 두어야 한다.

• 국제 문제는 그 특징과 종류 몇 가지만 알고 있으면 된다. 가벼운 마음으로 요즘 국제적 이슈가 되고 있는 문제를 관심을 가지고 살펴보면 된다.

390 ◀ 대표 문항

| 평가원 기출 |

다음은 국제 사회의 현황과 과제에 대한 주장이다. 밑줄 친 ㉠∼㉣에 대한 옳은 설명만을 〈보기〉에서 있는 대로 고른 것은?

> ㉠ 냉전의 종결은 여러 지역 분쟁의 조정과 민주 체제의 확산이라는 점에서 긍정적인 효과를 가져왔다. 그러나 이 과정에서 민족 간, 종교 간의 갈등이 끊이지 않고 있다. 또 선진국과 개발 도상국 간의 ㉡ 남북문제도 여전히 남아 있는 가운데 국제 질서의 변화 및 재판이라는 상황에 처해 있다. 이러한 상황 속에서 국제 연합(UN)은 ㉢ 다양한 지구촌 문제의 해결과 ㉣ 내부의 문제로 지적된 것들을 개혁해야 한다는 요구를 받는 등 대내외적으로 여러 가지 문제에 봉착해 있다.

┌─ 보기 ─
ㄱ. ㉠ 이후 국제 연합(UN)의 국지적 분쟁 조정 역할은 감소하였다.
ㄴ. ㉡은 주로 정치적·이념적 대립을 의미한다.
ㄷ. ㉢의 대표적인 사례로는 환경 문제와 인권 문제가 있다.
ㄹ. ㉣의 사례로는 회원국들의 분담금 체납 문제를 들 수 있다.
└─

① ㄱ, ㄴ   ② ㄱ, ㄹ   ③ ㄷ, ㄹ
④ ㄱ, ㄴ, ㄷ   ⑤ ㄴ, ㄷ, ㄹ

391

교사의 질문에 틀린 답변을 한 학생은?

> 교사 : 오늘날 각국이 자국의 이해관계를 최우선으로 추구하면서 다양한 국제 문제가 발생하고 있습니다. 오늘날 주로 발생하는 국제 문제의 양상에 대해 발표해 볼까요?
>
> 갑 : 자유주의 진영과 공산주의 진영 간의 이념 대립이 격화하고 있습니다.
> 을 : 폭력적인 방법으로 자신의 의사를 표현하는 테러 조직이 세계 평화를 위협하고 있습니다.
> 병 : 지구 온난화로 빙하가 녹으면서 세계 각지에서 기상 이변이 발생하고 있습니다.
> 정 : 장애인·노인·난민 등 사회적 약자의 인권이 보장되지 않아 발생하는 인권 문제가 주목받고 있습니다.
> 무 : 세계화에 따른 자유 무역의 확대로 국가 간 경제적 불평등이 심화하여 갈등이 발생하고 있습니다.

① 갑   ② 을   ③ 병
④ 정   ⑤ 무

392

다음 사례에서 활용된 국제 문제의 해결 방안으로 옳은 것은?

> 유엔 안전 보장 이사회는 예멘 휴전을 감시하기 위한 선발대 파견을 결의했다. AP 통신 등에 따르면 안보리는 이날 회의를 열고 예멘 휴전 감시단 파견을 골자로 하는 결의안을 만장일치로 채택했다. 예멘 정부와 후티 반군은 유엔의 중재 아래 6∼13일 스웨덴에서 열린 평화 회담에서 호데이다 주의 휴전과 3주 내 동시 철군에 합의했다. 호데이다의 주도(州都)인 항구 도시 호데이다시를 장악한 반군도 올해 말까지 유엔이 구성하는 공동 위원회에 이곳 항구 3곳의 통제권을 넘기기로 했다.
> — ○○뉴스, 2018. 12. 22. —

① 국제법을 통한 해결
② 국제기구를 통한 해결
③ 국제 여론을 통한 해결
④ 외교 활동을 통한 해결
⑤ 제3국의 중재를 통한 해결

주제 2 국제기구의 역할

족집게 전략 | • 국제기구는 자주 출제되고 있다. 특히 국제 연합의 주요 기구나 역할을 묻는 경우가 많다. 총회와 안전 보장 이사회의 업무를 깊이 있게 물어보기도 한다. 두 기관의 업무는 교과서로 기본적인 사항을 정리하고 기출문제로 다양한 형식을 익혀두는 것이 좋다.

• 국제 사법 재판소의 역할이 강조되면서 최근에는 국제 사법 재판소의 역할을 묻는 경우가 많아졌다. 국제 사법 재판소에 제소하기 위해서는 분쟁 당사국이 합의해야 한다는 것, 국제 연합 회원국이 아니어도 제소가 가능하다는 것 등을 알고 있어야 한다.

393 대표 문항 고난도↑ | 평가원 기출 |

국제 연합의 주요 기관 (가)~(다)에 대한 설명으로 옳은 것은?

국제 연합을 개혁해야 한다는 논의는 꾸준히 있어 왔다. 특히 국제 평화와 안전 유지에 관한 일차적 책임을 부여받은 [(가)]을/를 개혁하기 위해 거부권을 가진 상임 이사국의 권한을 조정하고 규모를 확대하는 것이 논의의 핵심이다. 또한 국제 연합의 주요 사법 기관인 [(나)]의 관할권을 확대함으로써 국제 사회의 분쟁을 보다 효과적으로 해결해야 한다는 주장도 있다. 그런데 국제 연합의 개혁을 위해서는 모든 회원국이 참여하는 최고 의결 기관인 [(다)]에서 헌장을 개정해야 한다. 헌장 개정은 회원국 2/3 이상의 찬성으로 채택되며, [(가)]의 상임 이사국을 포함한 회원국 2/3가 자국 헌법상의 절차에 따라 비준한 경우에 효력이 발생한다.

① (가)의 상임 이사국은 회원국의 투표로 선출된다.
② (나)는 판결에 불복하는 당사국을 직접 제재할 수 있다.
③ 국가와 개인은 모두 분쟁 해결을 위해 (나)에 제소할 수 있다.
④ (가)와 달리 (다)의 표결 방식은 국제 사회를 바라보는 현실주의적 관점으로 설명될 수 있다.
⑤ (가), (다)는 모두 (나)의 재판관을 선출하는 권한을 가진다.

394

밑줄 친 ㉠, ㉡에 대한 옳은 설명만을 〈보기〉에서 고른 것은?

볼리비아와 칠레가 '태평양 출구' 문제를 둘러싸고 ㉠ 국제 사법 재판소(ICJ)에서 치열한 공방을 벌이고 있다. 볼리비아는 태평양 전쟁 이전 상태로 영토를 회복하겠다며 2013년부터 칠레에 협상을 요구했으나 칠레가 이를 거부하면서 갈등이 계속됐다. 칠레는 지금으로부터 100년 전인 1904년 양국 간에 체결된 ㉡ '평화와 우호 협정'으로 태평양 출구 논란이 종결됐다고 주장한다. 당시 협정으로 칠레는 자국의 아리카 항구와 안토파가스타 항구를 볼리비아가 이용할 수 있도록 했다. 두 나라는 1978년 이래 공식적인 외교관계를 중단한 상태다.

– ○○뉴스, 2015. 5. 5.

〈보기〉
ㄱ. 볼리비아와 칠레가 모두 합의하여 ㉠에 재판을 청구했을 것이다.
ㄴ. ㉠의 판결은 구속력은 없지만 불복할 경우 상소는 가능하다.
ㄷ. ㉡은 국가의 권력 관계가 반영된다.
ㄹ. ㉡은 국제 관행이 법적 인식을 얻게 된 것이다.

① ㄱ, ㄴ ② ㄱ, ㄷ ③ ㄴ, ㄷ
④ ㄴ, ㄹ ⑤ ㄷ, ㄹ

395

다음 자료에 나타난 국제기구에 대한 공통점으로 옳은 것은?

〈그린피스(Greenpeace)〉 〈국경 없는 의사회〉

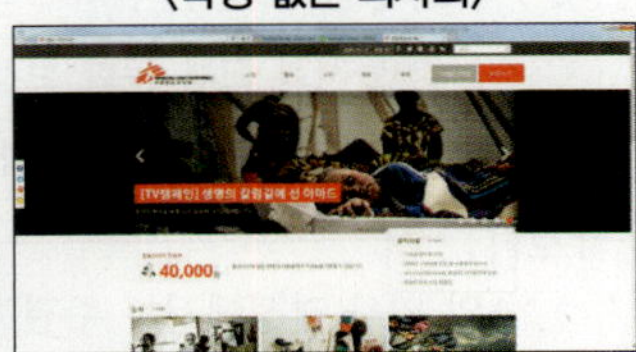

① 국가를 가입 주체로 한다.
② 특정 전문 영역의 제한된 목적을 가진다.
③ 의사 결정에서 현실주의적 관점이 반영된다.
④ 국가들 사이의 이해관계를 조정하는 것이 목적이다.
⑤ 국제 연합(UN)에 소속되어 국가의 지원을 받아 활동한다.

396

| 평가원 기출 |

다음 사례에 대한 법적 판단으로 옳은 것은?

> 갑국과 을국을 관통하는 국제 하천이 존재하는 상황에서 상류에 있는 갑국의 댐 건설로 수질이 악화되어 하류에 있는 을국의 농업에 큰 손해를 입혔다. 이에 대한 소송이 제기된 국제 사법 재판소에서 을국은 다른 국가들과 체결한 다자 조약을 이유로 조약 당사국이 아닌 갑국에 대해 손해를 배상할 것을 주장하였으나, 갑국은 댐 건설이 내정에 관한 것이기에 을국은 간섭할 권한이 없다고 주장하였다. 이 사건에서 갑국은 댐 건설과 관련하여 국제기구 및 피해를 입을 가능성이 있는 인접국들과 법적 구속력을 가지는 약속을 하기 위해 협의했으나 실패했다. 또한 이에 대해 국제 사회의 묵시적인 합의에 따라 법으로 승인되고 준수되는 국제 사회의 반복적인 관행도 존재하지 않았다.

① 국제 사법 재판소는 갑국의 행위가 법의 일반 원칙을 위반하였는지를 판단할 수 있다.
② 국제 사법 재판소는 을국이 체결한 다자 조약에 의해 갑국의 손해 배상 책임을 인정할 수 있다.
③ 국제 사법 재판소는 국제 하천에 대한 국제 관습법에 의해 갑국의 손해 배상 책임을 인정할 수 있다.
④ 국제 사법 재판소는 을국이 승소한 경우 강제 집행할 수 있다.
⑤ 국제 사법 재판소는 이와 유사한 사건에 대한 판례가 있는 경우 반드시 따라야 한다.

397

A~D는 국제 연합의 주요 기구이다. 이에 대한 옳은 설명만을 〈보기〉에서 고른 것은?

구분	주요 업무
A	국제 연합의 최고 의사 결정
B	국제 평화와 안전 유지의 책임
C	경제, 사회, 교육, 문화, 보건, 식량 등의 문제
D	국제 사회에서 발생한 분쟁에 국제법을 적용하여 해결

〈보기〉
ㄱ. A의 의사 결정에서는 주권 평등의 원칙이 적용된다.
ㄴ. B는 평화 유지군을 파견하여 분쟁에 개입하기도 한다.
ㄷ. C는 특정 국가에 대해 경제적 제재 조치를 취할 수 있다.
ㄹ. D는 분쟁 당사국 일방이 제소하면 재판을 진행할 수 있다.

① ㄱ, ㄴ ② ㄱ, ㄷ ③ ㄴ, ㄷ
④ ㄴ, ㄹ ⑤ ㄷ, ㄹ

398

다음 사례에서 국제 연합 주요 기관 A에 대한 옳은 설명만을 〈보기〉에서 고른 것은?

> A는 미국의 대 이란 경제 제재에서 인도주의적 물품과 서비스를 제외해야 한다고 판정했습니다. A는 다른 국가들이 의약품과 의료 기기, 식품, 농산품, 민간용 안전 장비를 이란에 수출하는 것을 미국이 막아서는 안 된다고 명시했습니다. 앞서 미국은 올해 5월 미국과 이란 주도 아래 영국, 프랑스, 독일, 중국, 러시아 등 5개국이 참여한 이란 핵 합의에서 탈퇴하고, 이란에 대한 경제 제재를 재개했습니다. 이에 대해 이란은 올해 7월 A에 미국의 이런 조치가 부당하다며 소송을 제기했습니다.
> – ○○○뉴스, 2018. 10. 3.

〈보기〉
ㄱ. 국제 연합 총회가 판결의 집행을 맡는다.
ㄴ. 국제 연합 비회원국도 재판을 청구할 수 있다.
ㄷ. 판결의 구속력은 국내 사법 기관에 비해 강하다.
ㄹ. 조약, 국제 관습법, 법의 일반 원칙 등을 재판의 준칙으로 삼는다.

① ㄱ, ㄴ ② ㄱ, ㄷ ③ ㄴ, ㄷ
④ ㄴ, ㄹ ⑤ ㄷ, ㄹ

399

| 평가원 기출 |

그림의 ㉠~㉢에 대한 설명으로 옳은 것은?

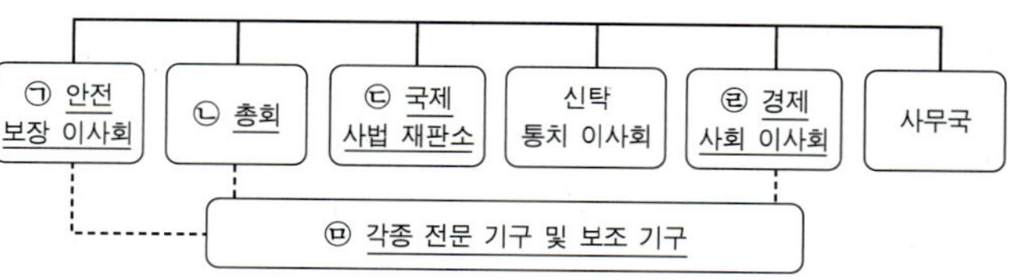

① ㉠은 5개 상임 이사국과 10개 비상임 이사국으로 구성된 최고 의결 기관이다.
② ㉡에서 회원국은 국가별 재정 분담액에 따라 차등적 투표권을 가진다.
③ ㉢은 원칙적으로 당사국 쌍방의 합의에 따른 청구로 재판을 한다.
④ ㉣은 지역 분쟁 당사국에 대해 평화 유지를 권고하거나 경제적 제재 조치를 취할 수 있는 권한을 가진다.
⑤ 유네스코(UNESCO)와 아시아 태평양 경제 협력체(APEC)가 ㉤에 포함된다.

주제 3 우리나라의 국제 관계와 외교

족집게 전략 | • 이 내용은 교과서 개정으로 새로 들어왔다. 중요하게 다루는 내용은 아니지만 제시문이나 선지로 활용될 가능성이 높다. 우리나라를 둘러싸고 있는 국제 문제를 뉴스 형식으로 제시하고 이와 관련된 국제 사회의 문제나 국제기구 등의 특징을 묻는 방식이 나올 수도 있다. 기본적인 내용을 공부하고 한반도와 관련된 뉴스 등에 관심을 기울이는 것이 좋다.

• 외교 문제는 정치라는 단일 교과목이 있었을 때 자주 출제되었다. 이번에 새로 교과서에 들어왔으므로 출제될 가능성도 있으므로 관심을 가지고 공부하도록 하자.

400 대표 문항
|평가원 기출|

다음 내용과 부합하지 <u>않는</u> 진술은?

> 외교란 한 국가가 국제 사회에서 자국의 이익을 평화적인 방법으로 달성하려는 활동이다. 오늘날 국제 사회가 복잡해지고 교통·통신의 발달로 다양한 행위자들에 의한 국제 교류가 활발해지면서 외교의 중요성과 개방성은 강화되고 있다. 또한 국제 관계의 주요한 관심사가 바뀌고 있으며, 대부분의 국가들은 다양한 수단을 동원하여 자국의 대외적인 위상을 높이고 국익을 극대화하기 위해 노력하고 있다.

① 국제 교류의 활성화로 비밀 외교 형태가 보편화되고 있다.

② 설득, 위협, 타협 등 가능한 모든 외교 수단이 사용되고 있다.

③ 이념보다는 명분이나 실리를 추구하는 외교로 변화되고 있다.

④ 공식적 행위자에 의한 외교뿐만 아니라 민간 외교의 중요성도 커지고 있다.

⑤ 외교의 범위가 안보 문제에 한정되지 않고 경제 및 문화 영역 등으로 확대되고 있다.

401

교사의 질문에 **틀린** 답변을 한 학생은?

> 교사 : 오늘날 한반도를 둘러싼 국제 관계에 대해 발표해 볼까요?
>
> 갑 : 중국은 동북 공정을 통해 고구려와 발해가 중국의 지방 정권이었다는 역사 왜곡을 하기도 합니다.
>
> 을 : 미국은 경제적, 군사적 대국으로 등장한 중국을 견제하기 위해 일본과 협력 관계를 유지하려고 합니다.
>
> 병 : 일본이 독도에 대해 영유권을 주장하고 있어 우리나라는 국제 사법 재판소에 제소하여 판결을 기다리고 있습니다.
>
> 정 : 우리나라는 탈냉전 시대에 접어들었음에도 냉전의 산물인 남북 분단과 북한의 핵 개발로 긴장 상태가 지속되고 있습니다.
>
> 무 : 우리나라는 2010년부터는 공적 개발 원조를 받던 나라에서 공적 개발 원조를 지원해 주는 나라로 성장하였습니다.

① 갑   ② 을   ③ 병
④ 정   ⑤ 무

402

다음 글에서 얻을 수 있는 우리나라의 외교 정책의 방향으로 가장 적절한 것은?

> 지난달 22~25일 중국의 왕치산 국가 부주석이 이스라엘을 찾았다. 2000년 장쩌민 주석 이후 18년 만의 중국 지도자 방문이다. 중국은 역사적으로 팔레스타인과 친분이 깊고, 이스라엘은 중국과 악화일로인 미국의 사실상 동맹 국가이다. 이런 두 나라가 최근 부쩍 가까워졌다. 이유는 경제다. 중국은 '중동의 실리콘밸리'인 이스라엘이 가진 첨단 기술에 눈독을 들이고 있다. 마윈 알리바바 회장도 동행했다. 경제 발전을 위해서라면 적의 동맹과도 친구가 되는 현실을 분명히 보여 준 대목이다.

① 남북의 평화 통일을 위한 주변국의 지원을 이끌어 내야 한다.

② 외교에서는 역사적 명분보다는 경제적 실리를 추구해야 한다.

③ 국제기구의 활동에 적극 참여하여 우리나라의 위상을 높여야 한다.

④ 국가 간의 분쟁에서는 국제법을 외교적 수단으로 적극 활용해야 한다.

⑤ 정부 차원의 외교보다는 다양한 분야에서 민간 외교가 활성화되어야 한다.

memo

memo

2026 수능 수학
끌장 연계 학습
수능 수학 기출 문제집
수능 수학 예상 문제집
평가원 기출의 또 다른 이름,
2025 수능 반영
너기출
For 2026
수학 I
수능코드에 최적화된 최신 21개년 평가원 기출
481문항을 빠짐없이 담았다!
수능 수학
어 삼 쉬 사
Plus+
수능필수 유형 훈련서
수학 I
240제
이투스북

수능형 핵심 개념을 정리한
너기출 개념코드 너코 제시

평가원 기출문제 모티브로 제작한
고퀄리티 100% 신출 문항

난이도순 / 출제년도순의 문항 배열로
기출의 진화 한눈에 파악

기출 학습 후 고난도 풀이 전
중간 난이도 훈련용으로 최적화

너코 와 결합한 친절하고 자세한 해설로
유기적 학습 가능

수능에 진짜 나오는 핵심 유형과
어려운 3점 쉬운 4점의 핵심 문제 구성

사회탐구 1등급을 위한 시험 유형 훈련서
BON. N제
본
정치와 법
정답 및 해설
이투스북

BON. N제

정답 및 해설

I. 민주주의와 헌법

본문 010쪽 01 ○ 02 × 03 ○ 04 ○ 05 ○ 06 × 07 ○ 08 ○ 09 × 10 ×
11 × 12 ○ 13 × 14 ○ 15 × 16 ○ 17 ○ 18 ○ 19 × 20 × 21 ○ 22 ○
23 × 24 × 25 ○ 26 ○ 27 ○ 28 × 29 ○ 30 × 31 ○ 32 ×

본문 012~017쪽 001 ⑤ 002 ⑤ 003 ④ 004 ① 005 ④ 006 ② 007 ① 008 ⑤
009 ③ 010 ④ 011 ⑤ 012 ④ 013 ④ 014 ③ 015 ② 016 ④ 017 ⑤ 018 ⑤
019 ② 020 ③ 021 ⑤ 022 ②

본문 020쪽 01 ○ 02 × 03 ○ 04 × 05 × 06 ○ 07 ○ 08 × 09 × 10 ○
11 ○ 12 × 13 ○ 14 ○ 15 × 16 ○ 17 ○ 18 × 19 ○ 20 ○ 21 ○ 22 ×
23 × 24 ○ 25 ○ 26 ○ 27 ○ 28 ○ 29 ○ 30 × 31 ○

본문 022~027쪽 023 ③ 024 ④ 025 ① 026 ④ 027 ③ 028 ① 029 ⑤ 030 ③
031 ⑤ 032 ③ 033 ⑤ 034 ⑤ 035 ④ 036 ① 037 ⑤ 038 ① 039 ② 040 ③
041 ③ 042 ② 043 ④ 044 ④ 045 ③

본문 030쪽 01 ○ 02 ○ 03 × 04 × 05 ○ 06 × 07 × 08 ○ 09 ○ 10 ×
11 ○ 12 ○ 13 ○ 14 ○ 15 ○ 16 ○ 17 ○ 18 ○ 19 ○ 20 ○ 21 ○ 22 ○
23 ○ 24 × 25 ○ 26 × 27 ○ 28 ○ 29 ○ 30 ○ 31 × 32 ○ 33 ○ 34 ○

본문 032~037쪽 046 ① 047 ④ 048 ② 049 ① 050 ④ 051 ⑤ 052 ② 053 ①
054 ① 055 ② 056 ② 057 ⑤ 058 ④ 059 ④ 060 ③ 061 ① 062 ① 063 ①
064 ① 065 ⑤ 066 ⑤ 067 ④

II. 민주 국가와 정부

본문 042쪽 01 × 02 ○ 03 ○ 04 ○ 05 ○ 06 ○ 07 × 08 × 09 ○ 10 ×
11 × 12 ○ 13 ○ 14 × 15 ○ 16 ○ 17 ○ 18 ○ 19 ○ 20 × 21 ○ 22 ×
23 ○ 24 ○ 25 ○ 26 × 27 ○ 28 ○ 29 × 30 ○ 31 × 32 ○ 33 ○ 34 ○

본문 044~049쪽 068 ② 069 ① 070 ② 071 ③ 072 ③ 073 ① 074 ③ 075 ①
076 ② 077 ④ 078 ③ 079 ② 080 ② 081 ⑤ 082 ④ 083 ④ 084 ⑤ 085 ⑤
086 ① 087 ② 088 ⑤ 089 ④

본문 052쪽 01 ○ 02 × 03 × 04 ○ 05 ○ 06 ○ 07 ○ 08 × 09 ○ 10 ×
11 ○ 12 × 13 ○ 14 ○ 15 × 16 ○ 17 × 18 × 19 ○ 20 × 21 × 22 ○
23 ○ 24 ○ 25 × 26 × 27 ○ 28 ○ 29 ○ 30 ○ 31 ○

본문 054~059쪽 090 ③ 091 ① 092 ④ 093 ① 094 ④ 095 ① 096 ③ 097 ⑤
098 ② 099 ③ 100 ① 101 ① 102 ② 103 ① 104 ① 105 ① 106 ③ 107 ⑤
108 ④ 109 ⑤ 110 ③ 111 ③ 112 ⑤

본문 062쪽 01 ○ 02 ○ 03 ○ 04 × 05 ○ 06 ○ 07 × 08 ○ 09 ○ 10 ○
11 × 12 ○ 13 ○ 14 ○ 15 ○ 16 × 17 ○ 18 × 19 ○ 20 ○ 21 ○ 22 ○
23 × 24 ○ 25 ○ 26 ○ 27 ○ 28 ○ 29 ○ 30 ×

본문 064~069쪽 113 ① 114 ④ 115 ② 116 ③ 117 ② 118 ⑤ 119 ④ 120 ①
121 ③ 122 ⑤ 123 ⑤ 124 ④ 125 ④ 126 ⑤ 127 ④ 128 ① 129 ⑤ 130 ①
131 ② 132 ① 133 ④

본문 072쪽 01 ○ 02 ○ 03 × 04 ○ 05 ○ 06 × 07 ○ 08 × 09 × 10 ○
11 × 12 ○ 13 × 14 ○ 15 ○ 16 × 17 ○ 18 × 19 ○ 20 × 21 ○ 22 ○
23 × 24 × 25 ○ 26 ○ 27 ○ 28 ○ 29 ○ 30 × 31 ×

본문 074~079쪽 134 ⑤ 135 ③ 136 ③ 137 ② 138 ② 139 ③ 140 ⑤ 141 ④
142 ④ 143 ② 144 ④ 145 ① 146 ④ 147 ⑤ 148 ② 149 ⑤ 150 ① 151 ①
152 ④ 153 ④ 154 ⑤

본문 082쪽 01 ○ 02 ○ 03 × 04 ○ 05 × 06 ○ 07 ○ 08 ○ 09 ○ 10 ○
11 ○ 12 ○ 13 ○ 14 ○ 15 ○ 16 ○ 17 ○ 18 ○ 19 ○ 20 ○ 21 ○ 22 ○
23 × 24 × 25 ○ 26 ○ 27 ○ 28 ○ 29 ○ 30 ○ 31 ×

본문 084~089쪽 155 ② 156 ③ 157 ○ 158 ① 159 ④ 160 ③ 161 ② 162 ②
163 ③ 164 ○ 165 ① 166 ④ 167 ⑤ 168 ② 169 ⑤ 170 ① 171 ④ 172 ②
173 ② 174 ⑤ 175 ③ 176 ⑤

III. 정치 과정과 참여

본문 094쪽 01 ○ 02 ○ 03 × 04 ○ 05 ○ 06 ○ 07 × 08 ○ 09 ○ 10 ×
11 ○ 12 ○ 13 × 14 ○ 15 ○ 16 × 17 ○ 18 ○ 19 ○ 20 ○ 21 × 22 ×
23 ○ 24 ○ 25 ○ 26 ○ 27 ○ 28 × 29 ○ 30 ○ 31 ○ 32 ×

본문 096~099쪽 177 ④ 178 ③ 179 ① 180 ① 181 ② 182 ⑤ 183 ② 184 ④
185 ④ 186 ③ 187 ② 188 ④ 189 ① 190 ③

본문 102쪽 01 ○ 02 ○ 03 × 04 ○ 05 ○ 06 ○ 07 × 08 ○ 09 × 10 ○
11 × 12 ○ 13 × 14 ○ 15 × 16 ○ 17 × 18 ○ 19 × 20 × 21 ○ 22 ○
23 ○ 24 × 25 × 26 ○ 27 ○ 28 × 29 × 30 ○ 31 ○ 32 ○

본문 104~111쪽 191 ② 192 ③ 193 ⑤ 194 ⑤ 195 ④ 196 ④ 197 ④ 198 ②
199 ③ 200 ② 201 ② 202 ③ 203 ① 204 ④ 205 ④ 206 ④ 207 ④ 208 ②
209 ② 210 ② 211 ① 212 ④ 213 ⑤ 214 ④

본문 114쪽 01 ○ 02 × 03 ○ 04 ○ 05 ○ 06 ○ 07 × 08 ○ 09 × 10 ○
11 ○ 12 × 13 ○ 14 ○ 15 ○ 16 ○ 17 ○ 18 ○ 19 ○ 20 ○ 21 ○ 22 ○
23 × 24 ○ 25 × 26 ○ 27 ○ 28 ○ 29 ○ 30 ○ 31 ○ 32 × 33 ○ 34 ○

본문 116~121쪽 215 ③ 216 ② 217 ④ 218 ① 219 ⑤ 220 ① 221 ② 222 ④
223 ③ 224 ② 225 ④ 226 ⑤ 227 ⑤ 228 ⑤ 229 ⑤ 230 ⑤ 231 ③ 232 ①
233 ④ 234 ③ 235 ② 236 ③

IV. 개인 생활과 법

본문 126쪽 01 ○ 02 ○ 03 ○ 04 ○ 05 ○ 06 ○ 07 ○ 08 ○ 09 × 10 ×
11 ○ 12 ○ 13 ○ 14 ○ 15 ○ 16 ○ 17 ○ 18 ○ 19 ○ 20 ○ 21 ○ 22 ○
23 × 24 ○ 25 ○ 26 ○ 27 ○ 28 ○ 29 × 30 ○ 31 ○ 32 ○

본문 128~131쪽 237 ④ 238 ② 239 ⑤ 240 ① 241 ④ 242 ⑤ 243 ① 244 ②
245 ② 246 ⑤ 247 ③ 248 ② 249 ② 250 ⑤

본문 134쪽 01 ○ 02 ○ 03 × 04 ○ 05 ○ 06 × 07 ○ 08 ○ 09 × 10 ○
11 × 12 × 13 ○ 14 × 15 × 16 ○ 17 ○ 18 ○ 19 × 20 ○ 21 ○ 22 ○
23 ○ 24 ○ 25 ○ 26 ○ 27 ○ 28 ○ 29 × 30 ○ 31 ○ 32 ○

본문 136~141쪽 251 ③ 252 ⑤ 253 ③ 254 ① 255 ② 256 ④ 257 ⑤ 258 ⑤
259 ① 260 ① 261 ⑤ 262 ③ 263 ① 264 ④ 265 ② 266 ② 267 ④ 268 ④
269 ④ 270 ① 271 ⑤ 272 ④

본문 144쪽 01 ○ 02 ○ 03 × 04 × 05 ○ 06 × 07 ○ 08 ○ 09 × 10 ○
11 × 12 ○ 13 ○ 14 ○ 15 ○ 16 ○ 17 ○ 18 ○ 19 × 20 ○ 21 ○ 22 ○
23 ○ 24 ○ 25 ○ 26 ○ 27 ○ 28 ○ 29 ○ 30 ○ 31 × 32 × 33 ○ 34 ○

본문 138~145쪽 273 ② 274 ② 275 ③ 276 ⑤ 277 ⑤ 278 ⑤ 279 ③ 280 ⑤
281 ④ 282 ④ 283 ⑤ 284 ② 285 ③ 286 ① 287 ② 288 ② 289 ④ 290 ④
291 ④ 292 ④ 293 ④ 294 ③ 295 ⑤ 296 ④ 297 ② 298 ⑤ 299 ④ 300 ④

본문 192~197쪽 366 ② 367 ① 368 ② 369 ④ 370 ④ 371 ② 372 ④ 373 ③
374 ③ 375 ② 376 ① 377 ④ 378 ① 379 ④ 380 ④ 381 ⑤ 382 ② 383 ④
384 ⑤ 385 ① 386 ③ 387 ⑤ 388 ⑤ 389 ③

본문 200쪽 01 × 02 ○ 03 × 04 ○ 05 ○ 06 × 07 × 08 ○ 09 ○ 10 ○
11 ○ 12 ○ 13 ○ 14 ○ 15 × 16 ○ 17 ○ 18 × 19 ○ 20 ○ 21 ○ 22 ○
23 × 24 × 25 ○ 26 ○ 27 ○ 28 ○ 29 ○ 30 ○ 31 × 32 ○ 33 × 34 ○
35 ○

본문 202~205쪽 390 ③ 391 ① 392 ② 393 ⑤ 394 ② 395 ② 396 ① 397 ①
398 ④ 399 ③ 400 ① 401 ③ 402 ②

V. 사회생활과 법

본문 158쪽 01 ○ 02 × 03 ○ 04 ○ 05 ○ 06 ○ 07 × 08 ○ 09 ○ 10 ○
11 × 12 × 13 ○ 14 ○ 15 ○ 16 × 17 ○ 18 ○ 19 ○ 20 × 21 × 22 ○
23 ○ 24 ○ 25 ○ 26 × 27 ○ 28 ○

본문 160~165쪽 301 ⑤ 302 ② 303 ④ 304 ① 305 ③ 306 ① 307 ① 308 ③
309 ⑤ 310 ③ 311 ④ 312 ① 313 ⑤ 314 ⑤ 315 ② 316 ② 317 ② 318 ④
319 ⑤ 320 ④ 321 ③ 322 ④

본문 168쪽 01 ○ 02 ○ 03 ○ 04 × 05 ○ 06 ○ 07 ○ 08 × 09 ○ 10 ○
11 ○ 12 ○ 13 ○ 14 ○ 15 ○ 16 ○ 17 ○ 18 × 19 ○ 20 ○ 21 ○ 22 ○
23 ○ 24 × 25 ○ 26 ○

본문 170~177쪽 323 ⑤ 324 ⑤ 325 ① 326 ④ 327 ④ 328 ① 329 ③ 330 ⑤
331 ① 332 ③ 333 ③ 334 ② 335 ④ 336 ① 337 ③ 338 ⑤ 339 ② 340 ②
341 ① 342 ④ 343 ③ 344 ③ 345 ③ 346 ⑤ 347 ② 348 ④ 349 ② 350 ②
351 ③

본문 180쪽 01 ○ 02 ○ 03 ○ 04 ○ 05 ○ 06 × 07 ○ 08 × 09 × 10 ○
11 ○ 12 × 13 ○ 14 ○ 15 ○ 16 ○ 17 ○ 18 × 19 × 20 ○ 21 × 22 ○
23 × 24 ○ 25 ○ 26 ○ 27 ○ 28 ○ 29 ○ 30 ○ 31 ×

본문 182~185쪽 352 ① 353 ④ 354 ① 355 ⑤ 356 ② 357 ④ 358 ④ 359 ③
360 ④ 361 ② 362 ④ 363 ② 364 ① 365 ②

VI. 국제 관계와 한반도

본문 190쪽 01 ○ 02 × 03 ○ 04 ○ 05 ○ 06 × 07 ○ 08 × 09 ○ 10 ×
11 × 12 ○ 13 ○ 14 × 15 ○ 16 × 17 ○ 18 ○ 19 ○ 20 ○ 21 × 22 ×
23 × 24 ○ 25 × 26 ○ 27 ○ 28 ○ 29 ○ 30 × 31 ○ 32 ○ 33 ○

01강 정치와 법

핵심 개념 CHECK!

▶ 본문 010쪽

01 ○	02 ×	03 ○	04 ○	05 ○	06 ×	07 ○	08 ○
09 ×	10 ×	11 ×	12 ○	13 ×	14 ○	15 ×	16 ○
17 ○	18 ○	19 ○	20 ○	21 ○	22 ○	23 ×	24 ×
25 ○	26 ○	27 ○	28 ○	29 ○	30 ×	31 ○	32 ×

○X 문장 바로 알기

01 좁은 의미의 정치에서는 정치를 국가 특유의 활동으로 본다.

02 넓은 의미의 정치에서는 의회의 입법 활동이나 법원의 재판 과정 등은 정치로 ~~보자 않는다.~~ 본다.

03 정치는 사회적 희소가치를 합리적으로 배분하는 기능을 한다.

04 법은 국가에서 정한 사회 규범으로 도덕이나 관습과 달리 강제력이 있다.

05 법률 불소급의 원칙과 시효 제도는 법의 이념 중에서 법적 안정성과 관련된다.

06 모든 유권자에게 동등하게 1표씩 주는 것은 ~~배분적 정의~~와 관련된다. 평균적 정의

07 법이 그 시대나 국가가 추구하는 가치나 목적에 부합해야 한다는 것은 합목적성이다.

08 정치는 다양한 개인과 집단 간의 이해관계를 조정하고 해결하는 기능을 한다.

09 '정의의 극치는 부정의의 극치이다.'는 ~~정의~~를 강조한 법언이다. 법적 안정성

10 법은 단계적 구조를 이룬다. 가장 상위에는 헌법이 있으며, 그 아래에는 의회가 제정하는 ~~명령~~이 있다. 법률

11 근대 민주주의에서는 재산·인종·성별 등에 따른 참정권의 차별이 ~~존재하지 않았다.~~ 존재하였다.

12 루소는 모든 사람이 직접 공동체의 의사를 결정하는 체제가 바람직하다고 주장했다.

13 형식적 법치주의는 통치의 ~~합법성보다 정당성~~을 중시한다. 정당성보다 합법성을

14 민주주의에 기초한 시민의 정치 참여는 잘못된 법을 바꾸어 실질적 법치주의를 확립하는 데 중요한 역할을 한다.

15 법치주의 ~~민주주의~~는 영국의 코크가 "국왕도 법 아래에 있다."라고 주장한 것이 그 기원이다.

16 '대한민국의 주권은 국민에게 있고, 모든 권력은 국민으로부터 나온다.'는 헌법 규정은 국가 권력을 행사할 때 정당성의 근거를 국민에게서 찾아야 한다는 민주주의의 내용을 규정하고 있다.

17 위헌 법률 심사 제도는 형식적 법치주의보다는 실질적 법치주의 실현에 필요하다.

18 법치주의는 권력 분립 제도를 기초로 하며, 헌법에 따라 입법권을 행사하고 헌법과 법률에 근거하여 행정 및 재판이 이루어져야 한다는 것을 그 내용으로 한다.

19 고대 아테네에서는 모든 ~~사회~~ 구성원이 한곳에 모여 공동체의 중요한 일을 직접 결정하였다. 시민

20 독일 나치 시대의 수권법은 ~~실질적~~ 법치주의의 사례로 볼 수 있다. 형식적

21 근대 시민 혁명의 결과, 권력의 정당성이 시민에게서 나온다는 국민 주권에 기반을 둔 민주주의와 이러한 민주주의를 실현하기 위한 구체적 제도로 대의제가 발달하였다.

22 보통 선거 제도는 성별, 재산, 신분 등과 관계없이 일정 연령 이상의 모든 국민에게 선거권을 부여하는 제도를 말한다.

23 선거로 선출한 대표를 그 임기가 끝나기 전에 국민 투표로 파면하는 제도를 ~~국민 발안제~~라고 한다. 국민 소환제

24 자연 상태는 '만인에 대한 만인의 투쟁 상태'로 생명과 안전이 잘 보장되지 않아 죽음에 대한 공포의 상태라고 말한 사람은 ~~로크~~이다. 홉스

25 법치주의는 법이라는 제도적 틀 안에서 사회 질서를 유지하려는 정적인 성격을 지닌다.

26 미국의 독립 혁명, 영국 명예 혁명, 프랑스 혁명 등 근대 시민 혁명은 천부 인권 사상과 사회 계약설의 영향을 받았다.

27 19세기 초 영국 노동자들은 차티스트 운동을 통해 재산에 따른 참정권 차별에 반대하였다.

28 로크 ~~홉스~~는 정부가 국민의 자유와 권리를 침해한다면 국민은 저항권을 행사하여 새로운 정부를 수립할 수 있다고 주장했다.

29 법치주의는 법 제정의 형식적 합법성만 중시할 경우 자칫 인권을 침해하고, 정의를 훼손하는 문제를 초래할 수 있다.

30 형식적 법치주의는 ~~인(人)~~의 지배, 실질적 법치주의는 법의 지배가 특징이다. 법에 의한

31 민주주의의 이념은 법치주의에 의해 헌법에 명시되고, 모든 국민은 법의 이름으로 민주주의의 이념과 가치들을 보장받게 된다는 점에서 양자 간에는 상호 보완적 측면이 있다.

32 오늘날 법치주의는 절차적 합법성과 내용의 정당성을 모두 요구하는 ~~형식적~~ 법치주의를 지향한다. 실질적

기출+예상 문제로 주제 정복하기

▶ 본문 012~017쪽

001 ⑤	002 ⑤	003 ④	004 ①	005 ④	006 ②
007 ①	008 ⑤	009 ③	010 ④	011 ⑤	012 ④
013 ③	014 ③	015 ②	016 ④	017 ⑤	018 ⑤
019 ②	020 ③	021 ⑤	022 ②		

001 정치를 바라보는 관점   정답 ⑤

문제 분석 정치를 바라보는 관점 중 갑은 넓은 의미, 을은 좁은 의미로 정치를 바라봅니다. 좁은 의미는 정치를 국가 특유의 활동으로 인식하지만,

넓은 의미에서는 국가를 포함하여 모든 사회 집단에서 발생하는 갈등과 대립의 조정 활동이라고 봅니다.

정답 찾기 ⑤ 넓은 의미의 정치는 좁은 의미의 정치를 포함하기 때문에 갑과 을은 모두 정치권력을 획득하고 유지·행사하는 활동을 정치라고 봅니다.

오답 피하기 ① 갑은 국가가 아닌 사회 집단의 활동도 정치로 보기 때문에 국가 형성 이전의 정치 현상을 설명할 수 있습니다. ② 을은 국가와 관련된 활동만 정치로 보기 때문에 기업에 대한 시민 단체의 감시 활동을 정치로 보지 않습니다. ③ 소수 통치 엘리트의 활동을 중시하는 것은 좁은 의미의 정치입니다. ④ 다양한 집단을 정치의 주체로 보는 것은 넓은 의미의 정치입니다.

002 정치의 의미　　　　　정답 ⑤

문제 분석 갑은 정치를 인간 집단, 사회에서 일어나는 모든 공식적·비공식적 활동이라고 보고 있으므로 넓은 의미의 정치를 말하고 있습니다. 을은 국가 특유의 활동으로 정치를 보고 있으므로 좁은 의미의 정치를 말하고 있습니다.

정답 찾기 ⑤ 넓은 의미의 정치도 좁은 의미의 정치인 국가 특유의 정치권력의 획득, 유지, 행사를 포함시키므로 갑과 을은 모두 의회의 입법 활동을 정치라고 봅니다.

오답 피하기 ① 넓은 의미의 정치는 정치를 국가뿐만 아니라 다른 사회 집단의 활동도 포함시키고 있으므로 국가 형성 이전의 정치 현상을 설명하기 쉽습니다. ② 좁은 의미에서는 정치를 국가만의 활동으로 보고 있으므로 국가와 다른 사회 집단을 다르게 봅니다. ③ 다원화된 현대 사회의 정치 현상을 설명하기 유리한 것은 넓은 의미의 정치입니다. ④ 넓은 의미의 정치는 국가와 다른 사회 집단을 구분하지 않으므로 국가의 특수성을 강조하지 않습니다.

003 정치의 기능　　　　　정답 ④

문제 분석 (가)에서 헌법 재판소는 밀수입 예비 행위와 밀수입 행위가 엄연히 다른데도 밀수입 예비 행위를 밀수입 행위에 준해 처벌하는 것은 지나치게 과중하다고 보았습니다. 즉, 해당 법률 조항이 헌법 규정에 비추어 볼 때 국민의 기본권을 지나치게 침해한다는 것입니다. (나)에서 법원이 A 회장의 관련 기사에 악성 댓글을 단 사람에게 형벌을 부과한 것은 피해자의 인격권을 침해했다고 보았기 때문입니다.

정답 찾기 ④ 헌법 재판소가 해당 법률 조항에 위헌 결정을 내린 것은 해당 법률 조항이 국민의 자유와 권리를 침해한다고 보았기 때문입니다. 법원이 악성 댓글을 단 B씨에게 형벌을 부과한 것은 B씨의 행위가 A 회장의 기본권을 침해했다고 보았기 때문입니다. 두 사례에서 정치는 국민의 자유와 권리를 보호하는 기능을 하고 있음을 알 수 있습니다.

오답 피하기 ① 정치는 대립하는 집단 간 이해관계를 조정하는 기능을 수행하지만 제시된 사례에서는 찾아볼 수 없습니다. ② 정치는 정책 결정 및 집행을 통해 국민의 삶의 질을 향상시키는 기능을 수행하지만 제시된 사례에서는 찾아볼 수 없습니다. ③ 정치는 사회가 나아갈 바람직한 방향을 제시하는 기능을 수행하지만 제시된 사례에서는 찾아볼 수 없습니다. ⑤ 정치는 사회적 희소가치를 권위적으로 배분하는 기능을 수행하지만 제시된 사례에서는 찾아볼 수 없습니다.

004 정의의 여신상　　　　　정답 ①

문제 분석 정의의 여신상은 나라마다 조금씩 다르지만 대개 눈이 가려지고 칼과 저울을 들고 있습니다. 눈이 가려진 것은 편견 없는 공정한 판단을 의미하며, 저울은 형평성을, 칼은 법을 어긴 자에게 처벌을 가한다는 의미를 담고 있습니다.

정답 찾기 ① 정의의 여신상은 법이 실현하고자 하는 최고의 이념인 정의를 표현하고 있습니다. 법을 어긴 자는 처벌한다는 것, 정의의 본질은 평등이므로 저울을 제시했으며, 편견 없는 공정한 판단을 위해 눈을 가린 것입니다.

오답 피하기 ② 제시된 글에서 법적 안정성을 도출하기는 어렵습니다. ③ 정의의 여신상은 범죄자를 엄하게 처벌하려는 것뿐만 아니라 공정하게 판단해야 한다는 내용도 포함하고 있습니다. ④ 정의의 여신상에서 양심과 법의 관련성은 찾아보기 어렵습니다. ⑤ 구체적인 국가 목적을 실현하기 위한 규범을 법으로 볼 수 있지만 정의의 여신상에서는 정의 그 자체를 강조하고 있습니다.

005 법의 이념　　　　　정답 ④

문제 분석 (가)는 법적 안정성, (나)는 정의입니다. 법적 안정성이란 국민이 법의 권위를 믿고 법에 따라 안심하고 생활할 수 있는 상태를 의미합니다. 정의의 본질은 평등입니다. 평등을 바탕으로 한 정의는 크게 평균적 정의와 배분적 정의로 나눌 수 있습니다. 평균적 정의는 교환적·보상적·산술적 의미의 정의입니다. 이는 차이를 고려하지 않고 누구에게나 똑같이 대우해 주는 형식적 평등을 통해 실현됩니다. 이와 달리 배분적 정의는 상대적·비례적·실질적 평등을 추구하는 정의입니다. 이는 개인의 능력과 상황, 필요 등에 따른 차이를 반영하여 '같은 것은 같게, 다른 것은 다르게' 대우하는 것을 말합니다.

정답 찾기 ㄴ. 일정 기간 소유의 의사로 부동산을 점유한 자에게 소유권 취득을 인정하는 것은 현재의 법률생활을 안정시키는 것이므로 법적 안정성의 사례입니다. ㄹ. 손해 정도에 따른 배상액 산정은 배분적 정의, 1인 1표의 선거권 부여는 평균적 정의로서 모두 정의의 사례에 해당합니다.

오답 피하기 ㄱ. "국민이 원하는 것이 법이다."는 법언은 합목적성과 관련이 있습니다. 법적 안정성과 관련된 법언은 "정의의 극치는 부정의의 극치다."가 있습니다. ㄷ. 사회의 가치관에 따라 법이 구체적으로 제정·실시되는 원리는 합목적성입니다. 정의는 모든 사람이 인간으로서 동등한 대접을 받고 각자가 노력한 만큼의 몫을 얻는 것을 의미하며, 우리가 마땅히 지켜나가야 하는 원칙입니다.

006 평균적 정의와 배분적 정의　　　　　정답 ②

문제 분석 A는 평균적 정의, B는 배분적 정의입니다. 평균적 정의는 교환적·보상적·산술적 의미의 정의입니다. 이는 차이를 고려하지 않고 누구에게나 똑같이 대우해 주는 형식적 평등을 통해 실현됩니다. 이와 달리 배분적 정의는 상대적·비례적·실질적 평등을 추구하는 정의입니다. 이는 개인의 능력과 상황, 필요 등에 따른 차이를 반영하여 '같은 것은 같게, 다른 것은 다르게' 대우하는 것을 말합니다.

정답 찾기 ㄱ. 손해를 끼치면 배상케 하는 것은 누구에게나 획일적으로 적용되는 것이므로 평균적 정의에 해당합니다. ㄴ. 국가 유공자는 국가를 위해 공을 세운 공적이 있으므로 특별히 그 공적에 부응하여 취업에서 특혜를 주는 것입니다. 따라서 배분적 정의에 해당합니다. ㄷ. 매출 실적이 뛰어난 사원은 회사의 수익 증대에 기여했으므로 그 기여분만큼 상여금을 주는 것입니다. 따라서 배분적 정의에 해당합니다. ㄹ. 장애인이라고 해서 시험 부정 행위를 묵인하는 것은 오히려 정의에 어긋납니다. 시험 부정 행위에 대해서는 누구라도 시험 자격을 박탈하는 것이므로 평균적 정의에 해당합니다.

007 법적 안정성　　　　　정답 ①

문제 분석 형사 소송법에서 공소 시효란 범죄 행위가 종료한 후 일정 기간이 지날 때까지 재판에 넘기지 않으면 국가의 소추권 및 형벌권을 소멸

시키는 제도입니다. 민법에서의 소멸 시효는 자신의 권리라고 해도 법이 정한 기간 동안 그 권리를 행사하지 않을 경우 권리 자체를 소멸시키는 제도입니다.

정답 찾기 ① 공소 시효와 소멸 시효는 모두 시간이 많이 지남에 따라 생겨난 사실 상태를 존중해 법률생활의 안정을 도모하는 것을 목적으로 합니다.

오답 피하기 ② 공소 시효와 소멸 시효로 인해 당사자는 사실 관계를 신뢰하게 됩니다. 법의 강제성과는 관련이 없습니다. ③ 공소 시효와 소멸 시효는 배분적 정의와는 관련이 없습니다. ④ 공소 시효와 소멸 시효 제도가 존재한다고 해서 국가 통치의 효율성이 확보된다고 보기는 어렵습니다. ⑤ 공소 시효와 소멸 시효는 법적 안정성을 도모하는 제도입니다. 정의의 구체적인 기준을 제시하는 것은 합목적성입니다.

008 홉스의 사회 계약설 정답 ⑤

문제 분석 제시된 글은 홉스의 주장입니다. 홉스는 자연 상태는 일종의 전쟁 상태이고, 인간이 자기 보존을 위해 자연권을 갖고 있다고 해도 오히려 생명의 위험에 처하는 상태가 발생한다고 보았습니다. 그러므로 인간은 계약을 맺어 자연권을 포기하고 각 사람이 가지는 힘을 모아 좀 더 큰 집단적 힘을 가지는 정치 사회를 만들어, 그 힘(주권)을 행사하는 권한을 한 사람 또는 소수의 집단(주권자)에 양도하여야 한다고 주장했습니다.

정답 찾기 ⑤ 홉스는 사회 계약론자로서 개인의 자연권 보장을 위해 국가에 자연권을 양도했으므로 개인을 국가보다 우선시한 것입니다.

오답 피하기 ① 국가가 부재한 가상의 상태는 자연 상태입니다. 홉스는 자연 상태는 평화와 생존을 위협하는 상태이므로 국가가 질서 유지를 해야 한다고 주장합니다. ② 홉스는 자연 상태가 결코 평화롭지 않다고 주장하였습니다. ③ 홉스는 국가가 개인의 평화와 안전을 보장해 주므로 자연권을 국가에 양도함으로써 군주의 절대적 지배를 옹호합니다. ④ 홉스는 자연 상태를 만인에 대한 만인의 투쟁 상태로 표현함으로써 생존을 위협하는 공포와 불안을 개인이 사회 계약을 맺게 되는 동기로 봅니다.

009 인권 운동의 역사 정답 ③

문제 분석 (가) 프랑스 혁명(1789)은 절대 왕정에 항거하여 인간 존엄, 자유와 평등을 쟁취한 시민 혁명입니다. (나) 영국의 차티스트 운동(1838~1848)은 19세기 초 영국 노동자들이 재산에 따른 참정권 차별에 반대하여 의원의 재산 자격 철폐, 21세 이상 모든 성인 남성의 선거권 보장 등을 요구한 사건입니다. (다) 독일 바이마르 헌법(1919)은 최초로 사회권을 규정한 헌법입니다. (라) 흑인 민권 운동(1950~1960)은 흑인에 대한 사회적 차별 폐지를 주장한 인권 운동입니다.

정답 찾기 ㄴ. 근대 시민 사회의 정치 과정에서 소외되었던 노동자들이 참정권을 요구한 사건이 영국의 차티스트 운동입니다. ㄷ. 독일 바이마르 헌법에서는 노동자의 생계비를 국가가 책임져야 한다는 내용, 노동자가 취업할 수 있도록 국가가 나서야 한다는 내용 등 복지 이념을 강조했습니다.

오답 피하기 ㄱ. 군주에 대한 의회의 견제를 강조한 것은 영국의 명예 혁명입니다. ㄹ. 흑인 민권 운동은 흑인들에 의한 참정권 획득 및 인종 차별 철폐 운동이지 흑인에 대한 사회적 우대 조치를 요구한 사건은 아니었습니다.

010 민주 정치의 발전 정답 ④

문제 분석 A는 고대 아테네 민주 정치, B는 근대 민주 정치, C는 현대 민주 정치입니다. 민주주의가 처음 시작된 곳은 고대 그리스의 아테네입니다. 아테네는 공동체에 속한 모든 시민이 정치에 직접 참여하는 직접 민주 정치를 실시하였습니다. 근대 민주주의에서는 시민 혁명으로 확립된

대의 민주제를 통해 시민은 국가의 주인으로서 주권을 행사하고, 또한 인간의 존엄성, 자유와 평등과 같은 민주주의의 이념이 확립될 수 있었습니다. 보통 선거를 통해 온전한 국민 주권주의를 실현한 현대 민주주의 국가는 대의 민주제를 바탕으로 하면서도 직접 민주제의 요소를 도입하고 있습니다.

정답 찾기 ㄴ. 현대 민주 정치에서는 대의 민주주의의 한계를 극복하기 위해 국민 투표, 국민 소환, 국민 발안 등의 직접 민주제의 요소가 보완되었습니다. ㄹ. 주권이 국민에게 있다는 원리는 국민 주권주의로서 근대 민주 정치와 현대 민주 정치에서 모두 나타납니다.

오답 피하기 ㄱ. 고대 아테네 민주 정치에서는 여자, 노예, 외국인을 제외한 성인 남자에게만 참정권을 부여하였습니다. ㄷ. 계몽 사상의 영향을 받아 발전한 것은 근대 민주 정치입니다.

011 근대 시민 혁명 정답 ⑤

①	②	③	④ 함정	❺
3%	6%	7%	15%	63%

눈으로 보는 해설

(가)~(라)에 들어갈 옳은 내용만을 〈보기〉에서 있는 대로 고른 것은?

〈학습 주제 : 근대 시민 혁명과 민주 정치의 발전 과정〉

1. 근대 시민 혁명의 결과
   • 영국 : _____ (가) → 권리 장전 • 미국 : _____ (나) → 독립 선언
   • 프랑스 : _____ (다) → 인권 선언
2. 근대 시민 혁명의 한계 극복 노력
   • 한계 : 재산과 성별 등에 따른 참정권 제한이나 차등 부여
   • 한계 극복 노력 : _____________ (라)
   ⋮

〈보기〉
ㄱ. (가) – 입헌 군주제 폐지, 의회 정치 기반 마련 → 확립
ㄴ. (나) – 영국으로부터 독립, 대통령제 정부 형태 수립
ㄷ. (다) – 인권 선언 채택, 자유와 평등의 이념 확산
ㄹ. (라) – 노동자들을 중심으로 차티스트 운동 전개 → 참정권 쟁취 노력

① ㄱ, ㄴ ② ㄱ, ㄷ ③ ㄷ, ㄹ
④ ㄱ, ㄴ, ㄹ ⑤ ㄴ, ㄷ, ㄹ

문제 분석 시민 혁명은 근대 초기 상공업에 종사하면서 크게 성장한 시민 계급이 신분제에 근거한 봉건 제도의 모순을 극복하고 국가 권력으로부터 자유와 권리를 획득하여 자유롭고 평등한 사회를 건설하려 한 정치적·사회적 대변혁 운동이었습니다.

정답 찾기 ㄴ. 미국은 독립 혁명으로 영국의 식민지로부터 벗어나 자유와 평등을 누렸으며 대통령제 정부 형태를 수립했습니다. ㄷ. 프랑스는 시민 혁명으로 절대 왕정에 저항하여 인간과 시민의 권리 선언이라는 인권 선언을 채택하여 구 시대적 관습을 철폐하고 자유와 평등의 이념을 확산시켰습니다. ㄹ. 근대 시민 혁명으로 자유와 평등의 이념이 확산되었으나 노동자, 농민, 여성 등은 여전히 참정권을 얻지 못했습니다. 이에 따라 노동자들을 중심으로 참정권 쟁취를 위한 차티스트 운동이 전개되었습니다.

오답 피하기 ㄱ. 영국은 근대 시민 혁명의 결과 입헌 군주제를 도입하여 의회 정치의 기반을 마련했습니다.

ㄱ을 정답으로 판단했다면 영국의 의회 정치가 입헌 군주제를 폐지함으로써 확립되었다고 생각했을 것입니다. 즉, 의회 정치와 입헌 군주제를 반대 개념으로 생각했던 것입니다. 영국은 명예 혁명의 결과 절대 군주제를 폐지하고 입헌 군주제를 채택함으로써 왕이라도 자의로 통치하지 않고 헌법에 입각하여 통치해야 하며, 실질적인 통치권은 의회가 갖도록 했습니다.

012 근대 민주주의   정답 ④

문제 분석 시민 혁명으로 자유와 평등이 인권 선언에 명시되었지만 실제로는 정치 참여에서의 평등은 이루어지지 못했습니다. 프랑스에서는 일정한 액수의 세금을 낸 사람만이 참정권을 얻었고, 영국에서는 노동자와 농민에게는 참정권이 주어지지 않았습니다.

정답 찾기 ④ 시민 혁명 직후 참정권을 행사할 수 있었던 사람은 프랑스에서는 일정한 세금을 낼 수 있었던 부유층들이었고, 영국은 도시 상공업자들이었습니다. 즉 근대 민주주의 사회에서 정치에 참여할 수 있었던 사람들은 일부 특권 계층이었습니다.

오답 피하기 ① 보통 선거의 실시로 대중 민주주의가 확립된 것은 20세기에 들어와서입니다. ② 제시문에서는 참정권을 가진 사람들이 일부 특권 계층이었음을 말하고 있습니다. 정부의 적극적인 역할로 복지 사회가 이루어졌다는 내용은 없습니다. ③ 제시문에서 시민의 일부만이 정치에 참여했으므로 과도한 정치 참여는 나타나지 않았습니다. ⑤ 시민 혁명이 이루어졌지만 아직도 일부만이 참정권을 가지고 있어 시민의 실질적 평등이 확보된 것은 아니었습니다.

013 미국 독립 선언서   정답 ③

문제 분석 제시문은 미국 독립 선언서입니다. 식민지에서 벗어나려던 미국 독립 혁명의 결과 탄생한 인권 선언문입니다. 미국 독립 선언서에서는 인권을 양도할 수 없는 권리로 인정하였고, 생명과 자유, 행복 추구권을 절대적인 권리로 명시하였습니다. 또한 국민 주권 사상과 저항권 사상 등이 포함되어 있습니다.

정답 찾기 을 : 미국 독립 선언에서는 국가가 국민의 동의를 저버리고 다른 목적을 위해 국민을 탄압한다면 국민은 이러한 정부를 폐지하고 다른 정부를 구성한다는 점에서 국민의 저항권을 인정하고 있습니다. 병 : 미국 독립 선언에서는 생명, 자유, 행복을 추구할 권리를 확보하기 위해 국가를 수립했다는 점에서 사회 계약론을 추론할 수 있습니다. 또한 정당한 권력은 국민의 동의에 의해 나온다는 점에서 국민 주권론을 반영하고 있습니다.

오답 피하기 갑 : 근대 시민 혁명에서는 국민의 자유권 확보가 시급한 과제였으므로 국가의 간섭으로부터 벗어나려는 의지가 강조되었습니다. 복지 국가는 산업 혁명으로 발생한 문제점을 극복하는 과정에서 나타났습니다. 정 : 모든 사람은 평등하게 창조되었다는 점, 생명과 자유, 행복 추구권은 조물주로부터 받았다는 점 등을 볼 때 인권은 태어나면서부터 보장받은 권리임을 알 수 있습니다.

014 고대 아테네의 민주 정치   정답 ③

문제 분석 고대 그리스 아테네는 노예가 대부분의 생산 활동을 하였고, 모든 시민이 한 곳에 모여 정치를 했으며, 민회, 평의회, 재판소 등의 주요 기구가 있었습니다.

정답 찾기 ③ 아테네는 공동체에 속한 모든 시민이 정치에 직접 참여하는 직접 민주 정치를 실시하였습니다. 아테네는 의회 역할을 하는 민회, 행정 기구인 평의회, 사법 기구인 재판소 등을 통해 운영되었는데, 모든 시민은 민회에 참여하여 법률을 제정하고 주요 정책을 심의 · 결정하였으며, 추첨제와 윤번제를 통해 누구나 공직에 참여할 수 있었습니다. 이로

써 아테네의 시민은 다스림을 받는 자와 다스리는 자가 일치하는 정치 형태를 실현하였습니다.

오답 피하기 ① 고대 아테네에서는 노예, 여자, 외국인을 제외한 성인 남자만이 정치에 참여하였습니다. ② 고대 아테네는 대표가 아니라 모든 시민이 참여하여 의사를 결정하고 집행하는 등 직접 민주제를 시행하였습니다. ④ 고대 아테네에서는 소외 계층의 참정권 확보를 위한 투쟁이 없었습니다. ⑤ 부르주아 계급이 국가의 의사 결정을 주도한 것은 근대 시민 사회입니다.

015 형식적 법치주의와 실질적 법치주의   정답 ②

문제 분석 갑은 형식적 법치주의, 을은 실질적 법치주의에 해당합니다. 형식적 법치주의는 국가 권력의 행사가 법률의 형식에 적합하기만 하면 그 내용이나 목적을 문제삼지 않았습니다. 실질적 법치주의는 형식적 법치주의에 더하여 법의 목적과 내용도 인간의 존엄과 가치, 자유와 평등을 보장하는 헌법의 이념에 부합해야 한다는 것을 강조합니다.

정답 찾기 ② 실질적 법치주의는 인간의 존엄성, 자유와 평등과 같은 기본권의 본질적 내용을 강조합니다. 따라서 기본권 제한의 법적 근거가 있더라도 국민의 자유와 권리의 본질적 내용을 침해할 수 없다고 봅니다.

오답 피하기 ① 형식적 법치주의는 법의 내용은 상관하지 않고 법적 절차만 강조하므로 통치의 형식적 합법성을 중시합니다. ③ 현대 사회로 오면서 실질적 법치주의가 강조되고 있습니다. ④ 형식적 법치주의와 실질적 법치주의 모두 통치 권력의 자의적 행사 방지를 중시합니다. ⑤ 형식적 법치주의는 법의 내용을 상관하지 않고 합법적인 형식만 강조하므로 독재를 정당화하는 근거로 악용되기도 합니다.

016 법치주의의 유형   정답 ④

문제 분석 A는 통치자의 의사를 실현하는 도구나 수단으로 사용되었으므로 형식적 법치주의입니다. B는 법의 목적과 내용을 중시하므로 실질적 법치주의입니다.

정답 찾기 ㄴ. 실질적 법치주의는 통치의 형식적 합법성뿐만 아니라 내용의 실질적 정당성도 강조하고 있습니다. ㄹ. 형식적 법치주의와 실질적 법치주의는 모두 법에 의한 통치를 강조하므로 국민의 기본권을 제한할 때 법적 근거가 있어야 한다고 봅니다.

오답 피하기 ㄱ. 형식적 법치주의와 실질적 법치주의는 모두 법률에 근거하지 않는 국가 권력 행사는 정당하지 않다고 봅니다. ㄷ. 저항권 사상은 정부의 통치가 헌법의 이념에 반할 때 최후의 수단으로 그 정부에 저항할 수 있다는 사상입니다. 정부의 통치는 법을 통해 이루어지므로 그 법이 헌법의 이념에 반하는지는 법률의 내용이 정당한지를 말하므로 실질적 법치주의와 관련됩니다. 형식적 법치주의는 내용의 정당성 여부보다는 형식적 합법성 여부를 중시하므로 저항권 사상을 전제로 하고 있지 않습니다.

017 민주주의와 법치주의의 관계   정답 ⑤

문제 분석 민주주의는 국민이 주권을 가지고 국가의 의사를 결정해야 한다는 사상이므로 국민의 여론을 중시합니다. 국민의 여론은 수시로 바뀌므로 민주주의는 동적인 성격을 갖습니다. 반면 법치주의는 법에 따라 통치해야 한다는 사상으로서 법의 형식화 · 정적인 성격을 갖습니다.

정답 찾기 ⑤ 민주주의는 여론의 변화를 중시하지만 지나칠 경우 이미 만들어진 법을 무시하게 되어 사회 혼란을 초래할 수 있습니다. 반면 사회 변화를 따라가지 못하는 법을 사람들이 지키지 않으면 오히려 부정의한 사회가 될 수 있습니다. 따라서 법치주의는 민주주의의 실현을 목적으로 하고, 민주주의는 법치주의의 틀 안에서 운영됨으로써 양쪽이 상호 보완적 관계를 유지해야 사회가 발전합니다.

 ① 민주주의와 법치주의가 항상 갈등 관계에 있는 것은 아닙니다. 민주주의와 법치주의가 상호 보완적 관계를 이룰 수 있도록 해야 합니다. ② 사회의 변화를 선도하는 것은 민주주의입니다. ③ 민주주의는 국민의 여론을 바탕으로 하며, 이를 발전시키기 위해서는 법치주의의 도움을 받아야 합니다. ④ 민주주의와 법치주의가 상호 보완적인 관계이어야 합니다.

018 법치주의의 유형   정답 ⑤

문제 분석 A는 형식적 법치주의, B는 실질적 법치주의입니다. 형식적 법치주의에 따르면 의회가 적법한 절차를 거쳐 법을 제정하고 그 법에 따라 통치가 이루어지면 법의 내용이 무엇이든 법적 정당성을 인정받습니다. 실질적 법치주의는 정의의 실현을 내용으로 하는 법의 지배가 이루어짐으로써 법적 안정성의 유지뿐만 아니라 인간의 존엄이나 실질적 평등을 구현하기 위한 정의의 실천을 강조합니다.

정답 찾기 ⑤ 국가가 국민의 재산권을 제한할 때 법률에 근거가 있어야 한다는 것은 법치주의로서 형식적 법치주의와 실질적 법치주의 모두에 해당합니다.

오답 피하기 ① 입법 절차의 합법성은 형식적 법치주의와 실질적 법치주의 모두에서 중시합니다. ② 실질적 법치주의는 법의 내용이 헌법 이념에 합당한가를 강조하므로 조세법이 적법한 절차에 따라 제정되었더라도 위헌 법률 심사를 할 수 있다고 봅니다. ③ 조세의 종목과 세율을 법률로 정해야 한다는 것은 조세 법률주의로서 법치주의에 근거한 것입니다. 따라서 형식적 법치주의와 실질적 법치주의 모두의 입장입니다. ④ 다수당의 횡포와 독재 체제를 옹호하는 논리로 악용될 수 있는 것은 형식적 법치주의입니다.

019 민주주의의 발달 과정   정답 ②

문제 분석 시민 혁명은 국가 권력으로부터 자유와 권리를 획득하여 자유롭고 평등한 사회를 건설하려 한 정치적·사회적 대변혁 운동입니다. 차티스트 운동은 노동자 계급의 참정권 쟁취 운동입니다. 흑인 민권 운동은 1960년대 미국에서의 흑백 인종 차별에 저항한 흑인들의 인권 투쟁입니다.

정답 찾기 ② 차티스트 운동은 1838년부터 약 10년 동안 이어진 영국 노동자들의 참정권 획득 운동입니다. 당시 영국 노동자들은 재산에 따른 참정권 차별에 반대하여 의원의 재산 자격 철폐, 21세 이상 모든 성인 남성의 선거권 보장 등을 요구하는 인민 헌장을 발표하였습니다.

오답 피하기 ① 근대 시민 혁명 이후에도 의회는 일부 상공업자들로만 구성되어 있었습니다. 노동자나 농민, 여성 등은 선거권이 없었기 때문에 이들 계층의 대표가 의회에 들어가지 못했습니다. ③ 흑인 민권 운동을 계기로 흑백 인종 차별이 줄어들었습니다. 인간다운 생활을 위한 국가의 적극적인 개입이 본격화된 것은 독일 바이마르 헌법에 사회권이 규정되면서부터입니다. ④ (가)~(나) 시기에는 노동자, 여성, 농민들의 참정권이 부여되지 않았기 때문에 아직 보통 선거가 정착되지 않았습니다. ⑤ 일정한 재산을 가진 소상공업자가 시민인 것은 시민 혁명 직후입니다.

020 사회 계약설   정답 ③

문제 분석 갑은 홉스, 을은 루소, 병은 로크입니다. 홉스는 군주 주권설, 로크와 루소는 국민 주권설을 주장하였습니다. 로크는 권력 분립, 저항권을 강조하였고, 루소는 직접 민주 정치를 이상적이라고 보았습니다.

정답 찾기 ③ 로크는 국가 권력은 입법권과 집행권이 분리되어야 한다고 주장하였습니다.

오답 피하기 ① 홉스는 군주에게 자연권을 양도하고 군주의 통치에 복종해야 한다고 주장하였습니다. ② 루소는 주권은 양도할 수 없으므로 직접

민주 정치가 이상적이라고 주장하였습니다. ④ 루소는 자연권을 양도할 수 없다고 보았습니다. 홉스는 자연권의 양도, 로크는 일부 양도를 주장하였습니다. ⑤ 홉스, 로크, 루소는 모두 국가는 자연권을 확보하기 위해 계약에 의해 만들어진 인위적인 산물이라고 보았습니다.

021 실질적 법치주의   정답 ⑤

문제 분석 갑은 ○○법이 형식적 합법성을 갖췄더라도 내용에 문제가 있으면 법치주의가 아니라고 했으므로 갑이 말하는 법치주의는 실질적 법치주의임을 알 수 있습니다.

정답 찾기 ㄷ. 실질적 법치주의는 법률의 형식이 합법적일뿐만 아니라 법률의 내용과 목적도 정의에 합치해야 한다고 봅니다. ㄹ. 실질적 법치주의는 인간의 존엄, 자유와 평등이라는 민주주의의 가치를 중시하므로 법의 지배를 통해 개인의 자유와 권리를 보장해야 함을 강조합니다.

오답 피하기 ㄱ. 형식적 법치주의든 실질적 법치주의든 모두 법에 의한 통치를 강조합니다. ㄴ. 갑은 ○○법의 내용에 문제가 있다는 것이지 법치주의와 민주주의가 갈등 관계에 있다는 단서는 찾아볼 수 없습니다.

022 민주 정치의 발전 과정   정답 ②

문제 분석 보통 선거 원칙이 확립된 것은 현대 민주 정치입니다. 따라서 C는 현대 민주 정치입니다. 주권이 국민에게 있다는 국민 주권의 원리를 기초로 하는 것은 근대 민주 정치와 현대 민주 정치입니다. 따라서 A는 고대 아테네 민주 정치, B는 근대 민주 정치입니다.

정답 찾기 ② 입헌주의의 원리는 국가의 통치가 헌법에 근거하여 이루어진다는 원리로서 근대 민주 정치와 현대 민주 정치에서 지향하고 있습니다.

오답 피하기 ① 근대 시민 혁명을 통해 형성·발전된 것은 근대 민주 정치입니다. ③ 대의 기구를 통해 국가 정책이 결정되는 것은 근대 민주 정치와 현대 민주 정치에 모두 해당합니다. ④ 민주 정치는 항상 치자(治者)와 피치자(被治者)의 동일성을 추구합니다. ⑤ 모든 사회 구성원이 정치에 직접 참여할 수 있었던 것은 현대 민주 정치입니다. 고대 아테네 민주 정치에서는 여자, 노예, 외국인은 제외되었고, 근대 민주 정치에서는 재산, 성별 등에 따라 정치 참여에 제한이 있었습니다.

02강 헌법의 의의와 기본 원리

핵심 개념 CHECK!   ▶ 본문 020쪽

01 ○	02 ×	03 ○	04 ×	05 ×	06 ○	07 ○	08 ×
09 ×	10 ○	11 ○	12 ×	13 ○	14 ○	15 ○	16 ○
17 ×	18 ×	19 ○	20 ○	21 ○	22 ×	23 ×	24 ○
25 ○	26 ○	27 ○	28 ○	29 ○	30 ×	31 ○	

○|× 문장 바로 알기

01 헌법은 국민의 기본권을 보장하는 국가의 기본법이자 근본법이다.

02 헌법은 한 국가의 법체계에서 ~~법률과 동등한~~ (법률보다 상위의) 지위에 있다.

03 근대의 입헌주의는 절대 권력으로부터 개인의 자유를 보장하는 데 이바지하였다.

04 현대 복지 국가의 헌법은 사회권을 중시하기 때문에 ~~자유권을 규정하지 않고 있다.~~
자유권도 함께 규정하고 있다.

05 「경국대전」은 조선 초기부터 전해져 오던 여러 법령을 모아 집대성한 것으로 ~~근대 입헌주의~~ 헌법에 해당한다.
고유한 의미의

06 헌법은 국가 성립에 필요한 국민의 자격, 영토의 범위 등을 규정한다.

07 근대 입헌주의 헌법은 국민 주권, 기본권 보장, 권력 분립 등을 기본 원리로 한다.

08 독일 바이마르 헌법은 처음으로 소유권의 공공성을 강조하고 ~~자유권~~을 규정하였다.
사회권

09 국가 기관은 헌법에 근거하여 자의적으로 권한을 행사할 수 ~~있다.~~
없다

10 헌법은 변화된 상황에서 국가 운영 형태와 기본적 가치 질서 등에 대한 새로운 합의를 이끌어 내는 기능을 한다.

11 우리나라는 헌법 전문에 국민 투표로 헌법이 개정되었음을 밝혀 국민 주권주의를 천명하고 있다.

12 언론·출판·집회·결사의 자유 및 복수 정당제 등은 ~~복지 국가의 원리~~를 실현하는 방안이다.
국민 주권주의

13 자유 민주주의는 인간의 존엄성을 바탕으로 국민의 자유와 권리를 보호하고, 민주적 절차를 통해 선출된 대표자들이 국민 주권주의에 입각해서 통치하는 원리를 말한다.

14 법치주의와 적법 절차의 원리는 자유 민주주의를 실현하기 위한 방안이다.

15 복지 국가의 원리란 국민 복지에 대한 책임을 국가에 부여하고, ~~자유권~~을 국민의 기본권으로 보장하는 원리를 가리킨다.
사회권

16 근로자에 대한 최저 임금제 실시, 여성 및 연소 근로자의 특별 보호 등은 복지 국가의 원리를 실현하는 방안에 해당한다.

17 국제 평화주의를 실현하기 위해 우리 헌법은 ~~모든~~ 전쟁을 부인한다.
침략적

18 외국인에 대해서는 국제법과 조약이 정하는 바에 따라 ~~모든 면에서~~ 내국인과 동등한 지위를 보장한다.
상호주의 원칙에 의해

19 문화 국가의 원리는 국가로부터 문화의 자유가 보장되고 국가가 문화를 보호·지원하는 것을 내용으로 한다.

20 문화 국가의 원리를 실현하기 위해 우리 헌법은 종교·학문·예술 활동의 자유를 보장하고, 평생 교육 진흥, 무상 의무 교육 시행 등을 규정하고 있다.

21 우리 헌법은 대한민국이 통일을 지향하며 평화적인 통일 정책을 수립하기 위해 노력해야 한다고 밝혀, 평화 통일 지향이 대한민국의 국가적 목표임을 분명히 하고 있다.

22 형법의 낙태죄 처벌 규정이 헌법에 위반된다는 헌법 재판소의 결정은 ~~국민 주권주의~~와 관련된다.
자유 민주주의

23 재외 국민에게 선거권을 주지 않는 것은 헌법에 위반된다는 헌법 재판소의 결정은 ~~복지 국가의 원리~~와 관련된다.
국민 주권주의

24 복수 정당제 및 정당 활동의 자유 규정은 국민의 다양한 정치적 의사 형성에 필요하다.

25 모든 국민의 인간다운 생활 보장과 관련된 헌법의 기본 원리는 복지 국가의 원리이다.

26 국민 투표 제도는 국민적 합의 도출을 위한 제도적 장치이다.

27 근로의 권리, 교육을 받을 권리 등은 복지 국가의 원리 실현 방안이다.

28 북한에 대한 인도적 지원, 경제적 교류의 확대, 긴장 완화를 위한 남북 간 대화 추진 등은 평화 통일을 구현하는 방안이다.

29 주권은 국가의 의사를 최종적으로 결정할 수 있는 최고의 권력을 말한다.

30 우리나라는 국민 연금, 고용 보험, 국민 기초 생활 보장 등 각종 사회 보장 제도 및 정책을 마련하여 ~~국민 주권주의~~를 실현하고자 노력하고 있다.
복지 국가의 원리

31 헌법의 기본 원리 중 평화 통일 지향은 자유 민주적 기본 질서에 입각한 평화적 통일을 추구한다는 원리이다.

기출+예상 문제로 주제 정복하기 ▶ 본문 022~027쪽

023 ③	024 ⑤	025 ①	026 ④	027 ③	028 ①
029 ⑤	030 ③	031 ⑤	032 ③	033 ⑤	034 ⑤
035 ④	036 ①	037 ⑤	038 ①	039 ②	040 ③
041 ③	042 ②	043 ④	044 ④	045 ③	

023 헌법의 의미 변천 　　　　　　정답 ③

문제 분석 근대 민주주의 국가에서 헌법은 국민의 자유권을 중심으로 기본권을 명시하고 이를 보장하기 위해 권력 분립의 원리와 법치주의 등을 강조하였는데, 이를 근대 입헌주의 헌법이라고 합니다. 근대 입헌주의 헌법은 국민의 자유와 권리 보장을 위해 국가 권력을 제한하고자 하였습니다. 현대 민주주의에서는 근대 입헌주의 이념을 계승하고, 더 나아가 모든 국민의 인간다운 삶을 보장하기 위한 복지 국가 헌법이 등장하였습니다. 복지 국가 헌법에서는 사회권을 기본권에 추가하였으며, 실질적 평등의 실현을 위한 국가의 적극적 역할을 인정하여 국가가 국민의 생활에 개입하는 영역이 확대되었습니다.

정답 찾기 ㄴ. 근대 입헌주의 헌법이 형식적 평등과 재산권의 절대성을 강조한 반면, 현대 복지 국가 헌법은 실질적 평등과 국민의 사회적 기본권 보장을 강조합니다. ㄷ. 현대 복지 국가 헌법은 자본주의 발달 과정에서 나타난 문제점인 빈부 격차, 노동자의 권익 침해, 소비자의 권리 문제 등을 해결하고자 사회권을 강조하고 있습니다.

오답 피하기 ㄱ. 국가 통치 기관의 권한과 상호 관계에 대한 규정이 포함되어 있는 헌법을 고유한 의미의 헌법이라고 합니다. 어떤 형태의 헌법이든 국가 통치 기관의 권한과 상호 관계에 대한 규정은 존재합니다. ㄹ. 근대 입헌주의 헌법은 국민의 자유권을 보장하기 위해 국가의 권한을 제한하는데 중점을 두고 있습니다.

024 헌법의 의의 　　　　　　정답 ⑤

문제 분석 제시문의 '이것'은 헌법입니다. 헌법은 국가의 통치 조직과 통치 작용의 원리를 규정하고, 국민의 기본권을 보장하는 국가의 기본법이자 근본법입니다.

 ⑤ 헌법은 기본권을 제한하여 통치권을 강화하는 것이 목적이 아니라 통치권을 견제하여 국민의 기본권을 보장하기 위한 국가의 최고 규범입니다.

 ① 국제 평화주의는 국제 질서를 존중하고 세계 평화와 인류의 번영을 위해 노력한다는 원리로, 세계 각국은 국제 평화주의를 헌법의 기본 원리로 채택하고 있으며 우리나라 역시 이를 헌법에 규정하고 있습니다. ② 헌법은 한 국가의 법체계에서 가장 상위에 있는 최고법으로 모든 법령의 제정 근거인 동시에 법령의 정당성을 평가하는 기준이 됩니다. 따라서 모든 국가 작용은 헌법에 기초를 두고 헌법에 따라 이루어져야 하며 헌법에 어긋나는 국가 작용은 효력을 가질 수 없습니다. ③ 입헌주의는 헌법을 통해 국민의 자유와 권리를 명확히 규정하고, 국가 권력이 국민의 자유와 권리를 부당하게 침해하지 않도록 헌법에 따라 국가 권력을 제한하는 통치 원리를 가리킵니다. 따라서 입헌주의는 헌법을 통해 민주주의와 법치주의를 구현하는 원리로 볼 수 있습니다. ④ 우리 헌법은 국민 주권주의와 권력 분립의 원리를 담고 있습니다. 국민 주권주의는 국가의 최고 의사를 결정하는 주권이 국민에게 있고, 모든 국가 권력의 근거가 국민에게 있다는 원리입니다. 권력 분립의 원리는 국가 권력을 여러 곳에 분산시켜 권력 간 견제를 통해 국민의 기본권을 보장하고자 합니다.

025 헌법의 의미 변천　　　　정답 ①

 헌법은 고유한 의미의 헌법에서 근대 입헌주의 헌법으로, 다시 현대 복지 국가의 헌법으로 그 의미가 변천되어 왔습니다. 고유한 의미의 헌법은 국가 통치 기관의 조직을 규정하였고, 근대 입헌주의 헌법은 고유한 의미의 헌법에 국가 권력의 제한을 통한 자유권 확보를, 현대 복지 국가의 헌법은 근대 입헌주의 헌법에 사회권 보장을 추가하였습니다. (가)는 근대 입헌주의 헌법, (나)는 현대 복지 국가 헌법입니다.

 ㄱ. 근대 입헌주의 헌법은 국민의 기본권 보장을 위해 국가 권력의 제한을 중시하므로 재산권의 불가침성을 강조합니다. ㄴ. 현대 복지 국가의 헌법은 국민의 인간다운 삶 보장을 위해 사회권 보장을 추구합니다.

 ㄷ. 실질적 평등은 빈부 격차를 줄임으로써 실현되는데 이것은 빈곤층에 대한 국가의 적극적 지원 등 사회 보장 제도를 통해 실현됩니다. 따라서 현대 복지 국가 헌법에서 강조합니다. ㄹ. 환경 보전의 의무는 사회권과 관련된 것이므로 현대 복지 국가 헌법에서 강조합니다.

026 헌법의 의미 변천　　　　정답 ④

 헌법의 의미는 역사적 흐름에 따라 고유한 의미의 헌법, 근대 입헌주의 헌법, 현대 복지 국가의 헌법으로 변천해 왔습니다. 고유한 의미의 헌법은 국가의 통치 조직을 구성하고 그 권한과 상호 관계 및 국가와 국민의 관계에 관한 기본 원칙을 정한 기본법을 말합니다. 근대 입헌주의 헌법은 고유한 의미의 헌법에서 나아가 국가 통치 기관의 존립 근거이자 국가 권력을 제한하는 근본 규범으로서의 헌법을 말합니다. 현대 복지 국가 헌법은 근대 입헌주의 헌법에서 나아가 국민의 인간다운 생활 보장을 추구하는 헌법을 말합니다.

 ④ 근대 입헌주의 헌법이 법 앞에서의 평등, 즉 형식적 평등을 강조한 반면, 현대 복지 국가 헌법은 사회권의 보장을 통해 실질적 평등을 실현하고자 합니다.

 ① 자유주의와 개인주의에 바탕을 둔 근대 입헌주의 헌법은 재산권의 불가침성을 강조했습니다. 반면 현대 복지 국가 헌법은 재산권의 사회성을 강조하였습니다. ② 근대 입헌주의 헌법은 헌법에 국가 권력의 근본 조직과 작용을 규정함으로써 국가 권력의 자의적 행사를 방지하고 국민의 기본권을 보장하고자 하였습니다. ③ 복지 국가의 실현을 이념으로 하는 현대 복지 국가의 헌법은 복지를 국민의 권리로 인식하고, 이를 위한 국가의 역할을 국가의 의무로 간주합니다. ⑤ 근대 입헌주의 헌

법과 현대 복지 국가 헌법 모두 인간 존엄성의 실현을 헌법의 최고 이념으로 하고 있다는 점에서는 공통점을 갖습니다.

027 헌법의 특징　　　　정답 ③

 (가)에서 법률이 헌법에 위배되는지의 여부가 재판의 전제가 되면 법원의 제청에 의해 헌법 재판소가 위헌 여부를 심판하는데, 이것은 헌법이 법체계에서 가장 상위의 지위를 차지하기 때문입니다. (나)에서 체포나 구속을 당할 때에는 반드시 체포나 구속의 이유, 변호인의 조력을 받을 권리를 고지받아야 한다는 내용이 헌법에 규정되어 있는데, 이를 통해 헌법은 국민의 기본권을 보장하는 규범임을 알 수 있습니다.

 ③ (가) 헌법은 최고법으로서 국가의 모든 법체계 중에서 가장 강한 효력을 갖습니다. 헌법은 모든 법령의 제정 근거인 동시에 법령의 정당성을 평가하는 기준이 됩니다. 이러한 이유로 헌법에 어긋나는 법률이나 국가 권력의 작용은 그 효력을 가지지 못합니다. (나) 헌법에 기본권을 규정해 놓음으로써 국가나 타인이 함부로 국민의 기본권을 침해할 수 없도록 하고 있습니다. 이를 통해 헌법은 국민의 기본권을 보장하는 규범임을 알 수 있습니다.

 ①, ④, ⑤ 헌법이 조직 수권 규범이라는 의미는 국가 기구를 구성하고 각 조직에 일정한 권한을 부여함으로써 국가 권력 조직의 정당성이 헌법에 근거하도록 한다는 것을 말합니다. ② 헌법은 국가 기관 상호 간의 견제와 균형을 통해 국가 권력의 자의적 행사나 남용을 엄격하게 통제하여 국민의 기본권을 실질적으로 보장하는 기능을 합니다.

028 성문 헌법과 불문 헌법　　　　정답 ①

 A는 성문 헌법, B는 불문 헌법입니다. 성문 헌법은 헌법이 통일적·체계적으로 법전화되어 있는 것을 말합니다. 우리나라를 비롯한 대다수 국가들은 성문 헌법 국가입니다. 불문 헌법은 독립된 헌법의 형태가 아니라, 헌법의 형태를 띤 여러 가지 법률 또는 문서와 역사를 통해 축적된 헌법의 성격을 가진 관습을 국가의 통치 질서로 삼는 헌법입니다. 영국, 뉴질랜드 등이 대표적인 불문 헌법 국가입니다.

 ㄱ. 성문 헌법은 하나의 문서에 통일적으로 작성되어 있기 때문에 명확하고 안정적입니다. ㄴ. 성문 헌법과 불문 헌법은 모두 국가 권력의 분립, 국가 기관의 권한 등을 다루고 있습니다.

 ㄷ. 우리나라의 헌법과 미국의 헌법은 모두 성문 헌법에 해당합니다. 영국이나 뉴질랜드는 대표적인 불문 헌법 국가입니다. ㄹ. 헌법의 존재 형식을 가지고 법치주의의 유형을 구분할 수는 없습니다.

029 헌법의 기능　　　　정답 ⑤

 헌법 제107조 제1항은 위헌 법률 심판 제청 절차를 규정하고 있습니다. 헌법보다 하위의 법인 법률이 헌법에 위배된다고 판단될 경우에는 헌법 재판소가 위헌 여부를 심판합니다. 이는 헌법이 최고 규범임을 의미합니다. 헌법 제130조는 헌법 개정 절차를 규정하고 있는데 법률보다 훨씬 까다롭습니다. 국회의 의결뿐만 아니라 국민 투표까지 거쳐야 개정이 가능합니다. 이렇게 헌법 개정을 어렵게 한 이유는 헌법을 쉽게 고칠 수 없도록 하기 위해서입니다. 헌법이 개정되면 하위의 수많은 법들이 고쳐져야 하고 그만큼 국민들의 법률생활도 상당 기간 혼란스러워지기 때문입니다.

 ⑤ 헌법은 법체계상 최고법이기 때문에 모든 법령의 제정 근거인 동시에 법령의 정당성을 평가하는 기준이 됩니다. 또한 최고 규범이기 때문에 함부로 헌법을 고칠 수 없도록 개정 절차를 까다롭게 하고 있습니다.

 ① 헌법은 어떤 문제에 대한 사회적 갈등을 해결하고 사회 통합을 실현하는 기능을 하지만 제시된 헌법 규정으로는 도출하기가 어

렵습니다. ② 헌법은 국가 기관 상호 간의 견제와 균형에 관한 규정을 통해 국가 권력의 자의적 행사를 규제합니다. ③ 헌법은 입법부, 행정부, 사법부 등의 권한을 규정함으로써 국가 권력 창출의 근거를 밝히고 있습니다. ④ 헌법은 국가 기관의 조직 원리를 규정하고 있지만 제시된 헌법 규정은 이와 관련이 적습니다.

030 헌법의 의미 변천 　　　　　　　　　　정답 ③

문제 분석 헌법의 의미는 역사적 흐름에 따라 고유한 의미의 헌법, 근대 입헌주의 헌법, 현대 복지 국가의 헌법으로 변천해 왔습니다. A는 근대 입헌주의 헌법, B는 현대 복지 국가의 헌법입니다.

정답 찾기 ③ 현대 복지 국가의 헌법은 국민의 인간다운 삶을 보장하는 것을 국가의 의무로 간주합니다.

오답 피하기 ① 근대 입헌주의 헌법은 자유주의, 개인주의에 근거하였으므로 재산권의 절대성을 강조하였습니다. 재산권 행사의 공공복리를 강조한 것은 현대 복지 국가의 헌법입니다. ② 1919년 독일 바이마르 헌법은 처음으로 사회권을 규정한 현대 복지 국가의 헌법에 해당합니다. ④ 현대 복지 국가의 헌법은 근대 입헌주의에서 강조한 자유권을 포함하고 거기에 사회권을 추가한 것입니다. 자유권을 배제한 것은 아닙니다. ⑤ 근대 입헌주의 헌법은 모든 사람의 자유와 평등을 강조했으므로 형식적 평등을 중시했습니다. 현대 복지 국가의 헌법은 실질적으로 사람들이 빈부 격차 등을 줄이는 방향으로 노력했으므로 실질적 평등을 중시합니다.

031 우리나라 헌법의 기본 원리 　　　　　정답 ⑤

문제 분석 (가)는 자유 민주주의, (나)는 국민 주권주의, (다)는 평화 통일 지향입니다.

정답 찾기 ㄱ. 자유 민주주의는 국가 권력이 국민의 동의와 지지를 바탕으로 형성·유지되어야 한다는 민주주의와 개인의 자유와 권리를 보편적 가치로 인식하고 국가가 이를 보장해 주어야 한다는 자유주의가 결합한 이념입니다. ㄴ. 국민 주권주의를 구현하기 위해 우리 헌법에서는 주권자인 국민에게 선거권과 공무 담임권, 국민 투표권과 같은 참정권을 보장하고 있습니다. ㄹ. 복수 정당제는 국민의 자유로운 정치적 의사 형성을 위해 필요한 제도이므로 국민 주권주의와 자유 민주주의의 실현 방안으로 볼 수 있습니다.

오답 피하기 ㄷ. 우리나라 국민과 외국인의 지위는 상호주의 원칙에 따라 동등하게 보장된다는 것은 국제 평화주의의 원리를 실현하기 위한 방안입니다.

032 국민 주권주의 　　　　　　　　　　　정답 ③

문제 분석 국가의 주인은 국민이라는 표현에서 제시문은 국민 주권주의를 말하고 있음을 알 수 있습니다. 국민 주권주의는 국가의 최고 의사를 결정하는 주권이 국민에게 있고, 모든 국가 권력의 근거가 국민에게 있다는 원리입니다.

정답 찾기 ㄴ. 언론·출판의 자유와 집회·결사의 자유가 있어야 국민들은 자신의 정치적 의사를 표현할 수 있습니다. ㄷ. 국민은 선거권 행사를 통해 국가의 최고 의사를 결정하는 주권자로서의 역할을 할 수 있습니다.

오답 피하기 ㄱ. 국제 평화의 유지에 노력하고 침략적 전쟁을 부인하는 것은 국제 평화주의를 실현하기 위한 방안입니다. ㄹ. 인간다운 생활을 할 권리는 복지 국가의 원리를 실현하는 토대입니다.

033 복지 국가의 원리 　　　　　　　　　　정답 ⑤

문제 분석 노인 장기 요양 보험법은 노인성 질병을 앓고 있는 사람들의 인간다운 생활 보장을 위한 법입니다. 영유아 보육법은 근로자의 안정적인 육아를 위한 법입니다. 두 법에서 공통적으로 부각되는 헌법의 기본

원리는 복지 국가의 원리입니다.

정답 찾기 ⑤ 복지 국가 원리는 국민에게 인간다운 생활을 할 권리를 보장하기 위하여 국가가 적극적인 역할을 해야 한다는 원리입니다. 최저 임금제 실시는 근로자의 인간다운 생활을 보장하려는 취지이므로 복지 국가의 원리에 해당합니다.

오답 피하기 ① 언론·출판·집회·결사의 자유를 보장하는 것은 국민 주권주의의 실현 방안입니다. ② 대통령 선거에서 재외 국민에게 선거권을 부여하는 것은 국민 주권주의의 실현 방안입니다. ③ 복수 정당제를 기반으로 민주적인 정당 활동을 보장하는 것은 자유 민주주의의 실현 방안입니다. ④ 상호주의에 근거해 국내 거주 외국인에게 지위를 보장하는 것은 국제 평화주의를 실현하기 위한 방안입니다.

034 우리나라 헌법의 기본 원리 　　　　　정답 ⑤

문제 분석 거주 이전의 자유는 국민은 국가나 타인의 간섭을 받지 않고 자유롭게 거주를 이전할 수 있는 권리로서 (가)는 자유 민주주의입니다. (나)에서 인간다운 생활을 할 권리는 삶의 질 향상과 관련되므로 (나)는 복지 국가의 원리입니다.

정답 찾기 ⑤ 국가가 치매를 비롯한 각종 질병으로 일상생활에 어려움을 겪고 있는 노인을 지원하는 제도는 국민의 인간다운 생활을 보장하려는 노력이므로 복지 국가의 원리를 실현하는 방안입니다.

오답 피하기 ① 자유 민주주의는 민주적으로 구성된 정부를 바탕으로 개인의 자유와 권리를 최대한 보장해야 한다는 원리입니다. 국민의 기본적 생활을 국가가 보장해 주는 원리는 복지 국가의 원리입니다. ② 복지 국가의 원리는 자유방임적 시장 경제 질서가 아니라 국민 생활의 균등한 향상을 기하는 것이 국가의 주된 역할임을 강조합니다. ③ 헌법의 기본 원리는 모두 법률 제정과 정책 결정의 방향을 제시합니다. ④ 국가가 저소득층을 비롯한 주거 약자에게 안정적인 주거 환경을 우선적으로 보장하는 제도는 복지 국가의 원리를 실현하는 방안입니다.

035 국민 주권주의 　　　　　　　　　　　정답 ④

문제 분석 (가)는 국민 주권주의입니다. 국민 주권주의란 국가의 의사를 결정할 수 있는 최고 권력인 주권이 국민에게 있다는 원리입니다. 국가의 주인은 국민이고 따라서 국가의 정책은 국민의 뜻에 따라 결정되어야 함을 의미합니다. 이에 따라 모든 국가 권력은 국민의 동의로부터 유래할 때 행사할 수 있으며 정당성이 인정됩니다.

정답 찾기 ④ 일정한 기준 이하의 빈곤층에게 복지 혜택을 제공하는 것은 인간다운 생활 보장과 관련되므로 복지 국가의 원리에 해당합니다.

오답 피하기 ① 언론·출판·집회·결사의 자유를 보장하면 국민이 자유롭고 다양한 정치적 의사를 형성하고 표출할 수 있습니다. ② 정당 설립의 자유와 복수 정당제를 보장해야 국민이 원하는 정당을 지지하거나 가입하여 정치적 활동을 할 수 있습니다. ③ 일정한 연령 이상의 국민에게 선거권을 부여함으로써 주권자로서의 역할을 수행할 수 있습니다. ⑤ 국가 안위와 관련된 주요 정책을 국민 투표로 결정함으로써 국가의 주요한 의사 결정에 참여할 권리를 갖습니다.

036 국민 주권주의 　　　　　　　　　　　정답 ①

문제 분석 선거권, 국민 투표권은 주권자인 국민이 갖는 권리이므로 국민 주권주의와 관련됩니다. 국민 주권주의는 국가의 최고 의사를 결정하는 주권이 국민에게 있고, 모든 국가 권력의 근거가 국민에게 있다는 원리입니다.

정답 찾기 ㄱ. 우리나라가 민주 공화국이라는 것은 국민에게 주권이 있음을 의미합니다. ㄴ. 정당 설립의 자유와 복수 정당제를 보장함으로써 국

민들이 자유롭게 정치적 활동을 할 수 있는데, 이것은 국민 주권주의를 실현하는 방안입니다.

오답 피하기 ㄷ. 사회 보장·사회 복지의 증진은 복지 국가의 원리를 실현하는 방안입니다. ㄹ. 전통문화의 계승·발전과 민족 문화의 창달은 문화 국가의 원리와 관련됩니다.

037 복지 국가의 원리   정답 ⑤

문제 분석 청소년은 아직 사회 경험이 충분하지 못하기 때문에 근로 관계에서 특별한 보호를 받도록 하고 있습니다. 기초 연금은 일정한 수준 이하의 빈곤층 노인에게 지급하는 급여입니다. 두 제도 모두 복지 국가의 원리를 실현하는 방안입니다.

정답 찾기 ⑤ 제시된 자료는 모두 복지 국가의 원리와 관련됩니다. 복지 국가의 원리란 국민 복지에 대한 책임을 국가에 부여하고, 사회권을 국민의 기본권으로 보장하는 원리를 가리킵니다.

오답 피하기 ①, ② 자유 민주주의란 민주적으로 구성된 정부를 바탕으로 개인의 자유와 권리를 최대한 보장해야 한다는 원리입니다. 이는 국가 권력이 국민의 동의와 지지를 바탕으로 형성·유지되어야 한다는 민주주의와 개인의 자유와 권리를 보편적 가치로 인식하고 국가가 이를 보장해 주어야 한다는 자유주의가 결합한 이념입니다. ③, ④ 국민이 국가 권력에 대한 정당성을 부여하는 원리는 국민 주권주의입니다. 국민 주권주의는 국가의 주인은 국민이고 따라서 국가의 정책은 국민의 뜻에 따라 결정되어야 함을 의미합니다. 이에 따라 모든 국가 권력은 국민의 동의로부터 유래할 때 행사할 수 있으며 정당성이 인정됩니다.

038 우리나라 헌법의 기본 원리   정답 ①

문제 분석 국민연금은 노후의 안정적인 생활을 대비하기 위한 사회 보험입니다. 따라서 (가)는 복지 국가의 원리에 해당합니다. 문화재 보호법은 전통문화의 보존과 활용을 통해 문화의 발전을 지향하는 목적을 갖고 있습니다. 따라서 (나)는 문화 국가의 원리입니다.

정답 찾기 ① 복지 국가의 원리는 국민에게 인간다운 생활을 할 권리를 보장하기 위하여 국가가 적극적인 역할을 해야 한다는 원리입니다. 우리 헌법은 사유 재산 제도를 원칙으로 하면서, 시장 경제의 문제를 해결하기 위하여 국가가 경제에 관해 규제하고 조정할 수 있음을 명시하고, 모든 국민의 인간다운 생활을 보장하기 위하여 사회권을 기본권으로 보장하고 있습니다.

오답 피하기 ② 복지 국가의 원리를 실현하기 위해 국가는 개인의 경제생활에 대해 간섭을 하는 일이 많습니다. ③ 북한 주민에 대한 인도적 지원은 평화 통일 지향과 관련됩니다. ④ 상호주의 원칙에 따라 외국인의 지위를 보장하는 것은 국제 평화주의를 실현하는 방안입니다. ⑤ 복지 국가의 원리, 문화 국가의 원리 실현을 위해서는 모두 국가의 적극적인 역할이 요구됩니다.

039 우리나라 헌법의 기본 원리   정답 ②

문제 분석 자유 민주적 기본 질서는 모든 폭력적 지배와 자의적 지배, 즉 반국가 단체의 1인 독재 내지 일당 독재를 배제하고 다수의 의사에 의한 국민의 자치, 자유·평등의 기본 원칙에 의한 법치주의적 통치 질서입니다. 따라서 ㉠은 자유 민주주의를 의미합니다. 국민 생활의 균등한 향상은 빈부 격차를 줄이고 모든 국민의 인간다운 생활을 보장하는 것을 내용으로 하고 있으므로 ㉡은 복지 국가의 원리에 해당합니다.

정답 찾기 ② 자유 민주주의의 실현을 위해 우리 헌법은 법치주의와 권력 분립, 의회 제도, 복수 정당제를 바탕으로 한 자유로운 정당 활동 보장,

사유 재산제와 자유 시장 경제를 기본으로 하는 경제 질서, 사법권의 독립 등을 규정하고 있습니다. 근로자에 대한 최저 임금제 실시, 여성 및 연소 근로자의 특별 보호 등은 복지 국가의 원리를 실현하는 방안에 해당합니다.

오답 피하기 ① 권력 분립은 자유 민주주의, 침략적 전쟁 부인은 국제 평화주의를 실현하는 방안입니다. ③ 장애인 의무 고용제는 복지 국가의 원리, 보통 선거 제도 도입은 국민 주권주의를 실현하는 방안입니다. ④ 외국인의 지위 보장은 국제 평화주의, 정당 활동의 자유 보장은 국민 주권주의를 실현하는 방안입니다. ⑤ 경제에 대한 규제와 조정, 연령 차별 금지법 제정은 모두 복지 국가의 원리와 관련됩니다.

040 우리나라 헌법의 기본 원리   정답 ③

고난도 평가원 기출

①	②	❸	④ 함정	⑤ 함정
3%	6%	61%	15%	15%

🔍 눈으로 보는 해설

다음 자료에 대한 설명으로 옳지 않은 것은?

> 헌법은 국민의 기본권과 이를 보장하기 위한 국가 기관의 구성과 운영을 규정한 근본 규범으로 ㉠ 최고 규범성을 가진다. 따라서 ㉡ 민주 국가는 헌법에 따라 구성되고 운영되어야 한다. 이와 관련하여 우리 헌법에서는 다음과 같은 헌법의 기본 원리를 도출할 수 있다. (가) 은/는 근 [복지 국가의 원리] 대 자본주의의 모순을 극복하고 국민의 실질적인 자유와 평등을 보장하기 위하여 국가가 적극적인 행위를 하여야 한다는 원리이다. … (중략) … 한편, (나) 은/는 인류 공존을 위하여 국가가 평화를 추구하여야 한다는 원리이다. [국제 평화주의]

① ㉠을 보장하기 위해서 우리 헌법은 위헌 법률 심판 제도를 두고 있다. └ 법률이 헌법에 위배되는지가 재판의 전제
② 국민의 기본권 보장은 ㉡의 목적에 해당한다. └ 입헌주의
③ (가)와 가장 연관성이 높은 기본권의 유형은 절차적이고 방어적인 성격을 가진다. └ 사회권
④ (가)를 통해 우리 헌법이 국민의 인간다운 생활을 보장하는 현대 복지 국가 헌법에 속한다는 것을 알 수 있다.
⑤ (나)를 실현하기 위한 사례로 행정부가 외국인의 법적 지위를 보장하기 위해 추진하는 정책을 들 수 있다. └ 상호주의의 원칙

문제 분석 (가)는 복지 국가의 원리, (나)는 국제 평화주의입니다. 복지 국가의 원리는 국민 복지에 대한 책임을 국가에 부여하고, 사회권을 국민의 기본권으로 보장하는 원리를 가리킵니다. 국제 평화주의는 국제 질서를 존중하고 세계 평화와 인류의 번영을 위해 노력한다는 원리입니다.

정답 찾기 ③ 복지 국가의 원리와 관련된 기본권은 사회권입니다. 사회권은 국가에 대해 적극적으로 인간다운 생활의 보장을 요구하는 권리이므로 절차적이고 방어적인 성격을 가진 것은 아닙니다.

오답 피하기 ① 헌법은 한 국가의 법체계에서 최고 규범이므로 우리나라에서는 법률이 헌법에 위배되는지가 재판의 전제가 될 경우 등에 헌법 재판소가 그 법률의 위헌성을 심판하고 있습니다. ② 입헌주의는 국민의 기본권을 보장하기 위한 것입니다. ④ 우리 헌법은 인간다운 생활을 할 권리, 근로의 권리, 교육을 받을 권리 등 사회권을 보장하고 있으며, 최저 임금제를 시행하고 여성과 연소자의 근로를 특별히 보호하도록 하고 있습니다. 이러한 헌법 규정들을 통해 우리 헌법은 복지 국가의 원리를 지향하고 있음을 알 수 있습니다. ⑤ 국제 평화주의를 실현하기 위해 상호주의 원칙에 따라 외국인의 지위를 보장합니다. 상호주의란 상대국이 자국민을 보호하는 정도에 맞추어 상대국 국민의 보호 수준을 정하는 것을 의미합니다.

041 복지 국가의 원리 정답 ③

문제 분석 A는 복지 국가입니다. 복지 국가는 모든 국민에게 안정적이고 인간다운 생활을 영위할 수 있도록 생존에 필요한 기본적인 수요를 충족하여 주는 동시에 그에 대한 요구가 국민의 권리로서 인정되는 국가를 말합니다. 따라서 복지 국가의 원리란 국민 복지에 대한 책임을 국가에 부여하고, 사회권을 국민의 기본권으로 보장하는 원리를 가리킵니다.

정답 찾기 ③ 우리 헌법은 복지 국가의 원리를 실현하기 위해 국가에 사회 보장 및 사회 복지 증진의 의무를 부여하고, 국민이 인간다운 생활을 할 권리를 국가에 요구할 수 있도록 규정하고 있습니다.

오답 피하기 ① 모든 권력은 국민으로부터 나온다는 규정은 국민 주권주의와 관련됩니다. ②, ④ 주거의 자유, 사생활의 비밀과 자유를 침해받지 않을 권리는 자유 민주주의와 관련됩니다. ⑤ 국제법의 존중은 국제 평화주의를 실현하는 방안입니다.

042 우리나라 헌법의 기본 원리 정답 ②

문제 분석 (가)는 국제 평화주의, (나)는 평화 통일 지향입니다. 제1, 2차 세계 대전을 치르면서 인류는 전쟁의 참혹성을 체험하였고, 이에 대한 반성에서 국제 평화주의가 등장하였습니다. 국제 평화주의는 국제 질서를 존중하고 세계 평화와 인류의 번영을 위해 노력한다는 원리입니다. 평화 통일 지향은 자유 민주적 기본 질서에 입각한 평화적 통일을 추구한다는 원리입니다. 우리 헌법 제4조는 대한민국이 통일을 지향하며 평화적인 통일 정책을 수립하기 위해 노력해야 한다고 밝혀, 평화 통일 지향이 대한민국의 국가적 목표임을 분명히 하고 있습니다.

정답 찾기 ㄱ. 우리나라 헌법은 국내 거주 외국인에 대해 내국인과 동등한 지위를 부여하는 것이 아니라 상대국이 자국민을 보호하는 정도에 맞추어 외국인을 보호하는 상호주의를 택하고 있습니다. 이는 국제 평화주의와 관련됩니다. ㄷ. 우리나라 헌법 제4조에서는 평화 통일 지향에 따라 자유 민주적 기본 질서에 입각한 평화 통일 정책을 추진하도록 하고 있습니다.

오답 피하기 ㄴ. 재외 국민의 선거권을 보장하는 것은 주권자로서의 지위에서 나온 것입니다. 따라서 국민 주권주의와 관련됩니다. ㄹ. 국제 평화주의를 실현하기 위해 우리나라는 침략적 전쟁을 부인합니다. 모든 유형의 전쟁을 금지하는 것은 아닙니다.

043 자유 민주주의 정답 ④

문제 분석 자유 민주적 기본 질서는 자유 민주주의를 실현하는 토대입니다. 자유 민주주의는 인간의 존엄성을 바탕으로 국민의 자유와 권리를 보호하고, 민주적 절차를 통해 선출된 대표자들이 국민 주권주의에 입각해서 통치하는 원리를 말합니다.

정답 찾기 ④ 자유 민주주의의 핵심 요소는 기본적 인권의 보장입니다. 형사 피의자의 인권 침해 사례는 자유 민주주의와 관련된 연구입니다.

오답 피하기 ① 국내 거주 외국인의 법적 지위 보장은 국제 평화주의와

관련된 연구입니다. ② 남북한 문화 및 예술 교류 활성화 방안에 관한 연구는 평화 통일 지향과 관련됩니다. ③ 국민연금 제도의 운영 실태와 개선 방향은 복지 국가의 원리와 관련된 연구입니다. ⑤ 평화 유지군 파견이 우리나라의 대외적 이미지 향상에 미친 영향은 국제 평화주의와 관련된 연구입니다.

044 우리나라 헌법의 기본 원리 정답 ④

문제 분석 (가)는 국민 주권주의, (나)는 자유 민주주의, (다)는 복지 국가의 원리, (라)는 국제 평화주의, (마)는 문화 국가의 원리입니다.

정답 찾기 ④ 국제 평화주의를 구현하기 위해 침략적 전쟁을 부인합니다. 모든 전쟁을 부인하는 것은 아닙니다. 적이 침략했을 때 이를 방어하기 위한 목적의 전쟁은 가능합니다.

오답 피하기 ① 국민 주권주의를 실현하기 위해 정당 설립의 자유와 복수 정당제를 보장하고 있습니다. ② 자유 민주주의의 핵심적 요소는 기본적 인권의 보장입니다. 인권 보장을 위해 기본권 제한 시 적법 절차의 원리를 따르도록 하고 있습니다. ③ 복지 국가의 원리를 실현하기 위해 최저 임금제를 시행함으로써 국민의 인간다운 생활을 보장하고 있습니다. ⑤ 문화 국가의 원리를 실현하기 위한 방안으로는 종교·학문·예술 활동의 자유 보장, 평생 교육 진흥, 무상 의무 교육 시행 등을 들 수 있습니다.

045 문화 국가의 원리 정답 ③

문제 분석 ○○군의 작은 영화관은 영화관이 없는 농어촌 지역 주민들의 문화 향유 기회를 주기 위해 마련한 것입니다. 헌법에 규정된 문화 국가의 원리와 관련됩니다.

정답 찾기 ③ 문화 국가의 원리는 국가가 국민의 자율적인 문화 활동을 보장하고, 문화 풍토를 조성·보호해야 한다는 원리입니다. 문화 국가 원리를 실현하기 위하여 우리나라는 민족 문화를 계승하고, 이를 활용하기 위한 법률과 문화 예술 교육을 지원하는 법률 등을 제정하고 이와 관련한 다양한 정책을 집행하고 있습니다.

오답 피하기 ① 국민 주권주의를 실현하기 위한 방안으로는 민주적 선거 제도, 국민 투표제, 복수 정당제 등이 있습니다. ② 자유 민주주의는 적법 절차의 원리, 사법권 독립, 개인의 자유권 보장 등을 통해 실현됩니다. ④ 복지 국가의 원리를 실현하기 위한 방안으로는 최저 임금제, 각종 사회 보장 제도 등이 있습니다. ⑤ 국제 평화주의는 국제법 존중, 외국인의 지위 보장 등을 통해 실현됩니다.

03강 기본권의 보장과 제한

핵심 개념 CHECK! ▶ 본문 030쪽

01 ○	02 ○	03 ×	04 ×	05 ○	06 ×	07 ×	08 ○
09 ○	10 ×	11 ○	12 ×	13 ○	14 ○	15 ○	16 ×
17 ×	18 ○	19 ○	20 ○	21 ○	22 ×	23 ○	24 ×
25 ○	26 ×	27 ×	28 ○	29 ○	30 ○	31 ×	32 ○
33 ○	34 ×						

○|× 문장 바로 알기

01 근대 국가는 천부 인권을 확고하게 보장하기 위해 헌법에 기본권으로 구체화하였다.

02 인간으로서의 존엄과 가치는 헌법상 모든 기본권의 근거이자 원천이다.

03 행복 추구권은 그 자체로 독자적인 기본권이 될 수 ~~없으면서~~ 다른 기본권에 대하여 보충적인 성격을 가지는 기본권이다.
(있으면서)

04 법 앞의 평등은 ~~어떠한~~ 차별 대우도 허용될 수 없다는 의미이다.
(불합리한)

05 평등권은 다른 모든 기본권을 보장하는 데 전제가 되는 기본권이다.

06 자유권은 가장 ~~최근에~~ 등장한 기본권이다.
(오래 전에)

07 ~~자유권~~은 국민이 국가에 대해 권리의 보장을 요구한다는 점에서 적극적 권리이다.
(사회권)

08 적법 절차의 원리, 고문 금지, 진술 거부권 보장, 영장 제도 등은 신체의 자유와 관련된다.

09 참정권은 국민 주권의 원리를 실현하는 데 필수적인 권리이다.

10 ~~사회권~~은 헌법에 일일이 열거하지 않아도 보장된다는 점에서 포괄적 권리이다.
(자유권)

11 근로의 권리, 교육을 받을 권리 등은 사회권을 보장하는 내용의 권리이다.

12 청구권은 기본권 보장을 위한 기본권으로서 ~~소극적~~ 권리이다.
(적극적)

13 국가 기관에 대해 자신의 희망을 문서로 청구할 수 있는 청원권은 청구권에 해당한다.

14 자유권은 국가 이전의 초국가적 권리로서 천부성이 강한 권리이다.

15 참정권은 국민이 국가 기관의 형성과 국가의 정치적 의사 결정 과정에 참여할 수 있는 능동적 권리이다.

16 최저 임금제, 근로 계약서 등은 ~~청구권~~을 보장하기 위한 수단이다.
(사회권)

17 형사 피의자 또는 형사 피고인으로 구금되었던 자가 무죄 취지의 불기소 처분이나 무죄 판결을 받았을 때 국가에 보상을 청구할 수 있는 권리를 ~~국가 배상 청구권~~이라고 한다.
(형사 보상 청구권)

18 사회권은 1919년 독일의 바이마르 헌법에서 최초로 규정되었다.

19 교육의 의무, 근로의 의무, 환경 보전의 의무 등은 현대에 와서 국민에게 부과되었다.

20 국방의 의무는 모든 국민에게, 병역의 의무는 성인 남성에게만 부과된다.

21 국방의 의무와 납세의 의무는 근대부터 국민에게 부과되어 온 의무로, 고전적 의무라고 한다.

22 충돌하는 기본권의 법적 이익을 비교해서 보호 가치가 더 우위에 있는 기본권을 먼저 보호해 주는 것을 ~~규범 조화적 해석~~이라고 한다.
(법익 형량의 원칙)

23 기본권을 제한하는 경우에도 자유와 권리의 본질적인 내용을 침해할 수 없다.

24 기본권은 행정 기관의 편의와 효율을 위해 제한할 수 ~~있다~~.
(없다)

25 서로 다른 주체 간의 권익이 충돌할 때 이들이 각자 자신의 기본권 보장을 국가에 요구하는 것을 기본권 충돌이라고 한다.

26 대립하는 기본권을 양립, 조화시켜 균형을 이루도록 해석하여 상충하는 기본권 모두가 최대한 보장될 수 있도록 하는 것을 ~~법익 형량의 원칙~~이라고 한다.
(규범 조화적 해석)

27 기본권의 제한은 법률과 ~~명령, 조례, 규칙 등~~ 성문법을 통해서만 가능하다.

28 기본권을 제한하는 경우 그 목적은 국가 안전 보장, 질서 유지 또는 공공복리를 위한 경우로 한정된다.

29 기본권 제한의 방법은 목적을 달성하는 방법으로써 효과적이고 적절해야 한다.

30 기본권의 제한은 과잉 금지의 원칙에 따라 최소한의 범위 안에서만 이루어지도록 한다.

31 기본권 제한을 통해 보호하려는 ~~사익~~이 침해되는 ~~공익~~보다 커야 한다.
(공익) (사익)

32 국민의 기본권이 절대적으로 보장된다면 국가 안보나 질서, 공공복리의 실현이 어려워지는 문제가 발생할 수 있다.

33 기본권 제한 조항에 엄격한 요건과 한계를 둔 이유는 국가 권력의 남용을 막아 국민의 기본권을 보장하기 위해서이다.

34 「개발 제한 구역의 지정 및 관리에 관한 특별 조치법」은 무분별한 개발 제한, 쾌적한 환경의 유지와 같은 ~~국가 안전 보장~~을 위해서 개인의 기본권을 제한한 것이다.
(공공복리를)

046 ①	047 ④	048 ②	049 ①	050 ④	051 ⑤
052 ②	053 ①	054 ①	055 ②	056 ②	057 ⑤
058 ④	059 ④	060 ③	061 ①	062 ①	063 ①
064 ①	065 ⑤	066 ⑤	067 ④		

046 기본권의 종류 　　　　　정답 ①

문제 분석 (가)에서 헌법 재판소는 금치 처분을 받은 재소자에게 운동 기회를 박탈하는 것은 신체의 자유를 침해한다고 결정하였습니다. 신체의 자유는 자유권에 해당합니다. (나)에서 국민 건강 보험은 사회 보장 제도의 하나인 사회 보험입니다. 사회 보장 제도는 사회권을 실현하기 위한 것입니다.

정답 찾기 ㄱ. (가)에서 추구하는 기본권은 자유권입니다. 자유권은 가장 오래된 기본권이므로 고전적 권리에 해당합니다. 또한 헌법에 열거되지 않더라도 보장되므로 포괄적 권리로서의 성격을 갖습니다. ㄴ. (나)는 평등권으로서 고소득자에게 그 사정에 따라 별도로 보험료를 부담하도록 하는 것은 상대적·비례적 평등을 추구한 것입니다.

오답 피하기 ㄷ. 국가에 의한 자유는 국가에 의한 인간다운 생활 보장을 의미하므로 사회권에 해당합니다. ㄹ. 적극적 자유는 국가에 대해 기본권 보장을 적극적으로 요구할 수 있는 것을 말하므로 사회권과 관련됩니다. 소극적 자유는 국가나 타인에 의한 간섭을 배제하려는 것이므로 자유권과 관련됩니다.

047 기본권의 성격 정답 ④

문제 분석 우리 헌법에 규정된 기본권으로는 인간으로서의 존엄과 가치, 행복 추구권, 자유권, 평등권, 참정권, 사회권, 청구권 등이 있습니다.

정답 찾기 ④ 국가의 존재를 전제로 하는 기본권은 사회권과 청구권입니다. 다른 기본권을 구제하기 위한 기본권은 청구권입니다. 천부 인권적 성격이 강한 것은 자유권입니다. 따라서 A는 사회권, B는 청구권, C는 자유권입니다.

오답 피하기 ① 평등권은 다른 모든 기본권을 보장하는 데 전제가 되는 기본권입니다. ② 참정권은 국민이 국가 기관의 형성과 국가의 정치적 의사 결정 과정에 참여할 수 있는 능동적 권리입니다.

048 기본권의 종류 정답 ②

문제 분석 (가)에서 신체의 자유는 자유권, (나)에서 공무 담임권은 참정권, (다)에서 청원권은 청구권에 해당합니다.

정답 찾기 ② (나)의 공무 담임권은 국가 공무원으로 일할 수 있는 권리로서 참정권에 해당합니다. 참정권은 국민 주권주의를 구현하는 수단이 됩니다.

오답 피하기 ① (가)의 신체의 자유는 자유권에 해당합니다. 자유권은 소극적이고 방어적인 성격을 갖습니다. 능동적이고 적극적인 성격을 가진 것은 참정권입니다. ③ (다)의 청원권은 청구권에 해당합니다. 청구권은 국가에 대해 기본권 침해에 대한 구제를 요구할 수 있는 권리입니다. 국가의 개입을 배제하는 방어적 성격을 가진 것은 자유권입니다. ④ 현대 복지 국가에서 중시되기 시작한 것은 사회권입니다. 자유권은 시민 혁명 직후에 강조되었습니다. ⑤ 기본권 보장을 위한 수단적 권리는 청구권입니다.

049 기본권의 성격 정답 ①

문제 분석 병역 면제의 근거인 질병명이 관보와 인터넷에 예외 없이 공개되면 사생활의 자유가 침해됩니다. 사생활의 자유는 자유권에 해당합니다. 행정 소송은 행정 기관의 처분에 대해 재판을 통해 그 처분의 취소를 구하는 것입니다. 따라서 지방세 처분에 대해 이의 신청 및 심사 청구를 거쳐야 행정 소송을 제기하는 것은 재판 청구권을 침해합니다. 재판 청구권은 청구권에 해당합니다. 따라서 ⊙은 자유권, ⓒ은 청구권입니다.

정답 찾기 ① 자유권은 매우 광범위하여 헌법에 일일이 열거하지 않아도 보장된다는 점에서 포괄적 권리입니다.

오답 피하기 ② 기본권이 침해되었을 때 이를 구제받기 위한 수단적 권리는 청구권입니다. ③ 국가의 정치 과정에 적극적으로 참여할 수 있는 권리는 참정권입니다. ④ 인간다운 생활을 국가에 요구할 수 있는 적극적 권리는 사회권입니다. ⑤ 청구권은 국가에 대해 기본권의 구제를 요구하는 것이므로 적극적 권리입니다. 국가의 간섭을 받지 않을 소극적 권리는 자유권입니다.

050 기본권의 종류 정답 ④

문제 분석 소극적·방어적 권리는 자유권입니다. 다른 기본권 보장을 위한 수단적 권리는 청구권입니다. 따라서 A는 자유권, B는 사회권, C는 청구권입니다.

정답 찾기 ④ 소극적·방어적 권리는 자유권, 다른 기본권 보장을 위한 수단적 권리는 청구권이므로 ⊙~ⓒ은 순서대로 '예', '아니요', '아니요'입니다.

오답 피하기 ① '재판 청구권'은 청구권에 해당하는 권리입니다. ② 사회권은 헌법에 규정되어야 보장되는 열거적 권리입니다. 헌법에 규정되지 않아도 포괄적으로 보장되는 것은 자유권입니다. ③ 권리인 동시에 의무로서의 성격을 가지는 것은 사회권입니다. 사회권에는 교육을 받을 권리, 근로의 권리, 깨끗한 환경에서 살 권리 등이 있습니다. ⑤ 국가의 존재를 전제로 하는 것은 사회권과 청구권이므로 이 질문은 (가)에 들어갈 수 있습니다.

051 사회권의 특징 정답 ⑤

문제 분석 국민 연금은 국민의 노령, 장애, 사망 등과 같은 사유가 있을 때 연금 급여를 실시함으로써 국민의 생활 안정과 복지 증진에 기여하는 사회 보장 제도입니다. 사회 보장 제도는 국민의 인간다운 생활 보장을 목적으로 하는 사회 제도로서 사회권에 기반하고 있습니다.

정답 찾기 ⑤ 사회권은 국민이 실질적인 평등과 인간다운 생활의 보장을 국가에 요구할 수 있는 권리입니다. 우리 헌법은 사회권의 보장을 위해 인간다운 생활을 할 권리, 교육을 받을 권리, 근로의 권리, 최저 임금제의 실시, 건강하고 쾌적한 환경에서 생활할 권리 등을 규정하고 있습니다.

오답 피하기 ① 국가 권력의 배제를 요구하는 권리는 자유권입니다. ② 다른 기본권 보장의 전제가 되는 권리는 평등권입니다. ③ 국민 주권을 실현하는 데 반드시 필요한 권리는 참정권입니다. ④ 다른 기본권의 보장을 위한 수단적 권리로서의 성격을 띠는 것은 청구권입니다.

052 적극적 평등 실현 조치 정답 ②

문제 분석 장애인 의무 고용제, 농어촌 출신 학생의 대학 특례 입학제, 국회 의원 여성 의무 공천제 등은 상대적으로 열악한 사회적 소수자를 우대하기 위한 적극적 평등 실현 조치입니다. 적극적 평등 실현 조치는 단순히 차별을 철폐하고 똑같은 대우를 하는 것보다 더 적극적인 성격의 대응책으로 실질적 평등을 실현하기 위한 제도입니다.

정답 찾기 ㄱ. 적극적 평등 실현 조치는 선천적·후천적인 차이로 인해 열악한 위치에 있는 사회적 소수자를 우대하여 실질적인 평등을 이끌어 낼 수 있도록 하자는 취지입니다. ㄷ. 형식적 평등만을 강조할 경우 이미 차별을 계속 받아온 사회적 소수자는 일반인과의 격차가 계속 유지되기 때문에 실질적인 평등을 누릴 수 없게 됩니다. 따라서 차별로 인한 격차를 줄여 사회적 소수자가 실질적인 평등을 누릴 수 있도록 적극적 평등 실현 조치가 필요합니다.

오답 피하기 ㄴ. 실질적 평등은 배분적 정의를 바탕으로 합니다. 평균적 정의는 형식적 평등과 관련됩니다. ㄹ. 대통령 선거에서 누구에게나 1표씩 주는 것은 사회적 소수자를 우대하는 것이 아니므로 적극적 평등 실현 조치가 아닙니다.

053 기본권의 종류 정답 ①

문제 분석 집행 유예는 징역이나 금고와 같은 자유형을 선고하면서 교도소에 구금하지 않고 일정 기간 그 집행을 유예해 주는 제도입니다. 집행 유예를 선고받은 사람은 일상생활을 비교적 자유롭게 할 수 있습니다. 따라서 집행 유예 기간 중에 선거권을 주지 않는 것은 주권자로서의 지위를 박탈하는 문제가 있다고 헌법 재판소는 판단하였습니다.

정답 찾기 ① 집행 유예 기간 중에 있는 자가 A가 침해됨으로써 공동체의 운용을 주도하는 국가 조직의 구성에 참여할 기회를 얻지 못했다는 점에서 A는 참정권임을 알 수 있습니다. 참정권은 국민이 국가의 정치 과정에 적극적으로 참여할 수 있는 권리로서 능동적 권리에 해당합니다.

오답 피하기 ② 민주주의의 이념 중 하나로서 다른 기본권 보장의 전제 조건이 되는 것은 평등권입니다. ③ 개인의 자유에 대한 국가 권력의 침해를 배제하는 방어적 권리는 자유권입니다. ④ 국민의 권리임과 동시에 국가의 존속과 유지를 위한 헌법상 의무로는 교육을 받을 권리, 환경권 등이 있습니다. ⑤ 국민이 국가에 대하여 적극적으로 특정한 행위를 요구할 수 있는 수단적 권리는 청구권입니다.

054 사회권의 특징   정답 ①

문제 분석 국민 생활의 균등한 향상, 인간다운 생활, 경제에 관한 규제와 조정 등은 모두 국가의 적극적인 개입에 의해 국민의 삶의 질을 높이는 문제와 관련되므로 사회권을 말하고 있음을 알 수 있습니다.

정답 찾기 ① 사회권은 국가에 대해 국민의 인간다운 생활을 보장해 달라고 요구할 수 있다는 점에서 적극적 권리입니다. 소극적·방어적 기본권은 자유권입니다.

오답 피하기 ② 사회권은 국가의 적극적인 개입으로 보장되므로 국가의 존재를 전제로 하여 인정됩니다. ③ 사회권은 공공복리를 위하여 법률로 제한될 수 있습니다. ④ 사회권은 빈부 격차 해소 등 실질적인 사회 정의의 실현을 이상으로 추구하고 있습니다. ⑤ 사회권은 근대 자본주의의 모순인 빈부 격차, 노동 환경 악화 등을 해결하기 위한 과정에서 등장하였습니다.

055 기본권의 종류   정답 ②

문제 분석 A는 인간다운 생활의 보장을 위한 이념적 기초이므로 사회권입니다. B는 국가로부터의 자유를 추구하므로 국가의 간섭에서 벗어나고자 하는 자유권입니다.

정답 찾기 ② 자유권은 그 범위가 광범위하여 헌법에 일일이 열거되지 않아도 보장될 수 있는 포괄적 권리입니다.

오답 피하기 ① 국가의 부당한 침해를 배제하는 방어적 성격의 권리는 자유권입니다. ③ 다른 기본권을 실현하기 위한 전제 조건이 되는 것은 평등권입니다. ④ 인간의 존엄을 실현하는 데 필요한 조건을 국가에 요구할 수 있는 권리로 국가의 존재를 전제로 인정되는 것은 사회권입니다. 자유권은 국가의 존립과는 상관없이 인정됩니다. ⑤ 현대 복지 국가 헌법에서 보장되기 시작한 권리는 사회권입니다.

056 기본권의 종류   정답 ②

문제 분석 A는 사회권, B는 자유권, C는 참정권입니다.

정답 찾기 ② 자유권은 국민이 부당하게 국가의 침해를 받지 않고 자유롭게 생활할 수 있는 권리로, 소극적이고 방어적인 성격을 지닙니다.

오답 피하기 ① 사회권은 자본주의의 문제점인 빈부 격차, 노동자의 노동 환경 악화 등을 해소하기 위해 등장하였으므로 가장 최근에 나타난 기본권입니다. 기본권 중 역사적으로 가장 오래된 권리는 자유권입니다. ③ 참정권은 국가의 의사 결정에 적극적으로 참여하는 권리로서 국민 주권주의를 실현하기 위한 권리입니다. 인간다운 생활을 국가에 요구할 수 있는 적극적 권리는 사회권입니다. ④ 다른 기본권 보장을 위한 수단적 권리는 청구권입니다. ⑤ 자유권은 국가가 없어도 보장되어야 하는 권리입니다. 참정권과 사회권은 국가의 존재를 전제로 하는 기본권에 해당합니다.

057 기본권의 종류   정답 ⑤

문제 분석 A는 참정권, B는 자유권, C는 청구권입니다.

정답 찾기 ⑤ 자유권은 소극적 권리, 참정권은 능동적 권리, 청구권은 적극적 권리입니다.

오답 피하기 ① 근로 3권은 단결권, 단체 교섭권, 단체 행동권으로서 사회권에 해당합니다. ② 자유권은 시민 혁명 시기에 등장했습니다. 즉 가장 오래된 권리입니다. ③ 청구권은 헌법에 열거되어야 보장되는 권리입니다. 헌법에 열거되지 않아도 보장되는 권리는 자유권입니다. ④ 기본권 보장을 위한 수단적 권리는 청구권입니다.

058 기본권의 종류   정답 ④

문제 분석 갑은 매달 기초 연금을 받아 인간다운 생활을 할 수 있으므로

(가)는 사회권에 해당합니다. 을은 자신이 원하는 직업인 음식점 영업을 하게 되었으므로 직업 선택의 자유를 향유하고 있습니다. (나)는 자유권에 해당합니다.

정답 찾기 ④ 사회권은 헌법에 열거되어 있는 것만 보장되지만, 자유권은 헌법에 열거되어 있지 않더라도 포괄적으로 보장됩니다.

오답 피하기 ① 사회권은 국가에 대해 인간다운 생활의 보장을 요구할 수 있는 적극적 성격의 기본권입니다. ② 자유권은 국가의 간섭을 배제하고자 하는 권리입니다. ③ 자유권과 사회권은 모두 제한이 가능한 상대적 기본권입니다. ⑤ 사회권은 국가를 전제로 보장되지만, 자유권은 국가와 관계없이 보장됩니다.

059 기본권의 종류   정답 ④

문제 분석 다른 기본권을 보장하기 위한 수단적 성격의 권리는 청구권입니다. 소극적 성격의 권리는 자유권입니다. 따라서 A는 사회권, B는 청구권, C는 자유권입니다.

정답 찾기 ④ 사회권과 청구권은 국가가 존재해야 보장받을 수 있습니다.

오답 피하기 ① 사회권은 역사적으로 볼 때 가장 최근에 등장한 기본권입니다. 가장 오래된 기본권은 자유권입니다. ② 다른 기본권 보장의 전제 조건이 되는 것은 평등권입니다. ③ 독일 바이마르 헌법에서 최초로 보장된 것은 사회권입니다. ⑤ 자유권은 헌법에 열거되지 않은 권리도 보장받지만, 사회권과 청구권은 헌법에 열거된 것만 보장받습니다.

060 기본권의 종류   정답 ③

문제 분석 국가의 간섭을 받지 않을 권리는 자유권, 기본권 보장을 위한 기본권은 청구권, 국가에 대해 인간다운 생활의 보장을 요구할 수 있는 권리는 사회권입니다. 따라서 A는 자유권, B는 청구권, C는 사회권입니다.

정답 찾기 ③ 청구권과 사회권은 국가의 존재를 전제로 보장되지만, 자유권은 국가가 없어도 보장되는 권리입니다.

오답 피하기 ① 자유권은 역사가 가장 오래된 기본권으로서 개인이 자신의 선택과 결정에 따라 삶을 살아나갈 수 있고, 국가의 간섭이나 침해를 받지 않을 권리입니다. 사회권은 국민이 국가에 대해 인간다운 생활의 보장을 요구한다는 점에서 적극적 권리이며, 인간의 존엄성을 구현하기 위한 최소한의 필요 조건을 국가에 요구할 수 있는 법적 근거가 됩니다. ② 청구권은 적극적 권리로서 기본권 보장을 위한 기본권의 성격을 가지며, 앞의 다른 기본권은 그 자체가 목적인 데 비해 청구권은 수단적 권리로서의 성격을 지닙니다. ④ 자유권은 구체적 내용이 헌법에 열거되지 않아도 경시되어서는 안 되는 권리입니다. 사회권과 청구권은 헌법에 열거된 것만 보장됩니다. ⑤ 자유권에는 신체의 자유를 비롯하여 양심의 자유, 종교의 자유, 거주 이전의 자유 등이 있습니다. 청구권에는 청원권, 재판 청구권, 형사 보상 청구권 등이 있습니다.

061 기본권의 제한   정답 ①

문제 분석 갑은 고속도로에서 오토바이 운전을 금지한 것은 기본권 침해라고 보고 헌법 재판소에 헌법 소원 심판을 청구하였지만 헌법 재판소는 헌법 위반이 아니라고 보았습니다. 즉, 고속도로에서 오토바이 통행을 금지한 것은 목적이 정당하고 침해의 최소성을 지켰으므로 과잉 금지 원칙에 어긋나지 않는다고 보았습니다.

정답 찾기 ㄱ. 고속도로에서 오토바이 통행을 제한하는 것은 모든 사람의 안전을 위한 것이며, 또한 헌법 재판소가 이 조항이 헌법에 위배되지 않는다고 판단했으므로 기본권 제한의 목적의 정당성을 충족한 것입니다. ㄴ. 만약 헌법 재판소가 도로 교통법이 갑의 자유와 권리의 본질적인 내용을 침해하였다고 보았다면 위헌 결정을 내렸을 것입니다.

오답 피하기 ㄷ. (나)에서 갑이 침해당했다고 생각하는 기본권은 자유권입니다. 기본권 보장을 위한 기본권은 청구권입니다. ㄹ. (다)에서 갑은 도로 교통법이 자신의 자유권을 침해하고 있다고 보고 있습니다. 인간다운 생활을 위해 국가에 일정한 배려를 요구할 수 있는 권리는 사회권입니다.

062 기본권의 제한 한계   정답 ①

문제 분석 (구)가정의례에 관한 법률은 1973년에 제정되었는데, 혼인이나 제사 등을 지낼 때 허례허식을 없애고 시대 변화에 맞게 간소화하자는 것이 제정 목적이었습니다. 그런데 내용 중에는 결혼식에서 음식물 접대까지 금지하고 있는데, 이 부분이 헌법의 행복 추구권을 침해한다는 헌법 재판소의 결정이 있었습니다.

정답 찾기 ① 헌법 재판소는 결혼을 축하해 주기 위해 참석한 하객들에게 음식물을 접대하는 것은 인류의 오래된 보편적인 관행이며, 국민의 행복 추구권에 해당하는 것으로 보았습니다. 따라서 법률로써 이러한 음식 접대를 금지하는 것은 행복 추구권의 본질적인 부분을 침해하는 것으로 보아 헌법에 위배된다고 판단했습니다.

오답 피하기 ② 결혼식 하객에게 음식물 접대하지 않는다고 해서 사회가 혼란스러워지는 것은 아닙니다. ③ 가정의례에 관한 법률은 정당한 절차를 밟아서 국회에서 제정되었습니다. ④ 정의는 정당한 몫을 제공하는 것이고, 법적 안정성은 법에 대한 신뢰를 통해 법적 안정을 유지하는 것입니다. 음식물 접대 금지로 인해 정의와 법적 안정성이 충돌할 수 있는 가능성은 별로 없습니다. ⑤ 제시문에서 권리 침해에 대한 구제 수단에 대한 언급은 없습니다.

063 기본권의 제한   정답 ①

문제 분석 헌법 재판소는 한의사가 초음파 진단기를 사용하면 처벌하도록 한 의료법 조항이 합헌이라고 결정했습니다. 한의사의 초음파 진단기 사용을 금지한 것은 정당한 기본권 제한이라는 것입니다.

정답 찾기 ① 헌법 재판소는 학문적 기초가 서로 다른 한의학과 서양 의학의 분리 체계하에서는 자신이 익힌 분야에 한해 의료 행위를 하도록 하는 것이 필요하다고 보았기 때문에 의료법으로 한의사의 초음파 진단기 사용을 금지한 것이라는 입장입니다. 즉, 기본권 제한의 목적이 정당하다는 결정입니다.

오답 피하기 ② 헌법 재판소가 한의사의 초음파 사용을 제한한 방법이 적절하지 못하다는 내용은 찾아볼 수 없습니다. ③ 달성되는 공익보다 침해되는 사익이 크다고 보았다면 헌법 재판소는 다른 결정을 내렸을 것입니다. ④ 공익을 위한 기본권 제한이라도 본질적인 내용은 침해할 수 없습니다. ⑤ 기본권 제한이 피해의 최소성 원칙에 위반했다고 보았다면 위헌 결정이 내려졌을 것입니다.

064 기본권의 제한   정답 ①

고난도 평가원 기출				
❶	②	③ 함정	④	⑤
49%	6%	24%	7%	8%

🔍 눈으로 보는 해설

다음 사례에 대한 분석 및 추론으로 옳은 것은?

> 갑은 운전 중 좌석 안전띠를 의무적으로 매야 하고 이를 어기면 범칙금을 부과하는 도로 교통법 규정이 자신의 기본권을 침해한다며 권리 구제형 헌법 소원 심판을 청구하였다. 이에 대해 헌법 재판소는 우선 이 규정이 행복 추구권에서 도출되는 일반적 행동 자유권을 제한하고 있다고 판단하였다. 그리고 이 규정은 교통사고에서 국민을 보호하고 사회적 부담을 줄이려는 공익을 위한 것이므로 목적이 정당하고, 안전

→ 목적의 정당성

띠를 매는 것은 이를 달성할 수 있는 적절한 수단이라고 보았다. 또한 이보다 덜 제한적인 방법이 없으며, 운전자의 답답함이나 경미한 범칙금에 비하여 달성하려는 공익이 크다고 보아 갑의 청구를 기각하였다.

→ 피해의 최소성   → 수단의 적합성   → 법익의 균형성

① 일반적 행동 자유권의 도출 근거가 되는 기본권은 포괄적 권리이다. → 행복 추구권
② 헌법 재판소는 일반적 행동 자유권 제한을 근거로 갑의 기본권이 침해당했다고 판단하였다. → 침해당하지 않았다고
③ 과잉 금지 원칙에서 목적의 정당성은 그 수단이 목적을 달성하기 위하여 적합한가를 심사하는 것이다. → 수단의 적합성
④ 갑이 청구한 심판은 도로 교통법 규정의 위헌 여부를 심판 대상으로 하므로 재판의 전제성을 필요로 한다. → 하지 않는다.
⑤ 헌법 재판소가 과잉 금지 원칙의 세부 원리를 차례로 판단한 이유는 이를 모두 위반해야 위헌이라고 판단할 수 있기 때문이다.

→ 하나만 위반해도

문제 분석 갑은 운전자의 안전띠 착용 의무가 행복 추구권을 침해한다며 헌법 소원 심판을 청구했지만 헌법 재판소는 합헌으로 결정했습니다. 즉, 사고 예방이나 교통사고 피해를 줄이기 위한 최소한의 제한이라는 것입니다.

정답 찾기 ① 일반적 행동 자유권의 도출 근거가 되는 기본권은 행복 추구권입니다. 행복 추구권은 국민이 행복을 추구하는 데 필요한 모든 자유와 권리의 내용을 담고 있는 포괄적인 권리입니다.

오답 피하기 ② 헌법 재판소는 안전띠 착용의 의무가 일반적 행동 자유권의 본질적인 부분을 침해하지 않는다고 보았습니다. ③ 과잉 금지 원칙에서 목적의 정당성은 기본권 제한의 목적이 국가 안전 보장, 질서 유지, 공공복리에 한정되는가를 심사하는 것입니다. 기본권 제한의 수단이 목적을 달성하기 위하여 적합한가를 심사하는 것은 수단의 적합성을 말합니다. ④ 갑이 청구한 심판은 권리 구제형 헌법 소원 심판이므로 재판의 전제성을 필요로 하지 않습니다. 재판의 전제성을 필요로 하는 것은 위헌 심사형 헌법 소원 심판입니다. ⑤ 헌법 재판소가 위헌이라고 판단하기 위해서는 과잉 금지 원칙의 세부 원리 중 하나만 위반해도 가능합니다.

💣 함정 피하기

정답이 ①번인데, ③번을 선택한 학생이 많습니다. ③번을 선택한 학생은 목적의 정당성과 수단의 적합성을 정확히 알지 못하기 때문입니다. 과잉 금지 원칙 중에서 목적의 정당성과 수단의 적합성이라는 개념을 정확히 모르더라도 제시문을 잘 읽어보면 알 수 있습니다. 제시문을 한 번 정도만 읽어보았기 때문에 무심코 넘어갔을 수 있습니다. 선지 하나하나를 제시문과 대조하면서 여러 번 읽는 습관을 들이는 것이 좋습니다.

065 기본권 제한 한계   정답 ⑤

문제 분석 우리 헌법은 기본권을 제한하는 경우에도 자유와 권리의 본질적인 내용을 침해할 수 없다고 규정함으로써 기본권 제한의 한계를 설정하고 있습니다. 기본권 제한의 정도가 지나쳐 기본권이 유명무실해지는 상황에 이르러서는 안 됩니다.

정답 찾기 ⑤ 업무 향상이라는 목적도 불분명하며, 직원들의 모든 전화 사용까지도 금지시키는 것은 통신의 자유라는 기본권의 본질적인 부분까지 침해하는 것이므로 기본권 제한의 한계를 벗어납니다.

오답 피하기 ① 국민의 안전을 위해 여행을 중지시켰으므로 목적의 정당성이 있고, 또 여행을 일시적으로 중지시킨 것이므로 여행의 자유의 본질적인 부분을 침해한 것은 아닙니다. ② 산불 예방이라는 공공복리를 위해 한 달 동안만 입산을 금지시킨 것이므로 산행의 자유의 본질적인 내용을 침해한 것은 아닙니다. ③ 음주 운전 사고 방지라는 공공복리를 위해 차량 운전자를 상대로 음주 측정을 실시하는 것이며, 음주 측정을 실시한다고 해서 운전자의 통행의 자유와 같은 기본권이 침해되는 것은 아닙니다. ④ 독감 환자의 전염 예방이라는 공공복리를 위해 등교를 중지시킨 것이

며, 등교 중지 조치가 교육을 받을 권리의 본질적인 내용을 침해하는 것
은 아닙니다.

066 기본권의 제한　　　　　　　　　　　　　　　정답 ⑤

문제 분석 제시문에서 △△특례법은 교통사고 처리 특례법을 말합니다.
이 법 제3조 제2항 단서 조항에서는 중과실에 의한 교통사고로 중상해의
피해를 입었어도 가해 차량이 종합 보험 등에 가입하였다면 면책되도록
하고 있습니다. 이에 따라 검사는 가해자 갑을 불기소 처분함으로써 재판
이 열리지 않았고, 이에 따라 피해자 을은 재판에서 자신의 의견을 진술
할 수 있는 기본권(재판 절차에서의 의견 진술권)을 침해당했다고 주장했
습니다. 이에 헌법 재판소는 이 조항이 중상해를 입은 피해자의 재판 절
차 진술권 행사를 근본적으로 봉쇄하여 교통사고의 신속한 처리 또는 전
과자의 양산 방지라는 공익에 비해 피해자의 사익이 현저히 경시되었으
므로 법률 조항의 해당 부분은 헌법에 위반된다고 판단하였습니다.

정답 찾기 A는 재판에서 의견을 진술할 기회를 보장받을 수 있는 권리이
므로 청구권입니다. ㄷ. 청구권은 기본권 보장을 위한 수단적 권리에 해
당합니다. ㄹ. 헌법 재판소는 교통사고의 신속한 처리 또는 전과자 양산
방지라는 입법 목적과 피해자의 사익 간에 적정한 비례 관계가 유지되고
있지 않다고 판단하였습니다.

오답 피하기 ㄱ. 을은 △△특례법 조항이 헌법상의 기본권을 침해한다고
보아 헌법 소원 심판을 청구하였습니다. 검사의 불기소 처분에 대해 헌법
소원 심판을 청구한 것이 아닙니다. ㄴ. 을은 △△특례법 조항에 대해 권
리 구제형 헌법 소원을 제기하였습니다. 즉, 을은 △△특례법으로 재판을
받고 있는 상태가 아니며, 이 조항이 재판의 전제가 되는 것도 아닙니다.

067 국민의 의무　　　　　　　　　　　　　　　　정답 ④

문제 분석 (가)는 국방의 의무, (나)는 환경 보전의 의무를 나타냅니다.

정답 찾기 ④ 국방의 의무와 환경 보전의 의무는 모두 이행하지 않으면
법적 제재가 따릅니다.

오답 피하기 ① 국방의 의무는 국토와 국민의 생명을 방위하기 위한 것입
니다. ② 환경 보전의 의무는 국민뿐만 아니라 국가에게도 부과됩니다.
③ 환경 보전의 의무는 깨끗한 환경을 보전해야 하는 국민의 의무인 동시
에 누구든지 쾌적한 환경에서 살아갈 권리의 성격을 지니고 있습니다. ⑤
국방의 의무는 과거에서부터 존재한 고전적 의무이지만, 환경 보전의 의
무는 현대에 와서 새롭게 부과된 의무입니다.

Ⅱ. 민주 국가와 정부

04강 민주 국가의 정부 형태

핵심 개념 CHECK!　　　　　　　　　　▶ 본문 042쪽

01 ×	02 ○	03 ○	04 ×	05 ○	06 ○	07 ×	08 ×
09 ○	10 ×	11 ×	12 ○	13 ○	14 ×	15 ○	16 ○
17 ○	18 ×	19 ○	20 ×	21 ○	22 ×	23 ○	24 ○
25 ○	26 ○	27 ○	28 ×	29 ×	30 ○	31 ×	32 ○
33 ○	34 ○						

○× 문장 바로 알기

01 의원 내각제는 ~~미국~~에서 국왕과 의회가 갈등과 타협이 거듭되면서
형성되었다. 　영국

02 몽테스키외의 삼권 분립 사상은 대통령제가 성립하는 데 큰 영향을
미쳤다.

03 대통령제에서는 국민이 별도의 선거를 통해 의회 의원과 대통령을
각각 선출한다.

04 ~~대통령제~~에서 의석 과반수를 차지하는 정당이 없을 때 연립 정부를
구성한다. 　의원 내각제

05 의원 내각제는 내각의 총리와 각료가 의회 의원을 겸할 수 있다.

06 의원 내각제에서 의회는 내각 불신임을 의결할 수 있다.

07 ~~의원 내각제~~에서 의회는 주요 공직자에 대한 탄핵 소추권을 행사한
다. 　대통령제

08 ~~대통령제~~에서는 의회 해산권을 발동함으로써 의회와 내각의 대립을
해소할 수 있다. 　의원 내각제

09 대통령제에서 대통령은 국가 원수인 동시에 행정부 수반으로서의
지위를 가진다.

10 ~~의원 내각제~~는 행정부 수반의 법률안 거부권 행사를 통해 다수당의
횡포를 견제한다. 　대통령제

11 의회에서 여소야대 상황이 전개될 수 있는 것은 ~~의원 내각제~~이다.
　대통령제

12 대통령제는 입법부와 행정부 간 권력 분립형 정부 형태라는 특징을
가진다.

13 대통령제는 국정 수행의 안정성과 정책의 지속성을 확보하는 데 유
리하다.

14 내각 불신임권은 ~~대통령제~~ 국가에서 내각의 총사퇴를 결의할 수 있
는 의회의 권한을 의미한다. 　의원 내각제

15 의회 해산권은 의원 내각제 국가에서 총리가 의회 의원의 자격을 임
기 만료 전에 소멸시킴으로써 의회를 해산할 수 있는 권리이다.

16 대통령제에서는 의회 의원만 법률안 제출권을 가지며, 행정부는 법
률안 제출권이 없다.

17 대통령제에서는 의회와 행정부가 서로를 불신임하거나 해산할 수
없다.

18	이원 정부제에서는 대통령과 총리의 소속 정당이 다를 경우 정책 결정과 집행 과정에서 강력한 추진력을 발휘할 수 <s>있다</s>. 없다
19	1948년에 수립된 대한민국 정부 형태는 대통령제를 중심으로 하면서도 의원 내각제의 요소가 일부 더해졌다.
20	1948년의 제헌 헌법에서 대통령은 <s>국민이</s> 직접 선출하였다. 국회에서
21	1960년 4 · 19 혁명을 계기로 제3차 개정 헌법에서는 의원 내각제를 채택하였다.
22	1972년 제7차 개헌으로 공포된 유신 헌법에서는 대통령 <s>직선제</s>를 채택하고 대통령에게 막강한 권한을 부여함으로써 국민 주권의 원리와 권력 분립의 원리가 훼손되는 문제가 발생하였다. 간선제
23	1980년에는 제8차 개헌을 통해 유신 체제가 폐지되고 대통령 단임제가 시행되었지만, 권위주의적 통치는 여전히 유지되었다.
24	1987년 제9차 개헌으로 대통령 직선제가 도입되고, 국회의 권한과 사법부의 독립이 강화됨으로써 현재와 같은 대통령제의 모습이 나타나 오늘에 이르고 있다.
25	우리나라에서 대통령과 국회 의원은 별개의 선거를 통해 선출되며, 각각 행정권과 입법권을 가진다.
26	우리나라는 대통령의 국회 해산권을 <s>인정하지만</s>, 국회의 내각 불신임권은 인정하지 않는다. 인정하지 않고
27	우리나라의 의원 내각제적 요소로는 국무총리와 국무 회의를 들 수 있다.
28	국회에 국무총리와 국무 위원의 해임 건의권이 있다는 점은 <s>대통령제</s>의 요소이다. 의원 내각제
29	우리나라는 국회 의원뿐만 아니라 정부도 법률안 제출권을 가지고 있으나, 국회 의원이 국무총리나 국무 위원을 겸할 수 <s>없다</s>. 있다
30	국회의 요구가 있을 때 국무총리나 국무 위원에게 국회에 출석하여 국정 처리 상황에 대해 답변하도록 하는 것은 의원 내각제의 요소이다.
31	우리나라의 국무총리는 국회 의원에 의해 <s>국회에서 선출된다</s>. 국회의 동의를 얻어 대통령이 임명한다
32	현행 헌법은 국민의 직접 선거로 5년 단임의 대통령을 선출하도록 한다.
33	국회는 각종 동의권이나 탄핵 소추권의 행사를 통해 대통령의 권한을 견제할 수 있다.
34	우리나라는 대통령제를 기본으로 의원 내각제 요소가 가미되어 있다.

068 정부 형태   정답 ②

문제 분석 민주 국가의 대표적인 정부 형태는 크게 영국의 의원 내각제와 미국의 대통령제로 나눌 수 있습니다. 두 정부 형태는 입법부와 행정부의 구성 방식 및 두 국가 기관 간의 관계 측면에서 서로 다른 특징을 지닙니다. 의원 내각제는 입법부인 의회에 의해 행정권을 담당하는 내각이 구성되는 정부 형태입니다. 대통령제는 행정권을 담당하는 대통령과 입법권을 담당하는 의회가 각각 선거를 통해 구성되는 정부 형태입니다.

정답 찾기 ㄱ. 의회 의원이 각료를 겸직할 수 있다면, 갑국은 의원 내각제입니다. 갑국은 행정부 소속 정당이 과반수를 차지하지 못하므로 연립 정부 구성이 필요했을 것입니다. ㄷ. 갑국의 행정부 수반이 법률안 제출권을 가진다면 갑국은 의원 내각제입니다. 의원 내각제에서 의회는 내각에 대한 불신임권을 행사할 수 있습니다.

오답 피하기 ㄴ. 의회가 행정부 수반을 선출한다면 갑국은 의원 내각제, 을국은 대통령제입니다. 행정부 수반이 의회를 해산할 수 있는 것은 의원 내각제입니다. ㄹ. 을국의 행정부 수반이 법률안 거부권을 가진다면 을국은 대통령제, 갑국은 의원 내각제입니다. 국가 원수와 행정부 수반이 동일인인 것은 대통령제입니다.

069 정부 형태   정답 ①

문제 분석 A국은 총선 결과 여소야대 정국이 탄생했으므로 대통령제입니다. B국은 총선 결과 과반수 의석을 차지한 ◇◇당이 정권을 잡게 되었으므로 의회에 의해 행정부가 구성되는 의원 내각제입니다.

정답 찾기 ① 대통령제는 행정부와 의회가 분리되어 있으므로 의회 의원은 각료를 겸할 수 없습니다.

오답 피하기 ② 대통령제에서 행정부 수반은 법률안 거부권을 행사하여 의회를 견제할 수 있습니다. ③ 의원 내각제에서 행정부 수반은 의회 해산권을 갖습니다. ④ 대통령제는 총선 결과와 관계없이 행정부 수반인 대통령의 임기가 보장되기 때문에 정책의 계속성을 확보하기가 쉽습니다. 그러나 의원 내각제는 총선 결과에 따라 정권이 바뀔 수 있으므로 대통령제에 비해 정책의 계속성을 확보하기 어렵습니다. ⑤ 대통령제와 의원 내각제는 모두 의회가 법률안을 제출할 수 있습니다. 다만 의원 내각제는 행정부도 법률안을 제출할 수 있습니다.

070 정부 형태   정답 ②

문제 분석 갑국은 대통령제, 을국은 의원 내각제입니다. 대통령제는 입법부와 행정부가 별도의 선거를 통해 구성되어 엄격하게 분리되고 상호 견제와 균형의 원리에 충실한 정부 형태이고, 의원 내각제는 입법부에 의해 행정부가 구성되어 입법부와 행정부가 상호 밀접한 관계를 유지하면서 국정을 운영하는 정부 형태입니다.

정답 찾기 ② 의원 내각제에서 행정부는 의회 해산권을 가지며, 의회는 내각 불신임을 결정할 수 있습니다.

오답 피하기 ① 행정부가 의회에 대해 정치적 책임을 지는 것은 의원 내각제입니다. ③ 대통령제와 달리 의원 내각제에서는 행정부 수반과 국가 원수가 다른 인물입니다. ④ 대통령제에서는 행정부가 법률안을 제출할 수 없습니다. ⑤ 대통령제와 달리 의원 내각제에서는 행정부 수반의 임기가 보장되지 않습니다.

071 정부 형태   정답 ③

문제 분석 (가)는 의원 내각제, (나)는 대통령제입니다. 의원 내각제에서는 의회에서 선출된 총리가 내각을 구성하며, 총리와 각료는 의회 의원을 겸하기 때문에 입법부와 행정부의 관계가 매우 밀접합니다. 이에 반해 대통령제에서는 의회 의원과 대통령이 각각 별도의 선거로 선출되기 때문에 입법부와 행정부의 관계가 독립적입니다.

정답 찾기 ㄴ. 의원 내각제는 입법부와 행정부의 관계가 밀접하기 때문에 행정부가 법률안을 제출할 수 있습니다. ㄷ. 대통령제에서는 의회 다수당이 어떤 법률안을 통과시키더라도 대통령이 거부권을 행사할 수 있기 때문에 다수당의 횡포를 견제할 수 있습니다.

오답 피하기 ㄱ. 의원 내각제에서 내각은 의회의 불신임을 받으면 물러나야 하고 총선으로 이어져 새로운 내각이 구성되므로 정책의 연속성 유지가 어렵습니다. ㄹ. 권력 행사의 정당성 확보는 정부 형태와는 관련이 없습니다.

072 정부 형태　　　　정답 ③

문제 분석 행정부 수반이 법률안 거부권을 행사하는 갑국은 대통령제, 의회의 내각 불신임과 행정부 수반의 의회 해산이 가능한 을국은 의원 내각제입니다.

정답 찾기 ③ 의원 내각제는 의회 의원이 각료를 겸직하므로 입법부와 행정부의 권력이 융합되어 있습니다.

오답 피하기 ① 내각이 의회에 대해 책임을 지는 것은 의원 내각제입니다. ② 대통령제에서는 입법부와 행정부가 엄격히 분리되므로 의회 의원이 각료를 겸직할 수 없습니다. ④ 의원 내각제에서는 행정부 수반과 국가 원수가 다른 인물입니다. ⑤ 대통령제에서는 행정부가 법률안을 제출할 수 없습니다.

073 정부 형태의 변경 배경　　　　정답 ①

문제 분석 (가)는 국민이 선거를 통해 입법부를 구성하면 입법부에서 행정부가 구성되므로 의원 내각제입니다. (나)는 국민이 입법부와 행정부를 따로 선출하므로 대통령제입니다.

정답 찾기 갑국이 정부 형태를 의원 내각제에서 대통령제로 변경한 것은 의원 내각제의 문제점 때문입니다. ㄱ, ㄴ. 의원 내각제에서는 총선거 결과 다수당이 없어 연립 정부가 구성되면서 연립 정부 내에서 서로 다른 정당 간 의견 충돌이 빈번하게 발생하고 이로 인한 혼란이 나타날 수 있습니다. 그리고 내각과 의회의 대립으로 인해 내각 불신임과 의회 해산, 조기 총선거가 빈번한 경우에도 정국이 불안정해지기 쉽습니다.

오답 피하기 ㄷ. 의원 내각제에서는 의회에 바탕을 두고 내각이 구성되므로 의회와 내각이 대립하는 경우가 적습니다. 의회와 내각의 대립이 심할 가능성이 높은 것은 대통령제입니다. ㄹ. 독재 가능성 증대로 인한 민주주의 위협이 발생할 가능성이 큰 것은 대통령제입니다.

074 의원 내각제　　　　정답 ③

문제 분석 갑국은 국민이 의회 의원을 선출하면 의회에서 행정부를 구성하므로 의원 내각제 정부 형태를 취하고 있습니다. 그런데 의회 의원 선거에서 과반수를 차지한 정당이 없으므로 연립 정부를 구성해야 합니다.

정답 찾기 ③ 제1당이 A당이지만 과반수가 되지 않으므로 다른 정당과 연합해야 합니다. C당과 연합할 경우 과반수가 되므로 C당의 의원이 내각의 각료를 겸직할 가능성도 있습니다.

오답 피하기 ① 연립 정부가 구성되어야 하므로 정책 결정의 책임 소재가 불명확해질 것입니다. ② 연립 정부에서는 서로 다른 두 정당이 함께 정책을 결정하므로 정책 결정이나 수행이 원활하지 못할 가능성이 있습니다. ④ 행정부 수반의 법률안 거부권 행사는 대통령제에서 가능합니다. ⑤ 연립 정부가 구성되면 여대야소 정국이 되므로 여소야대 상황은 발생하지 않습니다.

075 정부 형태　　　　정답 ①

<table>
<tr><td colspan="6">고난도 평가원 기출</td></tr>
<tr><td>❶</td><td>②</td><td>③ 함정</td><td>④ 함정</td><td>⑤</td></tr>
<tr><td>49%</td><td>9%</td><td>36%</td><td>18%</td><td>13%</td></tr>
</table>

눈으로 보는 해설

다음 자료에 대한 옳은 분석을 〈보기〉에서 고른 것은?

〈연구 보고서〉
- 연구 주제 : 배우자 간 선호하는 정부 형태 비교
- 조사 대상 : 부부 100쌍(남성 100명, 여성 100명)
- 조사 방법 : 전형적인 정부 형태 A, B의 일반적 특성에 대해 설명하고 A와 B 중 하나를 선택하는 설문 조사를 실시함 (단, A, B는 각각 의원 내각제, 대통령제 중 하나이며, 복수 응답 및 무응답은 없음)
- 조사 결과
  - 남성은 A를 B보다 1.5배 선택하고, 여성은 B를 A보다 1.5배 선택함
  - 이 가운데 부부가 함께 A를 선택한 경우는 30쌍임
- 결과 분석 : A를 선택한 사람은 '국민이 행정부 수반을 직접 선출할 수 있다.'는 장점으로 인해 A를 선호한 것으로 판단됨 → 대통령제
  … (후략) …

보기
ㄱ. 권력이 융합된 정부 형태를 부부가 함께 선택한 경우는 30쌍이다. → 의원 내각제
ㄴ. 행정부 수반의 임기가 보장되는 정부 형태를 선택한 여성 중에서 배우자와 동일한 정부 형태를 선택한 수는 배우자와 다른 정부 형태를 선택한 수보다 많다. → 대통령제
ㄷ. 내각이 의회에 연대 책임을 지는 정부 형태를 선택한 여성 중에서 배우자와 동일한 정부 형태를 선택한 수는 배우자와 다른 정부 형태를 선택한 수보다 많다. → 의원 내각제
ㄹ. 의회 의원의 각료 겸직이 가능한 정부 형태를 선택한 남성의 수보다 행정부 수반이 법률안 거부권을 행사할 수 있는 정부 형태를 선택한 여성의 수가 많다. → 의원 내각제 / → 대통령제

① ㄱ, ㄴ　　② ㄱ, ㄷ　　③ ㄴ, ㄷ
④ ㄴ, ㄹ　　⑤ ㄷ, ㄹ

문제 분석 제시된 조건에 따라 조사 대상 부부 100쌍이 지지하는 정부 형태에 대한 설문 결과는 표와 같습니다. A는 대통령제, B는 의원 내각제입니다.

구분	A	B
부부 모두 지지	30쌍	30쌍
남편만 지지	30명	10명
아내만 지지	10명	30명

정답 찾기 ㄱ. 권력이 융합된 정부 형태, 즉 의원 내각제를 지지하는 부부는 30쌍입니다. ㄴ. 행정부 수반의 임기가 보장되는 정부 형태, 즉 대통령제를 지지하는 여성은 40명입니다. 이 중에서 배우자와 동일한 정부 형태를 선택한 수는 30명이고, 다른 정부 형태를 선택한 여성은 10명입니다.

오답 피하기 ㄷ. 내각이 의회에 연대 책임을 지는 정부 형태, 즉 의원 내각제를 지지하는 여성은 60명입니다. 이 중에서 배우자와 동일한 정부 형태를 선택한 여성은 30명이고, 배우자와 다른 정부 형태를 선택한 여성도 30명입니다. ㄹ. 의회 의원의 각료 겸직이 가능한 정부 형태, 즉 의원 내각제를 선택한 남성의 수는 40명입니다. 행정부 수반이 법률안 거

부권을 행사할 수 있는 정부 형태, 즉 대통령제를 선택한 여성의 수도 40명입니다.

함정 피하기

많은 학생들이 색다른 방식의 문제 유형 때문에 무척 당황했다고 합니다. 단순히 정부 형태의 특징을 안다고 해서 해결할 수 있는 문제가 아닙니다. 대통령제와 의원 내각제 중에서 부부 모두 지지하는 경우, 남편만 지지하는 경우, 아내만 지지하는 경우로 나누어 표를 만들어야 풀 수 있습니다. 특히 ㄷ에서 의원 내각제를 지지하는 여성은 60명이라는 사실을 알기가 어렵고, 이 중에서 배우자와 동일한 정부 형태를 선택한 여성은 30명이고, 배우자와 다른 정부 형태를 선택한 여성도 30명이라는 사실을 이해하는 것이 어려워 많은 학생들이 ㄷ을 맞는 것으로 생각했을 것입니다. 정부 형태의 특징은 당연히 알고 있어야 하고 이러한 특징을 여러 가지 방법으로 물어볼 수 있다는 점에서 다양한 문제 유형에 익숙해지도록 연습할 필요가 있습니다.

076 의원 내각제의 특징 · 정답 ②

문제 분석 내각 불신임, 의회 해산 등을 통해 A국은 의원 내각제 정부 형태임을 알 수 있습니다. 의원 내각제에서 내각의 행정에 잘못이 있으면 의회는 내각 불신임권을 행사할 수 있고, 이때 내각은 연대 책임을 지고 수상과 각료가 모두 물러나야 합니다. 한편, 내각은 불신임 결의를 받으면 의회 해산권을 행사하여 의회를 해산하고 선거를 통해 의회를 새로 구성하는 방법으로 의회를 견제할 수 있습니다.

정답 찾기 ㄱ. 의원 내각제에서는 의회에서 선출된 총리가 내각을 구성하며, 총리와 각료는 의회 의원을 겸할 수 있기 때문에 입법부와 행정부의 관계가 매우 밀접합니다. ㄷ. 의원 내각제는 의석 과반수를 차지한 정당이 없는 상태에서 의회가 군소 정당으로 구성되면 연립 정부가 등장하거나 지나치게 잦은 불신임 결의가 생겨 국정 불안을 초래할 수 있습니다.

오답 피하기 ㄴ. 의원 내각제에서 행정부 수반은 의회에 대해 정치적 책임을 집니다. 그래서 의회가 내각을 불신임하면 내각은 총사퇴해야 합니다. ㄹ. 의원 내각제는 의회 선거 결과 과반수 의석을 차지한 정당이 없을 경우 다른 정당과 연립 정부를 구성하므로 여소야대 현상이 나타날 수 없습니다.

077 정부 형태 · 정답 ④

문제 분석 갑국은 의회의 선거 결과에 관계없이 행정부가 구성되므로 대통령제이며, 을국과 병국은 의원 내각제입니다. 을국은 과반수 의석을 차지한 정당이 없으므로 연립 내각을 구성해야 합니다. 병국은 과반수 의석을 차지한 정당이 단독 내각을 구성합니다.

정답 찾기 ④ 을국은 연립 정부가 구성되고, 병국은 단독 내각이 구성됩니다. 연립 정부에서는 다른 정당과 연합하여 정책을 집행하므로 국민의 다양한 정치적 의사 반영 가능성이 큽니다.

오답 피하기 ① 갑국은 대통령제, 을국은 의원 내각제입니다. 대통령제는 대통령의 임기가 보장되므로 의원 내각제에 비해 정치적 안정을 기할 수 있습니다. ② 대통령제에서는 여소야대 상황이 가능하지만, 의원 내각제에서는 과반수 정당이 없더라도 다른 정당과 연합하여 연립 정부를 구성하므로 여소야대 상황이 발생하지 않습니다. ③ 대통령제에서는 법률안 거부권 행사를 통해 의회 다수당의 횡포를 방지할 수 있지만 의원 내각제에서는 이런 제도가 없습니다. ⑤ 을국은 연립 정부이므로 정책 결정의 책임이 단독 내각인 병국에 비해 불명확한 편입니다.

078 정부 형태 · 정답 ③

문제 분석 입법부와 행정부가 상호 독립적으로 조직되는 것은 대통령제입니다. 따라서 A는 대통령제, B는 의원 내각제입니다.

정답 찾기 ㄴ. 의원 내각제는 입법부와 행정부가 융합된 형태이므로 의회 의원이 각료를 겸직할 수 있습니다. ㄷ. 대통령제에서는 국가 원수와 행정부 수반이 동일인입니다.

오답 피하기 ㄱ. 대통령제는 입법부와 행정부가 엄격히 분리되어 있으므로 행정부가 법률안 제출권을 갖지 않습니다. ㄹ. 대통령제에서 입법부가 행정부를 견제하는 수단으로는 탄핵 소추권과 각종 동의권 및 승인권이 있습니다. 의원 내각제에서 행정부가 입법부를 견제하는 수단으로는 의회 해산권이 있습니다. 법률안 거부권은 대통령제에서 행정부가 입법부를 견제하는 수단입니다.

079 정부 형태 · 정답 ②

문제 분석 갑국의 정부 형태가 의원 내각제인지 대통령제인지는 명확하지 않습니다. 선거 결과에 따라 행정부 수반의 소속 정당이 바뀌면 의원 내각제이고 그렇지 않으면 대통령제입니다.

정답 찾기 ② 갑국의 정부 형태가 의원 내각제라면 (가) 시기에는 A당이 단독 정부를 구성할 수 있습니다. 그러나 (나) 시기에는 A당, B당 모두 90석으로 각각의 의석이 과반수가 되지 않으므로 연립 정부를 구성할 가능성이 높습니다.

오답 피하기 ① (나) 시기에 A당의 의석수가 110석이면 A당의 의회 의석이 과반수가 됩니다. 갑국의 정부 형태가 의원 내각제라면 행정부 수반의 소속 정당은 A당일 것입니다. 그런데 A당의 의회 의석보다 적은 B당 소속이 행정부 수반이므로 갑국의 정부 형태를 의원 내각제로 보기 어렵습니다. ③ (가) 시기에는 행정부 수반의 소속 정당인 A당의 의회 의석이 과반수입니다. 이에 반해 (나) 시기에는 행정부 수반의 소속 정당인 B당의 의회 의석이 과반수가 되지 않습니다. 따라서 (가) 시기보다 (나) 시기에 의회와 행정부의 대립 가능성이 더 높을 것입니다. ④ 내각 불신임, 의회 해산은 과반수 의석 정당이 없어 연립 정부 구성 가능성이 높은 (나) 시기에 일어날 가능성이 높습니다. ⑤ 행정부 정책 추진을 위한 법률 제·개정의 용이성은 행정부 수반의 소속 정당과 과반수 의석 정당이 같은 (가) 시기에 더 높을 것입니다.

080 의원 내각제 · 정답 ②

문제 분석 갑국의 (가) 시기는 B당이 과반수 의석을 확보했으므로 B당이 단독으로 행정부를 구성합니다. (나) 시기는 과반수 정당이 없어서 가장 많은 의석을 차지한 A당이 다른 정당과 연합하여 행정부를 구성합니다.

정답 찾기 ㄱ. (나) 시기는 과반수 의석을 차지한 정당이 없으므로 A당을 중심으로 정당 간 연합을 통해 연립 정부가 구성될 것입니다. ㄹ. (가) 시기에 비해 (나) 시기는 비슷한 의석을 가진 정당이 많은 다당제를 띠므로 다양한 국민 의사가 국정에 반영될 것입니다.

오답 피하기 ㄴ. (가) 시기는 B당이 과반수 의석을 차지하여 B당의 횡포가 나타날 수 있으나 (나) 시기는 과반수 의석을 차지한 정당이 없으므로 다수당이 없어 다수당의 횡포가 나타날 수 없습니다. ㄷ. 의원 내각제는 총선 결과에 따라 정권이 바뀌므로 정책의 연속성 보장이 어렵습니다. 특히 (가) 시기에는 B당이 행정부를 구성했지만, (나) 시기에는 A당 중심으로 연립 정부가 구성되므로 정책의 연속성 보장을 약화될 것입니다.

081 정부 형태 · 정답 ⑤

문제 분석 갑국은 행정부 수반이 국민들의 직접 선거로 선출되므로 대통령제, 을국은 행정부 수반이 의회에서 선출되므로 의원 내각제입니다.

정답 찾기 ⑤ 갑국의 경우 (가) 시기에는 여대야소, (나) 시기에는 여소야대 상황입니다. 을국의 경우 (가) 시기에는 연립 정부, (나) 시기에는 단독 정부가 구성됩니다. 의원 내각제 국가에서 의회의 내각 불신임권 행사 가능성은 단독 정부보다 연립 정부에서 높을 것입니다.

 ① 대통령제에서는 행정부의 법률안 제출권이 인정되지 않습니다. ② 대통령제에서는 행정부 수반이 국가 원수를 겸직합니다. ③ 대통령제에서 행정부 수반의 법률안 거부권 행사 가능성은 여소야대 상황일 때 높습니다. 따라서 갑국의 경우 (가)보다 (나)에서 높을 것입니다. ④ 의원 내각제에서 행정부 수반의 의회 해산권 행사 가능성은 단독 정부보다 연립 정부에서 높을 것입니다. 따라서 을국의 경우 (나)보다 (가)에서 높을 것입니다.

082 이원 정부제　　　　　　　　　　　　　　　정답 ④

문제 분석 제시된 그림은 이원 정부제를 나타내고 있습니다. 이원 정부제는 대통령과 의회가 별도의 직접 선거를 통해 구성되며, 대통령이 의회에 책임을 지지 않는다는 점에서 대통령제의 특징을 갖습니다. 하지만 행정권 중 주로 외교와 국방 분야는 대통령이, 일반 행정 분야는 총리가 담당하여 행정권이 이원화되어 있다는 점에서 전형적인 대통령제와는 다른 특징을 보입니다. 또한 총리가 내각을 구성하고 의회는 내각 불신임권을 가진다는 점은 의원 내각제의 특징으로 보이지만, 대통령이 총리를 임면할 수 있고 의회 해산권을 가진다는 점은 전형적인 의원 내각제와 다른 특징으로 볼 수 있습니다.

정답 찾기 ④ 이원 정부제는 평상 시에는 행정권이 대통령과 의회로 이원화되어 있지만, 비상 시에는 대통령에게 권한이 집중됩니다. 즉, 대통령에게 비상 대권이 주어집니다.

 ① 이원 정부제에서는 대통령과 총리의 소속 정당이 다른 동거 정부가 구성될 경우 대통령과 총리가 대립하여 정치적 혼란이 나타날 수도 있습니다. ② 이원 정부제는 프랑스, 핀란드, 오스트리아 등에서 채택하고 있습니다. ③ 이원 정부제는 대통령제와 의원 내각제가 혼합되어 있는데, 의회 의원이 각료를 겸직할 수 있다는 점에서 의원 내각제의 특징을 갖습니다. ⑤ 이원 정부제는 행정권 중 주로 외교와 국방 분야는 대통령이, 일반 행정 분야는 총리가 담당하여 행정권이 이원화되어 있습니다.

083 우리나라의 정부 형태　　　　　　　　　　정답 ④

문제 분석 1960년 이승만 정권의 부정 선거를 규탄하며 연일 계속된 시위에 따른 4·19 혁명으로 4월 26일 이승만 대통령이 하야 성명을 발표, 제1공화국이 막을 내렸습니다. 1960년 6월 15일 국회 본회의에서 내각 책임제를 골자로 한 제3차 개헌안이 국회에서 통과, 같은 날 공포되었습니다. 제3차 개헌안에는 헌법상의 명목적인 양원제를 실질적으로 채택하는 내용과 국민의 기본권 강화, 대법원장 및 대법관 선출, 경찰의 중립, 헌법 재판소 설치 등을 골자로 하는 내용을 담고 있었습니다.

정답 찾기 ④ 우리나라의 제2공화국은 양원제와 의원 내각제를 택한 정부 형태였습니다. 제시문에 나온 바와 같이 민의원이 국무원에 대한 불신임을 하게 되면 의회를 해산하거나 아니면 총사직을 해야 한다고 하고 있으므로 이는 연대 책임을 의미하는 것입니다.

 ① 민의원이 해산하면 참의원도 해산되고, 국무원의 불신임도 민의원에서 하는 것으로 보아 민의원이 참의원보다 권한이 더 큰 것으로 볼 수 있습니다. ② 내각제 형태의 정부이므로 대통령은 국가의 원수이나 행정부 수반은 원칙적으로 국무총리가 담당합니다. ③ 국무원은 민의원의 해산권을 가지고 있었습니다. ⑤ 국회의 대통령 탄핵 소추 조건은 대통령이 직무 수행과 관련하여 헌법이나 법률에 위배된 경우인데, 이는 정치적 책임이 아니라 법적 책임을 묻는 것입니다.

084 우리나라의 정부 형태　　　　　　　　　　정답 ⑤

문제 분석 제시된 자료는 우리나라의 헌법 조항 중에서 정부 형태와 관련된 내용입니다. 대통령을 국민이 선출한다는 점에서 대통령제이지만, 정부가 법률안을 제출할 수 있다는 점에서 의원 내각제적 요소도 도입하고

있음을 알 수 있습니다.

정답 찾기 ㄷ. 행정권은 대통령에게 있으므로 대통령제가 원칙이지만 정부도 법률안 제출권을 갖고 있으므로 의원 내각제 요소를 가미하고 있습니다. ㄹ. 대통령에게 법률안 거부권이 있어서 행정부가 의회 다수당의 횡포를 견제할 수 있습니다.

 ㄱ. 대통령이 국민에 의해 선출되는 것으로 보아 국가 원수와 행정부 수반은 같은 인물입니다. ㄴ. 행정부 수반이 국민에 의해 선출되므로 행정부는 입법부의 신임이 아니라 국민의 신임을 바탕으로 구성됩니다.

085 우리나라의 정부 형태　　　　　　　　　　정답 ⑤

문제 분석 우리나라의 헌법 조항을 살펴보면 대통령에게 행정권이 있으므로 대통령제를 원칙으로 하지만, 정부에게도 법률안 제출권이 인정되는 것으로 보아 의원 내각제의 요소도 가미함을 알 수 있습니다.

정답 찾기 ⑤ 제103조는 사법부의 독립을 말하고 있습니다. 사법부의 독립은 의원 내각제와 대통령제에서 공통적으로 나타나는 특징입니다.

 ① 행정부에게도 법률안 제출권이 인정되는 것은 의원 내각제입니다. ② 법률안 거부권은 의회 다수당의 횡포를 견제하는 수단입니다. ③ 국정 감사나 조사권은 입법부가 행정부를 견제하는 수단입니다. ④ 제66조 제1항과 제4항은 대통령의 지위를 규정하고 있는데, 우리나라의 대통령은 국가 원수와 행정부 수반을 겸하고 있습니다. 따라서 우리나라는 대통령제를 채택하고 있습니다.

086 우리나라의 정부 형태　　　　　　　　　　정답 ①

문제 분석 A는 행정부가 입법부에 책임을 지는 것이므로 의원 내각제, B는 입법부와 행정부가 독립적이므로 대통령제입니다.

정답 찾기 ㄱ. 우리나라는 국회 의원이 국무 위원을 겸직할 수 있는데, 이것은 의원 내각제적 요소입니다. ㄴ. 행정부 수반과 국가 원수가 동일인인 것은 대통령제의 요소입니다.

 ㄷ. 행정부의 법률안 거부권은 대통령제의 특징이고, 행정부의 법률안 제출권은 의원 내각제의 특징입니다. ㄹ. 국무총리를 두는 것은 의원 내각제의 요소입니다.

087 우리나라의 정부 형태　　　　　　　　　　정답 ②

문제 분석 우리나라 현행 헌법은 의원 내각제 요소를 가미한 대통령제 정부 형태를 취하고 있습니다.

정답 찾기 ② 법률안 거부권은 전형적인 대통령제의 요소로서 행정부가 입법부를 견제하는 수단입니다.

 ① 대통령제에서는 행정부가 법률안을 제출할 수 없지만, 우리나라는 이를 인정하고 있습니다. ③ 의원 내각제는 의회를 바탕으로 행정부가 구성되므로 의회 의원이 내각의 각료를 겸직하는 경우가 많습니다. 우리나라도 이러한 의원 내각제적 요소를 도입하여 국회 의원과 국무 위원의 겸직이 허용됩니다. ④ 국무총리가 국회에 출석하여 발언하거나 질의에 답하는 것은 의원 내각제적 요소입니다. ⑤ 우리나라는 국회가 국무 위원에 대한 해임을 건의할 수 있는데, 이것은 의원 내각제의 내각 불신임 결의와 비슷한 부분입니다.

088 우리나라의 정부 형태　　　　　　　　　　정답 ⑤

문제 분석 우리나라는 대통령제를 원칙으로 하지만 의원 내각제적 요소도 가미하고 있습니다. 다만 의원 내각제적 요소이지만 우리나라에서 채택하고 있지 않은 것도 있으므로 유의해야 합니다.

정답 찾기 ⑤ 대통령은 국가적 위기 상황에서 긴급 재정 경제 처분 및 명

령권, 긴급 명령권, 계엄 선포권 등 국가 긴급권을 행사할 수 있으나 국회 해산권을 갖고 있지는 않습니다. 또한 행정부 수반의 의회 해산권은 의원 내각제의 요소입니다.

오답 피하기 ① 국회 의원이 국무 위원을 겸직할 수 있는 것은 의회와 행정부 간의 긴밀한 협조 관계를 추구하는 의원 내각제의 요소입니다. ② 행정부가 법률안을 제출할 수 있는 것은 내각이 의회를 바탕으로 구성되어 내각과 의회가 융합적으로 국가 권력을 행사하는 의원 내각제에서 볼 수 있는 모습입니다. ③ 국회가 국무총리 또는 국무 위원의 해임을 건의할 수 있는 것은 의원 내각제의 내각 불신임 제도와 일맥상통합니다. ④ 엄격한 권력 분립의 원리를 나타내고 있는 헌법 규정입니다.

089 우리나라의 정부 형태　　　　　　　　정답 ④

문제 분석 우리나라가 갖고 있는 의원 내각제적 요소는 대부분 국회의 행정부 견제 권한입니다. 국무총리의 임명에서 국회의 동의를 받도록 하는 것, 국무총리나 국무 위원이 국회에 출석하여 발언하거나 질문에 대한 답변을 하는 것 등이 이에 해당합니다.

정답 찾기 ④ 대통령의 소속 정당이 국회 의석의 과반수를 차지하지 못하는 여소야대 정국의 경우 국회가 행정부를 견제하는 차원을 넘어 정책 집행을 방해하는 일도 발생합니다. 국무총리에 대한 임명 동의를 해 주지 않거나 국무 위원에 대한 빈번한 해임 건의 등이 있을 경우 정국이 불안해지기 쉽습니다.

오답 피하기 ① 대통령제에서는 다당제가 나타나더라도 행정부는 정책 집행에서 큰 어려움을 겪지 않습니다. ② 우리나라는 대통령제이므로 연립 정부가 구성되지 않습니다. ③ 다수당이 국회와 정부를 동시에 지배하는 경우에는 정부의 정책 추진이 훨씬 수월합니다. ⑤ 특정 사안에 대한 정당 간 입장이 일치하지 않는 것은 국회에서의 문제이지 행정부 정책 집행과는 관련이 적습니다.

05강 우리나라의 국가 기관 - 국회

핵심 개념 CHECK!

▶ 본문 052쪽

01 ○	02 ×	03 ×	04 ○	05 ×	06 ×	07 ○	08 ×
09 ○	10 ×	11 ○	12 ×	13 ○	14 ○	15 ×	16 ○
17 ×	18 ×	19 ○	20 ×	21 ×	22 ○	23 ○	24 ○
25 ×	26 ×	27 ○	28 ○	29 ○	30 ○	31 ○	

○× 문장 바로 알기

01 국회는 국민이 직접 선출한 대표들로 구성된 국민의 대표 기관이자 법률을 제정 혹은 개정하는 입법 기관이다.

02 국회는 행정을 ~~총괄~~하고 법원을 견제하는 국정 통제 기관이다.
　　　 견제

03 국회 의원 선거에서 비례 대표 의원은 각 정당별 ~~지역구 의석률~~에 비례하여 선출된다.
　　　　　　　　　　　 득표율

04 위원회는 본회의에서 심의할 안건을 미리 조사하여 심의하는 합의체로 상임 위원회와 특별 위원회가 있다.

05 교섭 단체는 일반적으로 ~~10인~~ 이상의 소속 의원을 가진 정당이 구성하는 원내 단체로, 국회의 의사 진행에 필요한 중요 안건을 협의한다.
　　 20인

06 임시회는 대통령 또는 국회 재적 의원 ~~3분의 1~~ 이상의 요구로 열린다.
　　　　　　　　　　　　　　　　 4분의 1

07 회의에 올라온 안건은 일반적으로 재적 의원 과반수의 출석과 출석 의원 과반수의 찬성으로 의결된다.

08 회의는 공개하는 것이 원칙이고, 원칙적으로 한 회기 중에 의결하지 못한 안건은 ~~폐기된다~~.
　　　　　　　　　 다음 회기에 계속된다.

09 국회 의원의 불체포 특권과 면책 특권은 국회의 자주성을 확보하기 위한 것이다.

10 국회에서 한 번 부결된 안건은 다시 심의 못한다는 국회 원칙은 ~~일사 부재리의 원칙~~이다.
　　 일사 부재의의 원칙

11 법률의 제정과 개정은 국회 의원 10인 이상이나 행정부가 제출할 수 있다.

12 헌법 개정은 국회에서 재적 의원 3분의 2 이상의 찬성으로 의결하면 ~~바로 확정된다~~.
　　 국민 투표를 거쳐 확정된다.

13 국회에서 의결한 법률안에 대해 대통령이 거부권을 행사할 경우, 법률안을 재의결하기 위해서는 국회 재적 의원 과반수의 출석과 출석 의원 3분의 2 이상의 찬성이 필요하다.

14 국민에게 중대한 재정적 부담을 지우는 등의 조약을 체결·비준하기 위해서는 국회의 동의를 받아야 한다.

15 예산안은 ~~국회가 편성하여~~ 심의하고 확정한다.
　　　　 정부가 편성하여 국회가

16 국회는 정기적으로 국정 전반을 감사하고 특정한 국정 사안을 조사할 수 있다.

17 국회는 국무총리, 대법원장과 대법관, 헌법 재판소장과 ~~헌법 재판관~~, 감사원장의 임명에 동의권을 행사한다.

18 국회는 대통령이나 국무총리 등 법률에 정한 고위직 공무원이 직무를 집행하는 과정에서 헌법이나 법률을 위반하였을 때 ~~탄핵 심판~~을 할 수 있다.
　　　　　　　　　　　　　　　　 탄핵 소추를

19 국회는 국무총리 및 국무 위원 해임 건의권, 일반 사면에 대한 동의권 등을 가진다.

20 국회의 동의를 받은 조약은 ~~헌법~~과 같은 효력을 갖는다.
　　　　　　　　　　 법률

21 국회는 ~~대법관~~ 3인을 선출하는 등 헌법 기관 구성원에 대한 선출권을 가진다.
　　 헌법 재판관

22 국회는 대통령이 제출한 임명 동의안에 대한 본회의 표결에 앞서 후보자의 자질과 도덕성 등을 검증하기 위한 인사 청문회를 실시한다.

23 국회는 대통령의 긴급 재정·경제 처분 및 명령, 긴급 명령에 대한 승인권과 계엄 선포에 대한 해제 요구권을 가진다.

24 국회의 위원회도 법률안을 제출할 수 있다. 이 경우 상임 위원회의 심사를 거치지 않고 본회의에 상정된다.

25 국회는 국군의 외국에의 파견, 외국에 대한 선전 포고, 일반 사면 등 대통령의 주요 권한 행사에 대한 ~~승인권~~을 가진다.
　　　　　　　　　　　　　　　　　　 동의권

26 본회의에서 법률안이 의결되면 ~~국회 의장이 즉시~~ 공포한다.
　　　　　　　　　　　　 대통령이 국무 회의의 심의를 거쳐

27 헌법 개정은 국회 재적 의원 과반수 또는 대통령의 발의로 제안된다.

28 국회의 입법권에는 헌법 개정에 관한 권한, 법률 제정 및 개정에 관한 권한, 조약 체결 및 비준에 대한 동의권 등이 있다.

29 국회는 국무총리와 국무 위원에게 국회 출석과 답변을 요구할 수 있는 권한 등이 있다.

30 국회는 국정 감사 및 조사에 필요한 서류를 제출하게 하거나 증인 출석을 요구하여 질의할 수 있다.

31 국회는 세입의 대부분을 차지하는 조세 부과에 관한 사항을 법률로 정할 수 있다.

기출+예상 문제로 주제 정복하기 ▸ 본문 054~059쪽

090 ③	091 ①	092 ④	093 ①	094 ④	095 ①
096 ③	097 ⑤	098 ②	099 ③	100 ①	101 ①
102 ②	103 ③	104 ①	105 ①	106 ③	107 ⑤
108 ④	109 ⑤	110 ③	111 ③	112 ⑤	

090 국회의 구성과 기능 정답 ③

문제 분석 국회의 회의 일정을 보면 9월에 이루어져 있으므로 정기 국회가 열리고 있는 모습입니다. 정기 국회는 매년 9월에 시작되며 100일을 초과할 수 없습니다. 주로 국정 감사, 예산안 심의 및 의결이 핵심적인 내용입니다.

정답 찾기 ③ 국무총리는 대통령이 국회의 동의를 얻어 임명합니다. 국회는 국무총리 후보자가 업무 수행에 적합하지 않다고 판단되면 임명 동의를 거부할 수 있으므로 행정부에 대한 입법부의 견제 수단으로 작용합니다.

오답 피하기 ① 정기 국회는 매년 1회 정기적으로 열립니다. 대통령의 요구가 있어야 열리는 것은 임시회입니다. ② 20인 이상의 소속 의원을 가진 정당이 구성하는 단체는 교섭 단체입니다. 위원회는 본회의에 앞서 의안을 전문적으로 심의하기 위한 기구로서 인원 제한이 없습니다. ④ 국회 의원 체포 동의안이 부결되어 해당 국회 의원은 회기 중에 체포되지 않고, 회기가 끝나면 체포될 수 있습니다. ⑤ 법률 제정 및 개정안 발의는 국회 의원 10인 이상이면 가능합니다. 재적 의원 과반수의 찬성이 필요한 것은 헌법 개정안 발의입니다.

091 국회의 회의 정답 ①

문제 분석 국회의 회의는 정기회와 임시회가 있는데 정기회는 매년 9월에 열리고, 임시회는 그 이외의 기간에 대통령이나 국회 재적 의원 4분의 1 이상의 요구에 의해 열립니다.

정답 찾기 ① 임시회는 대통령의 요구 또는 국회 재적 의원 4분의 1 이상의 요구에 의해 열립니다.

오답 피하기 ② 행정부 수반으로서의 지위는 대통령이 가집니다. 국무총리는 대통령을 보좌하여 국정을 통할합니다. ③ 국정 조사는 특정한 국정 사안에 대해 국회가 조사하는 것으로서 행정부에 대한 견제 수단입니다. 의회주의의 위기와는 관련이 없습니다. ④ 대통령의 법률안 거부권은 대통령제의 요소입니다. ⑤ 대통령이 법률안 거부권을 행사해서 국회로 돌아온 법률안에 대해 국회가 다시 재의결하면 법률로 확정됩니다. 따라서 대통령은 다시 거부권 행사를 할 수 없습니다.

092 국회의 회의 원칙 정답 ④

문제 분석 ⓒ은 교섭 단체, ⓒ은 회의 공개의 원칙, ⑩은 일사부재의의 원칙입니다.

정답 찾기 ④ ⓔ은 회기 계속의 원칙으로 시간 부족으로 의결되지 못한 안건은 폐기시키지 않고 다음 회기에 계속해서 심의한다는 원칙입니다. 이 원칙은 법안의 본회의 통과 가능성을 높이기 위한 것이 아닙니다.

오답 피하기 ① 상임 위원회는 국회 본회의에서 논의하기에 앞서 그 소관에 속하는 의안이나 청원 등을 심사하기 위하여 설치된 위원회입니다. ② 교섭 단체는 일반적으로 20인 이상의 소속 의원을 가진 정당이 구성하는 원내 단체로, 국회의 의사 진행에 필요한 중요 안건을 협의합니다. 즉, 국회에서 의사(議事)를 능률적으로 진행하는 데 기여합니다. ③ 국회의 회의를 국민에게 공개하는 목적은 정책 결정의 투명성과 공정성을 확보하기 위한 것입니다. ⑤ 일사부재의의 원칙은 어떤 안건이 부결되었는데도 소수파가 계속 발의하거나 심의를 요구할 경우 다른 의사 진행에 차질을 빚게 되므로 다시 발의하지 못하게 하는 것입니다. 이것은 의사 진행의 효율성을 보장하기 위한 것입니다.

093 국회와 행정부의 구성 정답 ①

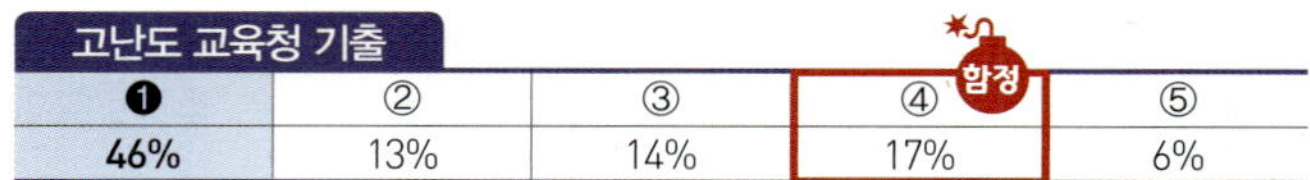

고난도 교육청 기출					
	❶	②	③	④ 함정	⑤
	46%	13%	14%	17%	6%

🔍 눈으로 보는 해설

그림은 우리나라의 국가 기관 (가), (나)의 구성을 나타낸 것이다. 이에 대한 옳은 설명을 〈보기〉에서 고른 것은?

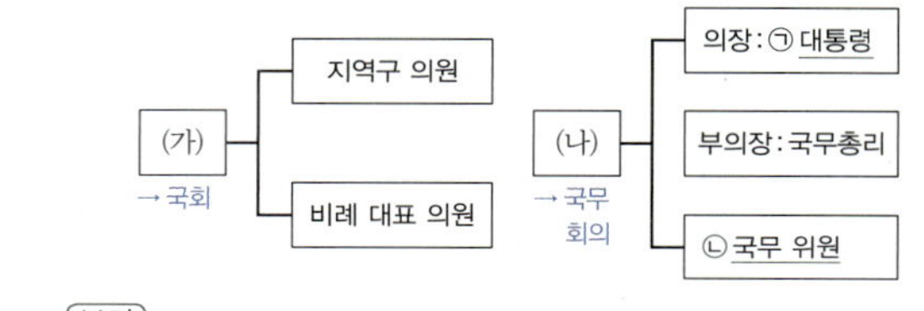

〔보기〕
ㄱ. (가)의 구성원은 ⓑ을 겸직할 수 있다.
ㄴ. (나)는 행정부의 최고 심의 기관이다.
ㄷ. (가)의 동의를 얻어야 ⓐ이 ⓑ을 임명할 수 있다. → 얻지 않고
ㄹ. (가)는 국가의 예산안을 심의하고, (나)는 국가의 예산안을 확정한다. ↳ 심의, 확정 → 편성, 제출

① ㄱ, ㄴ ② ㄱ, ㄷ ③ ㄴ, ㄷ
④ ㄴ, ㄹ ⑤ ㄷ, ㄹ

문제 분석 (가)는 국회, (나)는 국무 회의입니다. 국회는 지역구에 출마한 후보 중에서 선출되는 지역구 의원과 각 정당의 득표율에 비례하여 선출되는 비례 대표 의원으로 구성되며, 이들의 임기는 4년입니다.

정답 찾기 ㄱ. 우리나라에서 국회 의원은 국무 위원을 겸직할 수 있습니다. 이것은 의원 내각제적 요소입니다. ㄴ. 국무 회의는 행정부의 중요 정책을 심의하는 행정부 내 최고 심의 기관입니다.

오답 피하기 ㄷ. 대통령이 국무 위원을 임명함에 있어서 국회의 동의를 얻을 필요는 없습니다. 국무총리의 임명에는 국회의 동의가 필요합니다. ㄹ. 국가의 예산안은 정부가 편성하여 국회에 제출하고, 국회는 이를 심의하여 확정합니다.

💣 함정 피하기

국가 기관에 관한 문제를 학생들이 의외로 어려워하는 경우가 많습니다. 평소 뉴스를 자주 접해본 학생이라면 아주 쉽게 풀 수 있는 문제인데도 많은 학생들이 틀리는 것을 보면 어렵게 접근하는 것 같습니다. ㄹ이 맞다고

한 학생이 많은 것을 보면 국가의 예산안 편성은 정부가 하고, 예산안에 대한 심의와 확정을 국회가 한다는 것은 잘 모르는 것 같습니다. 국가 기관의 권한이나 업무 영역은 무조건 외우려 하지 말고 인터넷 등으로 신문 기사를 검색하면서 이해를 하는 편이 좋습니다.

094 국회 의원의 특권   정답 ④

문제 분석 밑줄 친 '이 특권'은 면책 특권입니다. 국회 의원이 국회 위원회나 본회의에서 행한 발언과 표결이 직무와 관련되어 있다면 민사상 손해 배상 책임을 지지 않고, 형사 처벌을 받지 않습니다.

정답 찾기 ④ 국회 의원의 면책 특권은 국회 의원이 소신 있게 의정 활동을 하려는 목적에서 부여된 것입니다. 즉, 국회의 자주성과 독립성을 보장함으로써 국회 의원이 국가에 대한 감시와 비판 활동을 자유롭게 하기 위함입니다.

오답 피하기 ① 국회 의원의 면책 특권이 사법부를 견제하는 수단은 아닙니다. ② 면책 특권은 국회의 활동을 원활하게 하기 위함이지 법 집행의 효율성을 향상하기 위해서는 아닙니다. ③ 대화와 타협을 통한 안건 처리와는 관련이 없습니다. ⑤ 면책 특권은 국회 의원의 발언이나 표결에서의 문제이므로 상임 위원회와 교섭 단체의 기능 활성화와는 관련이 없습니다.

095 교섭 단체와 위원회   정답 ①

문제 분석 교섭 단체는 일반적으로 20인 이상의 소속 의원을 가진 정당이 구성하는 원내 단체로, 국회의 의사 진행에 필요한 중요 안건을 협의합니다. 위원회는 본회의에서 심의할 안건을 미리 조사하여 심의하는 합의체로 상임 위원회와 특별 위원회가 있습니다.

정답 찾기 ① 교섭 단체는 국회 회의 일정을 협의하고, 위원회는 본회의에서 심의할 안건을 미리 조사하여 심의하는 합의체이므로 두 기관 모두 국회 운영의 능률성을 강화합니다.

오답 피하기 ② 교섭 단체와 위원회 제도는 국회 자체적인 기구이므로 사법부의 견제 기능과는 관련이 없습니다. ③ 국회의 자주성과 독립성을 보장하기 위한 것은 국회 의원의 불체포 특권과 면책 특권입니다. ④ 국회의 다수당에 의한 횡포를 방지하는 것은 법률안 거부권입니다. ⑤ 교섭 단체와 위원회 제도는 국회의 자체적 기구로 행정부와는 관련이 없습니다.

096 국회의 구성   정답 ③

문제 분석 국회는 국민의 대표 기관으로서, 국민의 선거로 선출된 200인 이상의 국회 의원으로 구성됩니다. 임기가 4년인 국회 의원은 각 지역구에서 선출되는 지역구 의원과 전국을 단위로 하는 선거구에서 각 정당이 득표한 비율에 따라 의석수가 할당되는 비례 대표 의원으로 구분됩니다.

정답 찾기 ③ 헌법 개정안은 국회 재적 의원 2/3 이상의 찬성으로 의결합니다.

오답 피하기 ① 병무청 감사에서 대체 복무제의 문제점을 지적한 것은 국회의 행정부에 대한 국정 통제 기능에 해당합니다. ② 을은 지역구에서 당선되었으므로 지역구 대표입니다. ④ 교섭 단체는 국회의 회의 일정을 논의합니다. ⑤ 국회 임시회는 대통령 또는 국회 재적 의원 1/4 이상의 찬성으로 소집할 수 있습니다.

097 국회의 회의   정답 ⑤

문제 분석 국회의 회의는 정기회와 임시회가 있는데 정기회는 매년 9월에 열리고, 임시회는 그 이외의 기간에 대통령이나 국회 재적 의원 4분의 1 이상의 요구에 의해 열립니다.

정답 찾기 ⑤ 국정 조사는 특정한 국정 사안에 대해 국회가 조사하는 것으로서 정부를 감시, 통제함으로써 권력의 남용을 견제하는 수단입니다.

오답 피하기 ① 임시회는 대통령의 요구 또는 국회 재적 의원 4분의 1 이상의 요구에 의해 열립니다. ② 장관은 대통령이 임명하는데 국회의 동의가 필요 없습니다. ③ 국회가 국무총리를 출석시켜 대정부 질문을 하는 것은 의원 내각제적 요소입니다. ④ 국회에서 법률안이 통과되려면 국회 재적 의원 과반수의 출석과 출석 의원 과반수의 찬성이 있어야 합니다.

098 국회의 권한   정답 ②

문제 분석 국회의 본질적이고 고유한 역할은 입법입니다. 국회의 입법권에는 헌법 개정에 관한 권한, 법률 제정 및 개정에 관한 권한, 조약 체결 및 비준에 대한 동의권 등이 있습니다. 국회는 국정을 감시하고 통제하기 위한 다양한 권한을 가지는데 국정 감사권, 국정 조사권, 각종 헌법 기관의 임명 동의권 등을 들 수 있습니다.

정답 찾기 ㄱ. 국회의 동의를 얻어 체결 비준된 조약은 국내법의 법률과 같은 효력을 갖습니다. 법률은 헌법의 하위법이므로 헌법 재판소의 심판 대상이 됩니다. ㄹ. 국정 감사나 국정 조사는 국회의 고유 권한이므로 대통령은 이에 대해 거부권 행사 등의 권한이 없습니다.

오답 피하기 ㄴ. 국회에 의해 탄핵 소추된 해당 공직자는 탄핵 결정이 있을 때까지 그 권한이 정지됩니다. 헌법 재판소에서 탄핵 결정이 나면 그때 파면됩니다. 만일 탄핵 소추가 기각되면 직무를 계속 수행합니다. ㄷ. 법률안의 재의결은 국회 재적 의원 과반수의 출석과 출석 의원 3분의 2 이상의 찬성이 필요합니다. 대통령에 대한 탄핵 소추는 국회 재적 의원 3분의 2 이상의 찬성이 있어야 의결됩니다. 따라서 의결 정족수가 다릅니다.

099 헌법 개정 절차   정답 ③

문제 분석 헌법 개정은 국회 재적 의원 과반수 또는 대통령의 발의로 제안됩니다. 헌법 개정안은 대통령이 공고하는 절차를 거쳐 국회에서 재적 의원 3분의 2 이상의 찬성으로 의결됩니다. 국회에서 헌법 개정안이 의결되면 국민 투표에 부쳐 국회 의원 선거권자 과반수의 투표와 투표자 과반수의 찬성으로 헌법 개정을 확정하며 대통령은 즉시 이를 공포해야 합니다.

정답 찾기 ③ 헌법 개정안은 공고 후 국회의 의결을 거쳐야 하는데 이때 국회 재적 의원 2/3 이상의 찬성이 필요합니다.

오답 피하기 ① 헌법 개정의 발의는 대통령 또는 국회 재적 의원 과반수로 가능합니다. 국회 의원 10인 이상으로 가능한 것은 법률안의 제정이나 개정입니다. ② 헌법 개정안의 공고는 대통령의 권한입니다. ④ 헌법 개정안은 국회 의결 후 국민 투표를 거치는데 이때 국회 의원 선거권자 과반수가 투표해야 하고, 투표자 과반수의 찬성이 있어야 확정됩니다. ⑤ 헌법 개정안은 국민 투표로 확정되는 즉시 효력이 발생합니다. 공포는 형식적인 절차입니다.

100 법률 개정 절차   정답 ①

문제 분석 법률 제정 및 개정 절차는 법률안의 발의로 개시되는데, 국회 의원 10인 이상, 국회의 위원회와 정부가 법률안을 제출할 수 있습니다. 제출된 법률안이 상임 위원회의 심사를 거쳐 본회의에 상정되면 재적 의원 과반수의 출석과 출석 의원 과반수의 찬성으로 의결됩니다. 본회의에서 법률안이 의결되면 정부로 이송되어 대통령이 공포합니다.

정답 찾기 ① 법률 개정안은 우선 해당 상임 위원회에서 심의하여 표결에 부치고 표결에서 재적 의원 과반수의 출석과 출석 의원 과반수의 찬성에 미치지 못하면 폐기됩니다.

오답 피하기 ② 법률 개정안은 국회 의원 10인 이상 또는 정부의 발의로 국회에 제출할 수 있습니다. ③ (가)의 법률 개정안은 정부가 국회에 제출하는 것입니다. 국회에 제출되면 상임 위원회와 법제 사법 위원회를 거쳐 본회의에서 심의 의결합니다. 따라서 앞으로 거쳐야 할 단계가 많으므로 대통령이 즉시 공포하는 것은 아닙니다. ④ 국회 본회의에서 가결된 법률안이 정부에 이송되면 대통령은 15일 이내에 공포하거나 재의결을 요구할 수 있습니다. ⑤ (나)에서 가결된 법률안은 해당 상임 위원회를 먼저 경유하여 깊이 있게 심의하고 법제 사법 위원회에서 자구 수정 등을 거쳐 본회의에서 상정되었을 것입니다.

101 법률 개정 절차   정답 ①

문제 분석 입법 예고는 제출된 법률안이 국회에서 심의 중이거나 정부가 법률안을 만들어 국회에 제출하기 전에 미리 국민의 의견을 물어보는 제도입니다.

정답 찾기 ㄱ. 국회는 입법 과정에서 입법 예고 제도를 통해 국민의 의견을 수렴할 수 있습니다. 수렴된 의견은 상임 위원회 심의 과정에서 반영되기도 합니다. ㄴ. 법률안의 개정은 정부 또는 국회 의원 10인 이상의 찬성으로 발의할 수 있습니다.

오답 피하기 ㄷ. 대통령은 국회에서 법률안이 의결되어 정부로 이송되면 국회에 재의를 요구할 수 있습니다. ㄹ. 대통령 직속의 헌법 기관으로 행정 전반을 감시·감독하는 것은 감사원입니다.

102 탄핵 소추권과 해임 건의권   정답 ②

문제 분석 A는 탄핵 소추권, B는 해임 건의권입니다. 탄핵 소추권은 행정부, 사법부의 고위직 공무원을 대상으로 하며, 해임 건의권은 국무총리와 국무 위원이 대상입니다.

정답 찾기 ② 해임 건의권은 국무총리나 국무 위원을 대상으로 하므로 국회가 행정부를 견제하는 수단입니다.

오답 피하기 ① 탄핵 소추된 안건은 헌법 재판소에서 심의하여 재판관 9명 중 6명 이상이 찬성하면 탄핵됩니다. 과반수가 찬성한다고 해도 6명이 안 되면 탄핵되지 않습니다. ③ 국회의 탄핵 소추권은 대통령제의 요소입니다. 해임 건의권은 의원 내각제적 요소입니다. ④ 법관은 탄핵 소추 대상이지만 해임 건의의 대상은 아닙니다. ⑤ 국무총리가 탄핵 소추와 해임 건의의 대상이라면 둘 다 국회 재적 의원 과반수의 찬성이 있어야 의결됩니다. 즉, 국회 의결 정족수는 같습니다.

103 국회의 권한   정답 ③

문제 분석 법률 개정, 조약의 비준 동의는 국회의 입법 권한, 예산안 심의와 인사 청문회 등은 국정 통제 권한입니다.

정답 찾기 ③ 조약의 체결권은 원칙적으로 대통령에게 있습니다. 국회는 대통령의 조약 체결 및 비준에 동의권을 행사합니다.

오답 피하기 ① ㉠은 국회 의원이 발의했으므로 국무 회의의 심의를 거치지 않았습니다. ② 예산안 의결은 일반적인 의결 정족수와 동일합니다. 즉, 국회 재적 의원 과반수의 출석에 출석 의원 과반수의 찬성으로 의결됩니다. ④ 국회 인사 청문회에서 헌법 재판관 후보자에 대한 부적격 의견이 제시되더라도 대통령은 그 의견을 반드시 따라야 할 필요는 없습니다. ⑤ 법률 개정과 조약 체결 및 비준 동의권은 국회의 입법 권한, 예산안 심의와 헌법 재판소 재판관 임명 인사 청문회는 국정 통제 권한에 해당합니다.

104 국회의 권한   정답 ①

문제 분석 국회는 국회 의장 1인과 부의장 2인, 교섭 단체와 위원회로 구성됩니다. 교섭 단체는 국회 의원들의 다양한 의사를 조율하기 위해 구성하는 의원 단체로서, 국회의 의사를 원활하게 운영하려는 데 구성 목적이 있습니다.

정답 찾기 ① 국회에 20인 이상의 소속 의원을 가진 정당은 하나의 교섭 단체가 되며, 다른 교섭 단체에 속하지 않은 20인 이상의 의원은 따로 교섭 단체를 구성할 수 있습니다. 교섭 단체는 국회의 원활한 의사 진행을 위한 협상 창구와 같은 역할을 합니다.

오답 피하기 ② 국정 조사는 특정한 국정 사안에 대해 조사하는 것이므로 수시로 운영됩니다. 국정 전반에 대해 상시적으로 운영되는 것은 국정 감사입니다. ③ 조약에 대한 체결·비준권은 대통령이, 동의권은 국회가 갖습니다. ④ 법률 개정안이 국회 본회의에서 의결되려면 국회 재적 의원 과반수 출석에 출석 의원 과반수 찬성이 있어야 합니다. ⑤ 헌법 개정안의 발의는 국회 재적 의원 과반수의 찬성으로 가능합니다.

105 국회의 권한   정답 ①

문제 분석 국회는 대통령, 국무총리, 법관, 헌법 재판소 재판관 등이 그 직무 집행에 있어서 헌법이나 법률을 위배한 때에는 탄핵의 소추를 의결할 수 있고, 국무총리 또는 국무 위원의 해임을 대통령에게 건의할 수 있습니다.

정답 찾기 ① 국회 임시회는 대통령 또는 국회 재적 의원 4분의 1 이상의 요구에 의하여 집회됩니다.

오답 피하기 ② 국회에 제출된 법률안은 원칙적으로 회기 중 의결되지 못하면 다음 회기에 계속하여 심의할 수 있습니다. 그러나 국회 의원 임기가 만료되면 자동 폐기됩니다. ③ 법률안은 국회 의원 10인 이상이 찬성하면 발의할 수 있습니다. ④ 해당 국무 위원이 직무 집행에 있어서 헌법이나 법률을 위배한 경우에 한하여 행사할 수 있는 것은 탄핵 소추입니다. 해임 건의 요건은 특별히 규정되어 있지 않습니다. ⑤ 국회 의원은 탄핵 심판 대상이 되지 않으며 국회가 제명할 수 있습니다.

106 국회의 권한   정답 ③

문제 분석 국회는 국정을 감시하고 통제하기 위한 다양한 권한을 갖습니다. 이러한 권한에는 국정 감사권, 국정 조사권, 각종 동의 및 승인권, 국무총리나 국무 위원에 대한 해임 건의권 등이 있습니다.

정답 찾기 ③ 국무총리나 국무 위원에 대한 해임 건의를 통해 행정부의 권력 남용을 통제합니다. 또한 각종 국정 현안에 대해 정기적으로 감사를 실시함으로써 정부의 활동을 감시, 비판, 견제합니다.

오답 피하기 ① 입법에 관한 권한에는 헌법 개정안 제안 및 의결권, 법률 제정 및 개정권, 조약 체결 및 비준에 대한 동의권 등을 들 수 있습니다. ② 국가의 중요 정책을 심의하는 것은 국무 회의입니다. ④ 국회의 자주성을 보장하기 위한 것은 국회 의원의 불체포 특권과 면책 특권 등입니다. ⑤ 국민의 다양한 의견과 이해관계를 수렴하는 것은 법률 제정이나 개정 시 입법 예고, 입법 청원 등입니다.

107 국회의 구성 및 권한   정답 ⑤

①	② 함정	③	④	❺
5%	17%	14%	6%	55%

눈으로 보는 해설

밑줄 친 ㉠~㉣에 대한 옳은 설명을 〈보기〉에서 고른 것은?

〈금주의 국회 소식〉
- 대통령이 ㉠ 재의 요구를 한 □□법 개정안 재의결
- ㉡ 교섭 단체 대표들, ㉢ 임시회 집회 합의
- 갑국과 체결한 ㉣ △△ 협약에 대한 비준 동의안 처리

① ㄱ, ㄴ 　② ㄱ, ㄷ 　③ ㄴ, ㄷ
④ ㄴ, ㄹ 　⑤ ㄷ, ㄹ

문제 분석 국회에는 의장 1인과 부의장 2인이 있으며, 효율적인 의사 진행을 위하여 각종 위원회와 교섭 단체를 운영하고 있습니다. 위원회는 본회의에서 심의할 안건을 미리 조사하여 심의하는 합의체로 상임 위원회와 특별 위원회가 있습니다. 교섭 단체는 일반적으로 20인 이상의 소속 의원을 가진 정당이 구성하는 원내 단체로, 국회의 의사 진행에 필요한 중요 안건을 협의합니다.

정답 찾기 ㄷ. 국회 임시회는 대통령 또는 국회 재적 의원 1/4 이상의 요구로 집회됩니다. ㄹ. 조약은 국제법이므로 조약의 체결 및 비준에 대한 국회의 동의는 입법 권한에 해당합니다.

오답 피하기 ㄱ. 헌법 개정안은 국회의 의결을 거치면 바로 국민 투표를 거쳐야 하고 국민 투표에서 통과되면 확정됩니다. 따라서 대통령이 재의를 요구할 수 없습니다. ㄴ. 국회 의원이 소속되어 있는 정당이라 하더라도 20인 이상이 되어야 단독으로 교섭 단체를 구성할 수 있습니다. 만일 20인이 안 되면 다른 정당과 연합하여 하나의 교섭 단체를 구성할 수 있습니다.

108 국회의 권한　정답 ④

문제 분석 국회의 권한에는 입법권, 국정 통제권 등이 있습니다. 가장 본질적이고 고유한 역할은 입법입니다. 국회의 입법권에는 헌법 개정에 관한 권한, 법률 제정 및 개정에 관한 권한, 조약 체결 및 비준에 대한 동의권 등이 있습니다. 국정 통제권에는 국정 감사 및 조사권, 헌법 기관의 임명 동의권, 대통령의 권한 행사에 대한 동의 및 승인권, 국무총리나 국무 위원에 대한 해임 건의권 등이 있습니다.

정답 찾기 ㄴ. 재정에 관한 권한으로서는 예산안 심의 및 의결권, 예산의 지출에 대한 결산 심사권이 있습니다. ㄹ. 국회는 국무 위원 해임 건의를 통해 행정부의 권력 남용을 견제할 수 있습니다.

오답 피하기 ㄱ. 조약 체결권은 대통령의 권한입니다. 국회는 대통령의 조약 체결 및 비준에 대한 동의권을 갖습니다. ㄷ. 국회가 구성할 수 있는 헌법 기관으로는 헌법 재판소 재판관 3인 선출권이 있습니다. 법원을 구성하는 권한은 없습니다.

109 국회의 권한　정답 ⑤

문제 분석 국회는 대통령, 국무총리, 법관, 헌법 재판소 재판관 등이 그 직무 집행에 있어서 헌법이나 법률을 위배한 때에는 탄핵의 소추를 의결할 수 있고, 국무총리 또는 국무 위원의 해임을 대통령에게 건의할 수 있습니다.

정답 찾기 ⑤ 국무총리와 국무 위원에 대한 해임 건의와 탄핵 소추는 모두 국회 재적 의원 과반수의 찬성으로 의결합니다. 그러나 법률안 등 일반적인 의결은 국회 재적 의원 과반수의 찬성과 출석 의원 과반수의 찬성으로 의결합니다.

오답 피하기 ① 국회가 국무총리나 국무 위원에 대해 해임을 건의해도 대통령이 그 건의를 수용하여 해임할 수도 있고, 건의를 거부할 수도 있습니다. ②, ③ 국회가 국무총리나 국무 위원을 탄핵 소추하면 일단 당사자

는 헌법 재판소의 탄핵 결정이 있을 때까지 직무가 정지됩니다. ④ 국무총리나 국무 위원에 대한 해임 건의는 헌법에 별다른 규정이 없지만 탄핵 소추는 직무 집행에 있어서 헌법과 법률을 위배할 때에만 가능하다고 규정하고 있습니다.

110 인사 청문회 제도　정답 ③

문제 분석 인사 청문회는 대통령이 고위 공직자를 임명할 때 국회에서 해당 후보자의 적격성 여부를 검증하는 절차입니다. 대통령제 국가에서 삼권분립의 제도적 실천을 위해 국회에 부여된 권한으로 국회가 대통령의 자의적 인사권 행사를 견제하는 의의가 있습니다. 한국에서는 2000년 인사 청문회법 제정으로 처음 도입되었으며 거듭된 개정을 통해 청문회 대상 공직이 늘어났습니다. 해당 후보자를 국회에 출석시켜 질의·답변하고 진술 등을 듣는 형식으로 이뤄집니다.

정답 찾기 ③ 인사 청문회 제도는 고위 공직 후보자의 직무 수행 능력을 사전에 검증하기 위한 제도입니다.

오답 피하기 ① 국회의 자율성을 보장하기 위한 장치는 국회 의원의 불체포 특권과 면책 특권입니다. ② 인사 청문회 제도는 행정부의 인사 효율성보다는 후보자의 직무 능력을 사전에 검증하기 위한 장치입니다. ④ 후보자의 도덕성이라도 직무와 관련된 경우에는 질의와 답변이 허용됩니다. ⑤ 후보자에게 문제점이 드러난 경우에는 부적격 의견을 올리면 됩니다. 아직 공직에 취임한 것이 아니므로 탄핵 소추의 대상이 아닙니다.

111 국회의 입법 권한　정답 ③

문제 분석 (가)는 헌법 개정 절차, (나)는 법률 제정 및 개정 절차입니다. 헌법 개정 절차는 법률에 비해 까다로운 편입니다.

정답 찾기 ③ 우리나라에서 법률안 제정 및 개정안의 제출은 정부에 의해서도 가능합니다.

오답 피하기 ① 헌법 개정안의 발의는 대통령 또는 국회 재적 의원 과반수로 가능합니다. 국회 의원 10인 이상이면 가능한 것은 법률 개정안 제출입니다. ② ㉢은 국민 투표입니다. 헌법 개정안이 확정되기 위해서는 국회 의원 선거권자 과반수의 투표와 투표자 과반수의 찬성이 필요합니다. ④ 헌법 개정안의 국회 의결은 국회 재적 의원 2/3 이상의 찬성이 있어야 합니다. 법률안 제정 및 개정에서의 국회 의결은 재적 의원 과반수의 출석과 출석 의원 과반수의 찬성이 있어야 합니다. ⑤ 국회에서 의결된 법률안은 정부에 이송되어 대통령이 공포합니다.

112 국회의 회의　정답 ⑤

문제 분석 국회의 회의는 정기회와 임시회로 구분되며, 위원회의 심사를 거친 의안은 본회의를 통해 최종적으로 의결합니다. 헌법 또는 법률에 특별한 규정이 없는 한, 본회의에서는 재적 의원 과반수의 출석과 출석 의원 과반수의 찬성으로 의결하며, 가부동수일 때에는 부결된 것으로 봅니다.

정답 찾기 ⑤ 법률 개정안은 국회 재적 의원 과반수의 출석과 출석 의원 과반수의 찬성으로 의결됩니다.

오답 피하기 ① 예산안을 심의하는 것은 매년 가을에 열리는 정기회에서입니다. ② 교섭 단체는 국회의 의사 일정을 협의하는 기구입니다. 국회 의장이 회부한 법률안을 전문적으로 심의하는 것은 해당 상임 위원회와 법제 사법 위원회입니다. ③ 국무총리는 행정부의 최고 심의 기관인 국무 회의의 부의장이 됩니다. 국무 회의의 의장은 대통령입니다. ④ 국정 조사는 특정한 국정 사안에 대해 조사하는 것을 말합니다. 국정 운영 전반에 관하여 정기적으로 실시하는 것은 국정 감사입니다.

핵심 개념 CHECK!

▶ 본문 062쪽

01 ○	02 ○	03 ○	04 ×	05 ○	06 ○	07 ×	08 ○
09 ×	10 ○	11 ×	12 ○	13 ○	14 ○	15 ○	16 ×
17 ○	18 ×	19 ○	20 ○	21 ×	22 ○	23 ×	24 ○
25 ○	26 ○	27 ○	28 ○	29 ○	30 ×		

○|× 문장 바로 알기

01 대통령은 국가 원수로서 대외적으로 국가를 대표하므로 조약을 체결 · 비준한다.

02 대통령은 국가 안위에 관한 중요 정책을 국민 투표에 부칠 수 있다.

03 대통령은 국민의 보통 · 평등 · 직접 · 비밀 선거로 선출되며, 선거에서 유효 투표의 다수를 얻은 후보자가 당선된다.

04 국가 위기 시에 국회의 승인을 ~~얻어~~ 계엄 선포권을 발동할 수 있다.
　　얻지 않고

05 대통령은 법률안 거부권을 행사하여 국회에서 의결한 법률안의 재의를 요구할 수 있다.

06 대통령은 법률에서 정하는 바에 따라 국군을 통수하고, 공무원을 임면한다.

07 대통령의 ~~모든~~ 행위는 문서로써 하며, 이 문서에는 국무총리와 관계 국무 위원이 부서한다.
　국법상

08 대통령은 내란 또는 외환의 죄를 범한 경우를 제외하고는 재직 중에는 형사상의 소추를 받지 않는 특권이 있다.

09 법률에서 구체적으로 범위를 정하여 위임받은 사항과 법률의 집행에 필요한 사항에 관하여 ~~긴급 명령을~~ 발할 수 있다.
　　　　　　대통령령

10 대통령은 국무 회의의 의장으로서 회의를 주재하고 중요한 정책을 최종적으로 결정한다.

11 국회 임시회 집회 요구권, 헌법 개정안 제안권, 국민 투표 부의권, 사면권 등은 ~~국가와 헌법을 수호~~하기 위한 대통령의 권한이다.
　　　　　　국정을 조정

12 대통령은 법률안 거부권 등을 통해 국회를, 대법원장 · 대법관 임명권 등을 통해 법원을 견제할 수 있다.

13 전시 · 사변 또는 이에 준하는 국가 비상 사태에 있어서 병력으로써 군사상의 필요에 응하거나 공공의 안녕질서를 유지할 필요가 있을 때에 대통령은 계엄을 선포할 수 있다.

14 대통령은 법률에서 정하는 바에 따라 사면 · 감형 또는 복권을 명할 수 있다.

15 대통령은 주요 권한을 행사할 때에는 사전에 국무 회의의 심의를 거쳐야 하는 절차를 준수해야 한다.

16 대통령은 ~~어떠한 경우에도~~ 형사상 소추를 당하지 않는다.
　　　　내란 또는 외환의 죄를 범한 경우를 제외하고

17 국무총리는 대통령을 보좌하며 행정에 관하여 대통령의 명을 받아 행정 각부를 통할하는 행정부의 2인자이다.

18 국무총리는 총리령을 발하거나 국무 위원에 대한 ~~임명 및 해임권~~을 행사할 수 있다.
　　　　　　　　임명 제청 및 해임 건의권

19 국무총리는 국회의 동의를 얻어 대통령이 임명한다.

20 국무 회의는 행정부의 중요한 정책을 심의하는 기관으로, 의장인 대통령, 부의장인 국무총리, 15인 이상 30인 이하의 국무 위원으로 구성된다.

21 국무 회의의 심의는 대통령의 권한 행사를 통제하는 역할을 하며 심의 결과는 대통령을 ~~구속한다.~~
　　　　　　　　　구속하지 않는다.

22 행정 각부는 대통령이 결정하는 정책과 행정부의 권한에 속하는 사무를 집행하는 중앙 행정 기관이다.

23 감사원은 대통령 소속의 헌법 기관으로 업무에 있어서 대통령의 지휘를 ~~받는다.~~
　　　　받지 않는다.

24 감사원은 국가의 세입 · 세출의 결산, 국가 및 법률이 정한 단체의 회계 검사와 행정 기관 및 공무원의 직무에 대한 감찰을 담당한다.

25 감사원은 행정 권력의 남용과 부패를 방지하기 위한 행정부의 최고 감사 기관이다.

26 행정 각부의 장은 소관 사무를 집행하고 소관 사무에 관해 부령을 발할 수 있다.

27 오늘날 사회가 복잡화 · 다양화되면서 각종 사회 문제의 해결에 국가 권력이 적극적으로 개입하게 되었다.

28 국가 권력이 행정권으로 집중되어 가는 현상을 행정 국가화 현상이라고 한다.

29 국민이 직접 선출하는 의회 의원에 비해 국민의 통제가 상대적으로 어려운 행정 관료가 정책 결정을 주도함으로써 국민 주권주의의 원칙이 훼손될 우려도 있다.

30 우리나라의 경우 정부가 제출한 법률안 가결률보다 국회 의원이 제출한 법률안 가결률이 훨씬 ~~높다.~~
　　　　　　　　　　　　낮다.

기출＋예상 문제로 주제 정복하기

▶ 본문 064~069쪽

113 ①	114 ④	115 ②	116 ③	117 ②	118 ⑤
119 ④	120 ①	121 ③	122 ⑤	123 ⑤	124 ④
125 ⑤	126 ⑤	127 ④	128 ①	129 ⑤	130 ①
131 ②	132 ①	133 ④			

113 대통령의 권한　　　　　　　　　　정답 ①

문제 분석 대통령은 국민의 직접 선거로 선출되며, 임기는 5년이고 중임할 수 없습니다. 대통령은 국가 원수와 행정부 수반의 지위를 동시에 가지며 그에 따른 역할을 수행합니다.

정답 찾기 ① 국회의장은 국회에서 자체적으로 선출됩니다.

오답 피하기 ② 헌법에 규정된 중요한 조약의 체결이나 비준에 대해 국회는 동의권을 행사합니다. ③ 대통령은 법률안 거부권을 통해 국회 다수당의 횡포를 견제하기도 합니다. ④ 국무 회의는 정부의 권한에 속하는 중요 정책에 대한 최고 심의 기관입니다. ⑤ 국무총리는 대통령이 국회의 동의를 얻어 임명합니다.

114 대통령의 권한 　　　　　　　　　　　　　　정답 ④

문제 분석 행정부 수반으로서 대통령은 행정부를 지휘·감독하며, 국군을 통수하고 공무원을 임면하며, 대통령령을 발할 수 있습니다. 국무 회의의 의장으로서 회의를 주재하고 중요한 정책을 최종적으로 결정합니다. 또한 대통령은 법률 집행을 책임지는 행정부 수반으로서 국회의 자의적인 입법을 견제하기 위해 법률안 거부권을 갖습니다.

정답 찾기 ④ (가)는 공무원 임면권, (나)는 대통령령 발포권, (다)는 법률안 거부권으로서 모두 행정부 수반으로서의 지위에 따른 권한에 속합니다.

오답 피하기 ① 대통령의 권한을 신중하게 행사하도록 한 장치로는 국법상 행위는 문서로써 하며 국무총리와 관계 국무 위원이 부서하는 것을 들 수 있습니다. ② 공무원 해임이나 대통령령 발포, 법률안 거부는 국회의 통제를 받지 않습니다. ③ 제시된 내용은 의원 내각제적 요소로 볼 수 없습니다. ⑤ 대통령령 발포와 법률안 거부권 행사는 국무 회의의 심의를 필요로 하지만 공무원 해임은 국무 회의의 심의를 필요로 하지 않습니다.

115 대통령의 권한 　　　　　　　　　　　　　　정답 ②

문제 분석 (가)는 국무총리 임명권, (나)는 조약 체결권, (다)는 국무 회의 주재권, (라)는 법률안 거부권입니다.

정답 찾기 ㄱ. 국무총리는 국회의 동의를 얻어 대통령이 임명합니다. ㄹ. 대통령의 재의 요구에 대해 국회가 재적 의원 과반수의 출석과 출석 의원 2/3 이상의 찬성으로 재의결하면 ◇◇법률안은 법률로 확정됩니다. 따라서 대통령은 더 이상 거부권을 행사하지 못합니다.

오답 피하기 ㄴ. 조약 체결권은 대통령의 대외적인 대표권이므로 국가 원수로서의 권한입니다. ㄷ. 국무 회의는 심의 기관이므로 의결되었다고 해서 대통령을 구속하지는 않습니다.

116 대통령의 권한 　　　　　　　　　　　　　　정답 ③

문제 분석 대통령은 국회에 출석하여 발언하거나 서한으로 의견을 표시할 수 있습니다. 또한 대통령은 국무 회의의 의장으로서 국가 주요 정책을 심의하는 국무 회의를 주재합니다. 대통령은 헌법 재판소장, 대법원장, 국무총리 등 헌법 기관을 구성할 권한을 갖습니다. 대통령의 장관 임명은 공무원 임명권에 해당합니다.

정답 찾기 ㄴ. 국무 회의는 행정부의 중요한 정책을 심의하는 기관으로, 의장인 대통령, 부의장인 국무총리, 15인 이상 30인 이하의 국무 위원으로 구성됩니다. ㄷ. 헌법 재판소장은 국회의 동의를 얻어 대통령이 임명합니다.

오답 피하기 ㄱ. 국회의장은 대통령이 임명하는 것이 아니라 국회에서 자체적으로 선출합니다. ㄹ. 우리나라에서 국회 의원은 내각의 각료를 겸직할 수 있는데 이것은 의원 내각제적 요소입니다.

117 대통령의 권한 　　　　　　　　　　　　　　정답 ②

문제 분석 대통령은 외국과 조약을 체결하며, 임시 국회의 소집을 요구할 수 있고, 국무 회의를 주재할 수 있으며, 대통령령을 발포할 수 있습니다.

정답 찾기 ㄱ. 행정부 수반으로서의 권한 행사는 국무 회의의 주재, 군 부대 순시, 대통령령 발포로써 3회입니다. ㄷ. 국무 회의는 행정부의 주요 정책을 심의하는 최고 심의 기구입니다.

오답 피하기 ㄴ. 군 부대 순시는 대통령의 국군 통수권에 해당합니다. 국군 통수권은 대통령의 행정부 수반으로서의 권한에 속합니다. ㄹ. 대통령령 발포는 국회의 동의를 얻을 필요가 없습니다.

118 대통령의 긴급 명령권 　　　　　　　　　　　정답 ⑤

문제 분석 긴급 명령권은 대통령이 국가의 안위에 관계되는 중대한 교전 상태에 있어서 국가를 보위하기 위하여 긴급한 조치가 필요하고 국회의 집회가 불가능한 때에 한하여 법률의 효력을 가지는 명령을 발할 수 있는 권한입니다. 긴급 명령을 발한 경우에는 대통령은 지체 없이 국회에 보고하여 그 승인을 얻어야 하며, 승인을 얻지 못한 경우에는 그때부터 그 명령은 효력을 상실하며, 이에 의해 개정 또는 폐지되었던 법률은 그 효력을 당연히 회복합니다.

정답 찾기 ㄷ. 긴급 명령권은 명령보다 상위의 법인 법률의 효력을 가지는 명령을 발동할 수 있습니다. ㄹ. 대통령은 긴급 명령권을 발동하기 위해서는 국무회의의 심의를 거쳐야 합니다.

오답 피하기 ㄱ. 긴급 명령권은 국회의 집회가 불가능한 때에 발하는 것이므로 국회의 동의를 얻지 않습니다. 다만 사후에 국회에 보고하여 승인을 얻어야 합니다. ㄴ. 긴급 명령권은 국가 및 헌법을 수호하기 위한 것이므로 국가 원수로서 대통령이 행사하는 권한입니다.

119 대통령의 선출과 권한 　　　　　　　　　　　정답 ④

문제 분석 대통령은 국민의 보통·평등·직접·비밀 선거로 선출되며, 선거에서 유효 투표의 다수를 얻은 후보자가 당선됩니다. 대통령의 임기는 5년이고 중임할 수 없습니다.

정답 찾기 ④ 대통령은 필요할 때 외교·국방·통일, 기타 국가 안위에 관한 중요 정책을 국민 투표에 부칠 수 있는데, 이것은 입법, 행정, 사법 영역을 초월하여 국정에 관여할 수 있는 국정 조정권입니다.

오답 피하기 ① 대통령 후보자가 1인일 때에는 그 득표수가 선거권자 총수의 3분의 1 이상이어야 대통령으로 당선될 수 있도록 헌법에 규정되어 있는데, 이는 최소한의 민주적 정당성을 고려한 것입니다. ② 대통령의 선전 포고 및 강화권 행사는 사전에 국회의 동의를 얻어야 합니다. ③ 국군 통수권은 행정부(국방부)의 업무로서 행정부 수반으로서의 권한입니다. ⑤ 국회가 대통령 등 고위 공무원에 대해 탄핵 소추를 의결하면 헌법 재판소가 심의하여 탄핵 심판을 합니다.

120 대통령의 권한 행사 견제 　　　　　　　　　정답 ①

문제 분석 대통령은 국가 원수와 행정부 수반으로서의 권한이 있어 잘못 사용하면 남용을 초래할 우려가 있어서 헌법에서는 대통령의 신중한 권한 행사를 위한 통제 장치를 두고 있습니다. 먼저 대통령의 국법상 행위는 반드시 문서로써 해야 합니다. 또한 문서에는 대통령의 서명에 이어 국무총리와 관계 국무 위원의 부서, 즉 서명이 있어야 합니다. 주요 권한을 행사할 때에는 사전에 국무 회의의 심의를 거쳐야 하는 절차를 준수해야 합니다. 나아가 주요 헌법 기관 구성이나 국민의 기본권, 국가 안보 등과 관련된 권한을 행사할 때에는 국회의 사전 동의나 사후 승인을 받아야 합니다.

정답 찾기 ① 대통령의 권한 행사 시 국회의 동의를 얻도록 하거나 모든 국법상 행위는 문서로 하고 그 문서에 국무총리와 관계 국무 위원의 부서를 요구하는 것, 각종 자문 회의를 두어 그 의견을 수렴하는 것 등은 대통령의 신중한 역할 수행을 위한 목적이 있습니다.

오답 피하기 ② 제시된 헌법 조항에서 동의권은 입법부의 행정권 견제 역할을 하지만 문서에 부서하는 것, 자문회의 등은 입법부와 관련이 없습니다. ③ 제시된 장치들은 행정부의 정책 결정을 신중하게 하도록 하고 있습니다. ④ 제시된 장치가 국방 및 외교 정책의 효율화를 목적으로 한다고 보기는 어렵습니다. ⑤ 제시된 장치가 국민 여론에 따라 정책을 결정하기 위한 것은 아닙니다.

121 대통령의 권한 　　　　　　　　　　　　　　정답 ③

문제 분석 대통령은 국가 원수로서의 지위와 행정부 수반으로서의 지위를 갖습니다. 대외적인 국가 대표, 헌법 및 국가의 수호, 국정 조정, 헌법 기관 구성 등은 국가 원수로서의 권한이고, 공무원 임면, 법률안 거부, 국군 통수 등은 행정부 수반으로서의 권한입니다.

정답 찾기 ㄷ. 외교 사절의 신임, 접수, 파견은 대외적으로 국가를 대표하는 권한입니다. ㄹ. 차관 임명과 대통령령 발포는 모두 행정부 수반으로서의 권한입니다.

오답 피하기 ㄱ. 헌법 재판소장은 국회의 동의를 얻어 대통령이 임명합니다. 그러나 헌법 재판소 재판관은 국회의 동의를 필요로 하지 않습니다. ㄴ. 국회가 의결한 법률안에 대해 대통령은 거부권을 행사할 수 있는데, 이 법률안을 국회가 재의결하면 그 법률안은 법률로써 확정되므로 대통령은 다시 재의를 요구할 수 없습니다.

122 헌법 기관의 권한 　　　　　　　정답 ⑤

문제 분석 국민의 직접 선거에 의해 선출되는 사람은 대통령입니다. 국무총리는 우리나라의 의원 내각제적 요소입니다. 따라서 (가)는 대통령, (나)는 국무총리, (다)는 대법원장입니다.

정답 찾기 ⑤ 국무총리와 대법원장은 국회의 동의를 얻어 대통령이 임명합니다.

오답 피하기 ① 행정 각부의 장은 대통령이 임명합니다. 국무총리는 임명을 제청할 권한이 있습니다. ② 정당의 해산은 정부가 헌법 재판소에 제소할 수 있습니다. ③ 우리나라에서 대통령은 국가 원수와 행정부 수반의 지위를 갖습니다. 국무총리는 대통령을 보좌하여 행정부를 통할합니다. ④ 국무 회의에서 대통령은 의장, 국무총리는 부의장입니다. 대법원장은 행정부 소속이 아니므로 국무 회의의 구성원이 아닙니다.

123 대통령의 권한 　　　　　　　정답 ⑤

문제 분석 (가)는 임시 국회 소집 요구권, (나)는 공무원 임면권, (다)는 헌법 개정안 공고권, (라)는 국군의 해외 파병권, (마)는 계엄 선포권입니다.

정답 찾기 ⑤ 대통령은 계엄을 선포하고 지체없이 국회에 통고하며 만일 국회가 재적 의원 과반수의 찬성으로 계엄 해제를 요구하면 대통령은 계엄을 해제해야 합니다.

오답 피하기 ① 대통령의 임시 국회 소집 요구권은 의원 내각제적 요소입니다. ② 차관은 행정부 공무원으로서 차관 임명은 대통령의 행정부 수반으로서의 권한이므로 국회의 동의 등을 받지 않습니다. ③ 국회가 헌법 개정안을 발의할 경우에는 국회 재적 의원 과반수의 찬성으로 가능합니다. ④ 국군의 해외 파병은 대통령의 국가 원수로서의 권한에 해당합니다.

124 헌법 기관의 역할 　　　　　　　정답 ④

문제 분석 A는 대통령, B는 국회, C는 국무 회의, D는 국무총리입니다.

정답 찾기 ④ 국무 회의는 행정부의 최고 심의 기관입니다. 위헌 법률 심판 제청권은 법원이 갖습니다.

오답 피하기 ① 헌법 재판소장은 국회의 동의를 얻어 대통령이 임명합니다. ② 대통령은 국무총리의 제청으로 국무 위원을 임명합니다. ③ 국무총리는 대통령에게 국무 위원의 해임을 건의할 수 있습니다. ⑤ 국무총리는 우리나라 정부 형태의 의원 내각제적 요소입니다.

125 국무 회의 　　　　　　　정답 ⑤

문제 분석 법률안 거부권은 대통령의 권한인데, 먼저 국무 회의의 의결을 거쳐야 합니다. 따라서 (가)는 국무 회의입니다.

정답 찾기 ⑤ 정부가 법률안을 제출하기 위해서는 먼저 국무 회의에서 의결되어야 합니다.

오답 피하기 ① 국무 회의의 의장은 대통령, 부의장은 국무총리입니다. ② 국무 회의는 행정부의 주요 정책을 심의하는 기관입니다. ③ 감사원은 업무상 독립된 기관이기 때문에 감사원장은 국무 회의에 참석하지 않습니다. 헌법 재판소장과 대법원장은 행정부 소속이 아니므로 국무 회의에 참석하지 않습니다. ④ 국무 회의에서 의결된 내용은 대통령에 대해 법적 구속력을 갖지 않습니다.

126 감사원의 권한 　　　　　　　정답 ⑤

문제 분석 공공기관을 감사하고 위법·부당한 행위에 대해 시정이나 주의 또는 고발 조치를 취할 수 있는 기관은 감사원입니다.

정답 찾기 ㄷ. 감사원은 국가의 세입·세출의 결산, 국가 및 법률에서 정한 단체의 회계 감사와 행정 기관 및 공무원의 직무에 관한 감찰을 하는 기관입니다. ㄹ. 감사원장은 국회의 동의를 얻어 대통령이 임명합니다.

오답 피하기 ㄱ. 감사원은 행정부의 각 기관의 직무를 감찰합니다. 국회와 법원을 감사하지는 않습니다. ㄴ. 감사원은 대통령 소속 기관이지만 업무 수행에 관하여는 대통령의 지시를 받지 않고 독립적으로 행합니다.

127 헌법 기관의 권한 　　　　　　　정답 ④

고난도 교육청 기출				
①	②	③	❹	⑤ 함정
9%	10%	9%	**57%**	15%

눈으로 보는 해설

우리나라 헌법 기관 A~D에 대한 설명으로 옳은 것은?

- 정부는 A가 주재한 국무 회의에서 □□법률안을 심의한 후 B에 제출하였다. (A → 대통령, B → 국회)
- A 직속의 독립적 기관인 C는 국가 예산 결산을 검사하였다. (C → 감사원)
- A는 D의 재판관 9명 중 한 명을 D의 장(長)으로 임명하였다. (D → 헌법 재판소)

① A는 국무 위원 임명 제청권을 가진다. → 국무총리
② D는 3심제에서 최종심을 담당한다. → 대법원
③ B는 A에 대한 탄핵 심판권을 갖는다. → 소추권
④ D의 재판관은 모두 A가 임명한다.
⑤ C의 장(長)과 달리 D의 장(長) 임명에는 B의 동의가 필요하다. → 함께

문제 분석 A는 대통령, B는 국회, C는 감사원, D는 헌법 재판소입니다.

정답 찾기 ④ 헌법 재판소의 재판관은 모두 대통령이 임명합니다. 헌법 재판소 재판관은 대통령이 임명하되, 3인은 국회에서 선출하는 자, 3인은 대법원장이 지명하는 자를 임명합니다.

오답 피하기 ① 대통령은 국무 위원 임명권을 갖습니다. 국무 위원 임명 제청권은 국무총리가 갖습니다. ② 3심제에서 최종심을 담당하는 것은 대법원입니다. ③ 국회는 대통령에 대한 탄핵 소추권을 갖습니다. 탄핵 심판권은 헌법 재판소가 갖습니다. ⑤ 감사원장과 헌법 재판소장은 모두 국회의 동의를 얻어 대통령이 임명합니다.

함정 피하기

①, ②, ⑤번을 선택한 학생이 비슷한 비율입니다. 즉, 학생들은 대통령, 대법원, 헌법 재판소의 권한을 정확하게 공부하지 않은 것으로 보입니다. ①번을 선택한 학생은 A가 대통령임을 몰랐거나 국무 위원 임명 제청권과 국무 위원 임명권을 제대로 구분하지 못했을 것입니다. ②번을 선택한 학생은 D를 대법원으로 생각했을 것입니다. 대법원의 대법관은 14명이고, 헌법 재판소의 재판관은 9명임을 정확히 알고 있어야 합니다. ⑤번을 선택한 학생은 선지를 차분히 읽지 않아서 틀렸을 것입니다. 대법원장과 헌법 재판소장은 모두 국회의 동의를 얻어 대통령이 임명하는 것은 대부분 알고 있습니다. 그런데 ⑤번 선지에서 '~달리'라는 표현을 무심코 넘기는 실수를 저질렀던 것입니다. 항상 주의 깊게 선지를 살펴보는 습관을 들일 필요가 있습니다.

128 국가 기관의 권한 정답 ①

문제 분석 A는 국무총리, B는 국무위원(장관), C는 대법원, D는 헌법 재판소입니다.

정답 찾기 ① 국무총리는 대통령을 보좌하며 행정에 관하여 대통령의 명을 받아 행정 각부를 통할하는 행정부의 2인자입니다.

오답 피하기 ② 장관은 소관 사무를 집행하고 부령을 발합니다. 조례는 지방 의회가 제정합니다. ③ 헌법 재판소 재판관 9인은 모두 대통령이 임명합니다. 대법원장은 헌법 재판소 재판관 3인을 추천할 수 있습니다. ④ 대법원장과 헌법 재판소장 모두 국회의 동의를 얻어 대통령이 임명합니다. ⑤ 국무총리, 국무 위원, 대법원장, 헌법 재판소장은 모두 헌법상 국회의 탄핵 소추 대상입니다.

129 국가 기관의 권한 정답 ⑤

문제 분석 A는 대통령, B는 국무총리, C는 국회입니다.

정답 찾기 ⑤ 국회는 국무총리의 해임을 대통령에 건의할 수 있습니다.

오답 피하기 ① 감사원장과 대법원장은 모두 대통령이 임명합니다. ② 행정부 최고 심의 기관은 국무 회의입니다. 국무 회의의 의장은 대통령, 부의장은 국무총리입니다. ③ 국회가 헌법 개정안을 의결하면 국민 투표를 거쳐 확정됩니다. ④ 국무총리와 대통령은 모두 탄핵 소추의 대상이 될 수 있습니다.

130 국무 회의 정답 ①

문제 분석 국무 회의는 행정부의 중요한 정책을 심의하는 기관으로, 의장인 대통령, 부의장인 국무총리, 15인 이상 30인 이하의 국무 위원으로 구성됩니다.

정답 찾기 ① 국무 회의는 국정의 기본 계획 등 헌법 제89조에 나열된 사항(선전·강화 기타 중요한 대외 정책, 헌법 개정안·국민 투표안·조약안·법률안·대통령령안·예산안, 사면·감형과 복권, 정당 해산의 제소 등)을 반드시 심의하여야 합니다.

오답 피하기 ② 국무 회의의 의결 내용은 대통령을 법적으로 구속하지 않습니다. ③ 행정 각부 장관인 국무 위원은 법률을 집행하기 위해 필요한 사항을 정하여 부령을 발할 수 있습니다. 조례는 지방 의회에서 제정할 수 있습니다. ④ 국무 위원의 임명에서는 국회의 동의가 필요 없습니다. ⑤ 국무 회의는 대통령 직속 기관이 아니라 행정부의 최고 심의 기관입니다.

131 국가 기관의 영향력 정답 ②

문제 분석 (가)는 국가 기관 중에서 어느 기관의 영향력이 강한 것인가, 그리고 시대에 따라 영향력의 변동이 있었는가를 나타냅니다. (나)는 정부 제출 법률안과 의원 발의 법률안 중에서 가결률을 나타냅니다. 이를 통해 행정 국가화 현상을 살펴볼 수 있습니다.

정답 찾기 ② 1950년의 경우 입법부의 영향력 지수가 70으로 가장 큽니다. 따라서 1950년의 행정부에 대한 입법부의 영향력이 2000년의 입법부에 대한 사법부의 영향력보다 작다고 말할 수 없습니다.

오답 피하기 ① 입법부와 행정부의 영향력 지수의 경우 1950년에는 각각 70과 20이었지만, 2000년에는 10과 70으로 변하였습니다. 의회 조치가 약화되고 행정부의 역할이 확대되었음을 알 수 있습니다. 이는 복지 관련 법률안 가결수에서도 확인할 수 있습니다. ③ 사법부의 영향력 지수는 10에서 20으로 바뀌었지만, 행정부의 영향력 지수는 20에서 70으로 바뀌었습니다. ④ 1950년의 의원 발의 법률안 가결률은 50%를 넘었지만, 2000년의 의원 발의 법률안 가결률은 30%에 그치고 있습니다. 이를 통해 의회의 역할이 약화되었음을 추론할 수 있습니다. ⑤ 복지 국가에서는 행정부의 역할이 강화되는 경향이 있으며, 이 때문에 현대 복지 국가를 행정 국가라고도 부릅니다.

132 행정 국가화 현상 정답 ①

문제 분석 오늘날 사회가 복잡화·다양화되면서 각종 사회 문제의 해결에 국가 권력이 적극적으로 개입하게 되었습니다. 이 과정에서 입법권·사법권에 비해 행정권이 크게 강화되는 현상이 나타났는데, 이처럼 국가 권력이 행정권으로 집중되어 가는 현상을 행정 국가화 현상이라고 합니다.

정답 찾기 ① 표를 보면 정부 발의 법률안의 가결률이 의원 발의 법률안보다 높습니다. 다양하고 전문적인 영역이 늘어남에 따라 행정부가 만들어내는 법률안이 의원 발의 법률안보다 훨씬 체계적임을 의미합니다. 이를 통해 행정부가 입법부보다 우위에서 정국을 이끌어가는 행정 국가화 현상이 나타나고 있음을 알 수 있습니다.

오답 피하기 ② 다수당의 횡포를 견제하는 것은 대통령의 법률안 거부권입니다. ③ 국민의 정치적 무관심이 심화되고 있는 것은 투표율을 봐야 알 수 있습니다. ④ 국회 의원의 입법 전문성이 향상되고 있다면 의원 발의 법률안의 가결률이 더 높아야 합니다. ⑤ 정부 발의 법률안 가결률로 공무원의 정치적 중립성 여부는 알 수 없습니다.

133 행정 국가화 현상의 극복 정답 ④

문제 분석 제시문은 행정 국가화 현상을 말하고 있습니다. 행정부가 국가 운영의 주도권을 쥐게 됨에 따라 입법부나 사법부의 기능이 약화되고, 행정부의 권력 남용이 우려되기도 합니다.

정답 찾기 ㄴ. 행정부에 비해 입법부의 기능이 약화되는 것을 방지하기 위해서는 입법부의 주된 기능인 입법 기능을 강화할 필요가 있습니다. 국회의 입법 지원 기능을 강화하는 방안을 마련해야 합니다. ㄹ. 행정부의 권력 남용을 막기 위해 옴부즈만 제도처럼 행정부에 대한 직접적인 감시 및 통제 방안을 마련할 필요가 있습니다.

오답 피하기 ㄱ. 직업 공무원 제도는 행정부의 전문성을 강화하기 위한 장치입니다. 행정 국가화 현상을 극복하기 위한 방향으로는 보기 어렵습니다. ㄷ. 정부의 입법 발의를 엄격히 제한할 경우 입법에서의 전문성 약화가 우려됩니다.

07강 우리나라의 국가 기관(법원과 헌법 재판소) 및 국가 기관 간의 관계

핵심 개념 CHECK! ▶ 본문 072쪽

01 ○	02 ○	03 ×	04 ○	05 ○	06 ×	07 ○	08 ×
09 ×	10 ○	11 ×	12 ○	13 ×	14 ○	15 ○	16 ×
17 ○	18 ×	19 ○	20 ×	21 ○	22 ○	23 ×	24 ×
25 ×	26 ○	27 ×	28 ○	29 ○	30 ×	31 ×	

○× 문장 바로 알기

01 대법원장은 국회의 동의를 얻어 대통령이 임명하고, 임기는 6년으로 중임할 수 없다.

02 1심 법원의 판결에 불복하여 2심 법원에 재판을 청구하는 것을 항소라고 한다.

03 선거 과정에서 발생한 금품 수수 행위에 대해서는 ~~선거~~ 재판으로 진
행된다.
형사

04 법관은 헌법과 법률에 의하여 그 양심에 따라 독립하여 심판한다.

05 사법(司法)은 국가와 개인, 개인과 개인 간의 분쟁에 법을 적용하여
적법과 위법을 가리는 작용을 말한다.

06 법관은 탄핵 또는 ~~벌금~~ 이상의 형의 선고에 의하지 아니하고는 파면
되지 아니한다.
금고

07 대법원은 국회의 동의를 얻어 대통령이 임명하는 대법원장과 대법
관으로 구성된다.

08 대법원은 최고 법원으로서 ~~항소~~ 및 재항고 사건을 담당한다.
상고

09 대통령, 국회 의원, 비례 대표 시 · 도 의원, 시 · 도지사 선거 소송은
~~2심제~~가 적용된다.
단심제

10 지방 법원 본원 합의부는 지방 법원 단독 판사의 판결에 대한 항소
사건과 결정이나 명령에 대한 항고 사건을 담당한다.

11 법률이 헌법에 위반되는 여부가 재판의 전제가 된 경우에 ~~대법원만~~
이 헌법 재판소에 위헌 법률 심판 제청을 할 수 있다.
각급 법원

12 심급 제도는 법관이 잘못된 판결을 내릴 가능성을 최소화하고 공정
한 재판을 실현하여 국민의 기본권을 보장하기 위한 것이다.

13 재판의 심리와 판결은 공개한다. 다만, **판결**은 국가의 안전 보장 또
심리
는 안녕질서를 방해하거나 선량한 풍속을 해할 염려가 있을 때에는
법원의 결정으로 공개하지 아니할 수 있다.

14 2심 법원의 결정이나 명령에 불복하여 대법원에 재판을 청구하는
것을 재항고라 한다.

15 심급 제도에서 3심은 법률의 해석만을 하므로 법률심이라고 하며,
당사자가 참여하는 변론 절차가 없다.

16 심급 제도는 ~~반드시~~ 세 번 재판한다는 것이다.
일반적으로

17 위헌 법률 심판은 법원의 제청에 따라 법률의 헌법 위반 여부를 심
판한다.

18 공권력에 의한 기본권을 침해받은 국민은 ~~최초~~의 구제 수단으로 헌
법 소원을 청구할 수 있다.
최후

19 위헌 결정이 내려지면 해당 법률은 그 결정이 있은 날부터 효력을
상실한다.

20 고위 공무원이 직무 수행 중 헌법이나 법률을 위반하면 헌법 재판소
가 ~~직권으로~~ 탄핵 심판을 한다.
국회가 탄핵 소추를 하면

21 헌법 재판소는 대통령이 임명하는 9인의 재판관으로 구성된다. 이
중 3인은 국회에서 선출하는 자를, 3인은 대법원장이 지명하는 자를
임명한다.

22 헌법 재판소는 정치적 중립이 강조되므로 헌법 재판소 재판관은 정
당에 가입할 수 없다.

23 법원의 재판은 헌법 소원 심판의 대상이 될 수 ~~있다~~.
없다

24 재판 당사자가 위헌 법률 심판을 헌법 재판소에 제청해 줄 것을 법
원에 신청했으나 기각된 경우에 직접 헌법 재판소에 청구하는 것은
~~권리 구제형~~ 헌법 소원 심판이다. 위헌 심사형

25 정당 해산 심판은 ~~시민 단체~~의 제소에 의해 해당 정당의 해산 여부
를 결정하는 심판이다. 정부

26 헌법 재판소장은 재판관 중 한 명이 맡는데, 대통령이 국회의 동의
를 얻어 임명한다.

27 법원은 위헌 법률 심판 제청권을 행사하여 **행정부**를 견제한다.
입법부

28 대통령은 법률안 거부권을 행사함으로써 국회를 견제한다.

29 국회는 국정 감사나 국정 조사 등을 통해 행정부를 견제한다.

30 법원은 명령 · 규칙 · 처분의 심사를 통해 **국회**를 견제한다.
행정부

31 국회는 탄핵 **심판권**을 통해 행정부나 법원을 견제한다.
소추권

기출+예상 문제로 주제 정복하기				▶ 본문 074~079쪽	
134 ⑤	**135** ③	**136** ③	**137** ②	**138** ②	**139** ③
140 ⑤	**141** ④	**142** ④	**143** ②	**144** ④	**145** ①
146 ④	**147** ⑤	**148** ②	**149** ⑤	**150** ①	**151** ①
152 ④	**153** ④	**154** ⑤			

134 심급 제도   정답 ⑤

고난도 평가원 기출

①	②	③ 함정	④	❺
12%	10%	19%	27%	**31%**

눈으로 보는 해설

그림은 우리나라의 사법 제도를 나타낸 것이다. 이에 대한 설명으로 옳은
것은?

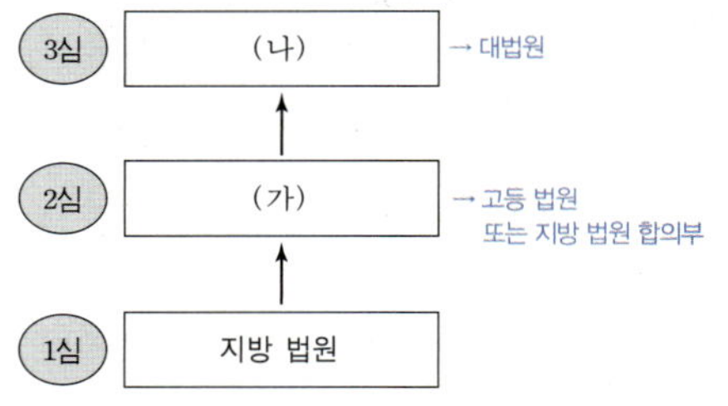

① 동일 사건에 대해 2심이 항소심이라면 3심은 항고심이다. → 상고심
② (가)에서의 재판이 민사 재판이라면 국민 참여 재판으로 이루어질 수
있다. → 없다.
③ (가)가 지방 법원이라면 (나)는 고등 법원이다. → 대법원
④ (나)는 (가)와 달리 위헌 · 위법 명령에 대한 심사권을 가진다. → 모든 법원
⑤ (가), (나)의 법관은 국회에 의해 탄핵 소추될 수 있다.

문제 분석 그림은 우리나라 법원의 심급 제도를 나타냅니다. 우리나라는
원칙적으로 3심제를 채택하고 있습니다. 따라서 하급 법원의 판결에 불
복하는 경우에는 항소와 상고를 할 수 있고, 하급 법원의 결정이나 명령
에 불복하는 경우에는 항고와 재항고를 할 수 있습니다.

정답 찾기 ⑤ 법관은 직무상 헌법이나 법률을 위배했을 경우 국회에 의해
탄핵 소추될 수 있습니다.

오답 피하기 ① 항소는 1심 법원의 판결에 불복하여 2심 법원의 재판을

청구하는 것입니다. 상고는 2심 법원의 판결에 불복하여 3심 법원의 재판을 청구하는 것입니다. 따라서 (가)는 항소심, (나)는 상고심 재판입니다. 항고는 1심 법원의 판결이 아닌 결정이나 명령에 불복하여 2심 법원에 다시 심판을 요구하는 것입니다. ② 국민 참여 재판은 형사 재판의 1심에서만 인정됩니다. 민사 재판에서는 활용하지 않습니다. ③ (가)는 2심 법원입니다. 1심 법원이 지방 법원 단독 판사라면 2심 법원은 지방 법원 합의부가 될 수 있습니다. 이 경우 3심 법원은 대법원입니다. 따라서 (가)가 지방 법원이면, (나)는 대법원입니다. ④ 위헌·위법 명령에 대한 심사권은 모든 법원이 가집니다.

135 심급 제도의 예외   정답 ③

문제 분석 우리나라의 심급 제도는 원칙적으로 3심제로 운영됩니다. 1심 판결에 불복하여 2심 재판을 청구하는 것을 항소, 2심 판결에 불복하여 3심 재판을 청구하는 것을 상고라고 하며, 법원 판결 이외의 결정·명령에 불복할 경우 항고, 재항고를 할 수 있습니다. 그런데 선거의 효력을 다루는 선거 재판은 3심제가 아닌 2심제 또는 단심제로 운영됩니다. 대통령, 국회 의원, 비례 대표 시·도 의원, 시·도지사 선거의 경우에는 대법원 단심제, 지역구 시·도 의원, 자치구·시·군 의원 및 자치구·시·군의장 선거의 경우에는 2심제를 적용합니다.

정답 찾기 ㄴ. 국회 의원 선거 무효와 관련된 재판은 대법원에서만 재판하므로 을은 더 이상 재판을 청구할 수 없습니다. ㄷ. 1심 법원의 가압류 결정에 대해 병은 2심 법원에 항고할 수 있습니다.

오답 피하기 ㄱ. 1심 법원이 지방 법원 단독 판사에 의해 진행되었으면 2심 법원은 지방 법원 합의부가 됩니다. 따라서 갑이 항소하면 지방 법원 합의부에서 2심이 열립니다. ㄹ. (가)는 범죄와 형벌에 관련된 재판이므로 형사 재판, (나)는 선거 무효와 관련된 재판이므로 선거 재판입니다. (다)는 불법 행위로 인한 손해 배상과 관련한 가압류 결정이므로 민사 재판입니다.

136 재판의 종류와 법원의 조직   정답 ③

문제 분석 재판은 민사 재판, 형사 재판, 행정 재판 등이 있고, 신중을 기하기 위해 3심제를 운영하고 있습니다. 가벼운 사건은 '지방 법원 단독 판사 → 지방 법원 합의부 → 대법원'의 순으로 진행됩니다. 만일 합의부 관할 사건이라면 '지방 법원 합의부 → 고등 법원 → 대법원'의 순으로 진행됩니다.

정답 찾기 ③ 법률이 헌법에 위배되는지가 재판의 전제가 될 때는 해당 법원은 피고인의 신청에 의하거나 또는 직권으로 헌법 재판소에 그 법률의 위헌 여부의 심판을 제청할 수 있습니다. 이때 법원은 급에 관계없이 제청할 수 있습니다.

오답 피하기 ① 형사 재판은 변호인이 반드시 참석해야 하지만, 민사 재판은 변호인 없이 재판이 가능합니다. ② 형사 재판의 당사자는 검사와 가해자인 피고인입니다. 피해자는 당사자가 아니라 참고인이나 증인으로 참여할 수 있습니다. ④ 국민 참여 재판은 1심인 지방 법원 합의부에서만 담당합니다. ⑤ 정당의 해산 여부를 심판하는 것은 헌법 재판소입니다.

137 법원의 역할   정답 ②

문제 분석 사법부는 재판을 통해 사회 질서를 유지하고 국민의 기본권을 보장하는 기능을 수행합니다. 이를 위해 우리 헌법은 공정한 재판을 위한 여러 가지 제도를 두고 있습니다. 심급 제도, 상소 제도, 국민 참여 재판, 공개 재판주의와 증거 재판주의 등이 해당합니다.

정답 찾기 ② 권리 구제형 헌법 소원 심판 청구는 국민이 공권력에 의해 헌법에 보장된 기본권을 침해당했을 때 기본권 구제를 위해 행사하는 것입니다.

오답 피하기 ① 객관적 증거에 입각하여 재판하는 증거 재판주의는 재판의 공정성을 높이기 위한 원칙입니다. ③ 재판의 심리 및 판결 과정을 국민에게 공개하는 것을 원칙으로 하는 공개 재판주의는 재판의 공정성을 높이기 위한 것입니다. ④ 급이 다른 법원에서 여러 번 재판을 받을 수 있도록 하는 심급 제도는 재판의 공정성을 확보하고자 합니다. ⑤ 형벌이 무거운 범죄에 대한 재판을 단독 판사가 아니라 법원 합의부에서 담당하는 것은 법관 개인의 자의적인 판결의 가능성을 줄여 재판의 공정성을 높일 수 있습니다.

138 법원의 권한과 심급 제도   정답 ②

고난도 교육청 기출

함정	①	❷	③	④	②
	16%	53%	12%	8%	9%

눈으로 보는 해설

다음 사례에 대한 옳은 설명을 〈보기〉에서 고른 것은?

- ○○법 위반으로 기소된 갑은 1심 재판에서 유죄를 선고받았고 이에 불복하여 A에 항소하였다. → 지방 법원 합의부 또는 고등 법원
- 대통령 선거에서 낙선한 을이 소속된 △△당이 선거 관리 위원회 위원장을 상대로 B에 제기한 대통령 선거 무효 소송이 기각되었다. → 대법원

〈보기〉
ㄱ. 1심 재판을 지방 법원 합의부에서 담당했다면 A는 고등 법원이다.
ㄴ. 갑이 A의 판결에 불복할 경우에는 B에 재항고할 수 있다. → 항소
ㄷ. B는 명령·규칙 또는 처분이 헌법이나 법률에 위반되는지 여부에 대한 최종 심사권을 가진다.
ㄹ. △△당이 제기한 소송은 신속한 재판을 위하여 2심제가 적용된다. → 단심제

① ㄱ, ㄴ   ② ㄱ, ㄷ   ③ ㄴ, ㄷ
④ ㄴ, ㄹ   ⑤ ㄷ, ㄹ

문제 분석 갑은 기소되었으므로 형사 재판을 받은 것이고, 을은 선거 무효 소송을 제기했으므로 선거 재판을 받은 것입니다. A는 항소심 법원이므로 지방 법원 합의부 또는 고등 법원이 될 것입니다. B는 대통령 선거 소송이므로 대법원입니다.

정답 찾기 ㄱ. 지방 법원 합의부에서 1심을 맡았다면 2심은 고등 법원이 됩니다. ㄷ. 대법원은 명령·규칙 또는 처분이 헌법이나 법률에 위반되는지 여부에 대한 최종 심사권을 갖습니다.

오답 피하기 ㄴ. 1심 판결에 불복할 경우에는 항소할 수 있습니다. 재항고는 2심 법원의 결정이나 명령에 불복할 경우에 제기하는 상소 제도입니다. ㄹ. 대통령 선거 소송은 신속한 재판을 위하여 단심제가 적용되어 대법원에서만 재판합니다.

다. 가처분 결정, 주소 보전 명령 등에 대해 불복하면 항고나 재항고를 합니다. 징역 3년이라는 판결에 불복하면 항소나 상고를 합니다.

139 법원의 권한　　　　　　　　　　　정답 ③

문제 분석 민 · 형사 사건에서 가벼운 사건은 지방 법원 단독 판사가 1심 재판을 맡습니다. 이 판결에 대해 항소하면 2심 법원은 지방 법원 합의부가 맡고, 상고하면 대법원이 3심 재판을 맡습니다. 무거운 사건은 지방 법원 합의부가 1심 재판을 맡으며, 2심은 고등 법원이, 3심은 대법원이 맡습니다. 따라서 A는 고등 법원, B는 대법원입니다.

정답 찾기 ③ 위헌 법률 심판 제청은 모든 법원이 할 수 있습니다.

오답 피하기 ① 대법원장과 대법관은 대통령이 임명합니다. 대법관이 아닌 법관은 대법원장이 임명합니다. ② 대법원장은 국회의 동의를 얻어 대통령이 임명합니다. 국무총리의 제청으로 대통령이 임명하는 것은 국무 위원입니다. ④ 국민 참여 재판은 형사 사건에만 한정되며, 1심 법원인 지방 법원 합의부에서 담당합니다. ⑤ 국회 의원 선거 소송은 대법원에서만 담당합니다.

140 심급 제도　　　　　　　　　　　정답 ⑤

문제 분석 갑은 형사 사건의 피고인으로 재판을 받았는데, 1심에서는 무죄였으나 2심에서는 유죄를 선고받았습니다. 갑은 성매매 장소 제공을 처벌하는 법 규정에 대해 위헌 법률 심판 제청을 신청했으나 법원이 이를 기각했습니다.

정답 찾기 ⑤ 재판 당사자가 법원에 위헌 법률 심판 제청 신청을 했는데, 법원이 이를 기각할 경우 재판 당사자는 직접 헌법 재판소에 위헌 심사형 헌법 소원 심판을 청구할 수 있습니다.

오답 피하기 ① 형사 보상 청구권은 구금된 적이 있는 피의자나 피고인이 무죄 취지의 불기소 처분이나 무죄 판결을 받았을 때 행사할 수 있습니다. 갑은 1심 법원에서 무죄 판결을 받았으나 2심에서는 유죄를 선고받았으므로 아직 무죄가 확정된 것이 아닙니다. 3심에서 무죄가 확정되면 형사 보상 청구권을 행사할 수 있지만, 유죄가 확정되면 행사할 수 없습니다. ② 국회 의원의 선거 소송은 대법원에서만 담당합니다. ③ 갑은 1심에서 무죄를 선고받았으므로 항소하지 않았을 것입니다. 2심 법원에 항소한 측은 검사일 것입니다. ④ 법원은 당사자의 신청이 없어도 직권으로 헌법 재판소에 위헌 법률 심판을 제청할 수 있습니다.

141 위헌 심사형 헌법 소원 심판　　　　　　정답 ④

문제 분석 △△안전 공단법과 관련하여 재판을 받고 있는 갑이 해당 법률 조항이 헌법에 위반된다며 법원에 위헌 법률 심판 제청 신청을 했습니다. 따라서 (가)는 위헌 법률 심판 제청입니다. (나)는 (가)의 청구가 기각되었을 때 갑이 직접 헌법 재판소에 △△안전 공단법 해당 조항의 위헌 여부의 결정을 요구하는 헌법 소원 심판을 청구한 것입니다.

정답 찾기 ④ 위헌 법률 심판 제청의 신청은 법원에, 헌법 소원 심판의 청구는 헌법 재판소에 해야 합니다.

오답 피하기 ① 국가 기관 상호 간의 권한 다툼을 해결하고자 하는 것은 권한 쟁의 심판입니다. ② (나)의 청구인은 갑으로 되어 있습니다. 즉, 갑은 (가)에서의 신청이 기각되었기 때문에 직접 헌법 재판소에 헌법 소원 심판을 청구한 것입니다. 이를 통해 (가)에서 △△안전 공단법 해당 조항의 위헌 여부 심판을 헌법 재판소에 제청해 달라고 법원에 신청한 사람은 원고가 아니라 피고 갑임을 알 수 있습니다. ③ 갑이 청구한 헌법 소원 심판은 위헌 심사형 헌법 소원에 해당합니다. ⑤ 재판 당사자는 위헌 법률 심판 제청의 신청이 기각되어야 헌법 재판소에 헌법 소원 심판을 청구할 수 있습니다.

142 헌법 소원 심판　　　　　　　　　　정답 ④

문제 분석 헌법 소원 심판은 헌법에 보장된 국민의 기본권이 공권력에 의하여 침해되었을 때 이를 구제하기 위한 심판으로, 권리 구제형 헌법 소원 심판과 위헌 심사형 헌법 소원 심판으로 나눌 수 있습니다. 제시된 자료는 위헌 심사형 헌법 소원의 사례입니다.

정답 찾기 갑은 정치 자금법 위반으로 기소되어 형사 재판을 받았습니다. 갑은 재판 도중 정치 자금법 규정이 헌법에 위배된다며 법원에 위헌 법률 심판 제청을 신청했으나 기각당하자 헌법 재판소에 헌법 소원 심판을 청구했습니다. 이에 대해 헌법 재판소는 해당 규정이 헌법에 위배되지 않는다고 판단했습니다. 따라서 A는 위헌 법률 심판 제청, B는 헌법 소원 심판입니다.

143 헌법 재판소의 권한　　　　　　　　정답 ②

문제 분석 헌법 재판소는 헌법 소원 심판, 위헌 법률 심판, 탄핵 심판, 정당 해산 심판, 권한 쟁의 심판을 담당합니다.

정답 찾기 ㄱ. 헌법 재판소에서 위헌으로 결정된 법률은 즉시 효력을 상실합니다. ㄷ. 정당 해산 심판은 정당의 목적이나 활동이 민주적 기본 질서에 어긋날 때 정부가 국무 회의의 심의를 거쳐 정당 해산 심판을 청구하면, 헌법 재판소가 그 정당의 해산 여부를 심판하는 제도입니다.

오답 피하기 ㄴ. 고위 공직자에 대한 탄핵은 국회의 소추가 있어야 탄핵 심판이 진행됩니다. ㄹ. 헌법 소원 심판에서 법률의 위헌 여부도 판단합니다. 특히 위헌 심사형 헌법 소원은 법률의 위헌 여부를 판단합니다.

144 헌법 소원 심판　　　　　　　　　　정답 ④

문제 분석 헌법 재판소에서 이루어지는 심판 중 위헌 법률 심판은 법원의 제청에 따라 재판의 전제가 되는 법률이 헌법에 위반되는지를 판단하는 심판입니다. 헌법 소원 심판은 헌법에 보장된 국민의 기본권이 공권력에 의하여 침해되었을 때 이를 구제하기 위한 심판으로, 권리 구제형 헌법 소원 심판과 위헌 심사형 헌법 소원 심판으로 나눌 수 있습니다.

정답 찾기 ④ 헌법 재판소의 결정은 최종적인 것이므로 이 결정에 대해 대법원에 상고할 수 없습니다.

오답 피하기 ① 헌법 재판소는 국회에서 탄핵 소추된 공무원의 파면 여부를 심사하는 탄핵 심판권을 갖고 있습니다. ② 기초 생활 보장 급여는 일정한 기준 이하의 빈곤층에 대해 생계비 등을 지원함으로써 실질적인 평등 실현을 목표로 합니다. ③ 기초 수급과 관련한 법률 조항이 갑이 받는 재판의 전제 조건이 되는 것은 아니므로 위헌 심사형 헌법 소원이 아닙니다. 갑은 교도소 수감자를 기초 수급 대상에서 제외하는 공권력의 작용으로 기본권을 침해받았다고 주장하므로 권리 구제형 헌법 소원을 제기한 것입니다. ⑤ 구치소에 수감된 사람을 기초 수급 대상에서 제외시킨 것은 중복 보장을 피하려는 목적이므로 기본권 제한의 목적이 정당함을 뜻합니다.

145 헌법 재판 유형　　　　　　　　　　정답 ①

문제 분석 A는 탄핵 심판, B는 위헌 법률 심판입니다.

정답 찾기 ① 탄핵 심판의 대상은 대통령 · 국무총리 · 국무 위원 · 행정 각부의 장 · 헌법 재판소 재판관 · 법관 · 중앙 선거 관리 위원회 위원 · 감사원장 · 감사위원 기타 법률이 정한 공무원입니다. 국회 의원은 헌법이나 법률을 위배할 경우 국회 자체에서 제명 처리를 할 수 있으므로 탄핵 심판의 대상이 아닙니다.

오답 피하기 ② 공권력에 의해 기본권을 침해당한 국민이 청구할 수 있는 것은 헌법 소원 심판입니다. ③ 위헌 결정은 재판관 9인 중 6인 이상이 찬성해야 가능합니다. ④ 위헌 결정은 위헌 법률 심판, 위헌 심사형 헌법 소원 심판, 권리 구제형 헌법 소원 심판에 대해서 가능합니다. ⑤ 탄핵 심판과 헌법 소원 심판은 모두 헌법 재판소가 담당합니다. 헌법 재판스는 독립적인 헌법 재판 기관입니다.

146 헌법 재판소의 권한   정답 ④

문제 분석 법률의 위헌이나 합헌 결정은 헌법 재판소의 권한입니다.

정답 찾기 ④ 고위 공무원에 대해 국회가 탄핵 소추를 하면 헌법 재판소는 탄핵 여부를 심판합니다.

오답 피하기 ① 국가의 세입·세출의 결산을 검사하는 것은 감사원입니다. ② 국회 의원 선거 소송은 대법원에서 담당합니다. ③ 행정부의 주요 정책을 심의하는 것은 국무 회의입니다. ⑤ 명령, 규칙, 처분의 최종 심사권은 대법원이 갖고 있습니다.

147 헌법 소원 심판   정답 ⑤

문제 분석 A는 법원, B는 헌법 재판소, (가)는 위헌 법률 심판, (나)는 헌법 소원 심판입니다.

정답 찾기 ⑤ 헌법 재판소가 ○○법을 위헌이라고 결정하면 해당 법은 즉시 효력이 상실되므로 갑은 ○○법의 적용을 받지 않습니다.

오답 피하기 ① 헌법 재판소에 위헌 법률 심판을 제청할 수 있는 것은 모든 법원입니다. 위헌, 위법 명령에 대한 최종 심사권은 대법원이 갖습니다. ③ 갑은 법원이 갑의 위헌 법률 심판 제청 신청을 기각했기 때문에 헌법 소원 심판을 제기한 것입니다. 따라서 (나)는 위헌 심사형 헌법 소원 심판입니다. ④ 헌법 재판소가 위헌 결정을 하려면 재판관 9명 중 6명 이상이 찬성해야 합니다.

148 위헌 법률 심판과 헌법 소원 심판   정답 ②

문제 분석 (가)에서 갑은 법원에 위헌 법률 심판 제청을 신청했으나 기각당하자 헌법 재판소에 헌법 소원 심판을 청구하였습니다. (나)에서 법원이 직권으로 위헌 법률 심판을 제청하였습니다. 따라서 A는 위헌 법률 심판, B는 헌법 소원 심판입니다.

정답 찾기 ② 위헌 법률 심판은 재판 당사자의 신청이 없더라도 법원이 제청할 수 있습니다.

오답 피하기 ① 위헌 법률 심판의 제청은 법원만이 할 수 있습니다. ③ 갑은 위헌 법률 심판 제청 신청이 기각 당하자 헌법 소원 심판을 청구한 것이므로 B는 위헌 심사형 헌법 소원 심판입니다. ④ 헌법 재판소의 결정은 최종적인 것이므로 이에 대해 갑은 대법원에 상고할 수 없습니다. ⑤ 위헌 법률 심판이 진행될 경우 해당 사건의 재판은 헌법 재판소의 결정이 나올 때까지 정지됩니다.

149 위헌 법률 심판   정답 ⑤

문제 분석 제시된 자료는 법원이 △△법 제45조가 위헌임을 결정해 달라는 법원의 위헌 법률 심판 제청서입니다. 위헌 법률 심판 제도는 법률의 위헌 여부가 재판의 전제가 되었을 때 그 사건을 담당하는 법원이 직권 또는 당사자의 신청에 따른 결정으로 헌법 재판소에 위헌 여부를 제청하면, 헌법 재판소가 그 법률의 위헌 여부를 심판하는 제도입니다.

정답 찾기 ㄷ. 위헌 법률 심판 제청을 하기 위해서는 당해 사건의 재판에서 △△법률 제45조가 전제가 되어야 합니다. ㄹ. 헌법 재판소에서 위헌 결정을 하려면 재판관 6명 이상이 찬성해야 합니다. 따라서 헌법 재판관 5인이 위헌에 찬성하더라도 위헌 결정이 나지 않으므로 △△법률 제45조는 효력을 유지합니다.

오답 피하기 ㄱ. 법원의 위헌 법률 심판 제청 결정으로 △△법률 제45조가 효력을 상실하는 것은 아닙니다. 법원이 제청 결정을 하면 헌법 재판소가 위헌 심판을 진행하여 위헌 결정을 내려야 해당 조항이 효력을 상실합니다. ㄴ. 위헌 법률 심판 제청의 결정은 소송 당사자의 신청이 없어도 법원이 직권으로 할 수 있습니다.

150 헌법 소원 심판   정답 ①

문제 분석 제시된 사례는 헌법 소원 심판 청구의 사례인데, 청구인이 해당 법률 조항과 관련하여 재판을 받고 있는 경우가 아니므로 권리 구제형 헌법 소원 심판입니다. 권리 구제형 헌법 소원 심판은 공권력의 행사 또는 불행사로 기본권을 침해당한 사람이 헌법 재판소에 침해 여부의 판단을 청구하면, 헌법 재판소가 그 침해 여부를 판단하는 제도입니다.

정답 찾기 ㄱ. 위헌 법률 심판이나 헌법 소원 심판은 헌법이 법률보다 상위법임을 전제로 가능합니다. ㄴ. 과잉 금지의 원칙은 국가가 국민의 기본권을 제한하는 데 준수하여야 할 기본 원칙인데, '법익의 균형성'은 주요한 고려 사항의 하나입니다.

오답 피하기 ㄷ. 위헌 심사형 헌법 소원은 법률의 위헌 여부가 재판의 전제가 되는 경우에 행해지며, 사례는 기본권 침해를 이유로 한 권리 구제형 헌법 소원의 유형에 해당합니다. ㄹ. '정보의 공개를 요구할 권리'는 언론의 자유를 보장받기 위한 것으로서 사회적 기본권의 보장과 연관된 최소한의 인간다운 생활을 보장받기 위한 것과는 거리가 멉니다.

151 헌법 재판소의 권한   정답 ①

문제 분석 (가)는 위헌 법률 심판, (나)는 탄핵 심판, (다)는 헌법 소원 심판, (라)는 정당 해산 심판입니다.

정답 찾기 ① 법률의 위헌 결정에는 재판관 9명 중 6명 이상의 찬성이 필요합니다.

오답 피하기 ② 탄핵 심판을 하기 위해서는 우선 국회의 탄핵 소추가 있어야 합니다. ③ 헌법 소원 심판의 청구권자는 국가 공권력에 의해 기본권을 침해받은 국민입니다. ④ 헌법 소원 심판 중에서 위헌 심사형 헌법 소원은 소송 당사자가 위헌 법률 심판 제청을 신청했으나 기각되었을 때 청구할 수 있습니다. ⑤ 정당 해산 심판은 정부의 제소에 의해 이루어집니다.

152 국가 기관 간의 관계   정답 ④

문제 분석 위헌 법률 심판 제청권은 사법부가 법률 제정 기관인 입법부를 견제할 수 있는 수단입니다. 따라서 A는 행정부, B는 입법부, C는 사법부입니다.

정답 찾기 ㄴ. 입법부는 법관이 직무 집행에 있어서 헌법이나 법률을 위배한 때에는 탄핵 소추를 의결할 수 있습니다. ㄹ. 사법부는 행정부의 명령·규칙 또는 처분이 헌법이나 법률에 위반되는 여부가 재판의 전제가 된 때에는 이를 심사할 권한을 갖습니다.

오답 피하기 ㄱ. 입법부는 위헌 법률 심판 제청권이 행사된다고 해서 해당 법률을 개정해야 하는 것은 아닙니다. 헌법 재판소가 해당 법률 규정에 대하여 위헌 결정을 내리면 입법부는 해당 법률 규정을 개정해야 합니다. ㄷ. 사면권은 대통령의 권한으로서 행정부가 사법부의 권한, 즉 재판에 대하여 견제하는 수단입니다.

153 국가 기관 간의 관계   정답 ④

문제 분석 대통령의 법률안 거부권은 행정부가 입법부의 다수당 횡포를 견제하는 수단입니다. 국정 조사권은 입법부가 행정부를 견제하는 수단입니다.

정답 찾기 ④ 법률안 거부권 행사를 통해 행정부가 입법부를 견제하고, 국정 조사권을 발동하여 입법부가 행정부를 견제할 수 있습니다.

오답 피하기 ① 국회 다수당의 횡포를 막는 장치는 대통령의 법률안 거부권입니다. 국정 조사권은 국회가 행정부를 견제하는 수단입니다. ②, ⑤ 법률안 거부권과 국정 조사권은 대통령제의 요소입니다. ③ 의회주의의 위기는 입법 기관으로서의 의회가 약화되는 현상을 말합니다. 따라서 의회의 입법 지원이 극복 방안이 될 수 있습니다.

154 헌법 기관 간의 견제 정답 ⑤

문제 분석 우리나라의 헌법 기관 중 A는 국회, B는 대통령, C는 법원, D는 헌법 재판소입니다.

정답 찾기 ⑤ 헌법상 입법 의무가 있는 사항에 관하여 국회가 입법을 하지 않는 것은 공권력의 불행사가 됩니다. 따라서 이로 인해 기본권을 침해당한 국민은 헌법 소원 심판을 헌법 재판소에 청구할 수 있습니다.

오답 피하기 ① 국회는 국가의 예산안을 심의·확정합니다. 그러나 결산을 검사하는 것은 감사원입니다. ② 행정부 내 최고 심의 기관의 구성원 중에서 대통령은 국회 의원의 지위를 동시에 가질 수 없습니다. ③ 대통령은 법원의 구성원 중에서 대법원장과 대법관을 임명합니다. 대법원장과 대법관을 제외한 일반 법관은 대법원장이 임명합니다. 헌법 재판소 재판관은 모두 대통령이 임명합니다. ④ 대통령은 사면, 감형 등을 명할 수 있는 권한을 행사하여 법원을 견제할 수 있습니다.

08강 지방 자치

핵심 개념 CHECK!

▶ 본문 082쪽

01 ○	02 ○	03 ×	04 ○	05 ×	06 ×	07 ○	08 ○
09 ○	10 ○	11 ○	12 ○	13 ○	14 ○	15 ○	16 ×
17 ×	18 ○	19 ○	20 ○	21 ○	22 ○	23 ×	24 ×
25 ×	26 ×	27 ×	28 ○	29 ○	30 ○	31 ×	

○|× 문장 바로 알기

01 지방 자치란 지역의 주민이 스스로 그 지역의 사무를 자율적으로 처리하는 제도이다.

02 지방 자치를 시행하려면 자치 구역, 주민, 자치권, 지방 자치 단체가 있어야 한다.

03 '풀뿌리 민주주의'란 중앙 정부의 강력한 지도력에 의한 정치 사회화를 의미한다. (→ 의미하지 않는다.)

04 지방 자치는 지방 정부와 중앙 정부 간 권력 분립 효과도 달성할 수 있다.

05 중앙 정부와 지방 정부의 권력 분립을 수평적 권력 분립이라고 한다. (수평적 → 수직)

06 지방 자치는 중앙 정부가 지방 정부를 견제할 수 있다는 점에서 중요하다. (있다 → 없다)

07 지방 정부는 독립된 법인격을 지닌 주체로서 자치 사무를 스스로 처리한다.

08 자치 사무의 예로 주민 복리 증진에 관한 사무를 들 수 있다.

09 지방 정부는 자기 지역의 문제에 전문성이 있어 중앙 정부보다 지역 문제를 효율적으로 처리할 수 있으므로 지방 자치를 통해 근거리 행정을 실현할 수 있다.

10 지방 자치의 경험을 통해 양성한 민주 시민과 정치 지도자는 국가 전체의 민주주의 발전에 기여할 수 있다.

11 우리나라의 지방 자치는 1948년 공포된 제헌 헌법에 규정되어 있었다.

12 지방 자치제 시행의 법률적 근거인 「지방 자치법」은 1949년에 제정되었고, 이에 따라 1952년 최초의 지방 의회가 주민의 직접 선거로 구성되었다.

13 4·19 혁명 이후인 1960년에는 처음으로 모든 자치 단체장이 직선제로 선출되었다.

14 1972년 유신 헌법에서는 지방 의회를 완전히 폐지하기로 명문화하였다. (완전히 폐지하기로 → 조국 통일이 이루어질 때까지 구성하지 않기로)

15 1995년부터 지방 자치 단체장을 주민이 직접 선거로 선출함으로써 명실상부한 지방 자치 시대를 맞이하였다.

16 자치 입법권 규정에 따라 지방 의회는 법률과 명령의 범위 안에서 규칙을 제정할 수 있다. (규칙을 → 조례를)

17 교육감은 기초 자치 단체장으로서 교육의 자주성 및 전문성과 지방 교육의 특수성을 살리기 위하여 교육과 학예에 관한 사무를 관장한다. (기초 → 광역)

18 지방 의회는 예산 심의 및 확정권, 예산 결산 승인권 등을 가진다.

19 기초 자치 단체에는 특별자치시, 시, 군, 구가 있다.

20 주민은 지방 자치 단체와 그 장의 권한에 속하는 사무의 처리가 법령에 위반되거나 공익을 현저히 해친다고 인정되면 감사를 청구할 수 있다.

21 지방 의회는 지방 업무와 관련한 전반적인 사항을 심의하고 의결하는 최고 의사 결정 기관이다.

22 지방 의회는 자치 행정 운영에 관한 주요 사항을 결정하고 지방 행정이 제대로 수행되고 있는지를 감시·감독하는 역할을 한다.

23 지방 의회는 지역 주민이 직접 선출하는 임기 4년의 지방 의회 의원으로 구성되며, 지방 의회 의원은 정치적 중립을 지켜야 한다. (정치적 중립을 지켜야 한다. → 정당의 공천을 받아야 한다.)

24 주민 소환제는 자치 단체장의 소신 있는 행정 처리 의욕을 제고한다. (제고 → 저해)

25 우리나라는 지방 정부의 중앙 정부에 대한 경제적 의존도가 낮다. (낮다 → 높다)

26 지방 정부의 재정 자립도를 높이기 위해서는 국세의 비중을 늘려야 한다. (국세 → 지방세)

27 주민 발안제는 선거에 의해 선출된 지방 자치 단체장이나 지방 의회 의원(비례 대표 지방 의회 의원 제외)을 임기 중에 주민의 투표에 의하여 해임하는 제도를 말한다. (발안제 → 소환제)

28 지방 자치 단체들이 자율적으로 분쟁을 해결할 수 있는 제도나 절차를 강화하고, 중앙 정부의 합리적인 갈등 조정 역할을 확립해야 한다.

29 지방 자치의 발전을 위해서는 지방 의회 및 지방 자치 단체의 권한을 확대해야 한다.

30 지방 교부세는 지방 자치 단체 간 재원 균형을 위해 지원하는 금액을 말한다.

30 남비 현상은 자기 지역 발전에 도움이 되는 시설을 적극적으로 유치하고자 하는 지역 이기주의의 현상이다. (남비 → 핌피)

155 ②	156 ③	157 ②	158 ①	159 ④	160 ③
161 ②	162 ②	163 ③	164 ④	165 ①	166 ④
167 ⑤	168 ②	169 ⑤	170 ①	171 ④	172 ②
173 ②	174 ⑤	175 ③	176 ⑤		

155 지방 자치의 의의 　　　　　　　　　정답 ②

문제 분석 지방 자치란 일정한 지역의 주민이 스스로 지방 자치 단체를 구성하여 그 지역의 사무를 자율적으로 처리하는 제도입니다. 지방 자치를 시행하려면 자치 구역, 그 지역에 사는 주민, 자치권, 자치권을 실제로 행사하는 지방 자치 단체가 있어야 합니다.

정답 찾기 제시된 자료에서 공통적으로 강조하고 있는 것은 지방 자치의 원리입니다. ② 지방 자치는 국가 정책의 효율성과 통일성보다는 시민의 자율성과 참여, 수직적인 권력 분립을 실현하고자 합니다.

오답 피하기 ① 지방 자치는 지역의 문제를 주민 스스로 결정하고 처리함으로써, 주민의 정치 참여 기회를 확대합니다. ③ 지방 자치는 중앙 권력과 지방 권력 간의 수직적 권력 분립을 통해 중앙 권력의 남용을 억제합니다. ④ 주민이 선출한 기관을 통해 지역의 사무를 처리하기 때문에 지역의 특수성과 다양성을 반영할 수 있습니다. ⑤ 중앙 권력과 지방 권력 간의 수직적 권력 분립을 통해 궁극적으로 국민의 자유와 권리를 보장하고자 합니다.

156 지방 자치의 의의 　　　　　　　　　정답 ③

문제 분석 일정한 지역을 기초로 하는 단체나 지역 주민이 중앙 정부로부터 자율성을 확보하고 해당 지역의 문제를 자신의 의사와 책임에 따라 자주적으로 처리하는 과정이 필요한데, 이를 지방 자치라고 합니다. 지방 자치는 지역 주민이 중앙 정부로부터 상대적으로 독립된 자치 단체를 구성하는 일에서 출발하며, 이러한 단체가 해당 지역 주민의 의사에 따라 충실히 운영될 때 실현될 수 있습니다.

정답 찾기 ③ 지방 자치는 주민이 정책 결정과 집행에 참여하는 제도로서 지방에 맞는 정책 집행을 할 수 있어 국가 전체적으로는 다양한 정책이 시행됩니다. 또한 주민의 의견을 수렴해야 하므로 정책 집행 과정은 신속하지 못한 편입니다.

오답 피하기 지방 자치는 중앙 정부의 한계를 보완하고 견제함으로써 국민의 자유와 권리 보장에 기여할 수 있습니다. 또한 주민 스스로 자신들의 문제를 처리하게 함으로써 주민의 정치에 관한 관심과 지식, 주권 의식을 배양하고 참여를 활성화하는 데 기여할 수 있습니다. 나아가 지방 자치의 경험을 통해 양성한 민주 시민과 정치 지도자는 국가 전체의 민주주의 발전에 기여할 수 있습니다.

157 지방 자치의 의의 　　　　　　　　　정답 ②

문제 분석 밑줄 친 '이것'은 지방 자치입니다. 지방 자치는 주민이 정책 결정과 집행에 참여하는 제도로서, 주민의 정치 의식과 책임 의식을 고양하며 '풀뿌리 민주주의'를 실현합니다.

정답 찾기 ② 지방 자치 단체는 각 지역의 특수성이나 주민의 일상생활과 밀접하게 관련된 정치와 행정을 담당하므로 국가 전체의 통일적인 정책 수행과는 거리가 멀다고 볼 수 있습니다.

오답 피하기 ① 지방 자치 단체는 관할 구역에 대한 통치권을, 중앙 정부는 국가 전체에 대한 통치권을 갖습니다. 이러한 중앙 정부와 지방 자치 단체 간의 권력 분립은 권력의 중앙 집중으로 인한 폐단을 방지하는 역할을 할 수 있습니다. ③ 지방 자치는 주민 스스로 지역의 특수성을 반영하는 정책을 수립할 수 있습니다. ④ 지역 주민은 정치·사회·교육·문화

등 생활 주변에서 마주치는 다양한 영역의 문제를 자주적으로 해결하는 과정에서 민주주의의 경험을 쌓는 훈련을 할 수 있습니다. ⑤ 지방 자치를 통해 지역에 맞는 정책을 수립하고 집행함으로써 지역 문화의 활성화와 균형 있는 지역 발전을 꾀할 수 있습니다.

158 주민 소환제 　　　　　　　　　정답 ①

문제 분석 제시된 법률은 주민 소환에 관한 법률이며, 이 조항에 나타난 제도는 주민 소환제입니다.

정답 찾기 ① 주민 소환제는 지방 단체장이나 지방 의회 의원이 임기 중 위법·부당 행위와 직무 유기, 직권 남용 등을 저지를 경우 정해진 절차에 따라 주민들이 주민 투표를 거쳐 해임할 수 있다는 것을 핵심 내용으로 합니다. 즉, 지방 행정에 대한 주민 통제를 강화하려는 것이 목적입니다.

오답 피하기 ② 제시된 법률 조항에서 비정부 기구 활동에 대한 내용은 찾아볼 수 없습니다. ③ 제시된 법률 조항에서 정당에 대한 내용은 없습니다. ④ 지방 행정에 대한 주민 감사 청구가 아니라 주민 소환을 내용으로 합니다. ⑤ 주민들이 투표를 통해 해임할 수 있도록 하게 되면 지방 자치 단체장은 주민들의 욕구를 충족시키려는 행정을 추진하려고 할 것입니다. 자신의 소신 있는 행정을 펼치는 것은 주저할 것입니다.

159 지방 자치 단체의 종류 　　　　　　　정답 ④

문제 분석 우리나라의 지방 자치 단체는 두 가지 종류로 구분됩니다. 하나는 특별시, 광역시, 특별자치시, 도, 특별자치도와 같은 광역 자치 단체이고, 다른 하나는 시, 군, 구(자치구)와 같은 기초 자치 단체입니다. 지방 자치 단체의 기관은 의결 기관인 지방 의회와 집행 기관인 지방 자치 단체장으로 구분됩니다.

정답 찾기 ④ 광역 자치 단체장과 기초 자치 단체장은 모두 주민의 직접 선거에 의해 선출되었으므로 주민이 아니면 해임할 수 없습니다.

오답 피하기 ① 지방 의회는 의결 기관으로서 집행 기관인 지방 자치 단체장을 견제하는 역할을 합니다. ② 특별시, 광역시, 도는 광역 자치 단체로서 광역 의회와 광역 자치 단체장이 있습니다. ③ 지방 자치 단체장은 법령과 조례의 범위에서 규칙을 제정할 수 있습니다. ⑤ 지방 의회 의원과 지방 자치 단체장은 모두 주민의 직접 선거에 의해 선출됩니다.

160 주민 발안제 　　　　　　　　　정답 ③

문제 분석 제시문에서 강조한 제도는 주민 발안제입니다. 주민이 직접 조례안을 발의할 수 있는 제도입니다. 우리나라에서도 주민이 조례 제정안이나 개정안, 폐지안을 제출할 수 있는 주민 조례 제정 및 개폐 청구 제도를 두고 있습니다.

정답 찾기 ③ 주민이 원하는 정책을 주민 스스로 발의하는 것이므로 정책 결정에 주민의 요구가 잘 반영됩니다.

오답 피하기 ① 주민이 전문적인 식견을 가진 것은 아니므로 주민 발안제가 정책 결정의 전문성을 높이는 것은 아닙니다. ② 지방 의회가 아니라 주민이 직접 조례안을 발의할 수 있는 것이므로 지방 의회의 기능을 약화시킬 수 있습니다. ④ 주민 발안제는 주민이 원하는 것을 조례에 반영하는 것이지 지방 자치 단체장의 부정부패를 막는 장치는 아닙니다. ⑤ 주민이 조례를 발의하면 그것을 심의하고 의결하는 데 상당한 시간과 비용이 소요될 것입니다.

161 주민 참여 제도 　　　　　　　　　정답 ②

문제 분석 (가)는 조례 개폐 청구 제도, (나)는 주민 감사 청구 제도입니다.

정답 찾기 ㄱ. 지방 자치 단체에 주민이 직접 참여하는 것은 정치 사회화의 계기가 됩니다. ㄷ. (가)는 (나)보다 더 많은 지역 주민의 서명을 필요로 합니다.

 ㄴ. 지방 분권보다 주민 자치를 강화하는 제도입니다. ㄹ. (나)는 행정적 통제 제도입니다.

162 지방 자치 단체의 구성 　　　　　정답 ②

문제 분석 A는 의결 기관이므로 지방 의회, B는 집행 기관이므로 지방 자치 단체장입니다.

정답 찾기 ② 지방 자치 단체장은 주민의 직접 선거로 선출됩니다.

오답 피하기 ① 지방 의회는 주민의 선거에 의해 선출된 의원으로 구성됩니다. ③ 지방 의회는 조례 제·개정 및 폐지권, 예산 심의 및 확정권, 예산 결산 승인권, 기타 주민 부담에 관한 사항의 심의 및 의결권을 갖습니다. ④ 지방 자치 단체장은 지역 주민의 복리를 위해 법령 또는 조례가 위임한 범위 내에서 규칙을 제정할 수 있는 권한을 갖습니다. ⑤ 지방 자치 단체장은 지방 의회에 대한 견제 권한으로서 조례안에 대한 거부권을 갖습니다.

163 지방 자치 단체의 구성 　　　　　정답 ③

문제 분석 (가)와 (다)는 광역 자치 단체, (나)는 기초 자치 단체입니다. (A)는 지방 자치 단체장이고, (B)는 지방 의회입니다.

정답 찾기 ③ 지방 자치 단체장과 지방 의회 의원은 정당 공천을 받아야 하지만, 교육감은 정당 공천이 허용되지 않습니다.

오답 피하기 ① 광역 지방 의회가 기초 지방 의회를 감독할 권한이 없습니다. ② 지방 자치 단체장은 소선거구제와 다수 대표제 의해 선출되고, 지방 의회 광역 의원은 소선거구제와 다수 대표제에, 비례 대표제에 의해 선출됩니다. 지방 의회 기초 의원은 중·대 선거구제와 다수 대표제, 비례 대표제에 의해 선출됩니다. ④ 지방 자치 단체장은 규칙을, 지방 의회는 조례를 제정할 수 있습니다. ⑤ 주민 소환 제도는 지방 의회의 권한이 아니라 지역 주민의 권한입니다.

164 지방 자치 단체 　　　　　정답 ④

문제 분석 우리나라의 지방 자치 단체는 두 가지 종류로 구분됩니다. 하나는 특별시, 광역시, 특별 자치시, 도, 특별 자치도와 같은 광역 자치 단체이고, 다른 하나는 시, 군, 구와 같은 기초 자치 단체입니다. 지방 자치 단체의 기관은 의결 기관인 지방 의회와 집행 기관인 지방 자치 단체장으로 구분됩니다.

정답 찾기 ㄴ. 지방 자치 단체에 대한 중앙 정부의 지도와 감독 권한이 강할 경우 지방 자치 단체의 본연의 목적을 실현할 수 없습니다. 중앙 정부의 권한을 지방 자치 단체에 이양함으로써 지방 자치 단체가 자율성을 갖고 주민 자치를 실현할 때 진정한 지방 자치가 이루어집니다. ㄹ. 우리나라의 지방 자치에서는 주민의 참여를 확대하고, 지방 행정의 민주성과 책임성을 높이기 위해 다양한 주민 참여 제도를 두고 있습니다. 이러한 참여 제도에는 주민 투표 제도, 주민 발안 제도, 주민 소환 제도가 있습니다. 이 세 가지 제도는 주민 참여 제도 중 직접 민주 정치의 요소를 지닌 제도에 해당합니다.

오답 피하기 ㄱ. 지방 자치 단체의 장은 규칙을 제정할 수 있는 권한을 갖습니다. 조례는 지방 의회가 제정할 수 있습니다. ㄷ. 지방 의회는 지역구 의원과 비례 대표 의원으로 구성되며 주민이 직접 선출합니다.

165 주민 참여 제도 　　　　　정답 ①

문제 분석 주민 투표, 주민 소환, 조례 제정 청구 등은 모두 주민 참여 제도입니다.

정답 찾기 ㄱ. 정치적 효능감은 주민의 요구가 정책 결정에 반영될 때 느끼는 만족감입니다. 주민 투표를 통해 주민의 요구가 실현되면 정치적 효능감이 높아집니다. ㄴ. 주민 소환은 임기 중에 선출직 공직자를 해임하

는 제도로서 지방 자치 단체장의 소신 있는 정책 결정을 어렵게 할 수 있습니다.

오답 피하기 ㄷ. 주민 투표, 주민 소환, 조례 제정 청구 등은 모두 주민이 직접 참여하는 직접 민주 정치 제도입니다. ㄹ. 주민 자치는 지역 주민들이 해당 지역의 문제에 관한 정책을 스스로 결정하고 집행하는 지방 자치를 가리킵니다. 단체 자치는 지방 자치 단체가 중앙 정부로부터 자치권을 인정받아 스스로 지역 사무를 처리하는 지방 자치를 가리킵니다. 주민 투표, 주민 소환, 조례 제정 청구 등은 모두 주민 자치에 해당합니다.

166 우리나라 지방 자치의 역사 　　　　　정답 ④

문제 분석 1948년 제헌 헌법은 지방 자치에 관하여 하나의 장을 두어 보장하였습니다. 그러나 제헌 헌법 내용은 충실하게 시행되지 못하였고, 이후에도 지방 자치 발전은 더디게 진행되었습니다. 그러다가 1988년 「지방 자치법」이 정비되고 1991년 지방 의회 선거가 시행되면서 지방 자치가 본격적으로 시작되었습니다.

정답 찾기 ④ 1961년 5·16 군사 정변 이후에는 지방 자치 단체장을 중앙 정부에서 임명했습니다. 지방 의회는 폐지했습니다.

오답 피하기 ① 우리나라의 지방 자치는 제헌 헌법에 규정되어 있었지만 지방 자치제 시행의 법률적 근거인 지방 자치법은 1949년에 제정되었습니다. ② 6·25 전쟁의 발생으로 인해 1952년에야 최초의 지방 선거가 실시되어 지방 의회가 구성되었습니다. ③ 지역 주민이 지방 자치 단체장을 직접 선출하는 것은 계속 미루어지다가 4·19 혁명 이후인 1960년에야 처음으로 모든 자치 단체장이 직선제로 선출되었습니다. ⑤ 1995년 지방 의회 의원과 지방 자치 단체장을 모두 주민이 직접 선출하는 제1회 전국 동시 지방 선거가 실시됨에 따라 본격적인 지방 자치 시대가 개막되었습니다.

167 지방 자치 단체 　　　　　정답 ⑤

문제 분석 우리나라는 지방 자치 제도를 통해 중앙 정부와 지방 정부가 수직적인 권력 분립 체계를 이루고 있습니다. 지방 정부는 의결 기관인 지방 의회와 집행 기관인 지방 자치 단체장이 서로 견제와 균형을 이루면서 수평적인 권력 분립 체계를 이루고 있습니다.

정답 찾기 ⑤ 지방 의회는 지방 자치 단체장의 업무 수행에 대해 감시하고 비판하는 기능을 수행합니다. 구체적으로 조례의 제정 및 개폐, 지방 자치 단체 예산의 심의·확정, 결산의 승인, 지방 행정 사무에 대한 감사와 조사 등을 할 수 있습니다.

오답 피하기 ① 지방 정부는 의결 기관인 지방 의회와 집행 기관인 지방 자치 단체장이 서로 견제와 균형을 이루면서 수평적인 권력 분립 체계를 이루고 있습니다. 수직적인 권력 분립 체계는 중앙 정부와 지방 정부의 관계입니다. ② 지방 정부에서 의결 기관은 지방 의회입니다. 지방 자치 단체의 장은 집행 기관입니다. ③ 집행 기관인 지방 자치 단체장은 법령과 조례의 범위 내에서 규칙을 제정할 수 있습니다. 조례는 지방 의회가 제정합니다. ④ 지방 의회 의원이나 지방 자치 단체장이 업무 집행에서 법률을 위배했거나 공익을 크게 훼손했을 경우에는 주민 소환을 통해 임기 중 물러나게 할 수 있습니다.

168 주민 소환제 　　　　　정답 ②

문제 분석 A군의 군수가 친인척 비리로 인해 정상적인 군수 업무 수행에 지장을 초래하고 있다는 내용입니다. 이 경우 주민들은 주민 소환제를 이용하여 군수를 임기 중 해임하거나 감사를 청구할 수 있습니다.

정답 찾기 ㄱ. 군수의 비리에 대해 주민들은 일정한 정족수의 주민 투표를 거쳐 주민 소환을 통해 군수를 해임할 수 있습니다. ㄹ. 군수의 사무 처리가 공익을 현저히 해치거나 법령에 위반됨을 이유로 주민 감사를 청

구할 수 있습니다.

오답 피하기 ㄴ. 지방 자치 단체장은 지역 주민에 의해 선출되었으므로 중앙 정부가 해임할 권한이 없습니다. ㄷ. 공무 담임권 제한은 주민이 추진할 권한이 없습니다.

169 주민 참여 예산제   정답 ⑤

문제 분석 주민 참여 예산제는 지방 자치 단체의 예산 편성 과정에 지역 주민들이 직접 참여하는 것을 보장하는 참여 제도입니다. 지방 재정법에 근거 규정이 있으며 주민들은 주요 사업에 대한 공청회 또는 간담회에 참여하거나 주요 사업에 대한 서면 또는 인터넷 설문 조사에 응하는 방법 등이 있습니다.

정답 찾기 ㄴ, ㄷ, ㄹ. 주민 참여 예산제를 통해 지역 주민들이 예산 편성 과정에 참여하는 것을 보장함으로써 지역 주민의 정치적 관심이 확대되고 지방 재정 운영의 공정성과 투명성이 강화될 가능성이 높아집니다.

오답 피하기 ㄱ. 주민 참여 예산제로 인해 지역 이기주의의 문제가 해결되지는 않습니다.

170 지방 자치의 성공 조건   정답 ①

문제 분석 A시가 폐선된 철길에 경전철 노선을 건설하려고 했으나 주민들이 공원을 조성해 달라고 요구하여 이를 받아들였습니다. 그 결과 지금은 주민들의 휴식 공간으로 자리 잡아가고 있음을 통해 지방 자치가 성공하기 위한 조건을 찾아볼 수 있습니다.

정답 찾기 ① A시가 폐선된 철길에 공원을 조성한 것은 주민들의 요구 때문입니다. 주민들이 공원을 조성해 달라는 청원서를 의회에 제출하면서 적극적으로 공원 조성 운동을 벌였기 때문입니다. 이를 통해 지방 자치가 성공하기 위해서는 시민의 적극적인 참여가 바탕이 되어야 함을 알 수 있습니다.

오답 피하기 ② 폐선된 철길에 공원을 건설하는 것이 지역 이기주의인 것은 아닙니다. ③ 제시된 사례에서 지방 정부의 재정 확충 문제는 언급하지 않고 있습니다. ④ 중앙 정부의 지원이 있었다는 내용은 찾아볼 수 없습니다. ⑤ 지방 의회와 지방 자치 단체장의 협조에 대한 이야기는 없습니다.

171 주민 소환제와 감사 청구 제도   정답 ④

문제 분석 시장이 독단적으로 업무를 처리하고 있으므로 주민은 주민 소환제와 감사 청구 제도를 활용할 수 있습니다. 주민 소환제는 위법 · 부당한 행위를 저지르거나 직무가 태만한 지방 자치 단체장이나 지방 의회 의원을 주민 투표를 통해 해임할 수 있는 제도입니다. 또한 주민은 지방 자치 단체와 그 장의 권한에 속하는 사무의 처리가 법령에 위반되거나 공익을 현저히 해친다고 인정되면 감사를 청구할 수도 있습니다.

정답 찾기 ㄱ. 법령에 위반되거나 직무를 적절히 수행하지 못하는 지방 자치 단체의 장에 대해서는 그 임기 종료 전에 주민이 직접 해임할 수 있습니다. ㄴ. 감사 청구 제도가 마련되면, 시민들은 시장의 위법, 또는 공익에 반하는 행정에 대해 상급 기관에 감사를 청구할 수 있습니다. ㄷ. 제시된 사례에서 시민들은 정책 제의 및 결정 과정에의 참여를 요구하고 있으므로 적절한 방안입니다.

오답 피하기 ㄹ. 의무 투표제는 투표율을 높이는 것이며, 공직 선출자의 비리를 막는 수단은 아닙니다.

172 우리나라 지방 자치의 문제점   정답 ②

문제 분석 제시된 자료에서 국세의 비중이 지방세의 비중보다 훨씬 큽니다. 지방 자치 단체별 재정 자립도의 차이가 큽니다. 도시와 농어촌 지역 간 재정 격차가 큽니다.

정답 찾기 ② 조세의 종류는 법률로 정하도록 하고 있습니다. 만일 조세의 종류를 지방 정부가 임의로 정할 경우 지역 주민의 조세 부담이 지나치게 커질 수 있습니다.

오답 피하기 ① 국세의 비중이 지나치게 크고 지방세가 적어 지방 정부가 자체적인 재원을 확보하기 어렵습니다. 국세의 비중을 줄이고 지방세의 비중을 늘릴 필요가 있습니다. ③ 중앙 정부와 지방 정부가 세금을 나누어 집행한다면 지방 정부의 재정 자립도 향상에 도움이 될 수 있습니다. ④ 지방 정부 간의 재정 격차가 크므로 재정 자립도가 미약한 지방 정부에 중앙 정부가 재정 지원을 강화할 필요가 있습니다. ⑤ 국세의 항목을 상당 부분 지방세의 항목으로 이전하면 지방 정부의 재정 자립도가 높아집니다.

173 주민 투표제   정답 ②

문제 분석 주민 투표제는 주민에게 과도한 부담을 주거나 중대한 영향을 미치는 주요 정책 등을 주민의 투표로 결정하는 제도입니다.

정답 찾기 ② 국회는 지방 자치 단체의 사무에 대해서도 국정 감사를 할 수 있습니다.

오답 피하기 ① 유권자 중 36.7%만 투표하였으므로 찬성률이 높다고 해도 유권자 중 과반수가 찬성했다고 볼 수 없습니다. ③ 지방 자치 단체 간의 권한에 관한 분쟁은 해당 지방 자치 단체가 권한 쟁의 심판을 청구할 수 있습니다. ④ 주민 소환제는 지방 자치 단체장과 지방 의회 지역구 의원의 위법 부당한 사무 처리나 직권 남용 행위를 견제하는 장치가 될 수 있습니다. ⑤ 법령의 범위 내에서 지방 의회는 조례를, 지방 자치 단체장은 규칙을 제정할 수 있습니다.

174 지방 자치의 문제점   정답 ⑤

문제 분석 교도소는 정서적으로 대표적인 혐오 시설인 반면, 산업 단지 조성은 지역 경제를 활성화시킨다는 점에서 선호 시설입니다. 이를 둘러싸고 지역 간 갈등이 발생하고 있습니다.

정답 찾기 ⑤ 혐오 시설 설립은 거부하고, 선호 시설은 자기 지역에 유치하려고 하는 것은 자기 지역의 이익만 우선시하는 지역 이기주의 때문입니다.

오답 피하기 ① 지방 정치가 중앙 정치에 예속되고 있다면 중앙 정부가 결정하고 집행하면 되니까 갈등이 발생하기 어려울 것입니다. ② 지방 자치에 대한 주민의 관심과 참여가 크기 때문에 지방 자치 단체들 간에 갈등이 발생합니다. ③ 시설 유치에 지방 자치 단체의 독립성과 자율성이 존재하기 때문에 주민들이 적극적으로 나서는 것입니다. ④ 혐오 시설 기피와 선호 시설 유치는 지방 자치 단체의 재정 자립도 때문이라고 보기는 어렵습니다.

175 지방 자치의 과제   정답 ③

문제 분석 강원도 화천군의 산천어 축제는 중앙 정부가 지원한 것이 아니라 지방 정부 스스로 아이디어를 낸 결과입니다.

정답 찾기 ③ 화천 산천어 축제로 2500억 원의 경제적 효과를 얻을 것으로 기대됩니다. 이러한 축제는 화천 지역의 자연 조건을 잘 이용한 덕분입니다. 지역의 특수성을 반영하는 정책이 주민의 삶의 질을 높인다는 교훈을 얻을 수 있습니다.

오답 피하기 ① 지역 주민이 과도하게 정치에 참여했다는 내용은 없습니다. ② 중앙 정부와 지방 정부와의 권한 배분 문제는 언급되어 있지 않습니다. ④ 중앙 정부가 일방적으로 정책을 추진해서 지역 주민에게 피해를 주었다는 내용은 없습니다. ⑤ 산천어 축제가 경제적 이익을 주고 있지만 그것이 핵심은 아닙니다. 지역 실정에 맞는 정책을 추진해야 한다는 점이 중요합니다.

176 주민 발안제의 효과 정답 ⑤

문제 분석 1999년 지방 자치법 개정으로 주민 조례 제·개·폐 청구 제도가 도입되었지만 서명자 수 등 엄격한 청구 요건과 복잡한 절차로 연평균 13건에 그치는 등 활용이 저조하였습니다. 이에 따라 최근 정부가 주민 조례 발안에 관한 법률안을 별도로 마련하여 주민 발안 기능을 강화하려고 합니다.

정답 찾기 ⑤ 그동안 주민이 조례를 만들어 지방 자치 단체장에게 제출하면 지방 자치 단체장이 심사하여 지방 의회에 심의를 요청했습니다. 그런데 이 과정에서 청구 요건이 까다롭고 절차가 복잡해서 실제로 주민들의 조례안이 통과되기가 어려웠습니다. 주민이 지방 자치 단체장을 거치지 않고 직접 조례안을 의회에 제출하고 의회가 1년 이내에 의결을 마치도록 함으로써 주민 의사를 반영한 정책 결정이 촉진될 것입니다.

오답 피하기 ① 주민들의 조례 발의와 지역 이기주의 문제는 연관 짓기 어렵습니다. ② 지역 주민이 직접 조례를 발의한다고 해서 지방 행정의 전문성이 향상되는 것은 기대하기 어렵습니다. ③ 주민의 조례 발의는 간접 민주 정치의 한계를 보완할 것입니다. ④ 주민이 조례를 발의해서 지방 자치 단체장을 거치지 않고 지방 의회에 제출하게 되면 지방 자치 단체장의 자율성이 줄어들 것입니다.

Ⅲ. 정치 과정과 참여

09강 정치 과정과 시민의 정치 참여

핵심 개념 CHECK! ▶ 본문 094쪽

01 ○	02 ○	03 ×	04 ○	05 ○	06 ○	07 ×	08 ×
09 ○	10 ×	11 ○	12 ○	13 ×	14 ○	15 ○	16 ×
17 ×	18 ○	19 ○	20 ○	21 ×	22 ×	23 ○	24 ○
25 ○	26 ○	27 ○	28 ×	29 ○	30 ○	31 ○	32 ×

O·X 문장 바로 알기

01 정치 과정은 정치 참여자를 비롯한 사회의 여러 요소가 공공 정책의 형성과 집행을 둘러싸고 서로 작용하는 과정이다.

02 정치 과정 중 투입은 개인, 집단이 정부를 대상으로 정책을 요구하는 활동이다.

03 정치 과정 중 ~~산출~~은 이익 집단이 담당할 수 있다.
투입

04 정치 과정에서 산출 기능을 하는 정책 결정 기구에는 입법부, 행정부, 사법부 등이 있다.

05 정치 과정 중 환경은 정치 외적 요소로 국내·국제적 환경에도 영향을 받는다.

06 정치 과정에서 환류는 정부의 산출에 대한 평가의 수정 또는 새로운 정책에 대해 요구하는 활동을 말한다.

07 선거는 정치 과정 중 ~~산출~~에 해당하는 활동이다.
투입, 환류

08 전통적인 정치 과정에서는 ~~아래로부터~~의 정치가 이루어졌다.
위로부터의

09 오늘날 정치 과정은 정책 결정권자와 국민 간에 서로 영향을 주고받으면서 이루어진다.

10 정당, 이익 집단, 시민 단체, ~~국회~~는 비공식적 정치 참여자이다.
국회 삭제

11 시민들이 사회 문제나 국가 기관의 정책을 결정하는 과정에 있어서 영향력을 행사하거나 미치는 직·간접적인 활동을 정치 참여라고 한다.

12 대표 선출을 위하여 후보자에게 투표하는 행위는 개별적인 정치 참여 방법이다.

13 공무 담임권을 행사하는 것은 ~~집단적인~~ 정치 참여 방법이다.
개별적인

14 자신의 견해를 신문을 통해 제시하는 것은 개별적인 정치 참여 방법이다.

15 국가 기관에 요구 사항을 일정한 형식의 문서로 제출하는 정치 참여 방법을 청원이라고 한다.

16 집회 또는 시위에 참여하는 것은 ~~개별적인~~ 정치 참여 방법이다.
집단적인

17 정책 결정에 대한 토론회에 참석하여 자신의 의견을 표명하는 것은 ~~집단적인~~ 정치 참여 방법이다.
개별적인

18 정치 참여를 통해 민주 시민 의식을 학습할 수 있는 기회를 제공함으로써 시민의 주권 의식을 신장시킨다.

19 시민들의 정치 참여는 대표자에 대한 감시와 통제의 기능을 한다.

20 시민의 의사를 정책 결정 과정에 투입하게 함으로써 정치적 무관심과 시민 의사의 왜곡을 방지할 수 있다.

21 시민 단체를 통한 정치 참여는 ~~개별적~~ 정치 참여의 방법이다.
　　　　　　　　　　　　　　　　　집단적

22 이익 집단을 통해 집단의 특수 이익을 추구하기 위해 정치에 참여하는 것은 ~~개별적인~~ 정치 참여의 방법이다.
　　　　　　　　집단적

23 정치 과정에 시민이 참여하면서 정책 결정에 영향을 미칠 수 있다는 인식 또는 기대감을 정치적 효능감이라고 한다.

24 시민들의 정치적 효능감이 높을수록 정치 참여가 활발하게 이루어질 것이다.

25 전자 민주주의의 발달로 정보 통신 매체를 활용한 정치 참여의 영향력이 증대된다.

26 어떠한 권력이나 정부에 대해서 적극적인 충성이나 지지, 적극적인 반항과 부인도 보이지 않는 태도를 정치적 무관심이라고 한다.

27 정치 참여는 공익에 대한 시민들의 관심을 높이고 공익 증진 실현을 도모한다.

28 시민의 적극적인 정치 참여는 ~~직접~~ 민주제의 한계를 보완한다.
　　　　　　　　　　　　　　　간접

29 정당에 가입하여 정당 구성원으로 참여하는 것은 집단적인 정치 참여 방법에 해당한다.

30 타인의 의견을 존중하고 배려하는 자세는 바람직한 정치 참여의 태도이다.

31 정치적 무관심의 요인으로 현대 정치 기구의 거대화, 현대 사회의 관료화, 정치에 대한 불신 등을 들 수 있다.

32 자신의 이익을 위해 주권 의식을 발휘하여 개인적인 입장만을 내세우는 것은 ~~바람직한~~ 정치 참여의 자세 중 하나이다.
　　　　　　　　　　　바람직하지 않은

기출+예상 문제로 주제 정복하기
▶ 본문 096~099쪽

177 ④	178 ③	179 ①	180 ①	181 ②	182 ⑤
183 ②	184 ③	185 ④	186 ③	187 ②	188 ④
189 ①	190 ③				

177 정책 결정 과정　　　　　　　　　　　정답 ④

문제 분석 이스턴의 정책 결정 모형에서 ㉠은 개인이나 집단이 정책 결정 기구를 대상으로 정책 결정을 요구하거나 기존의 정책 결정 기구에 의해 결정된 정책에 대하여 지지하거나 불만의 의견을 표출하는 투입, ㉡은 정책 결정 기구에 의하여 정책을 결정하고 시행하는 산출, ㉢은 정책 평가를 바탕으로 새로운 요구와 지지가 형성되는 단계인 환류에 해당합니다.

정답 찾기 ④ 국회가 법률안을 의결하는 것은 정책 결정 기구의 산출에 해당하며, 이익 집단이 자신들의 이익을 위해 해당 법률의 개정을 요구하는 것은 환류에 해당하며, 시민 단체가 법률안의 제정을 요구하고 이에 따라 국회에서 법률안을 의결하였으므로 시민 단체의 행위는 투입에 해당합니다.

178 정책 결정 과정　　　　　　　　　　　정답 ③

문제 분석 정책 결정 과정은 '투입 → 정책 결정 기구 → 산출 → 환류'의 순으로 이루어집니다.

정답 찾기 ③ 언론이 일정한 방향으로 여론을 형성하는 것은 정책 결정 과정 중 투입의 예입니다.

오답 피하기 ① 입법부와 행정부는 산출을 담당하는 정책 결정 기구에 해당합니다. ② 시민의 입법 청원 활동은 투입에 해당하는 활동입니다. ④ 민주주의 국가에서는 전체주의 국가보다 투입 및 환류가 활발하게 이루어질 것입니다. ⑤ 환류는 정책 집행 결과에 대한 평가 및 그에 따른 정책 수정의 필요성 여부가 제기되는 과정입니다.

> ★ **함정 피하기**
> ①번을 답으로 생각했다면 산출의 주체가 입법부, 행정부, 사법부라는 것을 몰랐기 때문으로 보입니다. ④번을 답으로 생각했다면 민주주의 국가는 전체주의 국가보다 아래로부터의 정치가 이루어지기 때문에 투입 및 환류가 활발하다는 것을 파악하지 못한 것으로 보입니다.

179 시민의 정치 참여　　　　　　　　　　정답 ①

문제 분석 갑은 정책 결정이 시민보다는 소수의 엘리트에 의해 이루어지는 것이 바람직하다고 보는 반면, 을은 공동체에 영향을 주는 중요한 정책이 시민의 참여를 통해 결정되어야 한다고 봅니다.

정답 찾기 ① 갑은 소수의 엘리트가 정책을 결정하는 것이 옳다고 보기 때문에 시민의 정치 참여는 정책 결정의 효율성을 저해시킨다고 볼 것입니다.

오답 피하기 ② 을은 시민의 정치 참여가 필요하다고 주장하는 것이지 공식적 정치 참여자인 입법부, 행정부, 사법부의 역할을 경시하는 것은 아닙니다. ③ 을은 정치 과정에서의 투입 기능을 중시합니다. ④ 을은 국민 자치의 원리를 강조합니다. ⑤ 갑, 을 모두 간접 민주제를 옹호합니다.

180 국가별 정책 결정 과정　　　　　　　　정답 ①

문제 분석 정책 결정 과정의 사례를 통해 각 국가별 정책 결정 과정의 문화를 파악할 수 있습니다.

정답 찾기 ① A국에서는 의회를 통과한 법률에 대해 반대하는 집회나 시위가 빈번하게 나타나므로 정치 과정에서 환류가 활발하게 나타남을 보여 줍니다.

오답 피하기 ② B국에서는 정책 결정을 위한 공청회, 토론회 등이 자주 개최되므로 정책 결정 과정에서의 투입이 활성화되었습니다. 이를 통해 환류가 활발하게 나타나지 않는다고 보기는 어렵습니다. ③ 권위주의적인 정부에서는 정책 결정 과정에서의 투입 기능이 활발하지 않습니다. ④ D국에서는 국민의 의견을 무시하는 정책 결정이 빈번하게 나타나는 것이지 투입 기능보다 산출 기능이 활발하게 나타난다고 보기는 어렵습니다. ⑤ 국민의 정치적 효능감은 D국에서 가장 낮을 것입니다.

181 정책 결정 과정　　　　　　　　　　　정답 ②

문제 분석 갑은 공식적 정치 참여자에 의해 정책이 결정된다고 보는 입장이며, 을은 정책 결정 과정에서 공식적 정치 참여자뿐만 아니라 비공식적 정치 참여자 등 다양한 정치 참여자에 의해 투입 기능이 활발히 이루어지고 있음을 강조하고 있습니다.

정답 찾기 ② 갑은 하향식 의사 결정, 을은 상향식 의사 결정을 중시하고 있습니다.

오답 피하기 ① 갑, 을 모두 대의 민주제를 부정하지 않습니다. ③ 을에 비해 갑은 정책 결정에서의 효율성을 중시합니다. ④ 을이 공식적 정치 참여자의 역할을 경시하는 것은 아닙니다. ⑤ 갑은 투입보다 산출 기능을 중시하지만, 을은 투입과 산출을 모두 중시합니다.

고난도 평가원 기출				
①	②	③	④	❺
15%	15%	2%	2%	63%

눈으로 보는 해설

그림은 정치 과정을 나타낸 것이다. 이에 대한 설명으로 가장 적절한 것은?

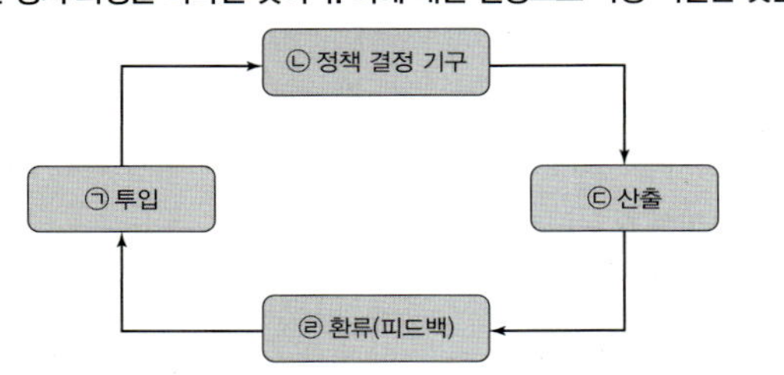

① ㉠에서 제출되는 행정부의 법률안은 위임 입법에 해당한다. → ⓛ, ⓒ
② 시민의 요구에 부응하는 의회의 입법 과정은 ㉠으로 분류된다. → ⓒ
③ 언론은 ⓛ에서 강력한 영향력을 행사함으로써 정부 정책 변동을 주도한다. → ㉠
④ 시민 단체는 ㉣의 대표적인 참여자로서 정부 정책 집행을 대행한다. → ㉠
⑤ ㉣을 거치면서 시민은 정부 정책을 평가하고 새로운 정책 개발의 필요성을 제기한다.

문제 분석 정책 결정 과정은 크게 '투입 → 산출 → 환류'의 순으로 이루어집니다. 산출을 하는 정책 결정 기구에는 입법부, 행정부, 사법부가 있습니다.

정답 찾기 ⑤ 환류는 시민이 정부 정책을 평가하고 새로운 정책 개발의 필요성을 제기하는 단계입니다.

오답 피하기 ① 위임 입법이란 법률의 위임에 의해 이루어지는 입법부 이외의 국가 기관의 입법 활동을 의미합니다. 행정부의 법률안은 ⓛ 과정에서 제출되어 ⓒ 과정에서 산출됩니다. ② 의회의 입법 과정은 산출에 해당합니다. ③ 언론은 투입이나 환류에서 강력한 영향력을 행사함으로써 정부 정책 변동을 주도합니다. ④ 시민 단체는 투입의 대표적 참여자입니다.

함정 피하기
①, ②를 맞는 답지로 생각했다면 정책 결정 과정에서 산출은 입법부, 행정부, 사법부에 의해 이루어진다는 사실을 파악하고 있지 못한 것입니다.

183 정치 과정의 유형   정답 ②

문제 분석 정치 과정의 유형 중 (가)는 전통적인 정치 과정, (나)는 오늘날의 정치 과정입니다.

정답 찾기 ㄱ. 전통적인 정치 과정에서는 정치를 위로부터의 지시와 통제로 봅니다. 따라서 정치 과정을 지배자의 통치 행위로 이해합니다. ㄷ. 오늘날의 정치 과정에서는 정치를 위로부터의 통치와 아래로부터의 반응이라는 정부와 국민 간의 역동적인 상호 작용으로 이해합니다. 따라서 정책 결정을 위한 투입이 전통적인 정치 과정에서보다 활발하게 이루어집니다.

오답 피하기 ㄴ. (가)는 국민 주권을 바탕으로 할 수도 있고, 그렇지 않을 수도 있지만, (나)는 국민 주권을 바탕으로 합니다. ㄹ. 환류는 산출에 대한 국민들의 평가이므로 정부와 국민 간의 역동적인 상호 작용이 활발한 (나)에서 더 잘 나타납니다.

184 정치 참여 유형   정답 ③

고난도 평가원 기출				
①	②	❸	④	⑤
4%	4%	69%	15%	2%

눈으로 보는 해설

A~D에 대한 적절한 추론을 〈보기〉에서 고른 것은?

정치적 효능감은 개인의 정치 행동이 정치적 인물이나 정책 결정에 영향을 미칠 수 있다는 의식이며, 정치적 신뢰감은 전반적인 정치 질서나 정부를 이끌어 가는 담당자들에 대한 믿음이다. 아래 표는 효능감과 신뢰감에 따라 정치 참여 유형을 구분한 것이다.

구분		정치적 효능감	
		높음 → 적극적 참여	낮음
정치적 신뢰감	높음 → 정부 정책에 대한 높은 지지	A	B
	낮음	C	D

[보기]
ㄱ. B에 비해 C는 정부 정책에 순응적인 모습을 보일 것이다. → C에 비해 B
ㄴ. D에 비해 A는 정치 과정에 능동적으로 참여하며 국가 정책에 대한 지지 정도가 높을 것이다.
ㄷ. B, D에 비해 A, C는 적극적으로 자신의 정치적 의사를 실현하고자 할 것이다.
ㄹ. C, D에 비해 A, B는 점거나 농성과 같은 비제도적 방법을 통한 정치 참여 정도가 높을 것이다. → A, B에 비해 C, D

① ㄱ, ㄴ   ② ㄱ, ㄷ   ③ ㄴ, ㄷ
④ ㄴ, ㄹ   ⑤ ㄷ, ㄹ

문제 분석 정치적 효능감이 높을수록 정치 과정에 대한 시민의 참여율이 높습니다. 정치적 신뢰감이 높을수록 정부 정책에 대한 지지율이 높습니다.

정답 찾기 ㄴ. A는 D에 비해 정치적 효능감이 높고, 정치적 신뢰감도 높으므로 시민이 정치 과정에 능동적으로 참여하며, 국가 정책에 대한 지지 정도도 높을 것입니다. ㄷ. B, D에 비해 A, C가 정치적 효능감이 높으므로 적극적으로 자신의 정치적 의사를 실현하고자 할 것입니다.

오답 피하기 ㄱ. B가 C에 비해 정치적 신뢰감이 높으므로 정부 정책에 순응적인 모습을 보일 것입니다. ㄹ. C, D에 비해 A, B는 정치적 신뢰감이 높으므로 점거나 농성과 같은 비제도적 방법을 통한 정치 참여 정도가 낮을 것입니다.

함정 피하기
ㄱ을 맞는 답지로 생각했다면 정부 정책에 순응적인 모습을 보이는 것과 정치적 신뢰감과의 연관 관계를 잘 몰랐던 것으로 보입니다. ㄹ을 맞는 답지로 생각했다면 비제도적 방법을 동원하는 것은 정치적 신뢰감이 낮을 경우에 나타나는 현상이라는 사실을 몰랐던 것으로 보입니다.

185 국가별 정치 과정의 특징   정답 ④

문제 분석 (가)는 시민의 정치 참여는 활발하나 사회적 갈등 해결이 원만하게 이루어지지 않고, (나)는 시민의 정치 참여가 활발하고 사회적 갈등 해결도 원만합니다. (다)는 시민의 정치 참여가 소극적이고, 사회적 갈등 해결도 원만하지 않고, (라)는 시민의 정치 참여는 소극적이나 사회적 갈등 해결은 원만합니다.

정답 찾기 ㄱ. 시민의 정치 참여가 소극적인 (다)에서 권위주의적 정책 결정이 나타날 가능성이 높습니다. ㄷ. 시민의 정치 참여가 적극적인 (나)에서 시민의 정치적 효능감이 더 높을 것입니다. ㄹ. 정책 결정의 효율성은 시민의 정치 참여가 소극적이고 사회적 갈등 해결이 원만한 (라)에서 가장 높을 것입니다.

오답 피하기 ㄴ. (나)보다 (라)에서 투입 기능이 활발하지 않으나, 산출 기능이 활발한지 여부는 비교할 수 없습니다.

186 전자 민주주의 정답 ③

문제 분석 시민이 인터넷 등의 전자적 매체를 이용하여 정치 과정에 직접 참여함으로써 이루어지는 민주주의를 전자 민주주의라고 합니다.

정답 찾기 ③ 전자 민주주의는 시민이 직접 정치 과정에 참여하는 새로운 양상의 민주주의로 선거 비용은 감소할 수 있으나 직접 민주주의를 실현하는 것은 아닙니다.

오답 피하기 ① 전자 민주주의를 통해 시민의 다양한 의사 표현이 가능하므로 투입 기능이 활성화될 수 있습니다. ② 전자 민주주의는 인터넷을 기반으로 하기 때문에 정보 격차가 정치 참여의 불평등으로 나타날 수 있습니다. ④ 인터넷을 기반으로 하는 전자 민주주의가 활성화되기 위해서는 개인 정보의 유출 및 해킹 등에 대한 보안 대책이 필요합니다. ⑤ 전자 민주주의는 공직 선거에서의 투표율을 높이므로 당선자의 대표성을 높이는 기능을 수행할 수 있습니다.

187 정치 참여 방법 정답 ②

문제 분석 정치 참여 방법 중 (가)는 공청회 참석, (나)는 선거에서의 투표, (다)는 집회 및 시위에의 참여입니다. 공청회 참석 및 선거에서의 투표는 개별적 정치 참여 방법이고, 집회 및 시위에의 참여는 집단적 정치 참여 방법입니다.

정답 찾기 ㄱ. 공직 선거에서의 투표는 개별적 정치 참여 방법, 집회 및 시위에의 참여는 집단적 정치 참여 방법입니다. ㄹ. 개별적, 집단적 정치 참여는 공식적 정치 참여자에 의해 결정된 정책에 대한 정당성을 높이는 데 기여합니다.

오답 피하기 ㄴ. 시민의 정치적 효능감이 높으면 시민들의 개별적 정치 참여, 집단적 정치 참여가 늘어납니다. ㄷ. 개별적 정치 참여, 집단적 정치 참여 모두 정치 과정에서 투입 기능에 해당합니다.

188 정책 결정 과정 정답 ④

문제 분석 A국은 정치 참여자로서의 시민의 의식이 높고, 투입 과정, 산출 과정, 정치 체제에 대한 인식도 높습니다. B국은 정치 참여자로서의 시민의 의식뿐만 아니라 투입 과정, 산출 과정, 정치 체제에 대한 의식도 낮습니다. C국은 정치 참여자 및 투입 과정에 대한 인식은 낮으나, 산출 과정 및 정치 체제에 대한 시민의 의식은 높습니다.

정답 찾기 ㄱ. 정부 정책에 대한 환류는 정치 참여자, 투입 과정, 산출 과정, 정치 체제에 대한 시민의 의식이 모두 높은 A국에서 가장 활발하게 나타날 것입니다. ㄴ. 정치 과정에 대한 관심은 모든 항목에 대한 인식 정도가 '낮음'인 B국에서 가장 낮을 것입니다. ㄹ. C국은 정치 참여자로서의 인식 및 투입 과정에 대한 인식이 낮으므로 A국보다 투입 과정이 활발하지 않아 권위주의적 정책 결정이 이루어질 가능성이 높습니다.

오답 피하기 ㄷ. 시민들의 정치적 효능감이 가장 높은 국가는 A국일 것입니다.

189 인터넷을 통한 시민 참여 정답 ①

문제 분석 (가)는 인터넷이 시민들의 정치 문화 형성에 영향을 준다는 내용이고, (나)는 인터넷이 의제 형성을 위한 공간이라는 내용이며, (다)는 인터넷을 통한 정치 참여의 활성화가 이루어진다는 내용입니다.

정답 찾기 갑. 젊은 세대와 그렇지 않은 세대 간에 정치 성향의 차이가 더 벌어지는 이유는 인터넷을 주로 활용하는 젊은 세대들이 인터넷을 통해 정치적 태도 및 행동 양식을 습득하여 그들만의 정치 문화를 형성하기 때문입니다. 을. 인터넷이 여론 형성을 주도하는 매체로 자리를 잡아 가는 이유는 인터넷이 시민들에게 사회적 쟁점을 제기할 수 있는 공간을 제공하여 의제 형성 과정에 영향을 미치기 때문입니다. 병. 인터넷이 국가의 주요 의사를 결정하는 기회를 확대하는 제도를 도입할 수 있도록 한 것은

시민들이 정책 결정 과정에 직접 참여할 수 있도록 인터넷이 기회를 제공하기 때문입니다.

190 정치 참여 정답 ③

문제 분석 갑은 정치 과정에서 국민의 적극적인 참여가 오히려 정책 결정의 혼란을 가져오므로 대표자에 의한 정치가 이루어져야 한다는 것을 강조합니다. 반면 을은 국민의 적극적인 정치 참여가 정치 발전을 가져올 수 있다는 것을 강조합니다.

정답 찾기 ③ 정치적 효능감은 시민이 공직자나 공공 기관에 영향을 미칠 수 있다고 생각하는 정치적 자신감입니다. 따라서 갑에 비해 을에 따른 정치 과정에서 국민의 정치적 효능감이 높을 것입니다.

오답 피하기 ① 갑, 을 모두 대의제에 찬성한다고 볼 수 있습니다. ② 갑, 을 모두 대표자에 의한 정책 결정을 찬성할 것입니다. ④ 갑의 방식에 따른 정치 과정에서의 정책 결정이 신속하게 이루어질 것입니다. ⑤ 갑과 달리 을이 전자 민주주의 확대에 찬성할 것입니다.

10강 선거와 선거 제도

핵심 개념 CHECK! ▶ 본문 102쪽

01 ○	02 ○	03 ×	04 ○	05 ○	06 ○	07 ×	08 ○
09 ×	10 ○	11 ×	12 ○	13 ×	14 ○	15 ○	16 ○
17 ×	18 ×	19 ○	20 ×	21 ○	22 ○	23 ○	24 ×
25 ×	26 ○	27 ○	28 ×	29 ×	30 ○	31 ○	32 ○

○|× 문장 바로 알기

01 국민이 절차에 따라 국민의 대표를 투표로 선출하는 행위를 선거라고 한다.

02 신분, 종교, 성별 등의 자격 요건에 대한 제한 없이 일정한 연령에 달하는 모든 국민의 선거권을 인정한다는 선거 원칙은 보통 선거이다.

03 모든 유권자가 평등하게 한 표를 행사할 수 있으면, 투표 가치가 동등하지 않더라도 평등 선거의 원칙은 지켜진다.
　　동등해야

04 유권자가 대리인을 거치지 않고 대표자를 직접 투표하여 선출하는 선거 원칙은 직접 선거이다.

05 유권자가 누구에게 투표를 했는지 다른 사람이 알지 못하도록 비밀을 보장한다는 선거 원칙은 비밀 선거이다.

06 국민의 대표자를 선거를 통하여 선출하는 지역적 단위를 선거구라고 한다.

07 한 선거구에서 2명 이상의 대표자를 선출하는 제도를 소선거구제라고 한다.
　　중·대선거구제

08 소선거구제는 대표 결정 방식 중 일반적으로 다수 대표제와 결합한다.

191 ②	192 ③	193 ⑤	194 ⑤	195 ④	196 ④
197 ④	198 ②	199 ③	200 ②	201 ②	202 ③
203 ①	204 ④	205 ④	206 ④	207 ④	208 ②
209 ②	210 ②	211 ①	212 ④	213 ⑤	214 ④

191 선거 결과 분석　　정답 ②

고난도 평가원 기출

①	❷	③ 함정	④ 함정	⑤
14%	34%	19%	24%	6%

눈으로 보는 해설

다음 자료에 대한 분석 및 추론으로 옳은 것은?

갑국의 의회 의원 정수는 6명으로, 현재 6개 선거구(1~6)에서 단순 다수제로 의회 의원을 선출하고 있다. 다음은 갑국의 최근 의회 의원 선거의 정당별 득표 결과와 선거구를 나타낸다.

〈정당별 득표 결과〉　　(단위 : 표)

선거구 ＼ 정당	A당	B당	C당	D당	E당	합계
1	20	40	0	0	0	60
2	30	15	15	0	0	60
3	10	35	10	5	0	60
4	0	15	5	0	0	20
5	5	0	0	15	20	40
6	15	5	0	0	40	60
합계	80	110	30	20	60	300

* 유권자 1인은 1표를 행사하고, 투표율은 100%이며, 무효표는 없음

〈선거구〉

1	2	3
4	5	6

갑국은 현재의 의원 정수를 유지하면서 다음과 같은 두 가지 선거 제도 개편안을 검토하고 있다. 개편안의 경우 최근 의회 의원 선거의 정당별 득표 결과만을 근거로 판단한다.

〈1안〉 2개의 선거구를 하나로 통합하여 선거구를 3개로 축소하고, 각 선거구에서 득표순으로 2인의 대표를 선출한다. 정당이 후보자를 공천할 때 2인이 당선 가능한 경우 2인을, 그렇지 않은 경우 1인을 공천한다. 선거구는 경계선이 접한 경우에만 통합이 가능하며, 대각선 방향으로의 통합은 고려하지 않는다. 통합 후 하나의 선거구 유권자 수가 다른 선거구 유권자 수의 2배 이상이 되지 않도록 한다. → 2인 공천 가능

〈2안〉 선거구 모두를 통합하여 한 개의 선거구로 만들며, 의석 할당 정당의 득표 비율에 의원 정수를 곱하여 산출된 수의 정수(整數)만큼 정당의 의석으로 배분한다. 의석 할당 정당의 득표 비율은 각 의석 할당 정당의 득표수를 모든 의석 할당 정당의 득표수 합계로 나누어 산출한다. 이후 잔여 의석은 소수점 이하의 수가 큰 순서대로 각 의석 할당 정당에 1석씩 배분한다. 단, 의석 할당 정당은 전체 투표 총수의 15% 이상을 득표하여야 한다.

① 현행에서 A당과 C당은 과소 대표되고, 2안에서 B당과 E당은 과대 대

┌ 과소 대표

---

09 소선거구제는 소수당에게 유리하여 군소 정당의 의회 진출 가능성이 높다.

10 소선거구제는 유권자가 후보자에 대한 파악이 용이하다.

11 소선거구제는 정당 득표율과 의석률과의 격차가 크지 않아 과대 대표, 과소 대표의 문제가 심각하지 않다.

커 / 나타난다

12 중·대 선거구제는 유권자의 후보자 선택의 폭이 넓다.

13 중·대선거구제보다 소선거구제에서 사표가 적게 발생한다.

많이

14 중·대선거구제에서는 동일 선거구 내 당선자 간 투표에 대한 가치의 차등 문제가 발생할 수 있다.

15 정당의 득표율보다 의석률이 높으면 과소 대표, 정당의 득표율보다 의석률이 낮으면 과대 대표되었다고 한다.

과대 / 과소

16 선거구 내 후보자 중에서 다수 득표를 얻은 후보자가 당선되는 대표 결정 방식을 다수 대표제라고 한다.

17 단순 다수 대표제는 당선자의 대표성이 높아지는 장점을 갖는다.

절대

18 단순 다수 대표제는 사표가 적게 발생한다.

많이

19 절대 다수 대표제는 선거 운영이 복잡하고 선거 비용이 더 발생한다.

20 비례 대표제는 각 정당의 의석률에 비례하여 의석수를 할당하고 당선자를 결정하는 것이 일반적인 방법이다. 득표율

21 우리나라 대통령 선거는 단순 다수 대표제를 적용하고 4년마다 실시한다.

5년

22 국회 의원 지역구 선거에는 소선거구제, 단순 다수 대표제가 적용된다.

23 국회 의원 중 비례 대표 의원은 정당 명부식 비례 대표제로 선출된다.

24 우리나라의 시·도지사는 4회에 한해 연임이 가능하다.

3회

25 우리나라의 광역 지방 자치 단체 시·도의원은 지역구 의원만 존재한다.

지역구 의원, 비례 대표 의원

26 우리나라의 기초 지방 자치 단체 지역구 시·군·구의원은 단순 다수 대표제로 2명 이상 선출된다.

27 우리나라의 시·도 교육감은 3회에 한해 연임이 가능하다.

28 우리나라의 시·도 교육감은 정당 공천제가 적용된다.

적용되지 않는다

29 국회 의원 선거와 달리 지방 선거는 4년마다 실시된다.

같이

30 우리나라의 선거 제도는 다수당에 유리하여 군소 정당 후보자의 당선 가능성이 낮아 의회 진입이 어렵다는 문제점을 갖고 있다.

31 선거구를 특정 인물 또는 정당에 유리하게 자의적으로 획정하는 게리맨더링이 일어나지 않도록 선거구를 획정하는 제도를 선거구 법정주의라고 한다.

32 선거 비용에 관한 일부를 국가나 지방 자치 단체가 부담하는 제도를 선거 공영제라고 한다.

표된다.

② 1안에서 A당이 얻을 수 있는 최소 의석수는 1석, 최대 의석수는 3석이다.

③ 1안에서 선거구가 1–4, 2–5, 3–6으로 통합된다면, B당의 의석수는 현행보다 적어도 1석이 증가할 것이다. → 같거나 1석 감소한다

④ C당의 경우 1안과 2안에서 얻을 수 있는 의석수는 동일하지 않다. ㄴ 동일하다

⑤ D당과 E당은 1안보다 2안이 유리하다.
ㄴ 유불리를 따질 수 없다

문제 분석 갑국의 현행 선거 결과와 선거 제도 개편안에 따른 예상 선거 결과는 다음과 같습니다.

〈현행〉

A당	B당	C당	D당	E당
1석	3석	0석	0석	2석

〈1안〉

구분	정당 의석수
1–4선거구	B당 2석 또는 A당 1석, B당 1석
2–5선거구	A당 1석, E당 1석
3–6선거구	B당 1석, E당 1석

구분	정당 의석수
1–4선거구	B당 2석 또는 A당 1석, B당 1석
2–5선거구	A당 1석, B당 1석
3–6선거구	E당 2석 또는 A당 1석, E당 1석

〈2안〉

A당	B당	E당
6석×80/250 = 1.92	6석×110/250 = 2.64	6석×60/250 = 1.44
2석	3석	1석

정답 찾기 ② 〈1안〉에서 A당이 얻을 수 있는 의석수는 최소 1석, 최대 3석입니다.

오답 피하기 ① 현행에서 A당의 득표율은 약 26.7%인데 의석 점유율은 약 16.7%이고, C당의 득표율은 10%인데 의석 점유율은 0%이므로 두 정당 모두 과소 대표되었습니다. 2안에서 B당은 득표율이 약 36.7%인데 의석 점유율은 50%이므로 과대 대표되었고, E당은 득표율이 20%인데 의석 점유율은 약 16.6%이므로 과소 대표되었습니다. ③ 선거구가 1–4, 2–5, 3–6으로 통합되면 B당의 의석수는 최대 3석, 최소 2석이므로 현행보다 1석 줄어들 수 있습니다. ④ C당의 경우 1안, 2안 모두 얻을 수 있는 의석수가 없습니다. ⑤ D당의 경우에는 얻을 수 있는 의석수가 없으므로 유불리를 판단할 수 없으나, E당의 경우에는 1안은 최소 1석, 최대 2석이므로 1석을 얻을 수 있는 2안보다 1안이 더 유리하다고 볼 수 있습니다.

함정 피하기

①번 답지를 선택했다면 과대 대표와 과소 대표의 개념을 정확히 몰랐던 것으로 보입니다. 과대 대표는 득표율에 비해 의석률이 높은 것이고, 과소 대표는 득표율에 비해 의석률이 낮은 것입니다. ③, ④번 답지를 선택했다면 〈1안〉, 〈2안〉 각각의 선지 제도 개편안을 이해하지 못하고 계산했을 것입니다. 주어진 시간 내에 정확하게 풀어내는 연습을 해야 합니다.

192 선거 제도　　　　정답 ③

문제 분석 선거 당일 투표가 어려운 선거인이 별도의 부재자 신고 없이 일정한 기간 동안 전국 어느 투표소에서나 투표할 수 있는 제도는 사전 투표제입니다.

정답 찾기 ③ 사전 투표제를 실시하면 공직 선거에서의 투표율이 높아질 것이고 투표율이 높아지면 당선자의 대표성을 확보할 가능성이 높아집니다.

오답 피하기 ① 사전 투표제를 실시하면 선거 비용은 늘어나게 됩니다. ② 사전 투표제는 전자 민주주의 실현과 직접적인 관련이 없습니다. ④ 보통 선거 원칙이 지켜지고 있는 상황에서 투표율을 높이기 위해 사전 투표제를 실시하는 것입니다. ⑤ 사전 투표제와 선거 관리의 투명성 확보와는 관련이 없습니다.

193 민주 선거 원칙　　　　정답 ⑤

문제 분석 민주 선거의 원칙에는 보통 선거, 평등 선거, 비밀 선거, 직접 선거가 있습니다. 갑국에서는 유권자의 세금 납부액을 기준으로 행사할 수 있는 표의 개수를 달리하고 있고, 을국에서는 학력을 기준으로 선거권 부여 여부를 판단하며, 병국에서는 자신의 선택 후보자를 타인들이 알 수 있도록 하는 것을 허용하고 있습니다.

정답 찾기 ⑤ 갑국에서는 19세 이상의 모든 국민에게 선거권을 부여하므로 보통 선거의 원칙을 지키고 있지만, 선거 시 세금 납부액을 기준으로 1표에서 5표까지 다르게 표를 행사하도록 하여 평등 선거 원칙은 지키고 있지 않습니다. 을국에서는 고등학교 이상의 학력자에게만 선거권을 부여하므로 보통 선거의 원칙을 지키고 있지 않습니다. 병국에서는 자신의 선택 후보자를 타인들이 알게 하는 것을 허용하고 있으므로 비밀 선거의 원칙이 지켜지고 있지 않습니다.

194 선거의 기능　　　　정답 ⑤

문제 분석 선거의 기능 (가)는 선거를 통해 집권한 정부의 행위에 대해 국민은 인정하고 따른다는 것이고, (나)는 선거를 통해 당선된 대표자가 국민의 의사를 충실히 반영하지 못하면 다음 선거에서 지지를 받지 못한다는 것입니다.

정답 찾기 ⑤ 선거의 기능 (가)는 선거를 통해 집권한 정부의 행위는 국민의 의사에 따라 수행되는 것으로 간주되기 때문에 국민을 대상으로 하는 공권력의 행사에 대해 국민은 인정하고 따르게 된다는 것입니다. 이는 합법적 절차와 국민의 지지를 얻어 구성된 정치권력은 정당성을 갖는다는 것을 의미합니다. (나)는 선거에서 선출되어 국정을 담당하고 있는 대표자를 국민이 다음 선거를 통해 평가할 수 있다는 것입니다. 이는 선거를 통해 대표자를 재신임하거나 책임을 물어 교체할 수 있다는 것을 의미하는 것으로 선거의 기능 중 정치권력에 대한 통제 기능에 해당하는 것입니다.

195 선거 제도　　　　정답 ④

문제 분석 지역구 선거구 수가 50개이고 지역구 의석수가 100석이므로 갑국의 선거구제는 중·대선거구제입니다. 지역구 의석수보다 총의석수가 더 많고, 정당 투표 득표율이 제시되었으므로 갑국에서는 비례 대표 의원을 선출함을 알 수 있습니다.

정답 찾기 ④ A당의 의회 의석 점유율은 43.5%인데 비해 정당 투표 득표율은 40%이므로 A당은 국민의 의사에 비해 과대 대표되었습니다. C당의 의회 의석 점유율은 7.5%인데 비해 정당 투표 득표율은 5%이므로 국민의 의사에 비해 과대 대표되었습니다.

오답 피하기 ① 의회 의원 선거 시 갑국 국민들은 지역구 선거에서 후보자에게 투표를 하고, 비례 대표 의석 배분을 위한 정당 투표를 실시하므로 1인 2표를 행사합니다. ② C당은 비례 대표 의석을 배분받지 못했으므로 정당 투표에 의한 비례 대표 의석 배분 시 사표가 발생하였습니다. ③ 정당 투표 득표율에 비례하여 비례 대표 의석을 배분하면 C당의 총의석

수가 15석보다 많아야 하는데 지역구 의석수와 총의석수가 동일한 것으로 보아 비례 대표 의석 배분 시 군소 정당의 난립을 막는 제도가 존재함을 알 수 있습니다. ⑤ 중·대선거구제에서는 한 선거구 내에서 당선자간 표의 등가성 문제가 발생할 수 있습니다.

196 선거 결과 분석   정답 ④

문제 분석 지역구 의석수와 지역구 선거구 수가 같으므로 갑국의 선거구 제도는 소선거구제입니다. 또한 갑국에서는 비례 대표 의석을 배분할 때 지역구 선거에서 후보자가 득표한 정당 득표율로 배분하므로 유권자는 1인 1표를 행사합니다.

정답 찾기 ㄱ. 비례 대표 의석을 배분할 때 지역구 선거 결과를 토대로 하므로 갑국 국민들은 의회 의원 선거에서 1인 1표를 행사합니다. ㄴ. 제1당의 의석수는 T기와 T+1기 모두 A당의 의석수가 150석이고, T+2기에 B당의 의석수가 165석입니다. 따라서 의원 내각제 정부 형태라면 T+2기에만 단독 정부가 구성됩니다. ㄷ. 소선거구제는 다수당에 유리하여 양당제를 촉진합니다.

오답 피하기 ㄹ. T기, T+1기 모두 4개 정당의 의석 점유율 합이 100%이므로 무소속 당선자는 없습니다.

197 선거 결과 분석   정답 ④

문제 분석 지역구 수는 5개이고, 당선자 수는 10명이므로 갑국의 선거구제는 중·대선거구제입니다. 갑국의 선거 결과는 A당 7석, B당 6석, C당 2석, D당 0석입니다.

정답 찾기 ④ 지역구 선거에서 사표가 가장 많이 발생한 선거구는 40%가 발생한 무 선거구입니다.

오답 피하기 ① C당의 지역구 의석 점유율은 10%이고, 비례 대표 의석 점유율은 20%입니다. ② 지역구 선거의 의석수는 10석이고 다수 대표제를 적용하지만 상대 다수 대표제인지 절대 다수 대표제인지는 파악할 수 없습니다. ③ A당의 지역구 의석 점유율은 40%이고 비례 대표 의석 점유율은 60%입니다. ⑤ 갑국의 선거 결과 과반수 정당이 존재하지 않으므로 여소야대 현상이 나타납니다.

198 선거 제도   정답 ②

문제 분석 갑국에서는 비례 대표 의원 선거를 권역별 비례 대표 선거로 바꾸려고 하며, 지역구 의원 선거에서는 중·대선거구제를 소선거구제로, 절대 다수 대표제를 상대 다수 대표제로 변경하려고 합니다. 또한 정당 득표율에 따라 각 정당의 의석수를 먼저 정하고 지역구 당선자 숫자와 비교하여 의석을 배분하는 방식으로 변경하려고 합니다.

정답 찾기 ㄱ. 정당 득표율에 따른 정당별 총의석수보다 지역구 선거 당선자가 많으면 정당별 총의석수를 우선 배정받고 나머지 지역구 당선자의 수만큼 늘어나게 되므로 총의석이 늘어날 수 있습니다. ㄷ. (가)의 선거구 제도는 중·대선거구제, (나)의 선거구제는 소선거구제입니다. 중·대선거구제는 소선거구제보다 군소 정당의 의회 진출이 용이합니다.

오답 피하기 ㄴ. 의회 의원 선거에서 (가), (나) 모두 정당 투표를 하므로 유권자는 1인 2표를 행사합니다. ㄹ. 절대 다수 대표제가 상대 다수 대표제보다 당선자의 대표성이 더 높습니다.

199 선거 제도 비교   정답 ③

문제 분석 갑국에서는 지역구 의석수 100석, 지역구 선거구 수 50개이므로 중·대선거구제를 채택하고 있으며, 을국에서는 지역구 의석수 100석, 지역구 선거구 수 100개이므로 소선거구제를 채택하고 있습니다.

정답 찾기 ③ 중·대선거구제는 소선거구제보다 거대 정당에 불리합니다.

오답 피하기 ① 중·대선거구제에서는 동일 선거구 내 당선자간 표의 등가성 문제가 발생할 수 있습니다. ② 비례 대표 의석 배분 시 갑국에서는 지역구 선거에서 각 정당이 얻은 득표율에 비례하여 배분하고, 을국에서는 정당 투표 결과 비례하여 배분하므로 갑국의 유권자는 1인 1표, 을국의 유권자는 1인 2표를 행사합니다. ④ 각 정당은 지역구별로 1명씩만 공천할 수 있으므로 갑국의 경우 한 정당이 50개의 지역구 모두에서 당선자를 배출하더라도 의석 점유율은 50%입니다. 반면 을국의 경우 지역구가 100개이므로 한 정당이 모든 지역구에서 당선자를 배출할 경우 의석 점유율은 100%가 됩니다. ⑤ 갑국, 을국 모두 비례 대표 의석 배분 시 정당 득표율이 5% 미만인 정당은 제외하므로 비례 대표 의석 배분 시 사표가 발생할 수 있습니다.

200 선거 제도 개편   정답 ②

문제 분석 선거 제도 개편 전 갑국에서는 정당 득표율과 의석률의 격차가 큰 정당이 나타났습니다. 갑당, 무당의 경우에는 정당 득표율보다 의석률이 높았고, 을당, 병당, 정당의 경우에는 정당 득표율보다 의석률이 낮았습니다. 선거 제도를 개편하면 모든 정당에서 정당 득표율과 의석률이 비슷하게 나타났습니다.

정답 찾기 ② 갑국의 선거 결과를 보면 정당 득표율과 의석율의 격차가 큰 편입니다. 정당 득표율과 의석률의 격차가 큰 선거구 제도는 소선거구제입니다. 소선거구제에서는 군소 정당의 의회 진출 가능성이 낮습니다.

오답 피하기 ① 정당 득표율과 의석률의 일치도가 낮은 선거 제도 개편 전에 사표가 더 많이 발생하였습니다. ③ 갑당과 무당은 정당 득표율보다 의석률이 더 높으므로 유권자들의 의사가 과대 대표되었습니다. ④ 정당 득표율에 의해 비례 대표 의석을 배분하면 정당 득표율과 의석률의 일치도가 높아졌습니다. ⑤ 선거 제도 개편 전, 후 모두 의석률이 50%를 넘는 정당은 없으므로 의원 내각제 정부 형태라면 연립 정부가 구성되었을 것입니다.

201 선거 제도   정답 ②

문제 분석 현재 갑국의 지역구 의원 수와 지역구 선거구 수는 같으므로 갑국의 선거구 제도는 소선거구제입니다. 〈1안〉은 지역구 의원 수는 10명, 지역구 선거구 수는 5개이므로 중·대선거구제로 변경하는 것이고, 〈2안〉은 정당 투표에 의한 비례 대표 의석 배분으로 변경하는 것입니다.

정답 찾기 ㄱ. 중·대선거구제에서는 동일 선거구 내 당선자 간 표의 등가성 문제가 발생할 수 있습니다. ㄷ. 소선거구제는 중·대선거구제보다 사표가 많이 발생합니다.

오답 피하기 ㄴ. 정당 투표에 의해 비례 대표 의석을 배분하더라도 정당 득표율이 10% 미만인 정당은 의석 배분에서 제외되므로 사표가 발생할 수 있어, 과대 대표, 과소 대표 문제가 발생할 수 있습니다. ㄹ. 소선거구제보다 정당 투표에 의해 비례 대표 의석을 배분하는 방식이 소수 정당의 의회 진출 가능성이 높습니다.

202 선거 결과 분석   정답 ③

문제 분석 자료를 토대로 한 갑국의 의회 의원 선거 결과는 다음과 같습니다.

구분	A당	B당	C당	D당	E당
현행	3	2	1	3	1
〈1안〉	1	2	4	2	1
〈2안〉	2	2	3	3	0

 ③ 〈1안〉에서 C당의 의석 점유율은 40%이고, 정당 득표율은 28%이므로 유권자의 의사가 과대 대표됩니다.

 ① A당은 현행보다 〈1안〉의 당선자 수가 적으므로 반대할 것이고, C당은 당선자 수가 많아지므로 찬성할 것입니다. ② C당은 현행보다 〈2안〉의 경우 당선자 수가 늘어나므로 찬성할 것이고, E당은 현행보다 〈2안〉의 경우 당선자 수가 적어지므로 반대할 것입니다. ④ 현행, 〈1안〉, 〈2안〉 모두 과반수 정당은 나타나지 않습니다. ⑤ 〈2안〉에서 C당을 제외한 모든 정당은 의석 점유율이 정당 득표율보다 높으므로 유권자의 의사가 과대 대표됩니다.

203 선거 결과 분석 정답 ①

 갑국에서 지역구 의원은 50개 선거구에서 선거구당 2명씩 당선되므로 지역구 의원은 100명이고 중·대선거구제를 채택하고 있습니다. 또한 비례 대표 의석은 100석이고 정당 투표에 의해 의석을 배분합니다.

 ① D당의 지역구 의원은 13명, E당의 지역구 의원은 0명입니다. 따라서 D당의 지역구 의석 점유율이 높습니다.

 ② 갑국의 지역구 선거는 선거구당 2명씩 선출하므로 중·대선거구입니다. ③ 지역구 선거에서 각 정당은 선거구당 1명만 공천할 수 있으므로 모든 선거구에서 당선자를 배출하더라도 의석 점유율이 50%가 됩니다. ④ A당의 정당 투표 득표율은 42%, 의석률은 40%이므로 유권자의 지지에 비해 과소 대표되었고, B당의 정당 투표 득표율은 30%, 의석률은 33.5%이므로 과대 대표되었습니다. ⑤ D당의 경우 정당 득표율이 4%임에도 불구하고 비례 대표 의석을 배분받지 못하였으므로 비례 대표 의석을 배분함에 있어서 군소 정당의 난립을 방지하는 제도가 존재한다는 것을 알 수 있습니다.

204 선거 결과 분석 정답 ④

 주어진 자료를 토대로 한 갑국과 을국의 최근 선거 결과는 다음과 같습니다.

〈갑국의 선거 결과〉
(단위 : 석)

구분	A당	A당	C당	D당
지역 대표 의석 수	120	50	20	10
비례 대표 의석 수	40	30	20	10
총의석 수	160	30	40	20

〈을국의 선거 결과〉
(단위 : 석)

구분	가당	나당	다당	라당
지역 대표 의석 수	105	50	30	1E
비례 대표 의석 수	15	40	30	1E
총의석 수	120	90	60	3C

 ④ 갑국의 최근 선거 결과에 을국의 선거 제도를 적용하면 B당의 비례 대표 의석 수는 40석, C당의 비례 대표 의석 수는 40석입니다. 따라서 B당과 C당의 의석 수가 같습니다.

 ① 갑국에서 각 정당은 선거구별로 한 명의 후보자만 공천하는데 지역구 의석 수 200석 중에서 A당이 120석을 얻은 것으로 보아 갑국의 지역구 선거 선거구 제도는 소선거구제입니다. 따라서 지역 대표 의석수와 지역구 선거구 수는 같습니다. 중·대선거구제일 경우에는 각 정당이 선거구별로 한 명의 후보자만 공천하면 의석 점유율이 50%를 초과하는 정당이 나타날 수 없습니다. ② 을국의 경우 의회 내 과반수 정당이 없으므로 대통령제 정부 형태라면 어느 정당이 정권을 잡더라도 여소야대 정국이 형성됩니다. ③ 을국의 가당 비례 대표 의석 수와 라당의 비례 대표 의석 수는 15석으로 같습니다. ⑤ 을국의 최근 선거 결과에 갑국의 선거 제도를 적용하면, 가당 145석, 나당 80석, 다당 50석, 라당 25석입니다. 따라서 가당을 제외하고 나머지 정당은 의석률이 낮아질 것입니다.

①번을 정답으로 선택했다면 정당별로 선거구당 1명씩만 공천할 경우 소선거구제와 중·대선거구제에서의 의석 점유율 차이를 몰랐던 것으로 보입니다. 소선거구제일 경우에는 모든 선거구에서 1개의 정당이 당선자를 배출하면 의석 점유율이 100%가 될 수 있습니다. 그러나 중·대선거구제에서는 각 선거구당 2명 이상이 당선되는데 1개의 정당에서는 1명씩만 당선시킬 수 있으므로 모든 선거구에서 당선자를 배출하더라도 의석 점유율이 50%가 됩니다.

205 선거 결과 분석 정답 ④

①	②	③ 함정	❹	⑤
5%	11%	17%	53%	11%

다음 자료에 대한 분석 및 추론으로 옳은 것은?

○○국 의회 의원 정수는 4명으로, 4개 선거구(A1~A4)에서 단순 다수제로 의원을 선출하고 있다. 현재의 의원 정수와 대표 결정 방식은 유지하되, 인구 이동을 고려하여 선거구를 재획정하기로 하고 다음과 같은 개편안을 논의하고 있다.

- 인구가 증가한 B지역(B1~B4)을 분리하여 이 지역을 2개의 선거구로 획정함
- 각각의 A지역에서 B지역을 제외한 나머지 지역을 a지역(a1~a4)으로 함. 예를 들어, A1에서 B1을 제외한 나머지 지역이 a1임 그리고 a지역도 2개의 선거구로 획정함
- 경계선이 접한 선거구 혹은 지역끼리만 통합하고, 대각선 방향으로의 통합은 고려하지 않음
- 하나의 선거구 유권자 수가 다른 선거구 유권자 수의 2배 이상이 되지 않도록 함 → B1과 B2를 합한 선거구 불가능

〈자료 1〉은 ○○국 선거구 및 지역별 유권자 수를, 〈자료 2〉는 최근 의회 의원 선거에서의 각 정당 득표율을 나타낸다.

〈자료 1〉
(단위 : 명)

A1 (300)	A2 (300)
B1 (200)	B2 (200)
B3 (100)	B4 (100)
A3 (200)	A4 (200)

〈자료 2〉
(단위 : %)

선거구 \ 정당	A1	A2	A3	A4
갑	⑥⓪	30	20	10
을	30	⑤⓪	⑥⓪	⑤⓪
병	10	20	20	40

→ ○은 현행 의석이다.

* 〈자료 1〉의 ( ) 안 수치는 유권자 수이며, A1~A4 선거구 유권자 수는 각각 B1~B4 지역 유권자 수를 포함한 수치임
** B1~B4 지역과 a1~a4 지역의 정당 후보 득표율은 현행 제도에서 각각 속해 있던 A1~A4 선거구 정당 후보 득표율과 동일함
*** 투표율은 100%이며, 무효표는 없음
**** 개편안의 경우, 위 〈자료 1〉과 〈자료 2〉를 근거로 차기 결과를 판단함

① 최근 의회 의원 선거 결과, 갑 정당과 을 정당은 과소 대표되었다. → 과대 대표

② 개편안의 경우, a지역에 비해 B지역 유권자 의사가 과대 대표된다.

③ 갑 정당의 경우, 현행 선거구 확정 방식보다 a1과 a3를 통합하는 개편안이 유리하다. → 과소 대표 ┗ a2

④ 을 정당의 경우, 개편안에서 a1과 a2의 통합보다는 a1과 a3를 통합하는 선거구 획정 방식이 유리하다. ┗ 2석 ┗ 3석

⑤ 병 정당의 경우, 현행 선거구 확정 방식보다 개편안이 유리하다. → 유불리가 발생하지 않는다

 제시된 자료를 바탕으로 한 선거 결과는 다음과 같습니다.

<개편 전 선거 결과>

구분	갑당	을당	병당
의석수	1석	3석	0석
득표율	33%	46%	21%
의석률	25%	75%	0%

<개편 안에 따른 선거 결과>

A지역은 a1, a2 통합 또는 a1, a3 통합의 방법이 있고, B지역은 B1, B3 통합의 방법만 있습니다.

구분	갑당	을당	병당
a1, a2 통합	2석	2석	0석
a1, a3 통합	1석	3석	0석

정답 찾기 ④ 을 정당의 경우 개편안에서 a1과 a2의 통합 시 2석을 획득하고, a1과 a3 통합 시 3석을 획득합니다.

오답 피하기 ① 갑 정당은 득표율보다 의석률이 낮으므로 과소 대표되었고, 을 정당은 득표율보다 의석률이 높으므로 과대 대표되었습니다. ② a지역의 유권자 수는 400명, B지역의 유권자 수는 600명인데 각각 2명씩 동일한 수의 의원을 선출하므로 a지역의 유권자의 의사에 비해 B지역 유권자의 의사가 과소 대표되었습니다. ③ 갑 정당의 경우 현행 선거구에서는 1석을 획득하고 a1, a3 통합 시 1석을 획득하므로 유불리를 판단할 수 없습니다. ⑤ 병 정당의 경우 현행과 개편 안 모두 0석이므로 유불리를 판단할 수 없습니다.

> **함정 피하기**
>
> ①번 답지를 선택했다면 과소 대표와 과대 대표의 개념을 몰랐던 것으로 보입니다. 과소 대표는 의석률에 비해 득표율이 높은 경우이고, 과대 대표는 의석률에 비해 득표율이 낮은 경우입니다. ②번 답지를 선택했다면 선거구 별로 유권자의 수와 대표자의 수를 비교하여 유권자의 과대 대표, 과소 대표 여부를 판단한다는 점을 몰랐을 것으로 보입니다. 선출되는 대표자 수는 같은데 유권자의 수가 상대적으로 많다면 과소 대표되는 것입니다. ③번을 선택했다면 갑 정당이 a1과 a3 통합 시 1석을 획득한다는 것을 몰랐을 것으로 보입니다. 선거구 개편에 관한 문제는 작은 글씨까지 꼼꼼하게 확인해야 합니다.

206 선거 결과 분석 정답 ④

문제 분석 주어진 자료에 따른 선거 결과는 다음과 같습니다.

구분	A당	B당	C당	D당
의석수	4석	2석	0석	0석
1안	2석	2석	1석	1석
2안	3석	2석	1석	0석

정답 찾기 ④ A당의 경우 1안은 2석, 2안은 3석을 갖습니다.

오답 피하기 ① 현행 제도는 소선구제이고 1안은 비례 대표제이므로 현행 제도에서 의회 의원의 지역 대표성이 더 강합니다. ② 2안에서 후보자 간 득표순으로 당선자를 확정하는 것이 아니라 정당 득표율에 비례하여 의석을 배분하므로 중·대 선거구제에서처럼 선거구 간 표의 등가성 문제가 발생하지 않습니다. ③ 1안의 경우 C당의 득표율은 21%, 의석률은 약 16.6%이므로 과소 대표되고, 2안의 경우 C당의 득표율은 21%, 의석률은 약 16.6%이므로 역시 과소 대표됩니다. ⑤ 1안과 2안의 정당별 전국 득표율과 의석률은 다음과 같으므로 1안보다 2안에서 정당별 전국 득표율과 의석률 간 차이가 크다고 볼 수 있습니다.

구분		A	B	C	D
1안	득표율(%)	37	34	21	8
	의석률(%)	약 33.3	약 33.3	약 16.7	약 16.7
2안	득표율(%)	37	34	21	8
	의석률(%)	50%	약 33.3	약 16.6	0

> **함정 피하기**
>
> ①번 답지를 정답으로 판단했다면 지역구 후보자에게 투표하여 대표자를 선출하는 것과 정당에 투표하여 대표자를 선출하는 방식에서 지역구 후보자에게 투표하여 대표자를 선출하는 방식이 당선자의 지역 대표성이 높다는 사실을 몰랐던 것으로 보입니다. ②번 답지를 정답으로 생각했다면 선거구 간 표의 등가성 문제가 발생하기 위해서는 유권자의 수가 달라야 한다는 사실을 몰랐던 것으로 보입니다. 현행은 소선거구제인데 선거구 별로 유권자가 2,000명 또는 1,000명입니다. 각 선거구별로 1명씩 선출되므로 선거구 간 표의 등가성 문제가 발생합니다.

207 선거 결과 분석 정답 ④

①	②	③ 함정	❹	⑤
5%	9%	16%	**54%**	14%

눈으로 보는 해설

다음 자료에 대한 분석으로 옳은 것은?

갑국은 현재 6개 선거구에서 단순 다수 대표제로 6명의 의회 의원을 선출하고 있다. 다음은 최근 의회 의원 선거 결과이다.

<정당별 득표 결과>

(단위 : 표)

2명 당선┐ 4명 당선┐ ┌0명 당선┐

구분	A당	B당	C당	D당	합계
선거구 1	60	80	40	20	200
선거구 2	50	0	10	40	100
선거구 3	30	80	60	30	200
선거구 4	70	80	50	0	200
선거구 5	40	50	0	10	100
선거구 6	200	0	0	0	200
합계	450	290	160	100	1,000

* 투표율은 100%이며, 무효표는 없음

갑국의 차기 의회 의원 선거를 앞두고 현재의 의석 정수를 유지하면서 다음과 같은 두 가지 개편안을 검토하고 있다.(단, 개편안의 경우 최근 의회 의원 선거의 정당별 득표 결과만을 근거로 차기 선거 결과를 판단한다.)

<1안>

A당: 최대 3석
B당: 2석
C당: 1석
D당: 0석

선거구 1-2, 3-4, 5-6을 통합하여 선거구를 3개로 축소하고, 각 선거구에서 득표순으로 2인의 대표를 선출한다. 정당은 당선 가능성을 고려하여 각 선거구에서 2인까지 후보자를 공천할 수 있다.

* 정당이 후보자를 공천할 때 2인이 당선 가능한 경우 2인을, 그렇지 않은 경우 1인을 공천한다.

<2안>

A당: 3석
B당: 2석
C당: 1석
D당: 0석

선거구 모두를 통합하여 한 개의 선거구로 만들며, 정당의 득표 비율에 의석 정수를 곱하여 산출된 수의 정수(整數)만큼 정당의 의석으로 배분하고, 이후 잔여 의석은 소수점 이하의 수가 큰 순서대로 각 정당에 1석씩 배분한다.

① A당의 경우 현행은 2안보다 유리하다. → 불리

② B당의 경우 현행은 1안보다 불리하다. → 유리

③ C당의 경우 현행보다 1안이, D당의 경우 현행보다 2안이 유리하다.

④ A당이 1안에서 얻을 수 있는 최대 의석수와 2안에서 얻을 수 있는 의석수는 동일하다.
└ 3석 └ 3석 유·불리가 동일

⑤ 1안에서 B당은 과소 대표되고, 2안에서 C당은 과대 대표된다.
└ 득표율 : 29%, 의석률 : 33.3% └ 득표율 : 16%, 의석률 : 16.7%
└ 과대 └ 과소

문제 분석 자료를 통해 파악할 수 있는 갑국의 선거 결과 및 예상 결과는 다음과 같습니다.

〈현행〉

구분	A당	B당	C당	D당
의석수	2석	4석	0석	0석

〈1안의 경우 선거 결과〉

구분	A당	B당	C당	D당
선거구 1, 2	1석	1석	0석	0석
선거구 3, 4	0석	1석	1석	0석
선거구 5, 6	2석	0석	0석	0석
총 의석수	3석	2석	1석	0석

〈2안〉

구분	A당	B당	C당	D당
정당 득표율	45%	29%	16%	10%
정당득표율×6석	2.7석	1.74석	0.96석	0.6석
의석수	3석	2석	1석	0석

정답 찾기 ④ A당이 1안에서 얻을 수 있는 최대 의석수는 3석이고, 2안에서 얻을 수 있는 의석수는 3석입니다. 따라서 1안, 2안에서 얻을 수 있는 의석수는 같습니다.

오답 피하기 ① A당의 경우 현행은 2석, 2안은 3석이므로 2안이 유리합니다. ② B당의 경우 현행은 4석, 1안은 2석이므로 현행이 유리합니다. ③ C당의 경우 현행은 0석, 1안은 1석이므로 1안이 유리하고, D당의 경우 현행, 2안 모두 0석입니다. ⑤ 1안에서 B당의 정당 득표율은 29%이고 의석률은 약 33.3%이므로 B당은 과대 대표되었고, 2안에서 C당의 정당 득표율은 16%이고 의석률은 약 16.7%이므로 C당도 과대 대표되었습니다.

함정 피하기
①, ②, ③, ⑤번을 정답으로 선택했다면 선거 결과를 제대로 파악하지 못한 것으로 보입니다. 해당 답지들은 선거 결과 파악만 제대로 되었다면 쉽게 판단할 수 있는 답지입니다. 물론 ⑤번 답지의 경우에는 과대 대표, 과소 대표의 의미를 묻고 있습니다. 과대 대표는 득표율에 비해 의석률이 높은 경우이고, 과소 대표는 득표율에 비해 의석률이 낮은 경우입니다.

208 우리나라 선거 제도　　　　　정답 ②

문제 분석 헌법 재판소는 재외국민의 참정권을 배제하는 것은 보통 선거 원칙 위반이라는 결정으로 재외국민에게 투표권을 인정해 주었으나 낮은 투표율이 문제가 되어 우편 투표제가 논의되고 있습니다. 그러나 이에 대한 문제점도 제기되고 있습니다.

정답 찾기 ㄱ. 헌법 재판소는 재외국민에게 투표권을 인정해야 한다는 결정을 하였습니다. 이는 국민 주권을 보장하기 위한 것입니다. ㄷ. 우편 투표제를 실시하면 유권자의 의사가 공개되거나 직접 투표가 아닌 대리 투

표가 이루어질 수도 있습니다.

오답 피하기 ㄴ. 국회 의원 선거과 대통령 선거는 간접 민주 정치를 실현하기 위한 것입니다. ㄹ. ㉠은 보통 선거 원칙, ㉡은 직접 선거 원칙의 보장에 해당되었습니다.

209 민주 선거의 원칙　　　　　정답 ②

문제 분석 선거인은 투표한 후보자의 성명이나 정당명을 누구에게도 진술할 의무가 없다고 규정한 것은 비밀 선거를 실현하기 위한 것이고, 해외에 거주한다는 이유만으로 재외국민에게 선거권을 부여하지 않는 것은 보통 선거 위반입니다.

정답 찾기 ② 자신이 투표한 결과를 타인에게 공개하는 행위는 비밀 선거 위반입니다.

오답 피하기 ① 수형자의 선거권에 대한 전면적·획일적 제한은 보통 선거 위반입니다. ③ 유권자가 대리인을 통해 투표하는 것은 직접 선거 위반입니다. ④ 선거구 간 인구 편차를 줄이려는 노력은 평등 선거를 실현하기 위한 것입니다. ⑤ 한 선거구에서 어떤 유권자에게 2표, 어떤 유권자에게는 3표를 부여하는 것은 평등 선거 위반입니다.

210 우리나라 선거 제도　　　　　정답 ②

문제 분석 국회 의원 선거, 광역 의회 의원 선거, 기초 의회 의원 선거 중 중·대선거구제를 채택하고 있는 것은 기초 의회 의원 선거입니다. 따라서 A는 기초 의회 의원 선거이고, B와 C는 각각 국회 의원 선거, 광역 의회 의원 선거 중 하나입니다.

정답 찾기 ㄱ. 국회 의원 선거, 광역 의회 의원 선거, 기초 의회 의원 선거 모두 정당 공천제가 적용됩니다. ㄹ. 국회 의원 선거, 광역 의회 의원 선거, 기초 의회 의원 선거 모두에서 유권자는 지역구 의원, 비례 대표 의원을 선출하기 위해 1인 2표를 행사합니다.

오답 피하기 ㄴ. 국회 의원 선거, 광역 의회 의원 선거, 기초 의회 의원 선거 모두에서 정당 명부식 비례 대표제를 실시합니다. ㄷ. C가 국회 의원 선거라면 A는 기초 의회 의원 선거, B는 광역 의회 의원 선거입니다. 기초 의회 의원, 광역 의회 의원은 모두 연임 제한이 없습니다. 연임 제한이 있는 것은 지방 자치 단체장입니다.

211 민주 선거의 원칙　　　　　정답 ①

문제 분석 우리나라에서는 과거에 유권자가 1인 1표를 행사하여 지역구 의원과 비례 대표 의원을 모두 선출하였습니다. 이에 대해 헌법 재판소는 민주 선거의 원칙에 어긋난다고 결정하여 이후 1인 2표제를 실시하고 있습니다.

정답 찾기 ① 유권자가 지지하는 정당과 유권자가 선택한 후보자의 소속 정당이 다를 경우에도 유권자는 자신이 의도하지 않는 정당에 투표하는 결과가 발생하게 됩니다. 이는 민주 선거의 원칙 중 직접 선거의 원칙에 위배됩니다. 또한 무소속 후보자에게 투표한 유권자는 정당 소속 후보자에게 투표한 유권자와 달리 비례 대표 의원 선거에 투표를 하지 못하는 결과가 발생하게 됩니다. 이는 민주 선거의 원칙 중 평등 선거의 원칙에 위배됩니다.

212 우리나라 선거 제도 변화　　　　　정답 ④

문제 분석 우리나라에서는 지역구 선거의 경우 현재 소선거구제를 채택하고 있고, 비례 대표 의원의 경우에는 정당 득표 수, 통일 주체 국민 회의에서의 선출, 지역구 선거에서의 정당 득표율에 따른 배분 등을 거쳐 정당 투표에 의한 배분으로 바뀌었습니다.

정답 찾기 ㄱ. 통일 주체 국민 회의에서 전국구 의원을 선출한 것은 국민이 직접 선거를 통해 선출한 것이 아니므로 직접 선거의 원칙에 위배됩니

다. ㄷ. 15대, 16대와 달리 17대~20대 국회 의원 선거에서는 정당 투표를 따로 실시하여 비례 대표 의석을 배분하였으므로 유권자가 1인 2표를 행사하였습니다. ㄹ. 중 · 대선거구제는 소선거구제보다 군소 정당의 의회 진출 가능성이 높습니다.

오답 피하기 ㄴ. 정당 의석수에 비례하여 비례 대표 의석을 배분하면 소수당보다 다수당에 유리합니다.

213 국회 의원 선거 결과 　　　　　　　정답 ⑤

문제 분석 우리나라 20대 국회 의원 선거 결과를 보면 과반수 정당이 나타나지 않았고, 지역적 편차가 드러나는 선거 결과가 나타났습니다.

정답 찾기 ⑤ 우리나라에서는 정당 투표에 따라 비례 대표 의석을 배분하는데 B당과 C당의 비례 대표 의석이 같다는 것은 두 정당의 정당 득표율이 비슷하다는 것을 의미합니다. 그러나 총의석률은 B당이 C당보다 월등히 높습니다. 따라서 B당보다 C당이 과소 대표되었음을 알 수 있습니다.

오답 피하기 ① 과반수 정당이 없으므로 여소야대 현상이 나타났습니다. ② 영남권, 호남권 등에서 지역주의 투표 성향이 나타났습니다. ③ 기타로 분류된 11명 가운데에는 A~D당 후보가 아닌 다른 정당과 무소속 후보자도 포함되어 있을 가능성이 큽니다. 따라서 정당 공천을 받지 않은 후보자가 당선되지 않았다고 단정할 수는 없습니다. ④ 지역구 선거에서 주어진 자료로는 C당과 D당의 사표는 비교할 수 없습니다.

214 우리나라 선거 결과 분석 　　　　　　정답 ④

고난도 교육청 기출				
①	②	③ 함정	❹	⑤
5%	11%	17%	53%	11%

🔍 눈으로 보는 해설

표는 우리나라 19대 국회 의원 선거 결과이다. 이에 대한 옳은 분석을 〈보기〉에서 고른 것은?

(단위 : %)

정당	지역구 선거		비례 대표 선거		총의석률
	득표율	의석률	득표율	의석률	정당별 의석수
A당	43.3	51.6	42.8	46.3	50.7 → 152
B당	37.9	43.1	36.5	38.9	42.3 → 127
C당	6.0	2.8	10.3	11.1	4.3 → 13
D당	2.2	1.2	3.2	3.7	1.7 → 5
무소속	9.4	1.2	0	0	1.0

* 제19대 국회의 총의석수는 300석이다.

〔보기〕
ㄱ. A당 소속 국회 의원만으로도 개헌안을 의결할 수 있다. → 재적 의원 2/3 이상 찬성 필요
ㄴ. C당 소속 국회 의원만으로도 법률안을 발의할 수 있다. → 10명 이상 찬성 필요
ㄷ. 지역구 선거에서 A당과 B당 후보를 선택한 유권자의 표 중 사표는 없다. → 있을 것이다
ㄹ. 지역구 선거에서 C당과 D당 후보에 투표한 유권자의 의사가 과소 대표되었다. → 득표율>의석률

① ㄱ, ㄴ　　② ㄱ, ㄷ　　③ ㄴ, ㄷ
④ ㄴ, ㄹ　　⑤ ㄷ, ㄹ

문제 분석 우리나라 19대 국회 의원 선거 결과를 보면 A당이 과반수 의석을 차지하였습니다. 국회 의원은 지역구 선거와 비례 대표 선거로 선출하고 총 의석수는 300석입니다.

정답 찾기 ㄴ. 법률안을 발의하기 위해서는 10인 이상의 국회 의원이 필요합니다. C당의 총 의석률은 4.3%이므로 의석수는 10석이 넘습니다. 따

라서 C당 소속 국회 의원만으로 법률안을 발의할 수 있습니다. ㄹ. 지역구 선거에서 C당, D당 모두 득표율보다 의석률이 낮습니다. 이를 통해 유권자의 의사가 과소 대표되었다는 것을 알 수 있습니다.

오답 피하기 ㄱ. 헌법 개정안이 국회를 통과하기 위해서는 재적 의원 2/3 이상의 찬성이 있어야 하는데 A당의 의석률은 약 50%이므로 A당 소속 국회 의원만으로는 개헌안을 의결할 수 없습니다. ㄷ. 지역구 선거에서 A당, B당 모두 득표율과 의석률의 격차가 있으므로 사표가 발생했음을 알 수 있습니다. 만약 득표율과 의석률의 격차가 없다고 하더라도 전체 득표율이므로 각 지역구별로는 사표가 발생할 수 있습니다.

> 💣 **함정 피하기**
> ㄱ. 답지를 옳은 내용으로 판단했다면 헌법 개정안이 국회를 통과하기 위한 의결 정족수를 몰랐던 것으로 보입니다. ㄷ. 답지를 옳은 내용으로 생각했다면 사표의 정확한 개념을 몰랐던 것으로 보입니다. 사표는 유효 투표 중 당선에 기여하지 못한 표입니다.

11강 다양한 정치 주체와 시민 참여

핵심 개념 CHECK! 　　　　　▶ 본문 114쪽

01 ◯	02 ✕	03 ◯	04 ◯	05 ◯	06 ◯	07 ✕	08 ◯
09 ✕	10 ◯	11 ✕	12 ✕	13 ✕	14 ◯	15 ◯	16 ◯
17 ✕	18 ◯	19 ◯	20 ◯	21 ◯	22 ◯	23 ✕	24 ◯
25 ✕	26 ◯	27 ◯	28 ◯	29 ◯	30 ◯	31 ◯	32 ✕
33 ◯	34 ◯						

◯✕ 문장 바로 알기

01 정치적 견해를 같이하는 사람들이 정권을 획득함으로써 자신들의 정강을 실현하는 것을 목적으로 조직한 단체를 정당이라고 한다.

02 정당은 공익보다는 집단의 특수 이익을 추구한다.
　　집단의 특수 이익보다는 공익

03 정당은 각종 공직 선거에서 후보자를 공천함으로써 정치적 충원 기능을 한다.

04 정부와 의회를 연결함으로써 양자 간의 매개 역할을 하는 것은 정당만의 기능이다.

05 사회의 구성원이 그 사회의 일반적인 정치적 가치관이나 태도 등의 정치 문화를 학습하는 과정을 정치 사회화라고 한다.

06 일당제는 정권 획득 가능성이 있는 정당이 하나만 있는 정당 제도이다.

07 일당제는 국민 주권의 원리를 실현할 수 있는 정당 제도이다.
　　실현하기 어려운

08 양당제는 정권 교체가 가능한 대표적인 두 정당이 존재하여 정국 안정에 기여하는 장점이 있다.

09 양당제는 국민의 다양한 의견이 반영될 수 있는 정당 제도이다.
　　다당제

10 양당제는 다수당의 횡포로 소수의 이익이 무시될 수 있는 단점이 있다.

11 정당 간 대립 시 중재가 어려운 정당 제도는 ~~다당제~~이다.
양당제

12 유권자의 정당 선택의 범위가 넓은 정당 제도는 **양당제**이다.
다당제

13 정치적 책임 소재가 명확한 정당 제도는 ~~다당제~~이다.
양당제

14 군소 정당의 난립으로 정국의 불안정 우려가 있는 정당 제도는 다당제이다.

15 선거에 참여하여 특정 정당 혹은 특정 정당 후보에 투표하는 것은 비정당원으로서의 참여 방법에 해당한다.

16 정당 소속 후보로 각종 공직 선거에 출마하는 것은 정당으로서의 참여 방법에 해당한다.

17 지도부 중심의 비민주적 의사 결정 경향에 대한 해결 방안은 정당의 ~~과두제화~~이다.
상향식 의사 결정 방식

18 정당 주최의 공청회나 집회 등에 참여하여 특정 정책에 대한 의견을 표명하는 것은 비정당원으로서의 참여 방법이다.

19 특정한 이해관계나 목표를 같이하는 사람들이 자신의 특수 이익을 실현하기 위해 결성한 집단을 이익 집단이라고 한다.

20 이익 집단은 ~~정당과 달리~~ 정치 사회화 기능을 수행한다.
정당도

21 이익 집단은 정당과 달리 공익이 아닌 사익을 추구한다.

22 공공선과 공익 실현을 목적으로 시민들이 자발적으로 참여하여 구성한 집단을 시민 단체라고 한다.

23 정당, 시민 단체, 이익 집단은 모두 **공식적** 정책 참여자이다.
비공식적

24 시민 단체, 이익 집단은 정당과 달리 정치 충원 기능을 담당하지 않는다.

25 ~~이익 집단~~은 사회의 건전한 발전을 주도하고 풀뿌리 민주주의 실현에 이바지한다.
시민 단체

26 이익 집단이 특수 이익만을 추구하면 사회 전체의 보편적 이익과 충돌할 우려가 있다.

27 이익 집단은 정당과 달리 선거에서 후보자를 공천하지 않는다.

28 시민 단체는 정치뿐만 아니라 경제, 환경, 복지, 인권, 국제 연대 등 다양한 영역에서 활동을 한다.

29 신문이나 텔레비전, 인터넷 등 대중 매체를 통해 사실을 알리거나 어떤 문제에 대하여 여론을 형성하는 활동을 언론이라고 한다.

30 독자 투고, 인터뷰, 제보는 언론을 통한 정치 참여 방법에 해당한다.

31 언론은 시민의 의사 결정에 도움을 주는 국민의 알 권리 보장의 기능을 한다.

32 정당과 달리 이익 집단, 시민 단체는 자신들의 활동에 대해 정치적 책임을 **진다**.
지지 않는다

33 이익 집단, 시민 단체는 정부와 의회의 매개 역할을 하지 않는다.

34 시민들은 언론 매체가 전달하는 정보를 비판적으로 검토하고 **평가**해야 한다.

---

215 ③	216 ②	217 ④	218 ①	219 ⑤	220 ①
221 ②	222 ④	223 ③	224 ②	225 ④	226 ⑤
227 ⑤	228 ⑤	229 ⑤	230 ⑤	231 ③	232 ①
233 ④	234 ③	235 ②	236 ③		

215 정당 제도 정답 ③

문제 분석 주어진 자료를 바탕으로 한 갑국의 방식별 정당 제도는 다음과 같습니다.

구분	t 시기	t + 1 시기
방식 1	양당제	다당제
방식 2	양당제	다당제

정답 찾기 ㄴ. 〈방식 2〉를 적용하면 갑국의 유효 정당 지수는 t+1 시기 약 2.82, t 시기 약 2.41입니다. ㄷ. 〈방식 2〉로 판단하면 t+1 시기는 다당제, t 시기는 양당제입니다. 다당제에서 소수 의견 반영 가능성이 높습니다.

오답 피하기 ㄱ. 〈방식 1〉로 판단하면 t 시기는 양당제, t+1 시기는 다당제입니다. 다당제에서 정당 간 대립 시 중재가 용이합니다. ㄹ. 〈방식 1〉로 판단한 t 시기는 양당제, 〈방식 2〉로 판단한 t+1 시기는 다당제입니다.

함정 피하기

ㄱ, ㄹ 답지를 옳은 내용으로 판단했다면 주어진 자료를 토대로 유효 정당 지수를 제대로 파악하지 못한 것으로 보입니다. 또한 양당제보다 다당제에서 정당 간 대립 시 중재가 용이하다는 사실을 몰랐던 것으로 보입니다.

216 정당의 문제 정답 ②

문제 분석 A당은 당비의 수입 비율이 가장 높고, 국고 보조금, 후원금 순으로 수입 비율이 높습니다. B당은 후원금과 국고 보조금의 수입 비율이 매우 높습니다. 정당의 수입 원천은 정당 운영의 자주성 문제와 연결됩니다.

정답 찾기 ② A당은 B당에 비해 당원들에 의한 당비의 수입 비율이 매우 높습니다. 이로 인해 A당은 B당에 비해 정당 활동에 대한 외부 압력으로부터 자유롭습니다.

오답 피하기 ① 정당 수입에 대한 처리 절차의 투명성 정도는 파악하기 어렵습니다. ③ 정책 중심의 정당 운영이 이루어지는지 여부는 비교할 수 없습니다. ④ 새로운 정책 개발이 활발하게 이루어지는지 여부는 수입 비율로 판단할 수 없습니다. ⑤ 하향식 의사 결정 여부에 대해 두 정당을 비교하기 어렵습니다.

217 정당 제도 정답 ④

문제 분석 갑국에서는 T기에 A당이 과반수 의석을 차지한 반면, T+1기에는 과반수 의석을 차지한 정당이 없습니다.

정답 찾기 ④ 갑국의 정부 형태가 의원 내각제라면 T기에 A당이 과반수 정당이므로 A당이 단독 정부를 구성하며, 행정부 수반도 A당에서 선출될 것입니다.

오답 피하기 ① T+1기는 다당제, T기는 양당제의 형태를 보입니다. 양당제는 다당제보다 정치적 책임 소재가 명확합니다. ② 다당제는 양당제에 비해 정당 간 대립 시 중재가 용이합니다. ③ 양당제에 비해 다당제에서 국민의 다양한 여론이 반영되기 용이합니다. ⑤ 갑국의 정부 형태가 대통령제라면 T기에는 어느 정당이 집권하느냐에 따라 여소야대 현상이 나타나는지 여부를 판단할 수 있으며, T+1기에는 과반수 정당이 없으므로 여소야대 현상이 나타납니다.

218 정당 제도 정답 ①

문제 분석 A국은 제1당의 의석 점유율이 50%를 넘지 않는 반면, B국은 제1당의 의석 점유율이 50%를 넘습니다.

정답 찾기 ㄱ. A국이 전형적인 대통령제 국가라면 제1당이 과반수를 넘지 않으므로 무조건 여소야대 현상이 나타났습니다. ㄴ. A국이 전형적인 의원 내각제 국가라면 연립 정부가 구성되는데 행정부 수반은 어느 정당에서 선출될지 판단할 수 없습니다.

오답 피하기 ㄷ. B국이 전형적인 대통령제 국가라면 행정부 수반인 대통령은 국민이 직접 선출하므로 의회 의원 선거 결과와 상관이 없습니다. ㄹ. B국에서는 제1당이 50%가 넘는 의석을 차지하였으므로 의원 내각제인 경우 단독 정부가 구성될 것입니다.

219 정당 내 공천 방식 정답 ⑤

문제 분석 갑당의 공천 방식 중 1안은 당원들이 후보자를 선출하는 것이고, 2안은 소수의 공천 심사 위원회에서 후보자를 선출하는 것이며, 3안은 일반 국민이 후보자를 선출하는 것입니다.

정답 찾기 ㄷ. 후보자 선출 비용은 공천 심사 위원회에서 선출하는 것보다 당원과 일반인이 각각 50% 참여하여 후보자를 선출하는 것에서 더 많이 소요됩니다. ㄹ. 당선 가능성이 높은 후보자를 선출하는 데 가장 유리한 것은 일반 유권자의 의지로 후보자가 선출되는 3안입니다.

오답 피하기 ㄱ. 지역구 당원이 후보자를 선출하는 것이 일반인이 관여하여 후보자를 선출하는 것보다 정당의 정체성을 유지하는 데 유리합니다. ㄴ. 공천 심사 위원회에서 후보자를 선출하는 것보다 일반 국민이 후보자를 선출하는 것이 상향식 의사 결정에 부합합니다.

220 정부 형태와 정당 제도 정답 ①

문제 분석 A국에서는 국민들이 행정부 수반을 선출하는 선거와 의회 의원을 선출하는 선거를 별도로 실시하므로 A국의 정부 형태는 전형적인 대통령제입니다. B국에서는 국민들이 의회 의원을 선출하면 행정부 수반이 의회에서 선출되므로 B국의 정부 형태는 의원 내각제입니다.

정답 찾기 ① A국은 대통령제 정부 형태이므로 국민이 직접 대통령을 선출합니다. 따라서 주어진 자료로는 어느 정당에 속하는지 파악할 수 없습니다.

오답 피하기 ② A국에서는 여소야대 현상이 나타나므로 행정부의 강력한 정책 추진이 곤란할 수 있습니다. ③ B국에서는 연립 정부가 구성되므로 행정부 수반은 제2당 소속일 수도 있습니다. ④ B국에서는 제4당이 연립 정부를 구성할 수도 있으므로 의회 내에서의 영향력이 A국에서보다 크다고 할 수 있습니다. ⑤ 의회 의원의 각료 겸직은 의원 내각제 정부 형태에서 가능합니다.

221 정당 제도 정답 ②

문제 분석 (가), (나)에 들어가는 특징에 따라 A, B가 각각 양당제와 다당제 중 어느 것에 해당하는 지가 결정됩니다.

정답 찾기 ㄱ. 다수당의 횡포 가능성은 다당제보다 양당제에서 나타날 가능성이 높습니다. ㄷ. 양당제에서 유권자의 정당 선택이 용이하고, 다당제에서 다양한 의견 반영의 가능성이 높습니다.

오답 피하기 ㄴ. 양당제에서 정치적 책임 소재가 명확합니다. ㄹ. 다당제에서 정당 간 대립 시 중재가 용이하고, 양당제에서 강력한 정책 추진의 가능성이 높습니다.

222 정당의 기능 정답 ④

문제 분석 정치 참여 주체 중 정당은 정치적 견해를 같이하는 사람들이 정권을 획득함으로써 자신들의 정강을 실현하는 것을 목적으로 조직한 단체입니다. 정당은 특수한 이익보다는 공익을 도모하여 국민의 지지를 확보하려고 노력합니다.

정답 찾기 ㄱ. 청년 유권자를 대상으로 정치 워크숍을 개최하는 것은 정당이 사회의 구성원이 그 사회에서 일반적으로 이루어지고 있는 정치적 가치관이나 태도를 습득하고 동화해 가는 과정 또는 세대 간에 정치문화를 계승하는 과정인 정치 사회화 기능을 수행함을 보여 줍니다. ㄴ. 당정 협의회는 정당과 행정부가 정기적으로 만나 다양한 국정 현안에 대해 논의하는 회의이므로 정당이 의회와 정부를 매개하는 역할을 한다는 것을 보여 줍니다. ㄹ. 정당은 각종 공직 선거에 후보자를 공천하고 대표자를 배출함으로써 정치 엘리트 충원 기능을 수행합니다.

오답 피하기 ㄷ. 보궐 선거 후보 공천을 위한 당원 투표를 실시하는 것은 상향식 의사 결정 구조를 강화합니다.

223 정당 제도 정답 ③

문제 분석 주어진 자료를 바탕으로 한 선거 결과는 다음과 같습니다.

구분	A당	B당	C당	D당
t대	25석	24석	21석	30석
t + 1대	1석	42석	2석	55석

따라서 t대의 정당 제도는 다당제, t+1대의 정당 제도는 양당제입니다.

정답 찾기 ㄴ. 국정 운영에 대한 정치적 책임 소재가 명확한 것은 다당제보다 양당제입니다. ㄷ. 다당제는 양당제보다 정국이 불안정해질 가능성이 높습니다.

오답 피하기 ㄱ. 다당제보다 양당제에서 다수당의 횡포 가능성이 높습니다. ㄹ. 양당제보다 다당제에서 국민의 다양한 의견이 정책 결정 과정에 투입될 가능성이 높습니다.

224 정당 제도 정답 ②

문제 분석 연립 정부가 구성될 수 있는 ○○국의 정부 형태는 의원 내각제이며, 정당 제도는 다당제입니다. 따라서 A는 다당제, B는 양당제입니다. (가)에는 다당제의 단점, (나)에는 양당제의 단점이 들어가야 합니다.

정답 찾기 ㄱ. 다당제는 양당제보다 강력한 정책 추진이 어렵습니다. ㄷ. 양당제는 다당제보다 다수당의 횡포 가능성이 높습니다.

오답 피하기 ㄴ. 양당제는 다당제보다 다양한 의견을 반영하기 어렵습니다. ㄹ. 다당제는 양당제보다 정책 실패에 대한 책임 소재가 불분명합니다.

225 정당 제도 정답 ④

문제 분석 t대의 정당 제도는 다당제, t+1대의 정당 제도는 양당제입니다. 또한 갑국은 전형적인 의원 내각제 정부 형태를 채택하고 있습니다.

정답 찾기 ㄴ. 정당의 정치적 책임 소재가 명확한 것은 양당제입니다. ㄹ. t대는 t+1대와 달리 과반수 의석을 차지한 정당이 없으므로 의원 내각제 정부 형태를 채택한 갑국에서는 연립 정부가 구성될 것입니다.

오답 피하기 ㄱ. 양당제는 다당제에 비해 정국이 안정적으로 운영될 가능성이 높습니다. ㄷ. 다당제는 양당제에 비해 국민의 다양한 의사가 정책에 반영될 가능성이 높습니다.

226 정치 참여 주체 정답 ⑤

문제 분석 정치 참여 주체 중 A는 시민 단체, B는 이익 집단, C는 정당입니다.

 ⑤ 시민 단체, 이익 집단, 정당 모두 정치 사회화 기능을 수행합니다. 정당은 시민 단체, 이익 집단과 달리 자신들의 활동에 대한 정치적 책임을 집니다.

 ① 시민 단체, 이익 집단, 정당, 언론 등이 정치 과정에서 투입 기능을 담당합니다. ② 행정부와 의회를 매개하는 기능을 수행하는 정치 참여 주체는 정당입니다. ③ 정당은 자신들의 정강 실현과 정권 획득을 목적으로 하기 때문에 정치적 중립을 추구하지 않습니다. ④ 이익 집단은 시민 단체, 정당과 달리 구성원의 이익을 공익보다 우선합니다.

227 정치 참여 집단　　　　　정답 ⑤

 정치 참여 집단 중 정권 획득을 목적으로 하는 것은 정당뿐에 없으므로 C는 정당이고, A와 B는 각각 시민 단체, 이익 집단 중 하나입니다. 시민 단체와 정당이 이익 집단과 달리 공익을 추구하므로 B는 시민 단체입니다. 따라서 A는 이익 집단입니다.

 ㄷ. 공직 선거에서 후보자를 공천하는 것은 정당만의 기능입니다. ㄹ. 시민 단체, 이익 집단, 정당 모두 정치 사회화 기능을 수행합니다.

 ㄱ. 시민 단체, 이익 집단은 대의 민주제의 한계를 보완하는 역할을 합니다. ㄴ. 집단의 활동 결과에 대한 정치적 책임을 지는 것은 정당입니다.

228 정치 참여 집단　　　　　정답 ⑤

 (가), (나)에 들어가는 질문에 따라 A~C는 각각 시민 단체, 이익 집단, 정당 중 하나에 해당입니다.

 ⑤ 공익보다 집단의 특수 이익을 추구하는 것은 이익 집단입니다. 따라서 C는 이익 집단이 됩니다. 정부 감시 기능을 하는 것은 시민 단체, 이익 집단, 정당 모두의 기능에 해당하므로 (나)에 해당 질문이 들어갈 수 없습니다.

 ① 시민 단체, 이익 집단은 대의 민주제의 한계를 보완하므로 (가)에 해당 질문이 들어갈 수 없습니다. ② 시민 단체, 이익 집단, 정당 모두 정치 과정에서 투입 기능을 담당합니다. 따라서 (나)에 해당 질문이 들어갈 수 없습니다. ③ 공직 선거에서 후보자를 공천하는 것은 정당만의 기능입니다. 따라서 C는 정당입니다. 정치 사회화 기능을 수행하는 것은 시민 단체, 이익 집단, 정당 모두입니다. ④ 정부와 의회의 매개적 기능을 하는 것은 정당만의 기능입니다. 따라서 B는 정당입니다. 정당만 정권 획득을 목적으로 합니다.

229 시민 단체, 이익 집단 비교　　　　　정답 ⑤

 정치 참여 집단 중 집단의 특수 이익을 추구하는 것은 이익 집단입니다. 따라서 A는 이익 집단, B는 시민 단체입니다.

 ㄷ. 시민 단체, 이익 집단 모두 사회적 쟁점에 대한 여론 형성 및 조직 기능을 수행합니다. ㄹ. 시민 단체, 이익 집단 모두 정책 결정 과정에서 투입 기능을 담당합니다.

 ㄱ. 이익 집단은 시민 단체와 달리 영리성을 추구합니다. 시민 단체는 비영리성, 비당파성을 갖습니다. ㄴ. 시민 단체, 이익 집단 모두 대의 민주제의 한계를 보완합니다.

230 정치 참여 집단　　　　　정답 ⑤

 정치 참여 집단인 시민 단체, 이익 집단, 정당은 공통된 기능을 수행하는 것도 있지만 다른 기능을 수행하는 것도 있으므로 (가), (나)에 적절한 질문을 넣어 구분해야 합니다.

 ⑤ 집단의 특수 이익보다 공익을 추구하는 것은 정당과 시민 단체이고, 집단의 행위에 대해 정치적 책임을 지는 것은 정당입니다.

 ① 정권 획득을 목적으로 하는 것은 정당이고, 대의 민주제의 한계를 보완하는 기능을 수행하는 것은 시민 단체, 이익 집단입니다. ② 세 집단 모두 정치 사회화 기능을 수행하고, 정부와 의회의 매개 기능을 수행하는 것은 정당입니다. ③ 세 집단 모두 정치 과정에서 투입 기능을 수행하고, 공직 선거에서 후보자를 공천하는 것은 정당입니다. ④ 세 집단 모두 정부에 대한 비판과 감시 활동을 하고, 여론 형성과 조직화 기능을 수행합니다.

231 이익 집단, 정당의 특징 비교　　　　　정답 ③

 A는 이해관계를 같이하는 사람들이 공동의 이익을 실현하기 위해 결성한 집단이며, 정부의 정책 결정에 영향을 주므로 이익 집단이고, B는 정권 획득을 목표로 하므로 정당입니다.

 ③ 정치적 충원 기능을 하는 것은 정당입니다.

 ① 공공선과 공익 실현을 목적으로 구성한 집단은 시민 단체입니다. ② 대의제를 보완하는 역할을 하는 것은 시민 단체, 이익 집단입니다. ④ 정부와 의회를 매개하는 기능을 수행하는 것은 정당입니다. ⑤ 이익 집단과 정당을 통한 정치 참여는 집단적 정치 참여 방법입니다.

232 침묵의 나선 이론　　　　　정답 ①

 A 현상은 침묵의 나선 이론으로 여론이 형성되는 과정에서 자신의 입장이 다수의 의견과 동일하면 적극적으로 동조하지만 소수의 의견일 경우에는 남에게 나쁜 평가를 받거나 고립되는 것이 두려워 침묵하는 현상을 말합니다.

 ㄱ. 침묵의 나선 이론은 소수의 의견일 경우에는 남에게 나쁜 평가를 받거나 고립되는 것이 두려워 침묵하는 현상을 말하므로 소수의 의견도 존중하려는 사회적 분위기를 통해 극복될 수 있을 것입니다. ㄴ. 침묵의 나선 이론은 고립에 대한 두려움과 주류에 속하고 싶은 인간의 강한 욕망이 만드는 것입니다.

 ㄷ. 침묵하는 소수가 사회 문제에 대한 가치 판단 자체를 거부하는 것은 아닙니다. ㄹ. 침묵의 나선 이론은 대중 매체가 제공하는 정보를 무비판적으로 받아들이는 문제를 설명하기 위한 것이 아닙니다.

233 시민 단체, 이익 집단　　　　　정답 ④

대표 평가원 기출

함정	①	②	③	❹	⑤
	15%	2%	7%	73%	1%

🔍 눈으로 보는 해설

밑줄 친 정치 참여 집단 ㉠, ㉡의 일반적인 특징에 대한 공통점으로 옳은 것은?

구분	주요 활동
㉠ ○○ 단체 ↳ 시민 단체	• 국정 감사 모니터링 활동 • 노동 문제에 대한 대안 제시 • 사법부 활동 감시를 위한 시민 연대 결성
㉡ △△ 단체 ↳ 이익 집단	• 성과 연봉제 도입 반대를 위한 파업 주도 • 해외 금융 회사의 국내 진출 반대 로비 활동 • 조합원의 후생 복지를 위한 시설의 설치 운영

① 정치 사회화를 담당하며 정치 과정에서 산출 기능을 수행한다. → 투입
② 정부에 대하여 비판을 하며 정강에 기본 이념이 규정되어 있다. → 정강은 정당의 기본 정책이다
③ 정치권력 획득에는 관심이 없으며 사회 전체의 공공선을 추구한다. → 시민 단체의 특징
④ 정치적으로 책임을 지지 않으며 정부의 정책 결정 과정에 영향력을 행사한다.
⑤ 대의 민주주의의 한계를 보완하기 위해 시민의 여론을 수렴하여 법률안을 발의한다. → 국회에서 발의

문제 분석 정치 참여 집단 중 ㉠은 국정 감사 모니터링을 하고 시민 연대를 결성하는 활동을 하므로 시민 단체이고, ㉡은 노동조합으로 이익 집단입니다.

정답 찾기 ④ 시민 단체와 이익 집단은 정당과 달리 정치적 책임을 지지 않습니다. 시민 단체, 이익 집단 모두 정부의 정책 결정 과정에 영향력을 행사합니다.

오답 피하기 ① 시민 단체, 이익 집단 모두 정치 사회화를 담당하며, 정치 과정에서 투입 기능을 수행합니다. ② 정부에 대하여 비판을 하며 정강에 기본 이념이 규정되어 있는 정치 참여 집단은 정당입니다. ③ 정치권력에는 관심이 없으며 사회 전체의 공공선을 추구하는 정치 참여 집단은 시민 단체입니다. ⑤ 시민 단체, 이익 집단 모두 대의 민주주의의 한계를 보완하는 기능을 수행하지만, 시민의 여론을 수렴하여 법률안을 발의하는 것은 국회 의원 10인 이상 또는 정부입니다.

> ★ **함정 피하기**
> ①번 답지를 골랐다면 시민 단체, 이익 집단, 정당 모두 정치 과정에서 투입 기능을 수행한다는 사실을 모르는 것입니다. ⑤번 답지를 골랐다면 법률안을 발의하는 주체가 국회 의원 10인 이상 또는 정부라는 사실을 알아야 합니다.

234 정치 참여 집단 정답 ③

문제 분석 정치 참여 집단 중 A는 이익 집단, B는 시민 단체, C는 정당입니다.

정답 찾기 ③ 이익 집단, 시민 단체 모두 시민의 다양한 요구를 표출하는 역할을 담당합니다.

오답 피하기 ① 이익 집단, 시민 단체 모두 대의제의 한계를 보완합니다. ② 정당, 시민 단체 모두 정치 과정에서 투입 기능을 담당합니다. ④ 이익 집단, 시민 단체와 달리 정당은 자신들의 활동에 대해 정치적 책임을 집니다. ⑤ 이익 집단, 시민 단체와 달리 정당은 정치 권력 획득을 목표로 합니다.

235 정치 참여 집단 정답 ②

문제 분석 정치 참여 집단 중 A는 자발적인 시민 연대를 추구하는 시민 단체, B는 공직 선거에 후보자를 공천하는 정당, C는 근로 조건 개선을 위해 활동하는 노동조합이므로 이익 집단입니다.

정답 찾기 ② 시민 단체, 이익 집단과 달리 정당은 행정부와 의회를 매개하는 역할을 합니다.

오답 피하기 ① 이익 집단은 특정한 분야에서 사적 이익을 추구합니다. 정당과 시민 단체는 사익보다 공익을 우선시합니다. ③ 이익 집단은 사적 이익을 추구합니다. ④ 정당은 자신들의 행위에 대해 정치적 책임을 집니다. ⑤ 이익 집단, 시민 단체, 정당 모두 정치 사회화 기능을 수행합니다.

236 정치 참여 집단 정답 ③

문제 분석 정치 참여 집단 중 A는 자신들의 속한 집단의 이익을 우선시하므로 이익 집단이고, B는 공익을 위해 활동하는 시민 단체이며, C는 선거에서 공약을 제시할 수 있는 정당입니다.

정답 찾기 ③ 정권 획득을 목적으로 하는 정치 참여 집단은 정당입니다.

오답 피하기 ① 이익 집단, 시민 단체, 정당 모두 정치 과정에서 투입 기능을 담당합니다. ② 정당은 행정부와 의회를 매개하는 기능을 수행합니다. ④ 이익 집단, 시민 단체는 대의제의 한계를 보완합니다. ⑤ 이익 집단, 시민 단체, 정당 모두 정치 사회화 기능을 수행합니다.

Ⅳ. 개인 생활과 법

12강 민법의 기초

핵심 개념 CHECK! ▶ 본문 126쪽

01 ○	02 ○	03 ○	04 ○	05 ○	06 ○	07 ○	08 ○
09 ×	10 ×	11 ○	12 ○	13 ×	14 ○	15 ○	16 ○
17 ○	18 ○	19 ○	20 ○	21 ○	22 ○	23 ×	24 ○
25 ×	26 ○	27 ○	28 ○	29 ×	30 ○	31 ○	32 ○

○✕ 문장 바로 알기

01 사회생활 중에서 특별히 법으로 규율할 필요가 있는 관계를 법률관계라고 한다.

02 공적인 법률관계의 예로는 선거 참여, 조세 납부, 병역 의무 이행 등을 들 수 있다.

03 민법은 우리 사회의 가족 관계를 안정적으로 지속할 수 있도록 한다.

04 근대 민법은 사회를 구성하는 각 개인이 자유롭고 평등하다고 전제한다.

05 민법은 개인과 개인의 법률관계에서 발생하는 권리와 의무의 종류 및 내용을 다루는 대표적인 사법이다.

06 국가 또는 공공 단체 상호 간 또는 이들과 개인 간의 공적인 생활 관계를 규율하는 법을 공법이라고 한다.

07 당사자 한쪽이 금전 소유를 상대방에게 이전할 것을 약속하는 금전 대차 계약은 사법에 의해 규정된다.

08 민법은 사적 법률관계 전반으로서 재산 관계와 가족 관계를 규율한다.

09 갑이 노트북을 구매한 행위는 ~~가족~~ 관계와 관련된 법률 행위이다.
　　　　　　　　　　　　　　　　　재산

10 자연인이 사망하여 법정 상속이 개시되는 것은 ~~재산~~ 관계와 관련된 것이다.
　　　　　　　　　　　　　　　　　　　　　　가족

11 신의 성실의 원칙, 권리 남용 금지의 원칙은 민법에 규정된 법의 일반 원칙이다.

12 헌법, 형법은 공법이다.

13 ~~각종 소송법~~, 민법, 상법은 사법이다.
　　각종 소송법은 공법이다.

14 근대 민법은 개인주의, 자유주의, 합리주의를 기본 이념으로 한다.

15 개인 소유의 재산에 대한 사적 지배를 인정하고 국가나 다른 개인은 함부로 이를 간섭하거나 제한할 수 없다는 민법의 원칙을 소유권 절대의 원칙이라고 한다.

16 개인은 자율적인 판단에 기초하여 법률관계를 형성해 나갈 수 있다는 민법의 원칙을 계약 자유의 원칙이라고 한다.

17 자신의 고의나 과실에 따른 행위로 타인에게 손해를 끼친 경우에만 책임을 진다는 민법의 원칙을 과실 책임의 원칙이라고 한다.

18 근대 민법의 원칙 중 계약 자유의 원칙은 사적 자치의 원칙이라고도 한다.

19 근대 민법의 원칙 중 사유 재산권 존중의 원칙은 소유권 절대의 원칙이라고도 한다.

20 자본주의 발달 과정에서 빈부 격차, 환경 오염, 독과점 등의 부작용이 발생하여 근대 민법의 원칙을 수정하게 되었다.

21 소유권 절대의 원칙과 계약 자유의 원칙은 경제적 강자가 경제적 약자를 지배하는 수단으로 악용되기도 하였다.

22 과실 책임의 원칙은 사회적 강자가 자신의 책임을 회피하는 수단으로 악용되기도 하였다.

23 소유권 절대의 원칙은 소유권 공공복리의 원칙으로 ~~대체되었다~~. 보완되었다

24 계약 자유의 원칙은 계약 공정의 원칙으로 보완되었다.

25 과실 책임의 원칙은 무과실 책임의 원칙으로 ~~대체되었다~~. 병존한다

26 소유권 공공복리의 원칙은 소유권에 공공의 개념을 적용하여 소유권은 공공복리에 적합하도록 행사해야 한다는 원칙이다.

27 계약 공정의 원칙은 계약 내용이 사회 질서에 위반되거나 공정하지 못한 경우에는 법적 효력이 발생하지 않을 수 있다는 원칙이다.

28 무과실 책임의 원칙은 자신에게 직접적인 고의나 과실이 없는 경우에도 일정한 요건에 따라 배상 책임을 질 수 있다는 원칙이다.

29 소유권 공공복리의 원칙에 따른 개인의 소유권은 ~~절대적~~ 권리이다. 상대적

30 계약 공정의 원칙에 따라 계약 과정에서 경제적 약자에게 일방적으로 불리한 내용의 계약이 체결되면 해당 계약은 무효가 된다.

31 우리나라의 경우 사업자의 환경 오염으로 손해 발생의 경우에는 무과실 책임의 원칙이 적용되기도 한다.

32 우리나라의 경우 제조물의 결함으로 발생한 일정한 손해에 대해서는 무과실 책임이 적용되고 있다.

기출+예상 문제로 주제 정복하기 ▶ 본문 128~131쪽

237 ④	238 ②	239 ⑤	240 ②	241 ④	242 ⑤
243 ①	244 ②	245 ②	246 ⑤	247 ③	248 ②
249 ②	250 ⑤				

237 민법의 기본 원리　　　　정답 ④

문제 분석 민법의 기본 원리 중 (가)는 계약 자유의 원칙, (나)는 소유권 절대의 원칙, (다)는 과실 책임의 원칙입니다.

정답 찾기 ㄴ. 소유권 절대의 원칙에 근거하여 개인의 사유 재산에 대해 국가 또는 타인이 간섭할 수 없는 절대적 지배권이 인정됩니다. ㄹ. 계약 자유의 원칙, 소유권 절대의 원칙, 과실 책임의 원칙은 현대 사회에 와서 수정이 되었지만 여전히 기본 원리로 작용합니다.

오답 피하기 ㄱ. 계약 자유의 원칙에 의하면 계약 내용에 상관없이 양 당사자가 합의만 하면 계약은 효력이 있습니다. 사회적 이익에 반하거나 불

공정한 계약은 법적 효력이 없다는 것은 계약 공정의 원칙에 근거한 것입니다. ㄷ. 제조물 결함으로 인한 배상 책임은 무과실 책임입니다. 과실 책임의 원칙은 고의 또는 과실이 있어야 손해 배상 책임을 지는 것을 내용으로 합니다.

238 공법과 사법　　　　정답 ②

문제 분석 A법은 형법, B법은 민법입니다. 형법은 국가와 개인 간의 법률관계를 다루는 법이므로 공법이고, 민법은 개인과 개인 간의 법률관계를 다루는 법이므로 사법입니다.

정답 찾기 ㄱ. 민법에는 소유권, 채권 등과 같은 재산 관계, 혼인, 상속과 같은 가족 관계를 규율하는 내용이 규정되어 있습니다. ㄹ. 형법은 공법, 민법은 사법에 해당합니다.

오답 피하기 ㄴ. 권리를 실현하는 절차를 규정하고 있는 법은 각종 소송법입니다. ㄷ. 형법과 민법 모두 권리의 의무와 종류 및 내용을 다루고 있는 실체법입니다.

239 소유권 절대의 원칙　　　　정답 ⑤

문제 분석 갑은 자신의 토지 일부를 도로로 사용할 수 없다고 주장하였으나 공공 기관 건립 주체는 공공의 이익을 위해 양보를 부탁하여 법정 분쟁이 발생한 사안입니다. 법원은 갑의 손을 들어주었는데 이는 갑의 소유권 행사가 정당하다고 본 것입니다. 따라서 A 원칙은 소유권 절대의 원칙입니다.

정답 찾기 ⑤ 근대 민법의 원칙 중 소유권 절대의 원칙에 따르면 개인 소유의 재산에 대해서는 국가 및 타인은 함부로 이를 간섭할 수 없습니다.

오답 피하기 ① 과실 책임의 원칙은 고의나 과실이 있는 경우에만 책임을 져야 한다는 것입니다. ② 계약 공정의 원칙에 따르면 계약 당사자 일방에게만 유리한 계약은 무효입니다. ③ 소유권 공공복리의 원칙에 따라 재산권의 행사는 공공복리에 적합하도록 행사해야 합니다. ④ 계약 자유의 원칙에 따라 개인은 자율적인 판단에 기초하여 법률관계를 형성해 나갈 수 있습니다.

240 근대 민법의 원칙　　　　정답 ②

문제 분석 근대 민법의 원칙 중 (가)는 소유권 절대의 원칙, (나)는 계약 자유의 원칙, (다)는 과실 책임의 원칙입니다.

정답 찾기 ㄱ. 소유권 절대의 원칙에 따르면 공공복리를 위해서라도 국가는 개인의 재산권을 제한할 수 없습니다. ㄷ. (나)는 사적 자치의 원칙(계약 자유의 원칙), (다)는 과실 책임의 원칙입니다.

오답 피하기 ㄴ. 계약 공정의 원칙에 따르면 공정하지 못한 계약은 효력이 없습니다. ㄹ. 소유권 절대의 원칙, 계약 자유의 원칙, 과실 책임의 원칙 모두 개인주의, 자유주의, 합리주의를 바탕으로 합니다.

241 계약 자유의 원칙　　　　정답 ④

문제 분석 제시문을 통해 파악할 수 있는 (가) 원칙은 계약 자유의 원칙입니다.

정답 찾기 ④ 계약 자유의 원칙은 개인은 자율적인 판단에 기초하여 법률관계를 형성해 나갈 수 있다는 원칙입니다. 따라서 법률관계는 당사자의 자유로운 의사에 기초하여 형성되어야 합니다.

오답 피하기 ① 소유권 공공복리의 원칙이 적용되더라도 사유 재산권을 부정하는 것은 아닙니다. 다만 상대적 권리로서 제한할 수 있다는 것입니다. ② 계약 공정의 원칙에 따라 공정하지 못한 계약은 그 효력을 인정하지 않습니다. ③ 소유권 절대의 원칙에 따르면 국가는 개인의 재산에 대해 제한을 가해서는 안 됩니다. ⑤ 과실 책임의 원칙에 따라 타인에게 끼친 손해에 대해서는 고의 또는 과실이 있을 경우에만 책임을 집니다.

242 과실 책임의 원칙　　　　　　　정답 ⑤

문제 분석 제시문에서 재판부는 고의로 과장 광고를 하여 입주자들에게 피해를 입힌 부분에 대해 손해 배상을 해야 한다고 판결하였습니다. 이는 근대 민법의 원리 중 과실 책임의 원칙을 근거로 한 것입니다.

정답 찾기 ⑤ 타인에게 손해를 가할 목적으로 권리를 행사한 것은 고의로 권리를 행사하여 피해를 주었다는 것입니다. 재판부는 과실 책임의 원칙을 적용하여 손해 배상 책임을 인정한 것입니다.

오답 피하기 ① 소유권 공공복리의 원칙과 관련한 내용입니다. ② 법을 모르고 행동을 하였다고 해서 면책되는 것은 아니며 제시문과는 거리가 먼 내용입니다. ③ 계약 자유의 원칙에 대한 내용입니다. ④ 신의성실의 원칙에 근거해서 법률관계 당사자들은 상대방의 정당한 이익을 고려해야 합니다.

243 사법과 공법　　　　　　　정답 ①

고난도 평가원 기출				
①	② 함정	③	④	⑤
65%	16%	5%	5%	4%

눈으로 보는 해설

◯ ㉠, ㉡이 규율하는 생활 관계의 사례로 가장 적절한 것은?

교사 : 생활 관계를 규율하는 법에는 어떤 것이 있을까요?
갑 : 개인과 개인 간의 대등한 사적 생활 관계를 규율하는 ㉠ 이 있습니다. → 사법
을 : 국가나 공공 단체 간 또는 이들과 개인 간의 공적인 생활 관계를 규율하는 ㉡ 이 있습니다. → 공법
교사 : 갑, 을 학생 모두 잘 대답했군요. 두 법의 중간 영역에 해당하는 사회법도 있어요. → 사회법은 사법 영역에 국가가 개입하여 공법적 규제를 가할 수 있도록 제정된 법을 말한다.

① ㉠ - A는 은행에서 자신의 주택을 담보로 대출을 받았다.
② ㉡ - 공무원인 B는 기업으로부터 공장 설립 허가와 관련하여 고가의 선물 세트를 받았다. → ㉡
③ ㉡ - C는 사업 확장을 위해 친구에게 돈을 빌렸다. → ㉠
④ ㉡ - 경찰관인 D는 사귀던 여성과 결혼하였다. → ㉠
⑤ ㉡ - E는 아버지의 유언에 따라 전 재산을 상속받았다. → ㉠
→ ①, ③, ④, ⑤는 사적 생활 관계이다.

문제 분석 개인과 개인 간의 대등한 사적 생활 관계를 규율하는 ㉠은 사법이고, 국가나 공공 단체 간 또는 이들과 개인 간의 공적인 생활 관계를 규율하는 ㉡은 공법입니다.

정답 찾기 ① 개인이 은행에서 자신의 주택을 담보로 대출을 받은 것은 개인과 개인 간의 생활 관계에 해당하는 내용이므로 사법의 적용을 받습니다.

오답 피하기 ② 공무원이 기업으로부터 고가의 선물 세트를 받은 것은 범죄 행위이고 범죄 행위는 국가에 의해 처벌을 받으므로 공법의 적용을 받습니다. ③ 사업 확장을 위해 돈을 빌리는 것은 사법의 적용을 받습니다. ④ 혼인은 개인의 문제이므로 사법의 적용을 받습니다. ⑤ 유언을 통한 상속은 개인의 문제이므로 사법의 적용을 받습니다.

함정 피하기
②번을 골랐다면 범죄를 규정한 것이 형법이고 형법은 공법으로 분류된다는 사실을 몰랐던 것입니다.

244 근대 민법의 수정 원리　　　　　　　정답 ②

문제 분석 ㉠은 소유권 공공복리의 원칙, ㉡은 계약 자유의 원칙, ㉢은 계약 공정의 원칙, ㉣은 과실 책임의 원칙, ㉤은 무과실 책임의 원칙입니다.

정답 찾기 ② 사적 자치의 원칙을 제한하고 계약의 공공성을 강조하는 것은 계약 공정의 원칙에 대한 내용입니다.

오답 피하기 ① 소유권 공공복리의 원칙은 재산권 행사의 공공복리 적합성을 강조합니다. ③ 계약 공정의 원칙에 따라 계약 내용이 불공정하면 계약의 효력을 인정하지 않습니다. 따라서 계약 공정의 원칙은 계약 체결에 있어 경제적 약자를 보호하기 위한 것입니다. ④ 자신에게 고의나 과실이 없이는 책임을 부담하지 않는다는 민법의 원칙은 과실 책임의 원칙입니다. ⑤ 무과실 책임의 원칙은 고도로 발달한 기계 문명과 대규모 집단 생활에서 발생할 수 있는 문제를 해결하기 위해 인정된 원칙입니다.

245 계약 공정의 원칙, 무과실 책임의 원칙　　　　　　　정답 ②

문제 분석 (가)는 법원이 양 당사자가 합의하였더라도 임대차 계약의 내용 중 불공정한 내용이 있기 때문에 무효로 판단한 사례이고, (나)는 법원이 공작물의 소유자가 주의 의무를 다했는지 여부와 상관 없이 책임을 져야 한다고 판단한 사례입니다.

정답 찾기 ② (가)에서 법원이 양 당사자가 합의하였더라도 임대차 계약의 내용 중 불공정한 내용이 있기 때문에 무효로 판단한 것은 계약 공정의 원칙을 적용한 것입니다. (나)에서 법원은 상가 건물의 간판이 떨어져 다친 행인에 대해 건물의 소유자는 주의 의무를 다했는지 여부와 상관없이 손해를 배상할 책임이 있다고 하였습니다. 이는 무과실 책임의 원칙을 적용한 것입니다.

오답 피하기 ③ 소유권 공공복리의 원칙은 소유권에 공공의 개념을 적용하여 소유권은 공공복리에 적합하도록 행사해야 한다는 원칙이지만 제시된 사례와는 관련이 없습니다.

246 무과실 책임의 원칙　　　　　　　정답 ⑤

문제 분석 민법 제758조 제1항은 공작물의 설치 또는 보존의 하자로 인하여 타인에게 손해를 가한 때에 점유자가 1차 책임을 지나, 점유자가 주의 의무를 다했음을 증명하면 소유자가 무과실 책임을 진다는 것입니다. 환경 정책 기본권 제44조 제1항은 환경 오염 또는 환경 훼손의 원인자가 무과실 책임을 져야 한다는 내용입니다.

정답 찾기 ⑤ 무과실 책임의 원칙은 자신에게 직접적인 고의나 과실이 없는 경우에도 일정한 요건에 따라 손해 배상 책임을 질 수 있다는 것입니다.

오답 피하기 ① 계약 자유의 원칙에 대한 내용입니다. ② 소유권 공공복리의 원칙에 대한 내용입니다. ③ 계약 공정의 원칙에 대한 내용입니다. ④ 소유권 절대의 원칙에 대한 내용입니다.

247 근대 민법의 원칙에 대한 수정　　　　　　　정답 ③

문제 분석 근대 민법의 원칙인 소유권 절대의 원칙, 계약 자유의 원칙, 과실 책임의 원칙은 각각 소유권 공공복리의 원칙, 계약 공정의 원칙, 무과실 책임의 원칙으로 수정 및 보완되었습니다. 따라서 ㉠은 소유권 공공복리의 원칙, ㉡은 계약 공정의 원칙, ㉢은 과실 책임의 원칙, ㉣은 무과실 책임의 원칙입니다.

정답 찾기 ③ 계약 공정의 원칙에 따라 공정하지 않은 내용을 포함한 계약의 효력을 인정하지 않습니다.

오답 피하기 ① 소유권 절대의 원칙, 소유권 공공복리의 원칙 모두에 따르더라도 개인 소유의 재산권은 인정됩니다. ② 계약 자유의 원칙은 현대 사회에서 인정되나 계약 공정의 원칙이 이를 보완합니다. ④ 현대 사회에서 과실 책임의 원칙과 무과실 책임의 원칙이 병존합니다. ⑤ 소유권 절대의 원칙, 계약 자유의 원칙, 과실 책임의 원칙은 모두 개인주의, 자유주의를 근본 이념으로 합니다.

248 소유권 공공복리의 원칙　　　　　　　정답 ②

문제 분석 (가)는 소유권 공공복리의 원칙입니다. 사례에서 법원은 A가

자신의 토지에 대한 소유권을 행사하여 타인의 통행로를 막으면 원고인 A에게는 큰 이익이 없는 반면 새로운 통행로를 개설하기 위한 시간과 비용은 커 피고인 공공 기관의 피해는 크다고 할 수 있다고 판단하여 원고의 행위를 인정할 수 없다고 판결하였습니다. 이는 소유권 공공복리의 원칙을 적용하여 판단한 것입니다.

정답 찾기 ② 소유권 공공복리의 원칙에 따르면 개인의 소유권은 공공의 이익을 위해서 경우에 따라 제한될 수 있는 상대적 권리입니다.

오답 피하기 ① 과실 책임의 원칙에 따라 자신의 행위가 아닌 타인의 행위에 대해서는 책임을 지지 않습니다. ③ 계약 공정의 원칙에 따라 선량한 풍속, 기타 사회 질서에 위반되는 계약은 그 효력을 인정할 수 없습니다. ④ 무과실 책임의 원칙에 따라 일정한 상황에서는 고의나 과실이 없을 경우에도 손해 배상 책임을 질 수 있습니다. ⑤ 소유권 절대의 원칙에 따르면 개인 소유의 재산에 대해 사적 지배를 인정하고 국가는 함부로 이를 간섭하거나 제한할 수 없습니다.

249 계약 자유의 원칙, 계약 공정의 원칙   정답 ②

고난도 평가원 기출				
①	❷	③	④ 함정	⑤
10%	70%	2%	15%	1%

🔍 눈으로 보는 해설

(가), (나)에서 도출되는 민법의 원칙에 대한 설명으로 옳은 것은?

(가) 계약을 체결할 것인가, 누구와 체결할 것인가, 계약의 내용을 어떻게 할 것인가는 당사자가 자유롭게 정할 수 있다. → 계약 자유의 원칙
(나) 개인 간에 체결한 계약이라도 그 계약의 내용이 사회 질서에 부합하여야 하고, 어느 한쪽의 무경험 등으로 인하여 현저하게 균형을 잃어서는 안 된다. → 계약 공정의 원칙

① (가)는 소유권을 행사함에 있어서 공공복리에 적합해야 함을 강조한다. → 소유권 공공복리의 원칙
② (가)는 원칙적으로 국가를 포함한 타인의 간섭을 받지 않고 자기의 법률관계를 스스로 정할 수 있다는 의미이다. → 스스로 정하는 것이 가능하다
③ (나)는 제한 능력자에게는 적용되지 않는다. → 적용된다
④ (나)는 어떤 사람이 다른 사람에게 손해를 입혔을 때 고의나 과실이 인정되는 경우에만 책임을 진다는 의미이다. → 과실 책임의 원칙
⑤ 근대 자본주의의 문제점을 겪은 이후 (나)는 (가)로 수정되었다. → (가)는 (나)로 수정·보완되었다

문제 분석 민법의 원칙 중 (가)는 계약 체결 여부, 당사자, 내용 등을 당사자가 자유롭게 정할 수 있다는 계약 자유의 원칙이고, (나)는 계약 내용이 사회 질서에 부합해야 하고, 공정해야 한다는 계약 공정의 원칙입니다.

정답 찾기 ② 국가를 포함한 타인의 간섭을 받지 않고 자기의 법률관계를 스스로 정할 수 있는 것은 계약 자유의 원칙에 해당하는 내용입니다.

오답 피하기 ① 소유권을 행사함에 있어서 공공복리에 적합해야 함을 강조하는 것은 소유권 공공복리의 원칙입니다. ③ 계약 공정의 원칙은 미성년자와 같은 제한 능력자에게도 적용됩니다. ④ 고의나 과실로 타인에게 손해를 입혔을 경우에만 책임을 진다는 것은 과실 책임의 원칙에 해당하는 내용입니다. ⑤ 근대 자본주의의 문제점을 겪은 이후 계약 자유의 원칙은 계약 공정의 원칙으로 수정되었습니다.

💣 함정 피하기

④번 답지를 골랐다면 개인이 고의나 과실로 타인에게 손해를 입혔을 경우에만 손해 배상 책임을 진다는 과실 책임의 원칙의 내용을 모르는 것입니다. ⑤번 답지를 골랐다면 근대 자본주의의 발달 과정에서 나타난 문제점을 해결하기 위해 계약 자유의 원칙이 계약 공정의 원칙으로 수정되었다는 점을 모르는 것입니다.

250 민법의 원칙   정답 ⑤

문제 분석 근대 민법의 원칙인 계약 자유의 원칙, 소유권 절대의 원칙, 과실 책임의 원칙은 근대 자본주의의 발전 과정에서 나타난 문제점을 해결하기 위해 각각 계약 공정의 원칙, 소유권 공공복리의 원칙, 무과실 책임의 원칙으로 수정되었습니다.

정답 찾기 ⑤ 우리나라의 제조물 책임법은 제조업자 등의 무과실 책임을 인정하고 있습니다.

오답 피하기 ① 개인의 자율적 의사에 기초하여 체결된 계약의 부작용을 강조하는 것은 계약 공정의 원칙입니다. ② 과실 책임의 원칙은 무과실 책임의 원칙과 병존합니다. ③ 소유권 공공복리의 원칙에 따르면 소유권은 공공복리의 차원에서 제한될 수 있는 상대적 권리입니다. ④ 노예 계약은 계약 공정의 원칙에 따라 무효입니다.

13강 재산 관계와 법

핵심 개념 CHECK!   ▶ 본문 134쪽

01 ○	02 ○	03 ×	04 ○	05 ○	06 ×	07 ○	08 ○
09 ×	10 ○	11 ×	12 ×	13 ○	14 ×	15 ×	16 ○
17 ○	18 ○	19 ×	20 ○	21 ○	22 ○	23 ○	24 ○
25 ○	26 ○	27 ○	28 ○	29 ×	30 ○	31 ○	32 ○

✕ 문장 바로 알기

01 일정한 법률 효과를 발생시킬 목적으로 사람들 사이에서 이루어지는 합의 또는 약속을 계약이라고 한다.

02 계약은 계약 당사자의 청약과 승낙이 이루어지면 성립한다.

03 계약이 성립하기 위해서는 반드시 계약서를 작성해야 ~~한다.~~ 하는 것은 아니다.

04 의사 능력이 없는 자가 체결한 계약의 효력은 무효이다.

05 계약의 내용이 실현 불가능하고 적법하지 않으면 그 계약의 효력은 무효이다.

06 우리나라 민법에서 미성년자는 ~~18세~~ 미만인 자이다. 19세

07 미성년자는 단독으로 유효한 법률 행위를 할 수 없는 제한 능력자이다

08 원칙적으로 미성년자가 법률 행위를 할 경우 법정 대리인의 동의를 얻어야 한다.

09 법정 대리인의 동의를 얻지 않고 미성년자가 체결한 계약은 미성년 자가 ~~아닌~~ 법정 대리인이 취소할 수 있다. 뿐만 아니라

10 권리만을 얻거나 의무만을 면하는 행위는 미성년자가 단독으로 할 수 있다.

11 범위를 정하여 처분을 허락한 재산의 처분도 법정 대리인의 동의를 ~~얻어야 한다.~~ 얻지 않아도 된다.

12	미성년자와 거래한 상대방은 일정 기간을 정하여 ~~미성년자에게~~ 계약을 취소할 것인지 여부를 확정하도록 요구할 수 있다. 법정 대리인

12 미성년자와 거래한 상대방은 일정 기간을 정하여 ~~미성년자에게~~ 계약을 취소할 것인지 여부를 확정하도록 요구할 수 있다. 법정 대리인

13 미성년자와 거래한 상대방은 계약이 확정적으로 유효가 되기 전까지 거래의 의사 표시를 철회할 수 있다.

14 미성년자와 거래한 상대방이 철회권을 행사하기 위해서는 거래 당시 미성년자임을 ~~알았어야~~ 한다. 몰랐어야

15 미성년자가 신분증을 위조하였거나, 법정 대리인의 동의서를 위조한 경우에는 ~~미성년자가 아닌 법정 대리인만 계약을 취소할 수 있다.~~ 미성년자, 법정 대리인 모두 취소할 수 없다.

16 미성년자가 고용주로부터 아르바이트를 하고 대가를 받는 경우는 법정 대리인의 동의가 없어도 된다.

17 고의나 과실로 위법하게 타인에게 손해를 가한 행위를 불법 행위라고 한다.

18 불법 행위가 성립하기 위해서는 가해자에게 고의 또는 과실이 있어야 한다.

19 불법 행위가 성립하기 위한 손해의 발생에는 정신적인 손해는 ~~포함되지 않는다.~~ 포함된다.

20 자신의 행위로 인해 법률상 책임 발생한다는 것을 변식할 수 있는 능력을 책임 능력이라고 한다.

21 심신 상실자는 책임 능력이 없다.

22 불법 행위가 성립하기 위해서는 가해자의 위법 행위와 피해자의 손해 사이에 상당한 인과 관계가 있어야 한다.

23 책임 능력이 없는 미성년자가 타인에게 손해를 가한 경우에는 미성년자 본인은 손해 배상 책임을 지지 않는다.

24 책임 능력이 없는 미성년자가 타인에게 손해를 가한 경우에는 이를 감독할 법정 의무가 있는 자가 특수 불법 행위 책임을 진다.

25 책임 능력이 없는 자의 감독자 책임은 무과실 책임주의가 적용되는 것은 아니다.

26 특수 불법 행위 유형 중 사용자 배상 책임이 인정되기 위해서는 피용자의 가해 행위가 불법 행위로 성립해야 한다.

27 공작물 등의 설치 또는 보존의 하자로 인하여 타인에게 손해를 가한 경우 1차 책임은 점유자가 진다.

28 공작물 등의 설치 또는 보존의 하자로 인하여 타인에게 손해를 가한 경우 점유자가 손해 방지를 위한 주의를 다하였음을 증명하면 공작물 등의 소유자가 무과실 책임을 진다.

29 동물이 타인에게 손해를 가한 경우 ~~동물의 점유자가 아닌 소유자가~~ 배상 책임을 진다. 동물의 점유자가

30 여러 사람이 공동으로 타인에게 손해를 입힌 경우에는 연대하여 배상 책임을 진다.

31 손해에 대한 배상은 금전으로 하는 것이 원칙이다.

32 타인의 명예를 훼손한 경우 법원은 피해자의 청구에 의하여 손해 배상에 대신하거나 손해 배상과 함께 명예회복에 적당한 처분을 명할 수 있다.

기출+예상 문제로 주제 정복하기 ▶ 본문 136~141쪽

251 ③	252 ⑤	253 ③	254 ①	255 ②	256 ④
257 ⑤	258 ⑤	259 ①	260 ①	261 ⑤	262 ③
263 ①	264 ④	265 ②	266 ②	267 ④	268 ③
269 ④	270 ①	271 ⑤	272 ④		

251 미성년자의 계약 정답 ③

고난도 평가원 기출

①	② 함정	❸	④	⑤
7%	15%	45%	27%	4%

🔍 **눈으로 보는 해설**

다음 사례에 대한 법적 판단으로 옳은 것은?

> 갑, 을, 병은 모두 17세이며, 법정 대리인의 동의 없이 각각 다음의 계약을 체결하였다.
> - 갑은 A(30세)에게서 고가의 자전거를 구입했는데, A는 갑이 미성년자임을 알고 있는 상태에서 거래했다.
> - 을은 B(30세)에게서 고가의 노트북을 구입했는데, B는 을과 거래할 당시에는 을이 미성년자임을 몰랐으나 다음날 알게 되었다.
> - 병은 C(30세)에게서 고가의 음향 장비를 구입했는데, 병은 법정 대리인의 동의서를 위조하여 제시하였고, C는 이것을 보고 병이 미성년자이지만 법정 대리인의 동의를 받은 것으로 생각했다.

① 갑은 법정 대리인을 통해서만 A와의 계약을 취소할 수 있다. └ 본인 또는 법정 대리인이

② A는 갑의 법정 대리인에게 계약 체결의 의사 표시를 철회할 수 있다. → 없다

③ B는 미성년자인 을에게 계약의 취소 여부를 확답해 줄 것을 촉구할 수 없다. → 있다 └ 을의 법정 대리인에게

④ 병이 법정 대리인의 동의서를 위조한 속임수로 계약을 체결했으므로 병과 C의 계약은 무효이다. → 확정적으로 유효

⑤ 갑, 을, 병은 모두 자신의 계약을 취소할 수 없다. └ 갑, 을과 달리 병은

문제 분석 갑~병은 모두 미성년자인데, 모두 부모 동의 없이 계약을 체결하였습니다. 갑과 계약한 A는 거래 당시 갑이 미성년자임을 알았고, 을과 계약한 B는 거래 당시 을이 미성년자임을 몰랐다가 후에 알게 되었습니다. 병과 계약한 C는 병이 부모의 동의서를 위조했지만 이를 보고 부모의 동의를 얻은 것으로 판단하고 거래를 하였습니다.

정답 찾기 ③ 미성년자와 거래한 상대방은 미성년자가 아닌 법정 대리인에게 계약의 취소 여부를 확답해 줄 것을 촉구할 수 있습니다.

오답 피하기 ① 미성년자 본인이 직접 계약을 취소할 수 있습니다. ② 미성년자와 거래한 상대방이 계약 체결 의사 표시를 철회하기 위해서는 거래 당시 미성년자임을 몰랐어야 합니다. ④ 법정 대리인의 동의서를 위조하여 계약을 체결했다면 확정적으로 유효입니다. ⑤ 갑, 을은 병과 달리 자신의 계약을 취소할 수 있습니다.

💣 **함정 피하기**

①번 답지를 골랐다면 미성년자가 법정 대리인의 동의를 얻지 않고 체결한 계약은 미성년자 본인 또는 법정 대리인이 취소할 수 있다는 사실을 모르는 것입니다. ②번 답지를 골랐다면 철회권 행사는 거래 당시 미성년자임을 몰랐어야 가능하다는 점을 모르는 것입니다. ④번 답지를 골랐다면 법정 대리인의 동의서를 위조한 경우 등 속임수에 의한 계약 체결은 확정적으로 유효하다는 것을 모르는 것입니다.

252 계약의 효과 정답 ⑤

문제 분석 회사 기밀을 유출하는 것을 묵인하는 조건으로 체결한 계약은

위법한 내용의 계약이고, 토지 매매 계약을 체결하였는데 해당 토지가 없다면 계약 내용을 이행할 수 없는 계약을 체결한 것입니다.

정답 찾기 ⑤ ㉠은 위법한 내용의 계약으로 무효, ㉡은 계약 내용을 이행할 수 없는 계약이므로 무효입니다.

오답 피하기 ① 목격한 사실을 묵인하는 것은 실현 불가능하지는 않습니다. ② 해당 토지가 산사태로 쓸려가서 무효가 된 것이지 계약 내용 자체가 사회 질서에 반하는 계약은 아닙니다. ③ 계약은 청약과 승낙의 의사 표시가 합치되면 성립하는 것이지 계약서를 작성해야 성립하는 것은 아닙니다. ④ 두 계약 모두 권리와 의무가 발생합니다.

253 미성년자의 계약　　　　정답 ③

문제 분석 미성년자인 갑은 부모의 동의 없이 고가의 노트북을 구매하였습니다. 갑은 용돈을 모아 노트북을 구매하였지만 부모는 해당 용돈을 노트북을 구매하라고 준 것이 아니라고 합니다.

정답 찾기 ③ 미성년자가 부모 동의 없이 노트북 구매 계약을 체결했으므로 노트북 구매 계약 당시 갑이 미성년자임을 을이 몰랐다면 을은 노트북 구매 계약에 대한 의사 표시를 철회할 수 있습니다.

오답 피하기 ① 갑 또는 갑의 부모는 노트북 구매 계약을 취소할 수 있습니다. ② 갑이 부모의 동의서를 위조하여 계약을 체결했다면 갑과 갑의 부모 모두 노트북 구매 계약을 취소할 수 없습니다. ④ 갑과 갑의 부모는 모두 노트북 구매 계약을 취소할 수 있습니다. ⑤ 을은 갑의 부모에게 확답을 촉구할 권리를 갖습니다.

254 계약의 효력　　　　정답 ①

문제 분석 계약이 법적 효력을 갖기 위해서는 체결 당사자, 계약 내용 등이 법에 정해진 요건을 충족해야 합니다.

정답 찾기 1모둠 : 심신 상실 상태에 있는 사람은 의사 능력이 없습니다. 의사 능력이 없는 상태의 사람이 체결한 계약의 효력은 무효입니다. 2모둠 : 미성년자가 부모 동의 없이 고가의 노트북을 구매하였다면, 해당 계약은 유효하게 성립하였으나 취소하면 소급하여 무효가 됩니다.

오답 피하기 3모둠 : 계약은 청약과 승낙의 의사 표시가 합치된 때 성립하므로 구두로도 계약은 성립합니다. 4모둠 : 미성년자가 혼인 신고를 하면 성년 의제되어 행위 능력자가 됩니다. 따라서 고가의 노트북을 구매하는 계약은 취소할 수 없습니다.

255 계약의 효력　　　　정답 ②

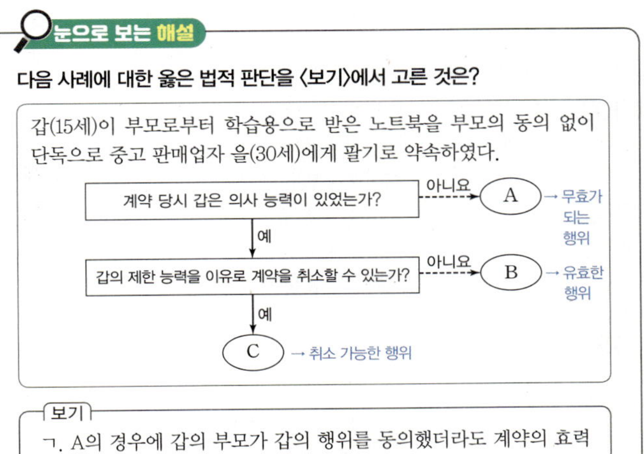

고난도 평가원 기출

함정 ①	❷	③	④	⑤
15%	65%	5%	4%	5%

🔍 **눈으로 보는 해설**

다음 사례에 대한 옳은 법적 판단을 〈보기〉에서 고른 것은?

갑(15세)이 부모로부터 학습용으로 받은 노트북을 부모의 동의 없이 단독으로 중고 판매업자 을(30세)에게 팔기로 약속하였다.

〈보기〉
ㄱ. A의 경우에 갑의 부모가 갑의 행위를 동의했더라도 계약의 효력

은 없다. → 의사 무능력 상태에서 한 계약
ㄴ. 계약 당시 의사 능력을 가진 갑이 문서로 을과 계약을 하였다면 B의 경우에 해당한다. → 법정 대리인의 동의를 얻어
ㄷ. C의 경우에 을은 갑에게 계약의 취소 여부에 대한 확답을 요구할 수 없다. → 갑의 법정 대리인에게 요구해야 한다
ㄹ. C의 경우에 갑의 부모가 계약을 취소하면 을은 손해 배상을 청구할 수 있다. → 없다

① ㄱ, ㄴ　　　② ㄱ, ㄷ　　　③ ㄴ, ㄷ
④ ㄴ, ㄹ　　　⑤ ㄷ, ㄹ

문제 분석 미성년자 갑이 부모의 동의 없이 노트북을 팔기로 하는 계약을 체결한 경우, 갑에게 의사 능력이 없는 경우인 A, 제한 능력자를 이유로 계약을 취소할 수 없는 경우인 B, 제한 능력자를 이유로 계약을 취소할 수 있는 경우인 C의 법적 효력에 대해 판단하는 문제입니다.

정답 찾기 ㄱ. A의 경우는 갑에게 의사 능력이 없는 경우입니다. 의사 능력이 없는 사람이 계약을 체결하면 계약의 효력은 무효입니다. 따라서 갑의 부모가 갑의 행위를 동의했더라도 계약의 효력은 없습니다. ㄷ. 갑의 제한 능력을 이유로 계약을 취소할 수 있는 상황에서 계약 상대방인 을은 미성년자의 법정 대리인에게 확답을 촉구할 권리를 갖는 것이지 미성년자에게 확답을 촉구할 권리를 갖는 것은 아닙니다.

오답 피하기 ㄴ. 의사 능력을 가진 갑이 문서로 을과 계약을 체결했더라도 법정 대리인의 동의를 얻지 않았으므로 제한 능력을 이유로 취소할 수 있는 경우인 C에 해당합니다. ㄹ. C의 경우는 갑 또는 갑의 부모가 계약을 취소할 수 있습니다. 이때 을이 손해 배상을 청구할 수 있는 근거는 없습니다.

💣 **함정 피하기**

ㄴ을 골랐다면 계약의 성립은 계약서와 상관없이 청약과 승낙의 의사 표시의 합치로 이루어진다는 점을 모르는 것입니다. ㄹ을 골랐다면 미성년자가 법정 대리인의 동의 없이 체결한 계약은 미성년자 본인 및 법정 대리인에게 취소권이 있으며, 취소권 행사에 대해서는 당연히 손해 배상을 청구할 수 없다는 점을 모르는 것입니다.

256 미성년자가 거래한 상대방 보호　　　　정답 ④

문제 분석 미성년자는 법정 대리인의 동의를 얻어 법률 행위를 할 수 있지만, 권리만을 얻거나 의무만을 면하는 행위는 단독으로 할 수 있습니다. 그리고 민법에서는 미성년자와 거래한 상대방을 보호하기 위해 철회권, 확답을 촉구할 권리, 취소권 행사의 제한 등의 규정을 두고 있습니다.

정답 찾기 ㄴ. 미성년자는 부담 없는 증여처럼 권리만을 얻는 행위는 단독으로 할 수 있습니다. ㄹ. 미성년자가 법정 대리인의 동의 없이 계약을 체결한 경우, 계약 체결 시 미성년자임을 몰랐다면 미성년자와 거래한 상대방은 철회권을 행사할 수 있습니다.

오답 피하기 ㄱ. 법정 대리인의 동의 없이 미성년자가 단독으로 계약을 체결하였을 경우 미성년자는 단독으로 계약을 취소할 수 있습니다. ㄷ. 미성년자가 신분증을 위조하여 자신을 성년자로 믿게 한 경우는 속임수에 해당하여 해당 계약은 확정적으로 유효합니다.

257 무효와 취소　　　　정답 ⑤

문제 분석 갑은 18세이므로 미성년자입니다. 변호사가 말한 상황 중 제한 능력자에 해당합니다. 제한 능력자인 상태에서 단독으로 체결한 계약은 취소할 수 있으며, 취소하지 않으면 확정적으로 유효가 됩니다.

정답 찾기 ⑤ 미성년자가 강아지를 돌보는 조건으로 장학금을 받는 것은 채권과 채무가 존재하는 계약이므로 법정 대리인의 동의를 얻어야 합니다.

258 계약　　　　정답 ⑤

문제 분석 계약은 계약을 체결하고 싶다는 의사 표시인 청약과 이를 받아들이겠다는 의사 표시인 승낙이 합치된 때 성립합니다. 사례에서는 (다)에서 청약과 승낙이 이루어졌습니다.

정답 찾기 ㄷ. (다)에서 갑과 을의 청약과 승낙이 이루어져 계약이 성립하였습니다. ㄹ. (라)에서 에어컨이 파손되어 왔기 때문에 을은 에어컨 매매 계약의 의무를 이행하지 못한 것입니다. 이를 채무 불이행이라고 합니다.

오답 피하기 ㄱ. (가)에서는 청약, 승낙 모두 나타나지 않습니다. ㄴ. 갑과 을에게 권리와 의무가 발생하는 것은 계약이 성립된 (다)입니다.

259 무효와 취소　　　　정답 ①

문제 분석 A 계약은 위법한 내용의 계약이므로 무효이고, B 계약은 계약 당사자 중 일방은 미성년자이고 다른 일방은 의사 무능력자이므로 역시 무효입니다.

정답 찾기 ① 갑을 폭행해 주면 100만 원을 주겠다는 것은 계약 내용이 위법합니다. 위법한 내용의 계약은 무효입니다.

오답 피하기 ② 계약은 구두 합의로도 성립합니다. 만약 계약 내용이 위법하지 않은 내용이었다면 계약은 유효하게 성립하였을 것입니다. ③ B 계약은 계약의 내용이 아니라 계약의 주체로 인해 무효가 됩니다. ④ B 계약에서 노인의 의사 능력이 있더라도 다른 당사자가 미성년자이고 법정 대리인의 동의를 얻지 않았으므로 취소할 수 있는 행위가 됩니다. ⑤ A 계약, B 계약 모두 무효이므로 계약의 효력이 유효가 될 수 없습니다.

260 미성년자의 계약　　　　정답 ①

문제 분석 미성년자인 갑이 용돈의 범위를 넘는 고가의 게임기를 구매하기 위해서는 부모의 동의를 얻어야 가능합니다.

정답 찾기 ㄱ. 을이 법정 대리인의 동의를 얻지 않고 게임기를 구매하였다면 판매자 을은 갑의 법정 대리인에게 확답을 촉구할 권리가 있습니다. ㄴ. 게임기 구매 시 미성년자 갑이 속임수로 계약을 체결하였다면 계약은 확정적으로 유효합니다. 따라서 미성년자 갑 또는 법정 대리인은 계약을 취소할 수 없습니다.

오답 피하기 ㄷ. 아무런 조건 없이 무상으로 게임기를 지급하는 계약이라면 권리만을 얻는 계약이므로 미성년자 단독으로 계약을 체결할 수 있습니다. ㄹ. 갑이 법정 대리인의 동의를 얻어 게임기를 구매하였다면 갑 또는 갑의 법정 대리인은 계약을 취소할 수 없습니다.

261 미성년자의 계약　　　　정답 ⑤

문제 분석 미성년자인 갑이 부모의 동의 없이 고가의 노트북 구매 계약을 체결했는데, 거래 당시 대리점 사장 을은 갑이 미성년자임을 알고 있었습니다. 노트북 구매 계약에 대한 취소 여부, 취소 주체, 거래 상대방인 을이 갖는 권리 등을 파악하는 문제입니다.

정답 찾기 ⑤ 미성년자와 거래한 상대방은 미성년자가 아닌 법정 대리인에게 계약을 취소할 것인지의 확답을 요구할 수 있습니다.

오답 피하기 ① 미성년자인 갑도 계약을 취소할 수 있습니다. ② 미성년자의 법정 대리인은 미성년자의 동의 없이 계약을 취소할 수 있습니다. ③ 갑이 병에게 노트북을 준 행위는 갑의 동의 없이 법정 대리인이 취소할 수 있습니다. ④ 을은 거래 당시 갑이 미성년자임을 알았으므로 철회권을 행사할 수 없습니다.

262 불법 행위　　　　정답 ③

문제 분석 대법원은 운전자 주위에 다른 자전거의 운전자가 근접하여 운행하고 있는 때에는 손이나 적절한 신호 방법으로 진로를 변경한다는 것을 표시할 주의 의무가 있는데, 선행 자전거 운전자는 위와 같은 주의 의무를 준수하지 아니하였기 때문에 손해 배상 책임이 있다고 판단하였습니다. 선행 자전거 운전자의 불법 행위를 인정한 것입니다.

정답 찾기 ㄴ. 불법 행위에 대한 증명 책임은 피해자에게 있습니다. ㄷ. 불법 행위로 인한 손해에는 재산적 손해뿐만 아니라 정신적 손해도 있습니다.

오답 피하기 ㄱ. 손해에 대한 배상은 금전으로 하는 것이 원칙입니다. ㄹ. 을이 입은 상해에 대해 을도 일정 부분 책임이 있다면 그 부분에 대해서는 제외하고 갑이 손해 배상 책임을 집니다.

263 책임 무능력자의 감독자 책임　　　　정답 ①

문제 분석 갑과 관련하여 (가)는 책임 능력이 있는 미성년자, (나)는 책임 능력이 없는 미성년자, (다)는 책임 능력이 있는 성인, (라)는 책임 능력이 없는 성인입니다.

정답 찾기 ① (가)의 경우 갑은 책임 능력이 있으므로 을은 갑에게 손해 배상 책임을 물을 수 있습니다.

오답 피하기 ② 갑은 책임 능력이 있으므로 갑의 부모는 책임 능력이 없는 자의 감독자 책임이라는 특수 불법 행위 책임을 지지 않습니다. ③ 책임 능력이 없는 미성년자의 감독자는 특수 불법 행위 책임을 지지만 주의 의무를 다했음을 증명하면 면책되므로 무과실 책임을 지는 것은 아닙니다. ④ 책임 능력이 있는 성인은 본인이 책임을 지므로 특수 불법 행위 책임이 적용될 여지는 없습니다. ⑤ (나), (라) 모두 갑에게는 책임 능력이 없으므로 갑은 불법 행위 책임을 지지 않습니다.

264 불법 행위 성립 요건　　　　정답 ④

문제 분석 법원은 노동조합이 파업 이전에 법에 정해진 절차를 적법하게 모두 거쳤기 때문에 파업으로 인해 회사가 손해를 입었더라도 노동조합은 회사에게 손해 배상 책임을 지지 않는다고 판단하였습니다.

정답 찾기 ④ 법원은 노동조합의 가해 행위는 전체 법질서의 관점에서 부정적이라는 판단이 들지 않는 적법한 행위이기 때문에 배상 책임이 없다고 본 것입니다. 이는 불법 행위의 성립 요건 중 위법성이 없다고 판단할 것입니다.

오답 피하기 ① 회사는 매출액 감소라는 손해를 입었습니다. ② 노동조합은 책임 능력이 있습니다. ③ 노동조합은 피해를 주는 가해 행위를 하였습니다. ⑤ 노동조합의 가해 행위와 회사의 손해 간에 인과 관계는 있습니다.

265 특수 불법 행위
정답 ②

문제 분석 해당 사례에서는 특수 불법 행위 중 사용자 배상 책임, 공작물 등의 점유자 및 소유자 책임이 문제가 됩니다.

정답 찾기 ㄱ. 종업원인 정의 행위가 불법 행위가 아니라면 사용자인 병은 무에게 사용자 배상 책임을 지지 않습니다. ㄹ. 에어컨 실외기 받침대에 대한 관리 소홀로 무가 손해를 입은 경우, 점유자인 갑이 자신에게 과실이 없음을 증명하면 소유자인 을은 무에게 무과실 책임을 집니다.

오답 피하기 ㄴ. 에어컨 실외기 받침대에 대한 관리 소홀로 무가 손해를 입었다면, 1차적 책임은 점유자인 갑에게 있습니다. ㄷ. 정의 실수로 무가 손해를 입었다면, 무는 병에게 특수 불법 행위 책임, 정에게 일반 불법 행위 책임을 물을 수 있습니다.

266 특수 불법 행위
정답 ②

문제 분석 〈그림 1〉은 책임 능력이 없는 자의 감독자 책임, 〈그림 2〉는 공작물 등의 점유자 및 소유자 책임과 관련된 그림입니다. 둘 다 특수 불법 행위의 유형에 해당합니다.

정답 찾기 ㄱ. 책임 능력이 없는 자의 감독자는 감독상 주의 의무를 다했음을 증명하면 손해 배상 책임을 지지 않습니다. ㄷ. 불법 행위에 의한 손해에는 재산적 손해뿐만 아니라 정신적 손해도 포함됩니다.

오답 피하기 ㄴ. 갑은 책임 능력이 없기 때문에 갑에게는 손해 배상 책임을 물을 수 없습니다. ㄹ. 정의 집에 점유자가 있더라도 점유자가 주의 의무를 다했음을 증명하면 소유자가 무과실 책임을 집니다.

267 특수 불법 행위
정답 ④

문제 분석 첫 번째 사례는 특수 불법 행위 중 공작물 등의 점유자 및 소유자 책임, 두 번째 사례는 특수 불법 행위 중 사용자 배상 책임과 관련한 것입니다.

정답 찾기 ㄴ. 점유자인 을이 공작물의 관리에 소홀함이 없음을 증명하지 못할 경우에는 손해 배상 책임을 져야 합니다. 손해 배상은 금전으로 배상하는 것이 원칙입니다. ㄹ. 사용자가 피용자에 대한 감독상의 과실이 없음을 증명할 경우에는 손해 배상 책임을 면할 수 있습니다.

오답 피하기 ㄱ. 갑은 공작물 등의 소유자 책임, 을은 공작물 등의 점유자 책임을 지는 것이지 공동 불법 행위 책임을 지는 것은 아닙니다. 갑, 을이 공동으로 불법 행위를 한 것은 아닙니다. ㄷ. 무가 미성년자인 것은 책임 능력 여부를 판단하는 기준이 될 수 있으나 사례에서는 17세이므로 책임 능력이 있는 것으로 보입니다. 또한 사용자 배상 책임이 인정되기 위해서는 피용자의 행위가 일반 불법 행위여야 하는데 불법 행위는 고의 또는 과실만 있으면 인정됩니다.

> **함정 피하기**
> ㄱ을 골랐다면 공동 불법 행위 책임은 공동으로 불법 행위를 하여야 인정될 수 있다는 점을 모르는 것입니다. ㄷ을 골랐다면 불법 행위는 고의 또는 과실이 있으면 성립한다는 점을 모르는 것입니다.

268 특수 불법 행위
정답 ③

문제 분석 특수 불법 행위 중 갑의 폭행에 의한 상해에 대해서는 책임 능력이 없는 자의 감독자 책임이 적용되고, 병이 실수로 손님의 차를 파손시킨 것에 대해서는 사용자 배상 책임이 적용되고, 애완견이 사람을 물어 상해를 입힌 것에 대해서는 동물의 점유자 책임이 적용됩니다.

정답 찾기 ㄴ. 종업원인 병이 실수로 손님의 차를 파손시켰으므로 사용자인 을은 사용자 배상 책임이라는 특수 불법 행위 책임을 집니다. ㄷ. 차량 소유자는 병에게 일반 불법 행위 책임을 물을 수 있습니다.

오답 피하기 ㄱ. 지나가던 행인은 책임 능력이 없는 자의 감독자에게 특수 불법 행위 책임을 물을 수 있습니다. ㄹ. 동물의 점유자는 주의 의무를 다했음을 증명하면 면책되므로 무과실 책임을 지는 것은 아닙니다.

269 동물의 점유자 책임
정답 ④

문제 분석 갑이 점유하고 있던 개가 을에게 달려들자 이를 피하려던 을이 병의 자전거를 파손시킨 사례입니다. 특수 불법 행위 중 동물의 점유자 책임, 불법 행위 성립 요건 중 위법성 조각 사유에 관련된 문제입니다. 을의 행위는 긴급 피난으로 위법성이 조각됩니다.

정답 찾기 ④ 을의 행위는 위법성 조각 사유 중 긴급 피난에 해당하므로 불법 행위가 성립하지 않습니다. 따라서 을의 부모는 책임 능력이 없는 자의 감독자 책임을 지지 않습니다.

오답 피하기 ① 동물의 점유자인 갑의 행위로 인해 을의 긴급 피난 행위가 이루어졌으므로 병은 갑에게 손해 배상 책임을 물을 수 있습니다. ② 동물의 점유자 책임은 소유자 여부를 따지지 않고 점유자이기만 하면 인정됩니다. ③ 을의 부모는 손해 배상 책임을 지지 않습니다. ⑤ 재산적 손해에 대한 배상을 받기 위해 민사 조정을 거쳐야 하는 것은 아닙니다.

270 불법 행위
정답 ①

문제 분석 피용자 갑은 배달을 하다가 정을 다치게 하였으므로 정은 갑에게 일반 불법 행위 책임, 을에게 특수 불법 행위 중 사용자 배상 책임을 물을 수 있습니다. 한편 사용자 을은 병에게 채무 불이행으로 인한 손해 배상 책임을 질 수 있습니다. 갑이 인터넷 게시판에 을에 대한 악담과 허위 사실을 올려 명예를 훼손한 것에 대해서 을은 책임을 물을 수 있습니다.

정답 찾기 ㄱ. 갑에게 책임 능력이 인정된다면 정은 일반 불법 행위를 근거로 갑의 부모에게 손해 배상을 청구할 수 있습니다. ㄴ. 갑의 정에 대한 일반 불법 행위가 성립한다면 정은 특수 불법 행위 중 사용자 배상 책임을 근거로 을에게 손해 배상을 청구할 수 있습니다.

오답 피하기 ㄷ. 병은 채무 불이행을 근거로 피용자 갑이 아닌 사용자 을에게 손해 배상을 청구할 수 있습니다. ㄹ. 을에 대한 갑의 불법 행위가 성립한다면 금전 배상이 아닌 명예 훼손에 따른 일정한 조치를 청구할 수 있습니다.

> **함정 피하기**
> ㄷ을 골랐다면 채무 불이행으로 인한 책임은 계약 당사자에게 묻는다는 점을 모르는 것입니다. ㄹ을 골랐다면 명예 훼손에 대해서는 명예 회복에 필요한 일정한 조치를 청구할 수 있다는 점을 모르는 것입니다.

271 특수 불법 행위
정답 ⑤

문제 분석 을의 성대가 훼손된 것에 대해서는 종업원 병의 일반 불법 행위 책임, 사용자 갑의 사용자 배상 책임이 인정될 수 있습니다. 정이 중상을 입은 것에 대해서는 을이 X 건물에 방화를 하였으므로 을이 일반 불법 행위 책임을 질 수 있고, 건물 화재 경보기의 문제가 있었다면 점유자인 갑, 소유자인 A가 공작물 등의 점유자 및 소유자 책임을 질 수 있습니다.

정답 찾기 ㄷ. 갑이 정에게 건물의 점유자로서 특수 불법 행위 책임을 지는 경우에는 건물의 소유자인 A는 특수 불법 행위 중 하나인 공작물의 소유자 책임을 지지 않습니다. ㄹ. 을이 A에게 건물에 대한 손해를 금전으로 모두 배상하였다고 하더라도, 을의 행위로 인해 정이 재산적·정신적 손해를 입었다면 정은 그에 대한 배상을 청구할 수 있습니다.

오답 피하기 ㄱ. 채무 불이행 책임은 계약 체결자인 갑이 지는 것입니다. ㄴ. 사용자 배상 책임이 인정되기 위해서는 피용자인 병의 행위가 불법 행위로 성립해야 합니다.

272 책임 무능력자의 감독자 책임　　　　정답 ④

문제 분석 갑은 책임 능력이 없으므로 불법 행위 책임을 지지 않습니다. 그러나 갑을 감독할 의무가 있는 자가 특수 불법 행위 책임을 질 수 있습니다.

정답 찾기 ④ 갑은 불법 행위 책임이 없지만 갑의 부모는 특수 불법 행위 중 책임 능력이 없는 자의 감독자 책임을 집니다.

오답 피하기 ① 갑은 책임 능력이 없기 때문에 불법 행위 책임을 지지 않습니다. ② 갑의 부모는 책임 능력이 없는 자의 감독자 책임을 집니다. ③ 자전거 훼손의 원인이 자전거 방치에도 있다면 갑의 부모의 불법 행위 책임이 없어지는 것이 아니라 방치한 책임만큼 상계하여 배상이 이루어집니다. ⑤ 갑은 책임 능력이 없으므로 손해 배상 책임이 없습니다.

함정 피하기

⑤번을 골랐다면 갑은 책임 능력이 없기 때문에 배상 책임이 없으며, 갑의 부모는 책임 능력이 없는 자의 감독자 책임을 진다는 사실을 모르는 것입니다.

14강　가족 관계와 법

핵심 개념 CHECK!
▶ 본문 144쪽

01 ○	02 ○	03 ×	04 ×	05 ○	06 ×	07 ○	08 ○
09 ×	10 ○	11 ×	12 ○	13 ○	14 ○	15 ○	16 ×
17 ○	18 ○	19 ×	20 ○	21 ○	22 ○	23 ○	24 ○
25 ○	26 ○	27 ○	28 ○	29 ○	30 ○	31 ×	32 ×
33 ○	34 ○						

○│× 문장 바로 알기

01 혼인은 남녀가 부부가 되는 것으로서 일종의 계약에 해당한다.

02 혼인이 성립하기 위한 형식적 요건은 혼인 신고를 하는 것이다.

03 혼인 가능 연령은 ~~19세~~ 이상이다.
18세

04 사실혼은 혼인의 ~~형식적~~ 요건을 갖추었지만 ~~실질적~~ 요건을 갖추지 못한 혼인이다.
실질적　　　　형식적

05 법률혼으로 인해 배우자 및 인척 관계가 형성된다.

06 18세인 미성년자가 혼인하게 되면 성년으로 의제되어 ~~공법상~~ 행위 능력이 인정된다.
민법상

07 부부 간에는 일상 가사에 대한 대리권이 인정되어 일상 가사에 해당하는 경우 연대 책임을 진다.

08 혼인 관계를 인위적으로 해소시키는 것을 이혼이라고 한다.

09 협의상 이혼은 법원에서의 절차를 거칠 필요는 ~~없다.~~
있다

10 협의상 이혼의 경우 양육할 자녀가 있으면 3개월의 이혼 숙려 기간을 거쳐야 한다.

11 협의상 이혼 시 자녀가 성인이라면 이혼 숙려 기간을 거칠 필요가 ~~없다.~~
있다

12 협의상 이혼의 이혼 효력 발생 시기는 이혼 신고를 한 때이다.

13 재판상 이혼이 이루어지기 위해서는 민법에서 정한 이혼 사유에 해당하여야 한다.

14 재판상 이혼은 법원의 판결이 확정되면 이혼의 효력이 발생한다.

15 이혼으로 인해 자녀를 직접 양육하지 않는 부모의 일방과 해당 자녀에게 면접 교섭권이 발생한다.

16 협의상 이혼~~과 달리~~ 재판상 이혼에서는 이혼의 책임이 있는 상대방에게 손해 배상을 청구할 수 있다.
뿐만 아니라

17 부모와 자녀 간의 법률관계를 친자 관계라고 한다.

18 혼인 중 또는 혼인 외의 관계에서 출생한 혈연 관계의 자녀를 친생자라고 한다.

19 혼인 외 출생자는 법률혼 관계가 아닌 남녀 사이에서 태어난 자녀이지만 친자 관계 확인을 위해 따로 절차를 거칠 필요는 ~~없다.~~
있다

20 일반 입양된 자는 양부모의 친생자와 같은 지위를 갖는다.

21 일반 입양된 자는 친부모의 사망 시 친부모의 재산에 대한 상속권을 갖는다.

22 친양자는 가정 법원에 미성년자에 대한 친양자 입양을 청구하여 받아들여지면 양부모의 혼인 중 출생자로 본다.

23 친양자는 일반 입양과 달리 양부모의 성과 본을 따르게 된다.

24 친양자는 입양 전의 친족 관계가 종료된다.

25 일반 입양과 달리 친양자는 미성년자만 가능하다.

26 부 또는 모가 친권을 남용하거나 자녀의 복리를 현저히 해치거나 해칠 우려가 있는 경우에는 가정 법원의 선고에 의해 친권이 상실될 수 있다.

27 유언은 유언자가 사망한 때에 효력이 발생하며 법에 정해진 요건을 갖추어야 한다.

28 유언의 방법에는 자필 증서, 공정 증서, 녹음, 비밀 증서, 구수 증서에 의한 유언이 있다.

29 자연인이 사망함으로써 그가 남긴 재산에 대한 권리와 의무가 타인에게 포괄적으로 승계되는 것을 상속이라고 한다.

30 재산뿐만 아니라 빚도 상속된다.

31 법정 상속 순위 2순위는 직계 ~~비속~~이다.
존속

32 배우자는 직계 비속, 직계 존속과 ~~균등한 비율로~~ 공동 상속을 받는다.
상속분의 50%를 가산하여

33 법정 상속 시 선순위 상속인이 있을 경우에는 후순위 상속인은 상속을 받을 수 없다.

34 직계 비속, 직계 존속이 없으면 배우자가 단독으로 상속을 받는다.

273 ②	**274** ②	**275** ③	**276** ⑤	**277** ⑤	**278** ⑤
279 ③	**280** ⑤	**281** ④	**282** ④	**283** ⑤	**284** ②
285 ③	**286** ①	**287** ②	**288** ②	**289** ④	**290** ④
291 ④	**292** ④	**293** ④	**294** ③	**295** ⑤	**296** ④
297 ②	**298** ⑤	**299** ④	**300** ④		

273 혼인의 요건　　　　　　　　　　정답 ②

문제 분석 A와 B의 혼인은 당사자의 의사 합치가 이루어지지 않았으므로 실질적 요건을 갖추지 못했고, C와 D는 중혼이 되므로 혼인 관계를 인정받을 수 없으며, E와 F는 부모의 동의를 얻어야 법률혼이 가능한 연령인데 부모의 동의를 얻지 못했으므로 유효한 혼인을 하지 못했습니다.

정답 찾기 ㄱ. A와 B의 혼인 신고는 의사의 합치라는 실질적 요건을 갖추지 못하여 효력이 없습니다. ㄹ. F의 부모가 동의한다면 E와 F는 성년 의제되어 법정 대리인의 동의 없이 단독으로 유효한 법률 행위를 할 수 있습니다.

오답 피하기 ㄴ. C와 D는 C가 이혼을 해야 혼인 신고를 통해 법적으로 유효한 법률혼을 할 수 있습니다. ㄷ. F의 부모가 동의하면 E와 F는 법률혼을 할 수 있습니다.

274 법률혼과 사실혼　　　　　　　　정답 ②

문제 분석 갑과 을은 부부 간 재산 상속권이 없으므로 사실혼 관계, 병과 정은 부부 간 재산 상속권이 있으므로 법률혼 관계입니다.

정답 찾기 ㄱ. 사실혼은 법률혼과 달리 혼인 신고를 하지 않은 상태입니다. ㄷ. 사실혼은 법률혼과 달리 친족 관계(배우자 및 인척 관계)가 발생하지 않습니다.

오답 피하기 ㄴ, ㄹ. 사실혼과 법률혼은 모두 부부 간 동거, 협조, 부양의 의무가 발생하고, 일상 가사에 대한 대리권을 갖습니다.

275 혼인의 효과　　　　　　　　　　정답 ③

고난도 평가원 기출

①	② 함정	❸	④ 함정	⑤
7%	15%	**45%**	27%	4%

눈으로 보는 해설

밑줄 친 ㉠~㉺에 대한 설명으로 옳은 것은?

> → 갑 소유 ○, 을 소유 ✕
> → 미성년자
> • 갑은 만 18세이다. 갑에게는 할아버지가 물려주신 ㉠ 2억 원 상당의 주택이 있다. 갑은 부모님의 동의를 얻어 만 20세의 을과 ㉡ 결혼식을 올린 후 ㉢ 혼인 신고를 마쳤다.
> • 병과 정은 모두 만 35세이다. 병에게는 그동안 회사 생활을 하며 모아 둔 돈으로 마련한 ㉣ 2억 원 상당의 주택이 있다. 혼인 의사가 있는 병과 정은 ㉤ 결혼식을 올리고 ㉥ 부부 공동생활을 하고 있지만, 아직 혼인 신고는 하지 않았다.
> → 병 소유 ○, 정 소유 ✕
> → 혼인의 형식적 요건

① ㉢으로 인해 갑은 민법상 성년으로 의제된다. → 단독으로 법률 행위 가능
② ㉡으로 인해 갑과 을은 혼인의 실질적 요건을 갖추었다. → 형식적
③ ㉢에도 불구하고 을에게 ㉠에 대한 소유권은 인정되지 않는다. → 부부 별산제
④ ㉥으로 인해 정은 ㉣에 대한 소유권을 갖는다. → 병의 권리
⑤ ㉥으로 인해 병과 정 사이에는 상속권이 발생한다. → 발생하지 않는다

문제 분석 혼인은 실질적 요건 및 형식적 요건을 갖추어야 법적으로 유효한 혼인으로 인정됩니다. 실질적 요건을 갖추고 형식적 요건을 갖추지 못한 혼인을 사실혼이라고 합니다.

정답 찾기 ③ 혼인을 하더라도 부부 별산제가 원칙입니다. 따라서 혼인 전에 각자 소유하고 있던 재산에 대해서는 혼인 후라고 하더라도 공유 재산이 되는 것이 아닙니다.

오답 피하기 ① 결혼식은 혼인의 요건이 아닙니다. 성년으로 의제되기 위해서는 혼인의 형식적 요건인 혼인 신고를 해야 합니다. ② 혼인 신고는 혼인의 형식적 요건입니다. ④ 결혼식은 혼인의 효과를 발생시키는 요건이 아닙니다. ⑤ 부부 공동생활을 하더라도 혼인 신고를 하지 않았다면 부부 간 상속권이 발생하지 않습니다.

함정 피하기

①번을 골랐다면 결혼식은 혼인이 성립하기 위한 법적 요건이 아니라는 점을 모르는 것입니다. ②번을 골랐다면 혼인의 실질적 요건은 양 당사자 간 의사 합치가 있을 것, 일정 연령 이상일 것, 일정한 범위의 친족 관계가 아닐 것, 중혼이 아닐 것이며, 형식적 요건은 혼인 신고라는 점을 모르는 것입니다.

276 혼인의 효력　　　　　　　　　　정답 ⑤

문제 분석 혼인의 실질적 요건을 갖추지 않은 (가)는 혼인의 효력이 인정되지 않는 경우이고, 실질적 요건은 갖추었지만 형식적 요건인 혼인 신고를 하지 않은 (나)는 사실혼이며, 실질적 요건과 형식적 요건을 모두 갖춘 (다)는 법률혼입니다.

정답 찾기 ㄷ. (나)는 사실혼, (다)는 법률혼 관계에 있는 경우입니다. ㄹ. 사실혼, 법률혼 모두 부부 사이에 동거, 협조, 부양의 의무가 발생합니다.

오답 피하기 ㄱ. 18세의 미성년자인 갑이 부모의 동의를 얻어 성인인 을과 혼인한 경우는 법률혼인 (다)에 해당합니다. ㄴ. 사실혼인 경우에 갑과 을 사이에 자녀가 태어난다면 인지 절차를 거쳐 친자 관계가 형성될 수 있습니다.

277 혼인의 효과　　　　　　　　　　정답 ⑤

문제 분석 갑과 을이 옳은 진술을 하였으므로 병과 정은 틀린 진술을 해야 문제의 조건에 부합합니다.

정답 찾기 ㄴ. 법률혼과 사실혼 모두 일상 가사에 대한 대리권이 발생합니다. ㄷ. 법률혼과 사실혼 모두 자녀와 친자 관계가 형성될 수 있습니다. 다만 사실혼인 경우에는 인지 절차를 거쳐야 합니다. ㄹ. 법률혼과 사실혼 모두 부부 간의 동거, 협조, 부양의 의무가 발생합니다.

오답 피하기 ㄱ. 법률혼은 사실혼과 달리 친족 관계(배우자 및 인척 관계)가 발생합니다.

278 혼인의 효과　　　　　　　　　　정답 ⑤

문제 분석 (가)는 혼인 신고 없이 공동생활을 하고 있으므로 사실혼 관계이고, (나)는 혼인하기로 합의한 상태(약혼)이고, (다)는 법률혼 관계입니다.

정답 찾기 ⑤ (가)~(다) 모두 양 당사자 간 혼인에 대해 합의한 상태이므로 부부 관계가 해소되면 이에 책임 있는 자는 상대방에게 손해 배상 책임을 집니다.

오답 피하기 ① 사실혼 관계에서도 일상 가사 대리권이 인정됩니다. ② 약혼 상태는 법적 절차를 거치지 않고 일방적 의사 표시로 양자 간의 관계를 해소할 수 있습니다. ③ 법률상 부부는 혼인 신고를 하면 되는 것이지 실제로 동거하는지 여부는 고려하지 않습니다. ④ 법률혼과 달리 사실혼 관계에서는 배우자 간 상속권이 인정되지 않습니다.

279 혼인　　　　　　　　　　　　　　정답 ③

문제 분석 혼인 신고를 해야 법률혼이 성립하고, 부부 간에는 일상 가사

대리권이 발생합니다. 배우자가 사망할 경우에는 다른 배우자는 손해 배상 청구권을 갖습니다.

정답 찾기 ㄴ. 유모차 구입은 일상 가사에 해당하므로 외상 구입에 대해 을은 연대 채무를 집니다. ㄷ. 배우자가 불법 행위로 사망하게 되면 다른 배우자는 손해 배상 청구권을 갖습니다.

오답 피하기 ㄱ. 혼인의 효력은 혼인 신고를 한 때 발생합니다. ㄹ. 정의 친권자는 을이 되는 것이지 친족이 협의하여 정의 친권자를 정하는 것이 아닙니다.

280 재판상 이혼　　　　정답 ⑤

문제 분석 제시된 소장의 내용을 보면 갑이 을을 상대로 이혼 청구 소송을 제기했다는 것을 알 수 있습니다.

정답 찾기 ⑤ 재판상 이혼, 협의상 이혼 모두 혼인 중 공동으로 마련한 재산에 대해 재산 분할을 청구할 수 있습니다.

오답 피하기 ① 재판상 이혼은 협의상 이혼과 달리 이혼 숙려 기간을 거치지 않습니다. ② 재판상 이혼의 효력은 법원의 판결이 확정된 때 발생합니다. ③ 부모가 이혼하더라도 자녀는 부모 모두에게 상속권을 갖습니다. ④ 이혼 시 자녀를 양육할 부 또는 모는 자녀를 양육하지 않는 부 또는 모에게 양육비를 청구할 수 있습니다.

281 재판상 이혼　　　　정답 ④

문제 분석 주어진 자료인 이혼 신고서에서 재판 확정 일자가 표시되어 있으므로 갑과 을은 재판상 이혼을 거쳐 이혼 신고서를 제출하는 것임을 알 수 있습니다.

정답 찾기 ④ 재판상 이혼은 민법에 정해진 이혼 사유에 해당해야 이혼이 가능합니다.

오답 피하기 ① 재판상 이혼의 효력은 판결이 확정된 때 발생합니다. ② 이혼 숙려 기간은 협의상 이혼 시 거쳐야 하는 절차입니다. ③ 미성년 자녀가 있는 경우에만 친권자 지정이 이루어집니다. ⑤ 이혼 귀책 사유가 있다고 하더라도 재산 분할 청구권을 행사할 수 있습니다.

282 협의상 이혼과 재판상 이혼　　　　정답 ④

문제 분석 ㉠은 재판상 이혼, ㉡은 협의상 이혼입니다. 재판상 이혼과 협의상 이혼은 모두 법원의 일정한 절차를 거쳐야 합니다.

정답 찾기 ㄱ. 협의상 이혼을 할 경우에는 양육할 자녀가 있으면 3개월, 없으면 1개월의 이혼 숙려 기간을 거쳐야 합니다. ㄴ. 재판상 이혼은 판결이 확정된 때, 협의상 이혼은 이혼 신고를 하였을 때 이혼의 효력이 발생합니다. ㄹ. 재판상 이혼, 협의상 이혼 모두 이혼 귀책 사유가 있는 상대방에게 손해 배상을 청구할 수 있습니다.

오답 피하기 ㄷ. 재판상 이혼, 협의상 이혼 모두 재산 분할 청구권을 행사할 수 있습니다.

283 부부 별산제　　　　정답 ⑤

문제 분석 혼인을 하더라도 부부 간에는 부부 별산제가 적용됩니다. 그러나 일상 가사에 대한 것은 대리권이 인정되어 연대 책임을 져야 하는 경우가 발생합니다. 사례에서 주식 투자로 인한 채무는 일상 가사에 해당되지 않습니다.

정답 찾기 ㄷ. 협의상 이혼 시 양육할 자녀가 없으면 1개월의 이혼 숙려 기간을 거쳐야 합니다. ㄹ. 결혼 전에 갑이 가지고 있던 아파트는 결혼 후 매입한 토지와 달리 혼인 중 취득한 재산이 아니므로 이혼 시 재산 분할의 대상이 되지 않습니다.

오답 피하기 ㄱ. 친구에게 빌린 돈은 무리한 주식 투자를 위한 것이므로

일상 가사에 해당하지 않습니다. 따라서 이에 대해 을은 연대 책임을 지지 않습니다. ㄴ. 협의상 이혼 시 이혼 신고서는 법원이 아니라 행정 관청에 제출합니다.

284 협의상 이혼　　　　정답 ②

문제 분석 이혼 확인서는 협의상 이혼 시 이혼 숙려 기간을 거친 후 법원에서 발급하는 것입니다.

정답 찾기 ㄱ. 자녀에 대한 양육권을 갖지 않는 상대 배우자는 자녀에 대한 면접 교섭권을 갖습니다. ㄷ. 갑과 을은 13세의 양육할 자녀가 있으므로 3개월의 이혼 숙려 기간을 거쳤을 것입니다.

오답 피하기 ㄴ. 협의상 이혼의 효력은 행정 관청에 이혼 신고를 하였을 때 발생합니다. ㄹ. 이혼 청구 사유가 법에 정해진 이혼 사유에 해당하여야만 이혼이 가능한 것은 재판상 이혼입니다.

285 혼인 및 이혼의 유형　　　　정답 ③

문제 분석 혼인의 유형 중 (가)는 혼인의 실질적 요건, 형식적 요건을 갖춘 법률혼이고, (나)는 혼인의 실질적 요건은 갖추었으나 형식적 요건은 갖추지 않은 사실혼입니다. 이혼의 유형 중 A는 협의상 이혼, B는 재판상 이혼입니다.

정답 찾기 ③ 재판상 이혼은 민법에 정해진 이혼 사유에 해당되어야 이혼이 가능합니다.

오답 피하기 ① 사실혼 관계의 배우자 간에는 상속권이 인정되지 않습니다. ② 사실혼, 법률혼 모두 혼인 관계 해소 시 재산 분할 청구권이 인정됩니다. ④ 재판상 이혼은 협의상 이혼과 달리 이혼 숙려 기간을 거치지 않습니다. ⑤ 재판상 이혼, 협의상 이혼 모두 양육하지 않는 자녀에 대한 면접 교섭권이 인정됩니다.

286 혼인과 이혼　　　　정답 ①

문제 분석 (가)의 갑과 을은 사실혼 상태이고, 갑이 자녀를 인지하였으므로 갑과 자녀 간에 친자 관계가 형성되어 있습니다. (나)의 병과 정은 법률혼 상태이고, 병은 정에게 협의상 이혼을 요구하고 있습니다.

정답 찾기 ① 사실혼과 달리 법률혼은 부부 간 친족 관계가 발생합니다.

오답 피하기 ② 사실혼, 법률혼 모두 부부 간 일상 가사에 대한 대리권이 있습니다. ③ 사실혼은 혼인 관계 해소를 위해 법이 정한 절차를 거치지 않습니다. ④ 협의상 이혼과 달리 재판상 이혼은 이혼 사유가 법에 정해져 있어야 합니다. ⑤ 갑은 자녀에 대한 인지 절차를 거쳤으므로 갑과 자녀는 친자 관계가 형성됩니다.

> **함정 피하기**
> ⑤번을 골랐다면 혼인 외 출생자는 인지 절차를 거치면 친자 관계가 형성된다는 점을 모르는 것입니다.

287 친자 관계　　　　정답 ②

고난도 교육청 기출

①	❷	③ 함정	④	⑤
3%	63%	17%	6%	6%

눈으로 보는 해설

다음 사례에 대한 법적 판단으로 옳은 것은?

갑(남)과 을(여)은 자녀 병을 낳아 기르면서 성격 차이 외에는 별다른 문제없이 혼인 생활을 유지했다. 하지만 결국 성격 차이를 극복하지 못하여, 을이 병을 양육하는 조건으로 협의하에 이혼을 하였다. 이혼 후 을은 정(남)을 만나 결혼식을 올리고 무를 낳고 살고 있지만 아직

혼인 신고는 하지 않은 상태이다. 그런데 을이 갑작스럽게 지병이 악
화되어 현재 병원에 입원 중이다. ← 사실혼 관계
→ 재판상 이혼에 해당
① 갑과 을의 이혼은 법이 정한 사유가 있어야 한다. → 없어도 된다
② 갑과 을의 이혼은 이혼 숙려 기간을 거쳐야 한다.
③ 갑은 가정 법원의 결정에 의해 병과의 면접 교섭권을 갖는다.
④ 정과 무는 인지 절차가 없더라도 법적으로 친자 관계가 인정된다.
→ 특별한 전제가 없다면   → 있어야만
⑤ 을이 유언 없이 사망할 경우 병, 정, 무는 법정 상속인의 지위를 갖는
다.   → 을의 직계 비속으로 법정 상속 1순위에 해당

문제 분석 갑과 을은 협의상 이혼을 하였고, 을과 정은 혼인 신고를 하지
않았으므로 사실혼 관계입니다.

정답 찾기 ② 갑(남)과 을(여)은 협의상 이혼을 하였으므로 이혼 숙려 기
간을 거쳤을 것입니다.

오답 피하기 ① 협의상 이혼은 재판상 이혼과 달리 법이 정한 이혼 사유
가 없이 양 당사자가 합의만 하면 가능합니다. ③ 면접 교섭권은 이혼 시
당연히 발생하는 권리입니다. ④ 을과 정은 사실혼 관계이므로 무는 혼인
외 출생자입니다. 따라서 인지 절차를 거쳐야 친자 관계가 인정됩니다.
⑤ 사실혼 관계의 배우자에게는 상속권이 없습니다.

> **함정 피하기**
> ③번을 골랐다면 면접 교섭권은 법원에서 정해주는 것이 아니라 자녀를
> 양육하지 않는 배우자 또는 해당 자녀가 갖게 되는 권리라는 점을 모르는
> 것입니다. ④번을 골랐다면 사실혼 관계의 자녀는 혼인 외 출생자이고 혼
> 인 외 출생자는 인지 절차를 거쳐야 친자 관계가 형성된다는 점을 모르는
> 것입니다.

288 친권 정답 ②

문제 분석 친권은 부모가 미성년인 자녀에 대해 갖는 권리와 의무이나,
법원의 판단으로 상실될 수 있습니다. 주어진 자료는 상실된 친권을 회복
하기 위한 서류입니다.

정답 찾기 ㄱ. 친권은 미성년 자녀에 대해 갖는 것을 보아 을은 민법상 기
성년자일 것입니다. ㄹ. 갑의 청구가 받아들여지지 않아도 갑과 을의 친
자 관계는 유지되는 것이므로 을은 갑의 재산에 대한 상속을 받을 수 있
습니다.

오답 피하기 ㄴ. 친권은 부모가 이혼하지 않아도 남용되는 등의 사유로
상실될 수 있습니다. ㄷ. 갑의 청구가 받아들여지면 친권이 회복되는 것
입니다. 갑과 을의 친자 관계는 상실된 적이 없습니다.

289 친자 관계 정답 ④

문제 분석 혈연에 의한 친자 관계인 A는 친생자, 미성년자일 경우에만
인정되는 친자 관계인 B는 친양자, C는 일반 입양에 의한 양자입니다.

정답 찾기 ㄴ. 친양자는 양부모의 성과 본을 따르므로 친부모와의 친족
관계는 상실됩니다. ㄹ. B는 친양자, C는 일반 입양에 의한 양자입니다.

오답 피하기 ㄱ. A는 친생자로 혼인 중 출생자, 혼인 외 출생자가 있습니
다. ㄷ. 사실혼 관계에서 태어난 자녀는 인지 절차를 거치면 A가 됩니다.

290 일반 입양에 의한 양자와 친양자 정답 ④

문제 분석 양자에는 친양자와 일반 입양에 의한 양자가 있는데 친양자는
일반 입양에 의한 양자와 달리 친부모와의 친족 관계가 상실됩니다.

정답 찾기 ㄱ. 친양자는 일반 입양에 의한 양자와 달리 친부모와의 친족
관계가 단절되어 상속권이 없습니다. ㄴ. 인지 절차를 거쳐 형성된 친자
관계는 혼인 외 출생자로 친생자에 해당합니다. ㄹ. 친양자는 양부모의
성과 본을 따릅니다.

오답 피하기 ㄷ. 친부모와의 친족 관계가 소멸되는 것은 친양자입니다.

291 친족 관계 정답 ④

문제 분석 C, D, E의 배우자는 모두 A의 자녀입니다. B와 C는 F를 친양
자로 입양하고 이혼하였으며, E는 배우자가 사망한 상태입니다.

정답 찾기 ④ 친양자로 입양되면 친부모와의 친족 관계는 소멸되므로 친
생부모의 부양 관계는 없습니다.

오답 피하기 ① B는 이혼을 하였으므로 A와의 인척 관계가 소멸되지만,
E는 재혼을 하기 전에는 A와의 인척 관계가 소멸되는 것은 아닙니다. ②
C는 혼인을 하였으므로 A는 C에게 친권을 행사할 수 없습니다. D는 미
성년 여부를 판단할 수 없습니다. ③ B는 D와 인척 관계에 있었으므로 혼
인 관계가 해소되더라도 혼인할 수 없습니다. ⑤ 이혼의 책임 여부와 없
이 양육권을 행사할 수 있습니다.

> **함정 피하기**
> ①번을 골랐다면 이혼으로 혼인 관계가 해소되는 경우에는 인척 관계가
> 소멸되지만, 사망으로 혼인 관계가 해소되면 자동으로 인척 관계가 소멸
> 되는 것은 아니라는 점을 모르는 것입니다.

292 친양자 제도 정답 ④

문제 분석 친양자는 미성년자인 경우에만 가능하고 법원의 선고에 의해
서만 가능합니다. 친양자로 입양하면 양부모의 성과 본을 따라야 하고,
친부모와의 친족 관계는 소멸됩니다.

정답 찾기 ④ 친양자로 입양되면 친부모와의 친족 관계가 소멸되므로 친
부모인 정과 무는 더 이상 친권을 행사할 수 없습니다.

오답 피하기 ① 친양자는 미성년자인 경우에만 가능합니다. ② 친양자는
양부모의 성과 본을 따라야 합니다. ③ 친양자로 입양되면 양부모의 혼인
중 출생자로 간주됩니다. ⑤ 병은 친부모인 정, 무와의 친족 관계가 소멸
되므로 정, 무 사망 시 상속권이 없습니다.

293 친양자 제도 정답 ④

문제 분석 친양자로 입양하게 되면 친양자는 양부모의 혼인 중 출생자로
간주되며, 친양자로 입양된 자와 친부모와의 친족 관계는 종료됩니다.

정답 찾기 ④ A에 대한 을의 부양 의무는 친양자로 입양된 때 종료됩니다.

오답 피하기 ① 친양자로 입양되면 친부모와의 친족 관계가 종료됩니다.
② 친양자로 입양되면 양부모의 혼인 중 출생자로 간주됩니다. ③ 친양자
로 입양되기 위해서는 미성년자여야 합니다. 따라서 A는 미성년자이며,
A에 대한 친권은 갑과 병이 공동으로 행사합니다. ⑤ A는 친양자로 입양
되었기 때문에 을과의 친족 관계가 종료되어 상속을 받을 수 없습니다.

294 상속 정답 ③

문제 분석 유언장의 효력이 있으면 유류분 문제가 발생할 수 있고, 유언
장이 효력이 없으면 법정 상속이 이루어집니다.

정답 찾기 ㄴ. 유언장이 효력이 있으면 유언대로 상속이 이루어지며 갑은
법정 상속분의 1/2을 유류분으로 청구할 수 있습니다. 갑의 법정 상속분
은 4억 원이므로 2억 원의 유류분 반환을 청구할 수 있습니다. ㄷ. 유언
장이 효력이 있고 갑이 유류분 반환을 청구하지 않으면 유언대로 집행되
므로 병과 정이 최대로 받을 수 있는 재산은 각각 7억 원입니다.

오답 피하기 ㄱ. 유언장이 효력이 있으면 유언에 따라 상속이 이루어집니
다. 따라서 배우자 병과 직계 비속인 정에게 각각 50%씩 재산이 배분되
므로 병과 정의 상속분은 같게 됩니다. ㄹ. 법정 상속이 이루어지면 갑은
4억 원, 병은 6억 원, 정은 4억 원을 상속받습니다. 따라서 갑과 정의 상
속분을 합치면 8억 원이 되어 병의 상속분의 50%를 넘습니다.

295 상속 제도   정답 ⑤

문제 분석 사례에서 유언장이 효력이 있으면 유언장의 내용대로 상속이 이루어지나 유류분을 고려해야 하고, 유언장이 효력이 없으면 법정 상속이 이루어집니다.

정답 찾기 ⑤ 유언이 무효라면 법정 상속이 이루어지는데 노모 무는 상속 2순위이므로 상속 1순위인 직계 비속 병, 정이 있으므로 법정 상속을 받을 수 없습니다.

오답 피하기 ① 유언이 유효라면 을, 병, 정이 유류분을 청구할 수 있는데, 을이 4억 5천만 원, 병과 정이 각각 3억 원씩 청구할 수 있습니다. 그러나 을, 병, 정이 모두 유류분을 청구하지 않으면 21억 원을 모두 무가 물려받습니다. ② 을의 유류분 반환 청구분은 4억 5천만 원, 병과 정의 유류분 반환 청구분을 합친 금액은 6억 원입니다. ③ 유언이 무효라면 을은 9억 원, 병은 6억 원을 상속받습니다. ④ 자필 증서에 의한 유언은 직접 작성하는 유언의 방식이므로 직접 유언장을 작성한 이유로 유언이 무효가 되지는 않습니다.

296 법정 상속   정답 ④

문제 분석 갑과 병이 사망하였을 당시 유언을 남기지 않았으므로 갑과 병의 재산에 대해서는 법정 상속이 이루어집니다.

정답 찾기 ④ 갑과 병 중 병이 먼저 사망하였으므로 먼저 병의 재산에 대한 법정 상속이 이루어집니다. 병의 재산은 4억 원이고 병의 법정 상속권자는 직계 존속인 갑과 을입니다. 따라서 병의 재산을 갑과 을이 2억 원씩 상속받습니다. 이후 갑이 사망하게 되는데 갑의 사망 당시 갑의 재산은 기존의 8억 원에 병의 재산에 대한 상속액인 2억 원을 합쳐 10억 원이 됩니다. 갑의 재산에 대해서는 배우자 을과 노모 무가 1.5:1의 비율로 상속을 받습니다. 따라서 을은 6억 원, 무는 4억 원을 상속받습니다. 결국 을은 병의 재산 2억 원을 상속받고 갑의 재산 6억 원을 상속받아서 총 8억 원을 상속받고, 무는 4억 원을 상속받습니다.

297 유언에 의한 상속   정답 ②

문제 분석 갑의 재산에 대해서는 유언대로 상속이 이루어지지만 A의 재산에 대해서는 법정 상속이 이루어집니다. 이때 친양자 정은 갑의 재산에 대해서는 상속권이 있으나 친부모인 A의 재산에 대해서는 상속권이 없습니다.

정답 찾기 ㄱ. B는 배우자인 A의 재산에 대해 단독으로 상속을 받습니다. ㄷ. 무는 상속 1순위인 직계 비속이 있기 때문에 법정 상속권자가 아니므로 유류분 반환을 청구할 수 없습니다.

오답 피하기 ㄴ. 유언장의 효력은 갑이 사망한 때 발생하므로 2019년 5월 17일이라고 단정할 수 없습니다. ㄹ. 병과 정의 법정 상속액은 각각 4억 원씩입니다. 따라서 유류분 반환을 청구할 수 있는 금액은 4억 원의 1/2인 2억 원입니다.

298 상속   정답 ⑤

고난도 평가원 기출				
①	② 함정	③	④	❺
1%	20%	9%	2%	66%

🔍 **눈으로 보는 해설**

다음 사례에 대한 법적 판단으로 옳은 것은? (피상속인의 직계 비속(상속 1순위))

갑과 을은 법률상 혼인 후 병을 입양하였다. 3년 후 갑과 을 사이에 정이 태어났다. 어느 날 갑은 심장마비로 사망하였다. 자신의 전 재산 21억 원을 A 재단에 기부한다는 갑의 유언장을 갑의 홀어머니 무가

발견하였는데, 법적으로 효력이 있는 유언장이었다. 갑은 사망 당시 채무가 전혀 없는 상태였다.

* 사망자의 직계 비속과 배우자에게는 법정 상속분의 2분의 1, 사망자의 직계 존속과 형제자매에게는 법적 상속분의 3분의 2의 유류분이 보장됨
** 이 사례에서 유류분을 받을 수 있는 자는 자신에게 보장되는 유류분의 전액을 청구하는 것을 전제로 함

① 갑의 사망으로 을과 병의 친자 관계는 종료된다. → 종료되지 않는다
② A 재단은 법정 상속인에 해당한다. → 재산을 증여받은 자
③ 을과 정의 법정 상속분은 동일하다. → 을>정
④ 을은 병보다 적은 유류분액을 받게 된다. → 많은
⑤ 무는 유류분액을 받을 수 없다. → 피상속인의 직계 존속

문제 분석 사람이 사망하게 되면 유언이 있을 경우 유언에 따르며 유류분을 고려합니다. 유언이 없을 경우에는 법정 상속이 이루어지는데 법정 상속 순위에 따라 상속이 이루어집니다.

정답 찾기 ⑤ 무는 상속 1순위인 직계 비속 병, 정이 있으므로 법정 상속을 받을 수 없습니다. 따라서 유류분 반환 청구를 할 수 없습니다.

오답 피하기 ① 갑이 사망하였어도 을과 병의 친자 관계가 종료되는 것은 아닙니다. ② A 재단은 유언에 의해 재산을 증여받는 것이지 법정 상속권자가 아닙니다. ③ 을은 갑의 배우자이므로 자녀 정의 상속분의 50%를 더 상속받습니다. ④ 을의 법정 상속액은 병의 상속액의 50%를 가산하여 받으므로 유류분도 많을 수밖에 없습니다.

💣 **함정 피하기**
①번을 골랐다면 부모 중 일방이 사망하였다고 해서 남은 부모와의 친자 관계가 소멸되는 것은 아니라는 점을 모르는 것입니다. ②번을 골랐다면 법정 상속권자는 직계 비속, 직계 존속, 배우자, 형제자매, 4촌 이내의 방계 혈족이라는 사실을 모르는 것입니다. ③, ④번을 골랐다면 배우자는 공동 상속인 상속분의 50%를 가산하여 상속받는다는 점을 모르는 것입니다.

299 상속   정답 ④

문제 분석 A가 B와 이혼하였더라도 딸 C와의 친족 관계는 유지됩니다. A와 E의 혼인은 사실혼이기 때문에 E는 법정 상속권이 없고, 자녀 F는 인지 절차를 거쳐 상속권이 있습니다.

정답 찾기 ④ 유언이 무효이면 법정 상속이 이루어지고 C와 F가 상속을 포기하면 법정 상속권자는 D만 남습니다. 따라서 D가 7천만 원을 상속받을 수 있습니다.

오답 피하기 ① A와 F는 인지 절차를 거쳐 친자 관계가 형성되었습니다. ② 유언이 무효라면 C와 F가 공동 상속인이며 각각 3천 5백만 원씩 상속받습니다. ③ A의 사망 당시 E와 B 모두 A의 친족이 아닙니다. ⑤ 유언이 유효하면 유언의 내용대로 D와 E는 각각 3천 5백만 원씩 받습니다. 그러나 C와 F는 유류분 반환을 청구할 수 있는데 청구할 수 있는 금액은 법정 상속분의 1/2입니다.

💣 **함정 피하기**
①번을 골랐다면 혼인 외 출생자는 인지 절차를 거쳐 친자 관계가 형성된다는 점을 모르는 것입니다. ②번을 골랐다면 사실혼 관계의 배우자는 상속권이 없다는 점을 모르는 것입니다. ③번을 골랐다면 사실혼 관계의 배우자는 친족 관계가 형성되지 않는다는 것을 모르는 것입니다. ⑤번을 골랐다면 유류분 반환 청구에 대한 내용을 모르는 것입니다.

300 상속   정답 ④

고난도 교육청 기출				
①	②	③ 함정	❹	⑤
8%	6%	15%	65%	4%

다음 사례에 대한 옳은 법적 판단을 〈보기〉에서 고른 것은?

> 갑(남)과 을(여)은 법률상 부부이고 그 사이에는 혼인 중의 출생자 A가 있다. 한편 병(남)과 정(여) 역시 법률상 부부이고 그 사이에는 혼인 중의 출생자 B가 있다. 그런데 어느 날 교통사고로 을이 사망하였고, 병과 정은 이혼하였다. 이후 갑과 정이 결혼하여 혼인 신고를 하였고, 병은 홀어머니를 모시고 B와 함께 살고 있다. 갑과 정의 혼인 중에 C가 태어났고, 정은 함께 살고 있던 A를 합법적으로 입양하였다.
> □ 정의 법정 상속자   ○ 갑의 법정 상속자   → B – 병의 법정 상속자

보기
- ㄱ. 을의 사망 당시 A가 16세였다면, A는 단독으로 유효하게 상속을 포기할 수 있다. → 없다
- ㄴ. 갑이 자신의 전 재산을 C에게 준다는 내용의 유효한 유언을 하고 사망하였다면, A는 C를 상대로 유류분의 반환을 청구할 수 있다. → 전체 상속액의 1/9
- ㄷ. 병이 2억 5천만 원의 재산을 남긴 채 유언 없이 사망하였다면, B는 1억 원을 상속받는다. → 2억 5천만 원
- ㄹ. 정이 10억 원의 재산과 1억 원의 빚을 남긴 채 유언 없이 사망하였다면, B는 2억 원을 상속받는다.

① ㄱ, ㄴ　　　② ㄱ, ㄷ　　　③ ㄴ, ㄷ
④ ㄴ, ㄹ　　　⑤ ㄷ, ㄹ

문제 분석　갑과 정이 혼인 후 A를 입양하였으므로 을과 A와의 친족 관계는 소멸되고, 정과 A의 친족 관계가 형성됩니다.

정답 찾기　ㄴ. 갑이 자신의 전 재산을 C에게 준다는 내용의 유효한 유언을 하고 사망하였다면 법정 상속권자인 A는 C를 상대로 유류분의 반환을 청구할 수 있습니다. ㄹ. 정이 9억 원의 재산을 남기고 유언 없이 사망했다면 법정 상속권자는 자녀 A, B, C와 배우자 갑입니다. 따라서 자녀 A, B, C는 각각 2억 원씩 상속받고, 배우자 갑은 3억 원을 상속받습니다.

오답 피하기　ㄱ. 16세는 단독으로 유효한 행위를 할 수 없습니다. ㄷ. 병이 2억 5천만 원의 재산을 남긴 채 유언 없이 사망하였다면 법정 상속이 이루어지는데 법정 상속권자는 B입니다. 따라서 B가 2억 5천만 원을 모두 상속받습니다.

💣 **함정 피하기**

ㄱ을 골랐다면 미성년자는 단독으로 유효한 법률 행위를 할 수 없다는 점을 모르는 것입니다. ㄷ을 골랐다면 법정 상속은 상속 순위에 따라 이루어지고 선순위 상속권자가 있으면 후순위 상속인은 상속을 받을 수 없다는 점을 모르는 것입니다.

Ⅴ. 사회생활과 법

15강　형법의 의의와 기능

핵심 개념 CHECK!　　▸ 본문 158쪽

01 ○	02 ×	03 ○	04 ○	05 ○	06 ○	07 ×	08 ○
09 ×	10 ○	11 ×	12 ×	13 ○	14 ○	15 ○	16 ×
17 ○	18 ○	19 ○	20 ×	21 ×	22 ○	23 ○	24 ○
25 ○	26 ×	27 ○	28 ○				

○|× 문장 바로 알기

01　사회에 유해하거나 법익을 침해하는 반사회적 행위 중에서 형법에 의하여 형벌을 부과함으로써 금지하려는 행동을 범죄라고 한다.

02　법의 명칭과 형식을 불문하고 범죄와 그에 대한 형사 제재를 규율하고 있는 모든 법 규범을 형식적 의미의 형법이라고 한다.
　　실질적

03　범죄를 저지르면 형벌이 부과됨을 미리 알려 잠재적 범죄자가 범죄를 저지르지 못하게 하여 일반 국민을 범죄로부터 보호하는 형법의 기능을 보호적 기능이라고 한다.

04　국가로 하여금 법률로 정한 범죄와 형벌만 적용하도록 하여 국가 권력의 자의적인 형벌권 남용으로부터 국민의 자유와 권리를 보장하는 형법의 기능을 보장적 기능이라고 한다.

05　형벌은 일반 국민이 형벌을 두려워하여 범죄를 저지르지 않게 되는 효과, 범죄자가 앞으로 범죄를 저지르지 않도록 교화하는 효과와 같은 범죄 예방의 효과가 있다.

06　어떤 행위가 범죄가 되고 그 범죄에 대하여 어떤 처벌을 할 것인가는 행위 이전에 미리 성문의 법률로 정해져 있어야 한다는 형법의 기본 원리를 죄형 법정주의라 한다.

07　죄형 법정주의는 오늘날 "법률어 없으면 범죄도 없고 형벌도 없다."라는 의미로 변천하여 법관의 자의적 판단뿐만 아니라 입법자의 자의로부터 국민의 자유와 권리를 보장한다. 적정한 법률이

08　어떤 행위가 범죄이며 각각의 범죄에 대해 어떤 형벌을 부과하는지가 법률에 구체적으로 명확하게 규정되어야 한다는 원칙을 명확성의 원칙이라고 한다.

09　범죄와 그 처벌을 행위 당시의 법률에 의해야 하고 행위 후에 법률을 제정하여(사후 입법) 그 법으로 이전의 행위를 처벌해서는 안 된다는 원칙을 적정성의 원칙이라고 한다. 소급효 금지의 원칙

10　어떤 사항에 대하여 직접 규정한 법규가 없을 때 그와 비슷한 사항에 대하여 규정한 법률을 적용함으로써 피고인에게 불리하게 형벌을 부과하거나 가중하지 못한다는 원칙을 유추 해석 금지의 원칙이라고 한다.

11　죄형 법정주의의 궁극적인 목적은 국가의 형벌권과 입법권 강화에 있다. 시민의 자유와 권리 보호

12　범죄와 형벌은 미리 성문의 규칙으로 규정되어야 한다. 법률

13　형법에 의해 금지되어 형벌의 부과 대상이 되는 행위를 범죄라고 한다.

14 범죄가 성립하기 위해서는 구성 요건 해당성, 위법성, 책임의 요건이 모두 충족되어야 한다.

15 법률로 정해 놓은 범죄 행위의 유형을 범죄의 구성 요건이라고 하며, 범죄가 성립하기 위해서는 어떤 행위가 법률에서 규정하고 있는 구성 요건에 해당해야 한다.

16 위법성 조각 사유 중 법령에 의한 행위 또는 업무로 인한 행위 기타 사회 상규에 위배되지 않는 행위를 ~~정당방위~~라고 한다.
정당 행위

17 위법성 조각 사유 중 자기 또는 타인의 법익에 대한 현재의 위난을 피하기 위한 행위로서 상당한 이유가 있는 행위를 긴급 피난이라고 한다.

18 위법성 조각 사유 중 법정 절차에 의해 청구권을 보전하기 불가능한 경우에 그 청구권의 실행 불능 또는 현저한 실행 곤란을 피하기 위한 상당한 이유가 있는 행위를 자구 행위라고 한다.

19 위법 행위를 하였다는 데 대하여 행위자에게 가해지는 비난 가능성을 책임이라고 한다.

20 형사 미성년자(14세 미만) 또는 심신 상실자의 행위, 피할 수 없는 강요된 행위는 책임이 ~~감경되는~~ 사유이다. 조각

21 심신 미약자, 청각과 발음 기능에 모두 장애가 있는 자가 범죄를 저지른 경우는 ~~책임이 조각되어 범죄가 성립하지 않는다.~~
책임이 감경되어 범죄가 성립한다.

22 범죄인의 생명, 자유, 명예, 재산 등을 박탈하는 것을 형벌이라고 한다.

23 징역은 1개월 이상 교도소 등에 수감하고 정역을 부과하지만 금고는 1개월 이상 교도소 등에 수감하고 정역을 부과하지 않는다.

24 명예형에는 자격 상실, 자격 정지가 있다.

25 재산형에는 벌금, 과료, 몰수가 있다.

26 몰수는 범죄자의 ~~재산을 모두~~ 압수하여 국가로 귀속시키는 형벌이다.
범죄를 통해 얻은 재산

27 범죄자의 사회 복귀와 사회 질서의 보호라는 목적을 달성하기 위한 대안적 제재 수단을 보안 처분이라고 한다.

28 보안 처분에는 치료 감호, 보호 관찰, 수강 명령, 사회 봉사 명령 등이 있다.

기출+예상 문제로 주제 정복하기 ▸ 본문 160~165쪽

301 ⑤	302 ②	303 ④	304 ①	305 ③	306 ①
307 ①	308 ③	309 ⑤	310 ③	311 ④	312 ①
313 ⑤	314 ⑤	315 ②	316 ②	317 ②	318 ④
319 ⑤	320 ④	321 ③	322 ④		

301 죄형 법정주의 　　　　　　　　　정답 ⑤

문제 분석 국가 형벌권의 남용을 방지하기 위한 형법의 기본 원리는 죄형 법정주의입니다. 죄형 법정주의는 오늘날 "적정한 법률이 없으면 범죄도 없고, 형벌도 없다."는 의미로 받아들여집니다.

정답 찾기 ㄱ. 형법의 보장적 기능은 국가의 자의적 형벌권 남용을 금지하여 국민의 자유와 권리를 보장하는 기능을 의미합니다. 죄형 법정주의는 이러한 기능을 수행하는 데 필요한 원리입니다. ㄷ. 죄형 법정주의에 따라 사회적으로 큰 비난을 받는 행위라도 성문 법률이 아닌 관습에 의해서는 처벌할 수 없습니다. ㄹ. 법률에 규정이 없는 사항에 대해서는 그것과 유사한 규정을 적용하여 처벌해서는 안 된다는 원칙은 유추 해석 금지의 원칙입니다. 죄형 법정주의는 유추 해석 금지의 원칙을 포함합니다.

오답 피하기 ㄴ. 죄형 법정주의는 일반 시민뿐만 아니라 범죄인에게도 적용됩니다.

302 죄형 법정주의 　　　　　　　　　정답 ②

문제 분석 죄형 법정주의는 법률에 규정되어 있어야만 범죄로 인정하도록 하고 국민이 행위 이전에 범죄 여부를 파악할 수 있도록 하는 형법의 기본 원칙입니다.

정답 찾기 ② 죄형 법정주의의 파생 원칙 중 유추 해석은 피고인에게 유리한 경우에는 인정됩니다.

오답 피하기 ① 죄형 법정주의에 따라 범죄와 형벌은 행위 전에 규정되어 있어야 합니다. ③ 죄형 법정주의에 따라 범죄와 형벌은 미리 성문의 법률에 규정되어 있어야 합니다. ④ 현대적 의미의 죄형 법정주의는 '적정한 법률이 없으면 범죄도 없고 형벌도 없다.'라는 의미로 이해되어 법률의 내용까지도 정의로워야 함을 강조합니다. ⑤ 죄형 법정주의에 따라 범죄 행위의 경중과 행위자가 부담해야 할 형사 책임 사이에 균형을 갖추어야 합니다.

303 명확성의 원칙 　　　　　　　　　정답 ④

문제 분석 헌법 재판소는 심판의 대상이 된 해당 법률 조항의 모의 총포를 총포는 아니지만 총포와 같은 위협 수단이 될 수 있을 정도로 총포와 모양이 매우 유사하여 충분히 범죄에 악용될 소지가 있거나, 총포와 같이 인명이나 신체에 충분히 위해를 가할 정도의 성능을 갖춘 것이라고 충분히 예측할 수 있다고 보았습니다. 이는 죄형 법정주의의 파생 원칙 중 명확성의 원칙에 위배되지 않는다고 판단한 것입니다.

정답 찾기 ④ 죄형 법정주의의 파생 원칙 중 명확성의 원칙은 어떤 행위가 범죄이며 각각의 범죄에 대해 어떤 형벌이 부과되는지가 명확해야 한다는 것입니다.

오답 피하기 ① 적정성의 원칙에 대한 설명입니다. ② 소급효 금지의 원칙에 대한 설명입니다. ③ 관습 형법 금지의 원칙에 대한 설명입니다. ⑤ 유추 해석 금지의 원칙에 대한 설명입니다.

304 형벌의 효과 　　　　　　　　　정답 ①

문제 분석 형벌의 목적에 대해 갑은 응보를 강조하고, 을은 범죄자의 재범 방지를 강조하며, 병은 일반 국민의 범죄 예방을 강조합니다.

정답 찾기 ㄱ. 갑은 '눈에는 눈, 이에는 이'라는 응보론의 측면에서 형벌을 바라봅니다. ㄴ. 을은 형벌이 범죄자를 교화하여 재범을 방지하는 효과가 있다고 봅니다.

오답 피하기 ㄷ. 을과 병은 모두 형벌의 범죄 예방 효과를 강조합니다. ㄹ. 갑, 을, 병 모두 피해자의 사적 보복은 인정하지 않을 것입니다. 형법은 피해자의 사적 보복 및 응징을 못하도록 하기 위한 법입니다.

305 소급효 금지의 원칙 　　　　　　　　　정답 ③

문제 분석 제시문의 일부 사람들은 신상 정보 공개의 대상을 법률 제정 이전에 성범죄를 저지른 사람들에게까지 확대하는 것은 죄형 법정주의의 파생 원칙 중 소급효 금지의 원칙에 위반된다며 비판하고 있는 것입니다.

 ③ 소급효 금지의 원칙은 범죄와 그 처벌은 행위 후에 법률을 제정하여 그 법으로 이전의 행위를 처벌해서는 안 된다는 원칙입니다.

오답 피하기 ① 관습 형법 금지의 원칙에 대한 설명입니다. ② 적정성의 원칙에 대한 설명입니다. ④ 명확성의 원칙에 대한 설명입니다. ⑤ 유추 해석 금지의 원칙에 대한 설명입니다.

306 유추 해석 금지의 원칙 정답 ①

고난도 평가원 기출					
❶	②	③	④	⑤	함정
48%	4%	1%	3%	41%	

🔍 눈으로 보는 해설

밑줄 친 'A 원칙'에 대한 옳은 설명만을 〈보기〉에서 있는 대로 고른 것은?

갑은 을의 컴퓨터에 저장된 전자 파일을 자신의 이동식 저장 장치에 몰래 복사한 행위와 관련하여 절도죄로 공소 제기되었다. 갑은 1심 재판에서, 컴퓨터 파일과 같은 전자 정보를 복사하는 행위는 절도죄의 구성 요건에 해당하지 않음에도 절도 행위와 유사하다는 이유만으로 절도죄의 규정을 그대로 적용하는 것은 죄형 법정주의의 A 원칙에 위반된다고 주장하였다.
→ 유추 해석 금지의 원칙

보기
ㄱ. 범죄의 성립과 형벌에 모두 적용된다.
ㄴ. 범죄와 처벌이 균형을 갖추어야 한다는 원칙이다. → 적정성의 원칙
ㄷ. 적용할 형법 규정이 없는 경우 법관의 자의적인 판단만으로 처벌할 수 없다는 것을 의미한다.
ㄹ. 범죄 행위가 어떤 것인지를 누구나 예측할 수 있게 법률로 명확하게 규정하여야 한다는 것을 의미한다. → 명확성의 원칙

① ㄱ, ㄷ   ② ㄴ, ㄷ   ③ ㄴ, ㄹ
④ ㄱ, ㄴ, ㄹ   ⑤ ㄱ, ㄷ, ㄹ

문제 분석 컴퓨터 파일과 같은 전자 정보를 복사하는 행위를 절도 행위와 유사하다는 이유만으로 절도죄의 규정을 그대로 적용하는 것은 죄형 법정주의의 유추 해석 금지의 원칙에 위반됩니다.

정답 찾기 ㄱ. 유추 해석 금지의 원칙은 범죄의 성립과 형벌에 모두 적용됩니다. ㄷ. 유추 해석 금지의 원칙은 적용할 형법 규정이 없는 경우 법관의 자의적 판단만으로 처벌할 수 없다는 것을 의미합니다.

오답 피하기 ㄴ. 범죄와 처벌이 균형을 갖추어야 한다는 원칙은 적정성의 원칙입니다. ㄹ. 범죄 행위가 어떤 것인지를 누구나 예측할 수 있게 법률로 명확하게 규정하여야 한다는 원칙은 명확성의 원칙입니다.

💣 함정 피하기

ㄴ을 골랐다면 죄형 법정주의의 파생 원칙 중 적정성의 원칙의 내용을 모르기 때문입니다. ㄹ을 옳은 답지로 판단했다면 명확성의 원칙의 내용에 대해 모르는 것입니다.

307 적정성의 원칙 정답 ①

문제 분석 행위자의 책임 정도를 초과하는 형벌이 부과되는 경우는 죄형 법정주의의 파생 원칙 중 적정성의 원칙에 위반되는 것입니다.

정답 찾기 ① 죄형 법정주의의 파생 원칙 중 적정성의 원칙은 범죄와 형벌 간에 적정한 균형이 이루어져야 한다는 것입니다. 즉 범죄가 중하면 형벌도 중하고, 범죄가 가벼우면 형벌도 맞추어 가벼워야 한다는 것입니다.

오답 피하기 ② 관습 형법 금지의 원칙에 대한 내용입니다. ③ 명확성의 원칙에 대한 내용입니다. ④ 유추 해석 금지의 원칙에 대한 내용입니다. ⑤ 소급효 금지의 원칙에 대한 내용입니다.

308 범죄의 성립 요건 정답 ③

문제 분석 범죄가 성립하기 위해서는 구성 요건 해당성, 위법성, 책임의 요건을 모두 갖추어야 합니다. 그림에서 (가)는 위법성 여부를 묻는 질문, (나)는 책임 여부를 묻는 질문이 들어갑니다.

정답 찾기 ③ 갑은 갑자기 자신에게 달려오는 오토바이를 피하려다 어쩔 수 없이 지나가는 행인과 부딪혀 상해를 입힌 것입니다. 이는 위법성 조각 사유 중 긴급 피난에 해당하여 범죄가 성립하지 않습니다.

오답 피하기 ① 갑의 행위는 고의 또는 과실에 의한 것입니다. ② 정당방위는 자기 또는 타인의 법익에 대한 부당한 침해를 벗어나기 위한 상당한 이유가 있는 행위입니다. 사례에서는 부당한 침해를 벗어나기 위해 부당한 침해를 한 당사자에게 상해를 입힌 것이 아닙니다. ④ 형사 미성년자는 14세 미만인 자입니다. ⑤ 갑의 행위는 책임 조각 사유인 저항할 수 없는 폭력에 의해 강요된 행위는 아닙니다.

💣 함정 피하기

①번을 골랐다면 범죄는 원칙적으로 고의인 경우에만 성립하고 예외적으로 과실인 경우에 범죄가 성립하는 경우가 있다는 점을 모르는 것입니다. 사례에서는 고의 또는 과실이 없어 범죄가 성립하지 않는 것은 아닙니다. ②번을 골랐다면 정당방위는 부당한 침해를 한 행위자에게 피해를 준 경우여야 한다는 점을 모르는 것입니다. ④번을 골랐다면 형사 미성년자의 연령이 14세 미만이라는 점을 모르는 것입니다.

309 범죄의 성립 요건 정답 ⑤

문제 분석 범죄는 (라)와 같이 구성 요건 해당성, 위법성, 책임의 요건을 모두 갖추어야 성립합니다. (가)는 구성 요건에 해당하지 않아 범죄가 성립하지 않는 경우이고, (나)는 위법성이 없어 범죄가 성립되지 않는 경우이며, (다)는 책임이 없어 범죄가 성립하지 않는 경우입니다.

정답 찾기 ⑤ 심신 미약자는 범죄는 성립하나 형이 감경되므로 (라)에 해당하는 사례입니다.

오답 피하기 ① 심신 상실자의 행위는 책임이 조각되어 범죄가 성립하지 않으므로 (다)에 해당합니다. ② 타인의 우산인 줄 알고 자신의 우산을 훔쳤다면 절도죄의 구성 요건에 해당하지 않습니다. 따라서 (가)에 해당합니다. ③ 피할 수 없는 강요된 행위는 책임이 조각되어 범죄가 성립하지 않습니다. 따라서 (다)에 해당합니다. ④ 17세는 형사 미성년자가 아니므로 (라)에 해당됩니다.

310 위법성 조각 사유 정답 ③

문제 분석 사례에서 법원은 갑이 위법한 체포에 따른 부당한 침해에서 벗어나기 위해 경찰에게 상해를 입혔기 때문에 갑의 행위는 범죄가 성립하지 않는다고 보았는데 이는 갑의 행위를 정당방위로 판단했기 때문입니다.

정답 찾기 ③ 법원은 갑의 행위를 위법성 조각 사유 중 정당방위로 보아 범죄가 성립하지 않는다고 판단하였습니다.

오답 피하기 ① 갑이 심신 상실자인지 여부는 사례를 통해 알 수 없습니다. ② 갑은 상해를 입혔기 때문에 갑의 행위는 구성 요건 해당성은 있습니다. ④ 갑의 행위는 자구 행위가 아닙니다. ⑤ 갑의 행위는 책임 조각 사유가 아닙니다.

311 형벌과 보안 처분 정답 ④

문제 분석 형벌은 생명, 자유, 명예, 재산을 박탈하는 제재이고, 보안 처분은 범죄자의 재범 방지 및 교화를 위한 대안적 제재 수단입니다.

정답 찾기 ㄱ. 갑이 을을 폭행하고 상해를 입힌 것은 갑의 행위가 범죄의 구성 요건에 해당함을 보여 줍니다. ㄴ. 징역은 1개월 이상 교도소 등에

수감되고 징역이 부과되는 형벌입니다. ㄷ. 치료 감호는 보안 처분의 일종입니다. 보안 처분은 범죄자의 사회 복귀와 사회 질서의 보호를 위한 대안적 제재 수단 중 하나입니다.

오답 피하기 ㄹ. 사례에서 갑에게 형벌을 부과하였으므로 법원은 갑을 정신 이상 증세에 따른 심신 미약자로 판단한 것입니다. 심신 미약자는 책임 감경 사유입니다.

312 위법성 조각 사유 　　　　　　　　　　　　정답 ①

문제 분석 범죄가 성립하기 위해서는 구성 요건 해당성, 위법성, 책임의 요건을 모두 갖추어야 합니다. 사례에서 갑~병 모두 무죄를 선고를 받고 판결이 확정되었는데 범죄의 성립 요건 중 위법성이 조각되었기 때문입니다. 위법성 조각 사유에는 정당 행위, 정당방위, 긴급 피난, 자구 행위, 피해자의 승낙이 있습니다.

정답 찾기 ① 긴급 피난은 자기 또는 타인의 법익에 대한 현재의 위난을 피하기 위한 행위로서 상당한 이유가 있는 행위입니다. 사례에서 갑은 자녀(타인)를 개가 물려고 하는 위난을 피하기 위해 발로 걷어차 개에게 상처를 입혔으므로 갑의 행위는 긴급 피난에 해당합니다. 정당방위는 자기 또는 타인의 법익에 대한 현재의 부당한 침해를 방위하기 위한 상당한 이유가 있는 행위입니다. 을은 불량배들에게 부당한 침해를 당하고 있는 학생을 방위하기 위해 불량배들에게 상처를 입혔으므로 을의 행위는 정당방위에 해당합니다. 정당 행위는 법령에 의한 행위, 업무로 인한 행위 기타 사회 상규에 위배되지 않는 행위입니다. 현행범 체포는 법령에 의한 행위이므로 정당 행위에 해당합니다.

313 범죄의 성립 요건 　　　　　　　　　　　　정답 ⑤

문제 분석 심신 상실자의 행위는 책임이 조각되어 범죄가 성립하지 않지만, 심신이 미약한 자의 행위는 책임이 조각되지 않아 범죄가 성립합니다. 다만 형의 감경이 있을 수 있습니다.

정답 찾기 ⑤ 심신 상실 여부로 조각되는 것은 위법성이 아니라 책임입니다. 대법원은 피고인에게 책임 조각 사유가 있다고 보았습니다.

오답 피하기 ① 1심 법원은 심신이 미약한 상태라고 판단하였으므로 (가)에는 유죄에 대한 형벌이 들어갈 수 있습니다. ② 2심 법원은 갑이 심신 상실의 상태에서 범행을 했다고 판단하고 있으므로 (나)에는 무죄가 들어갈 수 있습니다. ③ 대법원은 원심 판결의 판단 위법이 없다고 보았으므로 원심을 유지한 것입니다. ④ 1심 법원, 2심 법원 모두 범죄의 성립 요건 중 책임의 요건을 판단하고 있습니다. 이는 갑의 행위가 구성 요건에 해당하기 때문입니다.

314 보안 처분 　　　　　　　　　　　　정답 ⑤

문제 분석 대안적 제재 수단인 보안 처분 중 (가)는 보호 관찰, (나)는 수강 명령입니다.

정답 찾기 ㄷ, ㄹ. (가)는 보호 관찰, (나)는 수강 명령이며 둘 다 보안 처분에 해당합니다. 보안 처분은 범죄자의 사회 복귀와 사회 질서의 보호라는 목적을 달성하기 위한 대안적 제재 수단입니다.

오답 피하기 ㄱ. (가), (나) 모두 형벌과 함께 부과됩니다. ㄴ. 보안 처분은 범죄인에 대한 응징보다는 교화에 목적이 있습니다.

315 형벌의 종류 　　　　　　　　　　　　정답 ②

문제 분석 형벌에 대해 갑은 옳은 진술, 을은 틀린 진술, 정은 틀린 진술입니다. 교사가 한 학생을 제외하고 모두 틀린 답을 했다고 하였으므로 병도 틀린 답을 한 것입니다.

정답 찾기 ㄱ. 사형은 생명형에 해당하는 형벌입니다. ㄷ. 벌금은 원칙적

으로 5만 원 이상, 과료는 5만 원 미만의 금액을 부과하는 형벌입니다.

오답 피하기 ㄴ. 금고는 교도소 등에 구금되지만 벌금은 구금되지 않습니다. ㄹ. 구류는 자유형으로 1일 이상 30일 미만 교도소 등에 수감하는 형벌입니다.

316 정당 행위, 정당방위 　　　　　　　　　　　　정답 ②

문제 분석 갑(13세)이 편의점에서 물건을 사다가 같은 동네에 사는 을이 편의점 물건을 훔치는 것을 보고 쫓아가서 을을 제압하고 경찰에 을을 인도한 것은 현행범 체포로 정당 행위에 해당합니다. 병(17세)이 식당에서 아르바이트를 하다가 술을 먹고 횡포를 부리며 사장인 정에게 폭행을 휘두르는 무를 제지하는 과정에서 무에게 상처를 입힌 것은 정당방위에 해당합니다.

정답 찾기 ㄱ. 갑, 병의 행위는 범죄의 구성 요건에는 해당하나 위법성이 조각됩니다. ㄷ. 갑이 을을 제압한 행위는 현행범 체포로 정당 행위에 해당합니다. 따라서 위법성이 조각되어 범죄가 성립하지 않습니다.

오답 피하기 ㄴ. 갑은 13세로 형사 미성년자이기는 하지만 제시된 사례에서는 위법성이 조각되므로 책임 여부를 판단하지 않으며, 병은 17세로 형사 미성년자가 아니므로 책임이 조각되지 않습니다. ㄹ. 병이 무를 제지하는 과정에서 무에게 상처를 입힌 행위는 위법성이 조각되어 범죄가 성립하지 않습니다.

317 정당방위, 정당 행위 　　　　　　　　　　　　정답 ②

문제 분석 위법성 조각 사유 중 정당방위는 현재의 부당한 침해가 있어야 하고, 자기 또는 타인의 법익을 방위하기 위한 행위여야 하며, 상당한 이유가 있어야 인정됩니다. 따라서 A는 정당방위입니다. B는 법령에 의한 행위 또는 업무로 인한 행위 기타 사회 상규에 위배되지 않는 행위이므로 정당 행위입니다.

정답 찾기 ㄱ. 의사가 치료를 위해 수술을 하는 행위는 업무로 인한 행위로 정당 행위에 해당하여 범죄가 성립하지 않습니다. ㄷ. 자신의 집에 들어온 강도가 휘두른 칼을 피하기 위해 강도에게 상처를 입힌 행위는 자신의 법익에 대한 부당한 침해를 방위하기 위한 상당한 이유가 있는 행위로 정당방위에 해당합니다.

오답 피하기 ㄴ. 골목길에서 달려오는 차를 피하려다가 어쩔 수 없이 옆집 대문을 부순 행위는 긴급 피난에 해당합니다. ㄹ. 자신에게 돈을 빌려 간 사람이 해외로 도주하려고 하자 경찰을 부를 시간적 여유가 없어 직접 체포한 행위는 자구 행위에 해당합니다.

318 형벌과 보안 처분 　　　　　　　　　　　　정답 ④

문제 분석 범죄 행위를 한 자에게 공권력을 행사하여 책임을 전제로 부과하는 처벌인 (가)는 형벌, 범죄 행위를 한 자의 재범 위험성을 막기 위하여 행하는 개선 및 교육 처분인 (나)는 보안 처분입니다.

정답 찾기 ④ 형벌과 보안 처분 모두 범죄 예방을 목적으로 합니다.

오답 피하기 ① 형벌의 종류에는 사형, 징역, 금고, 구류, 자격 상실, 자격 정지, 벌금, 과료, 몰수가 있습니다. ② 보안 처분에는 치료 감호, 보호 관찰, 수강 명령, 사회 봉사 명령 등이 있습니다. ③ 보안 처분은 범죄 행위를 한 자의 사회 복귀를 촉진하기 위한 대안적 제재 수단입니다. ⑤ 형벌과 보안 처분의 부과는 모두 적법 절차의 원칙에 따릅니다.

319 범죄의 성립 요건 　　　　　　　　　　　　정답 ⑤

고난도 평가원 기출				
①	②	③	④ 함정	❺
9%	9%	6%	17%	57%

다음 사례에서 범죄 성립에 대한 옳은 법적 판단만을 〈보기〉에서 있는 대로 고른 것은?

> → 정당 행위의 근거
> • 경찰관 갑은 범죄 현장에서 적법한 절차에 따라 강도를 체포하였다.
> • 을은 강풍에 의해 간판이 머리 위로 떨어지자 이를 달리 피할 방도
>   가 없어 남의 집 안으로 뛰어 들어갔다. → 긴급 피난의 근거
> • 평소 심신 장애로 인하여 사물을 변별할 능력이 없는 병이 아무런
>   이유 없이 지나가는 행인을 폭행하였다. → 책임 조각 사유
> • 고등학생 정(17세)은 친구 A의 동의하에 A의 아버지 소유의 자전거
>   를 훔쳤다. → 피해자의 승낙이 아님

> [보기]
> ㄱ. 갑의 행위는 구성 요건에 해당되자 않는다. → 된다
> ㄴ. 을의 행위는 구성 요건에 해당되나 위법성이 조각된다. → 긴급 피난
> ㄷ. 병의 행위에 구성 요건에 해당되고 위법성은 인정되나 책임이
>   조각된다. → 심신 상실 상태에서 이루어진 행위
> ㄹ. 정의 행위는 구성 요건에 해당되고 위법성과 책임이 모두 인정
>   된다.

① ㄱ, ㄴ   ② ㄱ, ㄷ   ③ ㄷ, ㄹ
④ ㄱ, ㄴ, ㄹ   ⑤ ㄴ, ㄷ, ㄹ

문제 분석 범죄가 성립하기 위해서는 구성 요건 해당성, 위법성, 책임의 요건을 모두 갖추어야 합니다. 구성 요건에 해당하는 행위 중 정당 행위, 정당방위, 긴급 피난, 자구 행위, 피해자의 승낙인 경우에는 위법성이 조각되어 범죄가 성립하지 않고, 구성 요건에 해당하고, 위법성이 있으나 형사 미성년자의 행위, 심신 상실자의 행위 등은 책임이 조각되어 범죄가 성립하지 않습니다.

정답 찾기 ㄴ. 을의 행위는 위법성 조각 사유 중 긴급 피난에 해당합니다. ㄷ. 병은 심신 상실자에 해당하므로 책임이 조각되어 범죄가 성립하지 않습니다. ㄹ. 정이 친구 A의 동의하에 A의 아버지 소유의 자전거를 훔친 것은 범죄가 성립합니다.

오답 피하기 ㄱ. 갑의 행위는 업무에 의한 행위, 법령에 의한 행위에 해당되어 정당 행위입니다. 정당 행위는 위법성 조각 사유에 해당합니다.

💣 함정 피하기
ㄱ을 골랐다면 경찰관의 체포 행위가 구성 요건에는 해당하나 정당 행위 중 업무에 의한 행위 또는 법령에 의한 행위에 해당한다는 점을 모르기 때문입니다.

320 범죄의 성립 요건   정답 ④

문제 분석 범죄의 성립 요건 중 A는 위법성, B는 책임입니다. 따라서 ㉠은 위법성 조각 사유, ㉡은 책임 조각 사유입니다. (가)는 구성 요건에 해당하지 않아 범죄가 성립하지 않는 경우, (나)는 구성 요건에 해당하나 위법성 조각 사유에 해당되어 범죄가 성립하지 않는 경우, (다)는 구성 요건 해당성, 위법성은 있으나 책임이 조각되어 범죄가 성립하지 않는 경우, (라)는 범죄가 성립하는 경우입니다.

정답 찾기 ㄴ. 돌진하는 차량을 피하기 위해 어쩔 수 없이 남의 집 안으로 뛰어 들어간 행위는 위법성 조각 사유 중 긴급 피난에 해당되어 범죄가 성립하지 않습니다. ㄹ. 심신 장애로 인해 사물을 변별할 능력이 미약한 자의 행위는 책임이 감경되는 것이지 범죄가 성립하지 않는 것이 아닙니다.

오답 피하기 ㄱ. 12세인 갑이 친구의 승낙을 얻어 친구 아버지의 지갑을 훔친 것은 책임이 조각되어 범죄가 성립하지 않습니다. ㄷ. 현행범 체포는 정당 행위로 위법성 조각 사유에 해당되어 범죄가 성립하지 않습니다.

321 정당 행위   정답 ③

고난도 평가원 기출				💣함정
①	②	❸	④	⑤
4%	1%	75%	2%	15%

🔍 **눈으로 보는 해설**

다음 자료에 나타난 법원의 판단으로 옳은 것은?

> ## ○○일보
>
> 갑은 길에서 버스를 기다리고 있었다. 이때 을이 갑으로부터 가방을 훔치기 위하여 갑의 가방을 잡아당겼다. 이를 저지하기 위하여 갑은 가방을 잡아당기는 을의 손을 뿌리쳐 을에게 3주간의 치료를 요하는 상처를 입혔다. 이에 대해 법원은 "갑의 행위는 을의 불법적인 공격 행위로부터 벗어나기 위한 본능적인 소극적 방어 행위에 지나지 아니하므로 사회 상규에 위반되지 아니한다."라고 판단하였다.

① 갑의 행위는 구성 요건에 해당하고 위법하다. → 위법성이 조각된다
② 갑의 행위는 피해자의 승낙에 의한 행위에 해당한다.
③ 갑의 행위는 범죄의 성립 요건을 충족하지 않는다. → 정당 행위
④ 을의 행위는 구성 요건에 해당하지 않는다. → 을의 행위는 범죄이다
⑤ 을의 행위는 정당방위에 해당한다. → 해당하지 않는다

문제 분석 갑은 을이 자신의 가방을 훔치기 위해 잡아당기자 이를 저지하기 위해 상해를 입혔습니다. 이에 대한 재판에서 법원은 갑의 행위는 을에 의한 불법적인 공격 행위로부터 벗어나기 위한 소극적 방어 행위에 해당하므로 사회 상규에 위반되지 아니한다고 판단하였습니다. 사회 상규에 위반되지 않는 행위는 정당 행위에 해당되어 위법성이 조각되므로 범죄가 성립하지 않습니다.

정답 찾기 ③ 정당 행위는 위법성이 조각되므로 범죄가 성립하지 않습니다.

오답 피하기 ① 갑의 행위는 구성 요건에는 해당하나 위법성이 조각됩니다. ② 갑의 행위는 정당 행위에 해당합니다. ④ 을이 갑의 가방을 훔치려고 한 행위는 구성 요건에 해당합니다. ⑤ 을의 행위는 범죄입니다.

💣 함정 피하기
①번을 골랐다면 정당 행위가 위법성 조각 사유에 해당한다는 점을 모르는 것입니다. ②번을 골랐다면 정당 행위와 피해자의 승낙을 구분하지 못하는 것입니다. 정당 행위는 법령에 의한 행위, 업무에 의한 행위 기타 사회 상규에 위반되지 아니하는 행위입니다. ④번을 골랐다면 을의 행위는 범죄이고 범죄가 성립한다는 것은 구성 요건 해당성, 위법성, 책임의 요건을 모두 갖추어야 한다는 점을 모르는 것입니다. ⑤를 골랐다면 갑과 을의 행위를 혼동했을 것입니다.

322 범죄의 성립 요건   정답 ④

문제 분석 (가) 재판의 쟁점은 구성 요건 해당성 여부, (나) 재판의 쟁점은 정당 행위인 업무로 인한 행위 여부, (다) 재판의 쟁점은 책임 조각 여부, (라) 재판의 쟁점은 정당방위 해당 여부입니다.

정답 찾기 ④ (나)에서는 을의 행위가 업무로 인한 행위로 정당 행위에 해당되어 무죄가 선고된 것입니다. (라)에서는 위법성 조각 사유 중 정당방위에 해당되어 무죄가 선고된 것입니다.

오답 피하기 ① (가)에서는 구성 요건 해당성 여부가 재판의 쟁점이 되었습니다. ② (나)에서는 을의 행위가 정당 행위에 해당되어 무죄가 선고된 것입니다. ③ (다)에서는 병의 책임이 조각되는지 여부가 재판의 쟁점이 되었습니다. ⑤ (라)의 정의 행위는 위법성 조각 사유 중 정당방위에 해당되어 무죄가 선고된 것입니다.

핵심 개념 CHECK!

▶ 본문 168쪽

01 ○	02 ○	03 ○	04 ×	05 ○	06 ○	07 ○	08 ×
09 ○	10 ○	11 ○	12 ○	13 ○	14 ○	15 ○	16 ○
17 ○	18 ×	19 ○	20 ○	21 ○	22 ○	23 ○	24 ×
25 ○	26 ○						

○|× 문장 바로 알기

01 형사 절차는 국가가 수사나 재판을 통해 범죄 사실과 범죄자에 관한 사건의 실체적 진실을 밝혀내어 형벌이나 보안 처분을 부과하고 형을 집행하기 위해서 거쳐야 하는 절차이다.

02 범죄가 발생하였거나 발생한 것으로 생각되는 경우 범인을 찾고 증거를 수집하는 활동을 수사라고 한다.

03 피의자를 체포·구속하지 않고 수사하는 것이 원칙이다.

04 수사 시 필요한 경우 ~~검사~~ 판사로부터 영장을 발부받아 체포·구속이 가능하다.

05 검사가 일정한 형사 사건에 대하여 법원의 재판을 구하는 행위를 기소라고 한다.

06 형을 선고하면서 이를 즉시 집행하지 않고 일정 기간 형의 집행을 미루는 것으로서 유예 기간 동안 일정한 범죄를 저지르지 않으면 형 선고의 효력을 상실시키는 선고의 유형은 집행 유예이다.

07 피고인의 유죄를 인정하면서도 정상을 참작하여 형의 선고를 미루는 것으로서 일정한 범죄를 저지르지 않고 유예를 받은 날로부터 2년을 경과한 때에는 면소된 것으로 간주하는 선고의 유형은 선고 유예이다.

08 법원의 판결로 형이 확정될 경우 ~~판사~~ 검사의 지휘에 따라 형을 집행한다.

09 징역 또는 금고형을 집행받고 있는 자(수형자)가 개전의 정이 현저하여 재범의 위험성이 없다고 판단되는 때에 형기 만료 전에 일정한 요건을 갖추면 조건부로 석방되는 제도를 가석방이라고 한다.

10 지방 법원 합의부 관할 사건에 대해 국민이 배심원으로 참여하는 형사 재판 제도는 국민 참여 재판이다.

11 무죄 추정의 원칙에 따라 피의자나 피고인은 유죄 판결이 확정될 때까지는 무죄로 추정된다.

12 피의자나 피고인이 형사 절차에서 불리한 진술을 강요당하지 않을 권리를 진술 거부권이라고 한다.

13 피의자나 피고인이 수사 기관과 대등한 관계에서 자신을 방어할 수 있도록 헌법이 변호인의 조력을 받을 권리를 보장하고 있다.

14 검사가 구속 영장을 청구한 경우 법관이 피의자를 직접 심문하여 구속 사유가 인정되는지를 판단하는 과정을 영장 실질 심사라고 한다.

15 구속된 피의자가 구속의 적법성과 필요성을 심사해 줄 것을 법원에 청구하는 제도를 구속 적부 심사 제도라고 한다.

16 보석 제도는 피의자 신분이 아닌 피고인 신분에서 활용이 가능하다.

17 형사 보상 제도는 형사 피의자 또는 피고인이 억울하게 구금된 경우 물질적·정신적 피해의 보상을 청구할 수 있도록 한 제도이다.

18 배상 명령 제도는 형사 재판 시 민사적 손해 배상 명령까지 받아낼 수 있는 제도로 ~~모든~~ 일정한 범죄에 적용될 수 있다.

19 무죄 판결 등이 법원에서 확정된 경우 무죄 재판 사건 등에 대한 재판서를 법무부 홈페이지에 게재해 줄 것을 청구할 수 있는 제도를 명예 회복 제도라고 한다.

20 범죄 피해자 구조 제도는 범죄 행위로 인해 생명 또는 신체에 피해를 당해 가해자로부터 피해의 전부 또는 일부를 배상받지 못하는 경우 국가가 피해자 또는 유족에게 일정한 한도의 구조금을 지급하는 제도이다.

21 소년법 적용의 대상이 되는 소년은 10세 이상 19세 미만인 자이다.

22 8세가 폭행을 하였다면 형벌뿐만 아니라 소년법상 보호 처분을 부과할 수 없다.

23 범죄 혐의가 있는 12세는 경찰서장이 직접 가정 법원 소년부로 송치할 수 있다.

24 검사의 선도 조건부 기소 유예는 13세의 소년에게도 내릴 수 ~~있다.~~ 없다.

25 검사가 기소한 사건에 대해 형사 법원은 가정 법원 소년부로 송치할 수도 있다.

26 소년법상 보호 처분은 전과로 기록되지 않는다.

기출+예상 문제로 주제 정복하기

▶ 본문 162~169쪽

323 ⑤	324 ⑤	325 ①	326 ④	327 ④	328 ①
329 ③	330 ⑤	331 ①	332 ③	333 ③	334 ②
335 ④	336 ①	337 ③	338 ⑤	339 ②	340 ②
341 ①	342 ④	343 ③	344 ③	345 ③	346 ⑤
347 ②	348 ④	349 ②	350 ②	351 ③	

323 형사 절차

정답 ⑤

고난도 평가원 기출		①합정	②합정	❺
①	②	③	④	❺
5%	6%	15%	15%	56%

🔍 눈으로 보는 해설

밑줄 친 ㉠~㉣에 대한 법적 판단으로 옳은 것은?

> 갑(30세)은 을을 폭행한 뒤 을의 주머니에서 10만 원을 꺼내 도주하였다. 다음은 갑에 대한 일반적인 형사 절차를 간략하게 정리한 것이다.

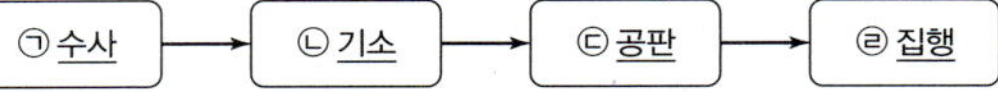

→ 고발만이 유일한 방법은 아니다
① 을이 수사 기관에 갑을 고발해야만 ㉠이 개시된다.

② ㉠ 단계에서 갑이 구속되었다면 ㉡ 이후에 구속 적부 심사를 청구하여
→ 이전에
석방될 수 있다.

③ ⓒ은 검사의 청구에 의해 법원이 결정한다. → 검사가 한다
④ ⓒ에서 형의 선고와 동시에 집행이 유예되었다면 일정 기간이 지난 후 면소된 것으로 간주된다. → 형 선고의 효력이 상실된다.
⑤ 검사는 ⓐ~ⓓ의 형사 절차에 모두 관여한다.

문제 분석 형사 절차는 크게 수사 → 기소 → 공판 → 집행 순으로 이루어집니다. 수사는 불구속으로 이루어지는 것이 원칙이고 기소는 검사에 의해서만 이루어집니다.

정답 찾기 ⑤ 검사는 수사의 주체이고, 기소는 검사에 의해서만 이루어지며, 공판에서 검사는 재판의 당사자입니다. 형의 집행은 검사의 지휘로 이루어집니다.

오답 피하기 ① 수사는 고소 및 고발, 수사 기관의 인지, 현행범 체포, 긴급 체포 등에 의해 이루어집니다. ② 구속 적부 심사는 기소 전에 청구할 수 있습니다. ③ 기소는 검사에 의해서만 이루어집니다. ④ 형의 선고와 동시에 집행이 유예되었다면 일정 기간이 지난 후 형 선고의 효력이 상실됩니다.

함정 피하기
①번을 골랐다면 수사는 고소 및 고발, 긴급 체포, 현행범 체포, 수사 기관의 인지, 범인의 자수 등에 의해 개시된다는 점을 모르는 것입니다. ②번을 골랐다면 구속 적부 심사는 구속 수사를 받는 피의자 측이 청구할 수 있다는 점을 모르는 것입니다. ③번을 골랐다면 기소는 검사에 의해서만 이루어지는 기소 독점주의가 적용된다는 점을 모르는 것입니다. ④번을 골랐다면 집행 유예 선고를 받고 일정한 범죄를 저지르지 않으면 형 선고의 효력이 상실된다는 점을 모르는 것입니다.

324 형의 선고 정답 ⑤

문제 분석 유죄를 인정할 만한 증거가 없거나 범죄 성립이 되지 않는 경우는 무죄 선고(A)를 내립니다. 형을 선고하면서 형의 집행을 미루는 것은 집행 유예(B)이며, 형의 선고를 미루는 것은 선고 유예(C)입니다. D는 유죄 선고입니다.

정답 찾기 ⑤ 집행 유예, 선고 유예 모두 피고인의 행위가 유죄인 경우에 내려지는 선고의 유형입니다.

오답 피하기 ① A는 무죄 선고입니다. ② 선고 유예는 일정한 범죄를 저지르지 않고 2년이 경과하면 면소된 것으로 간주합니다. ③ 가석방 제도는 수형자가 모범적으로 수형 생활을 할 경우에 인정될 수 있는 제도이므로 집행 유예, 선고 유예를 선고받으면 적용될 수 없습니다. ④ 유죄 선고를 받더라도 벌금이나 과료 등 재산형을 선고받거나 선고 유예, 집행 유예 등을 선고받을 경우에는 구금되지 않습니다.

325 형사 절차 정답 ①

문제 분석 갑은 사기 혐의로 구속 수사를 받았고, 기소되어 1심 법원에서 무죄, 2심 법원에서 유죄를 선고받았으며 대법원이 원심 판결을 유지하여 갑의 유죄는 확정되었습니다.

정답 찾기 ① 수사 과정에서 구속 영장은 검사의 청구로 법관이 발부합니다.

오답 피하기 ② (나)에서 구속 기소되었다는 내용이 없으므로 구속된 상태에서 재판을 받았는지 여부를 판단할 수 없습니다. ③ 1심 법원의 무죄 판결에 대해 항소한 당사자는 검사일 것입니다. ④ 2심 법원에서 유죄를 선고하였지만, 징역, 금고, 구류인 경우에는 구금되지만 재산형 또는 집행 유예 등을 받으면 구금되지 않습니다. ⑤ 법원의 판결에 대해서는 헌법 재판소에 헌법 소원 심판을 청구할 수 없는 것이 원칙입니다.

326 형사 재판, 민사 재판 정답 ④

문제 분석 A가 B를 폭행하여 B에게 전치 10주의 상해를 입힌 경우, B는

형사, 민사 절차를 모두 거칠 수 있습니다. (가)는 민사 절차, (나)는 형사 절차를 거치는 것이며, 각 재판은 상호 영향을 주지 않는 것이 원칙입니다.

정답 찾기 ㄱ. 민사 재판에서 A의 행위가 정당방위로 인정되면 위법성이 없어 불법 행위가 성립하지 않으므로 손해 배상을 하지 않습니다. ㄴ. 재산적 손해뿐만 아니라 정신적 손해에 대해서도 손해 배상을 청구할 수 있습니다. ㄷ. 형사 재판은 검사가 기소를 해야 열립니다.(기소 독점주의)

오답 피하기 ㄹ. 형사 재판과 민사 재판은 상호 영향을 주지 않는 것이 원칙입니다.

327 형사 절차 정답 ④

문제 분석 형사 절차는 수사 → 기소 → 공판 → 판결(선고) → 집행 순으로 진행됩니다. 수사는 불구속으로 이루어지는 것이 원칙이며, 기소는 검사에 의해서만 이루어집니다.

정답 찾기 ④ 유죄 판결이 확정되더라도 집행 유예, 선고 유예, 벌금형 등을 받으면 구금되지 않습니다.

오답 피하기 ① 구속 수사를 위해서는 법관이 발부한 영장이 필요합니다. ② 기소는 검사에 의해 이루어지며 1심은 지방 법원 단독 판사 또는 지방 법원 합의부에서 담당합니다. ③ 형사 재판의 당사자는 검사와 피고인입니다. ⑤ 판결은 판사, 집행은 검사의 지휘로 이루어집니다.

328 형사 절차 정답 ①

문제 분석 국민 참여 재판은 지방 법원 본원 합의부 관할 사건인 경우 피고인의 신청으로 열립니다. 배심원이 평의 및 평결을 하면 판사가 이를 고려하여 판결을 선고하게 됩니다.

정답 찾기 ① 수사는 불구속으로 이루어지는 것이 원칙입니다.

오답 피하기 ② 국민 참여 재판은 지방 법원 본원 합의부 관할 사건인 경우에만 적용될 수 있습니다. ③ 징역 5년을 선고받으면 일단 피고인은 구금됩니다. ④ 1심 법원의 징역 5년 선고에 대해 검사 또는 피고인 모두 항소의 가능성이 있습니다. 그러나 2심 법원의 무죄 선고에 대해서는 검사만 상고하였을 것입니다. ⑤ 국민 참여 재판의 1심 법원은 지방 법원 본원 합의부이므로 2심 법원은 고등 법원입니다.

329 수사 절차 정답 ③

문제 분석 범죄가 발생하였거나 발생한 것으로 생각되는 경우 범인을 찾고 증거를 수집하는 활동을 수사라고 하며 기소 또는 불기소 처분으로 수사가 종결됩니다.

정답 찾기 ㄴ. 수사는 불구속으로 이루어지는 것이 원칙이지만 법관이 발부한 영장이 있을 경우에 구속된 상태에서 이루어질 수 있습니다. ㄷ. 수사는 기소 또는 불기소 처분으로 종결됩니다.

오답 피하기 ㄱ. 수사는 고소 및 고발, 현행범 체포, 긴급 체포, 범인의 자수, 수사 기관의 인지 등에 의해 개시됩니다. ㄹ. 수사의 대상이 되는 사람을 피의자라고 합니다. 피고인은 형사 재판의 대상이 되는 사람을 말합니다.

330 국민 참여 재판 정답 ⑤

★ 고난도 평가원 기출				
함정 ①	②	★ 함정 ③	④	❺
15%	6%	20%	8%	50%

눈으로 보는 해설

(가)~(마) 단계에 대한 법적 판단으로 옳은 것은?

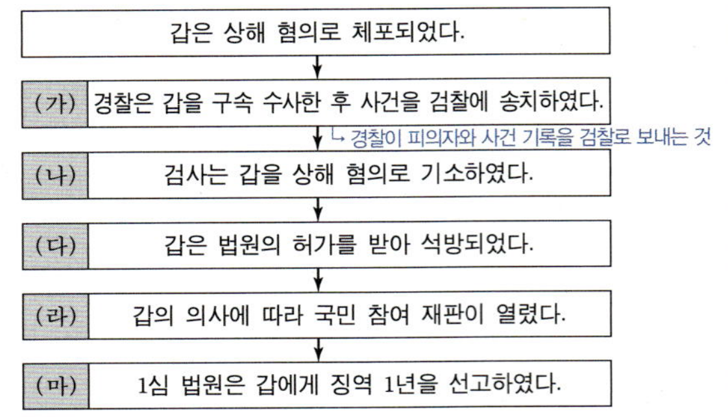

① (가) 단계 이전에 검사가 발부한 구속 영장이 필요하다. → 판사
② (가)와 (나) 단계 사이에는 진술 거부권이 인정되나 (나) 단계 이후에는
　 인정되지 않는다. → 된다
③ (나)와 (다) 단계 사이에서 갑은 구속 적부 심사 제도를 활용하였다. → 보석
④ (라) 단계에서 민법상 성년인 19세 시민은 배심원으로 선정될 수 있다.
　 → 없다
⑤ (마) 단계 이후 판결이 확정되었다면 검사의 지휘에 따라 형이 집행된다.

문제 분석 국민 참여 재판은 지방 법원 합의부 관할 형사 사건에 적용될 수 있습니다. 피고인의 신청으로 열리며 배심원이 평결을 내리면 판사는 이를 고려하여 판결합니다.

정답 찾기 ⑤ 형의 집행은 검사의 지휘에 따라 이루어집니다.

오답 피하기 ① 구속 영장은 검사의 신청으로 법관이 발부합니다. ② 진술 거부권은 피의자, 피고인 모두에게 인정됩니다. ③ 구속 적부 심사 제도는 기소 전에 활용할 수 있습니다. ④ 국민 참여 재판에서 배심원은 20세 이상의 시민이 선정될 수 있습니다.

함정 피하기

①번을 골랐다면 영장은 검사의 신청으로 법관이 발부한다는 사실을 모르는 것입니다. ②번을 골랐다면 진술 거부권은 형사 절차 전반에 인정되는 인권 보호 권리라는 점을 모르는 것입니다. ③번을 골랐다면 구속 적부 심사는 기소 전에 이루어진다는 점을 모르는 것입니다. ④번을 골랐다면 국민 참여 재판의 배심원은 20세 이상의 시민이 선정될 수 있다는 점을 모르는 것입니다.

331 형사 절차　　　　　정답 ①

문제 분석 갑은 긴급 체포되었고, 갑에 대한 구속 영장을 검사인 을이 청구하였고 판사인 병은 구속 영장을 발부하였습니다. 검사인 을은 갑을 기소하였습니다.

정답 찾기 ① 증거로 사용될 물건을 압수하기 위해서는 검사가 신청하고 법관이 발부한 영장이 있어야 합니다.

오답 피하기 ② 기소가 되면 피고인 신분이 됩니다. 기소 전에는 피의자 신분입니다. ③ 기소 유예 처분은 검사가 기소를 하지 않고 유예하는 처분입니다. ④ 1심 법원의 판결에 불복하는 것을 항소라고 합니다. 2심 법원의 판결에 불복하는 것을 상고라고 합니다. ⑤ 형의 집행은 검사의 지휘로 이루어집니다.

332 형사 절차　　　　　정답 ③

문제 분석 국민 참여 재판에서 배심원들의 평결을 고려하여 판사가 판결을 하지만 배심원의 평결과 다르게 판결을 해도 됩니다. 일정 기간 동안 범죄를 저지르지 않으면 면소되는 것은 선고 유예이고, 형사 보상금을 청구할 수 있는 경우는 구속된 적이 있고 무죄 취지의 불기소 처분이나 무죄 판결을 받아야 합니다.

정답 찾기 ㄷ. 을은 2년 동안 범죄를 저지르지 않아 면소되었으므로 을은 1심 법원에서 선고 유예 판결을 받은 것이고 선고 유예 판결은 유죄 선고의 유형입니다. 병은 2심 판결이 확정된 후 형사 보상금을 받았는데, 형사 보상금을 받으려면 무죄 판결이 확정되어야 합니다. ㄹ. 1심 법원의 판결에 불복하는 것은 항소, 2심 법원의 판결에 불복하는 것은 상고입니다.

오답 피하기 ㄱ. 국민 참여 재판에서 재판부는 배심원들의 평결과 다르게 판결해도 됩니다. ㄴ. 무죄 추정의 원칙은 피의자, 피고인 모두에게 인정됩니다.

333 수사 절차　　　　　정답 ③

문제 분석 갑이 을의 지갑을 훔쳐 달아나던 병을 발견하여 제압하고 경찰관에게 병을 인도한 것은 위법성 조각 사유 중 정당 행위에 해당합니다. 경찰에 인계된 병은 현행범으로 체포되어 수사가 개시되어 공소 제기 후 재판이 진행될 수 있습니다.

정답 찾기 ③ ⓒ이 기각되면 구속 상태가 유지되고, 인용되면 석방되므로 ⓒ은 구속 적부 심사입니다. 구속 적부 심사는 법원에 신청하면 기소 전에만 인정됩니다.

오답 피하기 ① 지갑을 훔쳐 달아나던 병을 발견하여 제압한 것은 현행범을 체포한 것으로서 위법성 조각 사유 중 정당 행위입니다. ② 갑이 고소한 것이 아니라 현행범으로써 체포되어 수사가 개시된 것입니다. ④ 기소 유예 처분은 법원이 아니라 검사가 내립니다. ⑤ 징역 6월에 집행 유예 2년을 선고받아 확정되면 병은 교도소 등에 구금되지 않습니다.

334 인권 보호 제도 및 원칙　　　　　정답 ②

고난도 평가원 기출	①	❷	③ 함정	④	⑤
	4%	70%	15%	6%	1%

눈으로 보는 해설

다음 사례에 대한 법적 판단으로 옳은 것은?

갑(25세)은 을에 대한 사기죄로 고소되어 경찰에서 피의자 신문을 받았다. 갑의 사건이 검찰로 송치된 이후 구속 영장이 발부되어 갑은 구속되었다가 5일 후 석방되었고, 불구속 상태에서 공소가 제기되었다. 갑은 1심 재판에서 징역형을 선고받아 항소하였고, ○○ 고등 법원 항소심 재판부는 갑에 대하여 A를 선고하였으며, 그 판결은 항소심에서 최종 확정되었다. → 유죄 판결

① 갑은 영장 실질 심사를 통해 석방되었을 것이다. → 구속 적부 심사제
② A가 '벌금형'이라면 갑은 형사 보상을 청구할 수 없다.
③ 갑의 1심 재판은 지방 법원 단독 판사가 담당하였을 것이다. → 합의부
④ A가 '무죄'라면 갑은 항소심 재판부에 을을 상대로 한 배상 명령을 신청할 수 있다.
　 → 형사 보상 청구
⑤ 수사 절차에서와 달리 1심 재판에서 갑은 진술 거부권을 보장받지 못했을 것이다. → 보장받았을 것이다

문제 분석 갑이 사기죄로 고소되어 수사를 받고 검찰로 송치된 후 구속 영장이 발부되어 구속되었습니다. 이후 갑은 석방되었는데 이는 구속 적부 심사 청구가 법원에서 인용되었기 때문일 것입니다.

정답 찾기 ② 벌금형은 유죄 판결이므로 형사 보상을 청구할 수 없습니다.

오답 피하기 ① 갑은 구속 적부 심사를 통해 석방되었을 것입니다. ③ 2심 법원이 고등 법원이면 1심 법원은 지방 법원 합의부입니다. ④ 배상 명령은 유죄인 경우에 범죄 피해자가 신청할 수 있습니다. ⑤ 진술 거부권은 수사 절차, 재판 절차 모두에서 인정됩니다.

①번을 골랐다면 영장 실질 심사는 검사가 구속 영장을 신청했을 때 법관이 구속 영장을 발부하기 전에 피의자를 심문하는 제도라는 것을 모르는 것입니다. ③번을 골랐다면 1심 법원이 지방 법원 단독 판사이면 2심 법원은 지방 법원 합의부이고, 1심 법원이 지방 법원 합의부이면 2심 법원은 고등 법원이라는 사실을 모르는 것입니다. ④번을 골랐다면 배상 명령은 범죄 피해자가 신청하며, 범죄자의 유죄 판결이 전제되어야 함을 모르는 것입니다. ⑤번을 골랐다면 진술 거부권이 피의자, 피고인 모두에게 인정되는 권리라는 점을 모르는 것입니다.

335 인권 보호 제도　　　　　　　　　　　정답 ④

문제 분석 갑은 범죄 피해자로부터 치료비도 받지 못한 상태를 걱정하고 있고, 을은 억울하게 갇혀 있던 상황에 대해 보상을 청구하려고 합니다.

정답 찾기 ④ 범죄 행위로 인해 생명 또는 신체에 피해를 당해 가해자로부터 피해의 전부 또는 일부를 배상받지 못하는 경우 국가가 피해자 또는 유족에게 일정한 한도의 구조금을 지급하는 제도를 범죄 피해자 구조 제도라고 합니다. 형사 피의자 또는 피고인이 억울하게 구금된 경우 물질적·정신적 피해의 보상을 청구할 수 있도록 한 제도를 형사 보상 제도라고 합니다.

오답 피하기 ①, ②, ③, ⑤ 상해죄 등 일정한 사건의 형사 재판 과정에서 피해자의 간단한 신청 절차만으로 민사적 손해 배상 명령까지 받아낼 수 있도록 한 제도를 배상 명령 제도라고 합니다.

336 형사 절차　　　　　　　　　　　　　정답 ①

문제 분석 구속 적부 심사 제도는 구속된 피의자가 구속의 적법성과 필요성을 심사해 줄 것을 법원에 청구하는 제도이고, 피고인이 일정한 보증금의 납부를 조건으로 하여 구속의 집행을 정지하도록 신청할 수 있는 제도를 보석 제도라고 합니다. 구속 적부 심사 제도는 기소 전, 보석 제도는 기소 후에 활용할 수 있습니다.

정답 찾기 ① 수사는 고소 및 고발, 범인의 자수, 수사 기관의 인지 등에 의해서 개시됩니다.

오답 피하기 ② 구속 적부 심사 청구가 법원에서 받아들여지면 불구속 수사가 이루어지게 되는 것입니다. 이는 검사의 기소 여부에 영향을 주는 것은 아닙니다. ③ 무죄 추정의 원칙은 피의자, 피고인 신분에서 모두 인정됩니다. ④ 보석 신청은 기소 후 재판 과정에서 가능합니다. ⑤ 형사 보상을 청구하기 위해서는 무죄 판결이 확정되어야 합니다. 사례에서는 1심 법원의 선고만 있기 때문에 항소, 상고에 따라 그 결과가 달라질 수 있습니다.

337 수사 절차　　　　　　　　　　　　　정답 ③

문제 분석 기소 유예는 검사의 불기소 처분의 유형 중 하나입니다. 기소 유예는 무죄이기 때문에 기소를 하지 않는 것이 아니라 여러 가지 정상을 참작하여 유죄임에도 기소하지 않고 기소를 유예하는 처분입니다.

정답 찾기 ㄴ. 기소 유예는 무죄 취지가 아니라 유죄 취지이므로 형사 보상을 청구할 수 없습니다. ㄷ. 불구속 수사가 이루어졌을 경우에는 형사 보상을 청구할 수 없습니다.

오답 피하기 ㄱ. 구속 수사를 위해서 구속 영장이 발부되었을 것이고, 구속 영장을 발부하기 전에 판사는 영장 실질 심사를 하였을 것입니다. ㄹ. 기소되었다고 해서 구속되어 재판을 받아야 하는 것은 아닙니다.

338 형사 절차에서의 인권 보호 제도　　　정답 ⑤

문제 분석 형사 절차에서의 인권 보호 제도 중 (가)는 변호인의 조력을 받을 권리, (나)는 진술 거부권, (다)는 구속 전 피의자 심문 제도(구속 영장 실질 심사 제도)입니다.

정답 찾기 ㄴ. 진술 거부권에 대한 고지 없이 얻은 진술의 증거 능력은 인정되지 않습니다. ㄷ. 법관에 의해 영장이 발부되므로 구속 전 피의자 심문 제도는 법관에 의해 이루어집니다. ㄹ. 변호인의 조력을 받을 권리, 진술 거부권은 피의자 및 피고인에게 인정되는 권리이나, 구속 전 피의자 심문 제도는 기소 전의 피의자에게 인정되는 권리입니다.

오답 피하기 ㄱ. 국선 변호인 제도는 형사 재판에서만 적용됩니다.

339 범죄 피해자 등의 보호를 위한 제도　　정답 ②

문제 분석 무죄 재판 사건에 대한 재판서를 법무부 홈페이지에 올리도록 청구할 수 있도록 하는 (가) 제도는 명예 회복 제도이고, 형사 재판 과정에서 민사상 손해 배상 명령까지 받을 수 있도록 하는 (나) 제도는 배상 명령 제도입니다.

정답 찾기 ② 배상 명령 제도는 상해죄 등 일정한 사건의 형사 재판 과정에서 피해자의 간단한 신청 절차만으로 민사적 손해 배상 명령까지 받아낼 수 있도록 한 제도이고, 명예 회복 제도는 무죄 판결 등이 법원에서 확정된 경우 무죄 재판 사건 등에 대한 재판서를 법무부 홈페이지에 게재해 줄 것을 청구할 수 있는 제도입니다.

오답 피하기 ①, ③, ④, ⑤ 범죄 피해자 구조 제도는 범죄 행위로 인해 생명 또는 신체에 피해를 당했지만, 가해자로부터 피해의 전부 또는 일부를 배상받지 못하는 경우 국가가 피해자 또는 유족에게 일정한 한도의 구조금을 지급하는 제도이고, 형사 보상 제도는 형사 피의자 또는 피고인이 억울하게 구금된 경우 물질적·정신적 피해의 보상을 청구할 수 있도록 한 제도입니다.

340 형사 절차　　　　　　　　　　　　　정답 ②

문제 분석 형사 절차는 수사의 개시로 시작되며, 검사의 기소로 형사 재판이 시작됩니다. 공판 과정에서 당사자는 검사와 피고인이며, 판결이 확정되면 검사의 지휘로 형의 집행이 이루어집니다.

정답 찾기 ㄱ. 구속 적부 심사 청구는 기소 전에 피의자 신분에서 가능합니다. ㄹ. 구속 재판을 받은 피고인이 무죄 확정 판결을 받으면 형사 보상을 청구할 수 있습니다.

오답 피하기 ㄴ. 변호인의 조력을 받을 권리는 피의자, 피고인 모두에게 인정됩니다. ㄷ. 진술 거부권은 피의자, 피고인 모두에게 인정됩니다.

341 인권 보호 제도　　　　　　　　　　　정답 ①

문제 분석 갑은 보복 운전을 하여 을에게 상해를 입힌 혐의로 구속 수사를 받고 구속 적부심을 신청하였지만 기각되어 계속 구속 수사를 받았습니다. 이후 갑은 기소되어 공판 절차가 진행되었습니다.

정답 찾기 ① 재판 중 형사 법규가 개정되어 처벌 규정이 강화되더라도 소급효 금지의 원칙에 의해서 갑은 행위 시의 법률을 적용받습니다.

오답 피하기 ② 기소로 인해 갑은 피고인으로 신분이 바뀝니다. ③ 보증금을 납부한 후 석방을 신청하는 것은 보석 제도이며 보석 제도는 기소 후 형사 재판 중 활용할 수 있습니다. ④ 배상 명령 제도를 통해 배상을 받기 위해서는 유죄 판결이어야 합니다. ⑤ 선고 유예 판결은 유죄 선고의 유형이므로 형사 보상을 청구할 수 없습니다.

342 형사 절차　　　　　　　　　　　　　정답 ④

문제 분석 형사 절차는 수사 → 기소 → 공판 → 집행 순으로 이루어지는데 수사는 불구속으로 이루어지는 것이 원칙이고 기소는 검사에 의해 이루어지며 공판 후 형의 집행은 검사의 지휘로 이루어집니다.

정답 찾기 ④ 1심 법원의 판결에 대해 검사 또는 피고인은 항소할 수 있습니다.

오답 피하기 ① 경찰이 갑을 구속하려면 법관이 발부한 영장을 제시하여야 합니다. ② 갑이 구속되었다면 피의자 측의 청구에 의하여 구속 적부 심사를 받을 수 있습니다. ③ 진술 거부권은 수사 절차, 재판 절차 모두에서 인정됩니다. ⑤ 형의 집행은 검사의 지휘로 이루어집니다.

①번을 골랐다면 영장 발부는 법관에 의해 이루어진다는 점을 모르는 것입니다. ② 구속 적부 심사 청구는 피의자 측에서 하는 것입니다. ③ 진술 거부권은 수사 절차, 재판 절차 모두에서 인정되는 권리입니다. ⑤ 형의 집행은 검사의 지휘로 이루어집니다.

343 형사 보상 제도　　　　　　정답 ③

고난도 평가원 기출				
함정 ①	②	❸	④	⑤
16%	2%	66%	6%	7%

눈으로 보는 해설

그림은 형사 절차를 거친 갑~병을 구분한 것이다. 이에 대한 분석 및 추론으로 옳은 것은?

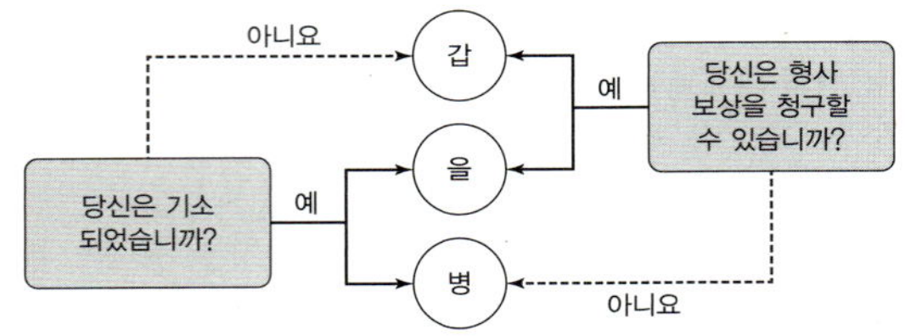

① 갑은 구금되지 않거나 불구속 상태에서 수사를 받고 무혐의 처분을 받았을 것이다. → 구금되지 않거나 불구속 상태이면 형사 보상 청구의 대상이 되지 않는다.
② 을은 불구속된 상태에서 기소된 후 선고 유예의 판결이 확정되었을 것이다. → 유죄
③ 을은 형사 보상을 법원에 청구할 수 있고, 명예 회복 청구는 검찰청에 할 수 있다.
④ 병이 무죄 판결을 받았다면 병은 배상 명령 제도를 통해 피해에 대한 배상을 받을 수 있다. → 형사 사건의 피해자가 신청할 수 있다.
⑤ 병은 형사 재판 중 청구한 구속 적부 심사를 통해 석방된 상태에서 무죄 판결이 확정되었을 것이다. → 구속 적부 심사는 기소 전에 신청할 수 있다.

문제 분석 형사 보상 제도는 구속 수사를 받고 무죄 취지의 불기소 처분을 받거나, 구속 재판 후 무죄 판결이 확정된 경우 활용할 수 있습니다. 불기소 처분에 의한 것이라면 검찰청에 청구하고, 재판 후라면 법원에 청구합니다.

정답 찾기 ③ 기소된 후이며, 형사 보상을 청구할 수 있는 을은 법원에 형사 보상을 청구할 수 있습니다. 명예 회복 청구는 검찰청에 하는 것입니다.

오답 피하기 ① 구금되지 않거나 불구속 상태에서 수사를 받았다면 형사 보상을 청구할 수 없습니다. ② 불구속 상태에서 기소된 후 선고 유예 판결을 받았다면 형사 보상을 청구할 수 없습니다. ④ 배상 명령은 형사 피해자가 민사상 손해 배상을 법원을 통해 가해자로부터 받아내는 것입니다. 병은 형사 피해자가 아니라 가해자로 기소되었다가 재판을 거쳐 무죄 판결을 받은 것이므로 배상 명령을 신청하는 위치에 있지 않습니다. ⑤ 구속 적부 심사는 기소 전에 활용할 수 있습니다.

①번을 골랐다면 형사 보상 청구는 구금된 적이 있는 경우에 활용할 수 있는 제도라는 점을 모르는 것입니다. 형사 보상 제도는 구속 수사를 받고 무죄 취지의 불기소 처분을 받거나, 구속 재판 후 무죄 판결이 확정된 경우 활용할 수 있습니다. ⑤번을 골랐다면 구속 적부 심사 제도는 기소 전에 활용할 수 있는 제도라는 점을 모르는 것입니다.

344 인권 보호 제도　　　　　　정답 ③

문제 분석 갑은 징역 1년에 집행 유예 2년을 선고받았고, 을은 금고 8개월의 선고 유예 판결을 받았는데, 이 판결에 대해 갑과 을뿐만 아니라 검사도 항소할 수 있습니다.

정답 찾기 ㄴ. 무죄 추정의 원칙은 유죄 판결이 확정될 때까지 인정됩니다. ㄷ. 집행 유예, 선고 유예는 모두 교도소 등에 구금되지 않습니다.

오답 피하기 ㄱ. 검사가 구속 영장을 청구하면 법관에 의해 영장 실질 심사가 이루어집니다. ㄹ. 갑과 을이 항소하지 않았어도 검사가 항소할 수 있으므로 아직 유죄가 확정된 것은 아닙니다.

345 소년 사건 처리 절차　　　　　　정답 ③

문제 분석 14세 이상인 갑, 을에 대해서는 검사가 기소를 하여 형벌을 받게 하거나 가정 법원 소년부로 송치하여 소년법상 보호 처분을 받게 할 수도 있습니다. 10세인 병에 대해서는 경찰서장이 가정 법원 소년부로 송치하여 소년법상 보호 처분을 받게 할 수도 있습니다.

정답 찾기 ③ 검사가 갑과 을의 행위를 범죄로 판단하더라도 갑과 을에게 소년법상 보호 처분이 필요하다고 판단하면 기소하지 않고 가정 법원 소년부로 송치할 수 있습니다.

오답 피하기 ① 병과 달리 갑, 을에게 선도 조건부 기소 유예 처분을 내릴 수 있습니다. ② 갑, 을, 병의 행위 모두 구성 요건에 해당하며 위법합니다. ④ 가정 법원 소년부는 소년법상 보호 처분만 줄 수 있습니다. 선고 유예는 형사 법원에서 판결하는 것입니다. ⑤ 소년법상 보호 처분을 받는 것과 책임 능력 없는 자의 감독자 책임은 별개의 문제이며, 갑, 을의 부모도 감독자 책임을 질 수 있습니다.

346 소년 사건 처리 절차　　　　　　정답 ⑤

문제 분석 15세인 갑은 소년법상 소년에 해당하고 형법상 형사 미성년자는 아닙니다. 따라서 형벌 또는 소년법상 보호 처분을 받을 수 있습니다.

정답 찾기 ⑤ 갑은 형사 재판을 통해서 형벌, 가정 법원 소년부에서 소년법상 보호 처분 중 하나만 받게 됩니다. 둘 다 동시에 받지는 않습니다.

오답 피하기 ① 검사가 갑에 대해 선도 조건부 기소 유예 처분을 내리면 더 이상의 절차는 진행되지 않습니다. ② 소년법상 보호 처분은 가정 법원 소년부에서만 내릴 수 있습니다. 형사 법원은 형벌만 줄 수 있습니다. ③ 가정 법원 소년부의 보호 처분 결정에 불복하는 것은 항고입니다. ④ 갑이 12세라면 형사 미성년자로 경찰서장이 직접 가정 법원 소년부로 송치합니다.

347 소년법 적용　　　　　　정답 ②

문제 분석 법원이 기소된 갑에 대해 가정 법원 소년부 송치 결정을 내린 것은 갑에 대해 형벌을 주기보다는 소년법상 보호 처분을 부과하는 것이 적정하다고 판단했기 때문입니다.

정답 찾기 ㄱ. 갑이 기소되었고 소년법상 보호 처분을 받을 수 있기 위해서는 14세 이상 19세 미만이어야 합니다. ㄹ. 검사가 기소한 이유는 갑이 소년법상 보호 처분이 아닌 형벌을 받아야 한다고 판단했기 때문입니다.

오답 피하기 ㄴ. 소년법상 보호 처분은 전과로 기록되지 않습니다. ㄷ. 지방 법원은 갑에게 소년법상 보호 처분을 부과하는 것이 적당하다고 판단한 것이지 범죄가 성립하지 않아서 가정 법원 소년부로 송치한 것이 아닙니다.

348 소년 사건 처리　　　　　　정답 ④

문제 분석 갑은 형사 미성년자이고 10세 미만이므로 형법 및 소년법이 적

용되어 어떠한 처벌도 할 수 없습니다. 을은 12세로 형사 미성년자이고 10세 이상이므로 소년법상 보호 처분만 내릴 수 있습니다. 병은 소년법상 보호 처분 및 형벌을 내릴 수 있습니다.

정답 찾기 ㄱ. 갑은 형벌, 소년법상 보호 처분 모두 받지 않습니다. ㄷ. 을에게는 소년법상 보호 처분만 부과할 수 있으므로 경찰서장이 직접 가정 법원 소년부로 송치합니다. ㄹ. 병은 검사가 선도 조건부 기소 유예 처분을 내릴 수 있다. 을은 검찰로 송치되지 않습니다.

오답 피하기 ㄴ. 을과 병은 소년법상 보호 처분을 받을 수 있습니다.

349 형사 절차 정답 ②

문제 분석 경찰서장이 가정 법원 소년부로 송치할 수 있는 연령은 10세 이상 14세 미만. 따라서 B는 12세입니다.

정답 찾기 ㄱ. 소년법상 보호 처분을 받을 수 있는 연령은 12세, 17세입니다. 따라서 (가)에 해당 질문이 들어갈 수 있습니다. ㄹ. A가 8세라면, B는 12세, C는 17세입니다. 17세는 12세와 달리 형사 재판을 통해 형벌을 받을 수 있습니다.

오답 피하기 ㄴ. 17세만 선도 조건부 기소 유예 처분을 받을 수 있습니다. 따라서 해당 질문은 (가)에 들어갈 수 없습니다. ㄷ. B가 12세이므로 A, C는 각각 8세, 17세 중 하나입니다. 8세는 검사가 기소할 수 없습니다.

350 소년 사건 처리 절차 정답 ②

문제 분석 갑이 병을 밀쳐 병에게 상처를 준 행위는 긴급 피난에 해당하므로 위법성이 조각되어 불법 행위가 성립하지 않습니다. 병은 18세이므로 형벌 또는 소년법상 보호 처분을 받을 수 있습니다. 갑과 을이 병의 노트북을 훔친 행위에 대해 갑은 15세이므로 형벌 또는 소년법상 보호 처분을 받을 수 있고, 을은 9세이므로 형벌 및 소년법상 보호 처분을 받지 않습니다.

정답 찾기 ② 갑은 15세이므로 형벌 또는 소년법상 보호 처분을 받을 수 있습니다. 그러나 을은 10세 미만이므로 형벌뿐만 아니라 소년법상 보호 처분도 받지 않습니다.

오답 피하기 ① 병에게 상처를 입힌 것은 머리 위로 떨어지는 간판을 피하기 위해 어쩔 수 없이 이루어진 행위인 긴급 피난에 해당하므로 위법성이 조각됩니다. 따라서 9세인 을뿐만 아니라 15세인 갑에게도 선도 조건부 기소 유예 처분을 내릴 수 없습니다. ③ 형벌과 소년법상 보호 처분은 함께 내릴 수 없습니다. ④ 형사 절차와 민사 절차는 독립적으로 진행되므로 서로 영향을 주지 않는 것이 원칙입니다. ⑤ 폭력을 행사하여 노트북을 되찾은 병의 행위는 경우에 따라 자구 행위에 해당할 수는 있으나 정당방위에는 해당하지 않습니다.

351 소년 사건 처리 절차 정답 ③

문제 분석 을과 병이 A를 구타하고 있는 것을 목격한 갑이 이를 말리고 제지하는 과정에서 을에게 상해를 입힌 것은 정당방위에 해당하고, 옆집 대문을 부수고 그 집 차고에 들어간 행위는 긴급 피난에 해당합니다.

정답 찾기 ③ A는 을을 상대로 형사 재판 중 배상 명령을 신청할 수 있습니다.

오답 피하기 ① 을에게 유죄가 인정되더라도 형벌과 소년법상 보호 처분을 동시에 부과할 수는 없습니다. ② 병에게는 책임 조각 사유가 존재하여 형벌을 부과할 수는 없지만, 소년법상 보호 처분을 부과할 수는 있습니다. ④ 현행범 체포는 구성 요건에 해당하나 정당 행위로서 위법성이 조각되어 범죄가 성립하지 않습니다. ⑤ ㉠은 위법성 조각 사유 중 정당 방위, ㉡은 위법성 조각 사유 중 긴급 피난에 해당합니다.

17강 근로자의 권리

핵심 개념 CHECK! ▸ 본문 180쪽

01 ○	02 ○	03 ○	04 ○	05 ○	06 ×	07 ○	08 ×
09 ×	10 ○	11 ○	12 ×	13 ○	14 ○	15 ○	16 ○
17 ○	18 ×	19 ×	20 ○	21 ×	22 ○	23 ×	24 ○
25 ○	26 ○	27 ○	28 ○	29 ○	30 ○	31 ×	

○|× 문장 바로 알기

01 사적 자치의 원칙, 사유 재산권 존중의 원리가 지배하는 사법(私法) 영역에 국가가 개입하여 공법(公法)적 규제를 가할 수 있도록 제정된 법을 사회법이라고 한다.

02 사회법은 공법과 사법의 중간 영역, 제3의 영역으로 불린다.

03 노동법은 자본주의 경제 질서에서 종속적 근로 관계를 맺고 있는 근로자의 생존권 확보와 사회적 지위 향상을 도모하고, 사용자와 근로자 간의 이해관계를 조정하고 대립을 완화하는 법이다.

04 근로 3권에는 단결권, 단체 교섭권, 단체 행동권이 있다.

05 근로자들이 자주적으로 노동조합을 조직·운영할 수 있는 권리를 단결권이라고 한다.

06 사용자와 자영업자도 단결권을 ~~갖는다.~~ 갖지 못한다

07 사용자는 정당한 이유 없이 단체 교섭을 거부할 수 없으며 만약 거부한다는 이는 부당 노동 행위에 해당한다.

08 정치 활동이나 경영에 관여할 목적으로 하는 단체 행동도 ~~허용된다.~~ 허용되지 않는다

09 정당한 쟁의 행위여도 민·형사상 책임이 ~~면제되는 것은 아니다.~~ 면제된다

10 근로 계약의 내용이 근로 기준법에 어긋나면 해당 조항만 무효가 된다.

11 임금은 통화의 형태로 근로자에게 직접 전액을 지급해야 한다.

12 임금은 매월 ~~2회~~ 이상 일정한 날짜에 지급해야 한다. 1회

13 임금의 계산과 구체적인 지급 방법은 근로 계약 또는 단체 협약으로 정할 수 있다.

14 근로 시간은 휴게 시간을 제외하고 원칙적으로 1일 8시간, 1주 40시간을 초과할 수 없다.

15 사용자와 근로자가 합의한 경우 1주 12시간 이내에서 연장 근로가 가능하다.

16 휴게 시간은 근로 시간이 4시간인 경우 30분 이상, 8시간인 경우 1시간 이상을 근로 시간 중에 주어야 한다.

17 부당 해고는 정당한 이유와 절차 없이 해고하는 것이다.

18 근로 기준법의 근로 조건은 최저 기준이므로 사용자는 이 기준을 이유로 기존의 근로 조건을 낮출 수 ~~있다.~~ 없다

19 부당 해고에 대해서는 근로자 개인뿐만 아니라 ~~노동조합도 구제 절차 신청이 가능하다.~~ 노동조합은 가능하지 않다

20 근로자가 노동조합에 가입하지 아니할 것 또는 탈퇴할 것을 고용 조건으로 하거나 특정한 노동조합의 조합원이 될 것을 고용 조건으로 하는 행위도 부당 노동 행위이다.

21 해고 무효 확인 소송은 노동 위원회의 구제 절차를 ~~거친 후에~~ 제기할 수 있는 민사 소송이다.
별도로

22 부당 노동 행위에 대해서는 근로자 개인뿐만 아니라 노동조합도 노동 위원회에의 구제 절차를 밟을 수 있다.

23 부당 해고에 대해 **사용자**를 상대로 행정 소송을 제기할 수 있다.
중앙 노동 위원회 위원장

24 부당 해고, 부당 노동 행위 모두 지방 노동 위원회 → 중앙 노동 위원회 → 행정 법원 → 고등 법원 → 대법원의 구제 절차를 거칠 수 있다.

25 15세 미만인 자는 원칙적으로 근로를 할 수 없다.

26 예외적으로 고용 노동부 장관이 발급한 취직 인허증을 지닌 경우에는 15세 미만인 자라도 취업이 가능하다.

27 18세 미만인 자를 근로자로 고용하는 사용자는 그 연령을 증명하는 가족 관계 증명서와 부모(친권자 또는 후견인)의 동의서를 사업장에 비치하여야 한다.

28 18세 미만인 근로자의 근로 시간은 원칙적으로 1일 7시간, 1주일 35시간을 넘지 못한다.

29 청소년 근로자는 부모의 동의를 얻어 본인이 직접 계약을 체결해야 하며 부모가 대리할 수 없다.

30 청소년 근로자는 독자적으로 임금을 청구할 수 있다.

31 청소년 근로자는 최저 임금 제도의 ~~적용 예외 대상이다.~~
적용 대상이다

기출+예상 **문제로 주제 정복하기** ▸ 본문 182~185쪽

352 ①	353 ④	354 ①	355 ⑤	356 ②	357 ④
358 ④	359 ③	360 ④	361 ②	362 ④	363 ②
364 ①	365 ②				

352 근로자의 권리 구제 절차 정답 ①

고난도 평가원 기출				
❶	② 함정	③	④	⑤
65%	20%	7%	3%	2%

🔍 눈으로 보는 해설

다음 사례에 대한 옳은 법적 판단을 <보기>에서 고른 것은?
단체 교섭권을 침해하지 않았다.

A 식료품 회사 사용자와 노동조합은 근로 조건에 관해 단체 교섭을 진행하였으나 사용자가 안건에 합의하지 않아 결렬되었다. 이에 노동조합은 적법하게 파업을 이끌었다. A 식료품 회사는 인사 위원회를 열어 파업을 주도했다는 이유로 갑(28세)에게 해고를 통보하였다. 이

에 갑은 즉시 해고의 효력을 다투는 소송을 제기하였다. 법원은 해고 처분이 재량권 범위를 일탈·남용하여 위법하다고 판결하였고, 이 판결은 확정되었다.
해고 무효 소송(민사 소송) *부당 해고를 인정하였다.*

[보기]
ㄱ. 갑은 소송을 제기하기 전, 노동 위원회에 구제 신청을 할 수 있다.
ㄴ. 갑이 A 식료품 회사의 인사 위원회 결정에 불복하여 제기한 소송은 민사 소송이다.
ㄷ. 갑의 행위에 대한 A 식료품 회사의 해고 처분은 부당 해고에는 해당하지만 부당 노동 행위에는 해당하지 않는다.
ㄹ. A 식료품 회사 사용자가 노동조합이 제시한 근로 조건에 관해 합의를 하지 않은 행위는 단체 교섭권을 침해한 것이다.
침해하는 것은 아니다

① ㄱ, ㄴ　　② ㄱ, ㄷ　　③ ㄴ, ㄷ
④ ㄴ, ㄹ　　⑤ ㄷ, ㄹ

문제 분석 갑은 자신에 대한 해고를 부당하다고 판단하여 바로 소송을 제기하였는데 이는 노동 위원회의 구제 절차를 거치지 않고 해고 무효 확인 소송(민사 소송)을 제기한 것입니다.

정답 찾기 ㄱ. 갑은 해고 무효 확인 소송을 제기하는 것과 별도로 노동 위원회에 구제 신청을 할 수 있습니다. ㄴ. 해고 무효 확인 소송은 민사 소송입니다.

오답 피하기 ㄷ. 파업을 주도했다는 이유로 갑을 해고하였으므로 부당 해고 및 부당 노동 행위에 해당합니다. ㄹ. 단체 교섭에 응했으나 합의를 하지 않은 행위는 단체 교섭권 침해가 아닙니다.

💣 함정 피하기

ㄷ을 골랐다면 부당 노동 행위는 근로 3권을 침해한 사용자의 행위라는 점을 모르는 것입니다. ㄹ을 골랐다면 사용자가 정당한 사유 없이 단체 교섭에 응하지 않으면 단체 교섭권을 침해하는 것이지만, 단체 교섭을 했지만 합의에 이르지 못했다는 것은 단체 교섭권을 침해한 것이 아니라는 점을 모르는 것입니다.

353 사회법 정답 ④

문제 분석 사적 자치의 원칙, 사유 재산권 존중의 원리가 지배하는 사법 영역에 국가가 개입하여 공법적 규제를 가할 수 있도록 제정된 법을 사회법이라고 합니다.

정답 찾기 ㄱ. 사회법은 공법과 사법의 중간 영역, 제3의 영역이라고 합니다. ㄷ. 근로 기준법, 노동조합 및 노동 관계 조정법과 같은 노동법은 사회법에 해당합니다. ㄹ. 사회법은 국가가 개인 또는 집단 간의 생활 관계에 적극적으로 개입하여 국민의 노사 관계 등을 규제, 조정합니다.

오답 피하기 ㄴ. 사회법은 형식적 평등보다는 실질적 평등을 실현하기 위해 제정된 법입니다.

354 부당 해고, 부당 노동 행위 정답 ①

문제 분석 노동조합에 가입하지 않으며, 만약 가입하면 퇴사한다는 내용의 근로 계약의 해당 부분은 무효입니다. 이를 근거로 해고를 하였다면 부당 노동 행위 및 부당 해고에 해당합니다.

정답 찾기 ㄱ. 단결권은 근로자들이 자주적으로 노동조합을 조직·운영할 수 있는 권리이므로 갑에 대한 해고는 단결권 침해로 부당 노동 행위에 해당합니다. ㄴ. 부당 노동 행위와 구제 절차는 노동조합 및 노동 관계 조정법에 규정되어 있습니다.

오답 피하기 ㄷ. 갑과 을이 체결한 계약은 해당 부분만 무효가 됩니다. ㄹ. 계약 공정의 원칙에 따라 불공정한 내용의 계약은 무효가 됩니다.

355 근로 계약
정답 ⑤

문제 분석 근로 계약 체결 시에 임금, 근로 시간, 휴일, 휴가 제도, 업무에 관한 사항 등을 서면으로 작성하는 것이 바람직하며 근로 계약의 내용이 근로 기준법의 기준에 미달하면 안 됩니다.

정답 찾기 ㄷ. 임금은 근로자 본인에게 직접 주어야 하므로 타인의 통장으로 입금하는 것은 근로 기준법 위반입니다. ㄹ. 계약 기간에 대한 근로 기준법상 기준은 없으며 양 당사자가 합의하면 됩니다.

오답 피하기 ㄱ. 휴게 시간은 근로 시간 도중에 주어야 하며, 근로 시간 4시간에 휴게 시간을 30분 이상, 8시간 근로에 1시간 이상 주어야 합니다. 13:00~22:00 근로 시간은 9시간이지만 8시간 근로에 1시간 휴게 시간을 정하면 법정 근로 시간에 부합합니다. 따라서 제시된 근로 시간에서는 1시간 이상의 휴게 시간이 주어져야 합니다. ㄴ. 을의 임금이 최저 임금에 미치지 못하므로 해당 부분만 무효가 되는 것이지 전체 근로 계약이 무효가 되는 것은 아닙니다.

356 근로 3권
정답 ②

문제 분석 근로 3권 중 (가)는 단결권, (나)는 단체 교섭권, (다)는 단체 행동권입니다.

정답 찾기 ② 단체 교섭권 행사에 대해 사용자는 정당한 사유가 있으면 거부할 수 있습니다.

오답 피하기 ① 단결권은 사용자 및 자영업자에게는 인정되지 않는 권리입니다. ③ 정당한 쟁의 행위에 대해서는 민·형사상 책임을 물을 수 없습니다. ④ 회사 경영에 관여할 목적으로 단체 교섭 및 단체 행동권을 행사할 수 없습니다. ⑤ 근로 3권을 침해하는 사용자의 행위를 부당 노동 행위라고 합니다.

357 부당 해고 및 부당 노동 행위 구제 절차
정답 ④

문제 분석 부당 해고 및 부당 노동 행위에 대해서는 공통적으로 노동 위원회의 구제 절차를 거쳐 구제를 받을 수 있습니다. 그러나 부당 해고에 대해서는 이와는 별도로 해고 무효 확인 소송을 제기할 수 있습니다.

정답 찾기 ④ 부당 해고에 대해서는 노동 위원회의 구제 절차와는 별개로 민사 법원에 해고 무효 확인 소송을 제기할 수 있습니다. 부당 해고와 관련하여 행정 법원에 제기하는 것은 중앙 노동 위원회의 재심 판정을 이유로 중앙 노동 위원회 위원장을 피고로 하는 행정 소송입니다.

오답 피하기 ① 부당 해고와 부당 노동 행위에 대해서 지방 노동 위원회 → 중앙 노동 위원회를 거쳐 행정 소송으로 구제를 받을 수 있습니다. ② 사용자가 노동자의 노동조합 활동을 이유로 노동자를 해고하였다면 근로 3권 침해로 부당 노동 행위에 해당하고, 정당한 사유가 아니므로 부당 해고에도 해당됩니다. ③ 부당 해고와 달리 부당 노동 행위에 대해서는 근로자뿐만 아니라 노동조합도 노동 위원회에 구제 신청을 할 수 있습니다. ⑤ 부당 해고, 부당 노동 행위 모두 구제 절차 중 중앙 노동 위원회의 위원장을 상대로 행정 소송을 제기할 수 있습니다.

358 근로 계약
정답 ④

문제 분석 근로자와 사용자는 근로 기준법의 기준에 어긋나지 않도록 근로 계약을 체결해야 하며 이에 어긋난 조항은 해당 조항만 무효가 됩니다.

정답 찾기 ④ 갑은 사용자를 상대로 해고 무효 확인 소송을 제기하는 것과는 별도로 노동 위원회에 구제 신청을 할 수 있습니다.

오답 피하기 ① 갑의 근로 3권을 침해하는 사용자의 행위는 없었으므로 갑은 부당 노동 행위를 당하지는 않았습니다. ② 갑이 체결한 근로 계약은 근로 기준법에는 어긋나지만 노동조합 및 노동 관계 조정법에는 어긋나지 않습니다. ③ 국가는 근로자와 사용자가 체결한 계약의 내용이 근로 기준법에 어긋나거나 공정하지 못하면 이에 대한 공법적 규제를 가할 수 있습니다. ⑤ 근로 계약의 내용이 법이 정한 최저 기준에 미치지 못하는 내용이 포함되어 있으면 해당 조항만 무효가 됩니다.

359 근로 계약
정답 ③

함정	①	②	❸	④	⑤
	15%	4%	66%	4%	8%

눈으로 보는 해설

다음 자료에 대한 법적 판단으로 옳은 것은?

> **근로 계약서**
>
> 갑(사업자)과 을(근로자, 20세 남자)은 다음과 같이 근로 계약을 체결한다.
>
> 1. 계약 기간 : 2017년 8월 30일부터 2017년 9월 24일까지
> 2. 근로 시간 : 9시~18시(휴게 시간 : 12시~13시)
> 3. 근무일 : 매주 수요일부터 일요일까지(유급 휴일 : 매주 월요일)
> 4. 임금 : 시간당 8,000원(연장 근로 시 임금의 50%를 연장 근로 수당으로 지급)
> 5. 업무 내용 : ○○ 백화점의 주차 안내

* 「근로 기준법」상 연장 근로 시간은 1주간 12시간 이내이며, 이에 대한 예외 규정은 고려하지 않음

① 을이 근무일에 하루 9시간 일했다면 하루 임금으로 72,000원을 받아야 한다. (ㄴ 76,000원)
② 근로 계약서의 근로 시간이 1일 8시간을 초과하였기에 해당 부분은 효력이 없다. → 있다
③ 갑이 을에게 매 근무일 21시까지 근로를 시키는 것은 서로 합의가 있어도 위법하다.
④ 을이 체결한 근로 계약서의 근로 기준법 준수 여부에 대해 근로 감독관은 감독 권한이 없다. → 있다
⑤ 을이 매주 수요일부터 일요일까지 개근하더라도 유급 휴일에 대한 임금을 추가로 받을 수 없다. → 있다

문제 분석 근로 계약서의 근로 시간, 근무일, 임금, 업무 내용 등은 모두 근로 기준법의 기준에 부합해야 합니다. 부합하지 않는 해당 부분은 무효가 되고 근로 기준법의 기준에 따라야 합니다.

정답 찾기 ③ 매 근무일 21시까지 근로를 하면 1주일에 15시간 연장 근로를 하는 것입니다. 1주일 연장 근로 시간은 12시간 이내입니다.

오답 피하기 ① 하루 9시간 일했다면 연장 근로 수당을 포함하여 76,000원을 받아야 합니다. ② 근로 시간이 1일 9시간이지만 중간에 휴게 시간 1시간이 있으므로 실제 근로 시간은 8시간이므로 근로 기준법 위반이 아닙니다. ④ 근로 계약서의 근로 기준법 준수 여부에 대해 근로 감독관은 감독 권한이 있습니다. ⑤ 매주 수요일부터 일요일까지 개근한다면 유급 휴일에 대한 임금을 추가로 받을 수 있습니다.

함정 피하기

①번을 골랐다면 연장 근로 수당을 계산해야 하는 것을 놓친 것입니다. ②번을 골랐다면 근로 시간에 휴게 시간이 포함되어 있다는 사실을 몰랐던 것입니다. ④번을 골랐다면 근로 감독관은 근로 기준법 준수 여부에 대해 감독할 권한이 있다는 점을 모르는 것입니다. ⑤번을 골랐다면 5일 개근한 근로자에게 유급 휴일을 부여해야 한다는 점을 모르는 것입니다.

360 근로자의 권리 구제 절차   정답 ④

문제 분석 노동조합에 가입했다는 이유로 근무 기피 지역으로 발령한 것은 단결권을 침해한 부당 노동 행위에 해당합니다. 일방적으로 불리한 내용의 약관 조항은 계약 공정의 원칙에 따라서 효력이 없습니다.

정답 찾기 ④ 소비자와 사업자가 체결한 계약에서 소비자에게 일방적으로 불리한 내용이 포함되어 있다면 계약 공정의 원칙에 따라 해당 계약은 효력이 없습니다.

오답 피하기 ① 갑의 회사는 단결권을 침해하는 부당 노동 행위를 하였습니다. ② 부당 노동 행위에 대해서는 근로자뿐만 아니라 노동조합도 지방 노동 위원회에 구제 신청을 할 수 있습니다. ③ 해고 무효 확인 소송은 노동 위원회에 구제 신청하는 것과는 별도로 청구하는 것입니다. ⑤ 갑, 을, 병의 사례를 규율하는 법은 사회법의 영역에 해당합니다.

361 근로자의 권리 구제 절차   정답 ②

문제 분석 정당한 해고의 요건을 갖추지 못하면 부당 해고에 해당하며 부당 해고의 경우에는 노동 위원회에 구제 신청을 하는 것과 별도로 해고 무효 확인 소송을 청구할 수 있습니다.

정답 찾기 ㄱ. 해고의 사유와 그 시기를 서면으로 통지하지 않으면 부당 해고에 해당합니다. ㄷ. 사용자가 근로자의 정당한 근로 3권 행사를 침해하는 행위는 부당 노동 행위에 해당합니다.

오답 피하기 ㄴ. 부당 해고에 대해서는 노동 위원회에 구제 신청을 합니다. ㄹ. 해고 무효 확인 소송은 민사 소송으로 3심제가 적용됩니다.

362 부당 해고 및 부당 노동 행위 구제 절차   정답 ④

문제 분석 사례에서 갑은 해고에 대해 지방 노동 위원회에 구제 신청을 했고, ○○회사가 불복하여 중앙 노동 위원회에 재심을 청구했으므로 지방 노동 위원회는 해고가 부당하다고 판단한 것입니다. 이후 중앙 노동 위원회의 재심 결정에 갑이 불복하였으므로 중앙 노동 위원회는 해고가 정당하다고 본 것입니다. 이후 소송에서 1, 2심 법원은 해고를 정당하게 보았으나 대법원은 해고가 부당하다고 판단하였습니다.

정답 찾기 ④ 1심 법원, 2심 법원 모두 해고가 정당하다고 보았습니다.

오답 피하기 ① 갑에 대한 해고는 부당 노동 행위에도 해당하므로 갑뿐만 아니라 노동조합도 구제 신청을 할 수 있었습니다. ② 지방 노동 위원회는 중앙 노동 위원회와 달리 갑에 대한 해고를 부당하다고 보았습니다. ③ 갑은 중앙 노동 위원회의 위원장을 상대로 행정 법원에 소송을 제기하였을 것입니다. ⑤ 대법원의 판결에 대해서 헌법 재판소에 헌법 소원 심판을 청구할 수 없습니다.

363 청소년 근로 조건   정답 ②

문제 분석 18세 미만의 청소년 근로자는 부모의 동의를 얻어 직접 근로 계약을 체결해야 하고 임금은 단독으로 청구할 수 있습니다.

정답 찾기 ㄱ. 청소년 근로자는 1일 7시간 이내에서 근로할 수 있는데 4시간에 30분 이상 휴게 시간을 주어야 합니다. ㄷ. 청소년 근로자는 단독으로 임금을 청구할 수 있습니다. 따라서 사용자는 임금을 청소년 근로자 본인에게 주어야 합니다.

오답 피하기 ㄴ. 청소년 근로자는 근로 계약을 체결할 때 부모의 동의를 얻어야 합니다. ㄹ. 청소년 근로자는 부모의 동의를 얻어 근로 계약을 직접 체결해야 합니다.

364 청소년 근로   정답 ①

문제 분석 18세 미만의 연소 근로자는 부모의 동의를 얻어 직접 근로 계약을 체결해야 하나, 임금은 직접 청구할 수 있습니다.

정답 찾기 ① 18세 미만의 청소년은 부모의 동의를 얻어 청소년이 직접 근로 계약을 체결해야 합니다.

오답 피하기 ② 임금은 청소년 근로자에게 직접 지불해야 합니다. ③ 원칙적으로 15세 미만인 자를 고용할 수 없으나, 고용 노동부 장관이 발급한 취직 인허증이 있으면 가능합니다. ④ 청소년 근로자는 부모의 동의를 얻어 근로 계약을 체결할 수 있습니다. ⑤ 청소년 근로자는 1일 7시간, 1주일에 35시간을 초과하여 근무할 수 없습니다.

365 청소년 근로 계약   정답 ②

문제 분석 청소년도 성인과 마찬가지로 최저 임금의 적용을 받으며 휴게 시간을 보장받습니다. 다만 근로 계약 체결 시 부모의 동의를 얻어야 하고 유해한 환경의 작업장 등에서는 근무할 수 없습니다.

정답 찾기 ㄱ. 갑은 16세이므로 부모 동의를 얻어 근로 계약을 직접 체결해야 합니다. ㄷ. 청소년 근로자는 1일 7시간 이내에서 근로할 수 있는데 8시간이 근로 시간이므로 1시간은 연장 근로로 갑과 을이 합의하였을 것입니다.

오답 피하기 ㄴ. 청소년 근로자는 청소년 유해 업소에서는 근로할 수 없습니다. ㄹ. 청소년 근로자도 성인 근로자와 마찬가지로 최저 임금의 적용을 받습니다.

18강 국제 관계와 국제법

핵심 개념 CHECK!
▶ 본문 190쪽

01 ○	02 ×	03 ○	04 ○	05 ○	06 ×	07 ○	08 ×
09 ○	10 ×	11 ×	12 ○	13 ○	14 ×	15 ○	16 ×
17 ○	18 ○	19 ○	20 ○	21 ×	22 ×	23 ×	24 ○
25 ×	26 ○	27 ○	28 ○	29 ○	30 ×	31 ○	32 ○
33 ○							

○|× 문장 바로 알기

01 국제 관계는 국제 사회에서 다양한 행위 주체가 상호 작용을 통해 만드는 관계이다.

02 오늘날 국제 관계에서 가장 중요한 행위 주체는 국가~~가 아니라 비정부 간 국제기구~~이다.

03 국제 사회에는 국제 문제나 분쟁을 조정하고 해결할 수 있는 세계 정부가 존재하지 않는다.

04 유럽 각국이 1648년에 맺은 베스트팔렌 조약을 계기로 주권 국가 중심의 국제 질서가 형성되었다.

05 국제 연맹은 강대국의 탈퇴가 이어지면서 실질적인 영향력을 행사하지 못하였다.

06 ~~자유주의적~~ 관점에 따르면 국가는 자국의 이익을 추구하는 이기적인 존재이다. 현실주의적

07 19세기에 유럽의 열강들이 식민지를 확보하기 위하여 아시아와 아프리카 지역 등을 침략하면서 제국주의 시대가 열렸다.

08 닉슨 독트린은 공산주의와 자유주의 간의 이념 대립을 ~~격화~~시켰다. 약화

09 냉전 체제는 미국과 소련이 동서 협력을 선언한 몰타 선언(1989)으로 막을 내렸다.

10 현실주의적 관점은 국제 관계의 평화 실현으로 ~~집단 안보~~ 전략을 강조한다. 세력 균형

11 세계화 현상이 나타나면서 국내 정치와 국제 정치의 구별이 현저히 ~~강화~~되고 있다. 약화

12 세계화 현상과 더불어 유럽 연합(EU)과 같은 지역 블록화 현상도 진행되고 있다.

13 냉전 체제에서 자유 진영과 공산 진영 어디에도 속하지 않고 비동맹 중립 노선을 지켰던 국가들을 제3 세계라고 한다.

14 국제 사회에는 ~~국제 규범이 배제되고 힘의 논리만이~~ 존재한다. 국제 규범과 힘의 논리가 함께

15 국제 연합은 강대국의 참여를 이끌어 냄으로써 국제 평화를 위해 실질적인 활동을 할 수 있게 되었다.

16 탈냉전 시대로 들어선 국제 사회는 대부분의 갈등이 ~~사라졌다.~~ 남아 있다

17 세계화로 인해 국제법과 같은 국제 규범의 역할이 커지고 있다.

18 조약 체결의 주체는 국가뿐만 아니라 국제기구도 될 수 있다.

19 우리나라에서는 주권의 제약에 관한 조약을 체결·비준 시에 국회의 동의를 받아야 한다.

20 국가 간에 영토, 무역, 자원 등과 관련한 분쟁이 발생하는 경우 국제법을 활용하면 보다 평화적으로 분쟁을 해결할 수 있다.

21 외교관의 면책 특권, 국내 문제 불간섭의 원칙 등은 ~~법의 일반 원칙~~이다. 국제 관습법

22 국제 관습법과 ~~달리~~ 법의 일반 원칙은 국제 사회에서 포괄적인 구속력을 가진다. 함께

23 우리나라에서 조약의 체결권자는 대통령, 비준권자는 ~~국회~~이다. 대통령

24 국제법은 고유한 입법 기구가 없어 국제 사회의 모든 국가에 적용할 수 있는 국제법을 제정하기가 쉽지 않다.

25 우리나라에서 국회의 동의를 얻어 체결된 조약은 일반적으로 ~~국내법보다 상위의~~ 지위를 가진다. 국내법과 같은

26 조약은 체결 당사자가 둘인 양자 간 조약과 셋 이상인 다자 간 조약으로 구분된다.

27 조약은 국제법 주체 간에 체결된 명시적 합의로 조약 외에 협약, 협정, 의정서 등 다양한 용어로 불린다.

28 국제 관습법이 성립하려면 국제 사회에 반복적으로 나타나는 일반적인 관행이 존재해야 하고, 그 관행에 대하여 세계 각국이 국제법상 의무라는 신념을 가지고 행동하는 법적 확신이 필요하다.

29 국제 사회에서는 국제 관습법이 갖는 모호함을 극복하기 위해 국제기구를 중심으로 국제 관습법의 내용을 조약으로 성문화하는 경향이 나타나고 있다.

30 ~~국제 관습법~~은 국제 사회의 문명국들이 공통으로 인정하여 국내법에 반영하고 있는 행위 원칙을 말한다. 법의 일반 원칙

31 국제법은 세계 시민의 일상적 삶에 편리함을 제공하고 권리를 보호한다.

32 국제 사회의 행위 주체에 대한 국제법의 구속력과 실효성은 제한적인 것이 현실이다.

33 판례나 국제법 학자의 학설 등은 국제법적 판단의 보조 수단으로 기능한다.

기출+예상 문제로 주제 정복하기
▶ 본문 192~197쪽

366 ②	367 ①	368 ②	369 ④	370 ④	371 ②
372 ④	373 ③	374 ③	375 ②	376 ①	377 ②
378 ①	379 ②	380 ④	381 ⑤	382 ②	383 ④
384 ⑤	385 ①	386 ③	387 ⑤	388 ⑤	389 ③

366 국제 사회를 바라보는 관점　　　　　　　　　정답 ②

문제 분석 국제 사회를 바라보는 관점 중 A는 현실주의적 관점, B는 자유주의적 관점에 해당합니다.

정답 찾기 ② 현실주의적 관점은 국제 사회가 무정부 상태에 가까워 힘의 원리가 지배하기 때문에 각 국가는 힘의 우위 확보를 통해 자국의 안보를 스스로 책임져야 한다고 강조합니다.

오답 피하기 ① 국제법을 통해 국가 간 분쟁이 평화롭게 해결될 수 있다고 보는 것은 자유주의적 관점입니다. ③ 국가들이 이기적 행위자라고 전제하는 것은 현실주의적 관점입니다. ④ 국제기구를 통해 국제 사회에서 협력을 이룰 수 있다고 보는 것은 자유주의적 관점입니다. ⑤ 국제 사회에서 국가 간 힘의 균형을 중요시하는 것은 현실주의적 관점입니다.

367 몰타 선언　　　　　　　　　정답 ①

문제 분석 제시된 자료는 1989년 몰타 회담입니다. 이 회담을 통해 미국과 소련의 두 정상은 군비 축소 협정 논의에 진전을 보았으며 동유럽 국가들의 시장 경제 체제 도입에 간섭하지 않는다는 원칙에 합의하였습니다. 또한, 미국은 소련에 대한 광범위한 경제 지원을 약속하였습니다.

정답 찾기 ① 몰타 선언으로 국제 사회는 이념 투쟁을 그만두고 협력의 시대, 탈냉전의 시대로 진입하였습니다.

오답 피하기 ② 국제 연합은 1948년에 창설되었습니다. ③ 제국주의 시대는 19세기 유럽 열강의 식민지 개척 시대입니다. ④ 주권 국가가 국제 사회의 주체로 등장한 것은 1648년 베스트팔렌 조약입니다. ⑤ 몰타 회담으로 이념에 의한 갈등은 줄어들었지만, 종교나 인종 등의 차이에 의한 갈등은 더 늘어났습니다.

368 국제 사회를 바라보는 관점　　　　　　　　　정답 ②

문제 분석 국제 사회를 바라보는 관점 중 (가)는 현실주의적 관점, (나)는 자유주의적 관점에 해당합니다.

정답 찾기 ② 자유주의적 관점은 국제 규범을 신뢰하면서 다른 국가와 우호적인 관계를 맺기 때문에 개별 국가의 이익과 국제 사회 전체의 이익이 일치한다고 봅니다.

오답 피하기 ① 국가 간 집단 안보를 통해 국제 평화가 유지된다고 보는 것은 자유주의적 관점입니다. ③ 국제 규범을 통한 국가 간 협력이 용이하다고 보는 것은 자유주의적 관점입니다. ④ 국제 사회를 홉스식의 자연 상태로 간주하는 것은 현실주의적 관점입니다. ⑤ 국제 사회를 무정부 상태로 인식하는 것은 현실주의적 관점입니다.

369 국제 사회의 변천 과정　　　　　　　　　정답 ④

문제 분석 1648년 베스트팔렌 조약으로 주권 국가로서의 국제 사회가 시작되었습니다. 이후 제국주의 시대를 거쳐 제1, 2차 세계 대전이 있었고, 냉전 시대를 거쳐 오늘날 탈냉전 시대로 이어지고 있습니다.

정답 찾기 ㄱ. 베스트팔렌 조약 이후 유럽 열강 등의 아시아, 아프리카에서의 식민지 쟁탈이 전개되었습니다. ㄷ. 1969년 닉슨 독트린은 아시아에서 미국의 영향력을 줄이겠다는 선언으로서 미국과 소련 간의 냉전 체제가 약화되는 계기가 되었습니다. ㄹ. 몰타 선언 이후 국제 사회는 이념의 대결에서 벗어나 실리 추구로 전환되었습니다.

오답 피하기 ㄴ. 제1차 세계 대전 이후 국제 평화를 위해 국제 연맹이 창설되었으나 강대국의 불참으로 유명무실해졌습니다.

370 국제 사회의 변천 과정　　　　　　　　　정답 ④

문제 분석 집단 안전 보장 전략은 국제 규범을 통해 국제 사회의 평화와 안전을 확보할 수 있다는 입장으로, 국제 사회에 대한 자유주의적 관점을 반영하고 있습니다. 국제 사회를 보는 자유주의적 관점은 인간과 국가가 도덕적인 존재라고 전제하고, 국제기구를 설립하여 국제 규범에 따라 모든 국가가 행동하면 침략 전쟁을 방지할 수 있다고 봅니다. 만약, 어떤 국가가 국제 규범을 어기고 다른 국가를 침략한다면, 나머지 국가들이 공동으로 침략국을 응징함으로써 평화를 실현할 수 있습니다. 제1차 세계 대전 이후 설립된 국제 연맹과 제2차 세계 대전 이후 설립된 국제 연합(UN)은 이 전략의 대표적인 사례입니다.

정답 찾기 ④ 몰타 선언은 세력 균형 전력에 기초한 냉전 체제가 종식되는 계기가 되었습니다. 선언 이후 국제 사회에서 국제 분쟁을 해결하기 위한 국제 연합의 활동이 증가한 것은 집단 안보 전략에 기초한 것입니다.

오답 피하기 ① 베스트팔렌 조약을 계기로 유럽에서는 주권을 가진 민족 국가가 국제 사회의 중요한 정치 단위가 되었습니다. ② 제국주의 시대에는 상품 시장을 확보하기 위한 식민지 쟁탈로 강대국들의 패권주의 경쟁이 강화되었습니다. ③ 닉슨 독트린 발표 이후 국제 사회는 냉전 완화와 다극 체제 경향이 강화되었습니다. ⑤ A 시기는 냉전 구축 시기, B 시기는 냉전 완화 시기입니다. 따라서 B 시기에 비해 A 시기가 이념 대립에 기초한 양극 체제가 지배적이었습니다.

371 베스트팔렌 조약　　　　　　　　　정답 ②

문제 분석 오늘날과 같은 형태의 국제 사회는 1648년 베스트팔렌 조약을 기점으로 형성되기 시작했습니다. 베스트팔렌 조약 이전의 중세 유럽은 주권을 가진 국민 국가가 존재하지 않았으며, 교황, 군주, 영주, 기사 등이 서로 불분명한 영토를 다스리고 있었습니다. 하지만 베스트팔렌 조약 이후 근대 유럽에서는 명확한 영토와 공동체 의식을 지닌 국민으로 구성된 국민 국가가 배타적이고 독점적인 주권을 행사하며 국제 사회의 주체로 떠올라 권력을 행사하였습니다.

정답 찾기 ② 중세 후기 유럽 곳곳에서 발생한 구교와 신교 간의 전쟁은 교황의 권위를 약화시키는 데 큰 영향을 미쳤습니다. 특히, 독일의 30년 전쟁을 끝내기 위해 체결된 베스트팔렌 조약은 교황이 지배하는 유럽으로부터 주권 국가가 중심이 되는 유럽으로 변화하는 데 결정적인 계기가 되었습니다. 이후 유럽에서는 고유한 영토와 주권을 가진 국가들이 주체가 되어 상호 작용을 하는 국제 사회가 형성되기 시작하였습니다.

오답 피하기 ① 국제 사회에서 이념 대립이 심화된 것은 제2차 세계 대전 이후입니다. ③ 국제 연합이 창설되어 주요한 국제 문제의 해결에 기여하기 시작한 것은 1948년 이후입니다. ④, ⑤ 국제 사회에서 비정부 기구가 중요한 역할을 하게 된 것이나 각국이 환경이나 인권 문제 등에 공동으로 대처하게 된 것은 냉전이 종식된 1990년 이후의 상황입니다.

372 국제 사회의 특징　　　　　　　　　정답 ④

문제 분석 북한 핵 문제는 안보 문제, 연쇄 테러는 평화 문제, 난민 사태는 인권 문제, 인공섬 건설은 영토 갈등, 중국 소수 민족의 독립 주장은 인종 갈등입니다. 모두 탈냉전 시대에 발생하고 있는 문제들입니다.

정답 찾기 ④ 제시된 문제들은 자유주의나 공산주의 등의 정치적 이념에 관한 것은 없습니다. 그 대신 다양한 형태의 갈등이 증가하고 있음을 알 수 있습니다.

오답 피하기 ① 정치적 이념을 둘러싼 갈등은 찾아보기 어렵습니다. ② 세계화에 반대하는 세력의 국제적 연대가 모색되고 있다는 근거는 없습니다. ③ 소수 민족의 독립 움직임을 제3 세계 비동맹 국가들의 국제적 지위로 보기는 어렵습니다. ⑤ 경제적 실리와 관련된 문제로는 영토 갈등 정도입니다.

373 국제 사회를 바라보는 관점　　　　　　　　　정답 ③

문제 분석 국제 사회를 바라보는 관점 중 (가)는 현실주의적 관점, (나)는 자유주의적 관점입니다.

정답 찾기 ③ 자유주의적 관점은 현실주의적 관점과 달리 국제 사회는 힘의 논리보다 이성과 제도의 영향력이 크다고 봅니다.

오답 피하기 ① 현실주의적 관점은 국가 간 상호 협력 관계보다 권력 관계를 중시합니다. ② 현실주의적 관점은 국가 간 균형 상태에서 전쟁 발발 가능성이 낮다고 봅니다. ④ 자유주의적 관점, 현실주의적 관점 모두 국제 사회에서 국가는 자국의 이익을 최우선으로 추구합니다. 다만 이익 추구를 배타적으로 한다고 보는 것은 현실주의적 관점입니다. ⑤ 국제 사회에서 초국가적 행위 주체의 영향력을 중시하는 것은 자유주의적 관점입니다.

374 국제 사회의 변천 과정 정답 ⑤

문제 분석 시기적으로 (가)는 제2차 세계 대전 후 냉전 체제, (나)는 냉전의 약화와 평화 공존의 시대, (다)는 냉전 종식, (라)는 21세기 국제 사회에 해당합니다.

정답 찾기 ③ 몰타 선언 이후 자본주의와 공산주의 간의 대립은 사라졌습니다. 공산권 국가의 몰락이 이어지면서 시장 경제 체제가 확대되었습니다.

오답 피하기 ① 냉전 체제는 세력 균형 전략의 산물인 반면, 국제 연합은 집단 안보 체제입니다. 따라서 냉전 체제가 국제 연합 창설의 기초가 되었다고 볼 수 없습니다. ② 닉슨 독트린은 냉전의 약화를 가져왔으며, 냉전 종식은 몰타 선언 이후에 이루어졌습니다. ④ '9·11 테러'는 종교와 인종 차별로 발생한 무차별적 테러이지 국가 간의 국지적인 분쟁은 아닙니다. ⑤ (가) 이후에는 이념 중심의 양극 체제, (다) 이후에는 군사적으로 미국 중심의 단극, 경제적으로 다극 체제인 단·다극 체제가 형성되었습니다.

375 국제 사회의 특징 정답 ②

문제 분석 제시문은 프랑스가 중국과 수교하는 과정을 설명하고 있습니다. 큰 손 중국으로부터 투자를 유치하여 경제적 이익을 얻으려고 환대를 한다는 내용입니다. 이를 통해 국제 사회에서 자국은 경제적 실리를 우선 추구함을 알 수 있습니다.

정답 찾기 ② 과거에는 이념 대결로 인해 동맹국과의 군사 안보 협력이 최우선이었으나, 오늘날에는 각국이 군사 안보 협력을 중시하면서도 국제 사회의 치열한 경쟁에서 뒤처지지 않기 위해 자국의 경제적 이익을 증진하는 데 많은 관심과 노력을 기울이고 있습니다. 프랑스가 중국의 국가 주석을 깊이 환대하는 모습에서 이러한 자국 이익 추구 경향을 엿볼 수 있습니다.

오답 피하기 ① 국제 관계는 이성의 논리와 힘의 논리가 함께 작용합니다. ③ 국제 사회에서 개별 국가의 주권은 동등하게 취급되지 않습니다. 강대국과 약소국이 불평등한 대우를 받는 것이 현실입니다. ④ 오늘날 국제 사회는 국제기구의 역할이 커지고 있지만 그래도 기본적으로는 국가의 역할이 더 큽니다. ⑤ 제시된 사례에서 국제기구는 언급되어 있지 않습니다.

376 세계화 현상 정답 ①

문제 분석 오늘날 국제 사회는 교통·통신의 발달과 개방화의 물결로 사람, 자본, 상품, 정보 등의 이동이 자유로워지면서 세계화 시대로 접어들게 되었습니다. 세계화란 국제 사회의 상호 의존성이 커짐에 따라 개별 국가의 경계를 넘어 세계가 하나로 통합되는 현상을 의미합니다.

정답 찾기 ① 세계화가 진행되면서 국내 문제와 국제 문제의 경계는 점차 흐릿해지고 각국 정부가 단독으로 해결할 수 없는 문제가 증가하고 있습니다.

오답 피하기 ② 인권, 환경 등 국제적으로 해결해야 하는 문제가 등장함

에 따라 이와 관련된 여러 국제기구가 설립되어 새로운 질서를 형성해 가고 있습니다. ③ 세계 각국의 교류가 활발해짐에 따라 국내의 환경이나 인권 문제가 국제 문제에 영향을 미치는 경우가 발생하고 있습니다. ④ 국제 사회에서 다양한 교류가 이루어짐에 따라 통일적인 규범이나 질서가 필요해지고 있어 이를 규율하는 국제법이 증가하고 있습니다. ⑤ 자유 무역 협정과 같이 인접 국가끼리 경제적 협력을 도모하는 지역 블록화 현상이 나타나고 있습니다.

377 국제 사회의 특징 정답 ②

문제 분석 국제 사회는 국제 규범이 존재하지만 자국의 실리 앞에서는 무시되기도 합니다. 중국과 타이 간에 범죄인 인도 조약이라는 국제법이 있었지만 중국은 자국의 이익을 위해 이를 지키지 않았습니다.

정답 찾기 ㄴ. 중국과 타이 간에는 범죄인 인도 조약이 체결되어 있지만 중국은 탁신 전 총리를 인도하는 것에 대해 부정적입니다. 따라서 국제법의 이행에는 당사국의 의지가 중요함을 알 수 있습니다. ㄷ. 탁신 전 총리에 대한 처벌이라는 국내 문제가 중국과 타이 간의 국제 문제로 비화되고 있습니다.

오답 피하기 ㄱ. 조약은 국가 간 신뢰를 바탕으로 체결되지만 주어진 사례에서는 조약보다 국가 이익을 중시합니다. ㄹ. 국가 간 조약은 국내법보다 강한 구속력을 갖고 있지 않습니다.

378 국제법의 법원 정답 ①

문제 분석 갑은 조약, 을은 조약, 병은 법의 일반 원칙을 말하고 있습니다. 한 사람만 빼고 옳게 발표했으므로 병이 잘못 말하고 있습니다. 따라서 A는 조약입니다.

정답 찾기 ① 조약은 국가뿐만 아니라 국제기구도 체결 주체가 될 수 있습니다.

오답 피하기 ② 국내법과 달리 국제법은 국가를 초월한 입법 기관이 존재하지 않습니다. ③ 우리나라에서 조약에 대한 체결·비준권은 대통령에게 있습니다. 국회는 중요한 조약의 체결 및 비준에 대한 동의권을 갖습니다. ④ 조약은 원칙적으로 체결 당사국에게만 구속력을 가집니다. ⑤ 신의 성실의 원칙은 법의 일반 원칙의 예이고, 국내 문제 불간섭의 원칙은 국제 관습법의 예입니다.

379 조약의 체결 과정 정답 ②

고난도 평가원 기출				
함정 ①	❷	③	④	⑤
28%	50%	14%	7%	6%

눈으로 보는 해설

그림은 우리나라에서 주요 조약이 성립되는 일반적인 과정을 나타낸 것이다. 이에 대한 설명으로 옳은 것은?

① 개별 주권 국가만이 (가)의 당사자가 된다.
② (가)의 행위는 권한을 위임받은 자에 의해서도 이루어진다.
③ (나)를 위해 국회 출석 의원 3분의 2 이상의 동의가 필요하다.
④ (다)를 통해 해당 조약은 국제 관습법으로 제도화된다. → 국제 성문법
⑤ (가)~(다)를 거치면 해당 조약은 국내법보다 상위의 효력을 갖는다. → 동일한

문제 분석 (가)는 조약의 체결, (나)는 조약에 대한 국회의 비준 동의, (다)는 조약 비준서의 교환으로 조약이 최종적으로 효력을 갖게 되는 상황입니다.

정답 찾기 ② 조약은 이것을 체결할 능력을 가진 법 주체 간의 합의이므로 각 당사국은 먼저 조약 체결의 권한이 부여된 것을 표시하는 전권 위임장을 가진 대표를 통해 교섭에서 합의가 성립된 경우 조약안이 작성됩니다. 국가 원수, 정부의 수반, 외무장관 등은 전권 위임장 없이 조약을 체결할 수 있으며, 이외의 사람이 조약을 체결할 경우에는 권한을 위임받아야 합니다.

오답 피하기 ① 조약은 개별 주권 국가가 체결하는 것이 원칙이지만, 교황청이나 연방 정부, 교전 단체 등이 조약 체결의 주체가 되는 경우도 있습니다. ③ 일반적인 조약의 국회 비준은 법률안 제정 의결 정족수와 같이 재적 의원 과반수의 출석과 출석 의원 과반수의 찬성으로 합니다. ④ 조약이 비준되고 체결이 완료되면 국제 관습법이 아니라 성문의 국제법이 됩니다. ⑤ 우리 헌법은 조약을 국내법과 동일한 효력을 가지는 것으로 봅니다.

★함정 피하기
①번을 선택했다면 조약은 개별 주권 국가가 체결하는 것이 원칙이지만, 교황청이나 연방 정부, 교전 단체 등 국가에 준하는 국제 행위 주체도 가능하다는 것을 몰랐을 것입니다. ③번을 선택했다면 일반적인 조약의 국회 비준은 법률안 제정 의결 정족수와 같다는 것을 몰랐을 것입니다. ④을 선택했다면 조약이 비준되고 체결이 완료되면 성문의 국제법이 된다는 것을 몰랐을 것입니다. ⑤을 선택했다면 조약의 효력에 대하여 잘 알지 못했을 것으로 생각됩니다.

380 국제법의 법원　　정답 ④

문제 분석 (가)는 독불 우호 조약으로서 조약, (나)는 내정 불간섭 원칙으로서 국제 관습법입니다.

정답 찾기 ㄴ. 국제 관습법은 오랜 기간 반복되어 온 관행을 국제 사회에서 암묵적으로 따라야 할 규범으로 인정하여 성립된 것입니다. ㄹ. 조약과 국제 관습법은 모두 국제 사법 재판소의 재판 규범이 됩니다.

오답 피하기 ㄱ. 우리나라에서 조약의 체결권자는 대통령입니다. ㄷ. 조약은 원칙적으로 체결 당사국에 효력을 가집니다. 국제 관습법은 모든 나라에 포괄적으로 효력을 가집니다.

381 국제 관습법　　정답 ⑤

문제 분석 A는 국제 관습법입니다. 국제 관습법이 성립하려면 국제 사회에 반복적으로 나타나는 일반적인 관행이 존재해야 하고, 그 관행에 대하여 세계 각국이 국제법상 의무라는 신념을 가지고 행동하는 법적 확신이 필요합니다.

정답 찾기 ⑤ 국제 관습법은 모든 국가에 포괄적인 구속력이 있으므로 국내에서 별도의 입법 절차를 거칠 필요가 없습니다.

오답 피하기 ① 국제 관습법은 일반적으로 승인된 국제 법규이므로 국내에서는 법률과 같은 효력을 갖습니다. 즉 헌법보다 하위의 효력을 갖습니다. ② 국제 관습법은 원칙적으로 모든 국가에 대하여 포괄적으로 효력이 발생합니다. ③ 국제 관습법은 조약이 없을 경우 국제 사법 재판소 판결의 근거로 활용될 수 있습니다. ④ 외교관의 특권과 면제, 국내 문제 불간섭 등은 국제 관습법의 사례입니다.

382 국제법의 법원　　정답 ②

문제 분석 (가)에는 조약의 특징에 해당하는 질문이 들어가야 합니다. (나)에는 국제 관습법과 법의 일반 원칙을 구분하는 질문이 들어가야 합

니다.

정답 찾기 ② A가 국제 관습법이라면 B는 법의 일반 원칙입니다. 법의 일반 원칙에는 신의 성실의 원칙, 권리 남용 금지의 원칙 등이 있습니다.

오답 피하기 ① 조약은 체결 당사국에게만 구속력을 가지므로 모든 국가에 포괄적 구속력을 가지는지는 (가)에 들어갈 수 없습니다. ③ 국제 사회의 관행이 법적 구속력을 갖게 된 것은 국제 관습법입니다. 따라서 A는 국제 관습법입니다. 국제 관습법은 문서로 되어 있지 않습니다. ④ 우리나라에서 모든 국제법은 국내의 법률과 동등한 지위를 가집니다. ⑤ 국제 사법 재판소에서는 조약, 국제 관습법, 법의 일반 원칙을 모두 법원(法源)으로 적용합니다.

383 국제법의 법원　　정답 ④

문제 분석 국제법의 법원(法源), 즉 법의 존재 형식은 조약, 국제 관습법, 법의 일반 원칙 등으로 존재합니다. ㉠은 조약, ㉡은 국제 관습법, ㉢은 법의 일반 원칙에 해당합니다.

정답 찾기 ④ 국제 사법 재판소는 조약, 국제 관습법, 법의 일반 원칙뿐 아니라 국제 사법 재판소의 판례, 국제기구의 결의, 국제법 학자의 학설 등도 판결의 준거로 활용할 수 있습니다.

오답 피하기 ① 조약은 국가 간뿐 아니라 국가와 국제기구 간에도 체결될 수 있습니다. ② 신사 협정은 정치적 약속에 불과하여 조약 등 국제법으로 볼 수 없으며, 외교관의 면책 특권은 국제 관습법의 예에 해당합니다. ③ 법의 일반 원칙은 문명국들이 공통으로 승인한 것이므로 국가의 별도 승인 절차가 필요 없이 모든 국가에 적용되는 것이 원칙입니다. ⑤ 모든 조약이 국회의 동의를 얻어야 법적 효력을 갖는 것은 아니며, 국제 관습법은 국회의 동의를 밟지 않고 효력을 갖습니다.

384 국제법의 법원　　정답 ⑤

문제 분석 (가)는 한국과 A국의 사회 보장 협정으로서 조약입니다. (나) 내정 불간섭 원칙으로서 국제 관습법입니다.

정답 찾기 ⑤ 조약, 국제 관습법은 모두 국제 사법 재판소에서 재판 규범으로 작용합니다.

오답 피하기 ① 우리나라에서 조약의 체결권은 대통령에게 있습니다. ② 국제 관습법은 국제 사회에서 오랜 기간 반복되어 온 관행이 모두가 따라야 할 법적 의무로 인정됨으로써 성립하는 국제법입니다. ③ 조약은 원칙적으로 조약을 체결한 당사국 간에만 구속력을 지닙니다. ④ 국제 관습법은 원칙적으로 국제 사회에서 행위 주체들에 대하여 포괄적인 구속력을 갖습니다.

385 다자 조약　　정답 ①

문제 분석 장애인의 권리에 관한 협약은 신체 장애, 정신 장애, 지적 장애를 포함한 모든 장애가 있는 이들의 존엄성과 권리를 보장하기 위한 유엔 인권 협약입니다. 이 협약은 21세기 최초의 국제 인권법에 따른 인권 조약이며, 2006년 12월 13일 제61차 유엔 총회에서 채택되었습니다. 2008년 4월 3일까지 중화 인민 공화국, 사우디아라비아를 포함한 20개국이 비준하였고, 2008년 5월 3일에 발효되었습니다. 2012년 12월 기준으로 비준국은 126개국입니다.

정답 찾기 ① 장애인의 권리에 관한 협약은 어느 나라와 체결했다는 내용이 없으므로 여러 나라가 함께 체결한 다자 조약에 해당합니다.

오답 피하기 ② 조약과 같은 국제법은 강제적으로 집행할 기구가 존재하지 않습니다. ③ 조약은 체결 당사국에게만 적용되는 것이 원칙입니다. ④ 반복적으로 나타나는 일반적인 관행을 전제로 하는 것은 국제 관습법입니다. ⑤ 조약 중에서도 국내에 적용하기 위해서는 별도의 입법 절차가 필요한 것도 있으나 반드시 필요한 것은 아닙니다.

386 국제법의 종류와 적용

정답 ③

①	②	❸	④ 함정	⑤
10%	11%	**41%**	21%	14%

눈으로 보는 해설

다음 자료에 대한 설명으로 옳은 것은?

○○일보

2014년 12월에 페루 리마에서 196개의 당사국이 참여하는 유엔 기후 변화 협약 당사국 총회가 개최되었다. 총회에서는 온실 가스 감축 의무를 부과한 1997년 ㉠ 교토 의정서의 한계를 극복하기 위한 방안들이 논의되었다. → 다자 조약

A국은 교토 의정서를 의회의 동의를 거쳐 비준하였지만 온실 가스 감축 의무를 부과받지 않았다. 그러나 국제 사회의 흐름에 부응하여 A 국에서는 ㉡ '온실 가스 감축에 관한 법률'을 제정하여 탄소 배출권 거래 제도를 시행하고 있다. → 국내법

① ㉠은 포괄적 구속력이 있는 국제 관습법이다. → 없는 조약
② ㉡은 강제적으로 집행할 기구가 없다. → 있다
③ A국이 우리나라라면 우리나라 법원의 재판에서 ㉠을 직접 적용할 수 있다.
④ A국이 우리나라라면 ㉠과 ㉡ 간 적용의 우선 순위 문제가 발생하지 않는다. → 발생한다
⑤ ㉠과 관련된 A국의 국제 분쟁이 국제 사법 재판소에 제소되었을 때 ㉡을 직접 적용할 수 있다. → 없다

문제 분석 우리나라 헌법 제6조는 "헌법에 의하여 체결, 공포된 조약과 일반적으로 승인된 국제 법규는 국내법과 같은 효력을 지닌다."라고 규정하고 있습니다. 헌법이 상위에 있고 국내법과 국제법이 동등한 지위를 지닌다고 보고 있습니다.

정답 찾기 ③ 우리나라는 헌법에 의하여 체결, 공포된 조약과 일반적으로 승인된 국제 법규는 국내법과 같은 효력을 지니고 있으므로 국제법이 직접 우리나라의 법원에서 적용될 수 있습니다.

오답 피하기 ① 조약은 일정한 형식으로 존재하며, 협정, 조약, 의정서 등 다양한 명칭이 있습니다. ② ㉡은 국내법이므로 국가에 의해 강제적으로 집행할 수 있습니다. ④ 우리나라에서는 국제법과 국내법 간의 적용상 우선 순위의 문제가 발생합니다. ⑤ 국제 사법 재판소에서는 조약이나 관습법, 법의 일반 원칙 등을 근거로 재판을 하며, ㉡과 같은 당사국의 국내법을 직접 적용하지는 않습니다.

387 국제법의 역할

정답 ⑤

문제 분석 국제 사회에서 국제법은 국제 관계 주체들의 행위 기준이면서 국제 분쟁이 발생했을 때 이를 해결하는 기준이 됩니다. 세계화로 국제 교류가 증가함에 따라 국가 간 서로 다른 이해관계나 문화 등으로 인해 발생할 수 있는 갈등이나 분쟁을 예방하고 해결하는 제도적 수단으로서 국제법의 중요성은 더욱 커지고 있습니다. 오늘날 대부분 국가는 국제적 행위 기준을 따르기 위해 국제법의 준수를 강조하고 있습니다.

정답 찾기 ⑤ 미터 협약이 존재하지 않는다면 나라마다 길이를 측정하는 단위가 달라 여행이나 무역 등 일상생활에서 아주 불편할 것입니다. 세계 모든 국가가 미터를 동일한 측정 기준으로 적용하기 때문에 어느 곳에 가더라도 편리하게 생활할 수 있습니다.

오답 피하기 ① 미터 협약이 분쟁을 평화적으로 해결한다는 근거는 희박합니다. ② 국제법은 국제 사회의 협력을 유도하는 역할을 하지만 제시된 사례에서는 찾아보기 어렵습니다. ③ 미터 협약과 국가 간의 문화적 교류와는 큰 관련이 없습니다. ④ 미터 협약은 질서 유지가 목적이 아니라 일상생활의 편리함 때문에 구속력을 부여합니다.

388 국제법의 법원

정답 ⑤

문제 분석 국가 간에 체결한 법적 구속력을 가진 약속은 조약입니다. 문명국들이 승인하여 따르는 법의 보편적 원칙은 법의 일반 원칙입니다. 따라서 A는 법의 일반 원칙, B는 국제 관습법, C는 조약입니다.

정답 찾기 ⑤ 국내에서 효력이 발생되려면 별도의 입법 절차가 필요한 것은 조약입니다.

오답 피하기 ① 법의 일반 원칙에는 신의 성실의 원칙, 권리 남용 금지의 원칙, 불법 행위 손해 배상 책임 원칙 등이 있습니다. ② 국제 관습법은 국제 사회의 관행이 규범화된 것입니다. ③ 조약은 우리나라의 경우 대통령이 비준권을 행사합니다. ④ 법의 일반 원칙, 국제 관습법, 조약 모두 국제 사법 재판소의 재판 준거가 됩니다.

389 국제 사법 재판소의 재판 규범

정답 ③

문제 분석 국제 사법 재판소에서 재판 규범으로 적용할 수 있는 국제법의 종류를 제38조에서 규정하고 있습니다. (가)는 조약, (나)는 국제 관습법, (다)는 법의 일반 원칙입니다.

정답 찾기 ㄴ. 다른 나라의 내정에 간섭해서는 안 된다는 것은 내정 불간섭 원칙으로서 국제 관습법에 해당합니다. ㄷ. 불법 행위에 대한 손해 배상 책임은 법의 일반 원칙에 해당합니다.

오답 피하기 ㄱ. 우리나라의 경우 조약의 체결 권한은 대통령에게 있습니다. 국회는 조약의 체결 및 비준에 대한 동의권을 갖습니다. ㄹ. 조약, 국제 관습법, 법의 일반 원칙은 모두 국내의 법률과 동등한 효력을 갖습니다.

19강 국제 문제와 국제기구, 우리나라의 국제 관계

핵심 개념 CHECK!

▶ 본문 200쪽

01 ×	02 ○	03 ×	04 ○	05 ○	06 ×	07 ×	08 ○
09 ○	10 ○	11 ○	12 ×	13 ×	14 ○	15 ×	16 ○
17 ○	18 ×	19 ×	20 ○	21 ○	22 ○	23 ○	24 ×
25 ○	26 ○	27 ○	28 ○	29 ○	30 ○	31 ×	32 ○
33 ×	34 ○	35 ○					

○×문장 바로 알기

01 오늘날에는 민족 · 인종 · 종교를 둘러싼 분쟁보다 ~~전면적인 전쟁 위협이 증가한다~~. 이 증가한다

02 선진국과 개발 도상국 간 경제적 격차를 남북문제라고 한다.

03 안보 문제는 최근 국제 관계에서 ~~일시적으로~~ 발생하고 있는 문제이다. 자주

04 경제 성장으로 선진국과 개발 도상국 간 경제 격차는 오히려 심화되고 있다.

05 온실가스 감축을 위해 맺은 파리 기후 변화 협약은 국제법을 통한 해결 방식이다.

06 중국과 환경 장관 회의로 미세 먼지 문제를 해결하려는 것은 ~~사법적~~ 외교적 해결 방식이다.

07 국제 사회에는 행위 주체들을 통제할 수 있는 강제력을 갖춘 규범이 ~~존재한다.~~ 존재하지 않는다.

08 국제 문제는 국경을 초월하여 발생하기 때문에 한 국가만으로 해결하기 곤란하다.

09 국제 문제는 책임 소재가 분명하지 않은 경우가 많다.

10 국제 연합은 세계 평화를 유지하고 국가 간 우호와 협력을 증진하려는 목적이 있다.

11 총회는 국제 연합 헌장 개정, 예산안 심의 및 승인을 담당하며, 국제 사회의 다양한 문제를 논의·의결하여 안전 보장 이사회 등 산하 기관과 회원국에 대해 권고할 수 있다.

12 총회는 ~~모든~~ 중요 안건에 대해서 출석 투표국 2/3 이상의 찬성으로 의결한다.

13 안전 보장 이사회의 ~~이사국~~ 상임 이사국 중 한 국가라도 거부권을 행사하면 ~~안건~~ 실질 사항 안건은 부결된다.

14 안전 보장 이사회는 국제 분쟁이나 침략 발생 시 해당 국가에 대해 평화적 해결안을 권고하거나 경제·외교적 제재 조치를 취할 수 있다.

15 ~~총회~~ 안전 보장 이사회는 평화적인 해결이 곤란할 경우에는 평화 유지군 파견 등 군사적 강제 조치를 통해 분쟁에 개입할 수 있다.

16 경제 사회 이사회는 경제, 인권, 교육, 문화, 보건, 식량 등 비정치적 분야의 다양한 문제를 다룬다.

17 국제 사법 재판소는 사법적 절차에 따라 국가 간 분쟁을 해결한다.

18 국제 사법 재판소의 재판관은 15명인데, 같은 국적도 ~~가능하다.~~ 은 불가능하다.

19 국제 사법 재판소에 제소하기 위해서는 국제 연합 회원국~~이어야 한다.~~ 아니어도 가능하다.

20 국제 사법 재판소는 국가 간 분쟁에 대해 강제적 관할권이 없다.

21 안전 보장 이사회의 상임 이사국의 거부권 행사로 의사 결정이 지연되기도 한다.

22 한반도는 대륙과 해양이 만나는 전략적 요충지이기 때문에 외세의 침입이 잦았다.

23 북한은 한반도 비핵화 선언에 합의하여 핵을 ~~영구히 폐기했다.~~ 아직 폐기하지 않았다.

24 우리나라는 일본의 독도 영유권 주장에 대해 국제 사법 재판소에 제소하여 그 판결에 따르려고 ~~한다.~~ 하지 않는다.

25 중국은 동북 공정으로 고조선 및 고구려, 발해의 역사를 자국의 역사라고 왜곡하고 있다.

26 우리나라와 중국은 미세 먼지 오염의 원인을 놓고 책임 공방을 벌이고 있다.

27 오늘날에는 민간 차원의 국제적 교류 활동도 외교로 본다.

28 국가 간의 외교에서 가장 중요한 활동은 협상이다.

29 한반도의 평화를 위해서는 지속적인 대화와 협력을 통해 남북 관계를 개선해야 한다.

30 국제기구를 통한 국제 문제 해결에 적극적인 참여는 바람직한 외교 활동이다.

31 ~~1950년대~~ 1990년대는 소련과 중국 등 공산권과의 외교에 치중하였다.

32 1960년대에는 제3 세계 국가들의 성장에 맞추어 외교 대상 국가를 확대하였다.

33 공공 외교는 정부와 같은 공공기관이 공식적으로 행하는 외교 활동 ~~이다.~~ 이 아니다.

34 국제 관계에서 설득과 매력으로 원하는 것을 얻어내는 능력을 소프트 파워라고 한다.

35 다자 외교는 셋 이상의 국가가 특정 의제에 대해 이해관계를 조정하는 외교 활동이다.

기출＋예상 문제로 주제 정복하기 ▸ 본문 202~205쪽

390 ③	391 ①	392 ②	393 ⑤	394 ②	395 ②
396 ①	397 ①	398 ④	399 ③	400 ①	401 ③
402 ②					

390 오늘날의 국제 문제 정답 ③

문제 분석 세계 곳곳에서는 정치, 경제, 문화 등의 영역에 걸쳐 다양한 문제가 발생하고 있습니다. 그 중에는 개별 국가나 지역을 넘어 여러 국가나 국제 사회 전반에 악영향을 미치는 문제도 있는데, 이러한 문제를 국제 문제라고 합니다. 대표적인 국제 문제에는 안보를 위협하는 전쟁과 테러, 국가 간 경제적 격차와 빈곤, 무분별한 개발에 따른 환경 오염과 생태계 파괴 등이 있습니다.

정답 찾기 ㄷ. 냉전이 종결되고 지구촌에는 과거에는 부각되지 않았던 환경 문제나 인권 문제 등이 부각되고 있습니다. ㄹ. 국제 연합은 회원국들의 분담금으로 운영되는데 분담금을 제대로 납부하지 않는 국가가 많아 재정적으로 어려움을 겪고 있습니다.

오답 피하기 ㄱ. 냉전의 종식 이후 국제 연합의 국지적인 분쟁에 대한 조정 역할은 활발해지고 있습니다. ㄴ. 남북 문제는 지구촌에서 나타나는 부국과 빈국 간의 경제적 격차를 의미합니다.

391 오늘날 국제 문제의 양상 정답 ①

문제 분석 세계화로 국가 간 상호 의존성이 커지면서 국제 사회를 이루는 국가들은 더욱 긴밀한 협력 관계를 맺게 되었습니다. 하지만 그와 동시에 각국이 자국의 이해관계를 최우선으로 추구하면서 다양한 국제 문제가 발생하고 있습니다.

정답 찾기 ① 냉전이 종식되고 탈냉전 시대에 들어오면서 자유주의와 공산주의 간의 이념 대립은 거의 사라졌습니다.

오답 피하기 ② 오늘날 자신들의 의지를 관철하고자 테러를 저지르거나 대량 살상 무기를 개발하는 집단 및 국가로 인해 심각한 안보 위협이 발생하고 있습니다. ③ 대기 중에 방출되는 프레온 가스가 오존층을 파괴하

여 각종 질병을 유발하고 있으며, 이산화탄소 배출량이 증가하면서 지구 온난화가 빠른 속도로 가속화되어 기상 이변 현상이 나타나고 있습니다. ④ 오늘날 세계 곳곳에서는 여전히 인권 침해로 고통받는 사람들이 있습니다. 낮은 임금을 받으며 열악한 환경에서 일하는 일부 지역의 여성과 아동, 내전으로 인해 삶의 터전을 빼앗기고 떠도는 난민, 표현의 자유나 집회 및 결사의 자유를 보장받지 못하는 몇몇 국가의 시민은 모두 인권 문제의 해결이 시급한 과제임을 보여 주는 사례입니다. ⑤ 세계화로 인해 국제 사회에서 상대적으로 경쟁력을 갖추지 못한 국가나 기업이 도태되면서 국가 간 경제적 불평등이 심화하는 문제가 발생하고 있습니다.

392 국제 문제의 해결　　　　　　　정답 ②

문제 분석 국제 문제를 해결하는 방안에는 국제법을 통한 해결, 국제기구를 통한 해결, 외교적 해결 등이 있습니다.

정답 찾기 ② 예멘 휴전 문제를 해결하기 위해 국제 연합의 안전 보장 이사회가 나섰습니다. 안전 보장 이사회가 휴전 감시단을 파견하기로 했으며, 국제 연합의 중재 하에 평화 회담이 열려 철군에 합의했습니다. 국제 연합이라는 국제기구를 통해 문제를 해결한 사례입니다.

오답 피하기 ① 제시된 사례에서 국가 간 조약 등과 같은 국제법은 나타나 있지 않습니다. ③ 제시된 사례에서 국제 여론에 대한 언급은 없습니다. ④ 국제기구가 아닌 당사국만의 외교적 협상으로 해결된 것은 아닙니다. ⑤ 제3국의 중재가 아니라 국제 연합이라는 국제기구가 개입한 것입니다.

393 국제 연합의 주요 기관　　　　　정답 ⑤

고난도 평가원 기출				
①	②	③ 함정	④ 함정	❺
12%	9%	19%	21%	38%

🔍 눈으로 보는 해설

국제 연합의 주요 기관 (가)~(다)에 대한 설명으로 옳은 것은?

국제 연합을 개혁해야 한다는 논의는 꾸준히 있어 왔다. 특히 국제 평화와 안전 유지에 관한 일차적 책임을 부여받은 [(가)]을/를 개혁하기 위해 거부권을 가진 상임 이사국의 권한을 조정하고 규모를 확대하는 것이 논의의 핵심이다. 또한 국제 연합의 주요 사법 기관인 [(나)]의 관할권을 확대함으로써 국제 사회의 분쟁을 보다 효과적으로 해결해야 한다는 주장도 있다. 그런데 국제 연합의 개혁을 위해서는 모든 회원국이 참여하는 최고 의결 기관인 [(다)]에서 헌장을 개정해야 한다. 헌장 개정은 회원국 2/3 이상의 찬성으로 채택되며, [(가)]의 상임 이사국을 포함한 회원국 2/3가 자국 헌법상의 절차에 따라 비준한 경우에 효력이 발생한다.

① (가)의 상임 이사국은 회원국의 투표로 선출된다. → 고정되어 있다
② (나)는 판결에 불복하는 당사국을 직접 제재할 수 있다. → 없다
③ 국가와 개인은 모두 분쟁 해결을 위해 (나)에 제소할 수 있다. → 만
④ (가)와 달리 (다)의 표결 방식은 국제 사회를 바라보는 현실주의적 관점으로 설명될 수 있다.
⑤ (가), (다)는 모두 (나)의 재판관을 선출하는 권한을 가진다.

문제 분석 국제 연합의 주요 기관 중 (가)는 안전 보장 이사회, (나)는 국제 사법 재판소, (다)는 총회입니다.

정답 찾기 ⑤ 국제 사법 재판소의 재판관은 총회와 안전 보장 이사회에서 선출합니다.

오답 피하기 ① 상임 이사국은 미국, 프랑스, 영국, 러시아, 중국으로 정해져 있습니다. ② 국제 사법 재판소는 판결에 불복하는 당사국을 직접

394 국제 사법 재판소의 판결　　　　정답 ②

문제 분석 볼리비아와 칠레가 영토 분쟁을 벌이고 있습니다. 두 나라는 외교적 관계가 단절된 상태에서 협상이 불가능해지자 국제 사법 재판소에 제소하여 재판이 진행 중입니다.

정답 찾기 ㄱ. 국제 사법 재판소에 제소하기 위해서는 원칙적으로 분쟁 당사국이 합의하여야 합니다. 현재 볼리비아와 칠레의 영토 문제가 국제 사법 재판소에서 심리 중이므로 두 나라가 합의하여 재판을 청구했을 것입니다. ㄷ. 대등한 힘을 가진 국가가 아닐 경우 강대국에게 유리한 내용의 조약이 체결되는 경우가 있습니다. 따라서 국가 간에 맺은 조약은 국가의 권력 관계가 반영되기도 합니다.

오답 피하기 ㄴ. 국제 사법 재판소의 판결은 법적 구속력이 있으나 집행에는 한계가 있습니다. 또한 이 판결에 대한 상소 제도는 없습니다. ㄹ. 볼리비아와 칠레 양국 간에 체결된 평화와 우호에 관한 협정은 조약이므로 조약 체결 절차에 따라 문서로 합의한 것입니다. 국제 관행이 법적 인식을 얻게 된 것은 국제 관습법입니다.

395 국제기구의 종류　　　　　　　정답 ②

문제 분석 국제기구에는 국가를 회원으로 하는 정부 간 국제기구와 개인이나 민간 단체를 회원으로 하는 국제 비정부 기구가 있습니다. 그린피스와 국경 없는 의사회는 개인이나 민간 단체를 회원으로 하므로 국제 비정부 기구입니다.

정답 찾기 ② 그린피스는 환경 보호를 목적으로 하며, 국경없는 의사회는 난민이나 재난 지역의 주민 치료 등이 목적입니다. 즉, 특정 전문 영역의 제한된 목적을 가집니다.

오답 피하기 ① 국가를 가입 주체로 하는 것은 정부 간 국제기구로서 국제 연합, 유럽 연합 등이 있습니다. ③ 현실주의적 관점은 힘의 논리를 바탕으로 국가 간 이해관계를 추구합니다. 국제 비정부 기구는 국가 간의 이해관계보다는 국제적인 공통 문제인 환경, 인권, 빈곤 문제 해결에 노력하므로 의사 결정에서 현실주의적 관점이 반영된다고는 볼 수 없습니다. ④ 인권, 환경 등 국제적인 공통 문제의 해결에 노력하는 것이 목적입니다. ⑤ 그린피스나 국경 없는 의사회는 국제 비정부 기구로서 국제 연합(UN)에 소속되어 있지 않습니다.

396 국제 사법 재판소의 재판 규범　　　정답 ①

문제 분석 국제 사법 재판소가 판결을 내릴 때, 조약과 국제 관습법, 법의 일반 원칙, 국제 사법 재판소의 판결 등을 준거로 판단합니다.

정답 찾기 ① 사례에서 국제 사법 재판소는 갑국 행위의 위법을 판단할 수 있는 조약과 국제 관습법이 존재하지 않으므로 법의 일반 원칙을 준거로 판단할 수 있습니다.

오답 피하기 ② 조약은 체결 국가에 한하여 적용됩니다. ③ 국제 하천에 대한 국제 관습법이 존재하지 않으므로 판결의 준거로 삼을 수 없습니다. ④ 국제 사법 재판소의 판결을 강제 집행할 집행 기구는 존재하지 않습니다. ⑤ 유사 사건에 대한 국제 사법 재판소의 기존의 판결이 재판의 준거가 될 수 있으나 반드시 따라야 하는 것은 아닙니다.

397 국제 연합의 주요 기구　　　　　정답 ①

문제 분석 A는 총회, B는 안전 보장 이사회, C는 경제 사회 이사회, D는

국제 사법 재판소입니다.
정답 찾기 ㄱ. 총회는 국제 연합의 최고 의사 결정 기관으로서 주권 평등의 원칙에 따라 1국 1표를 행사합니다. ㄴ. 안전 보장 이사회는 국제 분쟁이나 침략 발생 시 해당 국가에 대해 평화적 해결안을 권고하거나 경제·외교적 제재 조치를 취할 수 있습니다. 또 분쟁 지역에 평화 유지군을 파견하기도 합니다.
오답 피하기 ㄷ. 경제 사회 이사회는 분야별 주제에 대해 연구하고 그 결과를 회원국에게 제공하거나 개선 방안을 권고함으로써 국제 사회의 공존과 번영을 위해 노력합니다. 특정 국가에 대해 경제적 제재 조치를 취할 수 있는 것은 안전 보장 이사회입니다. ㄹ. 국제 사법 재판소는 원칙적으로 분쟁 당사국이 모두 합의하여 제소해야 재판을 진행합니다.

398 국제 사법 재판소   정답 ④
문제 분석 제시문에서 A는 국제 사법 재판소입니다. 미국이 다른 나라와 연합하여 이란에 대해 경제 제재를 가하자 이란이 국제 사법 재판소에 제소하였습니다. 경제 제재 중 일부를 해제해 달라는 것입니다. 국제 사법 재판소는 이란의 주장을 받아들였습니다.
정답 찾기 ㄴ. 국제 연합 비회원국도 국제 사법 재판소에 재판을 청구할 수 있습니다. ㄹ. 국제 사법 재판소는 조약, 국제 관습법, 법의 일반 원칙 등을 재판의 준칙으로 삼습니다.
오답 피하기 ㄱ. 국제 사법 재판소의 판결을 집행하는 기구는 따로 존재하지 않습니다. 다만 판결을 이행하지 않는 국가에 대해 안전 보장 이사회가 경제적 제재 조치를 취할 수는 있습니다. ㄷ. 국제 사법 재판소의 판결의 구속력은 있지만 현실적으로는 집행력이 없는 편입니다. 따라서 국내 사법 기관에 비해 아주 약합니다.

399 국제 연합의 주요 기구   정답 ③
문제 분석 그림은 국제 연합의 조직 구성도입니다. 총회는 형식적인 최고 의결 기관, 안전 보장 이사회는 실질적인 의결 기관입니다.
정답 찾기 ③ 국제 사법 재판소는 원칙적으로 당사국 쌍방의 합의에 따른 청구로 재판을 합니다. 따라서 한쪽 당사자의 청구만으로 재판의 의무가 생기지 않습니다.
오답 피하기 ① 국제 연합의 최고 의결 기관은 안전 보장 이사회가 아니라 총회입니다. ② 총회의 회원국은 1국 1표주의에 따라 표결합니다. 따라서 모든 국가는 총회에서 투표권 행사에 있어 평등합니다. ④ 지역 분쟁 당사국에 대해 평화 유지를 권고하거나 경제적 제재 조치를 취하는 것은 안전 보장 이사회의 권한입니다. ⑤ 유네스코는 교육, 과학, 문화 등 지적 활동 분야에서의 국제 협력을 촉진함으로써 세계 평화와 인류 발전을 증진하기 위해 만들어진 국제 연합(UN)의 전문 기구입니다. 그러나 아시아·태평양 경제 협력체는 아시아와 태평양 근처의 여러 나라들이 경제적 협력을 다지기 위해 만든 지역 경제 협력체로 국제 연합 산하 기구가 아닙니다.

400 오늘날 외교의 특징   정답 ①
문제 분석 외교란 한 국가가 자국의 이익을 위하여 국제 사회에서 평화적인 방법으로 펼치는 모든 대외 활동을 의미하며, 외교를 통해 자국의 이익 증진을 목적으로 시행하는 정책을 외교 정책이라고 합니다. 외교 정책을 잘 펼치면 자국의 대외적 위상이 상승하고, 정치·경제적 이익을 획득할 수 있습니다. 하지만 외교 정책을 제대로 펼치지 못할 경우에는 오늘날과 같이 상호 의존도가 높은 국제 사회에서 고립으로 이어질 수 있으며, 국익에 막대한 손실이 발생할 수 있습니다.
정답 찾기 ① 현대 외교는 국제 교류의 활성화로 개방 또는 공개 외교 형태가 보편화되고 있습니다.

오답 피하기 ② 국가 간 외교는 협상을 통해 이루어지며 이 과정에서 타협을 통해 국가 간의 이해관계를 조정하거나 상대를 설득하기도 하고 때에 따라 국가적 영향력을 이용하여 압력을 가하기도 합니다. ③ 탈냉전 시대의 오늘날에는 이념보다는 실리 추구를 위한 외교적 노력이 중요시되고 있습니다. 우리 기업의 상품 시장을 확장하기 위해 교역 대상국을 늘리고, 자원 확보를 위한 외교를 강화하는 노력이 필요합니다. ④ 과거에는 외교 활동이 외교관의 공식적인 대외 활동에만 국한되었습니다. 그러나 오늘날에는 민간 차원의 국제적 교류를 포함하여 국가의 대외적 목표를 달성하려는 모든 활동을 외교로 봅니다. ⑤ 오늘날에는 다양한 분야에서 국가 간 교류가 활발해지고 있어 외교의 범위가 안보 문제에 한정되지 않고 경제 및 문화 영역 등으로 확대되고 있습니다.

401 한반도를 둘러싼 국제 관계   정답 ③
문제 분석 우리나라와 동아시아 국가 간에는 복합적인 국제 관계가 나타나고 있습니다. 최근 국제 사회의 변화 양상과 동아시아 국가들이 공유하는 역사로 인해 협력과 경쟁, 갈등이 복합적으로 나타나고 있습니다.
정답 찾기 ③ 일본은 독도가 자국의 영토라고 계속 주장하면서 국제 사법 재판소에 제소할 움직임을 보이고 있습니다. 우리나라는 독도가 우리나라의 영토라는 역사적 근거가 확실하므로 일본의 분쟁 지역화하려는 전략에 휘말려 들지 않겠다는 계획입니다.
오답 피하기 ① 한반도를 둘러싼 동아시아 국가 간에는 역사 인식을 둘러싼 갈등이 발생하고 있습니다. 중국은 동북공정을 통해 만리장성의 동쪽 끝을 옛 고구려와 발해 지역까지 늘려 발표함으로써 고구려와 발해가 중국의 지방 정권이었다는 왜곡된 주장을 펼치고 있습니다. ② 한반도와 동아시아를 전략적 요충지로 여기고 있는 미국은 급부상하고 있는 중국의 영향력을 견제하기 위해 우리나라, 일본 등 우방국과의 군사적 협력을 강화하고 있습니다. ④ 북한의 핵 문제는 한반도의 안보를 위협하는 중요한 요인입니다. 북한의 핵 개발은 동아시아 전체에 위협이 되면서 일본과 중국, 미국 등 한반도를 둘러싼 국가 간의 군사적 긴장을 높이는 요인으로 작용하고 있습니다. ⑤ 우리나라는 광복 이후 1990년대 후반까지 미국을 비롯한 여러 나라로부터 공적 개발 원조(ODA)를 받아 이를 디딤돌 삼아 고도의 경제 성장을 이루었고, 1996년 경제 협력 개발 기구(OECD)에 가입할 수 있었습니다. 2010년에는 경제 협력 개발 기구 산하의 개발 원조 위원회(DAC) 회원국 지위를 얻으며, 공적 개발 원조를 받던 나라에서 공적 개발 원조를 지원해 주는 나라로 성장하였습니다.

402 외교 정책의 방향   정답 ②
문제 분석 중국은 역사적으로 팔레스타인과 가까웠지만 경제적 실리를 위해서 이스라엘과 우호 관계를 유지하려고 노력하는 이유를 생각해 봅니다.
정답 찾기 ② 중국이 역사적 명분에 사로잡혀 팔레스타인과 적대적인 관계에 있다는 이유로 이스라엘을 멀리 한다면 중국의 경제는 더 이상 발전하기 어렵습니다. 결국 자국의 이해를 위해 역사적 관계보다는 현실적인 경제적 실리를 중시하는 방향으로 외교 정책을 설정해야 함을 말하고 있습니다.
오답 피하기 ① 중국과 이스라엘의 당사국 간에서 경제적 실리를 추구하는 내용입니다. 그 외의 주변국에 대한 언급은 없습니다. ③ 제시된 사례에서 국제기구의 활동에 참여하는 내용은 찾아볼 수 없습니다. ④ 중국과 이스라엘이 분쟁 당사국이라는 내용은 없습니다. ⑤ 제시된 사례는 정부 차원의 공식적인 외교를 말하고 있습니다.

BON. **N**제

BON._본 N제

수능·내신 영어의 모든 것을 마스터하세요!

MASTER Series

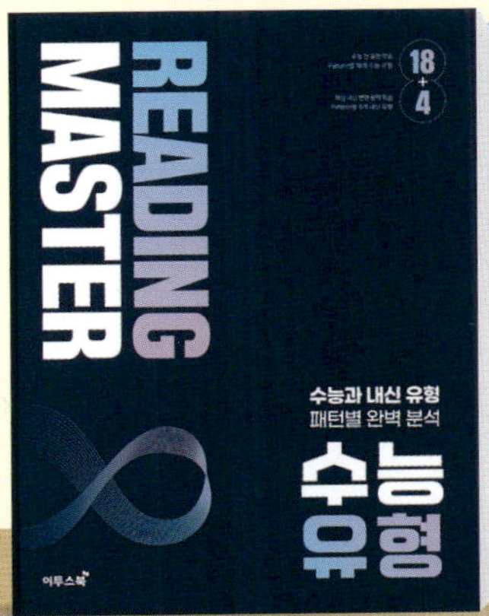

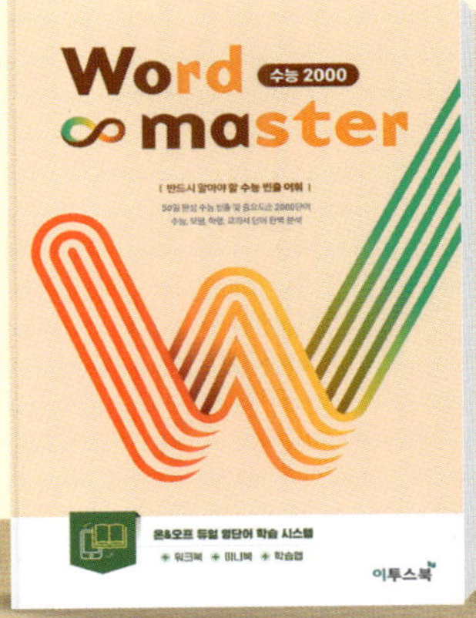

최신 수능 경향 반영!
수준별 독해서

"유형 - 실전 - 고난도"로
영어 독해 체계적 완성

1등급 목표!
수능 영어 듣기 훈련서

유형 학습부터 고난도까지
완벽한 3단계 난이도 구성

반드시 알아야 할
빈출 어휘 영단어장

학습앱&워크북, 미니북
온&오프 복습 시스템